Das Anti-Diskriminierungsrecht der Europäischen Union
und seine Umsetzung in das deutsche Zivilrecht

Beiträge zum nationalen und internationalen öffentlichen Recht

Herausgegeben von Prof. Dr. Burkhard Schöbener

Band 3

PETER LANG

Frankfurt am Main · Berlin · Bern · Bruxelles · New York · Oxford · Wien

Florian Stork

Das Anti-Diskriminierungsrecht der Europäischen Union und seine Umsetzung in das deutsche Zivilrecht

PETER LANG
Europäischer Verlag der Wissenschaften

Bibliografische Information Der Deutschen Bibliothek
Die Deutsche Bibliothek verzeichnet diese Publikation in der
Deutschen Nationalbibliografie; detaillierte bibliografische
Daten sind im Internet über <http://dnb.ddb.de> abrufbar.

Zugl.: Köln, Univ., Diss., 2006

Gedruckt mit Unterstützung der
Mathews-Stiftung im Förderfonds 1 des
Stifterverbandes für die Deutsche Wissenschaft.

Gedruckt auf alterungsbeständigem,
säurefreiem Papier.

D 38
ISSN 1613-8406
ISBN 3-631-55426-5

© Peter Lang GmbH
Europäischer Verlag der Wissenschaften
Frankfurt am Main 2006
Alle Rechte vorbehalten.

Das Werk einschließlich aller seiner Teile ist urheberrechtlich
geschützt. Jede Verwertung außerhalb der engen Grenzen des
Urheberrechtsgesetzes ist ohne Zustimmung des Verlages
unzulässig und strafbar. Das gilt insbesondere für
Vervielfältigungen, Übersetzungen, Mikroverfilmungen und die
Einspeicherung und Verarbeitung in elektronischen Systemen.

Printed in Germany 1 2 3 4 5 7

www.peterlang.de

Vorwort

Die vorliegende Arbeit wurde im Wintersemester 2005/2006 von der Juristischen Fakultät der Universität zu Köln als Dissertation angenommen. Sie befindet sich auf dem Stand von Mai 2006.

Anfang Mai 2006 haben sich die Regierungsfraktionen CDU/CSU und SPD auf einen gemeinsamen

Entwurf für ein „Allgemeines Gleichbehandlungsgesetz"

geeinigt. Außer in Bezug auf seinen Namen ist dieser praktisch identisch mit dem ab Seite 251 dieser Arbeit diskutierten Entwurf für ein Anti-Diskriminierungsgesetz aus dem Jahr 2005 (ADG-E 2005). Die Nummerierung und Überschriften der 33 Paragraphen sowie deren Inhalt bleiben nahezu gleich. Daher hat die hier vorgelegte Analyse des ADG-E 2005 unveränderte Gültigkeit für den Entwurf eines „Allgemeinen Gleichbehandlungsgesetzes".

Weiterführende und aktuelle Materialien, wie z.b. Tabellen zur Entwicklung des Anti-Diskriminierungsrechts, vergleichende Übersichten sowie Aufsätze, sind auf

http://www.anti-diskriminierung.info

zugänglich. Diese Seite wird auch in Zukunft aktualisiert und erweitert werden.

Mein herzlicher und tief empfundener Dank gilt *Herrn Prof. Dr. Schöbener*, der mir während meiner Zeit als wissenschaftlicher Mitarbeiter an der Professur für Öffentliches Recht, Völker- und Europarecht hervorragende Bedingungen für die Durchführung dieses Dissertationsprojekts gewährte. Dazu zählten fruchtbare Diskussionen, wichtige und weiterführende Anregungen sowie seine stete Unterstützung und Förderung. Ganz besonders danken möchte ich auch *Herrn Prof. Dr. Mansel* für die zügige Erstellung des Zweitgutachtens und seine wertvollen Anregungen.

Die Promotion wurde von der *Friedrich-Naumann-Stiftung* mit Mitteln des Bundesministeriums für Bildung und Forschung gefördert. Dafür danke ich der Stiftung und ihren Mitarbeitern sehr herzlich.

Für die Gewährung eines Druckkostenzuschusses und das mir und der Arbeit dadurch entgegengebrachte Vertrauen gilt mein besonderer Dank der *Mathews-Stiftung*.

Meiner Freundin *Anne Katharina Krischel* danke ich dafür, dass sie da ist, auch als kritische Kommentatorin. Neben ihr haben besonders mein Vater *Ulrich Stork* und meine Freunde *Marnie Silny* und *Gero Debuschewitz* das Entstehen der Arbeit als Korrekturleser gefördert. *Holger Hofmann* danke ich für seine Anregungen.

Ohne die freundschaftliche Atmosphäre an meinem Arbeitsplatz in der Gottfried-Keller-Straße in Köln wäre die Erstellung dieser Arbeit sehr viel mühsamer gewesen. Ich erinnere mich mit Freude an die gemeinsame Zeit.

Die Arbeit ist meinen Eltern gewidmet, die mich seit über 28 Jahren mit Liebe unterstützen und fördern.

Köln, im Mai 2006   Florian Stork

Inhaltsübersicht

Vorwort V
Inhaltsverzeichnis IX
Abkürzungsverzeichnis XXI

Einleitung 1
  A. Inhaltsüberblick 1
  B. Gang der Untersuchung 4
  C. Bedeutung und Folgen von Diskriminierung für Wirtschaft und Gesellschaft 6
  D. Relevanz des Zivilrechts für die Bekämpfung der Diskriminierung 8
  E. Das Verhältnis von Freiheit und Gleichheit 9

1. Teil: Entwicklung des Anti-Diskriminierungsrechts und Erforderlichkeit zivilrechtlicher Diskriminierungsverbote 13
  A. Historische Entwicklung 13
  B. Zukünftige Entwicklung in der Europäischen Union 36
  C. Erforderlichkeit von Diskriminierungsverboten im Zivilrecht 39

2. Teil: Anti-Diskriminierungsregeln im europäischen Recht 47
  A. Art. 13 Abs. 1 EG (Art. III-124 Abs. 1 VVE) als Grundlagennorm 47
  B. Art. 13 Abs. 2 EG (Art. III-124 Abs. 2 VVE) 98
  C. Zivilrechtliche Diskriminierungsverbote durch Sekundärrecht: Richtlinien 2000/43/EG und 2004/113/EG 101
  D. Die Grundfreiheiten und Art. 12 EG als zivilrechtliche Diskriminierungsverbote 189

3. Teil: Anti-Diskriminierungsrecht im deutschen Zivilrecht unter Berücksichtigung europäischer und verfassungsrechtlicher Vorgaben 217
  A. Anti-Diskriminierungsmaßnahmen und höherrangiges Recht 217
  B. Staatliche Verpflichtung zur Schaffung zivilrechtlicher Anti-Diskriminierungstatbestände? 225
  C. Das deutsche Anti-Diskriminierungsrecht im Zivilrecht 231

4. Teil: Schlussbetrachtung 333
  A. Ergebnisse der Untersuchung 333
  B. Empfehlungen für die Gesetzgebung 342
  C. Schluss 343

Literaturverzeichnis 345

Inhaltsverzeichnis

Vorwort V
Inhaltsübersicht VII
Abkürzungsverzeichnis XXI
    Zeitschriften und Entscheidungssammlungen XXI
    Allgemeine Abkürzungen XXIII

Einleitung 1
    A. Inhaltsüberblick 1
    B. Gang der Untersuchung 4
    C. Bedeutung und Folgen von Diskriminierung für Wirtschaft und Gesellschaft 6
    D. Relevanz des Zivilrechts für die Bekämpfung der Diskriminierung 8
    E. Das Verhältnis von Freiheit und Gleichheit 9

1. Teil: Entwicklung des Anti-Diskriminierungsrechts und Erforderlichkeit zivilrechtlicher Diskriminierungsverbote 13
    A. Historische Entwicklung 13
        I. Die internationale Gemeinschaft, insbesondere der Europarat 13
            1. Internationale Gemeinschaft 13
            2. Europarat 15
        II. Die Europäische Union 16
            1. Die Anti-Diskriminierungspolitik der EU bis zum Amsterdamer Vertrag 17
                a. Die Gleichstellung der Geschlechter 18
                b. Der Kampf um eine Ausdehnung der Diskriminierungstatbestände 19
                    aa. „Rasse" und ethnische Diskriminierung 20
                    bb. Weitere Diskriminierungstatbestände 24
            2. Der Amsterdamer Vertrag – ein Meilenstein bei der Bekämpfung von Diskriminierungen 25
            3. Die Europäische Grundrechte-Charta 27
            4. Der Vertrag über eine Verfassung für Europa 28
                a. Entstehung 28
                b. Struktur 28
                c. Rechtlicher Status 29
                d. Gleichheit und Schutz vor Diskriminierung im VVE 30
        III. Deutschland 31
    B. Zukünftige Entwicklung in der Europäischen Union 36
        I. Ausgangspunkt 36
        II. Initiativen 36

1. Mitteilung der Kommission...36
2. Studie zur Ausdehnung der Diskriminierungsverbote im Zivilrecht...36
3. Europäische Agenturen 37
4. Europäisches Jahr der Chancengleichheit 2007..................................38
III. Bewertung..38
C. Erforderlichkeit von Diskriminierungsverboten im Zivilrecht.................39
I. Ausgangspunkt: Das tatsächliche Schutzbedürfnis.................................39
II. Kollision sozial wünschenswerter Differenzierungen mit formalen
    Gleichbehandlungsgeboten 40
    1. Sozial wünschenswerte Differenzierungen......................................40
    2. Verletzung formaler Diskriminierungsverbote.................................41
    3. Bereichsausnahmen und Rechtfertigungsgründe..............................41
III. Unbestimmte Verbote mit weitgehenden Ausnahmen als Folge..........42
IV. Ergebnis: Die Unangemessenheit allgemeiner
    Diskriminierungsverbote..43
V. Die Bedeutung statistischer Daten für die Bekämpfung von
   Diskriminierungen...44
    1. Eurobarometer 57.0..45
    2. Studien zur Bemessung des Ausmaßes und der Auswirkung von
       Diskriminierung..45
    3. Handbuch zur Datenerhebung und Datenerhebungsmaßnahmen........46

2. Teil: Anti-Diskriminierungsregeln im europäischen Recht 47
A. Art. 13 Abs. 1 EG (Art. III-124 Abs. 1 VVE) als Grundlagennorm..........47
    I. Historische Entwicklung 47
    II. Rechtsnatur und Wirkung des Art. 13 Abs. 1 EG................................47
        1. Keine unmittelbare (vertikale) Anwendbarkeit..............................48
        2. Enumeration vs. Generalklausel...50
            a. Vorteile und Probleme einer Generalklausel 50
            b. Zulässigkeit einer nur partiellen Regelung................................52
    III. Verhältnis zu den „sonstigen Bestimmungen dieses Vertrags" 54
        1. Vorschriften des EG-Vertrags..55
            a. Allgemein...55
            b. Art. 141 EG und entsprechendes Richtlinienrecht 58
            c. Art. 137 EG..59
            d. Grundfreiheiten und Art. 12 EG...59
            e. Art. 94, 95 EG...59
            f. Art. 308 EG...61
        2. Normen außerhalb des EG-Vertrags 62
            a. Verfassungsvertrag...62
                aa. Art. III-124 Abs. 1 VVE 63
                bb. Die Gleichheits-Artikel des VVE (Art. II-80 bis II-86 VVE).....65

(1) Exkurs: Herleitung der Grundrechte und rechtlicher Status der ChGR 65
(2) Der allgemeine Gleichheitssatz des Gemeinschaftsrechts (Art. II-80 VVE) 66
(3) Das Grundrecht auf Nichtdiskriminierung (Art. II-81 VVE) und weitere besondere Gleichheitssätze (Art. II-82 bis II-86 VVE) 68
    b. Art. 14 EMRK und 12. Zusatzprotokoll 70
IV. Verfahren und Beschlussfassung 72
V. Zuständigkeit der Gemeinschaft 73
  1. Vertretene Ansichten und Kritik 73
  2. Eigener Lösungsansatz 75
  3. Ergebnis 77
VI. Geeignete Vorkehrungen 78
  1. Beseitigung von Diskriminierung (formale Gleichbehandlung) 78
  2. Positive Diskriminierung (Herstellung materieller Gleichheit) 79
VII. Bekämpfung von Diskriminierungen 81
  1. Begriff der Diskriminierung 81
    a. Entwicklung des europäischen Diskriminierungsbegriffs 82
    b. Unmittelbare Diskriminierung 84
    c. Mittelbare Diskriminierung 84
    d. Anstiftung und Belästigung 85
  2. Diskriminierungen durch Private 86
  3. Diskriminierungsmerkmale 86
    a. „Rasse" und „ethnische Herkunft" 87
      aa. Biologischer Rassebegriff 87
      bb. Sozialwissenschaftlicher Rassebegriff 88
      cc. Ethnische Herkunft 89
      dd. Zuschreibung von Merkmalen ausreichend 89
      ee. Abgrenzung 90
        (1) Staatsangehörigkeit 90
        (2) Religion 91
    b. „Geschlecht" 92
    c. „Religion" und „Weltanschauung" 92
    d. „Behinderung" 94
    e. „Alter" 95
    f. „Sexuelle Ausrichtung" 96
  4. Schutz von Drittstaatsangehörigen 97
B. Art. 13 Abs. 2 EG (Art. III-124 Abs. 2 VVE) 98
I. Überblick 98
II. Verfahren und Beschlussfassung 98
III. Gemeinschaftliche Fördermaßnahmen 98

IV. Ausschluss jeglicher Harmonisierung der Rechts- und
    Verwaltungsvorschriften der Mitgliedstaaten....................................99
V. Akzessorischer Charakter der Fördermaßnahmen.............................100
VI. Verhältnis zu Art. III-124 Abs. 2 VVE...100
C. Zivilrechtliche Diskriminierungsverbote durch Sekundärrecht:
    Richtlinien 2000/43/EG und 2004/113/EG..101
    I. Begriff und Charakteristika einer Richtlinie nach Art. 249 Abs. 3 EG.101
    II. Überblick über die Rechtsakte zum Anti-Diskriminierungsrecht.........102
        1. Einführung...102
        2. Zivilrechtliche Diskriminierungsverbote:
           Richtlinien 2000/43/EG und 2004/113/EG................................103
        3. Arbeitsrechtlichte Diskriminierungsverbote:
           Richtlinien 2000/78/EG, 76/207/EWG und 2002/73/EG 105
    III. Richtlinie 2000/43/EG...106
        1. Zivilrechtlicher Anwendungsbereich (Art. 3)...............................107
            a. Mitgliedschaft und Mitwirkung in einer Organisation,
               deren Mitglieder einer bestimmten Berufsgruppe angehören
               (Art. 3 Abs. 1 lit. d)..107
            b. Soziale Vergünstigungen (Art. 3 Abs. 1 lit. f).........................108
            c. Gesundheits- und Bildungswesen (Art. 3 Abs. 1 lit. e und g)........108
            d. Zugang zu Gütern und Dienstleistungen, die der Öffentlichkeit
               zur Verfügung stehen, einschließlich von Wohnraum
               (Art. 3 Abs. 1 lit. h)..108
               aa. Güter und Dienstleistungen 109
               bb. Wohnraum...110
               cc. Was steht der Öffentlichkeit zur Verfügung?....................110
                   (1) Gemeinschaftsgrundrechte des Diskriminierenden............111
                   (2) Eingriffsqualität der zivilrechtlichen Anti-
                       Diskriminierungsmaßnahmen..116
                   (3) Gemeinschaftsgrundrechte des Diskriminierungsopfers 117
                   (4) Interpretation der Gemeinschaftsregelung....................118
                       (a) Entstehungsgeschichte...119
                       (b) Internationaler Hintergrund 120
                           (aa) RDÜ 120
                           (bb) IPBürgR...121
                           (cc) FDÜ..122
                           (dd) Ergebnis..122
                           (ee) Exkurs: U.S.A. und EU....................................123
                       (c) Betreten der quasi-öffentlichen Sphäre....................123
                   (5) Öffentliches Angebot..125
                   (6) Ergebnis: Diskriminierungsverbot nur für Unternehmer.......126
                   (7) Gilt die Einschränkung auch für Wohnraum?....................127

dd. Vereinbarkeit des Interpretationsergebnisses mit den
    Grundsätzen der Rechtsprechung des EuGH 129
2. Diskriminierungstatbestände 130
3. Bereichsausnahmen und Rechtfertigungsgründe 131
   a. Verbrauchereigenschaft 131
   b. Wesentliche und entscheidende berufliche Anforderungen
      (Art. 4) 132
   c. Positive Diskriminierung 134
   d. Sachliche Rechtfertigung mittelbarer Diskriminierungen
      (Art. 2 Abs. 2 lit. b) 135
4. Kompetenz der Gemeinschaft 135
   a. Ordnungsgemäßes Zustandekommen der Richtlinie 2000/43/EG .. 135
      aa. Formale Fehler 135
      bb. Gerichtliche Angreifbarkeit 137
   b. Zuständigkeit für die geregelten Sachbereiche 138
      aa. Güter (Art. 3 Abs. 1 lit. h) 139
         (1) Art. 94 f. EG und Art. 14 Abs. 3 EG 139
         (2) Art. 136 f. EG 140
         (3) Art. 153 EG 141
         (4) Zwischenergebnis 141
      bb. Dienstleistungen und Wohnraum (Art. 3 Abs. 1 lit. h) .. 142
         (1) Art. 49, 55, 47 Abs. 2 EG 142
         (2) Art. 136 f. EG 142
         (3) Art. 153 EG 143
         (4) Zwischenergebnis 143
      cc. Soziale Vergünstigungen (Art. 3 Abs. 1 lit. f) 143
      dd. Gesundheits- und Bildungswesen (Art. 3 Abs. 1 lit. e und g) ... 144
      ee. Zusammenschluss in privatrechtlichen Berufsvereinigungen
         (Art. 3 Abs. 1 lit. d) 144
      ff. Ergebnis 145
   c. Subsidiaritätsprinzip (Art. 5 Abs. 2 EG) 145
5. Die Folgen fehlender bzw. fehlerhafter Umsetzung von Anti-
   Diskriminierungsrichtlinien am Beispiel der Richtlinie
   2000/43/EG 147
   a. Die richtlinienkonforme Auslegung nationaler Bestimmungen .. 148
      aa. Bestehende Vertragsverhältnisse 149
      bb. Diskriminierende Vertragsverweigerung 150
      cc. Beweislast 152
      dd. Beteiligung von Verbänden 152
      ee. Ergebnis 152
      ff. Beispiel 153
   b. Die unmittelbare Anwendbarkeit von Richtlinienbestimmungen .. 156

aa. Lehren aus der Vergangenheit 157
bb. Tatbestand und Ausnahmen 157
(1) Hinreichende Genauigkeit 157
(2) Inhaltliche Unbedingheit 159
cc. Sanktionen 161
dd. Ergebnis 163
ee. *Mangold*-Rechtsprechung 163
(1) Hintergrund 163
(2) Das Urteil des EuGH 163
(3) Schlussfolgerungen 165
c. Der Staatshaftungsanspruch gegen einen Mitgliedstaat 166
aa. Voraussetzungen 167
bb. Staatshaftung und Anti-Diskriminierungsrichtlinien 167
cc. Ergebnis 169
d. Das Vertragsverletzungsverfahren gegen einen Mitgliedstaat 169
e. Sanktionsverfahren gem. Art. 228 Abs. 2 EG 170
IV. Richtlinie 2004/113/EG 171
1. Entstehungsgeschichte und Zielsetzung 171
2. Zuständigkeit der Gemeinschaft 172
   a. Zutreffende Rechtsgrundlage 172
   b. Ordnungsgemäßes Zustandekommen 173
   c. Zuständigkeit für die geregelten Sachbereiche 173
      aa. Gesundheitswesen (Art. 152 EG) 173
      bb. Sozialpolitik (Art. 136 ff. EG) 174
      cc. Dienstleistungen (Art. 49 ff. EG) 174
         (1) Anwendungsbereich 175
         (2) Kompetenz der Gemeinschaft 175
         (3) Ergebnis 176
      dd. Subsidiarität 176
3. Anwendungsbereich 177
   a. Überblick 177
   b. Sachlicher Anwendungsbereich 177
      aa. Entwicklung der maßgeblichen zivilrechtlichen Vorschrift
          im Gesetzgebungsverfahren 178
      bb. Auslegung des Art. 3 Abs. 1 der Richtlinie 2004/113/EG 179
      cc. Versicherungssektor 181
   c. Tatbestand der Diskriminierung 183
4. Rechtfertigungsgründe 183
   a. Art. 4 Abs. 5 der Richtlinie 2004/113/EG 184
      aa. Inhalt und Kritik 184
      bb. Die Entwurfsfassung 185
   b. Art. 6 der Richtlinie 2004/113/EG 186

c. Art. 5 Abs. 2 der Richtlinie 2004/113/EG 186
5. Rechtsschutz und Rechtsdurchsetzung... 187
6. Umsetzung... 188
D. Die Grundfreiheiten und Art. 12 EG als zivilrechtliche
  Diskriminierungsverbote 189
 I. Begriffe und Grundsatz 189
  1. Unmittelbare Drittwirkung 190
  2. Mittelbare Drittwirkung/Schutzpflichten 190
  3. Verhältnis zueinander... 190
  4. Grundsatz: Keine unmittelbare Drittwirkung im Privatrecht........ 191
 II. Entwicklung der Rechtsprechung des EuGH.................................. 191
  1. Arbeitnehmerfreizügigkeit und Dienstleistungsfreiheit............... 191
   a. Kollektive Regelungen durch Privatpersonen........................... 191
   b. Individualabreden unter Privatpersonen 192
  2. Niederlassungsfreiheit... 193
  3. Waren- und Kapitalverkehrsfreiheit.. 193
  4. Zusammenfassung... 194
 III. Systematisierung: Welcher Private ist an welche Grundfreiheiten
   gebunden?... 194
  1. Lösungsansätze des Schrifttums.. 195
   a. Die auf bestimmte Grundfreiheiten beschränkte umfassende
     Bindung Privater 195
   b. Die abgestufte unmittelbare Drittwirkung aller Grundfreiheiten ... 195
   c. Die nur mittelbare Drittwirkung aller Grundfreiheiten............. 196
  2. Eigene Bewertung 196
   a. Funktion der Grundfreiheiten und Erforderlichkeit einer
     unmittelbaren Drittwirkung 197
    aa. Funktion 197
    bb. Erforderlichkeit der unmittelbaren Drittwirkung 198
     (1) Erforderlichkeit in Bezug auf den Schutz der Betroffenen.... 198
     (2) Erforderlichkeit in Bezug auf die Verwirklichung des
       Binnenmarktes... 199
   b. Grundfreiheiten mit unmittelbarer Drittwirkung 199
    aa. Arbeitnehmerfreizügigkeit.. 199
    bb. Niederlassungs- und Dienstleistungsfreiheit...................... 201
     (1) Schutz der Betroffenen.. 201
     (2) Behinderung der Verwirklichung des Binnenmarktes.......... 202
    cc. Waren- und Kapitalverkehrsfreiheit 204
   c. Zwischenergebnis.. 205
 IV. Eingriffsqualität privater Beschränkungen?................................... 205
  1. Beschränkungen durch intermediäre Gewalten 206
  2. Beschränkungen durch Arbeitgeber und Unternehmer................ 206

3. Zwischenergebnis 207
V. Rechtfertigung privater Eingriffe 207
 1. Intermediäre Gewalten 207
 2. Arbeitgeber und Unternehmer 208
 3. Prüfungsdichte bei der Verhältnismäßigkeit 210
  a. Grundsatz 210
  b. Intermediäre Gewalten 210
  c. Unmittelbare Diskriminierungen durch Arbeitgeber und
     Unternehmer 210
 4. Zwischenergebnis 211
VI. Art. 12 Abs. 1 EG 211
 1. Bisheriger Meinungsstand 211
 2. Stellungnahme 212
 3. Eingriff und Rechtfertigung 213
 4. Zwischenergebnis 214
VII. Ergebnis und Fazit 214

3. Teil: Anti-Diskriminierungsrecht im deutschen Zivilrecht unter Be-
    rücksichtigung europäischer und verfassungsrechtlicher Vorgaben ... 217
A. Anti-Diskriminierungsmaßnahmen und höherrangiges Recht 217
 I. Prüfungsmaßstab von Richtlinien und deren Umsetzungsgesetzen 217
  1. Prüfungsmaßstab von Richtlinien 217
  2. Prüfungsmaßstab bei der Richtlinienumsetzung 219
  3. Ergebnis 220
 II. Zivilrecht und Grundgesetz 221
  1. Umsetzungsspielraum und überschießende Umsetzung 221
  2. Auslegung des Zivilrechts 221
  3. Schutzfunktion der Grundrechte 222
  4. Verfassungsrechtlicher Verhältnismäßigkeitsgrundsatz 223
   a. Tendenziell verhältnismäßiger Diskriminierungsschutz ... 223
   b. Tendenziell unverhältnismäßiger Diskriminierungsschutz ... 224
B. Staatliche Verpflichtung zur Schaffung zivilrechtlicher Anti-
   Diskriminierungstatbestände? 225
 I. Völkerrechtliche Verpflichtung 225
  1. Innerstaatliche Bindungswirkung 225
  2. Diskriminierungsschutz durch Zivilrecht 226
 II. Verfassungsrechtliche Verpflichtungen aus Art. 3 GG 226
  1. Verpflichtung zur Schaffung eines zivilrechtlichen Anti-
     Diskriminierungsgesetzes? 227
  2. Zulässigkeit eines nur partiellen Schutzes von Diskriminie-
     rungsmerkmalen in einem Anti-Diskriminierungsgesetz? ... 228
  3. Zulässigkeit eines nur abgestuften Schutzes von Diskriminie-

rungsmerkmalen in einem Anti-Diskriminierungsgesetz?...............229
C. Das deutsche Anti-Diskriminierungsrecht im Zivilrecht.............231
  I. Der europarechtliche Umsetzungsbedarf.........................232
    1. Analyse des bestehenden Rechts..............................233
      a. Rechtsschutz im Rahmen von Verträgen......................233
        aa. § 241 Abs. 2 BGB......................................233
        bb. Die guten Sitten......................................234
        cc. Treu und Glauben......................................234
        dd. Gesetzliches Verbot...................................235
      b. Rechtsschutz außerhalb von bestehenden Verträgen..........235
        aa. Culpa in Contrahendo..................................235
        bb. §§ 823 Abs. 1, 2, 826 BGB.............................236
        cc. § 1004 BGB analog.....................................239
      c. Beweislast...239
        aa. Prima facie-Beweis....................................239
        bb. Abstufung der Beweislast..............................240
        cc. Weitere Beweiserleichterungen.........................241
      d. Gerichtspraxis...241
    2. Umsetzungspflicht...242
  II. Entstehungsgeschichte und Inhalt der Entwürfe für ein Anti-
      Diskriminierungsgesetz......................................244
    1. Der Diskussionsentwurf 2001 (DiskE 2001)....................244
    2. Der überarbeitete DiskE 2002...............................246
    3. Der Zeitraum Februar 2002 – Juni 2004.......................247
    4. Der ZADG-E 2004...248
    5. Der ADG-E 2005..251
      a. Abschnitt 1: Allgemeine Bestimmungen......................253
      b. Abschnitt 3: Schutz vor Benachteiligungen
         im Zivilrechtsverkehr....................................254
      c. Abschnitt 4: Rechtsschutz................................254
      d. Abschnitt 6: Anti-Diskriminierungsstelle.................255
  III. Analyse des ADG-E 2005.....................................255
    1. Standort einer nationalen Regelung..........................255
    2. Diskriminierungsmerkmale....................................257
      a. Verwendung des Begriffs „Rasse"..........................257
      b. Zuschreibung von Merkmalen ausreichend...................258
    3. Benachteiligungsverbote.....................................259
      a. Besonderer Schutz vor Benachteiligungen aufgrund der
         „Rasse" oder der ethnischen Herkunft.....................260
      b. Benachteiligungsverbot bei Massengeschäften und
         „Beinahe-Massengeschäften"...............................261
        aa. Massengeschäfte.......................................262

(1) Konzept und Definition 262
(2) Verhältnis zu Allgemeinen Geschäftsbedingungen 263
(3) Notwendigkeit und Unternehmerbegriff 263
(4) Einschränkung des persönlichen Anwendungsbereichs
   auf Unternehmer i.S.d. § 14 BGB 264
(5) Sonderproblem Wohnraumvermietung 266
bb. „Beinahe-Massengeschäfte" 266
cc. Typisierende, aber kontextbezogene Auslegung 267
c. Benachteiligungsverbot bei Abschluss einer
   privatrechtlichen Versicherung 268
d. Benachteiligungsverbot im Vereinsleben und bei
   privatrechtlichen Berufsvereinigungen 269
e. Entsprechungsklausel für Beschäftigungsverhältnisse 271
4. Ausnahmen vom Anwendungsbereich 272
a. Das besondere Nähe- oder Vertrauensverhältnis 272
   aa. Inhalt 272
   bb. Vereinbarkeit mit europäischem Recht 273
b. Verbraucher i.S.d. § 13 BGB 275
c. Familien- und Erbrecht 275
5. Begriff der Benachteiligung 276
a. Unmittelbare Benachteiligung 276
b. Mittelbare Benachteiligung 279
c. Anweisung zur Diskriminierung und (sexuelle) Belästigung ... 280
   aa. Anweisung zur Diskriminierung 281
   bb. (Sexuelle) Belästigung 282
d. Maßregelungsverbot 284
6. Rechtfertigung unterschiedlicher Behandlungen 285
a. Positive Maßnahmen 286
b. „Rechtmäßiges Ziel" bei mittelbarer Diskriminierung 287
c. Zulässigkeit unterschiedlicher Behandlung bei
   „sachlichem Grund" 288
   aa. Rechtfertigung geschlechtsspezifischer Diskriminierungen 288
   bb. Keine Rechtfertigung ethnischer Diskriminierungen 288
   cc. Sachlicher Grund 289
   dd. Regelbeispiele 289
d. Sozial stabile Bewohner- und ausgewogene Siedlungs-
   strukturen (§ 19 Abs. 3 ADG-E) 292
   aa. Inhalt 292
   bb. Entstehungsgeschichte 293
   cc. Vereinbarkeit mit europäischem Recht 294
   dd. Ergebnis 295
7. Sanktionen 296

a. Sanktionen des ADG-E 296
   aa. Beseitigung und Unterlassung 297
   bb. Schadensersatz für materielle Schäden 297
   cc. Schadensersatz für immaterielle Schäden 298
   dd. Benachteiligende Vereinbarungen 299
   ee. Kontrahierungszwang als Unterfall des
       Beseitigungsanspruchs 299
       (1) Entwicklung 299
       (2) Allgemeines Konzept des ADG-E 301
       (3) Kontrahierungszwang bei einem Verstoß gegen das
           Benachteiligungsverbot des § 19 Abs. 1 ADG-E 301
       (4) Kontrahierungszwang bei einem Verstoß gegen das
           Benachteiligungsverbot aus § 19 Abs. 2 ADG-E 302
b. Alternative Sanktionen 304
   aa. Strafschadensersatz 304
   bb. Diskriminierungen als Ordnungswidrigkeit 304
c. Begrenzung der Höhe nach 305
d. Ausschlussgründe 306
   aa. Befristung 306
   bb. „Ernsthaftigkeit der Vertragsschlussabsicht" als unge-
       schriebene Voraussetzung eines Rechtsanspruchs 307
e. Konkurrenzen 308
8. Beweismaß und Beweislastverteilung 309
   a. § 22 ADG-E als zweistufige Beweisregel 309
      aa. Grundsätze der ZPO 309
      bb. Senkung des Beweismaßes und Umkehr der Beweislast
          zugunsten des Klägers 310
      cc. Vollbeweis durch Kläger bleibt teilweise erforderlich 311
      dd. Keine Abkehr von Grundsätzen des deutschen Prozessrechts .. 312
   b. Vorschlag für eine Überarbeitung der Beweisvorschrift 312
      aa. Glaubhaftmachung und Vermutung 312
      bb. Kein Vorliegen einer Benachteiligung 313
      cc. Eigener Vorschlag 314
   c. Tatsachen, die eine Benachteiligung als wahrscheinlich
      erscheinen lassen 314
      aa. Stellenanzeigen 314
      bb. Entlohnungssysteme und Schwangerschaftsfrage 315
      cc. Benachteiligungspraxis und allgemeine Geschäfts-
          bedingungen 315
      dd. Bloßes Behaupten nicht ausreichend 316
      ee. Keine reale Vergleichsperson erforderlich 316
      ff. Zugeschriebene Merkmale 317

  d. Unterschiedliche Behandlung liegt nicht vor oder ist zulässig 317
 9. Unterstützung durch Anti-Diskriminierungsverbände 318
  a. Möglichkeiten der Umsetzung 318
  b. Überblick über die Regelung 319
  c. Kritik 320
   aa. Prozessvertretung und Beistandsbefugnis gem. § 23 Abs. 2 ADG-E 320
   bb. Prozessstandschaft gem. § 23 Abs. 4 ADG-E 321
   cc. Überschreitung der Vorgaben der Richtlinien 323
 10. Die Anti-Diskriminierungsstelle 323
  a. Leitung der Anti-Diskriminierungsstelle 324
   aa. Wahl und Ernennung 324
   bb. Amtsdauer 324
  b. Aufgaben und Befugnisse der Anti-Diskriminierungsstelle 325
   aa. Befugnis zur Prozessstandschaft? 325
   bb. Datenschutz 326
   cc. Berichtspflicht 326
   dd. Auskunfts- und Akteneinsichtsrecht 327
  c. Beirat 327
  d. Internationale Vorbilder 328
 11. Die gütliche Streitbeilegung im ADG-E 328
  a. Eignung für Streitigkeiten wegen Diskriminierung 328
  b. Streitbeilegung durch die Anti-Diskriminierungsstelle 330
  c. Streitbeilegung aufgrund § 15a EGZPO 331

4. Teil: Schlussbetrachtung 333
 A. Ergebnisse der Untersuchung 333
  I. Europäisches Recht 333
   1. Allgemeine Ergebnisse 333
   2. Art. 13 EG 334
   3. Richtlinien 2000/43/EG und 2004/113/EG 335
   4. Die Grundfreiheiten und Art. 12 EG 336
  II. Deutsche Umsetzung 338
   1. Allgemeine Ergebnisse 338
   2. Das Anti-Diskriminierungsgesetz 339
 B. Empfehlungen für die Gesetzgebung 342
  I. Europa 342
  II. Deutschland 343
 C. Schluss 343

Literaturverzeichnis 345

Abkürzungsverzeichnis

Zeitschriften und Entscheidungssammlungen

AcP	Archiv für die civilistische Praxis
AJIL	American Journal of International Law
AnwBl	Anwaltsblatt
ARIEL	Austrian Review of International & European Law
AuR	Arbeit und Recht
BAGE	Sammlung der Entscheidungen des BAG
BB	Der Betriebsberater
BGHZ	Entscheidungen des Bundesgerichtshofs in Zivilsachen
BRAK-Mitt.	Mitteilungen der Bundesrechtsanwaltskammer
BVerfGE	Sammlung der Entscheidungen des BVerfG
BVerwGE	Sammlung der Entscheidungen des BverwG
CMLR	Common Market Law Review
CYELS	Cambridge Yearbook of European Legal Studies
DB	Der Betrieb
DRiZ	Deutsche Richterzeitung
DVBl.	Deutsche Verwaltungsblätter
DWW	Deutsche Wohnungswirtschaft
EHRLR	European Human Rights Law Review
EJML	European Journal of Migration and Law
ELJ	European Law Journal
ELR	European Law Review
EPL	European Public Law
EuGRZ	Zeitschrift für Europäische Grundrechte
EuR	Europarecht
EuZW	Europäische Zeitschrift für Wirtschaftsrecht
EWS	Europäisches Wirtschafts- und Steuerrecht
EYMI	European Yearbook of Minority Issues
EzA	Entscheidungssammlung zum Arbeitsrecht
FA	Fachanwalt Arbeitsrecht
GewA	Gewerbearchiv
GLJ	German Law Journal
IJCLLIR	International Journal of Comparative Labour Law and Industrial Relations
ILJ	Industrial Law Journal
ILT	Irish Law Times
JA	Juristische Arbeitsblätter
JEMIE	Journal on Ethnopolitics and Minority Issues in

	Europe
JR	Juristische Rundschau
JRP	Journal für Rechtspolitik
Jura	Juristische Ausbildung
JuS	Juristische Schulung
JW	Juristische Wochenschrift
JZ	Juristenzeitung
KJ	Kritische Justiz
KuR	Kommunikation und Recht
LAGE	Sammlung der Entscheidungen der Landesarbeitsgerichte
LM	Lindenmaier/Möhring (Nachschlagewerk des BGH)
McGill L.J.	McGill Law Journal
MDR	Monatsschrift für Deutsches Recht
MJ	Maastricht Journal of European and Comparative Law
MLR	Modern Law Review
NJ	Neue Justiz
NJW	Neue Juristische Wochenschrift
NJW-RR	NJW-Rechtsprechungs-Report
NVwZ	Neue Zeitschrift für Verwaltungsrecht
NZA	Neue Zeitschrift für Arbeits- und Sozialrecht
OJLS	Oxford Journal of Legal Studies
PL	Public Law
RdA	Recht der Arbeit
RTDH	Revue trimestrielle des droits de l'homme
SchAZ	Schiedsamtszeitung
SDRSV	Schriftenreihe des Deutschen Sozialrechtsverbandes
Slg.	Sammlung der Rechtsprechung des EuGH
StG	Stadt und Gemeinde
VersR	Zeitschrift für Versicherungsrecht
VVDStRL	Veröffentlichungen der Vereinigung der Deutschen Staatsrechtslehrer
WM	Wertpapiermitteilungen
WuM	Wohnungs- und Mietrecht
ZAR	Zeitschrift für Ausländerrecht und Ausländerpolitik
ZESAR	Zeitschrift für Europäisches Sozial- und Arbeitsrecht
ZEuP	Zeitschrift für Europäisches Privatrecht
ZEuS	Zeitschrift für Europarechtliche Studien
ZfA	Zeitschrift für Arbeitsrecht
ZGesHKR	Zeitschrift für das Gesamte Handelsrecht und Konkursrecht

ZGS	Zeitschrift für das gesamte Schuldrecht
ZIP	Zeitschrift für Wirtschaftsrecht und Insolvenzpraxis
ZRP	Zeitschrift für Rechtspolitik

Allgemeine Abkürzungen

a.A.	anderer Ansicht
a.a.O.	am angegebenen Ort
a.F.	alte Fassung
a.M.	anderer Meinung
ABl.	Amtsblatt der Europäischen Gemeinschaften
Abs.	Absatz
abw.	abweichend
ADB NRW	Netzwerk der Anti-Diskriminierungsbüros in NRW
ADG	Anti-Diskriminierungsgesetz
ADG-E	Entwurf für ein Anti-Diskriminierungsgesetz
ADS	Anti-Diskriminierungsstelle
ADV	Anti-Diskriminierungsverband
AG	Amtsgericht
AGB	Allgemeine Geschäftsbedingungen
AGBG	Gesetz zur Regelung des Rechts der Allgemeinen Geschäftsbedingungen
Alt.	Alternative
Anh.	Anhang
Anm.	Anmerkung
ArbG	Arbeitsgericht
ArbGG	Arbeitsgerichtsgesetz
Art.	Artikel
AT	Allgemeiner Teil
Aufl.	Auflage
ausschl.	ausschließlich
AWGB	Allgemeines Gleichbehandlungsgesetz
Az.	Aktenzeichen
BAG	Bundesarbeitsgericht
BauGB	Baugesetzbuch
BayObLG	Bayrisches Oberstes Landesgericht
Bd.	Band
BDA	Bundesvereinigung der Deutschen Arbeitgeberverbände
BDI	Bund der deutschen Industrie
BDSG	Bundesdatenschutzgesetz

Beil.	Beilage
BetrVG	Betriebsverfassungsgesetz
BFIW	Bundesverband freier Immobilien- und Wohnungsunternehmen
BGB	Bürgerliches Gesetzbuch
BGB-InfoVO	BGB-Informationspflichten-Verordnung
BGBl.	Bundesgesetzblatt
BGG	Behindertengleichstellungsgesetz
BGH	Bundesgerichtshof
BMFSFJ	Bundesministerium für Frauen, Senioren, Familie und Jugend
BMJ	Bundesministerium der Justiz
BMWA	Bundesministerium für Wirtschaft und Arbeit
BRAK	Bundesrechtsanwaltskammer
BR-Drs.	Bundesratsdrucksache
BSchG	Beschäftigtenschutzgesetz
Bsp.	Beispiel
Bull. EG	Bulletin der Europäischen Gemeinschaften
BT	Bundestag; Besonderer Teil
BT-Drs.	Bundestagsdrucksache
BVerfG	Bundesverfassungsgericht
BVerwG	Bundesverwaltungsgericht
bzw.	beziehungsweise
C	Court = Verfahren vor dem EuGH
c.i.c.	culpa in contrahendo
CCPR	Internationaler Pakt über bürgerliche und politische Rechte
CDU	Christlich Demokratische Union
CEDAW	Übereinkommen zur Beseitigung jeder Form von Diskriminierung der Frau
CERD	Internationales Übereinkommen zur Beseitigung jeder Form von Rassendiskriminierung
CESCR	Internationaler Pakt über wirtschaftliche, soziale und kulturelle Rechte
ChGR	Charta der Grundrechte der Europäischen Union
ChVN	Charta der Vereinten Nationen
CONF	Konferenzdokument
CRC	Übereinkommen über die Rechte des Kindes
CSU	Christlich Soziale Union
d.h.	das heißt
DAV	Deutscher Anwaltverein
ders.	derselbe

DIHK	Deutscher Industrie- und Handelskammertag
DiskE	Diskussionsentwurf
Diss.	Dissertation
DJB	Deutscher Juristinnenbund
DJT	Deutscher Juristentag
DMB	Deutscher Mieterbund
Dok.	Dokument
Drs.	Drucksache
DStW	Deutsches Studentenwerk
EAG Bau	Europäisches Anpassungsgesetz Bau
EC	European Community
ed.	Editor(s)
EG	Europäische Gemeinschaft(en); Vertrag zur Gründung der Europäischen Gemeinschaft
EGMR	Europäischer Gerichtshof für Menschenrechte
EGV	Vertrag zur Gründung der Europäischen Gemeinschaft
EGZPO	Einführungsgesetz zur Zivilprozessordnung
Einf.	Einführung
Einl.	Einleitung
EMRK	Europ. Konvention z. Schutze d. Menschenrechte u. Grundfreiheiten
ENAR	Europäisches Netzwerk gegen Rassismus
endg.	endgültig
EP	Europäisches Parlament
EPIL	Encyclopedia of Public International Law
ErfK	Erfurter Kommentar
Erg.	Ergebnis
ESA	(Irischer) Equal Status Act 2000
etc.	et cetera
EU	Europäische Union; Vertrag über die Europäische Union
EuG	Europäisches Gericht erster Instanz
EuGH	Gerichtshof der Europäischen Gemeinschaften
EU-KOM	Kommission der Europäischen Gemeinschaften
EU-Komm.	EU-Kommentar
EUMC	Europäische Stelle zur Beobachtung von Rassismus und Fremdenfeindlichkeit
EuR	Europarecht
EUV/EGV	Kommentar zum EU- und EG-Vertrag
EWG	Europäische Wirtschaftsgemeinschaft
EWGV	Vertrag zur Gründung der Europäischen Wirtschafts-

	gemeinschaft
EWR	Europäischer Wirtschaftsraum
f.	folgende
FAZ	Frankfurter Allgemeine Zeitung
FDP	Freie Demokratische Partei
FDÜ	Übereinkommen zur Beseitigung jeder Form von Diskriminierung der Frau
ff.	fortfolgende
Fn.	Fußnote
FNSt	Friedrich-Naumann-Stiftung
FS	Festschrift
GA	Generalanwalt
GA Res.	Resolution der Generalversammlung der Vereinten Nationen
GastG	Gaststättengesetz
GD	Generaldirektion
GdW	Bundesverband deutscher Wohnungs- und Immobilienunternehmen
gem.	gemäß
GG	Grundgesetz
ggf.	gegebenenfalls
GrR	Grundrechte
GS	Großer Senat
h.L.	herrschende Lehre
h.M.	herrschende Meinung
HbdStR	Handbuch des Staatsrechts
HGB	Handelsgesetzbuch
Hrsg.	Herausgeber
hrsg.	herausgegeben
Hs.	Halbsatz
HwiG	Haustürwiderrufsgesetz
i.d.F.	in der Fassung
i.d.R.	in der Regel
i.e.S.	im engeren Sinne
i.S.	im Sinne
i.S.d.	im Sinne des/der
i.S.v.	im Sinne von
i.V.m.	in Verbindung mit
i.w.S.	im weiteren Sinne
IHK	Industrie- und Handelskammer
ILO	Internationale Arbeitsorganisation
insb.	insbesondere

IPBürgR	Internationaler Pakt über bürgerliche u. politische Rechte
Kap.	Kapitel
KG	Kammergericht
KOM	Kommissionsdokument
krit.	kritisch
KStA	Kölner Stadt-Anzeiger
KSZE	Konferenz für Sicherheit und Zusammenarbeit in Europa
LAG	Landesarbeitsgericht
LG	Landgericht
Lit.	Literatur
lit.	Buchstabe
m.	mit
MS	Mitgliedstaat(en)
m.w.N.	mit weiteren Nachweisen
MünchKomm	Münchener Kommentar
n.F.	neue Fassung
Nr.	Nummer
OECD	Organisation für wirtschaftliche Zusammenarbeit und Entwicklung
OLG	Oberlandesgericht
OSZE	Organisation für Sicherheit und Zusammenarbeit in Europa
OWG	Ordnungswidrigkeitengesetz
RBerG	Rechtsberatungsgesetz
RDÜ	Internationales Übereinkommen zur Beseitigung jeder Form von Rassendiskriminierung
RegE	Regierungsentwurf
RL	Richtlinie
Rn.	Randnummer
RRA	Race Relations Act 1976
Rs.	Rechtssache
Rspr.	Rechtsprechung
S.	Seite
SchR	Schuldrecht
SchwbG	Schwerbehindertengesetz
SGB	Sozialgesetzbuch
sog.	sogenannte
SPD	Sozialdemokratische Partei Deutschlands
st. Rspr.	ständige Rechtsprechung
StGB	Strafgesetzbuch

StR	Staatsrecht
str.	streitig
SWP	Stiftung Wissenschaft und Politik
T	Tribunal = Verfahren vor dem EuG
TzBfG	Gesetz über Teilzeitarbeit und befristete Arbeitsverträge
u.a.	unter anderem
u.ä.	und ähnliche
u.U.	unter Umständen
UKlaG	Unterlassungsklagengesetz
UN	Vereinte Nationen
UN-Doc.	Dokument der Vereinten Nationen
UNESCO	Organisation der Vereinten Nationen für Bildung, Wissenschaft, Kultur und Kommunikation
UNTS	United Nations Treaty Series
U.S.A.	Vereinigte Staaten von Amerika
usw.	und so weiter
v.	vor; vom
verb.	verbundene
VerbrKrG	Verbraucherkreditgesetz
vgl.	vergleiche
VN	Vereinte Nationen
VO	Verordnung
Vorbem.	Vorbemerkung(en)
vs.	versus
VVE	Vertrag über eine Verfassung für Europa
WHO	Weltgesundheitsorganisation
WoFG	Wohnraumförderungsgesetz
z.B.	zum Beispiel
z.T.	zum Teil
ZADG	Zivilrechtliches Anti-Diskriminierungsgesetz
ZADG-E	Entwurf für ein Zivilrechtliches Anti-Diskriminierungsgesetz
ZPO	Zivilprozeßordnung
zust.	zustimmend

Im übrigen wird auf *Kirchner*, Hildebert/*Butz*, Cornelie, Abkürzungsverzeichnis der Rechtssprache, 5. Auflage, Berlin 2003, verwiesen.

Einleitung

Obwohl ihre Ursprünge in der wirtschaftlichen Integration liegen, hat die EU schon lange aufgehört, ein nur ökonomisch ausgerichteter Zusammenschluss von Staaten zu sein. Die Mitgliedstaaten bilden vielmehr eine paneuropäische Interessengemeinschaft mit gemeinsamen Werten. Dies wurde vom EuGH[1] bereits im Jahr 1976 festgestellt, als er ausführte, dass die Gemeinschaft

„sich ja nicht auf eine Wirtschaftsunion beschränkt, sondern, wie die Präambel des Vertrages hervorhebt, zugleich durch gemeinsames Vorgehen den sozialen Fortschritt sichern und die ständige Besserung der Lebens- und Beschäftigungsbedingungen der europäischen Völker anstreben soll".

Als Wertegemeinschaft befasst sich die EU zunehmend mit gesellschaftlichen Fragestellungen in den Mitgliedstaaten. Im Zentrum stehen Themen der Arbeits- und Sozialpolitik, aber auch Grundfragen des menschlichen Zusammenlebens, wie die soziale Ausgrenzung und die Diskriminierung von Minderheiten.

Entsprechend entfaltet sich auf europäischer Ebene nunmehr ein umfassendes Anti-Diskriminierungsrecht, das zumindest auf das deutsche Zivilrechtssystem zunächst wie ein Fremdkörper wirkt. Die europäische Anti-Diskriminierungsgesetzgebung hat das Potential, auch die nächsten Jahre Gegenstand einer kontroversen Debatte zu sein.

A. Inhaltsüberblick

Gegenstand der Arbeit sind die in Art. 13 EG[2] (Art. III-124 VVE[3]) normierten europarechtlichen Diskriminierungsverbote und ihre Umsetzung in das deutsche Zivilrecht.[4] Unter *Diskriminierung* wird ein rechtserhebliches Verhalten verstan-

---

[1] EuGH Rs. 43/75, Slg. 1976, 455 Rn. 8/11 (*Defrenne II*).
[2] In der gesamten Arbeit wird der EG-Vertrag in der durch den Vertrag von Nizza (Vertrag von Nizza zur Änderung des Vertrags über die Europäische Union, der Verträge zur Gründung der Europäischen Gemeinschaften sowie einiger damit zusammenhängender Rechtsakte vom 26.2.2001, BGBl. 2002 II, 1666; ABl. 2001 C 80/1) eingeführten und mit dessen Inkrafttreten am 1.2.2003 verbindlichen Nummerierung zitiert. Wenn in einem zitierten Text Artikel des Primärrechts nach der alten Zählweise vor dem Vertrag von Nizza verwendet wurden, so sind im vorliegenden Text die neuen Ziffern eingesetzt, wenn dies ohne Sinnverlust möglich war.
[3] Wo immer es möglich und geboten erscheint, wird auf die einschlägigen Artikel des VVE Bezug genommen. Obwohl er nach den ablehnenden Voten in einzelnen MS möglicherweise nicht in Kraft treten wird, vgl. 1. Teil A. IV., soll dadurch die Möglichkeit eröffnet werden, wissenschaftliche Vergleiche zwischen den einzelnen Vorschriften zu ziehen. Eine vollständige Synopse von EG-Vertrag und VVE findet sich bei *Streinz/Ohler/Herrmann*, VVE Einführung, 117 ff.
[4] Für eine ökonomische Analyse von Diskriminierungen in Privatrechtsbeziehungen vgl. *Becker*, Economics of Discrimination sowie Fn. 165.

den, das andere aufgrund bestimmter persönlicher Merkmale benachteiligt oder bevorzugt, ohne auf objektiven Erwägungen zu beruhen.[5] Art. 13 Abs. 1 EG (Art. III-124 Abs. 1 VVE) ermächtigt die Gemeinschaft, Benachteiligungen aufgrund des Geschlechts, der „Rasse"[6], der ethnischen Herkunft, der Religion oder der Weltanschauung, einer Behinderung, des Alters und der sexuellen Ausrichtung zu bekämpfen. Sie sollen durch die Richtlinien 2000/43/EG[7], 2004/113/EG[8] und 2000/78/EG[9] in mehrere Rechtsbereiche implementiert werden, unter ihnen auch das allgemeine Zivilrecht, das im Zentrum der Arbeit stehen wird.

Die Relevanz von zivilrechtlichen Anti-Diskriminierungsvorschriften wird deutlich am Beispiel des Mietrechts: Eine Vermieterin möchte ein Zimmer in ihrer Wohnung untervermieten. Als überzeugte Junggesellin kann sie sich aber

---

[5] Dies ist noch keine Definition der Diskriminierung im rechtlichen Sinne: Eine solche folgt im 2. Teil A. VII. 1., wenn die europäischen Rechtsgrundlagen analysiert werden. Gleichwohl soll hier bereits der Begriff umrissen werden, um ein besseres Verständnis der nachfolgenden Ausführungen zu ermöglichen. Vgl. zum Begriff der Diskriminierung ausführlich *Plötscher*, Begriff der Diskriminierung, 26 ff.; Meyer, Diskriminierungsverbot, 35 ff. Zu einer allgemeinen englischen Definition vgl. *Stork*, GLJ 6 (2005), 533.

[6] Im deutschsprachigen Raum wird der Begriff „Rasse" auch als biologisches Konzept verwendet. Menschliche „Rassen" im biologischen Sinne gibt es jedoch nicht. Bei der Rassendiskriminierung steht die *Vorstellung* im Vordergrund, dass die eine Gruppe charakterisierenden äußeren Merkmale Rassenmerkmale sind. Der Begriff findet daher unter den Vorbehalt Verwendung, der auch im 6. Erwägungsgrund der RL 2000/43/EG genannt wird: *„Die Europäische Union weist Theorien, mit denen versucht wird, die Existenz verschiedener menschlicher Rassen zu belegen, zurück. Die Verwendung des Begriffs ‚Rasse' in dieser Richtlinie impliziert nicht die Akzeptanz solcher Theorien."*

[7] RL 2000/43/EG des Rates vom 29.6.2000 zur Anwendung des Gleichbehandlungsgrundsatzes ohne Unterschied der Rasse oder der ethnischen Herkunft (ABl. 2000 L 180/22).

[8] RL 2004/113/EG vom 13.12.2004 zur Verwirklichung des Grundsatzes der Gleichbehandlung von Männern und Frauen beim Zugang zu und bei der Versorgung mit Gütern und Dienstleistungen (ABl. 2004 L 373/37). Die RL basiert auf dem Vorschlag für eine RL des Rates zur Verwirklichung des Grundsatzes der Gleichbehandlung von Frauen und Männern beim Zugang zu und bei der Versorgung mit Gütern und Dienstleistungen (KOM (2003) 657 endg.). Schon der Vorschlag führt zu einer Reihe kontroverser Stellungnahmen, vgl. *Riesenhuber/Franck*, Verbot der Geschlechtsdiskriminierung im Europäischen Vertragsrecht, JZ 2004, 529; *Pirstner-Ebner*, Neue Gemeinschaftsrechtsentwicklungen im Bereich des Gender Mainstreaming, EuZW 2004, 205; *Jahn*, FAZ v. 10.11.2003, 11; *Beck*, FAZ v. 6.11.2003, 15; *Kafsack*, FAZ v. 4.10.2003, 11.

[9] RL 2000/78/EG vom 27.11.2000 zur Festlegung eines allgemeinen Rahmens für die Verwirklichung der Gleichbehandlung in Beschäftigung und Beruf (ABl. 2000 L 303/16).

A. Inhaltsüberblick

nicht vorstellen, mit einem Mann unter einem Dach zu leben. Um aus mehreren Bewerbern auswählen zu können, gibt sie in der Tageszeitung ein entsprechendes Inserat auf, das den Zusatz „KM" (keine Männer) enthält. Dieses Beispiel wirft nicht nur grundsätzliche rechtspolitische Fragen auf, sondern auch solche nach Anwendungsbereich, Rechtfertigung und anderen Problemen zivilrechtlicher Diskriminierungsverbote.

Ähnliches ist im kaufvertraglichen Bereich wie auch beim Zugang zu sonstigen Dienstleistungen vorstellbar, auch mit anderen Differenzierungsgründen: Man denke an türkischstämmige Mitbürger, die sich nach Erreichen des Rentenalters nur von Angehörigen der eigenen Ethnie bzw. der eigenen Religion pflegen lassen möchten.[10] Es fragt sich dann, inwieweit diesen Wünschen auch unter Inkaufnahme möglicher Mehrkosten zu entsprechen ist. Oder sind derartige Vorstellungen an sich unzulässig? Die Überlegungen illustrieren überblicksartig die Bedeutung und den Anwendungsbereich von Anti-Diskriminierungsregeln im Zivilrecht: Jedenfalls Differenzierungen nach dem Geschlecht, der „Rasse" oder der ethnischen Herkunft sollen nunmehr beim Zugang zu Gütern und Dienstleistungen, die der Öffentlichkeit zur Verfügung stehen, grundsätzlich nicht erlaubt sein. Ausnahmen bestehen nicht bzw. nur unter besonderen – eng formulierten – Bedingungen.

Zivilrechtliche Diskriminierungsverbote sind in Deutschland neu. Bisher war immer nur der Staat gemäß Art. 3 GG zur Gleichbehandlung seiner Bürger verpflichtet. Das Privatrecht bot gegen Ungleichbehandlungen allenfalls theoretischen Schutz über die Generalklauseln der §§ 134, 138 BGB und die Schadensersatzansprüche nach §§ 823 Abs. 1, 826 BGB.[11] Warum werden jetzt Diskriminierungsverbote in das Zivilrecht implementiert? Diskriminierungen, so wird vorgebracht, seien mit menschenrechtlichen Grundsätzen nicht zu vereinbaren und rechtspolitisch untragbar. Jeder müsse seine individuelle Lebensform frei von gesellschaftlichen und staatlichen Zwängen wählen können. Dass dieser Rechtsgedanke nun auch im Zivilrecht verwirklicht wird, sei daher nicht verkehrt. Das Hauptaugenmerk dieser Arbeit liegt nicht in der Bewertung des Für und Wider dieser Argumente. Denn unabhängig von ideologischen Auseinandersetzungen, die aufgrund ihrer starken Werturteilsbezogenheit besser in der Politik aufgehoben sind, besteht angesichts europäischer Richtlinien eine europarechtliche Umsetzungspflicht.

Im Fokus dieser Arbeit soll eine Auslegung der europäischen Anti-Diskriminierungsregeln sowie die Art und Weise ihrer Umsetzung in das deutsche Zivilrecht stehen. Aufgrund der Dynamik der europäischen Integration lautet die Frage

---

[10] Zum Recht auf Pflegekräfte des eigenen Geschlechts vor Umsetzung des zivilrechtlichen Anti-Diskriminierungsgesetzes, vgl. *Igl/Dünnes*, Pflegekräfte, Rechtsgutachten.
[11] Genauer dazu 3. Teil. C. I. 1.

längst nicht mehr in erster Linie, *ob* wir zivilrechtliche Diskriminierungsverbote brauchen, sondern *wie* die bestehenden zu interpretieren und systemkonform in das nationale Zivilrecht zu integrieren sind. Letztlich steht zwar auch hier eine Abwägung im Vordergrund, um unverhältnismäßige Regeln zu vermeiden, diese soll sich jedoch nicht auf Werturteile, sondern auf Tatsachen und ihre rechtliche Würdigung stützen.

B. Gang der Untersuchung

Die Untersuchung findet auf zwei Ebenen statt. Nach einem einleitenden historischen Teil zur Entwicklung des Anti-Diskriminierungsrechts auf internationaler, europäischer und deutscher Ebene, der auch die Erforderlichkeit von Diskriminierungsverboten umfasst, sollen zunächst die Bestimmungen des europäischen Rechts und danach ihre Umsetzung in das nationale Zivilrecht unter Berücksichtigung des Verfassungsrechts dargestellt und analysiert werden. Diese Vorgehensweise basiert auf der These, dass nur durch eine genaue Analyse der europarechtlichen Vorgaben, die für die Umsetzung in Deutschland verbindlich sind und Anwendungsvorrang gegenüber dem nationalen Recht (auch gegenüber dem Grundgesetz) genießen, verlässliche Aussagen über die Zulässigkeit der deutschen Umsetzungsmaßnahmen gemacht werden können.

Der europarechtliche Komplex umfasst eine Analyse der Entstehungsgeschichte und des Anwendungsbereichs von Art. 13 EG sowie seines Verhältnisses zu anderen Bestimmungen des EG-Vertrags, aber auch zur Nachfolgebestimmung des Art. III-124 VVE und zu einschlägigem Sekundärrecht, insbesondere den Richtlinien 2000/43/EG und 2004/113/EG. Dadurch sollen die Umrisse und Vorgaben des europäischen Diskriminierungsschutzes herausgearbeitet werden. Die Regelungen dienen dazu, den allgemeinen Gleichheitsgrundsatz des Gemeinschaftsrechts und das Nichtdiskriminierungsgebot, die mittlerweile in Art. 20 und 21 der ChGR[12] (Art. II-80 und II-81 VVE) kodifiziert wurden,[13] durchzusetzen und auszugestalten. Eine zentrale Stellung in der Bearbeitung nimmt Art. 13 Abs. 1 EG (Art. III-124 Abs. 1) ein, dessen Auslegung mit Blick auf die Interpretation der auf seiner Grundlage erlassenen Bestimmungen besondere Bedeutung zukommt. Ist Art. 13 Abs. 1 EG eine eigenständige Kompetenzgrundlage oder nur eine „eingeschränkte Ermächtigungsnorm"[14]? Warum wird in Art. 13 Abs. 1 EG nur ein Ausschnitt an Diskriminierungstatbeständen geregelt und mit welcher Berechtigung wird eine solche Differenzierung vorgenommen? Beson-

---

[12] Charta der Grundrechte der Europäischen Union vom 7.12.2000 (ABl. 2000 C 364/1); Erläuterungen und Text der ChGR sind abgedruckt bei Lenz/Borchardt (Hrsg.), EUV/EGV, 2493-2523.
[13] Zum gemeinschaftsrechtlichen Gleichheitssatz und dem Nichtdiskriminierungsgebot und ihrem Verhältnis zu Art. 13 EG ausführlich 2. Teil A. III. 2. a. bb.
[14] *Högenauer*, Richtlinien gegen Diskriminierung im Arbeitsrecht, 34.

B. Gang der Untersuchung

deres Augenmerk wird darauf zu legen sein, die Vertragsfreiheit und sonstige betroffene Grundrechte in einem europäischen Kontext zu analysieren. Nicht einzelstaatliche Besonderheiten, wie z.b. das deutsche Verständnis von Privatautonomie, sondern erst die aus einer wertenden Verfassungsvergleichung der Mitgliedstaaten gewonnenen Erkenntnisse konturieren ein europäisches Grundrecht, an dem sich die Rechtsakte messen lassen müssen. Dabei sollen auch Diskriminierungen aufgrund der Staatsangehörigkeit (Art. 12 EG und die Grundfreiheiten) und ihre Bedeutung für das Zivilrecht behandelt werden. Nur kursorisch betrachtet wird dagegen die ausschließlich arbeitsrechtliche Diskriminierungsnorm des Art. 141 EG (Art. III-214 VVE) und das dazu ergangene Sekundärrecht, gilt das Interesse der Arbeit doch hauptsächlich dem allgemein zivilrechtlichen Regelungsbereich des Anti-Diskriminierungsrechts. Das Arbeitsrecht sowie besondere Fragen der Versicherungswirtschaft (Stichwort: Unisex-Tarife) bleiben daher grundsätzlich außen vor.[15] In der Bearbeitung nicht enthalten sind ebenfalls das kartellrechtliche (Art. 82 lit. d EG) und das landwirtschaftsspezifische (Art. 34 Abs. 2 Unterabs. 2 EG) Diskriminierungsverbot Es handelt sich bei den beiden letzteren um grundsätzlich verschiedene Regelungskomplexe.

Auf einer zweiten Ebene befasst sich die Arbeit mit den Umsetzungsversuchen der europarechtlichen Vorgaben in das allgemeine deutsche Zivilrecht durch die verschiedenen Entwürfe für ein ADG. Dabei werden die europäischen wie auch verfassungsrechtlichen Rahmenbedingungen zu berücksichtigen sein. Nach einer Analyse, an welchen Vorgaben (europarechtlich und verfassungsrechtlich) sich deutsche Bestimmungen messen lassen müssen, wird festzustellen sein, welche Möglichkeiten das existierende deutsche Recht schon bereit hält, wo also tatsächlich ein Umsetzungsbedarf in Bezug auf die Richtlinien(-Vorschläge) besteht. Fraglich ist aber nicht nur die Vereinbarkeit der beabsichtigten Anti-Diskriminierungsregelungen mit höherrangigem Recht (dies gilt insbesondere für die Einführung eines Kontrahierungszwangs als Rechtsfolge des Individualrechtsschutzes), sondern es wird auch zu überlegen sein, ob nicht sogar ein verfassungsrechtliches[16] und völkerrechtliches[17] Erfordernis besteht, der im privatrechtlichen Bereich ausgeübten Diskriminierung auch mit Instrumenten des Zivilrechts entgegenzutreten. Weiterhin werden – wie schon zuvor auf europäischer Ebene – die Vor- und Nachteile eines generalklauselartigen Anti-Diskri-

---

[15] Siehe zu Fragen gemeinschaftsrechtlicher Kompetenzfragen betreffend das Versicherungswesen jedoch noch 2. Teil C. IV. 2. Zu den Auswirkungen des gemeinschaftlichen Anti-Diskriminierungsrechts auf das Arbeitsrecht *Korthaus*, Das neue Anti-Diskriminierungsrecht.

[16] Vgl. für die Gleichstellung von Frauen im Arbeitsrecht und Öffentlichen Recht: *Breuer*, Anti-Diskriminierungs-Gesetzgebung.

[17] Dazu *Kühner*, NJW 1986, 1397 ff.; *Schiek*, Differenzierte Gerechtigkeit, 20 ff., 75 f.

minierungstatbestandes untersucht. Insbesondere sollen – ähnlich der Vorgehensweise im europarechtlichen Teil – verfassungsmäßige Kriterien gefunden werden, anhand derer sich begründen lässt, warum einzelne Merkmale keine Aufnahme in den deutschen Gesetzentwurf finden sollen, andere dagegen schon (z.B. könnte bei der Wohnungssuche weiterhin eine Familie mit Kindern abgelehnt werden,[18] wenn man darin nicht eine mittelbare Benachteiligung aufgrund des Alters der Eltern erblickt[19]). Breiten Raum nimmt sodann die Bewertung der Umsetzungsversuche, insb. des vorerst letzten ADG-E, ein. Am Ende der Bearbeitung steht eine Zusammenfassung der gefundenen Ergebnisse sowie ein Ausblick.

C. Bedeutung und Folgen von Diskriminierung für Wirtschaft und Gesellschaft

Wie bereits vom Europäischen Parlament in seiner Entschließung vom 21. April 1993[20] unterstrichen wurde, sind Rassismus und Ausländerfeindlichkeit geeignet,

„die Grundfesten der Demokratie, den Schutz der Menschenrechte und der Grundfreiheiten sowie die gemeinsamen verfassungsmäßigen Traditionen der Mitgliedstaaten zu erschüttern".

Das gilt *mutatis mutandis* auch für Diskriminierungen. Diese können gesellschaftliche Entwicklung behindern, indem sie Angehörige bestimmter sozialer Gruppen systematisch an den Rand der Gesellschaft drängen. Soziale Teilhabe ist jedoch Voraussetzung für eine demokratische Entwicklung, ein spannungsfreies Zusammenleben sowie die optimale Nutzung von Lebenschancen und die Entwicklung individueller Potentiale. Dies gilt insbesondere unter zwei Aspekten: In einer seit dem 1. Mai 2004 auf 25 Mitgliedstaaten erweiterten EU besteht naturgemäß eine Vielfalt von Lebensgewohnheiten und Kulturen, für deren harmonisches Miteinanderleben gegenseitiger Respekt und Toleranz unabdingbar sind. Zudem gibt es auch innerstaatlich in den wenigsten Mitgliedstaaten noch ethnisch geschlossene Wirtschafts- und Siedlungsräume. Die großen Städte Europas sind heute Vielvölker-Städte. Würden sich hier Menschen wegen ihrer Verschiedenartigkeit gegenseitig vom Privatrechtsverkehr ausschließen, so hätte dies nicht nur wirtschaftliche Reibungsverluste zur Folge, sondern auch politische und gesellschaftliche Konsequenzen, wenn die benachteiligten Gruppen zur Gegenwehr antreten.[21] Ob eine derartige „Rückkehr zur Stammesordnung" zum Bürgerkrieg oder gar zur Diktatur führt, kann hier dahingestellt bleiben.[22] Jedenfalls entstünden wirtschaftliche Effizienzverluste sowie menschenrechtlich fragwürdige Zustände. Beides ist aus ge-

---

[18] *Braun*, JuS 2002, 424; vgl. auch *Picker*, JZ 2003, 540 (542).
[19] Siehe dazu 2. Teil VII. 1. c. und 3. Teil C. III. 5. b.
[20] Entschließung des EP zum Wiedererstarken von Rassismus und Fremdenfeindlichkeit in Europa und zu der Gefahr rechtsextremer Gewalt v. 21.4.1993 (ABl. 1993 C 150/127).
[21] *Bezzenberger*, AcP 196 (1996), 395 (411 f.).
[22] So *Bezzenberger*, AcP 196 (1996), 395 (411 f.).

C. Bedeutung und Folgen von Diskriminierung für Wirtschaft und Gesellschaft

sellschaftlichen und wirtschaftlichen Gründen zu vermeiden. Anti-Diskriminierungsbestimmungen wären jedoch nicht erforderlich, wenn Diskriminierungen in der Gesellschaft und der Wirtschaft nicht oder nur äußerst geringfügig auftreten würden.[23] Es gibt Fälle, in denen Personen aber allein aufgrund ihrer Andersartigkeit (meist wegen ihrer Herkunft) vom Rechtsverkehr ausgeschlossen werden.[24] In diesen Fällen versagt auf den ersten Blick die rationalisierende und egalisierende Funktion des Marktes: Diese zwingt die Marktteilnehmer, wollen sie sich am Markt behaupten und Gewinne erzielen, grundsätzlich dazu, auf die Anwendung irrationaler Kriterien im Geschäftsleben zu verzichten. Entweder handeln die diskriminierenden Wirtschaftsteilnehmer also aus irrationalen Motiven oder es ist für sie rational, andere Menschen auszugrenzen und nicht in Geschäftsbeziehungen mit ihnen zu treten (z.B. wegen psychologischer Belastungen, die aus ökonomischer Sicht Kosten darstellen[25]). Dafür mögen in bestimmten Fällen sachlich anerkennenswerte Gründe bestehen, so dass eine gerechtfertigte Ungleichbehandlung vorliegt. In allen anderen Fällen kann es gerechtfertigt sein, mit gesetzlichen Bestimmungen bestimmte Grundwerte der Gesellschaft auch den Privatrechtssubjekten untereinander zur Pflicht zu machen, um die mit Diskriminierungen verbundenen individuellen und gesellschaftlichen Nachteile zu mindern. Diskriminierungsverbote müssen aber stets verhältnismäßig sein. Dies setzt die Geeignetheit, Erforderlichkeit und Angemessenheit von entsprechenden Maßnahmen voraus. Insbesondere ihre Erforderlichkeit kann aber entfallen, wenn gesellschaftlich wünschenswerte Differenzierungen verboten werden und damit unter Rechtfertigungsdruck geraten. Dann muss man von Diskriminierungsverboten im Zivilrecht absehen, bzw. sie nur bereichsspezifisch ausgestalten.[26]

---

[23] Siehe zur Erforderlichkeit von Diskriminierungsverboten noch ausführlich 1. Teil C.
[24] Vgl. *Forum gegen Rassismus* (Hrsg.), Infobrief 1, 5 f., abrufbar unter: http://www.integrationsbeauftragte.de/download/infobrief1.pdf (Zugriffsdatum: April 2006); *Forum gegen Rassismus* (Hrsg.), Infobrief 2, 2 f., abrufbar unter: http://www.integrationsbeauftragte.de/download/Infobrief2.pdf (Zugriffsdatum: April 2006); *Babing* in: Ausländerbeauftragte Berlin (Hrsg.), Schutzgesetze gegen ethnische Diskriminierung, 7 ff.; *Keskin* in: Ausländerbeauftragte Berlin (Hrsg.), Schutzgesetze gegen ethnische Diskriminierung, 15 ff.; *Haupt* in: Ev. Akademie Mülheim/Ruhr (Hrsg.), Politische und rechtliche Schritte, 6 ff.; *Kriechhammer-Yagmur* in: Ev. Akademie Mülheim/Ruhr (Hrsg.), Politische und rechtliche Schritte, 16 ff.; Ev. Akademie Mülheim/Ruhr (Hrsg.), Politische und rechtliche Schritte, Anhang: „Beispiele von Rassismus und Diskriminierung aus der Praxis der IAF".
[25] *Becker*, Economics of Discrimination, 153.
[26] Vgl. genauer 1. Teil C.

D. Relevanz des Zivilrechts für die Bekämpfung der Diskriminierung

Der Stellenwert gesetzlicher Maßnahmen zur Verhinderung von Diskriminierung und Intoleranz in Gesellschaft und Wirtschaft ist bislang nicht hinreichend geklärt. Angesichts der Tatsache, dass es weder eine allgemeine Theorie noch empirische Untersuchungen zur Frage des sozialen Wandels durch Recht gibt, lässt sich die Geeignetheit gesetzlicher Maßnahmen zur Förderung der Gleichbehandlung nur schwer beantworten.[27] Ungeeignete Maßnahmen sind jedoch unverhältnismäßig und schon aus diesem Grunde zu unterlassen.

Eine Ansicht[28] misst dem Erlass von Anti-Diskriminierungsgesetzen eine außerordentlich hohe Bedeutung bei: Gesetze gewährleisten nicht nur, dass die Opfer geschützt werden und dass ihnen Rechtsbehelfe zur Verfügung stehen (Opferschutzfunktion), sondern seien darüber hinaus Ausdruck dessen, dass sich die Gesellschaft unzulässigen Benachteiligungen entschieden entgegenstellt und dass die staatlichen Instanzen fest entschlossen sind, gegen Diskriminierungen vorzugehen (Signal- und Sensibilisierungsfunktion). Zivilrechtliche Anti-Diskriminierungsgesetze entfalteten eine erzieherische Wirkung und könnten die Einstellungen der Menschen daher nachhaltig beeinflussen (Erziehungsfunktion).[29] Nicht zu verkennen ist jedenfalls die Tatsache, dass die internationale Gemeinschaft und die Mitgliedstaaten der EU in den vergangenen Jahrzehnten das rechtliche Instrumentarium zur Bekämpfung von Diskriminierungen, insbesondere des Rassismus, ausgebaut haben: Es gibt inzwischen eine Vielzahl internationaler Rechtstexte, die entweder speziell dem Thema Rassismus gewidmet sind oder sich im umfassenderen Kontext des Schutzes der Menschenrechte mit der Diskriminierung befassen.[30] Einer anderen Auffassung zufolge kann das Problem der Diskriminierung mit rechtlichen Mitteln (allein) nicht gelöst werden. Die Vertreter dieser Ansicht lehnen entweder rundheraus ein Anti-Diskriminierungsrecht für den Privatrechtsverkehr ab[31] oder betrachten es nur als eine unter mehreren erforderlichen gesellschaftlichen Reaktionen.[32]

---

[27] *Breuer*, Anti-Diskriminierungs-Gesetzgebung, 119; vgl. aber *Winter*, Sozialer Wandel, 9 ff.
[28] KOM (1999) 566 zur RL 2000/43/EG, 2.
[29] Vgl. dazu auch den Bericht von *Gitter*, NJW 1982, 1567 (1569) zur Schlussveranstaltung des 54. DJT „Gleichberechtigung der Frau".
[30] Vgl. „Entstehungsgeschichte", abrufbar unter http://www.anti-diskriminierung.info.
[31] Vgl. dazu im Hinblick auf die Einführung eines zivilrechtlichen Anti-Diskriminierungsgesetzes *Adomeit*, NJW 2002, 1622 ff; *Braun*, JuS 2002, 424 ff.; *Klepper*, OWG 92 (2002), 11 ff.; *Ladeur*, GLJ 3 (2002), Rn. 1 ff.; *Pfeiffer*, ZGS 2002, 165; *Picker*, FAZ 2003, 8: *Picker*, JZ 2003, 1035 ff.; *Säcker*, ZRP 2002, 286 ff.; *Schmelz*, ZRP 2003, 67.
[32] Ausführlich und m.w.N. *Breuer*, Anti-Diskriminierungs-Gesetzgebung, 95 ff.; *Berger*, Equality by Statute, 206 f.; *Coester-Waltjen*, ZRP 1982, 217 (220).

Letztlich steht die Ungeeignetheit gesetzlicher Maßnahmen zur Förderung der Gleichbehandlung nicht von vornherein fest. Der Hinweis, die Diskriminierung Andersartiger sei als gesellschaftliches Problem nicht (auch) mit Gesetzen zu lösen, ist für sich besehen nicht überzeugend. Im Ergebnis erscheint es daher rechtspolitisch zutreffend, zivilrechtliche Diskriminierungsverbote als Ergänzung anderer staatlicher Maßnahmen zu verstehen, die sich auf den Aufbau und Erhalt einer toleranten und pluralistischen Gesellschaft richten und die Integration von sowie den Respekt vor anderen Kulturen und Lebensentwürfen befördern.[33] Vorzugswürdig ist es aber, der Gesellschaft die Lösung dieses Problems zu überlassen und staatliche Interventionen nur subsidiär zu erwägen und dann auf ein Minimum zu beschränken. Eine so verstandene Anti-Diskriminierungsgesetzgebung kann diesen gesellschaftlichen Wertüberzeugungen Impulse geben und sie abbilden. Zudem hätte sie den Vorteil, dass sie den Widerstand gegen Diskriminierungsverbote nicht dadurch verstärkt, dass sie private Rechtsbeziehungen allzu pauschal und weitgehend dem Gleichheitsgebot unterwirft. Jedenfalls zeigt die Rechtsvergleichung, dass ein angemessenes Anti-Diskriminierungsrecht für den Privatrechtsverkehr kein Fremdkörper sein muss. Es besteht daher kein Grund, von „sozialistischer Regulierung" oder „rechtlichem Vandalismus"[34] zu sprechen, bedenkt man die langjährigen Erfahrungen mit zivilrechtlichen Diskriminierungsverboten (insbesondere mit dem Merkmal „Rasse" und der ethnischen Herkunft) in den liberalen Gesellschaften der U.S.A. und Großbritanniens. Für die Verwirklichung des Grundsatzes der Nichtdiskriminierung auch im Privatrechtsverkehr wird es aber letztlich entscheidend darauf ankommen, ob und inwieweit in der Bewusstseins- und Verhaltensentwicklung der Bevölkerung ein Wandel im Sinne einer uneingeschränkten Anerkennung anderer Lebensentwürfe und Kulturen eintritt.[35] Wenn ein Anti-Diskriminierungsgesetz dazu beitragen kann, diesen Bewusstseinsbildungsprozess zu beeinflussen oder gar zu beschleunigen, rechtfertigt dies allein zwar noch nicht seine Existenz, dennoch wird man es begrüßen können.

E. Das Verhältnis von Freiheit und Gleichheit

Die Transformation von Anti-Diskriminierungsrecht in die nationale Zivilrechtsordnung wirft in zentraler Weise die Frage des angemessenen Ausgleichs

---

[33] Dass dies trotz anderweitiger Aussagen i.E. auch von der EU-KOM so gesehen wird, beweist der (geänderte) Vorschlag der EU-KOM für einen Beschluss des Rates über ein Aktionsprogramm der Gemeinschaft zur Bekämpfung von Diskriminierungen (2001-2006) (KOM (2000) 649 endg.). Das Aktionsprogramm steht für die Erkenntnis, dass Rechtsvorschriften allein nicht genügen, um gegen Diskriminierungen vorzugehen.

[34] Stellvertretend für viele andere vgl. *Adomeit*, NJW 2002, 1622 (1623) und *Ladeur*, GLJ 3 (2002), Rn. 1.

[35] *Gitter*, NJW 1982, 1567 (1571).

zwischen Privatautonomie und allgemeiner Handlungsfreiheit einerseits sowie dem Recht auf Gleichbehandlung auf der anderen Seite auf. Das Verhältnis zwischen Freiheit und Gleichheit[36] ist jedoch umstritten, seitdem diese Werte als individuelle Rechte in Verfassungen und Menschenrechtskatalogen anerkannt sind. „Liberté, égalité, fraternité" – so heißt es am Anfang der Erklärung der Menschen- und Bürgerrechte von 1789, im Anschluss an die von der Freimaurer-Loge *Grand d'Orient de France* (1740) gebrauchte und seit dem 4. April 1795 mit Gesetzeskraft ausgestattete Devise. In dieser Geburtsurkunde der modernen Demokratie[37] steht die Gleichheit also erst an zweiter Stelle. Auch das deutsche Grundgesetz nennt in seinem Grundrechtskatalog die freie Entfaltung der Persönlichkeit vor der Gleichheit. Diese Rangfolge findet sich ebenfalls in der Präambel der Europäischen Charta der Grundrechte und ihrer vier ersten Titel und in der Präambel des Vertrags über eine Verfassung für Europa.[38] Recht ist die Fassung von Freiheit; es bewahrt und beschützt sie: Gerade wenn man auf das Privatrecht blickt, muss daher Freiheit vor Gleichheit stehen.[39] Denn das Zivilrecht ist traditionell von der Privatautonomie geprägt.[40] Diese umfasst als wichtigsten Bestandteil die Vertragsfreiheit, d.h. die Freiheit ob, mit wem und unter welchen Bedingungen man einen Vertrag schließen möchte. Ein allgemeiner Grundsatz der Nichtdiskriminierung existiert dagegen dort (noch) nicht.[41]

Diskriminierungen sind jedoch mit fundamentalen Grundsätzen des Zusammenlebens nicht zu vereinbaren, denn die Garantie von Freiheit schließt den Schutz von Minderheiten begriffsnotwendig ein. Eine verantwortliche Politik muss sich daher dafür einsetzen, dass jeder seine individuelle Lebensform frei von gesellschaftlichen und staatlichen Zwängen wählen kann. Im Ergebnis dient

---

[36] Zur Bindung der Gesetzgebung an das Gleichheitsrecht: *Somek*, Rationalität und Diskriminierung.
[37] *Wiedemann/Thüsing*, DB 2002, 463.
[38] Anders noch der Konvents-Entwurf für eine Europäische Verfassung. In seiner Präambel wurden die Werte aufgeführt, „die den Humanismus begründen: Gleichheit der Menschen, Freiheit, Geltung der Vernunft". Verbarg sich hinter dieser Formulierung ein anderes Bild von Staat und Gesellschaft? Ein Abweichen von der üblichen Reihenfolge der menschenrechtlichen Verbürgungen hätte bei der Auslegung der Verfassung durchaus eine Rolle spielen können. Es ist daher zu begrüßen, dass die übliche Reihenfolge wieder hergestellt wurde.
[39] Ebenso *FNSt* (Hrsg.), Forderungen zum Entwurf einer Verfassung der EU.
[40] Zu den Grenzen der Privatautonomie *Paulus/Zenker*, JuS 2001, 1 ff.
[41] *Schöbener/Stork*, ZEuS 2004, 43 (78 f.) m.w.N.; *Schiek* in: Westerman (Hrsg.), Nondiscrimination and Diversity, 25 (30 f.), die aber gleichzeitig für die Einfügung des Prinzips der Nichtdiskriminierung in das Vertragsrecht eintritt (28 ff.). Die Feststellung, das Verbot der Diskriminierung wegen des Alters (im Arbeitsleben) sei ein allgemeiner Grundsatz des Gemeinschaftsrechts, könnte diese Einschätzung in der Zukunft jedoch ändern, vgl. dazu EuGH Rs. C-144/04 Rn. 75 (*Mangold*), abrufbar unter http://www.curia.eu.int.

E. Das Verhältnis von Freiheit und Gleichheit

Diskriminierungsschutz liberalen Intentionen. Er universalisiert Freiheit, mindert sie nicht. Denn er beseitigt Hindernisse der privatautonomen Verwirklichung des Individuums durch den Abschluss von Rechtsgeschäften und ihre inhaltliche Gestaltung. Die Freiheitssphären derer, die der Diskriminierungsschutz vor ungerechtfertigten Ungleichbehandlungen schützt, sind deshalb in verhältnismäßigen Ausgleich mit den Freiheitssphären derer zu bringen, die das Benachteiligungsverbot trifft.[42] Diskriminierungsschutz ist Teil der nüchternen rechtskulturellen Normalität eines menschenrechtlich orientierten Europas.

---

[42] *Mahlmann*, Stellungnahme zum Entwurf eines Gesetzes zur Umsetzung europäischer Anti-Diskriminierungs-RL (A.-Drs. 15(12)440-F), 9.

1. Teil: Entwicklung des Anti-Diskriminierungsrechts und Erforderlichkeit zivilrechtlicher Diskriminierungsverbote

An dieser Stelle sollen nicht die unzähligen Dokumente, Entschließungen und Rechtsakte aufgezählt werden, die sich im Laufe der Nachkriegszeit mit der Bekämpfung von Diskriminierungen befasst haben.[43] Dieses Kapitel soll vielmehr einen Überblick über die Entwicklung des Anti-Diskriminierungsrechts auf internationaler, europäischer und deutscher Ebene geben, der sich auf die Herausarbeitung von Entwicklungslinien und das Aufzeigen von Interdependenzen zwischen den verschiedenen Ebenen beschränkt. Entsprechend werden hier nur ausgewählte Ereignisse und Dokumente genannt.

A. Historische Entwicklung

I. Die internationale Gemeinschaft, insbesondere der Europarat

1. Internationale Gemeinschaft

Bereits unmittelbar nach dem Zweiten Weltkrieg wurde in die Charta der Vereinten Nationen[44] ein Diskriminierungsverbot aufgrund von „Rasse", Geschlecht, Sprache und Religion aufgenommen.[45] Die Charta markiert damit den Beginn einer langen Reihe von internationalen menschenrechtlichen Gewährleistungen, welche die Abschaffung von Diskriminierung zum Ziel haben. Neben rechtlich unverbindlichen Erklärungen und Empfehlungen, deren wichtigste die Allgemeine Erklärung der Menschenrechte vom 10. Dezember 1948[46] darstellt, hat sich im Laufe der letzten 60 Jahre auf der internationalen Ebene ein verhältnismäßig umfangreiches Instrumentarium entwickelt. Dieses lässt sich grob danach einteilen, ob es sich um eine allgemeine menschenrechtliche Über-

---

[43] Vgl. dazu die „Entstehungsgeschichte", abrufbar unter http://www.anti-diskriminierung.info.

[44] Charta der Vereinten Nationen v. 26.6.1945 (BGBl. 1973 II, 431; BGBl. 1974 II, 770; BGBl. 1980 II, 1252; Yearbook of the United Nations 1969, 953).

[45] Art. 1 Nr. 3 ChVN: „Die Vereinten Nationen setzen sich folgende Ziele: ...3. eine internationale Zusammenarbeit herbeizuführen, um internationale Probleme wirtschaftlicher, sozialer, kultureller und humanitärer Art zu lösen und die Achtung vor den Menschenrechten und Grundfreiheiten für alle ohne Unterschied der Rasse, des Geschlechts, der Sprache oder der Religion zu fördern und zu festigen."

[46] GA Res. 217 A, in: GA Official Reports 3rd Session (UN-Doc. A/810, 71); Art. 2 Abs. 1 enthält eine Verbot der Diskriminierung: *"Jeder Mensch hat Anspruch auf die in dieser Erklärung verkündeten Rechte und Freiheiten ohne irgendeine Unterscheidung, wie etwa nach Rasse, Farbe, Geschlecht, Sprache, Religion, politischer und sonstiger Überzeugung, nationaler oder sozialer Herkunft, nach Eigentum, Geburt oder sonstigen Umständen."*

einkunft handelt, wie z.B. der Pakt über bürgerliche und politische Rechte[47] bzw. die Konvention über wirtschaftliche, soziale und kulturelle Rechte[48] oder um einen speziell mit der Abschaffung einer bestimmten Form von Diskriminierung[49] befassten Vertrag.[50] Der gegenwärtige Stand des Völkerrechts wird von den Arbeiten zu einer Behindertenrechtskonvention geprägt,[51] was die wachsende internationale Bedeutung von Behindertenrechten reflektiert.[52] Auf internationaler Ebene wird dem allgemeinen Gebot der Nichtdiskriminierung mittlerweile z.T. nicht nur der Charakter von Gewohnheitsrecht, sondern sogar die Qualität von *ius cogens* eingeräumt.[53] Instruktiv ist die von den Vereinten Nationen zusammengestellte *Global Compilation of National Legislation Against Racial Discrimination*.[54] Sie umfasst Angaben für 44 Staaten, von allgemeinen Anti-Diskriminierungsbestimmungen bis hin zu Sanktionsregelungen. Um die nationale Gesetzgebung voranzubringen, ist von den VN zudem eine Anti-Diskriminierungs-Modellgesetzgebung[55] entwickelt worden.

---

[47] Internationaler Pakt über bürgerliche und politische Rechte (CCPR) v. 19.12.1966 (BGBl. 1973 II, 1534; UNTS Vol. 999, 171).

[48] Internationaler Pakt über wirtschaftliche, soziale und kulturelle Rechte (CESCR) v. 19.12.1966 (BGBl. 1973 II, 1570; UNTS Vol. 992, 3).

[49] Internationales Übereinkommen zur Beseitigung jeder Form von Rassendiskriminierung (CERD) v. 7.3.1966 (BGBl. 1969 II, 962; UNTS Vol. 660, 195); UNESCO-Konvention gegen Diskriminierung im Unterrichtswesen v. 14.12.1960 (UNTS Vol. 429, 6193), Übereinkommen zur Beseitigung jeder Form von Diskriminierung der Frau (CEDAW) v. 18.12.1979 (BGBl. 1985 II, 648) als Anknüpfung an das Übereinkommen über die politischen Rechte der Frau v. 31.3.1953 (BGBl. 1969 II, 1929), welches nur das aktive und passive Wahlrecht sowie den Zugang zu öffentlichen Ämtern regelt; Übereinkommen über die Rechte des Kindes (CRC) v. 20.11.1989 (BGBl. 1992 II, 121); Internationale Konvention zum Schutz der Rechte aller Wanderarbeitnehmer und ihrer Familienangehörigen v. 18.12.1990.

[50] Vgl. insbesondere zur Rassismusbekämpfung auf internationaler Ebene *Haedrich*, JA 2003, 899 ff. und *Mohr* in: Joerden (Hrsg.), Diskriminierung – Anti-Diskriminierung, 265 ff.

[51] Dazu *Degener*, UN-Konvention für Behinderte, 1, ff.; *Quinn/Degener*, Human Rights and Disability, 1 ff.

[52] *Flynn*, CMLR 36 (1999), 1127 (1143).

[53] *Schiek*, Differenzierte Gerechtigkeit, 76; *Mohr* in: Joerden (Hrsg.), Diskriminierung – Anti-Diskriminierung, 265 (282); ablehnend bzw. zurückhaltender *Partsch* in: Bernhardt (Hrsg.), EPIL, 136; *Thornberry*, International Law and the Rights of Minorities, 322 ff., der aber jedenfalls für das Verbot der Rassendiskriminierung eine gewohnheitsrechtliche Geltung annimmt.

[54] *Vereinte Nationen* (Hrsg.), Second Decade to Combat Racism and Racial Discrimination, Global Compilation of National Legislation against Racial Discrimination.

[55] Model National Legislation for the Guidance of Governments in the Enactment of Further Legislation Against Racial Discrimination, abrufbar unter: http://www.unhchr.ch/html/menu6/2/pub962.htm (Zugriffsdatum: April 2006).

Auf regionaler Ebene wurden in Europa, unabhängig von den Maßnahmen der Vereinten Nationen und parallel zur Entwicklung der EU und des Europarates, ebenfalls Maßnahmen gegen Diskriminierung beschlossen. So haben sich die Mitgliedstaaten der Organisation für Sicherheit und Zusammenarbeit in Europa (OSZE, früher KSZE) auf eine Reihe rechtlich unverbindlicher Maßnahmen (sog. *Soft Law*[56]) verständigt. Seit 1975 und verstärkt seit Anfang der 90er Jahre mit dem Ende des Kalten Krieges finden sich in den Abschlusserklärungen die Absichtsbekundungen der Staatenvertreter, die Menschenrechte und Grundfreiheiten, einschließlich der Gedanken-, Gewissens-, Religions- oder Überzeugungsfreiheit für alle ohne Unterschied der „Rasse", des Geschlechts, der Sprache oder der Religion zu achten. Letztlich wird damit aber nur die ohnehin schon bestehende (und dazu rechtsverbindliche) Verpflichtung aus Art. 1 Nr. 3 ChVN wiederholt. Seit dem Kopenhagener Treffen von 1990 lässt sich zudem beobachten, dass die „menschliche Dimension" der OSZE verstärkt in den Vordergrund tritt.[57] Nicht länger belastet von den ideologischen Gegensätzen, die bis dahin jeden Fortschritt unmöglich gemacht haben, verpflichten sich die Staaten nun, durch das Gesetz jede Diskriminierung zu untersagen und jedermann gleichen und wirkungsvollen Schutz gegen Diskriminierung gleich welcher Art angedeihen zu lassen. Auch dies kann gleichwohl nur als politische Absichtserklärung gewertet werden, mit dem Ziel, die rechtsverbindlichen Diskriminierungsverbote der CERD und des IPBürgR endlich vollständig in allen Bereichen des innerstaatlichen Rechts zu verwirklichen.

2. Europarat

Auch der Europarat, gegründet 1949, hat Rechtsinstrumente zur Bekämpfung der Diskriminierung geschaffen. Die Europäische Konvention zum Schutz der Menschenrechte und der Grundfreiheiten vom 4. November 1950[58] enthält mit Art. 14 ein generalklauselartiges Diskriminierungsverbot. Es gewährleistet den Genuss der in der EMRK anerkannten Rechte und Freiheiten

„ohne Diskriminierung insbesondere wegen des Geschlechts, der Rasse, der Hautfarbe, der Sprache, der Religion, der politischen oder sonstigen Anschauung, der nationalen

---

[56] Für Verhaltensnormen, denen soziale, aber keine rechtlich verbindliche Wirkung zukommt, hat sich in der völkerrechtlichen Praxis der Ausdruck *Soft Law* eingebürgert. Obwohl ihnen die rechtliche Verbindlichkeit fehlt, generieren sie abhängig vom politischen Kontext mehr oder weniger gewisse Verhaltenserwartungen und können die Auslegung bestehender Rechtsakte beeinflussen; vgl. dazu im Hinblick auf die EG *Bothe* in: v. Münch (Hrsg.), FS Schlochauer, 761 ff.

[57] Dokument des Kopenhagener Treffens über die Menschliche Dimension v. 29.6.1990.

[58] Konvention zum Schutz der Menschenrechte und der Grundfreiheiten v. 4.11.1950 (BGBl. 2002 II, 1055, in der Fassung durch die Protokolle Nr. 3, 5, 8, 11; die übrigen Protokolle sind im Anschluss abgedruckt).

oder sozialen Herkunft, der Zugehörigkeit zu einer nationalen Minderheit, des Vermögens, der Geburt oder eines sonstigen Status" und geht zurück auf Art. 2 Abs. 1 der Allgemeinen Erklärung der Menschenrechte. Es handelt sich bei Art. 14 EMRK um eine akzessorische Gewährleistung, die gemäß ihrem Wortlaut nur im Zusammenhang mit anderen Konventionsrechten Regelungskraft besitzt.[59] Der Vorschrift kam daher, ebenso wie weiteren Instrumenten des internationalen Menschenrechtsschutzes,[60] bisher nicht die Bedeutung eines allgemeinen Gleichheitsgebots zu. Dieses Defizit[61] wurde erkannt und durch das 12. Zusatzprotokoll zur EMRK vom 4. November 2000[62] beseitigt. Es ist am 1. April 2005 in Kraft getreten. Deutschland hat das 12. Zusatzprotokoll bislang nur unterzeichnet, nicht aber ratifiziert.[63] Damit hat das einzigartige und umfassende Rechtsschutzsystem der EMRK (mit dem Recht auf Individualklage vor dem EGMR) auch diesen unbefriedigenden Zustand überwunden. Ebenso wie bei Art. 26 IPBürg handelt es sich bei Art. 14 EMRK i.V.m. mit den Gewährleistungen des 12. Zusatzprotokolls nunmehr um ein autonomes Recht, ein allgemeines Diskriminierungsverbot.

II. Die Europäische Union

Die Europäische Union hat sich bei der Bekämpfung von Diskriminierungen stärker hervortun können als mancher europäische Nationalstaat.[64] Denn wis-

---

[59] *Peukert* in: Frowein/Peukert (Hrsg.), EMRK, Art. 14 Rn. 3 ff.
[60] Art. 1 der ILO Konvention Nr. 111 über Diskriminierung in Beschäftigung und Beruf; Art. 1 Abs. 1 der UNESCO-Konvention gegen Diskriminierung im Unterrichtswesen; Art. 2 Abs. 2 des IPBürg; Art. 2 Abs. 2 des IPWirtSozKult.
[61] Vgl. *Bell* in: Chopin/Niessen, Combating Racial and Ethnic Discrimination, 7 (10 f.): Obwohl der EGMR keine Verletzung eines anderen Konventionsrechtes, sondern nur die Eröffnung dessen Anwendungsbereichs verlangt, um Art. 14 EMRK anzuwenden, wird ein Verstoß gegen das Diskriminierungsverbot bei sozialen Rechten kaum in Betracht kommen, ist der Anwendungsbereich der EMRK doch auf bürgerliche und politische Rechte beschränkt. Zudem wird die menschenrechtliche Bedeutung von Art. 14 EMRK nicht ausreichend gewürdigt, da der Gerichtshof, sobald er die Verletzung eines anderen Rechtes festgestellt hat, Art. 14 EMRK nicht mehr prüft. Letzteres hat zu einer nur beschränkten Anzahl von Entscheidungen in diesem Bereich geführt.
[62] Abrufbar unter: http://conventions.coe.int/Treaty/Commun/QueVoulezVous.asp?NT=177&CM=7&DF=06/05/05&CL=GER (Zugriffsdatum: April 2006); dazu *Schokkenbroek*, in: Klein (Hrsg.), Rassische Diskriminierung, 175 ff.; *Bell* in: Chopin/Niessen (Hrsg.), Combating Racial and Ethnic Discrimination, 7 ff.; *Khaliq*, PL 2001, 457 ff.
[63] Vgl. http://conventions.coe.int/Treaty/Commun/ChercheSig.asp?NT=177&CM=7&DF=06/05/05&CL=GER (Zugriffsdatum: April 2006). Ausführlich mit Art. 14 EMRK und dem 12. Zusatzprotokoll sowie ihrem Verhältnis zu Art. 13 EG beschäftigt sich der 2. Teil A. III. 2. b.
[64] Für eine instruktive Zusammenfassung der Entwicklung und der Grundlagen des Europäischen Anti-Diskriminierungsrechts siehe *Jestaedt*, VVDStRL 64, 298 (305 ff.).

send, dass staatliche Ungleichbehandlungen bereits auf mitgliedstaatlicher Ebene umfassend sanktioniert waren, verlegte sich die EU auf den gesellschaftlichen Bereich. Während gerade in Deutschland die klassische Abwehrlehre der Grundrechte einen hohen Stand erreicht hatte und so Diskriminierungen von staatlicher Seite undenkbar machte, rückte auf europäischer Ebene daher das Arbeits- und Gesellschaftsleben in den Mittelpunkt der Anti-Diskriminierungspolitik. Diese musste sich zunächst – mangels umfassender Rechtsgrundlage – auf die Gleichbehandlung der Geschlechter im Arbeitsleben beschränken. Damit kam auch zwischen Privaten, Arbeitgeber und Arbeitnehmer, der Gleichbehandlungsgrundsatz zur Anwendung. Der Grundstein war gelegt, um die Bekämpfung von Diskriminierungen horizontal (durch das Verbot anderer Diskriminierungstatbestände neben dem Geschlecht) und vertikal (durch die Übertragung auf andere Lebensbereiche abseits von Arbeit und Beschäftigung) auszudehnen und so in privaten Rechtsverhältnissen eine ungerechtfertigte Differenzierung nach Geschlecht, „Rasse", ethnischer Herkunft, Religion oder Weltanschauung, Behinderung, Alter und sexueller Ausrichtung zu bekämpfen.

Die Schubwirkung der Einfügung des Art. 13 EG in das gemeinschaftliche Primärrecht durch den Amsterdamer Vertrag hat den Charakter einer Zäsur, auch wenn sich dies erst in der Zukunft vollständig offenbaren dürfte.[65]

1. Die Anti-Diskriminierungspolitik der EU bis zum Amsterdamer Vertrag

Wenn man im Rahmen der EU von Anti-Diskriminierungsrecht spricht, so ist bis zum Inkrafttreten des Amsterdamer Vertrags die Bekämpfung von diskriminierenden Unterscheidungen einzig aufgrund des Geschlechts und der Staatsangehörigkeit gemeint.[66] So sieht der EG-Vertrag schon seit dem 1.1.1958 mit Art. 12 EG und Art. 141 EG entsprechende Bestimmungen vor, die Ungleichbehandlungen in diesem Bereich untersagen. Erst seit dem 1. Mai 1999 bezieht sich die Rechtsetzungskompetenz der EG auch auf die übrigen in Art. 13 EG genannten Tatbestände. Diesem Meilenstein der europäischen Anti-Diskriminierungspolitik sind jedoch umfangreiche Vorarbeiten vorausgegangen, die kurz skizziert werden sollen.

---

[65] *Jestaedt*, VVDStRL 64, 298 (307) spricht insoweit zutreffend von einem „Quantensprung".

[66] Das kartellrechtliche (Art. 82 Abs. 1 lit. d EG) und das landwirtschaftsspezifische (Art. 34 Abs. 2 Unterabs. 2 EG) Diskriminierungsverbot sollen hier – wie im übrigen auch in der gesamten Arbeit – ausgeblendet bleiben. Es handelt sich um grundsätzlich verschiedene Regelungskomplexe, zu denen auf die einschlägige Literatur verwiesen werden kann.

1. Teil: Entwicklung des Anti-Diskriminierungsrechts und Erforderlichkeit zivilrechtlicher Diskriminierungsverbote

a. Die Gleichstellung der Geschlechter

Ausgangspunkt der gemeinschaftlichen Anti-Diskriminierungspolitik war die Gleichbehandlung von Männern und Frauen im Erwerbsleben. Schon der Gründungsvertrag der EWG aus dem Jahr 1957 enthielt mit Art. 119 EGV (heute Art. 141 EG) eine Bestimmung, nach der jeder Mitgliedstaat die Anwendung des Grundsatzes des gleichen Entgelts für Männer und Frauen bei gleicher oder gleichwertiger Arbeit sicherzustellen habe.[67] Ausgehend von der Rechtsprechung des EuGH hat sich Art. 141 EG zur wichtigsten sozialpolitischen Vorschrift des EG-Vertrags und zu einem grundrechtsgleichen Recht entwickelt. Er ist unmittelbar anwendbar, gerade auch zwischen Privaten, ohne dass es auf einen grenzüberschreitenden Bezug des Sachverhalts ankäme.[68]

Der Ausgangspunkt für eine Ausweitung der Geschlechtergleichbehandlung auf andere Aspekte des Erwerbslebens neben der Entgeltzahlung kann in der Pariser Gipfelkonferenz von 1972 und dem danach von der Kommission vorgelegten sozialpolitischen Aktionsprogramm identifiziert werden.[69] Diese Ereignisse markieren den Beginn der gemeinschaftlichen Anti-Diskriminierungspolitik:[70] Erstmals wurde die Sozialpolitik der Gemeinschaft als den anderen Politiken gleichwertig angesehen und die allgemeine Gleichbehandlung von männlichen und weiblichen Arbeitnehmern zu einem der Ziele der EG. Dieses Vorhaben ist heute zur Realität geworden, indem das Gebot des Art. 141 EG durch verschiedene Richtlinien[71], gestützt auf Art. 100 EGV (heute Art. 94 EG) und Art. 235

---

[67] Zu den dahinter stehenden Erwägungen siehe *Rebhahn* in: Schwarze (Hrsg.), EU-Komm., Art. 141 EG Rn. 1; *Steindorff*, RdA 1988, 129.

[68] EuGH Rs. 43/75, Slg. 1976, 455 Rn. 40 (*Defrenne II*); *Rebhahn* in: Schwarze (Hrsg.), EU-Komm., Art. 141 EG Rn. 8.

[69] *Rust*, NZA 2003, 72 (73); *Steindorff*, RdA 1988, 129 ff.

[70] Ebenso *Rust*, NZA 2003, 72 (73); anders *Högenauer*, Richtlinien gegen Diskriminierung im Arbeitsrecht, 32, der erst die Gleichbehandlungsrichtlinie 76/207/EWG als Beginn der europäischen Anti-Diskriminierungspolitik ansieht. Es handelt sich bei der RL jedoch nur um das rechtliche Substrat einer früher einsetzenden politischen Entwicklung.

[71] RL 75/117/EWG v. 10.2.1975 zur Angleichung der Rechtsvorschriften der Mitgliedstaaten über die Anwendung des Grundsatzes des gleichen Entgelts für Männer und Frauen (ABl. 1975 L 45/19); RL 76/207/EWG v. 9.2.1976 zur Verwirklichung des Grundsatzes der Gleichbehandlung von Männern und Frauen hinsichtlich des Zugangs zur Beschäftigung, zur Berufsbildung und zum beruflichen Aufstieg sowie in Bezug auf die Arbeitsbedingungen (ABl. 1976 L 39/40), geändert durch RL 2002/73/EG v. 23.9.2002 zur Änderung der RL 76/207/EWG des Rates zur Verwirklichung des Grundsatzes der Gleichbehandlung von Männern und Frauen hinsichtlich des Zugangs zur Beschäftigung, zur Berufsbildung und zum beruflichen Aufstieg sowie in Bezug auf die Arbeitsbedingungen, ABl. 2002 L 269/15); RL 79/7/EWG v. 19.12.1978 zur Gleichbehandlung von Männern und Frauen im Bereich der sozialen Sicherheit (ABl. 1979 L 6/24); RL 86/613/EWG v. 11.12.1986 zur Verwirklichung des Grundsatzes der Gleichbehandlung von Männern und Frauen, die eine selbständige Tätigkeit – auch in der Landwirtschaft –

II. Die Europäische Union

EGV (heute Art. 308 EG) konkretisiert bzw. ergänzt wurde. Ein Teil dieser Richtlinien wurde im Jahr 2006 im Wege der Neufassung und Konsolidierung des geschlechtsspezifischen Anti-Diskriminierungsrechts in einer einzigen Richtlinie zusammengefasst und neu bekanntgemacht.[72] Seit dem Amsterdamer Vertrag nennt der EG-Vertrag zudem in Art. 2 die Gleichstellung von Männern und Frauen ausdrücklich als Ziel und erklärt es in Art. 3 Abs. 2 EG zu einer Querschnittsaufgabe der Gemeinschaft.[73]

Aus Art. 141 EG und dem einschlägigen Sekundärrecht lässt sich heute ein allgemeiner Grundsatz der Gleichbehandlung der Geschlechter im Erwerbsleben ableiten, der durch Urteile des EuGH[74] konkretisiert und erweitert wurde und seinen Niederschlag in Art. 23 ChGR (Art. II-83 VVE) gefunden hat.[75]

b. Der Kampf um eine Ausdehnung der Diskriminierungstatbestände

Die Einführung der übrigen, heute in Art. 13 EG genannten Diskriminierungstatbestände – „Rasse", ethnische Herkunft, Religion oder Weltanschauung, Behinderung, Alter und sexuelle Ausrichtung – ist nicht so geradlinig und unter Verwendung verbindlicher Rechtsinstrumente verlaufen wie die gemeinschaftliche Gleichstellungspolitik seit Anfang der 70er Jahre. Es fehlte an einer spezifischen Zuständigkeit für den Erlass von Rechtsakten auf diesen Gebieten. Insbesondere wurden, anders als bei der Geschlechtergleichbehandlung, die Rechtsangleichung nach Art. 94 f. EG und die Vertragsergänzungskompetenz gem. 308

---

ausüben, sowie über den Mutterschutz (ABl. 1986 L 359/56); RL 86/378/EWG v. 24.7.1986 zur Verwirklichung des Grundsatzes der Gleichbehandlung von Männern und Frauen bei den betrieblichen Systemen der sozialen Sicherheit (ABl. 1986 L 225/40), geändert durch RL 96/97/EG v. 20.12.1996 zur Änderung der RL 86/378/EWG zur Verwirklichung des Grundsatzes der Gleichbehandlung von Männern und Frauen bei den betrieblichen Systemen der sozialen Sicherheit, ABl. 1997 L 46/20); RL 97/80/EG v. 15.12.1997 über die Beweislast bei Diskriminierung aufgrund des Geschlechts (ABl. 1998 L 14/6), geändert durch RL 98/52/EG v. 13.7.1998 zur Ausdehnung der RL 97/80/EG zur Beweislast in Fällen geschlechtsbedingter Diskriminierung auf das Vereinigte Königreich Großbritannien und Nordirland (ABl. 1998 L 205/66).

[72] Es handelt sich um die RL 75/117/EWG, 76/207/EWG und 2002/73/EG, 86/378/EWG und 96/97/EG, 97/80/EG und 98/52/EG. Vgl. dazu auch den KOM-Vorschlag für eine RL zur Verwirklichung des Grundsatzes der Chancengleichheit und Gleichbehandlung von Männern und Frauen in Arbeits- und Beschäftigungsfragen (Neufassung) (KOM (2004) 279).

[73] Dies war, genau wie die Einfügung des Art. 141 Abs. 4 EG, offenbar eine Reaktion auf EuGH Rs. C-450/93, Slg. 1995, 3051 (*Kalanke/Freie Hansestadt Bremen*), vgl. *Streinz* in: Streinz (Hrsg.), EUV/EGV, Art. 2 EG Rn. 27; *Geiger*, EUV/EGV, Art. 2 EG Rn. 3.

[74] Grundlegend EuGH Rs. 43/75, Slg. 1976, 455 Rn. 40 (*Defrenne II*); Zuletzt z.B. EuGH Rs. C-207/98, Slg. 2000, 549 (*Mahlburg*) und EuGH Rs. C-320/01, Slg. 2003, 2041 (*Busch*); vgl. dazu *Reichold*, JZ 2004, 384 ff.

[75] Vgl. zu Art. II-83 VVE noch ausführlich 2. Teil A. III. 2. a. bb. (3).

EG nicht als ausreichende Rechtsgrundlagen angesehen[76] bzw. mangelte es am politischen Willen, den Art. 308 als Ermächtigungsgrundlage für derartige Maßnahmen zu instrumentalisieren.[77]

Als Ausgangspunkt kann die Gemeinsame Erklärung des Europäischen Parlaments (EP), des Rates und der Kommission betreffend die Achtung der Grundrechte sowie der EMRK[78] aus dem Jahr 1977 angesehen werden, in der alle Formen von Rassismus, Intoleranz und Fremdenfeindlichkeit verurteilt wurden. Die darauf folgenden 20 Jahre sind gekennzeichnet von unzähligen Entschließungen, Resolutionen und Erklärungen, allesamt rechtlich unverbindlich, deren Einfluss auf die öffentliche Meinung und die Sensibilisierung der politischen Entscheidungsträger gleichwohl nicht unterschätzt werden darf.[79] Doch erst durch den Druck einer starken, europaweit organisierten Lobbyarbeit, insbesondere durch die *Starting-Line-Gruppe*[80], konnte schließlich die Einfügung einer einschlägigen Rechtsgrundlage, des Art. 13 EG, in den EG-Vertrag erreicht werden. Dies war letztlich der entscheidende Schritt, sah sich die Kommission bis dahin doch nicht in der Lage, zur Bekämpfung der dort genannten Diskriminierungen auf die Art. 94 f., 308 EG zurückzugreifen.

aa. „Rasse" und ethnische Diskriminierung

Die Bekämpfung von Diskriminierungen aufgrund von „Rasse" und ethnischer Herkunft stand seit Mitte der 80er Jahre im Mittelpunkt der Bemühungen um eine europäische Anti-Diskriminierungspolitik. Dass es sich bei diesen Tatbestandsmerkmalen um das Herzstück der Bewegung zur Ausweitung der Gemeinschaftskompetenzen gegen Diskriminierung handelt, spiegelt sich in der ersten, aufgrund von Art. 13 EG erlassenen Richtlinie 2000/43/EG wider, die ausschließlich Ungleichbehandlungen aufgrund von „Rasse" und ethnischer Herkunft im Arbeits- und Wirtschaftsleben aufgreift. Ein erster Anstoß zu der Idee, spezifische Maßnahmen gegen Rassismus zu ergreifen, ging – neben der erwähnten Gemeinsamen Erklärung der Gemeinschaftsorgane – von der Einsetzung eines Untersuchungsausschusses durch das EP zum Wiederaufleben von

---

[76] *EU-KOM* (Hrsg.), Weißbuch – Europäische Sozialpolitik, 57; vgl. auch *Chopin*, EJML 1999, 111 (115); *Flauss*, RTDH 2001, 487 (489 f.).
[77] *ENAR* (Hrsg.), Bekämpfung von Rassismus, 4; *Khan*, The Muslim Lawyer 3 (1999), 1 (2).
[78] ABl. 1977 C 103/1.
[79] *Bell*, EU Anti-Discrimination Policy, 11 ff.; *ENAR* (Hrsg.), Bekämpfung von Rassismus, 10; vgl. zu den Wirkungen von *Soft Law* bereits den Hinweis in Fn. 56.
[80] Dabei handelt es sich um ein informelles Netz von ca. 400 Organisationen aus den 15 Mitgliedstaaten der EU, die sich für die Schaffung einer RL zur Bekämpfung von Rassismus einsetzten; näher dazu *Chopin*, EJML 1 (1999), 111 ff.; *ENAR* (Hrsg.), Bekämpfung von Rassismus, 3.

Faschismus und Rassismus in Europa im Jahre 1984 aus.[81] Dessen Bericht war der Auslöser zu einer erneuten Gemeinsamen Erklärung[82] der Institutionen im Jahre 1986, die sich nunmehr spezifisch mit den Problemen von Rassismus und Fremdenfeindlichkeit befasste. Ein weiterer Untersuchungsausschuss[83] und zahlreiche Entschließungen des EP[84] sowie des Rates und der im Rat vereinigten Vertreter der Mitgliedstaaten[85] folgten, ebenso wie Mitteilungen und Berichte

---

[81] Bericht des Untersuchungsausschusses des EP zum „Wiederaufleben von Rassismus und Faschismus in Europa" (Evrigenis-Ausschuss), Dok. A2-160/85; Anlass war der überraschende Wahlerfolg der *Front National* bei den Wahlen zum EP in Frankreich im Jahre 1984, bei denen diese 10 von 80 möglichen Sitzen erreichte, vgl. *Bell*, EU Anti-Discrimination Policy, 10.

[82] Gemeinsame Erklärung des EP, des Rates, der EU-KOM und der im Rat vereinigten Vertreter der MS gegen Rassismus und Fremdenfeindlichkeit (ABl. 1986 C 158/1).

[83] Bericht des Untersuchungsausschusses des EP zum „Rassismus und Ausländerfeindlichkeit" (Ford-Ausschuss), Dok. A3-195/90.

[84] Z.B. die Entschließung des EP zum Wiederaufleben von Faschismus und Rassismus in Europa (ABl. 1986 C 36/142); Entschließung des EP zum Wiederaufleben von Faschismus und Rassismus (ABl. 1986 C 36/143); Entschließung des EP zu der Gemeinsamen Erklärung gegen Rassismus und Fremdenfeindlichkeit und einem Aktionsprogramm des Rates (ABl. 1989 C 69/12); Entschließung des EP v. 17.5.1990 zum (ABl. 1990 C 149/123); Entschließung des EP v. 14.6.1990 zum (ABl. 1990 C 175/178); Entschließung des EP v. 14.6.1990 zum (ABl. 1990 C 175/180); Entschließung des EP v. 10.10.1990 zum (ABl. 1990 C 284/57); Entschließung des EP v. 22.11.1990 zum (ABl.1990 C 324/219); Entschließung des EP v. 10.10.1991 zum (ABl. 1991 C 280/146); Entschließung des EP zur Unterstützung der Demonstrationen für Demokratie und Toleranz und gegen Rassismus und Fremdenfeindlichkeit v. 12.3.1992 (ABl. 1992 C 94/269); Entschließung des EP zu den Ausschreitungen in Rostock-Lichtenhagen und anderen Städten der neuen Bundesländer v. 17.9.1992 (ABl. 1992 C 284/99); Entschließung des EP zu Rassismus, Fremdenfeindlichkeit und Antisemitismus v. 30.10.1992 (ABl. 1992 C 305/590); Entschließung des EP zum Wiedererstarken von Rassismus und Fremdenfeindlichkeit in Europa und zu der Gefahr rechtsextremer Gewalt v. 21.4.1993 (ABl. 1993 C 150/127); Entschließung des EP zu Rassismus und Fremdenfeindlichkeit v. 2.12.1993 (ABl. 1993 C 342/19); Entschließung des EP zu Rassismus, Fremdenfeindlichkeit und Antisemitismus v. 27.20.1994 (ABl. 1994 C 323/154); Entschließung des EP zu Rassismus, Fremdenfeindlichkeit und Antisemitismus v. 27.4.1995 (ABl. 1995 C 126/75); Entschließung des EP zu Rassismus, Fremdenfeindlichkeit und Antisemitismus v. 26.10.1995 (ABl. 1995 C 308/140); Entschließung des EP zu Rassismus, Fremdenfeindlichkeit und Antisemitismus und zum Europäischen Jahr gegen Rassismus v. 30.1.1997 (ABl. 1997 C 55/17); Entschließung des EP zur Rassismus, Fremdenfeindlichkeit und Antisemitismus und zu den Resultaten des Europäischen Jahres gegen Rassismus v. 29.1.1998 (ABl. 1998 C 56/35).

[85] Z.B. die Entschließungen des Rates und der im Rat vereinigten Vertreter der Regierungen der Mitgliedstaaten zur Bekämpfung von Rassismus und Fremdenfeindlichkeit v. 29.5.1990 (ABl. 1990 C 157/1); zur Bekämpfung von Rassismus und Fremdenfeindlichkeit im Beschäftigungs- und Sozialbereich v. 5.10.1995 (ABl. 1995 C 296/13); über die Antwort des Bildungswesens auf die Probleme des Rassismus und der Fremden-

der Kommission[86]. Auch der Europäische Rat hat sich auf seinen Treffen immer wieder der Thematik angenommen.[87]

Mangels ausdrücklicher Rechtsgrundlagen beschränkte sich die Gemeinschaft jedoch zumeist auf derartige unverbindliche Erklärungen, Mahnungen und Verurteilungen fremdenfeindlicher Gewaltakte. Die ersten rechtlich bindenden Vorschriften auf EG-Ebene zur Bekämpfung von Diskriminierungen und Verunglimpfungen aufgrund von „Rasse" und anderen Merkmalen stellen Art. 12 lit. a-c und Art. 22 Satz 3 der Richtlinie 89/552/EWG[88] dar. So dürfen Fernsehwerbung und Teleshopping keine Diskriminierungen aufgrund von „Rasse", Geschlecht oder Nationalität enthalten und die Mitgliedstaaten müssen dafür Sorge tragen, dass Fernsehsendungen nicht zu Hass aus Gründen der „Rasse", des Geschlechts, der Religion oder der Nationalität aufstacheln. Zudem untersagt Art. 8 Abs. 1 der Richtlinie 95/46/EG[89] die Verarbeitung personenbezogener Daten, aus denen die „rassische" und ethnische Herkunft, politische Meinungen, religiöse oder philosophische Überzeugungen oder die Gewerkschaftszugehörigkeit hervorgehen, sowie von Daten über Gesundheit oder Sexualleben. Eine andere rechtsverbindliche Maßnahme[90] bezog sich auf die Errichtung einer Europäischen Stelle zur Beobachtung von Rassismus und Fremdenfeindlichkeit (EUMC) in Wien, die 1997 eingerichtet und im April 2000 offiziell eröffnet

---

feindlichkeit v. 23.10.1995 (ABl. 1995 C 312/1); betreffend das Europäische Jahr gegen Rassismus (1997) v. 23.7.1996 (ABl. 1996 C 237/1); Erklärungen v. 24.11.1997 betreffend die Bekämpfung von Rassismus, Fremdenfeindlichkeit und Antisemitismus im Erziehungsbereich (ABl. 1997 C 368/1); v. 16.12.1997 betreffend die Anerkennung der Vielfalt und die Bekämpfung von Rassismus und Fremdenfeindlichkeit (ABl. 1998 C 1/1).

[86] Z.B. die Mitteilung der EU-KOM über Rassismus, Fremdenfeindlichkeit und Antisemitismus (KOM (1995) 653 endg.); Mitteilung der EU-KOM: Ein Aktionsplan gegen Rassismus (KOM (1998) 183 endg.); Bericht der EU-KOM über die Durchführung des Europäischen Jahres gegen Rassismus (1997) (KOM (1999) 268 endg.); Mitteilung der EU-KOM über Rassismus, Fremdenfeindlichkeit und Antisemitismus in den Bewerberländern (KOM (1999) 653 endg.); Mitteilung der EU-KOM an den Rat, das EP, den Wirtschafts- und Sozialausschuss und den Ausschuss der Regionen über bestimmte Maßnahmen der Gemeinschaft zur Bekämpfung von Diskriminierungen (ABl. 1999 C 369/3).

[87] Z.B. die Dubliner Erklärung des Europäischen Rates v. 25./26.6.1990 (Bull. EG 6-1990, 7 (21)) und nachfolgende Erklärungen, vgl. „Entstehungsgeschichte", abrufbar unter http://www.anti-diskriminierung.info.

[88] RL 89/552/EWG zur Koordinierung bestimmter Rechts- und Verwaltungsvorschriften der Mitgliedstaaten über die Ausübung der Fernsehtätigkeit (ABl. 1989 L 298/23).

[89] RL 95/46/EG zum Schutz natürlicher Personen bei der Verarbeitung personenbezogener Daten und zum freien Datenverkehr (ABl. 1995 L 281/31).

[90] VO 1035/97 des Rates zur Einrichtung einer Europäischen Stelle zur Beobachtung von Rassismus und Fremdenfeindlichkeit (ABl. 1997 L 151/1).

II. Die Europäische Union

wurde. Zu ihren Aufgaben zählt die Bereitstellung von Daten über Rassismus, Fremdenfeindlichkeit und Antisemitismus und Unterstützung der EU bei der Festlegung von Maßnahmen und Aktionen. Daher konnte sich der Rat in seiner Verordnung auf Art. 213 EGV (heute Art. 284 EG), wonach die Kommission zur Erfüllung der ihr übertragenen Aufgaben alle erforderlichen Auskünfte einholen und alle erforderlichen Nachprüfungen vornehmen kann, sowie Art. 235 EGV (heute Art. 308 EG) stützen.[91] Auf Ebene der Europäischen Union verständigten sich die Mitgliedstaaten im Juli 1996 im Rahmen der durch den Vertrag von Maastricht[92] installierten Zusammenarbeit in den Bereichen Justiz und Inneres (ZBJI) immerhin auf eine Gemeinsame Maßnahme betreffend die Bekämpfung von Rassismus und Fremdenfeindlichkeit[93] auf der Grundlage von (ex-)Art. K.3 Abs. 2 lit. b EU. In ihr verpflichteten sich die Mitgliedstaaten u.a. zu einer wirksamen justiziellen Zusammenarbeit bei bestimmten rassistischen und fremdenfeindlichen Vergehen.

Obwohl die Gemeinschaft – auch im Rahmen der intergouvernementalen Zusammenarbeit im Bereich der dritten Säule – demnach über vereinzelte Möglichkeiten verfügte, Diskriminierungen aufgrund von „Rasse" und ethnischer Herkunft mit rechtlichen Maßnahmen entgegenzutreten, lässt sich daraus keine wirksame und strukturierte Anti-Diskriminierungspolitik ableiten. Es handelte sich um Einzelmaßnahmen, denen eine kohärente Strategie und ein einheitlicher Rahmen fehlte. Der Mangel einer spezifischen Rechtsgrundlage in den Gründungsverträgen, die es der EG erlaubt hätte, allgemeine Gesetze gegen Rassismus zu erlassen, wurde dadurch besonders augenscheinlich. Es spricht aber für die erfolgreiche Arbeit des EP und die Lobbyarbeit außerparlamentarischer Gruppen wie der *Starting-Line-Gruppe*, dass die EU zumindest begann, von den wenigen ihr zur Verfügung stehenden Optionen Gebrauch zu machen: Denn unabhängig von den einschlägigen Entschließungen des EP legte die *Starting-Line-Gruppe* bereits 1992 einen Vorschlag für eine Richtlinie[94] zur Beseitigung der Rassendiskriminierung vor. Da es am politischen Willen mangelte, den Art. 308 EG als Rechtsgrundlage für eine derartige Richtlinie zu verwenden, stellte die Gruppe im Juli 1994 einen Vorschlag für eine Ergänzung der Gemeinschaftsverträge vor, den sog. *Starting Point*[95]. Diese Vorschläge, verbunden mit einer

---

[91] Dazu *Flauss*, RTDH 2001, 487 (502).
[92] Vertrag über die Europäische Union v. 7.2.1992, BGBl. 1992 II, 1253.
[93] Gemeinsame Maßnahme 96/443/JI des Rates betreffend die Bekämpfung von Rassismus und Fremdenfeindlichkeit (ABl. 1996 L 185/5).
[94] Ursprünglicher Entwurf abgedruckt bei *Ausländerbeauftragte Berlin (Hrsg.)*, Diskriminierungen, 67-71; überarbeiteter Entwurf nach Einfügung des Art. 13 EG abgedruckt bei *ENAR*, Bekämpfung von Rassismus, 26-33.
[95] Abgedruckt bei *Ausländerbeauftragte Berlin* (Hrsg.), Diskriminierungen, 61-66.

24   1. Teil: Entwicklung des Anti-Diskriminierungsrechts und Erforderlichkeit
    zivilrechtlicher Diskriminierungsverbote

nicht nachlassenden Lobbyarbeit, können im Ergebnis als direkter Vorläufer der gemeinschaftlichen Rechtsakte angesehen werden.[96] Im Laufe der 90er Jahre traten äußere Faktoren hinzu, die den politischen Willen der Mitgliedstaaten anspornten. Es kam zu einer Verbreitung des (gewalttätigen) Rassismus in Europa, verbunden mit einer wachsenden Unterstützung für die Parteien der extremen Rechten. Zugleich wurde das Erfordernis erkannt, die Einwanderungs- und Asylpolitik durch Maßnahmen zur Förderung der Integration zu ergänzen. In den mitteleuropäischen Bewerberstaaten wurde eine bedeutende Diskriminierung bestimmter nationaler Minderheiten gesehen.[97] Einen Brennpunkt für Aktivitäten und Aufklärungsarbeit in Bezug auf Rassismus, Fremdenfeindlichkeit und Antisemitismus stellte schließlich das Europäische Jahr gegen Rassismus 1997 dar, dessen Benennung auf eine Entschließung[98] des Rates und der im Rat vereinigten Vertreter der Mitgliedstaaten zurückgeht. Im selben Jahr wurde der Vertrag von Amsterdam unterzeichnet, der als Ergebnis aller Bemühungen mit Art. 13 EG erstmals eine Ermächtigungsgrundlage zur Beseitigung aller Arten von Diskriminierungen enthält.

bb. Weitere Diskriminierungstatbestände

Neben den bereits erwähnten Diskriminierungstatbeständen enthält Art. 13 EG auch die Merkmale Religion, Weltanschauung, Behinderung, Alter und sexuelle Ausrichtung. Verdanken sie ihre Aufnahme in den EG-Vertrag nur dem langjährigen Kampf gegen Diskriminierungen aufgrund von „Rasse" und ethnischer Herkunft oder handelt es sich um den konsequenten Abschluss einer ebenfalls lang geführten Kampagne? Bereits 1984 beschäftigte sich das EP mit Diskriminierung am Arbeitsplatz aufgrund der sexuellen Orientierung.[99] Die soziale Lage von Behinderten fand ebenfalls früh das Interesse der Institutionen,[100] während das EP im Jahr 1982 begann, sich mit der Situation von älteren Menschen in der

---

[96] Zusammenfassend *Chopin/Niessen*, Legislativmaßnahmen; *ENAR* (Hrsg.), Bekämpfung von Rassismus.
[97] *Bell*, Combating Racism, 7, 8.
[98] Entschließung des Rates und der im Rat vereinigten Vertreter der Mitgliedstaaten betreffend das Europäische Jahr gegen Rassismus (1997) (Abl. 1996 C 237/1).
[99] Bericht des Ausschusses für soziale Angelegenheiten des EP über Diskriminierung am Arbeitsplatz aufgrund der sexuellen Orientierung (EP Nr. 1-1358/84).
[100] Entschließung des Rates v. 21.1.1974 über ein sozialpolitisches Aktionsprogramm (ABl. 1974 C 13/1); Entschließung des EP zur sozialen Integration der Behinderten (ABl. 1981 C 77/27); Entschließung des EP zu der sozialen Lage der behinderten Frauen (ABl. 1989 C 158/383); sowie diverse Programme der EU-KOM zur wirtschaftlichen Integration von Behinderten im Binnenmarkt, z.B. HELIOS, TIDE, TESS und HORIZON.

II. Die Europäische Union　　　　　　　　　　　　　　　　　　　　25

Gemeinschaft zu befassen.[101] Die Respektierung fremder Religionen und Weltanschauungen, deren Ausübung schon stets als grundrechtlich geschützte Betätigung galt, steht seit 1977 im Mittelpunkt der Aufrufe des EP zur Toleranz.[102] Auch die Aufnahme der übrigen Diskriminierungstatbestände lässt sich daher aus langjährigen Entwicklungen ableiten. Sie basieren auf der durch das Engagement des EP geschaffenen Sensibilisierung der europäischen Öffentlichkeit sowie auf den parallel laufenden Aktivitäten nationaler Parlamente. Hinzu treten die sich ändernden gesellschaftlichen Umstände in den Mitgliedstaaten, die eine zunehmende Pluralität der individuellen Lebensentwürfe erkennen lassen.

Gleichwohl sind Unterschiede in der Behandlung von Diskriminierungen aufgrund von „Rasse" und ethnischer Herkunft sowie den übrigen Merkmalen zu erkennen. Deren Ursache liegt nicht nur in der unterschiedlich starken Lobbyarbeit der letzten 20 Jahre, sondern vielmehr in den historischen Erfahrungen der europäischen Gesellschaften. Als Folge der Tatsache, dass in der öffentlichen Meinung die Ablehnung von „rassischer" und ethnischer Diskriminierung weit stärker verankert ist, als die Notwendigkeit, bspw. Alte und Junge gleich zu behandeln, behandeln auch die aufgrund von Art. 13 EG erlassenen Richtlinien diese Diskriminierungen mit unterschiedlicher Intensität.[103] Während die EG Benachteiligungen aufgrund von „Rasse" und ethnischer Herkunft in praktisch allen gesellschaftlich relevanten Bereichen untersagt (und damit auch im Bereich des Zivilrechts), beschränkt sich der europäische Gesetzgeber im Hinblick auf ein Verbot der übrigen Diskriminierungen auf sein angestammtes Feld des Arbeits- und Sozialrechts.

2. Der Amsterdamer Vertrag – ein Meilenstein bei der Bekämpfung von Diskriminierungen

Durch den Vertrag von Amsterdam[104], in Kraft getreten am 1. Mai 1999, wurde Art. 13 EG in den EG-Vertrag eingefügt und Art. 29 EU ergänzt. Art. 29 Abs. 1

---

[101]　Entschließung des EP v. 18.2.1982 zur Situation und zu den Problemen älterer Menschen in der Europäischen Gemeinschaft (ABl. 1982 C 66/71) aufgrund eines Berichts des Ausschusses für soziale Angelegenheiten und Beschäftigung des EP (Squarcialupi-Bericht, Dok. 1-848/81); Entschließung des EP zu gemeinschaftlichen Aktionen zugunsten älterer Menschen v. 12.11.1990 (ABl. 1990 C 284/1469).
[102]　Vgl. hierzu und zu weiteren Nachweisen „Entstehungsgeschichte", abrufbar unter http://www.anti-diskriminierung.info.
[103]　Für eine Analyse dieser unterschiedlichen Behandlung, vgl. 2. Teil A. II. 2. b.
[104]　Vertrag von Amsterdam zur Änderung des Vertrags über die Europäische Union, der Verträge zur Gründung der Europäischen Gemeinschaften sowie einiger damit zusammenhängender Rechtsakte v. 2.10.1997, BGBl. 1998 II, 386; berichtigt durch BGBl. 1999 II, 416.

EU in der Neufassung durch den Amsterdamer Vertrag erklärt nunmehr die Verhütung und Bekämpfung von Fremdenfeindlichkeit und Rassismus ausdrücklich zu einem Ziel der polizeilichen und justiziellen Zusammenarbeit in Strafsachen (PJZS). Dieser Änderung kommt jedoch im wesentlichen deklaratorische Bedeutung zu, da es offensichtlich schon zuvor auf der Basis von (ex-) Art. K.3 EU möglich war, eine Gemeinsame Maßnahme gegen Rassismus anzunehmen.[105] Sie hat über die damit verbundene politische Willenserklärung hinaus gleichwohl Klarstellungsfunktion.[106] Art. 13 EG[107] bestimmt, dass der Rat

„unbeschadet der sonstigen Bestimmungen dieses Vertrags im Rahmen der durch den Vertrag auf die Gemeinschaft übertragenen Zuständigkeiten auf Vorschlag der Kommission und nach Anhörung des Europäischen Parlaments einstimmig geeignete Vorkehrungen treffen [kann], um Diskriminierungen aus Gründen des Geschlechts, der Rasse, der ethnischen Herkunft, der Religion oder der Weltanschauung, einer Behinderung, des Alters oder der sexuellen Ausrichtung zu bekämpfen."

Durch den Vertrag von Nizza, in Kraft getreten am 1. Februar 2003, wurde Art. 13 EG ein Abs. 2 angefügt, wonach der Rat gemäß dem Verfahren der Mitentscheidung (Art. 251 EG) Fördermaßnahmen festlegen kann, um die Maßnahmen der Mitgliedstaaten bei der Bekämpfung von Diskriminierungen zu unterstützen.[108]

Nunmehr konnte die Kommission auch ein Aktionspaket[109] vorlegen, das sowohl rechtliche Instrumente, als auch politische Maßnahmen enthielt. Aus ihm gingen schon bald die Richtlinie 2000/43/EG zur Anwendung des Gleichbehandlungsgrundsatzes ohne Unterschied der „Rasse" oder der ethnischen Her-

---

[105] Vgl. oben 1. Teil B. I. 2. a.
[106] Die EU-KOM hatte auf dieser Grundlage bereits einen neuen Vorschlag unterbreitet, um die Gemeinsame Maßnahme v. 15.7.1996 zu ersetzen, vgl. Vorschlag der EU-KOM für einen Rahmenbeschluss zur Angleichung der Gesetze und Rechtsvorschriften der MS betreffend rassistische und fremdenfeindliche Straftaten v. 28.11.2001 (KOM (2001) 664 endg.). Nach langjährigen Diskussionen im Rat ist der KOM-Vorschlag am 2.6.2005 wegen verschiedener Auffassungen der MS über Umfang und Grenzen der Meinungsfreiheit vorerst gescheitert.
[107] Zur Entstehungsgeschichte des Art. 13 EG, vgl. *Stalder*, Antidiskriminierungsmaßnahmen, 2 ff.; *Tyson*, EJML 3 (2001), 199 ff.; *Flynn*, CMLR 36 (1999), 1127, 1129 ff.; *Bell*, MJ 6 (1999), 5 (6 ff.); *Holoubek* in: Schwarze (Hrsg.), EU-Komm., Art. 13 EG Rn. 1; *Lenz* in: Lenz/Borchardt (Hrsg.), EUV/EGV, Art. 13 EG Rn. 1 ff. Vgl. zu Art. 13 Abs. 1 EG 2. Teil A.
[108] Für eine ausführliche Würdigung des Art. 13 Abs. 2 EG vgl. 2. Teil B.
[109] Vorschlag der EU-KOM für einen Beschluss des Rates über ein Aktionsprogramm der Gemeinschaft zur Bekämpfung von Diskriminierungen (2001-2006) (KOM (1999) 567 endg.); vgl. auch den geänderten Vorschlag der EU-KOM für einen Beschluss des Rates über ein Aktionsprogramm der Gemeinschaft zur Bekämpfung von Diskriminierungen (2001-2006) (KOM (2000) 649 endg.).

II. Die Europäische Union

kunft und die Richtlinie 2000/78/EG zur Festlegung eines allgemeinen Rahmens für die Verwirklichung der Gleichbehandlung in Beschäftigung und Beruf hervor, deren Umsetzungsfrist jeweils 2003 abgelaufen ist.[110] Neben den Richtlinien beschloss der Rat auch die Annahme des nicht-rechtlichen Teils des von der Kommission auf den Weg gebrachten Aktionsprogramms zur Bekämpfung von Diskriminierungen, mit dem die Mitgliedstaaten in ihren praktischen Bemühungen bei der Bekämpfung von Diskriminierungen unterstützt werden sollten.[111] Im Jahre 2003 folgte dann ein ebenfalls auf Art. 13 Abs. 1 EG gestützter Richtlinienvorschlag der Kommission zur Verwirklichung des Grundsatzes der Gleichbehandlung von Frauen und Männern beim Zugang zu und bei der Versorgung mit Gütern und Dienstleistungen, der vom Rat als Richtlinie 2004/113/EG am 13. Dezember 2004 angenommen wurde. Sie ist bis zum 21. Dezember 2007 seitens der Mitgliedstaaten umzusetzen. Auch das Europaeische Parlament widmet sich weiter der Fortentwicklung einer gemeinschaftlichen Anti-Diskriminierungspolitik.[112]

Mittels der Richtlinien 2000/43/EG und 2004/113/EG wendet sich das europäische Anti-Diskriminierungsrecht nach fast 30 Jahren nun erstmals gegen Benachteiligungen im Zivilrechtsverkehr. Diese Rechtsakte stehen dementsprechend zusammen mit Art. 13 EG im Mittelpunkt der Bearbeitung.

3. Die Europäische Grundrechte-Charta

Diese hauptsächlich legislativen Aktivitäten wurden im Dez. 2000 von der feierlichen Proklamation der Europäischen Grundrechte-Charta begleitet, die in Art. 21 ChGR auch ein Nichtdiskriminierungsgebot enthält. Eingebettet in ein eigenes Kapitel über die Gleichheit,[113] stellt es fest, dass

„Diskriminierungen, insbesondere wegen des Geschlechts, der Rasse, der Hautfarbe, der ethnischen oder sozialen Herkunft, der genetischen Merkmale, der Sprache, der Religion oder der Weltanschauung, der politischen oder sonstigen Anschauung, der Zugehörigkeit zu einer nationalen Minderheit, des Vermögens, der Geburt, einer Behinderung, des Alters oder der sexuellen Ausrichtung"

---

[110] Diese bisher einzigen, auf der Basis von Art. 13 EG erlassenen Rechtsakte, werden im Verlauf der Arbeit noch ausführlich behandelt, vgl. unten 2. Teil C. II. und III.

[111] Beschluss 2000/750/EG des Rates über ein Aktionsprogramm zur Bekämpfung von Diskriminierungen, 2001-2006 (ABl. 2000 L 303/23); vgl. dazu das halbjährlich erscheinende Informationsblatt des Aktionsprogramms der Gemeinschaft zur Bekämpfung von Diskriminierungen der *EU-KOM* (Hrsg.) Gleiche Rechte in der Praxis.

[112] Vgl. z.B. die Entschließung des EP zum Schutz von Minderheiten und den Massnahmen gegen Diskriminierung in einem erweiterten Europa (ABl. 2005 C 204/19);

[113] Zu den Gewährleistungen dieses Kapitels und ihrem Verhältnis zu Art. 13 EG, vgl. noch 2. Teil A. III. 2. a. bb.

28　1. Teil: Entwicklung des Anti-Diskriminierungsrechts und Erforderlichkeit zivilrechtlicher Diskriminierungsverbote

verboten sind. Bei den Bestimmungen der Charta handelt es sich zwar allenfalls um *Soft Law*[114], denn ihre Gewährleistungen sind weder rechtsverbindlich noch einklagbar und können vom EuGH gegenwärtig nur als bloßes Erkenntnismittel herangezogen werden.[115] Dennoch darf die Wirkung der Charta für die Grundrechtsentfaltung in der Europäischen Union im allgemeinen und für das Diskriminierungsrecht im besonderen nicht unterschätzt werden.

4. Der Vertrag über eine Verfassung für Europa

a. Entstehung

Der Vertrag über eine Verfassung für Europa[116], am 13. Juni und 10. Juli 2003 vom Konvent im Konsensverfahren angenommen (CONV 850/03), wurde dem Vorsitz des Europäischen Rates am 18. Juli 2003 in Rom überreicht. Die „Verfassung"[117] lag vorübergehend in einer vorläufigen konsolidierten Fassung v. 25. Juni 2004 vor (CIG 86/04), wurde aber noch von Rechts- und Sprachsachverständigen bis zur Unterzeichnung durch die Staats- und Regierungschefs überarbeitet. Am 29. Oktober 2004 haben die Staats- und Regierungschefs der 25 Mitgliedstaaten der EU und der drei Kandidatenländer Bulgarien, Rumänien und Türkei in Rom den Verfassungsvertrag unterzeichnet. Für die Ratifizierung des VVE ist von den Mitgliedstaaten ein Zeitraum von Ende 2004 bis Sommer 2006 angegeben worden. In 10 Mitgliedstaaten ist hierfür die Durchführung eines Referendums erforderlich.

b. Struktur

Der vom Europäischen Konvent[118] erarbeitete Verfassungsvertrag umfasst eine Präambel und vier Teile sowie verschiedene Protokolle, Anhänge und Erklärun-

---

[114] Vgl. zum Begriff Fn. 56.
[115] *Kühling* in: v. Bogdandy (Hrsg.), Europäisches Verfassungsrecht, 583 (593).
[116] Die aktuelle Fassung sowie weitere relevante Dokumente sind abgedruckt bei *Fischer*, Der Europäische Verfassungsvertrag, 119 ff. Vgl. zur Struktur und zum rechtlichen Status des VVE sogleich 1. Teil A. II. 4. c.
[117] Nach Auffassung einer strengen staatsrechtlichen Schule in Deutschland setzen wirkliche Verfassungen einen Staat voraus, vgl. nur *Isensee* in Isensee/Kirchhof (Hrsg.), HbdStR, § 13 Rn. 1 ff. Der vorherrschende europäische und internationale Sprachgebrauch versteht dagegen den Verfassungsbegriff in einem weiteren Sinne, nämlich als die oberste Grundordnung einer Organisation, die gleichzeitig deren Existenz legitimiert. Mit Blick auf die letztere Auffassung werden daher auch im folgenden die Begriffe „Verfassungsvertrag" und „Verfassung" synonym verwendet.
[118] Zu Zusammensetzung, Charakterisierung und Verlauf des Konvents vgl. *Oppermann*, DVBl. 2003, 1165 (1166 f.).

II. Die Europäische Union

gen.[119] Der erste Teil befasst sich mit der Organisationsverfassung der EU, der zweite Teil inkorporiert die ChGR in den Vertrag und enthält eine eigene Präambel, der dritte Teil widmet sich den Politikbereichen und der Arbeitsweise der Union und der vierte Teil enthält die Schlussbestimmungen.

Der VVE ist trotz seiner Benennung als „Verfassung"[120], die als solche nur die Grundprinzipien und entscheidenden Normen des Gemeinwesens niederlegen soll, relativ ausführlich geraten. Dies gilt insbesondere für den umfangreichen dritten Teil. Zu bedenken ist freilich, dass die EU kein Staatswesen mit virtuell unbegrenzten Zuständigkeiten ist, sondern ein Staatenverbund besonderer Art, dem die Mitgliedstaaten nur begrenzte Zuständigkeiten (vgl. Art. I-11 VVE, Art. 5 EG) zugewiesen haben. Die Kompetenzen der Union in den einzelnen Sachbereichen müssen daher innerhalb der Verfassung nach Fachbereich und jeweiliger Rechtsgewalt der Union im einzelnen genau definiert werden.[121]

Mit Inkrafttreten des VVE würden der EU- und der EG-Vertrag mit den primärrechtlichen Nebenbestimmungen gem. Art. IV-437 VVE aufgehoben. Die nach Art. I-1 VVE neu gegründete Europäische Union tritt nach Art. IV-438 VVE die Rechtsnachfolge der durch den EU-Vertrag gegründeten „alten" Union und der EG an. Der Verfassungsvertrag soll gem. Art. IV-446 VVE „auf unbegrenzte Zeit" gelten.

c. Rechtlicher Status

Um rechtliche Verbindlichkeit zu erlangen, muss der Verfassungsvertrag durch alle Mitgliedstaaten ratifiziert werden (Art. IV-447 Abs. 1 VVE, Art. 48 Satz 4 EU, Art. 312 f. EG). Er kann gem. Art. IV-447 Abs. 2 VVE frühestens am 1. November 2006 in Kraft treten, sofern bis zu diesem Tage alle Ratifikationsurkunden hinterlegt worden sind. In einer Erklärung[122] über die Ratifizierung des

---

[119] Vgl. für eine genaue Übersicht und erste Analyse *Oppermann*, DVBl. 2003, 1165 und DVBl. 2003, 1234; allgemein kritisch *v. Bogdandy*, FAZ v. 27.4.2004, 8; kritisch in Bezug auf das gem. Art. IV-443 VVE weitgehende Vetorecht der Mitgliedstaaten bei Vertragsänderungen *Tomuschat*, FAZ v. 27.4.2004, 8: Nunmehr wurde in den Art. IV-444 und IV-445 VVE jedoch ein vereinfachtes Änderungsverfahren geregelt.

[120] Zum Begriff der Verfassung und seiner Verwendung in der vorliegenden Arbeit vgl. Fn. 117.

[121] *Oppermann*, DVBl. 2003, 1165 (1168); vgl. aber gleichwohl den liberalen und radikal einfachen Entwurf für eine europäische Verfassung der *European Constitutional Group*, „A Basic Constitutional Treaty for the European Union" v. 8.6.2003, abrufbar unter: http://admin.fnst.org/uploads/1207/Newdraft2003.pdf (Zugriffsdatum: April 2006): Dieser nur acht Seiten lange Text bietet einen konsistenten und an klassisch liberalen Verfassungsgrundsätzen orientierten Rahmen für das Zusammenleben der Menschen in Europa.

[122] Abgedruckt bei *Fischer*, Der Europäische Verfassungsvertrag, 516.

1. Teil: Entwicklung des Anti-Diskriminierungsrechts und Erforderlichkeit zivilrechtlicher Diskriminierungsverbote

VVE wird die nicht unwahrscheinliche Situation ins Auge gefasst, dass sich angesichts der notwendigen 25 parlamentarischen Zustimmungen und Referenden Schwierigkeiten beim Inkrafttreten der Verfassung ergeben könnten. Tatsächlich sind die Referenden in einzelnen Mitgliedstaaten (Frankreich und Niederlande) negativ ausgefallen, so dass fraglich ist, ob der VVE überhaupt Rechtsverbindlichkeit erlangen wird. Falls zwei Jahre nach der Unterzeichnung vier Fünftel der Mitgliedstaaten ratifiziert haben und in einem oder mehreren Mitgliedstaaten Schwierigkeiten bei der Ratifikation aufgetreten sind, befasst sich der Europäische Rat mit der Frage. Bis zum 1. November 2006 bleiben der VVE und damit auch die in den zweiten Teil inkorporierte Charta der Grundrechte aber in jedem Fall rechtlich unverbindlich.

d. Gleichheit und Schutz vor Diskriminierung im VVE

Sowohl Art. 13 EG als auch Art. 21 ChGR sollen als Art. III-124 (Art. 13 EG), resp. Art. II-81 VVE (Art. 21 ChGR) Teil des VVE sein.[123] Obwohl es durch die Inkorporation des gesamten Texts der Charta in den Verfassungsvertrag in bestimmten Fällen zu Überschneidungen und Wiederholungen der gewährleisteten Rechte kommen würde,[124] ist das Verhältnis der Art. II-81 und Art. III-124 VVE eindeutig: Sie lassen sich zweiteilen in eine inhaltliche Gewährleistung der Nichtdiskriminierung und eine ergänzende Ermächtigungsgrundlage. Ergänzt werden die beiden Vorschriften durch Zielbestimmungen in Art. I-3 Abs. 3 und Art. III-118 VVE, die der Diskriminierungsbekämpfung den Rang einer Querschnittsaufgabe einräumen.

Während es sich bei Art. II-81 VVE um die grundrechtliche Verbürgung des Nicht-Diskriminierungsverbots handelt, wird Art. III-124 VVE die korrespondierende Rechtsgrundlage zur Sekundärrechtsetzung enthalten, die aufgrund des Prinzips der begrenzten Einzelermächtigung erforderlich bleibt. Um das Verhältnis der Vorschriften zu verdeutlichen, würde es sich anbieten, Art. III-124 um einen Bezug auf Art. II-81 zu ergänzen. Ob auch die übrigen Diskriminierungsverbote des Art. II-81 in Art. III-124 aufgenommen werden sollten, damit die EU auch dort eine Rechtsetzungskompetenz erlangt, ist dagegen eine eher politische Frage.[125] Inhaltlich jedenfalls entspricht Art. II-81 dem bisherigen Art. 21 ChGR, Art. III-124 VVE dagegen erfährt gegenüber Art. 13 EG einige Änderungen.[126]

---

[123] Ausführlich zu den beiden Vorschriften 2. Teil A. III. 2. a.
[124] Vgl. dazu *de Búrca* in: de Witte (Hrsg.), Ten Reflections, 11 (19 f.).
[125] Beides befürwortet *de Búrca* in: de Witte (Hrsg.), Ten Reflections, 11 (19 f., 31 f.).
[126] Vgl. dazu im Hinblick auf Art. 13 Abs. 1 EG 2. Teil A. III. 2. a. aa. sowie im Hinblick auf Art. 13 Abs. 2 EG 2. Teil. B. VI.

III. Deutschland

In Deutschland gilt seit 1949 Art. 3 GG. Dessen Abs. 1 bestimmt:

"Alle Menschen sind vor dem Gesetz gleich."

Art. 3 Abs. 3 GG ergänzt in seiner heutigen Fassung:

"Niemand darf wegen seines Geschlechtes, seiner Abstammung, seiner Rasse, seiner Sprache, seiner Heimat und Herkunft, seines Glaubens, seiner religiösen oder politischen Anschauungen benachteiligt oder bevorzugt werden. Niemand darf wegen seiner Behinderung benachteiligt werden."

Damit existieren sowohl ein allgemeiner Gleichheitssatz als auch spezielle Diskriminierungsverbote auf verfassungsrechtlicher Ebene. Die öffentliche Gewalt ist demnach zu einer strikten Gleichbehandlung aller ihrer Hoheitsgewalt unterworfenen Personen verpflichtet. Anders sieht es im Privatrechtsverkehr aus. Dort steht die ebenfalls grundrechtlich verbürgte Privatautonomie des einzelnen im Vordergrund. Andere Grundrechte können im Einzelfall verstärkend hinzutreten. Von der überwiegenden Meinung wird daher nur eine eingeschränkte Grundrechtsbindung der Privatrechtssubjekte angenommen, bekannt unter dem Begriff „mittelbare Drittwirkung" der Grundrechte.[127] Das Bundesverfassungsgericht (BVerfG) stellte fest:

„Die Grundrechte sind in erster Linie Abwehrrechte des Bürgers gegen den Staat; in den Grundrechtsbestimmungen des Grundgesetzes verkörpert sich aber auch eine objektive Wertordnung, die als verfassungsrechtliche Grundentscheidung für alle Bereiche des Rechts gilt. Im bürgerlichen Recht entfaltet sich der Rechtsgehalt der Grundrechte mittelbar durch die privatrechtlichen Vorschriften. Er ergreift vor allem Bestimmungen zwingenden Charakters und ist für den Richter besonders realisierbar durch die Generalklauseln."[128]

Diese Rechtslage besteht bis heute und determiniert den Schutz vor Diskriminierungen im Privatrechtsverkehr. Ein solcher besteht mithin nur über die Auslegung der dort vorhandenen Generalklauseln.[129] Eine spezielle Anti-Diskriminierungsgesetzgebung, wie sie z.b. das niederländische Recht mit dem *Allgemeinen Gleichbehandlungsgesetz*[130] oder das britische Recht mit dem *Race Relations*

---

[127] Instruktiv *Guckelberger*, JuS 2003, 1151 ff.; umfassend *Bleckmann*, StR II, Rn. 68-130.
[128] St. Rspr. des BVerfG seit BVerfGE 7, 198 (205 f.) (*Lüth*); ferner BVerfGE 25, 256 (253) (*Boykottaufruf*); BVerfGE 42, 143 (148); BVerfGE 73, 261 (269).
[129] Vgl. *Preis/Rolfs*, Verbot der Ausländerdiskriminierung, 49.
[130] *Algemene wet gelijke behandeling* v. 1.9.1994, abrufbar in der englischen Übersetzung unter: http://www.cgb.nl/english/asp/awgb.asp (Zugriffsdatum: April 2006); Art. 7 Abs. 3 AWGB lautet in der englischen Fassung: "Section 1 (a and d) shall not apply to requirements which may reasonably be imposed having regard to the private nature of the circumstances to which the legal relationship applies." Section 1 d statuiert ein Diskriminierungsverbot für nicht gewerblich handelnde Privatpersonen bei einem öffentlichen Angebot.

Act[131] kennt, existierte in Deutschland nicht. Gerade unter Hinweis auf Art. 3 Abs. 3 GG und die sog. mittelbare Drittwirkung hielten es die Bundesregierung[132] und die gesetzgebenden Körperschaften[133] für überflüssig, zur Erfüllung der aus der CERD folgenden völkerrechtlichen Verpflichtungen ein Anti-Diskriminierungsrecht für den Privatrechtsverkehr zu schaffen.[134]

Erst Anfang der 70er Jahre begann in Deutschland eine politische Diskussion, die sich mit der Gleichbehandlung der Geschlechter im Erwerbsleben und in der Gesellschaft befasste.[135] Der Bundestag setzte dazu zwei Enquête-Kommissionen „Frau und Gesellschaft"[136] ein, die feststellen sollten, in welchen Bereichen Frauen gegenüber Männern benachteiligt werden. Genau wie auf europäischer Ebene wurde unter Diskriminierung damit zunächst nur die geschlechtsbezogene Benachteiligung verstanden. Als Zusammenfassung und vorläufiger Abschluss dieser Bemühungen konnte der Gesetzesvorschlag der Humanistischen Union[137] gelten, den diese im Jahre 1978 veröffentlichte: Ihr Entwurf für ein Anti-Diskriminierungsgesetz war zwar auf die Gleichbehandlung aufgrund des Geschlechts beschränkt (wenngleich unter dem Merkmal „Geschlecht" auch Diskriminierungen aufgrund des Familienstands und der sexuellen Orientierung subsumiert werden sollten), enthielt aber bereits eine umfassende Regelung für alle Lebensbereiche, so u.a. für den Bereich Geschäftsverkehr und Dienstleistungen sowie Werbung und Medien. Der Vorschlag wurde zwar von der FDP im Rahmen einer Fachkonferenz aufgegriffen, schaffte es jedoch nicht in die parlamentarische Beratung.[138] Bevor derartige Konzepte im Jahre 1986 den

---

[131] Race Relations Act 1976, abrufbar unter: http://www.homeoffice.gov.uk/docs/racerel1.html (Zugriffsdatum: April 2006); Änderungen durch die RL 2000/43/EG als Race Relations Act 1976 (Amendment) Regulations 2003, abrufbar unter: http://www.hmso.gov.uk/si/si2003/20031626.htm (Zugriffsdatum: April 2006); dazu *Dreyer*, Race Relations Act 1976.

[132] BT-Drs. 5/3960, 22 und BT-Drs. 9/1862, 3.

[133] BT-Drs. 5/4127.

[134] Zur Frage, inwieweit internationale Übereinkommen den deutschen Gesetzgeber zu einem effektiven Diskriminierungsschutz im Zivilrecht verpflichten, vgl. 2. Teil E.; jedenfalls sind internationale Diskriminierungsverbote ebenso wie Art. 3 Abs. 3 GG bei der Auslegung einfachen Rechts zu berücksichtigen. Sie finden sich u.a. in der CERD, der CEDAW, im IPBürgR sowie in Art. 14 EMRK, vgl. dazu *Preis/Rolfs*, Verbot der Ausländerdiskriminierung, 49 und *Dürig* in: Maunz/Dürig (Hrsg.), GG-Komm., Art. 3 Abs. 3 Rn. 68 im Hinblick auf die CERD.

[135] Vgl. zu den rechtspolitischen Hintergründen und inhaltlichen Vorstellungen der Anti-Diskriminierungs- und Gleichstellungsgesetzgebung in Deutschland auch *Breuer*, Anti-Diskriminierungs-Gesetzgebung, 17 ff.

[136] BT-Drs. 7/1148 und BT-Drs. 8/305 mit Bericht in BT-Drs. 8/4461.

[137] *HU* (Hrsg.), ADG für die BRD; *HU* (Hrsg.), Faltblatt ADG.

[138] *Breuer*, Anti-Diskriminierungs-Gesetzgebung, 19; umfassend dazu *FNSt* (Hrsg.), Dokumentation ADG.

III. Deutschland

Bundestag überhaupt erreichten,[139] mussten bereits aufgrund der europäischen Gleichbehandlungsrichtlinie 76/207/EWG die §§ 611a, 611b, 612 und 612a in das BGB eingefügt werden.[140] Die Pflicht, das europarechtliche Verbot einer geschlechtsbezogenen Benachteiligung im Arbeitsverhältnis umzusetzen, führte im Jahr 1980 mit § 611a BGB zum ersten deutschen Diskriminierungsverbot zwischen Privaten, d.h. zwischen Arbeitgeber und Arbeitnehmer (auch wenn die Vorschrift wegen unzulänglicher Richtlinienumsetzung noch mehrfach ergänzt werden musste[141]). § 611a BGB gehört nicht zum allgemeinen Zivilrecht im engeren Sinne, so dass der allgemeine Privatrechtsverkehr dagegen weiterhin frei von Diskriminierungsverboten blieb.

Nachdem über die Kodifizierung eines privatrechtlichen Diskriminierungsschutzes bereits mehr als 10 Jahre in der Fachwissenschaft diskutiert wurde,[142] kam es schließlich Anfang der 90er Jahre auch zu einer zunehmenden Sensibilisierung der deutschen Öffentlichkeit und Politik im Hinblick auf „rassische" bzw. ethnische Diskriminierung im privaten Rechtsverkehr. Statt der benachteiligten Frau als Arbeitnehmerin trat der fremdenfeindliche Gastwirt in das kollektive Bewusstsein. Obwohl das Problem der Diskriminierung seitens privater Akteure seit langem bekannt war,[143] wurde es erst zu diesem Zeitpunkt in Konferenzen, Erklärungen und Gesetzesinitiativen aufgegriffen.[144] Die vermehrte Aufmerksamkeit lässt sich wohl ähnlich wie auf europäischer Ebene mit einem Ansteigen der fremdenfeindlichen Gewalt als auch den Wahlerfolgen rechtsextremer Parteien im fraglichen Zeitraum erklären. Trotz der Bereitschaft auch der deutschen Regierung, Rassismus und Fremdenfeindlichkeit mit allen geeigneten

---

[139] Entwurf für ein Antidiskriminierungsgesetz zur Gleichstellung von Mann und Frau, Die GRÜNEN (BT-Drs. 10/6137); Überarbeiteter Entwurf für ein Antidiskriminierungsgesetz zur Gleichstellung von Mann und Frau, Die GRÜNEN (BT-Drs. 11/3266 u. 11/5153); Entwurf für ein Antidiskriminierungsgesetz zur Gleichstellung von Mann und Frau, SPD (BT-Drs. 11/3728).

[140] Arbeitsrechtliches EG-Anpassungsgesetz (BGBl. I, 1308).

[141] Vgl. dazu die entsprechenden Urteile EuGH Rs. C-14/83, Slg. 1984, 1891 (*von Colson und Kamann*); EuGH Rs. C-248/83, Slg. 1985, 1459 (*Kommission/Deutschland*).

[142] Z.B. *Coester-Waltjen*, ZRP 1982, 217; *Gitter*, NJW 1982, 1567; *Kühner*, NJW 1986, 1397; *Addy*, Quest for Anti-Discrimination Policies.

[143] Entsprechende Entscheidungen deutscher Gerichte, in denen es z.B. um die Zulässigkeit eines „Keine Ausländer"-Schildes an Gaststätten ging, datieren zurück bis 1964, vgl. OVG Münster, Urteil v. 21.2.1964, GewA 1967, 118; eine umfassende Rechtsprechungsübersicht findet sich im 3. Teil C. I. 1. d. Vgl. auch BT-Drs. 9/1882, 2 zu dem Anfang der 80er Jahre gehäuft auftretenden Phänomen, dass sich Gastwirte im Umkreis amerikanischer Garnisonen mit Schildern wie „Off Limits – US-Soldaten unerwünscht" ausstatteten.

[144] Vgl. „Entstehungsgeschichte", abrufbar unter http://www.anti-diskriminierung.info.

Maßnahmen zu bekämpfen[145], blieb es zunächst bei politischen Absichtserklärungen. Im Gegensatz zum europäischen Gesetzgeber war es jedoch nicht das Fehlen einer entsprechenden Kompetenzgrundlage, die das Handeln erschwerte. Mangelnder politischer Wille, ein wenig effizienter Lobbyismus im Vergleich zu Europa und die verbreitete Überzeugung, mit den Generalklauseln des BGB die schlimmsten Formen der Diskriminierung bekämpfen zu können,[146] mögen Ursachen dafür gewesen sein. Das in den 80er und 90er Jahren lebhaft diskutierte Beispiel der Zugangsverweigerung zu Gaststätten[147] zeigte jedoch gerade, dass die bestehenden Regelungen für den alltäglichen Gebrauch nicht ausreichend waren.

Warum konnte sich die Anti-Diskriminierungsgesetzgebung auf europäischer Ebene durchsetzen, während in Deutschland lediglich eine engagierte Diskussion ohne Ergebnisse geführt wurde? Zumindest zu Beginn der europäischen Integration bestimmten weniger die hehren Ziele einer umfassenden Gleichstellung von Männern und Frauen die gemeinschaftliche Politik, als vielmehr die Angst vor Wettbewerbsnachteilen. So wurde das Entgeltgleichheitsgebot des Art. 141 EG im Jahre 1957 in den Gründungsvertrag aufgenommen, um eine Verfälschung des Wettbewerbs zugunsten jener Mitgliedstaaten zu verhindern, in denen dieses Gebot noch nicht galt.[148] Die wirtschaftliche Integration, ursprünglich dazu gedacht, durch die Vergemeinschaftung kriegswichtiger Industriezweige wie Kohle und Stahl das Potential einzelner Mitgliedstaaten zur Friedensbedrohung auszuschließen, erwies sich also auch auf dem Gebiet der Sozialpolitik als wichtige Triebfeder. Diese Funktion trat erst in den Hintergrund, nachdem der EuGH das Gebot des Art. 141 EG als sozialpolitische Vorschrift auszulegen begann.[149] Auch danach wurde die Gleichbehandlung von Männern und Frauen jedoch ebenso als Voraussetzung dafür verstanden, ein gut ausgebildetes Arbeitskräftereservoir zur Verfügung zu haben.

Die Einführung der übrigen Diskriminierungsverbote (insbesondere Rassismus und ethnische Herkunft) verlief ähnlich. Auf europäischer Ebene wurde früh erkannt, dass neben der menschenrechtlichen Verantwortung auch wirtschaftliche

---

[145] Schlussfolgerungen des EG-Gipfeltreffens der Staats- und Regierungschefs in Dublin, 25./26.6.1990: entsprechende Aufforderungen an die Mitgliedstaaten ergingen auch auf den folgenden Treffen, z.B. Maastricht/1991; Edinburgh/1992; Kopenhagen/1994; Korfu /1994; Madrid/1995; Tampere/1999, usw.

[146] In BT-Drs. 5/3960, 22 und BT-Drs. 9/1862, 3 hielt die Bundesregierung Art. 3 Abs. 3 GG, § 130 StGB und das Gaststättenrecht für ausreichend, um die aus der CERD folgenden völkerrechtlichen Verpflichtungen zu erfüllen.

[147] Vgl. abgesehen von den Kommentaren zum Gaststättenrecht *Lohse*, NJW 1985, 1677; *Kühner*, NJW 1986, 1397; *Timme*, ZAR 1997, 130; *Stock*, ZAR 1999, 118.

[148] *Rebhahn* in: Schwarze (Hrsg.), EU-Komm., Art. 141 EG Rn. 1.

[149] EuGH Rs. 43/75, Slg. 1976, 455 Rn. 8 ff. (*Defrenne II*).

III. Deutschland

Faktoren die Abwesenheit von Diskriminierung fordern.[150] Ein diskriminierungsfreies Arbeitsumfeld und gesellschaftliche Integration führen zu höherer Produktivität. Die Mobilität von Arbeitskräften setzt gleiche Lebensverhältnisse voraus. In Deutschland blieb es dagegen bei einer eher ideologisch geprägten Argumentation, so dass pragmatische Ansätze in den Hintergrund gerieten. Dies ließ sich auch beim langwierigen Prozess zur Einführung eines Anti-Diskriminierungsgesetzes in den Jahren 2001 bis 2006 beobachten. Durch seine Zielsetzung, erstmals Anti-Diskriminierungsregeln in das deutsche Zivilrecht zu integrieren, sah sich das Umsetzungsvorhaben von Beginn an starkem Widerstand ausgesetzt. Viele gesellschaftliche Interessengruppen befürchteten eine unangemessene Beschränkung der Vertragsfreiheit. Auch die Literatur[151] äußerte teilweise heftige Bedenken. Die Umsetzungsziele wurden in Deutschland, aber auch in anderen europäischen Ländern[152] daher konsequent verfehlt, obwohl das Bundesministerium der Justiz bereits am 10. Dezember 2001 einen ersten Gesetzentwurf[153] vorgelegt hatte. Das Anti-Diskriminierungsrecht ist währenddessen auf dem Wege, sich mehr und mehr zu einem eigenständigen Rechtsgebiet zu entwickeln, das zukünftig Bestandteil jedes europäischen Zivilrechtssystems sein wird.[154]

---

[150] *Flynn*, CMLR 36 (1999), 1127 (1138); diesen – für die Schaffung der Rechtsinstrumente so bedeutsamen – Dualismus verkennt *Prunzel*, StG 2001, 163 (164) die im Zusammenhang mit der Einfügung des Art. 13 das „allbekannte Schema des Primats der Wirtschaft" bedauert.

[151] Vgl. dazu *Adomeit*, NJW 2002, 1622 (1623): „sozialistische Regulierung"; *Braun*, JuS 2002, 424: „Deutschland wird wieder totalitär…politisch verordnete Moral"; *Klepper*, OWG 92 (2002), 11 (15): „Angriff auf die Privatautonomie, der in der deutschen Rechtsgeschichte ohne Beispiel ist"; *Ladeur*, GLJ 3 (2002), Rn. 1: „rechtlicher Vandalismus, unvereinbar mit dem gesunden Menschenverstand"; *Pfeiffer*, ZGS 2002, 165: „Ausdruck einer jakobinischen Attitüde, … interventionistische Sozialmoral im Zivilrecht"; *Picker*, FAZ 2003, 8: „Überwachungs- und Inquisitionskomitees von wahrhaft robespierreschem Charakter sollen die neue Moral im Zivilrecht sichern"; *Picker*, JZ 2003, 1035: „Gemisch von Bevormundung und Bestrafung, von Paternalismus und komplementärer Sanktion"; *Säcker*, ZRP 2002, 286: „Tugendrepublik der neuen Jakobiner…Beginn eines neuen puritanischen Tugendregimes…Robespierre hätte an diesem Gesetz seine Freude gehabt"; *Schmelz*, ZRP 2003, 67: „ideologisches Zwangskorsett…Bevormundungsinstrumentarien, die das Ergebnis einer Klientelpolitik sind".

[152] Zum aktuellen Stand der Umsetzung in den MS vgl. http://europa.eu.int/comm/employment_social/fundamental_rights/public/pubst_de.htm#Umsetzung (Zugriffsdatum: April 2006).

[153] Diskussionsentwurf eines Gesetzes zur Verhinderung von Diskriminierungen im Zivilrecht v. 10.12.2001; abrufbar unter: http://www.anti-diskriminierung.info.

[154] *Jestaedt*, VVDStRL 64, 298 (311). Vgl. zum Europäischen Anti-Diskriminierungsrecht als eigenständige Querschnittsmaterie die Monographie von *Bell*, Anti-Discrimination Law.

B. Zukünftige Entwicklung in der Europäischen Union

Der Ausblick auf die Entwicklung des Anti-Diskriminierungsrechts konzentriert sich auf die EU. Dort sind im Gegensatz zu Deutschland weitere Aktivitäten zu erwarten, die im Kontrast zu völkerrechtlichen Vereinbarungen innerstaatliche Bindungswirkung entfalten.

I. Ausgangspunkt

Auf der Basis des Art. 13 EG und den auf seiner Grundlage erlassenen Richtlinien hat die Kommission im Mai 2004 ein Grünbuch mit dem Titel „Gleichstellung sowie Bekämpfung von Diskriminierungen in einer erweiterten EU" veröffentlicht, in dem die Öffentlichkeit aufgefordert wurde, zur künftigen Entwicklung der Anti-Diskriminierungspolitik Beiträge zu leisten. Im Rahmen der öffentlichen Konsultation sind über 1500 Vorschläge und Anmerkungen eingegangen.[155] Auch der Präsident der Kommission hat in einer Rede vor dem Europäischen Parlament Ende Oktober 2004 bekräftigt, wie sehr er sich dem Grundsatz der Nichtdiskriminierung verpflichtet fühlt. Insbesondere betonte er, welche große Bedeutung man entschlossenen politischen Maßnahmen der EU zur Bekämpfung aller Formen von Diskriminierung beimesse. Außerdem umriss er verschiedene Initiativen, die er in diesem Bereich zu verwirklichen beabsichtigt.

II. Initiativen

1. Mitteilung der Kommission

So wird die Kommission im Anschluss an das Grünbuch vom Mai 2004 und die dazu eingegangen Beiträge im Jahr 2005 eine Mitteilung vorlegen, in der sie ihr politisches Konzept zur Diskriminierungsbekämpfung für die nächsten Jahre vorstellen wird. Besonderes Augenmerk wird dabei auf Minderheiten gelegt, vor allem auf die Gruppe der Roma.[156]

2. Studie zur Ausdehnung der Diskriminierungsverbote im Zivilrecht

Zu den Initiativen, welche die Kommission bereits angekündigt hat, zählt auch die Durchführung einer Studie, die untersuchen soll, inwieweit es möglich ist, den rechtlichen Schutz vor Diskriminierung aus Gründen des Geschlechts, der Religion oder der Weltanschauung, einer Behinderung, des Alters und der sexuellen Ausrichtung an das Schutzniveau anzugleichen, das die Richtlinie 2000/43/EG gewährleistet. Damit steht der Erlass von zusätzlichen Rechtsvor-

---

[155] *EU-KOM* (Hrsg.), Sozialpolitische Agenda 2005-2010, 27.
[156] *EU-KOM* (Hrsg.), Sozialpolitische Agenda 2005-2010, 15, 27.

schriften zur Ergänzung des bereits bestehenden Rechts bevor. Außerhalb von Beschäftigung und Beruf, in denen über die Richtlinien 2000/43/EG, 2000/78/EG und 76/207/EWG i.d.F. der Richtlinie 2002/73/EG ein umfassender Schutz aller in Art. 13 EG genannten Gründe besteht, betrifft dies die Bereiche

> Sozialschutz (einschließlich soziale Sicherheit)
> Sozialdienste und soziale Vergünstigungen
> Bildung
> Zugang zu und Versorgung mit Gütern und Dienstleistungen, einschließlich Wohnraum.

Der dort bestehende Schutz für „Rasse", ethnische Herkunft und (teilweise) Geschlecht könnte demnach bald auf alle in Art. 13 EG genannten Gründe ausgedehnt werden. Dies hätte weitreichende Bedeutung für große Teile des Zivilrechts und des öffentlichen Rechts.

Bestandteil und Vorstufe der Kommissionsstudie ist eine sog. „Mapping"-Studie. Diese untersucht nationale legislative Maßnahmen und ihre Auswirkungen auf die Bekämpfung von Diskriminierungen aus Gründen des Geschlechts, der Religion oder der Weltanschauung, einer Behinderung, des Alters und der sexuellen Ausrichtung außerhalb von Beschäftigung und Beruf. Sie wurde im April 2005 ausgeschrieben und im Laufe des Jahres 2006 erstellt.

3. Europäische Agenturen

Mit ihren Vorschlägen zur Umwandlung der EUMC zum 1. Januar 2007 in eine Europäische Agentur für Grundrechte[157] und zur Errichtung eines Europäischen Instituts für die Gleichstellung von Männern und Frauen[158] hat die Kommission eine neue Diskussion über die Grundrechts- und Anti-Diskriminierungspolitik der Europäischen Union eröffnet. Im Fokus der Agentur wird der allgemeine Grundrechtsstandard in der Union und den Mitgliedstaaten liegen. Das geplante Gleichstellungs-Institut soll die europäischen Institutionen und die Mitgliedstaaten spezifisch bei der Förderung der Gleichstellung von Männern und Frauen und der Bekämpfung der Diskriminierung auf Grund des Geschlechts unterstützen. Es wird Forschungsdaten und Informationen zusammentragen,

---

[157] Vorschlag für eine Verordnung des Rates zur Errichtung einer Agentur der Europäischen Union für Grundrechte v. 30.6.2005 (KOM (2005) 280). Siehe dazu *Schlichting/Pietsch*, EuZW 2005, 587.
[158] Vorschlag für eine Verordnung des EP und des Rates zur Schaffung eines Europäischen Instituts für Gleichstellungsfragen v. 8.3.2005 (KOM (2005) 81).

38 1. Teil: Entwicklung des Anti-Diskriminierungsrechts und Erforderlichkeit
zivilrechtlicher Diskriminierungsverbote

analysieren und verbreiten. Zugleich wird das Institut den Austausch bewährter Praktiken fördern und diese den Mitgliedstaaten anbieten.[159]

4. Europäisches Jahr der Chancengleichheit 2007

Für das Jahr 2007 plant die Kommission die Veranstaltung eines Europäischen Jahres der Chancengleichheit.[160] Dort soll die Bedeutung des Themas hervorgehoben sowie die erzielten Ergebnisse besser bekannt gemacht und die Vorteile der Vielfalt für die europäische Wirtschaft und Gesellschaft verdeutlicht werden. 2010 wird voraussichtlich zum Europäischen Jahr der Bekämpfung von Ausgrenzung und Armut erklärt.[161]

III. Bewertung

Mit diesen Maßnahmen und Initiativen verfolgt die EU konsequent ihre Ziele der Ausweitung und Konsolidierung der Diskriminierungsverbote. Die Kommission hat mittlerweile erkannt, dass es für die Rechtmäßigkeit und Glaubwürdigkeit von Anti-Diskriminierungsmaßnahmen auf das tatsächliche Vorliegen von Missständen ankommt. Durch die erhöhte Bedeutung, die sie dem Erheben, Sammeln und Auswerten von statistischen Diskriminierungsdaten zumisst,[162] bewegt sich die Kommission weg von einem eher ideologischen Ansatz hin zu einem pragmatischen Vorgehen.

Kritisch ist die Absicht der Kommission zu beurteilen, im Zivilrecht den Güter- und Dienstleistungssektor jeweils insgesamt zu betrachten. Diese Herangehensweise orientiert sich ersichtlich an den im EG-Vertrag geregelten Grundfreiheiten, hier dem freien Waren- und Dienstleistungsverkehr gem. Art. 23 ff. und 49 ff. EG. Sie erscheint auf den ersten Blick als logischer Schritt, nachdem bereits Diskriminierungsverbote für das Arbeits- und Berufsleben erlassen wurden (Anknüpfungspunkt war hier offenbar die Tatsache, dass auch dieser Bereich durch die vertraglich geregelte Grundfreiheit der Arbeitnehmerfreizügigkeit gem. Art. 39 EG in den Anwendungsbereich des EG-Vertrags fällt).

Erwies sich das Vorgehen der Kommission, Diskriminierungen beim Zugang zu Gütern und Dienstleistungen allgemein zu verbieten, bei der Richtlinie 2000/43/EG noch als unproblematisch, weil Differenzierungen nach der „Rasse" bzw. ethnischen Herkunft nahezu nie zu rechtfertigen sind, gilt dies bereits nicht mehr für die geschlechtsspezifische Richtlinie 2004/113/EG. In Bezug auf das

---

[159] Vorschlag für einen Beschluss des EP und des Rates zum Europäischen Jahr der Chancengleichheit für alle (2007) – Beitrag zu einer gerechten Gesellschaft v. 1.6.2005 (KOM (2005) 225).
[160] *EU-KOM* (Hrsg.), Sozialpolitische Agenda 2005-2010, 15, 26 f.
[161] *EU-KOM* (Hrsg.), Sozialpolitische Agenda 2005-2010, 15, 26 f.
[162] Siehe dazu noch 1. Teil C. V.

Geschlecht sind vielerlei sozial wünschenswerte Differenzierungen denkbar, so dass die Kommission Mühe hatte, ihr Anliegen den Mitgliedstaaten zu vermitteln. Insbesondere auf Betreiben Deutschlands erfasst die Richtlinie 2004/113/EG daher nur solche Güter und Dienstleistungen, die „ohne Ansehen der Person" der Öffentlichkeit zur Verfügung stehen. Das Vorliegen eines tatsächlichen Schutzbedürfnisses ist dementsprechend streitig.[163] Die Kritik gilt insbesondere der Tatsache, dass die wenigen vorgebrachten Diskriminierungsfälle, welche die Kommission zur Begründung eines allgemeinen Diskriminierungsverbots aufgrund des Geschlechts beim Zugang zu Gütern und Dienstleistungen anführt, allenfalls ein bereichsspezifisches Benachteiligungsverbot zu begründen vermögen. Ein allgemeines Diskriminierungsverbot, welches das gesamte Zivilrecht erfasst, lässt sich mit Blick auf die Verhältnismäßigkeit durch die genannten Diskriminierungssachverhalte kaum rechtfertigen.[164]

C. Erforderlichkeit von Diskriminierungsverboten im Zivilrecht

Ist und bleibt demnach die Herausbildung von zivilrechtlichen Diskriminierungsverboten und damit einhergehender Einrichtungen und Aktionen eine Tatsache, muss gleichwohl die Frage nach ihrer (rechtspolitischen) Erforderlichkeit gestellt werden. Dieses Schicksal teilt das Anti-Diskriminierungsrecht mit dem Recht als solchem. Denn wo es nicht notwendig ist ein Gesetz zu machen, ist es notwendig kein Gesetz zu machen.[165]

I. Ausgangspunkt: Das tatsächliche Schutzbedürfnis

Gegen die Erforderlichkeit von zivilrechtlichen Benachteiligungsverboten, die über die Merkmale „Rasse" und ethnische Herkunft hinausgehen, bestehen grundsätzliche Bedenken. Das gilt ebenso für geschlechtsspezifische Diskriminierungsverbote im Zivilrecht, auch wenn diese durch die Richtlinie 2004/113/EG zur Pflicht gemacht werden. Nach hier vertretener Ansicht ist ein derart allgemeiner Schutz vor Geschlechterdiskriminierung durch Private man-

---

[163] Siehe unten 1. Teil C.
[164] Siehe unten 1. Teil C.
[165] *Montesquieu*, Vom Geist der Gesetze, 57. Zur Erforderlichkeit eines Anti-Diskriminierungsgesetzes aus ökonomischer Sicht sehr instruktiv *Schnöckel*, ZRP 2005, 170 sowie *Engert*, GLJ 4 (2003), 685; siehe auch *Stork*, GLJ 7 (2005), 533 (548). Zwar gilt dabei grundsätzlich die These, dass sich am Markt derjenige Marktteilnehmer durchsetzen wird, der die wenigsten Vorurteile hegt, weil er aus einem größeren Personalpool auswählen kann. Gesetze wären mithin nicht erforderlich. Schon diese These trifft jedoch auf Einwände, siehe *Schnöckel*, ZRP 2005, 170 (171). Ökonomisch lässt sich ein Anti-Diskriminierungsgesetz wohl schon deshalb rechtfertigen, weil es benachteiligendes Verhalten mit zusätzlichen Kosten belegt und dadurch marktwirtschaftliche Anpassungsprozesse beschleunigt.

gels eines tatsächlichen Schutzbedürfnisses *nicht erforderlich*.[166] Das gilt *mutatis mutandis* auch für andere Diskriminierungsmerkmale wie Behinderung, Religion oder Weltanschauung, Alter und sexuelle Identität. Hier dürfen allenfalls bereichsspezifische Regelungen erfolgen, deren Erforderlichkeit durch die Erhebung statistischer Daten festzustellen ist.[167]

II. Kollision sozial wünschenswerter Differenzierungen mit formalen Gleichbehandlungsgeboten

Während im Zusammenhang mit den Merkmalen „Rasse" und „ethnische Herkunft" kaum ein Fall denkbar erscheint, in dem man eine Ungleichbehandlung befürworten könnte,[168] sind Fälle einer Differenzierung nach sonstigen Merkmalen anders zu bewerten.

1. Sozial wünschenswerte Differenzierungen

Viele geschlechtsspezifische Ungleichbehandlungen sind sozial wünschenswert, obwohl sie unmittelbar an dieses Merkmal anknüpfen (z.B. Verkaufsfördermaßnahmen von Diskotheken und Bars, die Frauen ermäßigte Getränkepreise und freien Eintritt gewähren, um ein ausgeglichenes Geschlechterverhältnis sicherzustellen; Frauenparkplätze; frauenspezifische Kurse in Fitnessstudios und Vereinen; geschlechtsspezifische Finanzberatungen; Frauenhotels; Frauenhäuser). Derartige Angebote unterscheiden zwar nach dem Geschlecht und schließen damit einen Teil der potenziellen Kunden aus. Es handelt sich aber um gesellschaftlich gewollte und akzeptierte Differenzierungen.[169] Sie müssen daher von vornherein zulässig bleiben. Gleiches gilt für Differenzierungen, die an andere Merkmale anknüpfen und denen ebenfalls keine verwerfliche Grundhaltung inne wohnt. Um sozial wünschenswerte, unterschiedliche Behandlungen handelt es sich z.B. bei dem Erfordernis einer Betreuungsperson für Behinderte und anderen Maßnahmen zur Einhaltung von Verkehrssicherungspflichten, bei dem „Seniorenteller", bei Studentenrabatten, bei Altersgrenzen für risikobehaftete Leistungen, bei religiösen Kindergärten und sonstigen Fälle, in denen Religionsge-

---

[166] Ebenso *Riesenhuber/Franck*, JZ 2004, 529 (538); *Riesenhuber/Franck*, EWS 2005, 245 (251); *Braun*, ZRP 2005, 135 (136).
[167] Zur Bedeutung statistischer Daten vgl. sogleich 1. Teil C. VI.
[168] Deshalb besteht hier auch grundsätzlich kein Anlass, die Handlungsfreiheit des Privaten mehr zu schützen, als den von einer Diskriminierung Betroffenen. Eine Ausnahme gilt nur im Fall eines besonderen Nähe- oder Vertrauensverhältnisses bzw. nach hier vertretener Ansicht dann, wenn der Diskriminierende *Verbraucher* ist.
[169] Vgl. *Zypries*, Anti-Diskriminierung in Deutschland, 2. Die Rede der Bundesjustizministerin hat den Status eines inoffiziellen (nachträglichen) „Eckpunktepapiers" für den zivilrechtlichen Teil des ADG-E.

II. Kollision sozial wünschenswerter Differenzierungen mit formalen
Gleichbehandlungsgeboten

meinschaften von ihrem Selbstbestimmungsrecht Gebrauch machen sowie bei allgemeinen Verkaufsfördermaßnahmen.

2. Verletzung formaler Diskriminierungsverbote

Nach der Konzeption der Kommission (in Bezug auf das Geschlecht) und des ADG-E (in Bezug auf alle Merkmale) verletzen derartige Ungleichbehandlungen jedoch den Gleichbehandlungsgrundsatz. Denn bei der europäischen Definition der Diskriminierung, die über § 3 Abs. 1 ADG-E ins deutsche Recht übernommen werden sollte, handelt es sich um ein weit gefasstes, formal verstandenes Gleichbehandlungsgebot:[170] Zu einer *unmittelbaren Diskriminierung* kommt es danach, wenn eine Person in einer vergleichbaren Situation im Hinblick auf das jeweils geächtete Differenzierungsmerkmal eine weniger günstige Behandlung als eine andere Person erfährt, erfahren hat oder erfahren würde.[171] Auf eine absichtliche Benachteiligung kommt es nicht an.[172] Insoweit ist jede irgendwie benachteiligende Unterscheidung, die an das Geschlecht anknüpft, rechtlich gesehen eine Diskriminierung.

3. Bereichsausnahmen und Rechtfertigungsgründe

Aus einem derart engen Korsett gibt es nur zwei Auswege, um gesellschaftlich gewollte Differenzierungen zu ermöglichen: Entweder kann der „Diskriminierende" nachweisen, dass sich die unterschiedlich behandelten Männer und Frauen nicht in einer vergleichbaren Situation befinden[173] oder der Gesetzgeber schafft Bereichsausnahmen[174] bzw. Rechtfertigungsgründe[175], um die Geltung des Gleichbehandlungsgebots abzuschwächen. Diese Wege beschreiten die Richtlinie 2004/113/EG und der deutsche ADG-E 2005: Neben den dargestell-

---

[170] Vgl. ausführlich 2. Teil A. VII. 1. a.
[171] Art. 2 Abs. 2 lit. a der RL 2000/43/EG; Art. 2 Abs. 2 lit. a der RL 2000/43/EG; Art. 2 lit. a der RL 2004/113/EG; Art. 2 Abs. 2 Spiegelstrich 1 der Änderungs-RL 2002/73/EG; die RL 76/207/EWG enthält dagegen noch keine Definition der unmittelbaren Diskriminierung, sondern nur deren Verbot in Art. 2 Abs. 1.
[172] EuGH Rs. C-180/95, Slg. 1997, I-2195 Rn. 19 (*Draempaehl*); EuGH Rs. C-177/88, Slg. 1990, I-3941 Rn. 22, 26 (*Dekker*).
[173] Unterschiedliche Sachverhalte dürfen nicht gleich behandelt werden, vgl. EuGH verb. Rs. 117/76 und 16/77, Slg. 1977, I-1753 Rn. 7 (*Ruckdeschel u.a./Hauptzollamt Hamburg-St. Annen*); EuGH Rs. C-283/83, Slg. 1984, I-3791 Rn. 7 (*Racke/Hauptzollamt Mainz*); EuGH Rs. C-217/91, Slg. 1993, I-3923 Rn. 37 (*Spanien/Kommission*); EuGH Rs. C-306/93, Slg. 1994, I-5555 Rn. 30 (*SMW Winzersekt/Land Rheinland-Pfalz*); EuGH verb. Rs. 17/61 und 20/61, Slg. 1962, I-655 ff. (*Klöckner u.a.*).
[174] *Bereichsausnahmen* führen dazu, dass ein Diskriminierungsverbot bereits keine Anwendung auf einen bestimmten Sachverhalt findet bzw. begrifflich schon gar keine Diskriminierung vorliegt.
[175] *Rechtfertigungsgründe* rechtfertigen eine eigentlich tatbestandsmäßige Diskriminierung.

ten Bereichsausnahmen können pauschal all jene Ungleichbehandlungen gerechtfertigt werden, denen ein sachlicher Grund bzw. (bei der mittelbaren Diskriminierung) ein rechtmäßiges Ziel zugrunde liegt.

III. Unbestimmte Verbote mit weitgehenden Ausnahmen als Folge

Ein derart schwer zu konkretisierendes Verbot, das weitgehende Ausnahmen und Rechtfertigungsgründe nötig hat, stellt jedoch seine eigene Existenzberechtigung in Frage. Dies belegt ein Zitat aus der Begründung zum ZADG-E 2004, das noch in eine gänzlich andere Richtung weist:[176]

„Intensiv diskutiert wurde in den letzten Jahren ..., ob und inwieweit es weiterer Diskriminierungsverbote im Privatrecht auch wegen der Religion oder der Weltanschauung, des Alters, des Geschlechtes oder der sexuellen Orientierung bedarf. Die Analyse des bekannten Fallmaterials hat zwar gezeigt, dass es in einzelnen Situationen auch insoweit zu ungerechtfertigten Benachteiligungen kommen kann. Viele als ‚Diskriminierungen' vorgebrachte Fälle entziehen sich aber schon deshalb einem gesetzlichen Verbot, weil sie sachlich zu rechtfertigen sind: [So] ... kann sich etwa derjenige, der seine Vertragspartner nach deren Religion auswählt, in vielen Fällen selbst auf den verfassungsrechtlichen Schutz der Religion berufen. Häufig gibt es auch andere, unmittelbar einleuchtende sachliche Gründe, etwa nach dem Alter oder nach dem Geschlecht zu differenzieren. Eine gesetzliche Regelung der wenigen verbleibenden Sachverhalte ist [daher] schon deshalb nicht angezeigt, weil hier pauschale Verbote mit ebenso pauschalen Rechtfertigungsmöglichkeiten verbunden werden müssten. Damit wäre aber letztlich die Beantwortung der Frage, was verboten sein soll und was nicht, den Gerichten überlassen, ohne dass das Gesetz den Richterinnen und Richtern einen brauchbaren Maßstab an die Hand gäbe. Die Rechtssicherheit würde erheblichen Schaden erleiden."

Verstärkt werden die Zweifel an der Erforderlichkeit einer pauschalen Regelung für den Güter- und Dienstleistungsbereich durch die Ausführungen der Kommission. Schon in ihrer Begründung zum Vorschlag für die Richtlinie 2004/113/EG kann die Kommission für diesen Sektor kein spezifisches Schutz-

---

[176] Begründung zum ZADG-E 2004, 77; kritisch auch *Zypries,* Anti-Diskriminierung in Deutschland, 3. Die Regierungskoalition folgert ein Bedürfnis für ein umfassendes zivilrechtliches Diskriminierungsverbot nun aus der Tatsache, dass wenig einschlägige Rechtsstreitigkeiten bekannt seien. Ohne zur Alltagsdiskriminierung statistische Daten vorzutragen, möchte sie in alle Bereiche des alltäglichen Rechtslebens regelnd eingreifen. Eine Beschränkung aufs Notwendige erscheint der Regierungskoalition problematisch, weil die behaupteten Benachteiligungen dann „ungeregelt blieben". Entsprechend bleibt die Begründung des ADG-E 2005 den Beleg dafür schuldig, dass im Bereich des allgemeinen Zivilrechts ein Bedürfnis für ein weitreichendes Diskriminierungsverbot bestehe (BT-Drs. 15/4538, 23). Die in der politischen Diskussion vorherrschende moralische Begründung des erweiterten Diskriminierungsverbots vermag die rechtliche Legitimation aber nicht zu ersetzen.

bedürfnis von Frauen oder Männern darlegen.[177] Vielmehr räumt sie ein, dass in diesem Bereich kaum Anhaltspunkte für systematisch diskriminierende Praktiken vorliegen.[178] Bezeichnend ist auch der Hinweis auf eine „allgemeine Feststellung, dass [vom Versicherungsbereich abgesehen] i.d.R. keine nach Geschlecht differenzierenden Vorschriften existieren".[179] Die Kommission stützt sich vielmehr auf unspezifische Umfrageergebnisse („Waren Sie schon einmal Opfer einer geschlechtsspezifischen Diskriminierung?") und leitet daraus einen Rechtsetzungsbedarf ab. Konkret benennt die Kommission nur die folgenden Vorkommnisse:[180]

➢ die Weigerung, Schwangeren einen Hypothekenkredit zu gewähren;
➢ die Weigerung, bei gemeinsamen Konten den Namen der Frau als ersten aufzuführen;
➢ die Weigerung, Teilzeitbeschäftigten ein Darlehen zu gewähren (was nach der Rechtsprechung des EuGH auf eine mittelbare Diskriminierung hinaus laufe, da Teilzeitbeschäftigte in der Mehrzahl Frauen seien);
➢ die Anforderung, dass Frauen bei Gewährung eines Darlehens einen Bürgen stellen müssten, während dies von einem Mann bei gleicher Kreditwürdigkeit nicht verlangt würde;
➢ die unterschiedliche Behandlung von Männern und Frauen in Versicherungssystemen; die sexuelle Belästigung durch Vermieter.

IV. Ergebnis: Die Unangemessenheit allgemeiner Diskriminierungsverbote

Diese Aufzählung rechtfertigt augenscheinlich kein allgemeines Diskriminierungsverbot beim Zugang zu Gütern und Dienstleistungen, sondern allenfalls bereichsspezifische Benachteiligungsverbote im Banken- und Versicherungsbereich. Das korrespondiert mit der Erkenntnis, dass Diskriminierungen aufgrund des Geschlechts insbesondere dann ein Hindernis für die soziale und wirtschaftliche Integration der Betroffenen darstellen, wenn es um den Zugang zu Finanzmitteln geht.[181] Darüber hinaus gehende geschlechtsspezifische Verbote sind mangels Schutzbedürfnis aber offensichtlich *nicht erforderlich*. Darzulegen, in welchen Bereichen ein Erfordernis für Benachteiligungsverbote aufgrund sonstiger Merkmale besteht, ist Aufgabe des Gesetzgebers.

Dieser sollte sich nach *Montesquieu*[182] richten, und dort, wo es nicht notwendig ist, ein Gesetz zu machen, kein Gesetz machen. Das gilt insbesondere für das

---

[177] Ebenso *Riesenhuber/Franck*, JZ 2004, 529 (538).
[178] Vorschlag für die RL 2004/113/EG (KOM (2003) 657), 6.
[179] Vorschlag für die RL 2004/113/EG (KOM (2003) 657), 7.
[180] Vorschlag für die RL 2004/113/EG (KOM (2003) 657), 12.
[181] KOM-Vorschlag für die RL 2004/113/EG (KOM (2003) 657), 6.
[182] Siehe zu dem Zitat bereits 1. Teil C.

44 1. Teil: Entwicklung des Anti-Diskriminierungsrechts und Erforderlichkeit
zivilrechtlicher Diskriminierungsverbote

Privatrecht, in dem sich die bürgerliche Freiheit unmittelbar entfaltet.[183] Weder ein geschlechtsspezifisches noch sonstige Diskriminierungsverbote für Private (außer in Bezug auf „Rasse" und ethnische Herkunft) sind in dieser allgemeinen Form erforderlich.

Die hier vertretene Auffassung hat im übrigen nicht zur Folge, dass diskriminierendes Handeln immer zulässig wäre, soweit kein ausdrückliches Benachteiligungsverbot besteht. Z.B. existieren bei Diskriminierungen zum einen die Schranken des geltenden Rechts, etwa die in §§ 138, 242, 280, 823, 826 BGB enthaltenen Generalklauseln und die vertraglichen und deliktischen Ansprüche.[184] Sie werden ergänzt durch strafrechtliche Sanktionen. Zum anderen bleiben abseits rechtlicher Sanktionen vielerlei staatliche und nichtstaatliche Handlungsoptionen, um auf eine tolerante Gesellschaft hinzuwirken.

V. Die Bedeutung statistischer Daten für die Bekämpfung von Diskriminierungen

Um die (rechtspolitische) Erforderlichkeit eines Anti-Diskriminierungsgesetzes zu klären, muss zunächst herausgefunden werden, wie verbreitet Diskriminierung tatsächlich ist.[185] Das Sammeln von Daten zur Erfassung des Umfangs und der Auswirkungen von Diskriminierungen trägt dazu bei, die Erforderlichkeit und Effektivität der Gesetzgebung durch die Ermittlung der Ausgangsposition zu erfassen und zu verstehen. Nur dadurch können Ungleichheiten aufgezeigt und analysiert werden. Mangels statistischer Daten bleibt z.B. die Gesetzesbegründung zum ADG-E 2005 entsprechend unklar:

„*Es muss davon ausgegangen werden, dass Frauen bei allen Diskriminierungsmerkmalen in besonderem Maße von unmittelbaren, insbesondere aber auch von mittelbaren Benachteiligungen betroffen sind,...*"[186] Oder es heißt: „*...in Deutschland fällt auf, dass der vorhandene Rechtsschutz in der Praxis von den Betroffenen bisher wenig genutzt wird. Naheliegend wäre hier zunächst die Vermutung, dass es tatsächlich zu wenigen Diskriminierungen kommt. Gerade bei der Belästigung und der sexuellen Belästigung trifft dies aber nicht zu. Diese Einschätzung bestätigt den Ansatz der EU-Richtlinie...*".[187] Oder es wird ausgeführt: „*...es kann davon ausgegangen werden, dass Frauen in besonderem Maße von Benachteiligung betroffen sind.*"[188]

---

[183] *Zypries*, Anti-Diskriminierung in Deutschland, 3.
[184] Die Durchsetzung zivilrechtlicher Ansprüche muss dabei nicht an Beweisfragen scheitern, vgl. noch 3. Teil C. I. 1. c.
[185] So auch *Schnöckel*, ZRP 2005, 170 (171).
[186] BT-Drs. 15/4538, 4. Hervorhebung durch den Verfasser.
[187] BT-Drs. 15/4538, 20. Hervorhebung durch den Verfasser.
[188] BT-Drs. 15/4538, 27. Hervorhebung durch den Verfasser.

Hier wird mit Annahmen und Einschätzungen gearbeitet, denen zumindest in der Gesetzesbegründung keine wissenschaftlichen Befunde zugrunde liegen.[189] Zumindest die Kommission hat erkannt, dass sie ihrer Begründungspflicht für Anti-Diskriminierungsrechtsakte gem. Art. 253 EG zukünftig nur durch den Einsatz von Statistiken und wissenschaftlichen Befunden nachkommen kann:[190]

„*Von elementarer Bedeutung sind statistische Grundlagen und Indikatoren, die zur Bewertung des Ausmaßes und der Auswirkung von Diskriminierung sowie der zur Bekämpfung von Diskriminierung getroffenen Maßnahmen erforderlich sind. Daten sind auch ein unverzichtbares Hilfsmittel, um Implementierung und Effizienz entsprechender Nichtdiskriminierungsgesetzgebung und Politiken zu beobachten und zu bewerten.*"[191]

1. Eurobarometer 57.0

Entsprechende Anstrengungen, tragfähige Aussagen aus zuverlässigen Statistiken herleiten zu können, nehmen daher in der zukünftigen Strategie der Kommission breiten Raum ein. Die Umfrage vom 23. Februar bis 4. April 2002 zu den Erfahrungen der Unionsbürger mit Diskriminierungen und ihre Ansichten hierzu, veröffentlicht in Eurobarometer 57.0[192], war nur ein erster Anfang.

2. Studien zur Bemessung des Ausmaßes und der Auswirkung von Diskriminierung

Im Jahr 2004 wurden zwei vergleichende Studien zur Bemessung des Ausmaßes und der Auswirkung von Diskriminierung veröffentlicht. Die erste, von der Kommission herausgegebene Studie, stellt die Systeme zur Erhebung statistischer Daten vor, die im Rahmen der Maßnahmen gegen Diskriminierungen in den Vereinigten Staaten, Kanada, Australien, Großbritannien und den Niederlanden entwickelt wurden.[193] Dabei untersucht die Studie den nationalen Kontext der verschiedenen Systeme und betrachtet anschließend die Rolle der Statistik und der Überwachung. Schließlich vergleicht sie die Methoden der Erstellung statistischer Daten zur Bemessung von Diskriminierung auf Grund des ethnischen Hintergrundes, der Religion, der Behinderung oder der sexuellen Ausrichtung. In einer Schlussbetrachtung sind Empfehlungen für die Kommission und die Mitgliedstaaten enthalten, die sich auf deren Bemühungen beziehen, die Erhebung von Daten über Diskriminierung weiterzuentwickeln. In der zweiten, von finnischen Behörden mit Unterstützung der Gemeinschaft durchge-

---

[189] *Braun*, ZRP 2005, 135 (136).
[190] Siehe schon 1. Teil B. III.
[191] *EU-KOM* (Hrsg.), Spotlight März 2005.
[192] *EU-KOM* (Hrsg.), Eurobarometer 57.0.
[193] *EU-KOM* (Hrsg.), Vergleichende Studie über die Sammlung von Daten.

führten Studie wurden die Datenerhebungssysteme in 15 Mitgliedstaaten untersucht und verglichen.[194]

3. Handbuch zur Datenerhebung und Datenerhebungsmaßnahmen

Im Anschluss an die Helsinki-Konferenz über „Datenerhebung zur Förderung der Gleichstellung" vom 9./10. Dezember 2004 soll ein praktisches Handbuch zur Überwachung von Diskriminierung erstellt werden. In diesem Handbuch sollen optimale Methoden zur Datenerhebung dargelegt, länderspezifische Erfahrungen herangezogen und sämtliche Diskriminierungsgründe behandelt werden. Anschließend fließen diese bewährten Praktiken in eine Art "Gebrauchsanweisung" ein, in der praktische Informationen für nationale Behörden, Gleichbehandlungsstellen, Nichtregierungsorganisationen und Statistiker usw. enthalten sein werden.[195]

Mit dem Aktionsprogramm der Gemeinschaft zur Bekämpfung von Diskriminierungen einigten sich die Mitgliedstaaten über drei verschiedene Arten von Datenerhebungsmaßnahmen im Hinblick auf eine bessere Evaluierung von Diskriminierungen in Europa. Zu diesen drei Datenerhebungsmaßnahmen gehören eigenständige Erhebungen, wie z.B. Eurobarometer sowie der Aufbau einer Wissensdatenbank im Bereich der Anti-Diskriminierung. Als Bestandteil ihres Projekts RAXEN (Europäisches Informationsnetz zu Rassismus und Fremdenfeindlichkeit) stellt die Europäische Stelle zur Beobachtung von Rassismus und Fremdenfeindlichkeit der Gemeinschaft und ihren Mitgliedstaaten auf europäischer Ebene darüber hinaus Daten über Rassismus, Fremdenfeindlichkeit und Antisemitismus bereit, um sie bei der Entwicklung und Gestaltung von Maßnahmen und Initiativen zu unterstützen.

---

[194] *Net Effect Oy* (Hrsg.), Study on Data Collection.
[195] *EU-KOM* (Hrsg.), Spotlight März 2005.

2. Teil: Anti-Diskriminierungsregeln im europäischen Recht

A. Art. 13 Abs. 1 EG (Art. III-124 Abs. 1 VVE) als Grundlagennorm

Vertragliche Basis für die Gemeinschaftsmaßnahmen zur Bekämpfung der Diskriminierung ist der durch den Vertrag von Amsterdam neu eingefügte Art. 13 EG[196].

I. Historische Entwicklung

Es handelt sich bei Art. 13 Abs. 1 EG um das vielleicht wichtigste Ergebnis des Europäischen Jahres gegen Rassismus 1997. Die Schaffung der Vorschrift war vorläufiger Höhepunkt einer Reihe von Initiativen, Rassismus, Fremdenfeindlichkeit und andere diskriminierende Haltungen zu bekämpfen.[197] Heute ist Art. 13 Abs. 1 EG die Grundlage für ein im Entstehen begriffenes Anti-Diskriminierungsrecht der Gemeinschaft, das auf die Bekämpfung verschiedener Formen von Ungleichbehandlung im Wirtschafts- und Gesellschaftsleben abzielt.

II. Rechtsnatur und Wirkung des Art. 13 Abs. 1 EG

In Bezug auf Art. 13 Abs. 1 EG stellt sich zunächst die bei jeder primärrechtlichen Norm wichtige Frage, ob ihr unmittelbare Anwendbarkeit zukommt, d.h. ob der Bürger sich gegenüber dem Staat unmittelbar auf sie berufen kann. Aus Luxemburg liegt dazu bislang nur ein *obiter dictum* des EuGH[198] sowie die Stellungnahme einer Generalanwältin[199] vor. Nach Beantwortung der Frage nach der unmittelbaren Anwendbarkeit des Art. 13 Abs. 1 EG soll diskutiert werden, ob die Vorschrift eine abschließende Aufzählung von Diskriminierungstatbeständen oder eher eine Generalklausel enthalten sollte.

---

[196] Zum Wortlaut des Art. 13 Abs. 1 EG siehe 1. Teil A. II. 2. Zu Art. 13 Abs. 2 EG siehe 2. Teil B.

[197] Vgl. zur langfristigen Entwicklung des gemeinschaftlichen Anti-Diskriminierungsrechts 1. Teil B. Zur Entwicklung des Anti-Diskriminierungsrechts allgemein siehe „Entstehungsgeschichte", abrufbar unter http://www.anti-diskriminierung.info. Zur Genese des Art. 13 Abs. 1 EG finden sich ausführliche Darstellungen bei *Flynn*, CMLR 36 (1999), 1127 (1128 ff.); *Bell*, MJ 6 (1999), 5 (6 ff.); *Stalder*, Antidiskriminierungsmaßnahmen, 4 ff.; *Meyer*, Diskriminierungsverbot, 45 ff.

[198] EuGH Rs. C-249/96, Slg. 1998, 621 Rn. 48 (*Grant/South West Trains*), vgl. dazu sogleich 2. Teil A. II. 1.

[199] Schlussantrag von GA Stix-Hackl, Rs. C-186/01, Slg. 2003, 2479 Rn. 69 (*Dory/Deutschland*).

1. Keine unmittelbare (vertikale) Anwendbarkeit

Die ganz überwiegende Meinung[200] verneint zu Recht die unmittelbare Anwendbarkeit von Art. 13 Abs. 1 EG. Die Vertragsstaaten haben danach mit Art. 13 EG keine Rechtsgewährleistung, sondern eine Handlungsermächtigung geschaffen. Eine Minderansicht[201] schließt dagegen nicht aus, dass Art. 13 Abs. 1 EG ein unmittelbar anwendbares Diskriminierungsverbot zu entnehmen sei. Sie argumentiert, dass die Ermächtigung zur Bekämpfung von Diskriminierungen die Geltung eines Diskriminierungsverbots voraussetze: Art. 13 Abs. 1 EG müsse daher dem Betroffenen im Einklang mit anderen grundrechtlichen Gewährleistungen des Gemeinschaftsrechts ebenfalls einen einklagbaren Anspruch gewähren.[202] Der Streit hat an Bedeutung verloren, seitdem die europäischen Organe begonnen haben, Rechtsakte auf der Basis des Art. 13 EG zu schaffen. Da die bisher erlassenen Richtlinien(-vorschläge) den Anwendungsbereich der Vorschrift aber (noch) nicht ausschöpfen,[203] bleibt die Frage nach der unmittelbaren Anwendbarkeit des Art. 13 Abs. 1 EG relevant. Im folgenden wird deshalb in aller Kürze dargestellt, warum der einzelne unmittelbar aus Art. 13 Abs. 1 EG *keine* Rechte ableiten kann.

---

[200] *Streinz* in: Streinz (Hrsg.), EUV/EGV, Art. 13 EG Rn. 1; *Lenz* in: Lenz/Borchardt (Hrsg.), EUV/EGV, Art. 13 EG Rn. 11; *Langrish*, ELR 23 (1998), 3 (15); *Jochum*, ZRP 1999, 279 (280); *Epiney* in: Calliess/Ruffert (Hrsg.), EUV/EGV, Art. 13 EG Rn. 1; *Rossi*, EuR 2000, 197; *Geiger*, EUV/EGV, Art. 13 EG Rn. 4; *Zuleeg* in: v.d. Groeben/Schwarze, EUV/EGV, Art. 13 EG Rn. 5; *Zuleeg* in: Europaforum Wien (Hrsg.), Artikel 13, 104 f.; *Hailbronner*, ZAR 2001, 254 (256); *Joussen*, RdA 2003, 32 (34); *Plötscher*, Begriff der Diskriminierung, 260; *Schiek*, Differenzierte Gerechtigkeit, 93. *Schiek* in: Westerman (Hrsg.), Non-discrimination and Diversity, 25 (36); *Högenauer*, Richtlinien gegen Diskriminierung im Arbeitsrecht, 34; *Khan*, The Muslim Lawyer 3 (1999), 1 ff.; *Flynn*, CMLR 36 (1999), 1127 (1132 f.); *Chopin*, EJML 1 (1999), 111 (120); *Bell*, MJ 6 (1999), 5 (8); *Heinig* in: Haratsch u.a. (Hrsg.), Religion und Weltanschauung, 215 (217 f.); *Stalder*, JRP 2002, 227 (228); *Whittle*, ELR 23 (1998), 50 (53); *Waldhoff*, JZ 2003, 978 (982); *Robbers*, KuR 1999, 87; *Nussberger*, JZ 2002, 524 (530); *Okresek* in: Europaforum Wien (Hrsg.), Artikel 13, 96; *Meyer*, Diskriminierungsverbot, 47; *Wernsmann*, JZ 2005, 224 (227).

[201] Eine unmittelbare Anwendung für möglich bzw. wünschenswert halten: *Holoubek* in: Schwarze (Hrsg.), EU-Komm., Art. 13 EG Rn. 8 ff.; *Cirkel*, NJW 1998, 3332 (3333); *Szcekalla*, EuZW 1998, 215 (216); *Lengauer*, ARIEL 3 (1998), 369 (380 f.).

[202] *Cirkel*, NJW 1998, 3332 (3333).

[203] Die RL 2000/43/EG beschränkt sich trotz eines weiten Anwendungsbereichs auf die Diskriminierungsmerkmale der „Rasse" und ethnischen Herkunft. Dagegen regelt RL 2000/78/EG nur den Bereich des Arbeitsrechts, allerdings in Bezug auf alle in Art. 13 EG genannten Verbotstatbestände. Die RL 2004/113/EG hat die Diskriminierung aufgrund des Geschlechts im Bereich der Waren und Dienstleistungen und in der Versicherungswirtschaft zum Gegenstand; vgl. dazu im einzelnen 2. Teil C.

II. Rechtsnatur und Wirkung des Art. 13 Abs. 1 EG

Zwar ist es zutreffend, dass die Ermächtigung zur Bekämpfung von Diskriminierungen die Geltung eines Diskriminierungsverbotes voraussetzt. Ein solches generelles Diskriminierungsverbot ist jedoch nicht aus Art. 13 Abs. 1 EG zu entnehmen, sondern folgt aus einem allgemeinen Rechtsgrundsatz,[204] der in Art. II-80 und II-81 VVE als Recht auf Gleichheit und Nichtdiskriminierungsgebot kodifiziert wurde.[205] Mittlerweile hat auch der EuGH[206] das Verbot der Diskriminierung (vorerst beschränkt auf das Alter) als allgemeinen Grundsatz des Gemeinschaftsrechts anerkannt.

Der systematische Fehlschluss auf dem die Minderansicht beruht wird umso deutlicher, wenn man den Wortlaut des Art. 13 Abs. 1 EG mit der Rechtsprechung des EuGH[207] zur unmittelbaren Anwendbarkeit von Primärrecht vergleicht. Danach kann sich der einzelne nur dann auf Bestimmungen des Primärrechts berufen, wenn diese rechtlich vollkommen sind, d.h. *klar und hinreichend genau* formuliert. Sie müssen zudem eine *unbedingte* Verpflichtung begründen, sind also nur dann geeignet, unmittelbare Wirkungen zugunsten des einzelnen zu erzeugen, wenn sie zu ihrer Durchführung oder Wirksamkeit keiner weiteren Maßnahmen der Gemeinschaft oder der Mitgliedstaaten mehr bedürfen.[208] Art. 13 Abs. 1 EG bestimmt jedoch weder Art noch Ausmaß des Diskriminierungsverbots, sondern überlässt die Ausgestaltung der Sekundärrechtsetzung: Er stellt es ausdrücklich in das Ermessen des Rates, geeignete Vorkehrungen zu treffen. Zudem würde durch eine unmittelbare Anwendung die in Art. 13 Abs. 1 EG geforderte einstimmige Entscheidungsfindung des Rates übergangen.[209]

Die Norm bleibt daher bloße Ermächtigungsgrundlage, eine unbedingte und hinreichend klare rechtliche Anordnung zum Verbot jeglicher Diskriminierungen enthält sie gerade nicht. Dieses Ergebnis wird offenbar auch vom EuGH[210] geteilt, wenn er in einem *obiter dictum* feststellt, dass Art. 13 Abs. 1 es

„*dem Rat ermöglichen wird[211],... die zur Beseitigung verschiedener Formen von Diskriminierungen ... geeigneten Vorkehrungen zu treffen.*"

---

[204] Haratsch in: Klein (Hrsg.), Rassische Diskriminierung, 195 (209 f.).
[205] Vgl. zum Verhältnis von Art. 13 Abs. 1 EG und Art. II-80, II-81 VVE 2. Teil. A. III. 2. a. cc. (2) und (3).
[206] EuGH Rs. C-144/04 Rn. 75 (*Mangold*), abrufbar unter http://www.curia.eu.int. Dazu *Reich*, EuZW 2006, 20; *Bauer/Arnold*, NJW 2006, 6; *Thüsing*, ZIP 2005, 2149; *Nicolai*, DB 2005, 2641; *Gas*, EuZW 2005, 737; *Gaul/Bonanni*, FAZ v. 30.11.2005, 23.
[207] Grundlegend EuGH Rs. 26/62, Slg. 1963, 1, 24 ff. (*van Gend & Loos*); daran anschließend EuGH Rs. 57/65, Slg. 1966, 239 ff. (*Lütticke*); EuGH Rs. C-120/88, Slg. 1991, 621 Rn. 10 (*Kommission/Italien*).
[208] EuGH Rs. 57/65, Slg. 1966, 239 ff. (*Lütticke*).
[209] *Epiney* in: Calliess/Ruffert (Hrsg.), EUV/EGV, Art. 13 EG Rn. 1.
[210] EuGH Rs. C-249/96, Slg. 1998, 621 Rn. 48 (*Grant/South West Trains*).
[211] Hervorhebung durch den Verfasser.

In der Rechtssache *Dory*[212] ist der EuGH mangels Entscheidungserheblichkeit auf die Rechtsnatur des Art. 13 Abs. 1 EG (unmittelbar anwendbares Primärrecht oder Kompetenzgrundlage) nicht eingegangen. Gegenstand des Vorlageverfahrens war die Frage, ob Art. 13 EG der Wehrpflicht entgegensteht, soweit sie nur für Männer gilt. Die zuständige Generalanwältin[213] führte aber zutreffend aus:

> *„Artikel 13 EG beinhaltet lediglich eine Kompetenzgrundlage für den Gemeinschaftsgesetzgeber und dies nur im Rahmen der durch den Vertrag auf die Gemeinschaft übertragenen Zuständigkeiten. Diese bloße Kompetenzgrundlage kann so für sich genommen keine über das bestehende Sekundärrecht hinausgehenden Ansprüche auf Gleichbehandlung ... erzeugen."*

Eine Bestimmung, der nicht einmal unmittelbare Anwendbarkeit im Verhältnis zum Staat und seinen Einrichtungen zukommt, kann auch keine Drittwirkung (i.S.d. Begründung unmittelbarer Verpflichtungen) zwischen Privaten entfalten.[214] Art. 13 Abs. 1 EG hat dementsprechend weder vertikale noch horizontale Wirkung. Die Vorschrift liefert allenfalls ein zusätzliches Argument zugunsten des Nichtdiskriminierungsgrundsatzes, wenn es darum geht, privatrechtliche Beziehungen im Sinne höherrangigen Rechts auszulegen.

2. Enumeration vs. Generalklausel

Im Gegensatz zu Art. 21 ChGR (Art. II-81 VVE) enthält Art. 13 Abs. 1 EG eine *abschließende* Aufzählung der Diskriminierungstatbestände (Enumeration).[215] Art. 21 ChGR macht dagegen durch die Verwendung des Wortes „insbesondere" kenntlich, dass es sich um eine Generalklausel zur Bekämpfung jedweder Form von Diskriminierung handelt.[216]

a. Vorteile und Probleme einer Generalklausel

De Búrca[217] hat bereits gefordert, im Rahmen des Verfassungsvertrages auch diejenigen Diskriminierungstatbestände in die neue Ermächtigungsgrundlage

---

[212] EuGH Rs. C-186/01, Slg. 2003, 2479 (*Dory/Deutschland*).
[213] Schlussantrag von GA Stix-Hackl, Rs. C-186/01, Slg. 2003, 2479 Rn. 69 (*Dory/Deutschland*).
[214] Anders offenbar *Stalder*, Antidiskriminierungsmaßnahmen, 84 ff., die eine Drittwirkung des Art. 13 Abs. 1 EG nach eingehender Prüfung aber schließlich ebenfalls ablehnt; zum Begriff der unmittelbaren Drittwirkung vgl. auch 2. Teil D. I. 1.
[215] Dafür spricht der Wortlaut, da Art. 13 Abs. 1 EG keinen Vorbehalt wie „insbesondere" oder „unter anderem" enthält; unzutreffend daher *Baer* in: Bündnis 90/Die Grünen (Hrsg.), Anhörung Zivilrechtliches ADG, 17 (18), die annimmt, dass Art. 13 EG eine „offene Liste" von Diskriminierungsgründen enthalte.
[216] Vgl. dazu auch unten 2. Teil A. III. 2. a. bb. (3).
[217] *De Búrca* in: de Witte (Hrsg.), Ten Reflections, 11 (19 f., 31 f.).

II. Rechtsnatur und Wirkung des Art. 13 Abs. 1 EG

des Art. III-124 VVE (Art. 13 EG) aufzunehmen, die in Art. II-81 VVE aufgezählt, in Art. 13 Abs. 1 EG aber nicht genannt werden. Damit würde die Kohärenz der verschiedenen Teile der Verfassung gefördert. Damit käme der EU bei jedweder Form von Diskriminierung „im Rahmen der durch den Vertrag auf die Gemeinschaft übertragenen Zuständigkeiten"[218] eine Rechtsetzungskompetenz zu. Bisher beschränkt sich diese gem. dem Wortlaut des Art. 13 Abs. 1 EG auf die Bekämpfung von Diskriminierungen aufgrund des Geschlechts, der „Rasse" oder ethnischen Herkunft, der Religion oder Weltanschauung, einer Behinderung, des Alters oder der sexuellen Ausrichtung. Es handelt sich dabei mit Ausnahme von Religion und Weltanschauung um grundsätzlich unveränderbare Merkmale, deren Verwendung im Rechtsverkehr besonders dazu geeignet ist, den Persönlichkeitskern eines Menschen zu verletzen. In dieser Hinsicht ist die Aufzählung gleichwohl nicht erschöpfend, wie der Katalog des Art. 21 ChGR zeigt. Dort finden sich weitere unveränderbare Merkmale, wie Zugehörigkeit zu einer nationalen Minderheit, genetische Merkmale und Geburt. Warum diese nicht in Art. 13 Abs. 1 EG enthalten sind, kann nur mit der früheren Entstehung dieser Vorschrift und dem politischen Willen der Regierungen der Mitgliedstaaten begründet werden. Rechtlich nachvollziehbar ist die Differenzierung dagegen nicht, hätte doch allenfalls die Unterscheidung zwischen grundsätzlich unveränderbaren und veränderbaren Merkmalen einen sachlichen Grund für die unterschiedliche Behandlung der Diskriminierungsgründe dargestellt. Diese Inkonsequenz spricht daher aus rechtspolitischer Sicht für eine Ausweitung der in Art. 13 Abs. 1 EG enthaltenen Diskriminierungsgründe und die Aufwertung der Vorschrift zu einer generalklauselartigen Ermächtigungsgrundlage.

Dagegen ließe sich anführen, dass die Diskriminierungsmerkmale des Art. 13 Abs. 1 EG bisher weder durch den Vertrag noch durch andere Rechtsakte oder die Rechtsprechung definiert wurden, so dass es noch durchaus möglich erscheint, sie extensiv auszulegen. Problematisch könnte sich auch die dann weitreichende Zuständigkeit der EU zur Diskriminierungsbekämpfung erweisen, sollte Art. 13 Abs. 1 EG zu einer Generalklausel ausgeweitet werden. Hier enthalten der EG-Vertrag und auch die zukünftige Verfassung jedoch Restriktionen, die einer allzu ambitionierten Anti-Diskriminierungspolitik der Gemeinschaft Grenzen ziehen würden: Art. 13 Abs. 1 EG selbst (und auch Art. III-124 VVE) verlangt Einstimmigkeit im Rat und limitiert den Anwendungsbereich aller Maßnahmen auf die „im Rahmen des Vertrags auf die Gemeinschaft übertragenen Zuständigkeiten". Es ist daher auch aus dieser Perspektive wichtig, dem letztgenannten Tatbestandsmerkmal klare Konturen zu verleihen. Abseits von den kompetenz- und verfahrensrechtlichen Restriktionen des Art. 13 Abs. 1 EG limitieren darüber hinaus der Grundsatz der Verhältnismäßigkeit sowie die

---

[218] Vgl. zur Auslegung dieser Formulierung 2. Teil A. V.

Grundrechte der Diskriminierenden den exzessiven Einsatz von Anti-Diskriminierungsregeln im Privatrecht. Gerade bei veränderbaren persönlichen Merkmalen müsste das Sekundärrecht eine weitgehende Rechtfertigungsmöglichkeit vorsehen. Möglicherweise würde sich auch der Verzicht auf Beweiserleichterungen für das Diskriminierungsopfer anbieten.

Mit Blick auf Grundrechte und Verhältnismäßigkeitsgrundsatz vorzugswürdig wäre es demnach, den Art. 13 Abs. 1 EG zwar als Generalklausel auszugestalten, jedoch nur in Bezug auf grundsätzlich unveränderbare persönliche Merkmale. Nicht genannte Merkmale sollten nur Gegenstand von Anti-Diskriminierungsmaßnahmen und damit in den Art. 13 Abs. 1 aufgenommen werden, wenn sie ähnlich den unveränderbaren Merkmalen die Persönlichkeit des Betroffenen in ganz besonderem Maße berühren und daher geeignet sind, sie herabzuwürdigen (Menschenwürdegehalt der Diskriminierungsmerkmale). Vorgeschlagen wird daher im Ergebnis eine restriktiv zu verstehende Generalklausel.

b. Zulässigkeit einer nur partiellen Regelung

Aufgrund des offenkundigen Fehlens eines sachlichen Grundes, der die Aufnahme nur bestimmter Diskriminierungsmerkmale in den Art. 13 Abs. 1 EG rechtfertigen würde, könnte man die Frage nach der Rechtmäßigkeit oder zumindest den Gründen einer nur partiellen Enumeration stellen.[219] Mit anderen Worten: Durften sich die Mitgliedstaaten bei der Änderung des EG-Vertrags auf die willkürlich anmutende Aufnahme nur weniger Diskriminierungstatbestände in Art. 13 Abs. 1 EG beschränken oder wären sie bereits zu diesem Zeitpunkt zum Erlass einer umfassenden Ermächtigungsgrundlage verpflichtet gewesen? Was waren ihre Gründe für die nur beschränkte Aufnahme von Diskriminierungsgründen in Art. 13 Abs. 1 EG?

Bei der Änderung des EG-Vertrags sind die Mitgliedstaaten grundsätzlich frei in ihrer Entscheidung, welche Vertragsänderungen sie durchführen. Es handelt sich in erster Linie um politische Fragen. Rechtliche Bindungen können sich nur aus dem jeweiligen nationalen Verfassungsrecht und aus dem Völkerrecht ergeben.

Das nationale Verfassungsrecht aller Mitgliedstaaten verpflichtet diese, bei der Ausübung von Staatsgewalt den Gleichbehandlungsgrundsatz zu beachten.[220] Es gibt jedoch zumindest der deutschen Gesetzgebung nicht den Erlass von Anti-Diskriminierungsmaßnahmen im Zivilrecht auf.[221] Ähnlich dürfte der Befund in

---

[219] Ebenso *Bell/Waddington*, ELR 28 (2003), 349; *Waddington/Bell*, CMLR 38 (2001), 587; *Flynn*, CMLR 36 (1999), 1127 (1148 ff.).
[220] Vgl. Erläuterung des Präsidiums des Konvents zu Art. 20 der Charta der Grundrechte der Europäischen Union v. 7.12.2000 (ABl. 2000 C 364/1).
[221] *Breuer*, Anti-Diskriminierungs-Gesetzgebung, 44 f., insbesondere zur Frage eines Verfassungsauftrags, die Gleichberechtigung von Männern und Frauen herzustellen.

anderen Mitgliedstaaten der EU ausfallen. Entscheiden sie sich gleichwohl, in diesem Rechtsgebiet gesetzgeberisch und damit hoheitlich tätig zu werden, so kommt ihnen ein weites Ermessen in Bezug auf die Geeignetheit und Erforderlichkeit der Maßnahmen zu. Der Gesetzgeber hat einen großen politischen Handlungsspielraum. Das bedeutet, dass die Schaffung von Nichtdiskriminierungstatbeständen und deren Ausgestaltung im Ermessen der Mitgliedstaaten liegt. Gewendet auf die Genese von Art. 13 Abs. 1 EG folgt aus diesen Überlegungen, dass die Mitgliedstaaten auch hier verfassungsrechtlich frei in der Ausgestaltung der Vorschrift waren. Da sie offenbar zu der Einschätzung gelangten, die genannten Diskriminierungstatbestände verdienten einen besonderen Schutz, kam die Norm in dieser Form zustande.

Das Völkerrecht verpflichtet die Mitgliedstaaten nur im Hinblick auf ihre nationale Gesetzgebung. In ihrer europäischen Rolle als „Herren der Verträge" und vertragsändernder Gesetzgeber sind sie nicht daran gebunden. Die EG ist nicht Partei völkerrechtlicher Abkommen, wie z.B. des RDÜ, des IPBürgR oder des FDÜ. Unabhängig davon, ob man aus den genannten Abkommen überhaupt Verpflichtungen der Vertragsparteien zur Schaffung einer Anti-Diskriminierungsgesetzgebung für das Zivilrecht ableiten kann,[222] folgt jedenfalls aus den völkerrechtlichen Vereinbarungen keine Pflicht der EG, d.h. der vertragsändernden Mitgliedstaaten, eine Ermächtigung zu zivilrechtlichen Diskriminierungsverboten zu schaffen indem sie die Union mit einer entsprechenden Kompetenz ausstatten. Tun sie dies dennoch in Gestalt des Art. 13 Abs. 1 EG, so kommt ihnen wiederum ein erheblicher politischer Handlungsspielraum zu, der rechtlich nicht überprüfbar ist.

Versucht man, die Gründe für die konkrete Ausübung dieses Handlungsspielraums näher zu beleuchten, gerät man auf das schwierige Terrain politischer Kompromisse. In der unmittelbaren Entstehungsgeschichte des Art. 13 Abs. 1 EG wurden verschiedene Diskriminierungsmerkmale zuerst aufgenommen, dann wieder fallen gelassen, um abschließend doch wieder Teil der Klausel zu werden.[223] Dahinter standen unterschiedliche Einflussfaktoren, die *Bell* und *Waddington* mit Blick auf Art. 13 EG und die nachfolgenden Richtlinien versucht haben zu kategorisieren.[224] Dazu zählt – in Abwesenheit statistischer Daten – die unterschiedliche Wahrnehmung von verschiedenen Formen von Diskriminierung in der Öffentlichkeit, die zu unterschiedlicher öffentlicher Information führt und entsprechende Lobbyarbeit positiv beeinflusst („Rasse" und ethnische Herkunft). Auch andere Vorstellungen vom Schutzbereich eines

---

[222] Zu dieser, die mitgliedstaatlichen Rechtsordnungen betreffenden Frage, vgl. 3. Teil B. I.
[223] Vgl. *Flynn*, CMLR 36 (1999), 1127 (1131 f.).
[224] *Bell/Waddington*, ELR 28 (2003), 349 (358 ff.); *Waddington/Bell*, CMLR 38 (2001), 587 (610 f.).

Diskriminierungsmerkmals (Behinderung) können zunächst zu Uneinigkeit führen. Zudem existieren auf mitgliedstaatlicher und internationaler Ebene unterschiedliche Erfahrungen im Umgang mit den verschiedenen Diskriminierungsgründen: Manche sind national und international schon seit langem anerkannt („Rasse", Geschlecht), während andere erst in den letzten Jahren verstärkte Aufmerksamkeit erfahren (sexuelle Orientierung, genetische Merkmale). Schließlich sind auch die Regierungen der Mitgliedstaaten in gewissem Maße tagespolitischen Ereignissen unterworfen, wie z.B. im Falle der Einbeziehung der österreichischen FPÖ in die dortige Regierung. Letztgenannte politische Konstellation wird oft als Grund für die relativ rasche Annahme der Richtlinie 2000/43/EG genannt.[225]

Im Ergebnis führt dies entgegen allen anders lautenden Versicherungen[226] zu einer *Hierarchie* der Diskriminierungsmerkmale.[227] Der politische Wille, gestützt auf den gesellschaftlichen Konsens, hält manche Diskriminierungen für bedrohlicher als andere, so dass sie entweder verboten oder strengere Anforderungen an die Rechtfertigungsmöglichkeiten gestellt werden. Andere Ungleichbehandlungen werden dagegen nicht von der Politik aufgegriffen.[228] Das Europäische Parlament[229] hat diesen Zustand wiederholt kritisiert und nachdrücklich eine umfassende Anti-Diskriminierungspolitik gefordert, die einen gleichen Grad des Schutzes vor Diskriminierung aus unterschiedlichen Gründen bietet.

III. Verhältnis zu den „sonstigen Bestimmungen dieses Vertrags"

Dieser Einleitungssatz des Art. 13 Abs. 1 EG nimmt Bezug auf das Verhältnis der Vorschrift zu anderen Bestimmungen des EG-Vertrags. Eine entsprechende Formulierung findet sich auch in den Art. 14 Abs. 1 und 280 Abs. 3 EG. Ver-

---

[225] *Bell/Waddington*, ELR 28 (2003), 349 (365); *Waddington/Bell*, CMLR 38 (2001), 587 (610).
[226] Z.B. der Beschluss des Rates v. 27.11.2000 über ein Aktionsprogramm der Gemeinschaft zur Bekämpfung von Diskriminierungen (2001-2006) (ABl. 2000 L 303/23), Erwägungsgrund 5: „Für die verschiedenen Formen der Diskriminierung lässt sich keine Rangordnung nach ihrer Bedeutung aufstellen, sie sind alle gleichermaßen inakzeptabel."
[227] Ebenso *Bell/Waddington*, ELR 28 (2003), 349 (369); *Waddington/Bell*, CMLR 38 (2001), 587 (610); für die völkerrechtliche Ebene *Mohr* in: Joerden (Hrsg.), Diskriminierung – Anti-Diskriminierung, 265 (270).
[228] Vgl. zur sog. „Gleichbehandlungshierarchie" die entsprechende Tabelle, abrufbar unter http://www.anti-diskriminierung.info, in der die Diskriminierungsverbote und ihr jeweiliger Geltungsbereich nach den RL aufgelistet sind.
[229] Entschließung v. 5.10.2000 (ABl. 2001 C 178/184); Entschließung v. 15.1.2003 (T5-0012/2003); Entschließung v. 4.9.2003 (T5-0376/2003); Bericht v. 14.1.2004 (T5-0023/2004).

III. Verhältnis zu den „sonstigen Bestimmungen dieses Vertrags"

gleichbare Formulierungen sind in Art. 22 Abs. 2, 179 Abs. 1 und 12 Abs. 1 EG enthalten. Über den Wortlaut hinaus soll an dieser Stelle auch die Beziehung des Art. 13 Abs. 1 EG zu weiteren europäischen Rechtsnormen außerhalb des EG-Vertrags untersucht werden.

1. Vorschriften des EG-Vertrags

Die Abgrenzung zu den „sonstigen Bestimmungen" des EG-Vertrags erlangt dadurch Bedeutung, dass auch andere Vorschriften die Bekämpfung bestimmter Erscheinungsformen der Diskriminierung zum Ziel haben. Dazu zählen insbesondere Art. 141 und Art. 137 EG sowie Art. 12 EG, die Grundfreiheiten und die Art. 95 und 308 EG.

a. Allgemein

Im Gegensatz zu Art. 12 Abs. 1 EG („unbeschadet *besonderer* Bestimmungen dieses Vertrags") besteht die Kompetenz gem. Art. 13 Abs. 1 EG „unbeschadet der *sonstigen* Bestimmungen dieses Vertrags".[230] Art. 12 EG wird aufgrund seines Wortlauts als allgemeines Verbot aus Gründen der Staatsangehörigkeit angesehen, das *subsidiär* zu speziellen Verboten aufgrund dieses Kriteriums sei.[231]

Aus dem abweichenden Wortlaut des Art. 13 Abs. 1 EG werden gegensätzliche Schlüsse gezogen. Weil im Rahmen des Art. 13 EG nicht nur die besonderen, sondern *sogar alle* sonstigen Bestimmungen vorbehalten seien, folgert eine Ansicht[232] daraus ebenfalls die *Subsidiarität* des Art. 13 EG: Die Vorschrift könne nur dann zum Zuge kommen, wenn die übrigen Rechtsgrundlagen im Vertrag den Erlass der entsprechenden Maßnahmen gegen Diskriminierung nicht erlauben. Auch die Gegenauffassung[233] beruft sich auf den von Art. 12 EG abweichenden Wortlaut. Wegen der unterschiedlichen Formulierung solle Art. 13 Abs. 1 EG aber gerade keine subsidiäre Vorschrift darstellen, sondern *kumulativ neben* andere Ermächtigungsgrundlagen des Vertrags treten. Dies werde durch die Erklärung Nr. 22 der Schlussakte zum Amsterdamer Vertrag bestätigt, die davon ausgehe, dass Art. 95 EG bei Maßnahmen zur Verhinderung der Diskriminierung von Behinderten ungeachtet des Art. 13 EG weiter zur Anwendung

---

[230] Hervorhebungen durch den Verfasser.
[231] EuGH Rs. 8/77, Slg. 1977, 1495 Rn. 11 (*Sagulo u.a.*); *Streinz* in: Streinz (Hrsg.), EUV/EGV, Art. 12 EG Rn. 14; *Holoubek* in: Schwarze (Hrsg.), EU-Komm., Art. 12 EG Rn. 11.
[232] *Streinz* in: Streinz (Hrsg.), EUV/EGV, Art. 13 EG Rn. 5; *Epiney* in: Calliess/Ruffert (Hrsg.), EUV/EGV, Art. 13 EG Rn. 3; *Lenz* in: Lenz/Borchardt (Hrsg.), EUV/EGV, Art. 13 EG Rn. 6, der Art. 13 EG gegenüber Art. 141 EG als subsidiär ansieht, auf die anderen Bereiche aber nicht eingeht.
[233] *Högenauer*, Richtlinien gegen Diskriminierung im Arbeitsrecht, 74; *Holoubek* in: Schwarze (Hrsg.), EU-Komm., Art. 13 EG Rn. 3.

kommt.[234] Art. 13 Abs. 1 EG ermächtige daher zu spezifischen Anti-Diskriminierungsmaßnahmen neben Maßnahmen mit derselben Zielsetzung, die auf geeignete andere Ermächtigungsgrundlagen des EG-Vertrags in den dort erfassten Sachbereichen gestützt werden. Im Ergebnis könnten nach dieser Ansicht Anti-Diskriminierungsmaßnahmen sowohl auf Art. 13 EG als auch auf andere Rechtsgrundlagen gestützt werden.

Der Wortlaut des Art. 13 EG weicht unzweifelhaft von Art. 12 EG ab: Im Rahmen des Art. 13 Abs. 1 EG sind nicht die „besonderen", sondern alle anderen, „sonstigen" Bestimmungen vorbehalten. Da dieser Unterschied auch in Art. III-124 (Art. 13 EG) und Art. I-4 Abs. 2 VVE (Art. 12 Abs. 1 EG; Art. 12 Abs. 2 EG sollte zu Art. III-123 VVE werden) beibehalten wird, ist ein redaktionelles Versehen ausgeschlossen. Ausgehend von dem gesetzgeberischen Grundsatz: *„Für gleiche Begriffe sind die gleichen Worte, für unterschiedliche Begriffe sind unterschiedliche Worte zu verwenden"*[235], liegt daher eine verschiedenartige Bedeutung der Art. 12 und 13 EG nahe.

Die Erklärung Nr. 22 hat für die Lösung des Gegensatzes Subsidiarität und kumulative Anwendung entgegen der in der Literatur vertretenen Ansicht jedoch keinerlei Aussagekraft. Ähnlich dem Prinzip des sog. „Gender Mainstreaming"[236] legt sie lediglich fest, dass bei allen Maßnahmen nach Art. 95 EG die Belange behinderter Menschen berücksichtigt werden müssen. Damit ist aber keine Aufwertung des Art. 95 EG zu einer Anti-Diskriminierungsvorschrift für Behinderte verbunden, die gleichberechtigt neben Art. 13 EG treten könnte. Die Erklärung Nr. 22 hat für Art. 95 EG lediglich die Bedeutung, für diese Vorschrift ein Konzept des „Disability Mainstreaming" einzuführen.

Von Bedeutung für die Auslegung des Art. 13 Abs. 1 EG ist aber die Tatsache, dass Art. 13 EG sowie sonstige Normen unterschiedliche Abstimmungserfordernisse aufstellen, z.B. Art. 141 Abs. 3 EG gegenüber Art. 13 Abs. 1 EG.[237] Zwar kann nicht angenommen werden, wegen unterschiedlicher Verfahrensvorschriften müsse stets ein Verhältnis der Subsidiarität existieren. Dies zeigt z.B. die Abgrenzung zwischen Binnenmarkt (Art. 95 EG) und Verbraucherschutz

---

[234] Die Erklärung Nr. 22 führt aus, dass bei Maßnahmen auf der Grundlage von Art. 95 EG den Bedürfnissen behinderter Personen Rechnung zu tragen sei. Gegenteilige Schlüsse aus der Erklärung Nr. 22 zieht *Epiney* in: Calliess/Ruffert (Hrsg.), EUV/EGV, Art. 13 EG Rn. 3: die Erklärung bestätige gerade die Subsidiarität von Art. 13 EG, denn wo andere Kompetenzgrundlagen zur Anwendung kämen, erübrige sich ein Rückgriff auf Art. 13 EG.

[235] Enthalten z.B. in Teil 2.1.6.3 der Richtlinien der Landesregierung Baden-Württemberg zum Erlass von Vorschriften (Vorschriftenrichtlinien) v. 12.5.1997.

[236] Vgl. dazu *Meuser/Neusüß*, Gender Mainstreaming. Siehe auch die Definition der *EU-KOM* (Hrsg.), Gender Mainstreaming sowie *Pirstner-Ebner*, EuZW 2004, 205.

[237] *Streinz* in: Streinz (Hrsg.), EUV/EGV, Art. 13 EG Rn. 6.

III. Verhältnis zu den „sonstigen Bestimmungen dieses Vertrags" 57

(Art. 153 EG) sowie anderen Vertragsbereichen, wo mangels eines Subsidiaritätsverhältnisses die einschlägige Kompetenznorm über eine Schwerpunktanalyse[238] zu finden ist. Dieses Verfahren funktioniert jedoch bei Art. 13 EG nicht, weil es sich nicht um eine Ermächtigungsgrundlage für einen eigenen Sachbereich handelt. Art. 13 EG steht vielmehr im ersten Teil des EG-Vertrages, überschrieben mit dem Begriff „Grundsätze", und ermöglicht die Implementierung von Diskriminierungsverboten in *unterschiedliche* Bereiche.[239] Daraus kann nur gefolgert werden, dass Art. 13 EG, gerade aufgrund seines weiten Anwendungsbereichs, generell hinter alle weiteren Vorschriften, die sich mit besonderen Formen von Diskriminierungen in spezifischen Sachbereichen befassen, zurücktreten muss. Weil es sich bei Art. 141 Abs. 3 EG (Geschlechtergleichbehandlung im Arbeitsrecht) um eine bereichsspezifische Rechtsgrundlage handelt, geht sie dem Art. 13 Abs. 1 EG daher vor.

Zutreffend ist daher die Ansicht, dass es sich bei Art. 13 Abs. 1 EG insgesamt um eine *subsidiäre* Rechtsgrundlage handeln muss.[240] Nur wenn andere Bestimmungen des Vertrags nicht zu Anti-Diskriminierungsmaßnahmen ermächtigen, kommt er zur Anwendung. Der im Vergleich zu Art. 12 EG unterschiedliche Wortlaut bezweckte offenbar nur, *nicht den Schutz* durch andere bereits bestehende Bestimmungen *einzuschränken*: Heutzutage ist davon nicht mehr die Rede, doch zur Entstehungszeit des Art. 13 EG war man sich im Unklaren darüber, inwieweit in bestimmte Rechtsgrundlagen auch die Befugnis zur Diskriminierungsbekämpfung im Lichte der Ziele und Aufgaben der Gemeinschaft nach Art. 2, 3 EG hineingelesen werden könnte. Um deren potentiellen Schutz nicht einzuschränken, wollte man *alle* Bestimmungen des Vertrags unbeschadet lassen. Hätte man nur auf die *besonderen* Bestimmungen verwiesen, wären lediglich Vorschriften wie Art. 141 EG vorbehalten gewesen, nicht aber Bestimmungen, die sich auf den ersten Blick überhaupt nicht mit Diskriminierungen befassen, wie z.B. diejenigen über den Verbraucherschutz (Art. 153 EG). Man hätte für Anti-Diskriminierungsmaßnahmen nur auf Art. 13 Abs. 1 EG zurückgreifen können, der jedoch teilweise restriktivere Tatbestandsmerkmale enthält. Besonders für Normen, die nicht eindeutig auf die Bekämpfung von Diskriminierung Bezug nehmen, sondern solche Maßnahmen nur als Annex zu sonstigen Ermächtigungen zulassen, hätte Art. 13 Abs. 1 EG folglich einschränkend gewirkt.

Mittlerweile hat das einleitende Tatbestandsmerkmal des Art. 13 Abs. 1 jedoch an Bedeutung verloren. Es wird nicht mehr vertreten, dass bestimmte Rechts-

---

[238] Grundlegend EuGH Rs. C-376/98, Slg. 2000, 8419 (*Deutschland/Parlament u. Rat*).
[239] Zu der Frage, in welchen Bereichen die Gemeinschaft rechtsetzend zur Bekämpfung der Diskriminierung tätig werden darf, vgl. sogleich 2. Teil A. V.
[240] Ebenso *Streinz* in: Streinz (Hrsg.), EUV/EGV, Art. 13 EG Rn. 5; *Epiney* in: Calliess/Ruffert (Hrsg.), EUV/EGV, Art. 13 EG Rn. 3; *Meyer*, Diskriminierungsverbot, 55.

grundlagen gleichzeitig eine Annexermächtigung zur Diskriminierungsbekämpfung im jeweiligen Rechtsgebiet enthalten. Im Ergebnis sind die „sonstigen Bestimmungen" des Art. 13 Abs. 1 EG daher genau so zu verstehen wie die „besonderen Bestimmungen" des Art. 12 EG: Beide Redewendungen zeigen an, dass die Vorschrift grundsätzlich subsidiär ist.

b. Art. 141 EG und entsprechendes Richtlinienrecht

Art. 141 Abs. 1 EG verpflichtet die Mitgliedstaaten, die Anwendung des Grundsatzes des gleichen Entgelts für Männer und Frauen bei gleicher oder gleichwertiger Arbeit sicherzustellen. Art. 141 Abs. 3 EG ermächtigt den Rat, im Mitentscheidungsverfahren gem. Art. 251 EG Maßnahmen zur Gewährleistung des Grundsatzes der Chancengleichheit und der Gleichbehandlung von Männern und Frauen in Arbeits- und Beschäftigungsfragen, einschließlich des Grundsatzes des gleichen Entgelts bei gleicher oder gleichwertiger Arbeit, zu beschließen.

Auch Art. 13 EG umfasst die Diskriminierung aus Gründen des Geschlechts, wenn auch ohne weitere Spezifizierung auf bestimmte Sachbereiche. Weil es sich bei Art. 141 EG aber gerade um eine bereichsspezifische Anti-Diskriminierungsvorschrift handelt, geht sie, soweit dieser Bereich betroffen ist, im Einklang mit den allgemeinen Grundsätzen dem Art. 13 EG vor.[241] Art. 13 Abs. 1 EG ist daher nur außerhalb von Arbeit und Beruf die richtige Ermächtigungsgrundlage, sofern Diskriminierungen aufgrund des Geschlechts bekämpft werden sollen. Die Gleichbehandlung der Geschlechter im Arbeitsleben wird damit von Art. 141 EG restlos abgedeckt: Nicht nur entfaltet Art. 141 Abs. 1 EG unmittelbare Drittwirkung,[242] sondern Art. 141 Abs. 3 EG ermächtigt gleichfalls zum Erlass drittwirkender Richtlinien.[243] Die hier vertretene Ansicht zum Verhältnis von Art. 13 EG und Art. 141 EG wird durch Art. 1 der arbeitsrechtlichen Richtlinie 2000/78/EG bestätigt, die neben „Rasse" und ethnischer Herkunft (die Gegenstand der Richtlinie 2000/43/EG sind) auch das Merkmal Geschlecht vom Anwendungsbereich ausnimmt. Derartige Diskriminierungen sind ausschließlich durch Art. 141 Abs. 1 selbst sowie durch die Richtlinie 76/207/EWG (auf Grundlage von Art. 308 EG) und 2002/73/EG (auf Grundlage des zwischenzeitlich eingefügten Art. 141 Abs. 3 EG) verboten.[244]

---

[241] Vgl. dazu bereits soeben 2. Teil. A. III. 1. a.; KOM (2000) 334, 10; *Streinz* in: Streinz (Hrsg.), EUV/EGV, Art. 13 EG Rn. 5; *Plötscher*, Begriff der Diskriminierung, 260 f.; *Bell*, MJ 6 (1999), 5 (16); *Flynn*, CMLR 36 (1999), 1127 (1140).
[242] EuGH Rs. 43/75, Slg. 1976, 455 Rn. 40 (*Defrenne II*); *Rebhahn* in: Schwarze (Hrsg.), EU-Komm., Art. 141 EG Rn. 8.
[243] *Eichenhofer* in: Streinz (Hrsg.), EUV/EGV, Art. 141 EG Rn. 7, 22
[244] Vgl. zu den weiteren für das Arbeits- und Sozialrecht relevanten RL: „Entstehungsgeschichte", abrufbar unter http://www.anti-diskriminierung.info sowie die Zusammenfassung im 1. Teil B. I. 1.

III. Verhältnis zu den „sonstigen Bestimmungen dieses Vertrags"   59

Denkbar wäre es jedoch, gemeinschaftliche Fördermaßnahmen zur Gewährleistung der vollen Gleichstellung von Männern und Frauen im Arbeitsleben (sog. positive Diskriminierungen) auf Art. 13 Abs. 1 EG zu stützen.[245] Art. 141 Abs. 4 EG ermächtigt insoweit nur die Mitgliedstaaten. Soweit die Harmonisierung von Rechts- und Verwaltungsvorschriften ausgeschlossen wird und es sich um nur unterstützende Maßnahmen handelt, wäre Art. 13 Abs. 2 EG die richtige Rechtsgrundlage.[246]

c. Art. 137 EG

Auch andere, spezielle Sozialvorschriften des EG-Vertrags könnten den Anwendungsbereich des Art. 13 Abs. 1 begrenzen. So erscheint es möglich, die berufliche Eingliederung der aus dem Arbeitsmarkt ausgegliederten Personen durch den Erlass von Diskriminierungsverboten zu deren Gunsten durchzusetzen, vgl. Art. 137 Abs. 1 lit. h i.V.m. Abs. 2 lit. b EG.[247]

d. Grundfreiheiten und Art. 12 EG

Zwischen den Grundfreiheiten, d.h. der Warenverkehrsfreiheit (Art. 23 ff. EG), der Arbeitnehmerfreizügigkeit (Art. 39 ff. EG), der Niederlassungsfreiheit (Art. 43 ff. EG), der Dienstleistungsfreiheit (Art. 49 ff. EG) und der Freiheit des Kapitalverkehrs (Art. 56 Abs. 1, 57 ff. EG) und Art. 12 EG, dem allgemeinen Diskriminierungsverbot aufgrund der Staatsangehörigkeit sowie Art. 13 EG existieren kaum Berührungspunkte. Zwar wollen alle Vorschriften Diskriminierungen verhindern, jedoch aus unterschiedlichen Gründen: Die Staatsangehörigkeit wird in Art. 13 EG nicht genannt und ist von Diskriminierungen aufgrund der „Rasse" oder ethnischen Herkunft abzugrenzen. Art. 13 Abs. 1 EG enthält kein Diskriminierungsverbot aufgrund der Staatsangehörigkeit.[248] Soweit man den (grundfreiheitlichen) Diskriminierungsverboten aufgrund der Staatsangehörigkeit unmittelbare Drittwirkung zubilligt, können sie aber die zivilrechtlichen Diskriminierungsverbote aufgrund von „Rasse", ethnischer Herkunft (Richtlinie 2000/43/EG) und Geschlecht (Richtlinie 2004/113/EG) um das Kriterium der Staatsangehörigkeit bereichsspezifisch ergänzen.[249]

e. Art. 94, 95 EG

Die Art. 94, 95 EG ermöglichen die Angleichung derjenigen Rechts- und Verwaltungsvorschriften der Mitgliedstaten, die sich unmittelbar auf die Errichtung

---

[245] *Streinz* in: Streinz (Hrsg.), EUV/EGV, Art. 13 EG Rn. 7.
[246] Vgl. zur Auslegung des Art. 13 Abs. 2 EG unten 2. Teil B.
[247] *Meyer*, Diskriminierungsverbot, 56.
[248] Vgl. dazu unten 2. Teil A. VII. 2. a. ee. (1).
[249] Vgl. dazu unten 2. Teil D.

und das Funktionieren des Gemeinsamen Marktes bzw. des Binnenmarktes auswirken.[250] Ob insbesondere Art. 95 EG als Annex die Kompetenz zu gemeinschaftlichen Anti-Diskriminierungsmaßnahmen enthält, war vor Inkrafttreten des Art. 13 EG umstritten. Während eine Ansicht[251] die Norm für ausreichend erachtete, um die Harmonisierung der unterschiedlichen bestehenden mitgliedstaatlichen Anti-Diskriminierungsmaßnahmen zu erreichen, sah die Kommission[252] weder Art. 94 f. EG noch die Vertragsergänzungskompetenz gem. Art. 308 EG als richtige Rechtsgrundlage für die Bekämpfung von Diskriminierungen an.

Mit Einfügung des Art. 13 EG haben sich diese Überlegungen jedoch erledigt. Diese Vorschrift ist spezifische Rechtsgrundlage für Anti-Diskriminierungsmaßnahmen, auch soweit sie den Binnenmarkt, z.b. den Zugang zu und die Versorgung mit Gütern und Dienstleistungen, betreffen. Betrifft eine Richtlinie nämlich *schwerpunktmäßig* die Festlegung von Diskriminierungsverboten für den Bereich des Zivilrechts sowie deren nähere Ausgestaltung, ist die Maßnahme auf Basis des Art. 13 Abs. 1 EG zu erlassen.[253] Es obliegt der Kommission, die Wahl der Rechtsgrundlage ausreichend zu begründen.

Inwieweit dabei Art. 95 EG zumindest als ergänzende Rechtsgrundlage heranzuziehen ist, wird jedoch Gegenstand weiterer Betrachtungen sein müssen.[254] Es kann sich dabei nur um untergeordnete Bestimmungen handeln, die nicht den Charakter des Rechtsakts prägen. Die Art. 94, 95 EG weisen damit ebenso wie die Grundfreiheiten und Art. 12 EG kaum Berührungspunkte mit Art. 13 EG auf. Das oben angesprochene und in der Erklärung Nr. 22 der Schlussakte zum Amsterdamer Vertrag niedergelegte Konzept des „Disability Mainstreaming" zeigt aber, dass auf Art. 95 EG gestützte Maßnahmen jedenfalls einen Anti-Diskriminierungsbezug haben können, wenn sie u.a. darauf ausgelegt sind, den Bedürfnissen Behinderter oder anderer benachteiligter Gruppen Rechnung zu tragen. Die Berücksichtigung des Diskriminierungstatbestands „Geschlecht" bei allen gemeinschaftlichen Maßnahmen ist durch das in Art. 2, 3 Abs. 2 EG nie-

---

[250] Ausführlich zu Art. 95 EG *Silny*, Rechtsangleichungskompetenz.
[251] *Stalder*, Antidiskriminierungsmaßnahmen, 21.
[252] *EU-KOM* (Hrsg.), Weißbuch – Europäische Sozialpolitik, 57.
[253] Unzutreffend daher die Stellungnahme des Ausschusses für Recht und Binnenmarkt des EP, die in Bezug auf den RL-Vorschlag der EU-KOM zur Gleichbehandlung von Frauen und Männern beim Zugang zu Gütern und Dienstleistungen (KOM (2003) 657) den Art. 95 EG anstelle von Art. 13 Abs. 1 EG als richtige Rechtsgrundlage nennt (EP A5-0155/2004, 38 (39)); anders aber der abschließende Entwurf einer legislativen Entschließung des EP v. 16.3.2004 (EP A5-0155/2004, 6 (26)): „Dieser Vorschlag beruht eindeutig auf Art. 13 des EG-Vertrags".
[254] Vgl. 2. Teil C. III. 4. b. aa. (1).

III. Verhältnis zu den „sonstigen Bestimmungen dieses Vertrags" 61

dergelegte Konzept des „Gender Mainstreaming"[255] ausdrücklich vorgesehen. Dass Maßnahmen aufgrund von Art. 95 EG auch andere in Art. 13 Abs. 1 EG genannte Merkmale i.S.e. „Mainstreaming" berücksichtigen könnten, ist mit Blick auf Art. 21 ChGR sowie die Stellung des Art. 13 Abs. 1 EG im mit „Grundsätze" überschriebenen Ersten Teil des EG-Vertrags zu erwarten.

Ob Diskriminierungen daher Handelshemmnisse oder spürbare Wettbewerbsverzerrungen darstellen,[256] spielt im Rahmen des Art. 13 EG nur noch im Rahmen der Verhältnismäßigkeit gesetzgeberischer Maßnahmen eine Rolle.[257] Die Wichtigkeit derartiger Überlegungen ist jedoch nicht von der Hand zu weisen, wird die europäische Anti-Diskriminierungspolitik doch in erster Linie mit menschen- und sozialrechtlichen Erwägungen begründet. Zusätzliche wirtschaftsrechtliche Gründe für die Eliminierung von Diskriminierungen würden den aufgrund von Art. 13 Abs. 1 EG erlassenen Maßnahmen eine erhöhte Legitimation verschaffen.

f. Art. 308 EG

Art. 308 EG ermöglicht der Gemeinschaft ein Tätigwerden, ohne dass die hierfür „erforderlichen Befugnisse" im EG-Vertrag vorgesehen sind. Verfahrensrechtliche Voraussetzung ist allerdings Einstimmigkeit im Rat. Art. 308 EG soll damit „einen Ausgleich in Fällen schaffen, in denen den Gemeinschaftsorganen durch spezifische Bestimmungen des Vertrages ausdrücklich oder implizit verliehene Befugnisse fehlen und gleichwohl Befugnisse erforderlich erscheinen, damit die Gemeinschaft ihre Aufgaben im Hinblick auf die Erreichung eines der vom Vertrag festgelegten Ziele wahrnehmen kann".[258] Es handelt sich um eine Vertragsergänzungskompetenz für unvorhergesehene Fälle. Die Norm dient der Lückenschließung, nicht aber der Kompetenzerweiterung.[259]

---

[255] Dazu ausführlich *Meuser/Neusüß*, Gender Mainstreaming.
[256] So *Stalder*, Antidiskriminierungsmaßnahmen, 21.
[257] Vgl. dazu die Begründungen der EU-KOM zu den auf Art. 13 (Abs. 1) EG gestützten Rechtsakten in Bezug auf Subsidiarität und Verhältnismäßigkeit: Vorschlag für eine RL des Rates zur Festlegung eines allgemeinen Rahmens für die Verwirklichung der Gleichbehandlung in Beschäftigung und Beruf v. 25.11.1999 (KOM (1999) 565 endg.), 5 ff.; Vorschlag für eine RL des Rates zur Anwendung des Gleichbehandlungsgrundsatzes ohne Unterschied der Rasse oder der ethnischen Herkunft v. 25.11.1999 (KOM (1999) 566 endg.), 3 ff.; dazu im Überblick *Coen*, AuR 2000, 11 f.; Vorschlag für eine RL des Rates zur Verwirklichung des Grundsatzes der Gleichbehandlung von Frauen und Männern beim Zugang zu und bei der Versorgung mit Gütern und Dienstleistungen (KOM (2003) 657 endg. – „KOM-Vorschlag"), 11 ff.
[258] EuGH, Gutachten 2/94, Slg. 1996, 1759 Rn. 29 (*EMRK-Beitritt*).
[259] *Streinz* in: Streinz (Hrsg.), EUV/EGV, Art. 308 EG Rn. 1.

Anders als bei den Richtlinien zur Geschlechtergleichbehandlung im Arbeitsleben, insbesondere der Richtlinie 76/207/EWG, wurde die Vertragsergänzungskompetenz nach 308 EG nicht als ausreichende Rechtsgrundlage für Anti-Diskriminierungsmaßnahmen in anderen Bereichen und aufgrund anderer Merkmale angesehen[260] bzw. mangelte es am politischen Willen, den Art. 308 als Ermächtigungsgrundlage für derartige Maßnahmen zu instrumentalisieren.[261] Denn die Grenzen der materiellen Reichweite des Art. 308 EG ergeben sich aus dem Aufgaben- und Tätigkeitsbereich der Gemeinschaft.[262] Daher lassen sich mit Blick auf die Art. 2, 3 Abs. 2 EG nur Maßnahmen zur Gleichbehandlung der Geschlechter auf die Vertragsergänzungskompetenz stützen. Die allgemeine Diskriminierungsbekämpfung ist dagegen erst durch Art. 13 EG vertraglich verankert worden. Damit wurden gleichzeitig ausdrückliche Befugnisse der Gemeinschaft zur Diskriminierungsbekämpfung in den EG-Vertrag eingefügt.

Heute besteht daher Einigkeit darüber, dass Art. 13 Abs. 1 EG als spezielle (wenn auch grundsätzlich subsidiäre) Rechtsgrundlage dem Art. 308 EG als allgemeiner (und anerkanntermaßen subsidiärer) Rechtsgrundlage vorgeht.[263] Art. 13 Abs. 1 EG räumt dem Rat die „erforderlichen Befugnisse" i.S.d. Art. 308 EG ein, so dass ein Rückgriff auf diese Norm weder möglich noch erforderlich ist.

2. Normen außerhalb des EG-Vertrags

Art. 13 EG steht als Rechtsnorm zur Bekämpfung der Diskriminierung nicht allein. Es existieren verwandte Normen sowohl auf der Ebene des zukünftigen Verfassungsvertrages als auch in der EMRK.

a. Verfassungsvertrag

Das Inkrafttreten des VVE ist nach den negativen Referenden in einigen Mitgliedstaaten fraglich geworden.[264] Trotzdem sollen im folgenden die Normen des VVE genauer untersucht werden, die einen Bezug zum Diskriminierungsschutz aufweisen. Insbesondere die Gleichheits-Artikel des VVE sind praktisch wortgleich in der ChGR enthalten.

---

[260] *EU-KOM* (Hrsg.), Weißbuch – Europäische Sozialpolitik, 57; vgl. auch *Chopin*, EJML 1999, 111 (115); *Flauss*, RTDH 2001, 487 (489 f.).
[261] *ENAR* (Hrsg.), Bekämpfung von Rassismus, 4; *Khan*, The Muslim Lawyer 3 (1999), 1 (2).
[262] *Meyer*, Diskriminierungsverbot, 61.
[263] *Streinz* in: Streinz (Hrsg.), EUV/EGV, Art. 13 EGvRn. 5; *Epiney* in: Calliess/Ruffert (Hrsg.), EUV/EGV, Art. 13 EG Rn. 3; *Lenz* in: Lenz/Borchardt (Hrsg.), EUV/EGV, Art. 13 EG Rn. 6; *Holoubek* in: Schwarze (Hrsg.), EU-Komm., Art. 13 EG Rn. 4.
[264] Vgl. oben 1. Teil A. II. 4. c.

aa. Art. III-124 Abs. 1 VVE

Art. III-124 Abs. 1 VVE würde mit Inkrafttreten des Verfassungsvertrages den bisherigen Art. 13 Abs. 1 EG ersetzen.[265] Es handelt sich weiterhin nur um eine Ermächtigungsgrundlage zur Bekämpfung von Diskriminierung aufgrund der auch schon in Art. 13 Abs. 1 EG genannten Gründe, während sich die inhaltliche Gewährleistung des Diskriminierungsverbots in Art. II-81 VVE (Art. 21 ChGR) findet.[266] Eine unmittelbare Anwendbarkeit des Art. III-124 Abs. 1 VVE wäre damit weiterhin ausgeschlossen. Art. III-124 Abs. 1 VVE lautet:

*„Unbeschadet der sonstigen Bestimmungen **der Verfassung** und im Rahmen der durch **die Verfassung** der Union übertragenen Zuständigkeiten können die für die Bekämpfung von Diskriminierungen aus Gründen des Geschlechts, der Rasse, der ethnischen Herkunft, der Religion oder der Weltanschauung, einer Behinderung, des Alters oder der sexuellen Ausrichtung **erforderlichen Maßnahmen durch Europäisches Gesetz oder Rahmengesetz** des Rates festgelegt werden. Der Rat beschließt einstimmig nach **Zustimmung** des Europäischen Parlaments."*[267]

Inhaltlich würde sich das Verfahren zum Erlass der Anti-Diskriminierungsmaßnahmen ändern: Das Europäische Parlament enthält statt des bisherigen und oft kritisierten[268] Anhörungsrechts nunmehr ein Zustimmungsrecht. Damit wird der historischen Rolle des Europäischen Parlaments im Kampf gegen Diskriminierung und Ausgrenzung angemessen Rechnung getragen. Zudem wird die demokratische Legitimation der zukünftigen Rechtsakte, die auf Art. III-124 VVE fußen, verstärkt. Die Bürger der EU können über das Europäische Parlament unmittelbarer Einfluss ausüben, als ihnen dies über die Regierungsvertreter möglich ist. Gleichzeitig soll aber die Einstimmigkeit im Ministerrat beibehalten werden.

Die Annahme, dass die Mitgliedstaaten dem Europäischen Parlament ursprünglich keine stärkere Mitwirkung zugestehen wollten, weil die Vorstellungen der Regierungen der Mitgliedstaaten über den Umfang der Anti-Diskriminierungspolitik zu weit auseinandergingen,[269] erweist sich aus heutiger Sicht als teilweise unzutreffend: Die Änderung des Art. III-124 VVE zeigt vielmehr, dass eine stärkere Beteiligung des Europäischen Parlaments trotz Uneinigkeit der Mitgliedstaaten über die Reichweite von Anti-Diskriminierungsmaßnahmen möglich ist. Ob das Zustimmungsrecht des Europäischen Parlaments i.V.m. dem

---

[265] Ein Vergleich zwischen Art. III-124 Abs. 2 VVE und Art. 13 Abs. 2 EG folgt im 2. Teil B. VI.
[266] Vgl. zum Verhältnis der Vorschriften bereits 1. Teil. B. IV. sowie zum Verhältnis von Art. 13 EG und Art. II-81 VVE 2. Teil A. III. 2. a. bb. (3).
[267] Änderungen im Vergleich zu Art. 13 Abs. 1 EG sind durch Fettdruck hervorgehoben.
[268] *Meyer*, Diskriminierungsverbot, 50; *Khan*, The Muslim Lawyer 3 (1999), 1 (3); anders *Stalder*, Antidiskriminierungsmaßnahmen, 16.
[269] EP (Hrsg.), Perspektiven der Anti-Diskriminierungspolitik, 5.

Einstimmigkeitserfordernis im Ministerrat zur inhaltlichen Verwässerung der Rechtsakte beiträgt oder gar als Hemmschuh[270] in einem „Europa der 25" wirkt, kann erst die Zukunft zeigen, sofern die Vorschrift in Kraft treten sollte. Gegenwärtig bestehen derart strenge verfahrensrechtliche Anforderungen jedenfalls nur bei Maßnahmen der sozialen Sicherheit im Rahmen der Arbeitnehmerfreizügigkeit (Art. 42 EG), im Kulturbereich gem. Art. 151 Abs. 5 EG und im Bereich der Assoziierungsabkommen mit Drittstaaten oder internationalen Organisationen gem. Art. 310, 300 Abs. 2, 3 EG, d.h. in gerade einmal 2,75 % der bisherigen Entscheidungsverfahren.[271] Diese Quote würde sich zwar mit Inkrafttreten des VVE auf 4,43 % aller Entscheidungsverfahren von Rat und Europäischem Parlament ausweiten (absolute Zahl: 12),[272] liegt damit jedoch immer noch im unteren Bereich und hat folglich Ausnahmecharakter.

Darüber hinaus ergeben sich durch Art. III-124 Abs. 1 VVE geringfügige sprachliche Änderungen, die aus den neuen Bezeichnungen des Verfassungsvertrages resultieren („Vertrag" wird zu „Verfassung", „Gemeinschaft" zu „Union"). Durch Umstellung der Tatbestandsmerkmale und Aufteilung des ersten Absatzes des Art. III-124 VVE in zwei Sätze wird zudem eine sprachliche Glättung erreicht. Das Tatbestandsmerkmal „geeignete Vorkehrungen" ist durch „erforderliche Maßnahmen" ersetzt worden, wobei die Wahl der „erforderlichen" Rechtsinstrumente auf Europäische Gesetze (EG-Vertrag: Verordnungen) und Rahmengesetze (EG-Vertrag: Richtlinien) beschränkt wird. Dies käme aus rechtlicher Sicht einer Einschränkung gleich, umfassten die „geeigneten Vorkehrungen" im Rahmen des Art. 13 Abs. 1 EG doch das gesamte Rechtsetzungsinstrumentarium des Art. 249 EG, also Verordnungen, Richtlinien und Entscheidungen als verbindliche Rechtsakte, Empfehlungen und Stellungnahmen als nicht verbindliche Akte, ferner Programme.[273] Diese Änderung korrespondiert mit Art. III-124 Abs. 2 VVE: Auch dort sind Förder- und Unterstützungsmaßnahmen nur noch durch Gesetz (vorher: Verordnung) bzw. Rahmengesetz (vorher: Richtlinie) möglich. Das „Aktionsprogramm der Gemein-

---

[270] Jedenfalls aus politikwissenschaftlicher Sicht lässt sich ein Zusammenhang zwischen der Zunahme der EP-Beteiligung und einer Abnahme der Entscheidungseffizienz nicht nachweisen, vgl. *Maurer*, SWP-Studie, 21 f.
[271] Vgl. „Entscheidungsverfahren im EP und im Rat", abrufbar unter http://www.antidiskriminierung.info. Dagegen verfügt das EP in 21,3 % aller verfahrensrelevanten EU-Vertragsgrundlagen über ein Mitentscheidungsrecht, dies entsprich einer effektiven Mitentscheidungsquote von mehr als 80 % aller Legislativentscheidungen, vgl. *Maurer*, SWP-Studie, 15 f.
[272] *Maurer*, SWP-Studie, 34.
[273] *Streinz* in: Streinz (Hrsg.), EUV/EGV, Art. 13 EG Rn. 18; vgl. dazu noch 2. Teil A. VI.

III. Verhältnis zu den „sonstigen Bestimmungen dieses Vertrags"   65

schaft zur Bekämpfung von Diskriminierungen (2001-2006)"[274], das gem. seines Art. 2 rechtlich unverbindliche Fördermaßnahmen zur unterstützenden Diskriminierungsbekämpfung enthält, wurde vor Inkrafttreten des Art. 13 Abs. 2 auf den heutigen Art. 13 Abs. 1 gestützt. Ein solches Programm müsste bei Inkrafttreten des VVE über Art. III-124 Abs. 2 VVE als Gesetz oder Rahmengesetz erlassen werden. Schließlich enthält Art. III-124 Abs. 1 VVE nicht mehr das Tatbestandsmerkmal „auf Vorschlag der Kommission", wodurch ansonsten das Initiativmonopol der Kommission in Bezug auf Rechtsakte angezeigt wird. Art. I-26 Abs. 2 VVE bestimmt jedoch:

„Soweit in der Verfassung nichts anderes festgelegt ist, darf ein Gesetzgebungsakt der Union nur auf Vorschlag der Kommission erlassen werden. Andere Rechtsakte werden auf der Grundlage eines Kommissionsvorschlags erlassen, wenn dies in der Verfassung vorgesehen ist."

Gem. Art. I-33 Abs. 1 VVE sind das Europäische Gesetz und das Rahmengesetz Gesetzgebungsakte i.S.d. Verfassung. Folglich hat die Kommission im Rahmen des Art. III-124 VVE weiterhin das Initiativrecht. Die sprachliche Glättung des Art. III-124 Abs. 1 VVE, der durch Klammerprinzip und Abstraktion eine bessere Übersichtlichkeit erhält, ist insoweit zu begrüßen.

bb. Die Gleichheits-Artikel des VVE (Art. II-80 bis II-86 VVE)

Der zweite Teil des VVE würde die durch den Herzog-Konvent erarbeitete europäische Charta der Grundrechte in die Verfassung inkorporieren. Die Reihenfolge und die Nummerierung der Artikel der ChGR bleiben unverändert. Ihnen wird aber eine römische Zwei („II") vorangestellt, um ihre Zugehörigkeit zum zweiten Teil des VVE auszudrücken. Die Charta enthält einen eigenen Titel III „Gleichheit", der die Art. II-80 bis II-86 VVE umfasst. Mit Inkrafttreten der Verfassung würde es somit erstmals auch einen rechtsverbindlichen Grundrechtskatalog für die Europäische Union geben. Die Entstehung des europäischen Grundrechtsschutzes und die gegenwärtige Bedeutung der ChGR sollen im folgenden in wenigen Worten nachgezeichnet werden, bevor die einzelnen Artikel und ihr Verhältnis zu Art. 13 EG erläutert werden.

(1) Exkurs: Herleitung der Grundrechte und rechtlicher Status der ChGR

Zur Herleitung der Grundrechte[275] orientiert sich der EuGH bis heute an den internationalen Verträgen, denen die Mitgliedstaaten beigetreten sind, insbeson-

---

[274] Beschluss des Rates v. 27.11.2000 (2000/750/EG) über ein Aktionsprogramm der Gemeinschaft zur Bekämpfung von Diskriminierungen (2001-2006), ABl. 2000 L 303/23.

[275] Vgl. hierzu *Kühling* in: v. Bogdandy (Hrsg.), Europäisches Verfassungsrecht, 583 (586 ff.). Allgemein zu den Grundrechten der EU *Jarass*, EU-Grundrechte.

dere der EMRK, und an den Verfassungen der Mitgliedstaaten gem. Art. 6 Abs. 2 EU. Letztere werden im Wege einer wertenden Rechtsvergleichung unter Berücksichtigung der Ziele der Gemeinschaft ausgelegt.[276] Diese Methode hatte ihren Ursprung in der Tatsache, dass in der EU bislang kein rechtsverbindlicher Grundrechtskatalog existierte. Die ChGR wurde nur durch das Europäische Parlament, den Rat und die Kommission feierlich proklamiert, was vom Europäischen Rat „begrüßt" wurde. Ihre Gewährleistungen sind auch nach der Integration in die Verfassung vor Inkrafttreten des VVE weder rechtsverbindlich noch einklagbar und können vom EuGH nur als bloßes Erkenntnismittel herangezogen werden.[277] Die ChGR bietet sich aufgrund der „Sichtbarmachung" von Grundrechten gleichwohl zur Ermittlung der Existenz und des Gehalts von Gemeinschaftsgrundrechten an. Das EuG[278] und einige Generalanwälte[279] haben ihre Bestimmungen daher bereits als Bestätigung für die Existenz allgemeiner Rechtsgrundsätze des Gemeinschaftsrechts herangezogen. In der Zukunft wird sie entweder als Teil II des VVE Rechtsverbindlichkeit erlangen[280] oder möglicherweise selbständig in Kraft gesetzt werden.

(2) Der allgemeine Gleichheitssatz des Gemeinschaftsrechts (Art. II-80 VVE)

Art. II-80 VVE bestimmt: *„Alle Personen sind vor dem Gesetz gleich."* Nicht nur ist dieses Prinzip in allen europäischen Verfassungen verankert.[281] Auch der

---

[276] *Kühling* in: v. Bogdandy (Hrsg.), Europäisches Verfassungsrecht, 583 (590 f.); *Hobe*, EuR, Rn. 136, 240.
[277] *Streinz* in: Streinz, EUV/EGV, Vorbem ChGR Rn. 4 f.; *Kühling* in: v. Bogdandy (Hrsg.), Europäisches Verfassungsrecht, 583 (593); *Hobe*, EuR, Rn. 241 ff.
[278] Vgl. EuG verb. Rs. T-377/00, T-379/00, T-380/00, T-260/01 und T-272/01, Slg. 2003, 1 Rn. 122 (*Philip Morris u.a./Kommission*); EuG Rs. T-177/01, Slg. 2002, 2365 Rn. 42, 47 (*Jégo-Quéré*); EuG Rs. T-54/99, Slg. 2002, 313 Rn. 57 (*max.mobil Telekommunikation Service*); in EuG, Rs. T-112/98, Slg. 2001, 729 Rn. 76 (*Mannesmann Röhren-Werke*) wurde der Bezug auf die Charta allein *ratione temporis* abgelehnt.
[279] Schlussanträge von GA *Alber*, Rs. C-340/99, Slg. 2001, 4109 Rn. 94 (*TNT Traco/Poste Italiane u.a.*); GA *Jacobs*, Rs. C-50/00 P, Slg. 2002, 6677 Rn. 39 (*Unión de Pequeños Agricultores*); GA *Jacobs*, Rs. C-270/99 P, Slg. 2001, 9197 Rn. 40 (*Z/ Parlament*); GA *Jacobs*, Rs. C-377/98, Slg. 2001, 7079 Rn. 197, 210 (*Niederlande/Parlament und Rat – „Biopatenrichtlinie"*); GA *Léger*, Rs. C-353/99 P, Slg. 2001, 9565 Rn. 51 (*Rat/Hautala u.a.*); GA *Léger*, Rs. C-309/99, Slg. 2002, 1577 Rn. 175 (*Wouters u.a./Algemene Raad van de Nederlandse Orde van Advocaten*); GA *Mischo*, verb. Rs. C-122/99 P und C-125/99 P, Slg. 2000, 4319 Rn. 97 (*D und Schweden/Rat*); GA *Stix-Hackl*, Rs. C-131/00, Slg. 2001, 10165 Rn. 18, 44 (*Nilsson/Länsstyrelsen i Norbottens län*); GA *Tizzano*, Rs. C-173/99, Slg. 2001, 4881 Rn. 26 ff. (*BECTU*).
[280] Vgl. oben 1. Teil A. II. 4. c.
[281] Vgl. Erläuterung des Präsidiums des Konvents zu Art. 20 der Charta der Grundrechte der Europäischen Union v. 7.12.2000 (ABl. 2000 C 364/1).

III. Verhältnis zu den „sonstigen Bestimmungen dieses Vertrags"

EuGH[282] sieht den Gleichheitssatz als Grundprinzip des Gemeinschaftsrechts an.[283] In Anlehnung an die auch für Art. II-80 VVE maßgebliche Rechtsprechung des EuGH[284] ist von dessen Verständnis des Gleichheitssatzes auszugehen.[285] Vergleichbare Sachverhalte dürfen daher nicht unterschiedlich behandelt werden, es sei denn, dass eine Differenzierung objektiv gerechtfertigt wäre. Umgekehrt dürfen unterschiedliche Sachverhalte nicht gleich behandelt werden. Der Gleichheitssatz enthält also ein sog. „relatives Diskriminierungsverbot": Ein Verstoß gegen den Grundsatz folgt nicht schon unmittelbar aus der Gleichbehandlung ungleicher bzw. der Ungleichbehandlung gleicher Sachverhalte, sondern erst aus der fehlenden sachlichen Rechtfertigung.[286]

Der in Art. II-80 VVE niedergelegte Gleichheitssatz ist als Grundrecht zwar unmittelbar anwendbar, richtet sich jedoch ausschließlich an die Organe der EU sowie an die Mitgliedstaaten, soweit sie im Anwendungsbereich des Gemeinschaftsrechts tätig werden. Private werden durch diesen Grundsatz nicht unmittelbar verpflichtet.[287] Im Gegensatz zu Art. 13 EG enthält er keine Ermächtigung der Gemeinschaft zur Bekämpfung von Ungleichbehandlungen.[288] Art. 13 EG setzt seine Geltung voraus, ist selbst aber nicht unmittelbar anwendbar.[289] Die beiden Vorschriften verhalten sich daher komplementär zueinander.

---

[282] EuGH verb. Rs. 117/76 und 16/77, Slg. 1977, 1753 Rn. 7 (*Ruckdeschel u.a./Hautpzollamt Hamburg-St. Annen*); EuGH Rs. C-215/85, Slg. 1987, 1279 Rn. 23 (*BALM/Raiffeisen Hauptgenossenschaft*); EuGH Rs. C-85/97, Slg. 1998, 7447 Rn. 30 (*SFI/État belge*); EuGH Rs. C-280/93, Slg. 1994, 4973 Rn. 67 (*Deutschland/Rat – „Bananenmarktordnung"*); EuGH Rs. C-15/95 Slg. 1997, 1961 Rn. 35 (*EARL de Kerlast/Unicopa & Coopérative du Trieux*); EuGH Rs. C-292/97, Slg. 2000, 2737 Rn. 38 f. (*Karlsson u.a.*).

[283] Zum allgemeinen Gleichheitssatz *Zuleeg* in: Baur/Müller-Graff/Zuleeg (Hrsg.), FS Börner, 1992, 473.

[284] EuGH verb. Rs. 117/76 und 16/77, Slg. 1977, 1753 Rn. 7 (*Ruckdeschel u.a./Hauptzollamt Hamburg-St. Annen*); EuGH Rs. C-283/83, Slg. 1984, 3791 Rn. 7 (*Racke/Hauptzollamt Mainz*); EuGH Rs. C-217/91, Slg. 1993, 3923 Rn. 37 (*Spanien/Kommission*); EuGH Rs. C-306/93, Slg. 1994, 5555 Rn. 30 (*SMW Winzersekt/Land Rheinland-Pfalz*); EuGH verb. Rs. 17/61 und 20/61, Slg. 1962, 655 ff. (*Klöckner u.a.*).

[285] *Streinz* in: Streinz, EUV/EGV, Art. 20 ChGR Rn. 8; *Kühling* in: v. Bogdandy (Hrsg.), Europäisches Verfassungsrecht, 583 (626).

[286] *Jarass*, EU-Grundrechte, 289 ff.; *Kischel*, EuGRZ 1997, 1 (4).

[287] *Jarass*, EU-Grundrechte, 41 f.; *Kischel*, EuGRZ 1997, 1 (6 ff.). A.A. Schlussantrag *GA Tizzano*, Rs. C-144/04, Rn. 84, 101 (*Mangold*), zumindest in Bezug auf private Arbeitgeber (ohne nähere Begründung), dazu *Waas*, EuZW 2005, 583. Die Ansicht von GA *Tizzano* würde Anti-Diskriminierungsvorschriften zumindest im Bereich des Arbeitsrechts überflüssig machen. Sie knüpft faktisch an die von *Enneccerus/Nipperdey*, BGB AT I, § 15 II 4 vertretene Lehre zur unmittelbaren Wirkung des Art. 3 GG an. Zu dessen mittelbarer Wirkung im Zivilrecht siehe noch 3. Teil A. II. 3.

[288] *Stalder*, Antidiskrimininierungsmaßnahmen, 22.

[289] Vgl. oben 2. Teil A. II. 1.

(3) Das Grundrecht auf Nichtdiskriminierung (Art. II-81 VVE) und weitere besondere Gleichheitssätze (Art. II-82 bis II-86 VVE)

Zusätzlich zum allgemeinen Gleichheitssatz hat die ChGR besondere Gleichheitssätze geschaffen, die in den Art. II-81 bis II-86 VVE enthalten sind.

Art. II-81 Abs. 1 VVE[290] normiert ein Diskriminierungsverbot in Form einer Generalklausel, das sich an Art. 13 Abs. 1 EG und Art. 14 EMRK[291] (insbesondere in Bezug auf die Diskriminierungstatbestände und die generalklauselartige Fassung) anlehnt und einen speziellen Anwendungsbereich des Gleichheitssatzes regelt. In Bezug auf das Verbot der Diskriminierung wegen des Alters hat der EuGH[292] in der Rechtssache *Mangold* ausdrücklich festgestellt, dass es sich um einen allgemeinen Grundsatz des Gemeinschaftsrechts handelt, freilich ohne auf die ChGR oder den VVE Bezug zu nehmen. Der Gerichtshof schein der Auffassung zuzuneigen, dass das Nichtdiskriminierungsgebot auch in Privatrechtsverhältnissen, zumindest im Arbeitsleben, anwendbar sei.[293]

Neben den auch von Art. 13 Abs. 1 EG genannten Merkmalen bezieht Art. II-81 Abs. 1 VVE die Diskriminierungsmerkmale der Hautfarbe, der sozialen Herkunft, der genetischen Merkmale, der Sprache, der politischen oder sonstigen Anschauung, der Zugehörigkeit zu einer nationalen Minderheit, des Vermögens und der Geburt ausdrücklich in den Katalog mit ein. Die aufgeführten Diskriminierungstatbestände sind aufgrund der Verwendung des Wortes „insbesondere" anders als in Art. 13 Abs. 1 EG nur beispielhaft zu verstehen. Art. II-81 Abs. 2 VVE verbietet zusätzlich die Diskriminierung aufgrund der Staatsangehörigkeit und nimmt damit die bisherige Regelung des Art. 12 Abs. 1 EG auf (dies führt zu einer Wiederholung im Verfassungsvertrag: Art. I-4 Abs. 2 und Art. II-81 Abs. 2 VVE enthalten zukünftig eine identische Gewährleistung). Damit werden zukünftig eine Rechtsgrundlage zur Bekämpfung der Diskriminierung und eine rechtsverbindliche Gewährleistung des Diskriminierungsverbots existieren. Der neue Verfassungsvertrag verdeutlicht diese Zweiteilung in inhaltliche Gewährleistung und Ermächtigungsgrundlage mit Art. II-81 und III-124 VVE (Art. 13 EG) nochmals, jedoch ohne im Rahmen des Art. III-124 VVE eine Bezugnahme auf Art. II-81 VVE vorzusehen.[294] Aufgrund ihrer unterschiedlichen Funktionen

---

[290] Art. II-81 Abs. 1 VVE lautet: *„Diskriminierungen, insbesondere wegen des Geschlechts, der Rasse, der Hautfarbe, der ethnischen oder sozialen Herkunft, der genetischen Merkmale, der Sprache, der Religion oder der Weltanschauung, der politischen oder sonstigen Anschauung, der Zugehörigkeit zu einer nationalen Minderheit, des Vermögens, der Geburt, einer Behinderung, des Alters oder der sexuellen Ausrichtung, sind verboten."*
[291] Vgl. dazu sogleich 2. Teil A. III. 2. b.
[292] EuGH Rs. C-144/04 Rn. 75 (*Mangold*), abrufbar unter http://www.curia.eu.int.
[293] Vgl. noch ausfuehrlich 2. Teil C. III. 5. b. ee.
[294] Vgl. dazu bereits 1. Teil B. IV.

verhalten sich die beiden Vorschriften komplementär zueinander. Sie sind, soweit sie an dieselben Merkmale anknüpfen, einheitlich auszulegen. Soweit dies ohne Überstrapazierung des Wortlauts möglich ist, sind zukünftig die zusätzlichen Merkmale des Art. II-81 Abs. 1 VVE in die Diskriminierungsverbote der Ermächtigungsgrundlage (Art. III-124 Abs. 1 VVE) hineinzulesen (z.B. Hautfarbe und Sprache in die Merkmale „Rasse" oder „ethnische Herkunft"). Dies gilt nicht für das in Art. II-81 Abs. 2 VVE genannte Merkmal „Staatsangehörigkeit", dessen korrespondierende Ermächtigungsgrundlage zur Bekämpfung von Diskriminierungen ausschließlich der Art. III-123 VVE (Art. 12 Abs. 2 EG) darstellt.[295]

Der allgemeine Gleichheitssatz und das Nichtdiskriminierungsgebot werden durch weitere Bestimmungen ergänzt, die besonders auf die Kulturen, Religionen und Sprachen (Art. II-82 VVE), die Gleichheit von Männern und Frauen (Art. II-83 VVE) sowie die Rechte von Kindern (Art. II-84 VVE), älteren Menschen (Art. II-85 VVE) und Menschen mit Behinderung (Art. II-86 VVE) eingehen. Hervorzuheben ist der in der Charta besonders ausgeprägte Schutz vor geschlechtsspezifischer Diskriminierung. Insgesamt drei Bestimmungen (Art. II-80, II-81 und II-83 VVE) befassen sich mit dieser Problematik. Art. II-83 VVE gewährt ausdrücklich Schutz vor Diskriminierungen *„in allen Bereichen"* des Zusammenlebens, also auch in Privatrechtsverhältnissen.[296]

Die ausdrücklich als besondere Diskriminierungsverbote formulierten Art. II-81 und II-83 VVE enthalten eine an die hoheitliche Gewalt[297] gerichtete Unterlassungspflicht: Differenzierungen, die an diese Merkmale anknüpfen, sind schlechthin verboten.[298] Dies muss zumindest für solche staatlichen Benachteiligungen gelten, die das jeweilige Merkmal ausdrücklich zur Grundlage unterschiedlicher Behandlung machen (unmittelbare Diskriminierungen). Dies unterscheidet die Art. II-81, II-83 VVE vom allgemeinen Gleichheitssatz nach Art. II-80 VVE, der nur ein „relatives Diskriminierungsverbot" aufstellt.[299]

---

[295] Vgl. dazu 2. Teil A. VII. 2. a. ee. (1).

[296] *Streinz* in: Streinz, EUV/EGV, Art. 23 ChGR Rn. 4: Eine unmittelbare Drittwirkung des Art. 23 ChGR ist zunächst nur im Hinblick auf die Entgeltgleichheit von Männern und Frauen i.S.d. Art. 141 Abs. 1 EG anzunehmen. Ebenso *Jarass*, EU-Grundrechte, 313 f. Für sonstige Privatrechtsverhältnisse gibt der Wortlaut der Gemeinschaft gleichwohl eine ausdrückliche Schutzpflicht auf, es kommt zumindest zur mittelbaren Drittwirkung.

[297] Nach Art. 51 Abs. 1 Satz 1 ChGR gilt die Charta „für die Organe und Einrichtungen der Union unter Einhaltung des Subsidiaritätsprinzips und für die Mitgliedstaaten ausschließlich bei der Durchführung des Rechts der Union."

[298] *Streinz* in: Streinz, EUV/EGV, Art. 21 ChGR Rn. 4, 6.

[299] Vgl. oben 2. Teil A. III. 2. a cc. (2).

b. Art. 14 EMRK und 12. Zusatzprotokoll

Auch die EMRK enthält mit Art. 14 ein Diskriminierungsverbot, das wie Art. II-81 VVE generalklauselartig formuliert und daher geeignet ist, alle Arten von potentiellen Diskriminierungen zu erfassen.[300] Die aufgeführten Diskriminierungstatbestände sind daher anders als in Art. 13 Abs. 1 EG nur beispielhaft zu verstehen. Neben den auch von Art. 13 Abs. 1 EG genannten Merkmalen bezieht die EMRK ausdrücklich die Diskriminierungsmerkmale der Hautfarbe, der Sprache, der politischen und sonstigen Anschauung, der nationalen oder sozialen Herkunft, der Zugehörigkeit zu einer nationalen Minderheit, des Vermögens, der Geburt oder eines sonstigen Status in den Katalog mit ein.

Art. 14 EMRK verpflichtet ausschließlich die Vertragsparteien. Vertragsparteien sind alle Staaten des Europarates, welche die EMRK ratifiziert haben (Art. 59 EMRK). Zwar ist die Gemeinschaft keine Vertragspartei[301] und daher nicht unmittelbar an die EMRK gebunden,[302] doch achtet die EU die in der EMRK gewährleisteten Rechte gem. Art. 6 Abs. 2 EU. Aus dem Wortlaut[303] des Art. 1 EMRK folgt, dass die Konventionsrechte, entgegen einer mitunter vertretenen Ansicht,[304] keine unmittelbare Wirkung gegenüber Privaten entfalten.[305] Eine direkte Wirkung des Art. 14 EMRK für das allgemeine Zivilrecht der Vertragsstaaten ist daher ausgeschlossen.

Der EGMR[306] befand, dass der Grundsatz der Gleichbehandlung so zu verstehen sei, wie er sich in einer großen Zahl demokratischer Staaten herausgeformt habe. Danach ist eine Maßnahme oder Regelung dann diskriminierend, wenn sie *hinsichtlich der Gewährung eines Konventionsrechts* zwischen Personen oder Personengruppen unterscheidet, die sich in einer vergleichbaren Situation befinden und die Entscheidung eines objektiven und angemessenen Rechtfertigungsgrundes entbehrt und zwischen den eingesetzten Mitteln und dem angestrebten Ziel kein angemessenes Verhältnis besteht.[307] Im Gegensatz zu Art. II-81 VVE handelte es sich bei Art. 14 EMRK bislang daher nur um eine akzessorische Ge-

---

[300] *Peukert* in: Frowein/Peukert (Hrsg.), EMRK, Art. 14 Rn. 25; *Grabenwarter*, EMRK, § 26 Rn. 2; *Uerpmann* in: Ehlers (Hrsg.), Europäische Grundrechte und Grundfreiheiten, 47 (70); vgl. zu Art. 14 EMRK und dem 12. Zusatzprotokoll bereits 1. Teil A. II.
[301] Vgl. zu der Möglichkeit eines Beitritts der EG zur EMRK EuGH, Gutachten 2/94, Slg. 1996, 1759 (*EMRK-Beitritt*).
[302] *Ehlers* in: Ehlers (Hrsg.), Europäische Grundrechte und Grundfreiheiten, 21 (31 ff.).
[303] Art. 1 EMRK lautet: „Die Hohen Vertragsparteien sichern allen Ihrer Hoheitsgewalt unterstehenden Personen die in Abschnitt I bestimmten Rechte und Freiheiten zu."
[304] BGHZ 27, 284 (285 f.).
[305] *Ehlers* in: Ehlers (Hrsg.), Europäische Grundrechte und Grundfreiheiten, 21 (34).
[306] EGMR, EuGRZ 1975, 298 (*Belgischer Sprachenfall*).
[307] St. Rspr. EGMR, EuGRZ 1975, 298 (*Belgischer Sprachenfall*); EGMR, EuGRZ 1979, 454 f. (*Marckx*).

III. Verhältnis zu den „sonstigen Bestimmungen dieses Vertrags"

währleistung, die gem. ihrem Wortlaut und nach der Rechtsprechung des EGMR[308] nur im Zusammenhang mit anderen Konventionsrechten Regelungskraft besitzt.[309] Art. 14 EMRK kommt daher nicht die Bedeutung eines allgemeinen Gleichheitssatzes zu. Durch das 12. Zusatzprotokoll zur EMRK vom 4. November 2000[310], das am 1. April 2005 in Kraft getreten ist (wenn auch mangels Ratifikation noch nicht für Deutschland),[311] wurde Art. 14 EMRK zu einem allgemeinen Diskriminierungsverbot aufgewertet: Dessen Art. 1 a enthält eine umfassende Anti-Diskriminierungsklausel. Hintergrund der Initiative, die Vorschrift über das 12. Zusatzprotokoll zu ergänzen, war die wachsende Sensibilität des Europarates in den 90er Jahren im Hinblick auf das Problem des Rassismus in Europa.[312] Speziell der ethnische Konflikt im ehemaligen Jugoslawien und der Beitritt vieler mittel- und osteuropäischer Länder schienen ein legislatives Handeln erforderlich zu machen.[313]

Auf die umfassende Gewährleistung des Gleichheitssatzes im Gemeinschaftsrecht hatte sich dieses Defizit[314] ohnehin nicht ausgewirkt: Gem. Art. II-112 Abs. 3 VVE entsprechen die EU-Grundrechte und damit konkret die Art. II-80 ff. VVE in ihrer Bedeutung und Tragweite zwar grundsätzlich den durch die EMRK garantierten Rechten, jedoch kann das Recht der Union auch einen weitergehenden Schutz vorsehen.

---

[308] Vgl. die Nachweise in der vorhergehenden Fn.
[309] *Peukert* in: Frowein/Peukert (Hrsg.), EMRK, Art. 14 Rn. 3 ff.
[310] Abrufbar unter: http://conventions.coe.int/Treaty/en/Treaties/Html/177.htm (Zugriffsdatum: März 2006); dazu *Schokkenbroek*, in: Klein (Hrsg.), Rassische Diskriminierung, 175 ff.; *Bell* in: Chopin/Niessen (Hrsg.), Combating Racial and Ethnic Discrimination, 7 ff.; *Khaliq*, PL 2001, 457 ff.
[311] Vgl. dazu bereits 1. Teil A. II.
[312] Vgl. dazu „Entstehungsgeschichte", abrufbar unter http://www.anti-diskriminierung.info.
[313] *Bell*, Combating Discrimination, 7, 11.
[314] Vgl. *Bell* in: Chopin/Niessen (Hrsg.), Combating Racial and Ethnic Discrimination, 7 (10 f.): Obwohl der EGMR keine Verletzung eines anderen Konventionsrechtes, sondern nur die Eröffnung dessen Anwendungsbereichs verlangt, um Art. 14 EMRK anzuwenden, wird ein Verstoß gegen das Diskriminierungsverbot bei sozialen Rechten kaum in Betracht kommen, ist der Anwendungsbereich der EMRK doch auf bürgerliche und politische Rechte beschränkt. Zudem wird die menschenrechtliche Bedeutung von Art. 14 EMRK nicht ausreichend gewürdigt, da der Gerichtshof, sobald er die Verletzung eines anderen Rechtes festgestellt hat, Art. 14 EMRK nicht mehr prüft. Letzteres hat zu einer nur beschränkten Anzahl von Entscheidungen in diesem Bereich geführt.

IV. Verfahren und Beschlussfassung

Der Rat entscheidet nach Art. 13 Abs. 1 EG *einstimmig* über zu ergreifende Maßnahmen.[315] Nur bei unterstützenden Fördermaßnahmen der Gemeinschaft nach Art. 13 Abs. 2 EG beschließt er im Wege der Mitentscheidung gem. Art. 251 EG. Das Erfordernis der Einstimmigkeit in Art. 13 Abs. 1 EG dokumentiert ebenso wie der Ausschluss jeglicher Harmonisierung der Rechts- und Verwaltungsvorschriften der Mitgliedstaaten in Art. 13 Abs. 2 EG die politische Brisanz der Materie. Die Mitgliedstaaten haben sich weitestgehende Kontrolle über den Erlass von Anti-Diskriminierungsvorschriften gesichert.[316] Dies wird auch nach Inkrafttreten des Verfassungsvertrags gelten, enthält doch auch Art. III-124 VVE das Einstimmigkeitsprinzip.

In Zukunft wird jedoch das EP statt des Anhörungs- ein Zustimmungsrecht erhalten und damit im politischen Entscheidungsprozess aufgewertet. Dass weder die Einstimmigkeit im Rat noch das zukünftige Zustimmungsrecht des EP eine schnelle und effektive Anti-Diskriminierungsgesetzgebung behindern, beweisen einerseits die bereits auf der Grundlage von Art. 13 Abs. 1 EG erlassenen Richtlinien und andererseits die Statistik.[317] Die Kritik am Einstimmigkeitserfordernis sollte zudem bedenken, dass Art. 13 EG ein ausgedehntes Spektrum an Anti-Diskriminierungsmaßnahmen ermöglicht.[318] Allgemein gehaltene Handlungsermächtigungen der Gemeinschaft („geeignete Vorkehrungen"), sind daher aus gutem Grund mit Blick auf ihre teilweise nicht übersehbaren Folgen stets mit dem Erfordernis der Einstimmigkeit verknüpft.[319]

Das Vorschlagsrecht der Kommission entspricht der grundlegenden Entscheidung des EG-Vertrags, wonach das Recht zur formellen Gesetzesinitiative ganz überwiegend bei der Kommission liegt.[320] Da der Rat nur auf Vorschlag der Kommission tätig werden kann, verfügt sie auch im Rahmen des Art. 13 Abs. 1 EG grundsätzlich über das Initiativmonopol. Gem. Art. 208 EG steht es dem Rat aber frei, die Kommission zur Unterbreitung von Vorschlägen aufzufordern. Diese Aufforderung verpflichtet die Kommission jedenfalls zu einer ermessensfehlerfreien Entscheidung über das „Ob" des Tätigwerdens.[321]

---

[315] A.A. *Lenz* in: Lenz/Borchardt (Hrsg.), EUV/EGV, Art. 13 EG Rn. 10, der auch für Art. 13 Abs. 1 EG ein Mitentscheidungsverfahren nach Art. 251 EG annimmt. Dies entspricht nicht dem Wortlaut.
[316] *Streinz* in: Streinz (Hrsg.), EUV/EGV, Art. 13 EG Rn. 1.
[317] Vgl. dazu 2. Teil A. III. 2. a. aa.; a.A. *Stalder*, Antidiskriminierungsmaßnahmen, 14.
[318] Vgl. unten 2. Teil. A. VI.
[319] *Seidel*, EuZW 2000, 65; *Meyer*, Diskriminierungsverbot, 50.
[320] *Gellermann* in: Streinz (Hrsg.), EUV/EGV, Art. 250 EG Rn. 6.
[321] Im einzelnen str., ebenso *Hix* in: Schwarze (Hrsg.), EU-Komm., Art. 208 EG Rn. 6 f.; weitergehend *Meyer*, Diskriminierungsverbot, 49, der die Aufforderung für rechtlich bindend hält, da anderenfalls die Bestimmung überflüssig sei.

Nicht weiter problematisch dürfte die Ausübung des in Art. 13 Abs. 1 EG verankerten Ermessens des Rates sein: Er *kann* geeignete Vorschriften erlassen. Der ursprüngliche Entwurf des Art. 13 EG während der irischen Ratspräsidentschaft im Jahre 1996 lautete zwar: „*...soll der Rat... geeignete Vorkehrungen treffen*", doch ging diese Formulierung im Verlaufe des Ratsgipfels von Dublin in die Formulierung: „*...kann der Rat... treffen*" über.[322] Dieses Ermessen ist als Entschließungsermessen auszulegen, weil das Auswahlermessen bereits in den „geeigneten Vorkehrungen" enthalten sein dürfte.[323] Somit muss der Rat bei der Frage, ob gesetzgeberische Maßnahmen gegen Diskriminierung erforderlich sind, nach pflichtgemäßem Ermessen handeln. Tut er dies nicht, obwohl ihm die Kommission einen beschlussfähigen Vorschlag unterbreitet hat, käme gem. Art. 232 Abs. 1 EG eine Untätigkeitsklage des Rates vor dem EuGH in Betracht.

V. Zuständigkeit der Gemeinschaft

Hinter der Formulierung „*im Rahmen der durch den Vertrag auf die Gemeinschaft übertragenen Zuständigkeiten*", die in gleicher Form in den auf der Grundlage von Art. 13 Abs. 1 EG erlassenen Richtlinien auftaucht,[324] verbirgt sich die wichtige Frage, ob und inwieweit die Kompetenz der Gemeinschaft zur Diskriminierungsbekämpfung auf neue Bereiche abseits der Geschlechtergleichbehandlung im Arbeitsrecht erweitert wird. Die Auslegung der „übertragenen Zuständigkeiten" wird damit zum entscheidenden Element des Art. 13 EG.[325] Ob und inwieweit aufgrund dieser Formulierung beim Erlass von Anti-Diskriminierungsmaßnahmen neben Art. 13 Abs. 1 EG noch andere Vertragsartikel heranzuziehen sind, wird unterschiedlich bewertet. An dieser Stelle soll zunächst eine allgemeine Antwort gefunden werden, bevor dann in Bezug auf die Richtlinie 2000/43/EG die konkrete Zuständigkeit der Gemeinschaft für die dort geregelten Sachbereiche untersucht wird.[326]

1. Vertretene Ansichten und Kritik

Eine Ansicht[327] sieht Art. 13 Abs. 1 EG als ausreichende Rechtsgrundlage zur Regelung aller in Betracht kommenden Bereiche an, soweit diese nur irgendwie

---

[322] Vgl. CONF/3945/96 sowie CONF/2500/96.
[323] Zutreffend *Stalder*, Antidiskriminierungsmaßnahmen, 17.
[324] Die unkommentierte Übernahme dieser Formulierung in das Sekundärrecht ist mit Blick auf den Bestimmtheitsgrundsatz und die Rechtssicherheit äußerst fragwürdig, vgl. dazu unten 2. Teil C. III. 4. a.
[325] *Meyer*, Diskriminierungsverbot, 57.
[326] Vgl. dazu unten 2. Teil C. III. 4. b.
[327] *Epiney* in: Calliess/Ruffert (Hrsg.), EUV/EGV, Art. 13 EG Rn. 4; *Haratsch* in: Klein (Hrsg.), Rassische Diskriminierung, 195 (208 f.); *Okresek* in: Europaforum Wien (Hrsg.), Artikel 13, 96; noch weitergehend *Chopin/Niessen*, Proposals, 21 f., welche die

vom EG-Vertrag erfasst werden. Zu diesen Bereichen würden auch die in Art. 2 EG und 3 EG genannten Aufgaben zählen, die nahezu jeden Lebensbereich umfassen, so dass eine weitreichende Zuständigkeit der Gemeinschaft geschaffen worden wäre und Art. 13 Abs. 1 den Charakter einer *originären Kompetenzzuweisung* hätte. Die Einschränkung des Tatbestands durch die fragliche Formulierung sei lediglich als Hinweis auf die institutionelle, interorganschaftliche Kompetenzverteilung zu verstehen.

Andere Autoren[328] legen Art. 13 Abs. 1 EG äußerst restriktiv aus und sehen die Vorschrift nicht als eigenständige Kompetenzgrundlage an. Für den Erlass von rechtlich verbindlichen Anti-Diskriminierungsmaßnahmen seien vielmehr zusätzliche *Rechtsetzungsbefugnisse* der Gemeinschaft erforderlich. Nach dieser Auffassung gewährt Art. 13 Abs. 1 EG der Gemeinschaft lediglich im Zusammenhang mit anderen Vertragsartikeln, die eine Kompetenz zur Rechtsetzung vorsehen, die Möglichkeit, mit legislativen Mitteln gegen Diskriminierung vorzugehen. Gewähre der EG-Vertrag im jeweiligen Bereich keine Rechtsetzungsbefugnisse, kämen demnach auch keine rechtsverbindlichen Maßnahmen nach Art. 13 Abs. 1 EG in Betracht. Vielmehr seien die „geeigneten Vorkehrungen" auf die in dem einschlägigen Sachbereich vorgesehenen Maßnahmen beschränkt. Art. 13 Abs. 1 EG hätte dadurch den Charakter einer *akzessorischen Kompetenzzuweisung*.

Beide Auffassungen vermögen nicht zu überzeugen. Die zuerst genannte, extensive Ansicht übersieht den Unterschied von Art. 13 Abs. 1 EG und Art. 12 EG: Nur Art. 12 EG ist schon eröffnet, sobald der „Anwendungsbereich" des Vertrags betroffen ist.[329] Auch der EuGH[330] unterscheidet zwischen Anwendungsbe-

---

[328] in Frage stehende Klausel dadurch entleeren, dass sie annehmen, Art. 13 EG würde die von ihm selbst geforderte Zuständigkeit gerade eröffnen.
Holoubek in: Schwarze (Hrsg.), EU-Komm., Art. 13 EG Rn. 5; *Streinz* in: Streinz (Hrsg.), EUV/EGV, Art. 13 EG Rn. 1; *Stalder*, Antidiskriminierungsmaßnahmen, 52; *Högenauer*, Richtlinien gegen Diskriminierung im Arbeitsrecht, 75 f.; *DAV (Ausschuss Zivilrecht)*, Stellungnahme v. 13.2.2002 (14/02), 8, abrufbar unter: http://www.dav.de, 3 f.; *Whittle*, ELR 23 (1998), 50 (53); *Wernsmann*, JZ 2005, 224 (229 f.); *Waldhoff*, JZ 2003, 978 (982 f.): Die zusätzlich erforderliche Rechtsgrundlage müsse nicht nur *hoheitliche Maßnahmen* der EG zulassen, sondern der Gemeinschaft sogar *Rechtsetzungsbefugnisse* einräumen; Auch *Geiger*, EUV/EGV, Art. 13 Rn. 6 räumt der EG die Kompetenz zur Bekämpfung von Diskriminierungen nur akzessorisch im Rahmen der anderweitig vorgesehenen Zuständigkeiten ein.

[329] In historisch-genetischer Hinsicht ist zu beachten, dass der Europäische Rat von Dublin im Dez. 1996 Art. 13 Abs. 1 EG ebenso wie Art. 12 EG formulieren wollte. Dieser Gleichklang wurde aber im Kontext der Bemühungen, den neuen Anti-Diskriminierungsartikel restriktiver zu gestalten, zugunsten der jetzigen Fassung aufgegeben; (Englischer) Wortlaut abgedruckt bei *Bell*, MJ 6 (1999), 5 (7).

V. Zuständigkeit der Gemeinschaft

reich und Zuständigkeiten und versteht letztere restriktiver. Wäre nur eine „gemeinschaftsrechtlich geregelte Situation" erforderlich, könnte die Gemeinschaft in allen Bereichen regelnd tätig werden, die Eingang in den EG-Vertrag gefunden haben. Das wäre allerdings keine wirkliche Einschränkung, weil mittlerweile nahezu alle diskriminierungsrelevanten Bereiche mehr oder weniger deutlich Erwähnung im EG-Vertrag finden. Die Verwendung unterschiedlicher Formulierungen steht zudem grundsätzlich einer inhaltsgleichen Auslegung entgegen.[331] Dass die fragliche Formulierung nur einen Hinweis auf die institutionelle Kompetenzverteilung enthalten soll, ist ebenfalls nicht nachvollziehbar: Denn soweit ähnliche Wendungen in den Art. 7 Abs. 1 Satz 2, 8 und 9 EG enthalten sind, wird keine Zuständigkeitsabgrenzung zwischen den Gemeinschaftsorganen vorgenommen. Zudem enthält Art. 13 Abs. 1 EG selbst schon die institutionelle Zuständigkeitsverteilung, so dass ein nochmaliger Hinweis nicht nur systemwidrig, sondern auch überflüssig wäre.[332] Die zweite Auffassung hätte dagegen zur Folge, dass Art. 13 Abs. 1 EG nur deklaratorische Bedeutung zukommt und damit letztlich überflüssig wäre. Er würde nur in thematischer Hinsicht klar stellen, dass die jeweilige Sachkompetenz Anti-Diskriminierungsmaßnahmen zulässt. Allein damit ließe sich die hohe verfahrensrechtliche Hürde der Einstimmigkeit jedoch kaum erklären.[333]

2. Eigener Lösungsansatz

Nicht erleichtert wird die Auslegung der Bestimmung durch die unterschiedliche und nicht immer kohärente Begriffsverwendung in einigen Amtssprachen.[334] Ein Blick auf die Art. 5, 12, 13 und 308 EG zeigt den divergierenden Sprachgebrauch zwischen „Befugnissen", „Zuständigkeiten" und „Anwendungsbereich" in unterschiedlichen Amtssprachen der Gemeinschaft. So werden „Befugnisse" und „powers" in Art. 5 Abs. 1 und Art. 308 EG kohärent übersetzt.

---

[330] EuGH Rs. C-152/82, Slg. 1983, 2323 Rn. 17 (*Forcheri*); Der „Anwendungsbereich" des EG-Vertrags i.S.d. Art. 12 EG ist bereits eröffnet, wenn eine *gemeinschaftsrechtlich geregelte Situation*, also ein Sachverhalt mit Bezug zum Gemeinschaftsrecht vorliegt, vgl. EuGH Rs. C-186/87, Slg. 1989, 195 Rn. 10 (*Cowan*). Eine Gemeinschaftskompetenz zur Regelung des jeweiligen Sachverhalts ist gerade nicht erforderlich, vgl. *Holoubek* in: Schwarze (Hrsg.), EU-Komm., Art. 12 EG Rn. 28; *Rossi*, EuR 2000, 197 (202 ff.).
[331] Vgl. dazu schon oben 2. Teil A. III. 1. a.
[332] *Meyer*, Diskriminierungsverbot, 58.
[333] Zudem wurde Art. 13 EG im Jahre 1997 geschaffen, um die bis dahin äußerst begrenzten Handlungsmöglichkeiten der EG in der Anti-Diskriminierungspolitik, abseits der Diskriminierung aufgrund der Staatsangehörigkeit und der Geschlechterdiskriminierung im Erwerbsleben, zu erweitern, vgl. *Heinig* in: Haratsch u.a. (Hrsg.), Religion und Weltanschauung, 215 (221).
[334] Vgl. zum Text der Vertragsartikel in verschiedenen Amtssprachen die entsprechende Aufstellung, abrufbar unter http://www.anti-diskriminierung.info.

Anders aber in Art. 13 EG, der damit in Widerspruch zu Art. 5 Abs. 1 EG tritt. Allerdings wird das französische „compétences" sowohl für „Befugnisse" als auch für „Zuständigkeiten" verwendet, so dass sich nicht feststellen lässt, in welche Richtung der Widerspruch aufzulösen ist. Ein eindeutiger Rückschluss von abweichenden Wortlauten zwischen einzelnen Normen auf unterschiedliche Bedeutungen lässt sich daher angesichts der Varianzen in den verschiedenen Amtssprachen nicht ziehen. Lediglich die unterschiedliche Formulierung von Art. 12 EG und Art. 13 Abs. 1 EG, die sich in allen Sprachen offensichtlich unterscheidet, weist mit notwendiger Eindeutigkeit auf eine Differenz in der Bedeutung hin. Der Begriff der „Zuständigkeiten" bzw. „powers" bzw. „compétences" in Art. 13 EG ist gegenüber „Anwendungsbereich" bzw. „scope of application" bzw. „domaine d'application" in Art. 12 EG restriktiver zu verstehen.[335] Dies folgt aus dem Sinn und Zweck der beiden Normen. Es folgt auch aus einem Vergleich mit den Formulierungen in Art. 5 EG und Art. 308 EG und deren Sinngehalt.[336] Die von der Vorschrift geforderte Zuständigkeit ist also mehr im Sinne einer Kompetenz, denn als Verweis auf im Vertrag genannte Aufgaben und Ziele der Gemeinschaft zu lesen. Versteht man den Passus in diesem Sinne, besteht jedoch die oben angeführte Gefahr, dass Art. 13 Abs. 1 EG nur deklaratorische Bedeutung zukommt. Dies droht, wenn man mit den Vertretern der restriktiven Ansicht verlangt, dass sich die Befugnis der EG zur Bekämpfung von Diskriminierungen streng akzessorisch an anderen bereichsspezifischen Rechtsgrundlagen orientieren müsse. Sehe die dortige Ermächtigungsnorm keine Rechtsetzungskompetenz vor, müssten sich auch die „Vorkehrungen" nach Art. 13 Abs. 1 EG auf unverbindliche Maßnahmen beschränken.[337]

Es erscheint daher zwar zutreffend, aufgrund des Verweises auf die anderweitig durch den EG-Vertrag „übertragenen Zuständigkeiten" für Anti-Diskriminierungsmaßnahmen auf der Grundlage des Art. 13 Abs. 1 EG das Bestehen weiterer vertraglicher Kompetenzen zu fordern. Ganz generell ist jedoch im Interesse der praktischen Wirksamkeit des Gemeinschaftsrechts (*effet utile*) die Befugnis zum Erlass *hoheitlicher Maßnahmen* ausreichend. Rechtsetzungsbefugnisse dagegen sind für Legislativmaßnahmen nach Art. 13 Abs. 1 EG nicht erforderlich und werden vom Begriff „Zuständigkeiten" auch nicht zwingend vorausgesetzt. Damit wird eine rein deklaratorische Bedeutung der Vorschrift vermieden. Auch könnten Anti-Diskriminierungsmaßnahmen im Hinblick auf das „Mainstreaming"-Konzept sonst gleich auf die betreffenden Vertragsermächtigungen aus

---

[335] EuGH Rs. C-152/82, Slg. 1983, 2323 Rn. 17 (*Forcheri*); *Heinig* in: Haratsch u.a. (Hrsg.), Religion und Weltanschauung, 215 (217 f.); *Bell*, MJ 6 (1999), 5 (12 f.).
[336] *Heinig* in: Haratsch u.a. (Hrsg.), Religion und Weltanschauung, 215 (220 f.).
[337] *Zuleeg* in: v.d. Groeben/Schwarze, EUV/EGV, Art. 13 EG Rn. 12 und *Zuleeg* in: Europaforum Wien (Hrsg.), Artikel 13, 104 (105).

V. Zuständigkeit der Gemeinschaft

den einzelnen Bereichen gestützt werden.[338] Art. 13 Abs. 1 EG muss die bereichsspezifischen Vertragsbestimmungen daher im Ergebnis sowohl *thematisch* also auch im *Ausmaß der Handlungsmöglichkeiten* vertiefen: Für die entsprechenden Vorschriften wird so erstens klar gestellt, dass sie i.V.m. Art. 13 Abs. 1 EG überhaupt zu Anti-Diskriminierungsmaßnahmen ermächtigen. Durch die Einfügung von Art. 13 Abs. 1 EG wären zudem auch dort rechtliche Maßnahmen wie eine Verordnung oder eine Richtlinie möglich, wo in den einschlägigen Vertragstiteln *keine* Rechtsetzungskompetenz angesprochen wird, sondern nur eine Ermächtigung zum Erlass unverbindlicher Maßnahmen, wie z.B. Fördermaßnahmen, besteht.[339] Diese Ansicht wird durch einen Umkehrschluss zu dem durch den Vertrag von Nizza eingefügten Art. 13 Abs. 2 EG bestätigt: Die dort geregelten Förder- und Unterstützungsmaßnahmen der Gemeinschaft unter Ausschluss jeglicher Rechtsangleichung bedürfen nur einer qualifizierten Mehrheit gem. Art. 251 EG im Rat. Sie brauchen sich „abweichend von Absatz 1" auch nicht im Rahmen der durch den Vertrag auf die Gemeinschaft übertragenen Zuständigkeiten zu halten. Die einzige Einschränkung besteht lediglich darin, dass die Mitgliedstaaten entsprechende Maßnahmen bereits getroffen haben müssen.[340] Wenn die EG aber bereits über Art. 13 Abs. 2 EG rechtlich unverbindliche Maßnahmen in allen Sachgebieten erlassen darf, in denen die Mitgliedstaaten bereits Anti-Diskriminierungsmaßnahmen durchführen, wäre die strenge Bindung von Maßnahmen nach Art. 13 Abs. 1 EG an die Reichweite der ergänzenden Kompetenzgrundlage sinnlos. Das Einstimmigkeitserfordernis in Art. 13 Abs. 1 EG wie auch die Begrenzung auf bereits übertragene Zuständigkeiten sprechen im Lichte des Art. 13 Abs. 2 EG vielmehr dafür, jedwede Zuständigkeitszuweisung an die Gemeinschaft für Rechtsmaßnahmen der EG nach Art. 13 Abs. 1 genügen zu lassen.

3. Ergebnis

Es handelt sich bei Art. 13 Abs. 1 EG nicht um eine originäre Kompetenzzuweisung. Gleichzeitig ist jedoch auch keine strenge Akzessorietät erforderlich, eine – wie auch immer geartete – Zuständigkeit der Gemeinschaft zu Maßnahmen in dem jeweiligen Gebiet ist ausreichend. Art. 13 Abs. 1 EG ist folglich als *eingeschränkte Ermächtigungsnorm*[341] zu interpretieren: Rechtsverbindliche

---

[338] Vgl. zu diesem Gedanken bereits beispielhaft 2. Teil A. III. 1. e.
[339] *Plötscher*, Begriff der Diskriminierung, 261; *Heinig* in: Haratsch u.a. (Hrsg.), Religion und Weltanschauung, 215 (221 f.); wohl auch *Bell*, MJ 6 (1999), 5 (14, 16 f.), der etwa den Bereich der Bildung über Art. 149 Abs. 4 EG für anti-diskriminierende Rechtsetzung eröffnet, obwohl dort allgemein nur Fördermaßnahmen vorgesehen sind; *Jochum*, ZRP 1999, 279 (280).
[340] Vgl. dazu unten 2. Teil B. V.
[341] *Högenauer*, Richtlinien gegen Diskriminierung im Arbeitsrecht, 34.

Diskriminierungsverbote sind nur i.V.m. solchen Vertragsartikeln möglich, welche die Gemeinschaft zumindest zu hoheitlichen Maßnahmen ermächtigen.

VI. Geeignete Vorkehrungen

Art. 13 Abs. 1 EG erlaubt es dem Rat, „geeignete Vorkehrungen" zu treffen, um Diskriminierungen zu bekämpfen. Fraglich ist, was genau unter den zulässigen „Vorkehrungen" zu verstehen ist und wie sie auszuüben sind, insbesondere weil der EG-Vertrag den Begriff ansonsten nicht verwendet. Im Grundsatz umfasst die Befugnis nach hier vertretener Ansicht den Erlass von Maßnahmen zur formalen sowie zur materiellen Gleichbehandlung von Personen.

1. Beseitigung von Diskriminierung (formale Gleichbehandlung)

Zunächst dient die Ermächtigung des Art. 13 Abs. 1 EG der Sicherstellung formell gleicher Behandlung. Unter Art. 13 Abs. 1 EG fallen all jene Maßnahmen zur Bekämpfung der Diskriminierung, die nicht dem Anwendungsbereich des Art. 13 Abs. 2 EG[342] unterliegen. Da Art. 13 Abs. 1 EG im Umkehrschluss zu seinem Abs. 2 die Angleichung der mitgliedstaatlichen Rechts- und Verwaltungsvorschriften erlaubt, könnte man annehmen, dass es sich zwingend um rechtsverbindliche Maßnahmen handeln muss. Es ist jedoch auch vorstellbar, dass die Gemeinschaft Fördermaßnahmen oder Programme auflegt, die nicht der Unterstützung mitgliedstaatlicher Maßnahmen dienen (dies wäre ein Fall des Art. 13 Abs. 2 EG), sondern *eigenständigen Charakter* haben.

Richtigerweise kann der Rat daher auf alle ihm durch den EG-Vertrag eröffneten Handlungsmöglichkeiten zurückgreifen, soweit er nur die Grenzen des Subsidiaritätsprinzips gem. Art. 5 Abs. 2 EG beachtet.[343] Der Begriff „geeignete Vorkehrungen" schließt vom Wortlaut her keine Maßnahme aus. In Betracht kommen insbesondere alle in Art. 249 EG genannten Beschlussarten, auch Verordnungen.[344] Der Rat kann sich daher nur mit Anregungen begnügen oder (eigenständige) Programme aufstellen, von denen sich die Mitgliedstaaten gegebenenfalls leiten lassen. Er kann aber auch zu der scharfen Waffe eines rechtsverbindlichen Diskriminierungsverbots greifen, um formale Gleichbehandlung sicherzustellen.[345]

Obwohl Art. 13 Abs. 1 EG dem Rat einen weiten Ermessensspielraum in Bezug auf die „geeigneten Vorkehrungen" lässt, handelt es sich in der Praxis gleich-

---

[342] Vgl. zu Art. 13 Abs. 2 EG unten 2. Teil. B.
[343] *Epiney* in: Calliess/Ruffert (Hrsg.), EUV/EGV, Art. 13 EG Rn. 6.
[344] *Streinz* in: Streinz (Hrsg.), EUV/EGV, Art. 13 EG Rn. 18; *Holoubek* in: Schwarze (Hrsg.), EU-Komm., Art. 13 EG Rn. 11; *Lenz* in: Lenz/Borchardt (Hrsg.), EUV/EGV, Art. 13 EG Rn. 9.
[345] *Zuleeg* in: v.d. Groeben/Schwarze (Hrsg.), EUV/EGV, Art. 13 EG Rn. 9.

wohl bei allen bislang in Rede stehenden oder erlassenen Rechtsakten um Richtlinien. Dies rührt daher, dass die Richtlinie im Rahmen der Verhältnismäßigkeitsprüfung i.d.R. einer Verordnung vorzuziehen ist. Sie ist nur hinsichtlich des zu erreichenden Ziels verbindlich und ermöglicht daher eine Berücksichtigung der unterschiedlichen Schutzniveaus in den Mitgliedstaaten. Zudem gewährleistet sie Flexibilität bei der Umsetzung.[346]

2. Positive Diskriminierung (Herstellung materieller Gleichheit)

Fraglich ist, inwieweit Art. 13 Abs. 1 EG positive bzw. umgekehrte Diskriminierung (sog. *affirmative action* bzw. *reverse discrimination*) zulässt.[347] Es handelt sich dabei um Maßnahmen zum Ausgleich oder zur Verhinderung von spezifischen Benachteiligungen, die Personen mit einem in Art. 13 Abs. 1 EG genannten Merkmal erlitten haben oder erleiden. Durch gezielte, zeitlich begrenzte Vorzugsbehandlung soll der Angehörige der benachteiligten Gruppe auf das Niveau der begünstigten Mehrheit gebracht werden.[348] Dahinter steht der Gedanke der Herstellung einer nicht bloß formalen, sondern materiellen Gleichheit. Beispielhaft wäre die Einführung von Darlehen für Unternehmerinnen zu besonderen Zinssätzen oder Konditionen oder die Bereitstellung besonderer Unterstützungs- oder Beratungsangebote, soweit Frauen es tatsächlich traditionell schwerer hätten, Risikokapital zu beschaffen.[349] Solche Maßnahmen, die eine bestimmte Gruppe von Personen bevorzugen, benachteiligen gleichzeitig die übrigen und sind daher mit dem Gleichbehandlungsgrundsatz an sich nicht vereinbar. Daher hat sich der Begriff „positive Diskriminierung" eingebürgert.

Z.B. bestimmt Art. 5 der Richtlinie 2000/43/EG[350] unter der Überschrift „Positive Maßnahmen":

„Der Gleichbehandlungsgrundsatz hindert die Mitgliedstaaten nicht daran, zur Gewährleistung der vollen Gleichstellung in der Praxis spezifische Maßnahmen, mit denen Benachteiligungen aufgrund der Rasse oder ethnischen Herkunft verhindert oder ausgeglichen werden, beizubehalten oder zu beschließen."

Eine vergleichbare Vorschrift findet sich auch im Primärrecht in Art. 141 Abs. 4 EG, der feststellt:

---

[346] Vgl. KOM (2003) 657, 13.
[347] Zur Diskriminierungsbekämpfung durch positive Diskriminierung vgl. die vielfältigen Beiträge bei *Appelt/Jarosch* (Hrsg.), Combating Racial Discrimination.
[348] *Stalder*, Antidiskriminierungsmaßnahmen, 77 f.; zu überlegen wäre, ob derartige positive Maßnahmen aufgrund dieser Zielsetzung und mit Blick auf den Verhältnismäßigkeitsgrundsatz nicht auf den Ausgleich von Nachteilen wegen des Geschlechts und wegen einer Behinderung begrenzt werden sollten, vgl. dazu noch 3. Teil C. III. 6. a.
[349] So z.B. KOM (2003) 657, 17.
[350] Eine ähnliche Vorschrift enthalten Art. 7 der RL 2000/78/EG, Art. 2 Abs. 4 der RL 76/207/EWG sowie Art. 6 der RL 2004/113/EG.

„Im Hinblick auf die effektive Gewährleistung der vollen Gleichstellung von Männern und Frauen im Arbeitsleben hindert der Grundsatz der Gleichbehandlung die Mitgliedstaaten nicht daran, zur Erleichterung der Berufstätigkeit des unterrepräsentierten Geschlechts oder zur Verhinderung bzw. zum Ausgleich von Benachteiligungen in der beruflichen Laufbahn spezifische Vergünstigungen beizubehalten oder zu beschließen."

Es handelt sich bei diesen Vorschriften um eine Ausnahme vom Gleichbehandlungsgrundsatz bzw. vom grundsätzlichen Verbot der Diskriminierung. Die durch positive Maßnahmen verursachte Diskriminierung der übrigen Personengruppen ist unter bestimmten Voraussetzungen *gerechtfertigt*.[351]

Damit eine Vorschrift wie Art. 5 der Richtlinie 2000/43/EG wirksam ist, dürfte Art. 13 Abs. 1 EG der Einführung positiver Fördermaßnahmen nicht entgegenstehen. Dies wird teilweise[352] bestritten: Art. 13 EG stelle keine rechtliche Grundlage für die Zulässigkeit positiver Diskriminierungen dar, sondern verbiete vielmehr jede Art von Ungleichbehandlungen. Damit Art. 13 Abs. 1 EG auch positive Diskriminierungen erlaube, sei eine ausdrückliche Ausnahmeklausel entsprechend Art. 141 Abs. 4 EG erforderlich. Dieser Ansicht kann jedoch der Wortlaut des Art. 13 Abs. 1 EG entgegengehalten werden. Der Rat kann alle „geeignete[n] Vorkehrungen" treffen, um Diskriminierungen zu bekämpfen. Die weite Formulierung deckt auch positive Diskriminierungen ab.[353] Eine solche Auslegung korrespondiert auch mit dem Ziel des Art. 13 EG, umfassend Diskriminierungen aufgrund der genannten Merkmale zu bekämpfen. So ist es gerade das Ziel positiver Maßnahmen, althergebrachte Diskriminierungen zu bekämpfen, wenn auch unter Inkaufnahme vorübergehender Ungleichheiten. Schließlich erfordert die Natur mancher Diskriminierungsmerkmale, wie z.B. Alter oder Behinderung, die Zulässigkeit positiver Diskriminierung. Insbesondere einem behinderten Menschen nutzt die formale Gleichheit mit anderen Menschen wenig. Er ist vielmehr auf die Herstellung materieller Gleichheit angewiesen.

Zu Recht hält die Kommission[354] positive Diskriminierungen jedoch nur in den engen Grenzen des Verhältnismäßigkeitsgrundsatzes für zulässig: Es ist „zu belegen, dass derartige Maßnahmen erforderlich sind, dass sie auf den Ausgleich eines spezifischen Nachteils abstellen und dass sie zeitlich befristet und nur so lange in Kraft bleiben, wie dies erforderlich ist, um das betreffende Problem in

---

[351] KOM (2000) 334, 9.
[352] *Jochum*, ZRP 1999, 279 (280 f.).
[353] Ebenso *Zuleeg* in: v.d. Groeben/Schwarze (Hrsg.), EUV/EGV, Art. 13 EG Rn. 9; *Epiney* in: Calliess/Ruffert, EUV/EGV, Art. 13 EG Rn. 6; *Lenz* in: Lenz/Borchardt (Hrsg.), EUV/EGV, Art. 13 EG Rn. 9; *Stalder*, Antidiskriminierungsmaßnahmen, 73 f., 78.
[354] KOM (2003) 657, 17.

den Griff zu bekommen." Diese auf die Rechtsprechung des EuGH[355] zurückgehende Beschränkung ist sinnvoll, sollte jedoch in die auf der Grundlage von Art. 13 EG erlassenen Richtlinien ausdrücklich aufgenommen werden (und in sonstige Rechtsakte, die positive Maßnahmen ermöglichen), statt lediglich in deren Begründung.[356] Es handelt sich um eine Einschränkung, die bereits in Art. 13 Abs. 1 EG angelegt ist, sofern man die Zulässigkeit positiver Diskriminierungen anerkennt. Der Verhältnismäßigkeitsgrundsatz stellt sicher, dass der staatliche Eingriff auf ein Mindestmaß beschränkt bleibt.[357]

Fördermaßnahmen zugunsten bestimmter Gruppen dürfen zudem nicht einer Gruppe einen absoluten Vorrang einräumen.[358] Starre Quotenregelungen sind daher ausgeschlossen. Es muss stets die Möglichkeit vorgesehen sein, von der grundsätzlichen Bevorzugung der Personen mit einem bestimmten Merkmal abzuweichen, wenn in der Person eines Mitnachfragers liegende Gründe überwiegen.

VII. Bekämpfung von Diskriminierungen

1. Begriff der Diskriminierung

Das Wort „Diskriminierung" stammt aus dem Lateinischen und bedeutet „teilen, trennen, unterscheiden". Mit „crimen", dem Verbrechen, besteht keine Verbindung.[359] Im allgemeinen Sprachgebrauch wird darunter die herabsetzende Verhaltensweise gegenüber anderen Menschen sowie die ungleiche Behandlung verstanden. Die Diskriminierung aufgrund von „rassischer" oder ethnischer Zugehörigkeit, Geschlecht, politischer oder weltanschaulicher Überzeugungen, sexueller Orientierung, Alter, Zugehörigkeit zu einer bestimmten, mitunter stigmatisierten sozialen Gruppe bezeichnet man als *soziale Diskriminierung*.[360] Der europarechtliche Diskriminierungsbegriff[361] legt dieses Begriffsverständnis zugrunde, ist als Rechtsterminus aber notwendigerweise präziser und technischer gefasst. Bevor darauf unter Zuhilfenahme des Sekundärrechts eingegangen

---

[355] EuGH Rs. C-407/98, Slg. 2000, 5539 (*Abrahamsson*); EuGH Rs. C-476/99, Slg. 2002, 2891 Rn. 39 (*Lommers*); siehe dazu auch die Anmerkung von *Leder*, EzA 357 (2002), 11 (16).
[356] *Riesenhuber/Franck*, EWS 2005, 245 (248).
[357] *Riesenhuber/Franck*, JZ 2004, 529 (535).
[358] EuGH Rs. C-450/93, Slg. 1995, 3051 Rn. 22 ff. (*Kalanke/Freie Hansestadt Bremen*).
[359] Auf die lateinische Wurzel verweist *Adomeit*, NJW 2002, 1622. Vgl. dazu auch *Görlitz*, Mittelbare Diskriminierung, 27 m.w.N.
[360] *Brockhaus*, Band 5, „Diskriminierung".
[361] Allgemein *Plötscher*, Begriff der Diskriminierung; *Hailbronner*, ZAR 2001, 254 (256 f.).

wird, soll zunächst der europarechtliche Weg zum heutigen Verständnis von Diskriminierung nachgezeichnet werden.

a. Entwicklung des europäischen Diskriminierungsbegriffs

„Leitmotiv des ganzen Vertrages"[362] war immer schon ein Verbot der Diskriminierung aufgrund der Staatsangehörigkeit (eines EU-Mitgliedstaates), niedergelegt in Art. 12 EG und den Grundfreiheiten. Art. 141 Abs. 1 EG (ex-Art. 119 EWG) verbot die geschlechtsspezifische Ungleichbehandlung in Bezug auf den Arbeitslohn. Dieser zunächst rein wirtschaftlich motivierte Grundsatz der Entgeltgleichheit von Männern und Frauen wandelte sich durch die Rechtsprechung des EuGH[363] zu einer sozialpolitischen Vorschrift. Er war die Grundlage für ein neues Konzept gegen Diskriminierungen, das sich zu Beginn nur gegen Ungleichbehandlungen aufgrund des Geschlechts im Arbeitsrecht wandte. Durch Art. 141 EG und diesen ergänzende Richtlinien erreichte die Sanktionierung von Diskriminierungen aber immerhin erstmals den gesellschaftlichen Bereich. Art. 141 EG und Art. 13 EG (letzterer seit 1999) stellen damit die Grundlage für ein teilweise noch im Entstehen begriffenes Anti-Diskriminierungsrecht der Gemeinschaft zur Bekämpfung verschiedener Formen von Ungleichbehandlung im Arbeits- und Wirtschaftsleben dar.

Der gemeinschaftliche Diskriminierungsbegriff basiert u.a. auf der Richtlinie 76/207/EWG[364], die erstmals die Rechtsfigur der mittelbaren Diskriminierung normiert hat, sowie auf der Rechtsprechung des EuGH[365]. Er meint lediglich die Schlechterstellung einer Person oder Personengruppe gegenüber einer anderen Person oder Personengruppe.[366] Auf etwaige entwürdigende Begleitumstände kommt es – abweichend vom außerjuristischen Sprachgebrauch[367] – nicht an. Die Frage einer möglichen Rechtfertigung der Ungleichbehandlung wird erst in

---

[362] *Wohlfahrt* in: Wohlfahrt/Everling/Glaesner/Sprung (Hrsg.), EWG-Komm., Art. 7 EWGV Rn. 1.
[363] EuGH Rs. 43/75, Slg. 1976, 455 Rn. 8 ff. (*Defrenne II*); EuGH Rs. C-50/96, Slg. 2000, 743 Rn. 57 (*Schröder*).
[364] RL 76/207/EWG v. 9.2.1976 zur Verwirklichung des Grundsatzes der Gleichbehandlung von Männern und Frauen hinsichtlich des Zugangs zur Beschäftigung, zur Berufsbildung und zum beruflichen Aufstieg sowie in Bezug auf die Arbeitsbedingungen (ABl. 1976 L 39/40), geändert durch RL 2002/73/EG.
[365] Im Überblick bei *Holoubek* in: Schwarze (Hrsg.), EU-Komm., Art. 12 EG Rn. 39 ff. und *Rebhahn* in: Schwarze (Hrsg.), EU-Komm., Art. 141 EG Rn. 20 ff.
[366] Z.B. EuGH Rs. C-186/87, Slg. 1989, 195 Rn. 10 ff. (*Cowan*); *Wernsmann*, JZ 2005, 224 (227). Ausführlich *Plötscher*, Begriff der Diskriminierung, 29 ff. m.w.N.
[367] Vgl. dazu *Plötscher*, Begriff der Diskriminierung, 27.

VII. Bekämpfung von Diskriminierungen

einem zweiten Schritt überprüft.[368] Es handelt sich demnach um ein formal verstandenes Gleichbehandlungsgebot.

Die auf Art. 13 EG gestützten Rechtsakte enthalten eine untereinander nahezu wortgleiche Definition der Diskriminierung,[369] die den primärrechtlichen Diskriminierungsbegriff des Art. 13 EG nachbildet. Das Verständnis von Diskriminierung wird durch die bislang aufgrund von Art. 13 EG erlassenen Richtlinien (2000/43/EG, 2004/113/EG und 2000/78/EG) sowie die Richtlinie 97/80/EG[370] (Beweislastrichtlinie) und die Richtlinie 2002/73/EG[371] (sog. Änderungsrichtlinie) umrissen. Dabei enthält die Richtlinie 2000/43/EG als erster europäischer Rechtstext erstmalig eine Definition von Diskriminierung. Die Richtlinien 2000/43EG, 2004/113/EG und 2000/78/EG definieren das Verbot der Diskriminierung als Gegenstück zum Gleichbehandlungsgrundsatz.[372] Diskriminierungsverbot und Gleichbehandlungsgebot sind folglich die Kehrseiten ein- und desselben Prinzips. Diese Regelungstechnik, ein Verbot in Form eines Grundsatzes oder einer Begriffsbestimmung zu normieren, ist in der europäischen Rechtsetzung nicht unüblich.[373] Gleichwohl wäre es vorzugswürdig, ein Verbot direkt auszusprechen: Denn wenn ein Verbot nicht als Tatbestand, sondern als Begriffsbestimmung im Hinblick auf einen Grundsatz formuliert wird, können nachfolgende Vorschriften über die Rechtsfolgen daran nicht begrifflich klar anknüpfen.[374]

---

[368] *Streinz* in: Streinz (Hrsg.), EUV/EGV, Art. 12 EG Rn. 54; a.A. *Holoubek* in: Schwarze (Hrsg.), EU-Komm., Art. 12 EG Rn. 54 f., der „gerechtfertigte" Differenzierungen schon begrifflich nicht als „Diskriminierung" ansieht.

[369] Jeweils Art. 2 der RL 2000/43/EG, 2000/78/EG und 2004/113/EG.

[370] RL 97/80/EG v. 15.12.1997 über die Beweislast bei Diskriminierung aufgrund des Geschlechts (ABl. 1998 L 14/6).

[371] RL 2002/73/EG v. 23.9.2002 zur Änderung der RL 76/207/EWG des Rates zur Verwirklichung des Grundsatzes der Gleichbehandlung von Männern und Frauen hinsichtlich des Zugangs zur Beschäftigung, zur Berufsbildung und zum beruflichen Aufstieg sowie in Bezug auf die Arbeitsbedingungen (ABl. 2002 L 269/15).

[372] „Im Sinne dieser Richtlinie bedeutet *Gleichbehandlungsgrundsatz*, dass es keine unmittelbare oder mittelbare Diskriminierung aus Gründen der Rasse oder der ethnischen Herkunft geben darf", vgl. Art. 2 Abs. 1 der RL 2000/43/EG, Art. 2 Abs. 1 der RL 2000/78/EG, Art. 4 Abs. 1 der RL 2004/113/EG.

[373] Vgl. z.B. zum Verbot der irreführenden Werbung Art. 2 Abs. 2 der RL 84/450/EWG v. 10.9.1984 zur Angleichung der Rechts- und Verwaltungsvorschriften der Mitgliedstaaten über irreführende Werbung (ABl. L 1984 17/1).

[374] *Riesenhuber/Franck*, JZ 2004, 529 (531).

b. Unmittelbare Diskriminierung

Bei der europäischen Definition der Diskriminierung, die über § 3 Abs. 1 ADG-E ins deutsche Recht übernommen werden sollte,[375] handelt es sich um ein weit gefasstes, formal verstandenes Gleichbehandlungsgebot: Zu einer *unmittelbaren Diskriminierung* kommt es danach, wenn eine Person in einer vergleichbaren Situation im Hinblick auf das jeweils geächtete Differenzierungsmerkmal eine weniger günstige Behandlung als eine andere Person erfährt, erfahren hat oder erfahren würde.[376] Auf eine absichtliche Benachteiligung kommt es nicht an.[377] Insoweit ist jede irgendwie benachteiligende Unterscheidung, die an ein in Art. 13 Abs. 1 EG genanntes Merkmal anknüpft, europarechtlich gesehen eine Diskriminierung. Für das Bestehen der Ermächtigung aus Art. 13 Abs. 1 EG kommt es nicht darauf an, ob die Benachteiligung sachlich gerechtfertigt werden kann.[378] Ein Beispiel für eine unmittelbare Diskriminierung wäre eine Stellenanzeige, in der es heißt, dass Bewerbungen von Menschen mit Behinderungen nicht berücksichtigt werden.

c. Mittelbare Diskriminierung

In der Praxis nimmt Diskriminierung jedoch häufig subtile Formen an. Daher bezieht sich Art. 13 EG auch auf *mittelbare Diskriminierung*. Mittelbare Diskriminierung liegt vor, wenn dem Anschein nach neutrale Vorschriften, Kriterien oder Verhaltensweisen Personen der diskriminierten Gruppe gegenüber den übrigen Personen in besonderer Weise benachteiligen können. Ausgenommen sind Fälle, in denen die betreffenden Vorschriften, Kriterien oder Verfahren durch ein rechtmäßiges Ziel sachlich gerechtfertigt und die Mittel zur Erreichung dieses Ziels angemessen und erforderlich sind.[379] Diese Definition geht

---

[375] Siehe dazu 3. Teil C. III. 5. a.
[376] Art. 2 Abs. 2 lit. a der RL 2000/43/EG; Art. 2 Abs. 2 lit. a der RL 2000/43/EG; Art. 2 lit. a der RL 2004/113/EG; Art. 2 Abs. 2 Spiegelstrich 1 der Änderungs-RL 2002/73/EG; die RL 76/207/EWG enthält dagegen noch keine Definition der unmittelbaren Diskriminierung, sondern nur deren Verbot in Art. 2 Abs. 1.
[377] EuGH Rs. C-180/95, Slg. 1997, I-2195 Rn. 19 (*Draempaehl*); EuGH Rs. C-177/88, Slg. 1990, I-3941 Rn. 22, 26 (*Dekker*).
[378] So aber *Wernsmann*, JZ 2005, 224 (228 f.), der annimmt, dass Art. 13 Abs. 1 EG als Rechtsgrundlage für den Erlass von Diskriminierungsverboten nicht in Betracht kommt, sofern die Diskriminierungen gerechtfertigt werden können. Dies würde jedoch der gemeinschaftlichen Diskriminierungsdefinition als formales Gleichbehandlungsgebot widersprechen: Danach ist jede Schlechterstellung eine Diskriminierung, auf eine Rechtfertigungsmöglichkeit kommt es zunächst nicht an, vgl. 2. Teil A. VII. 1. a. Es ist vielmehr eine Aufgabe des sekundärrechtsgestaltenden Gesetzgebers, für diese Fälle Bereichsausnahmen oder Rechtfertigungsmöglichkeiten vorzusehen.
[379] Art. 2 Abs. 2 lit. b der RL 2000/43/EG; Art. 2 Abs. 2 lit. b der RL 2000/78/EG; Art. 2 lit. b der RL 2004/113/EG; Art. 2 Abs. 2 Spiegelstrich 2 der RL 2002/73/EG; die RL

auf die Rechtsprechung des EuGH[380] zur Arbeitnehmerfreizügigkeit zurück. Dass die Gefahr einer Benachteiligung besteht, kann durch statistische Daten oder andere geeignete Mittel nachgewiesen werden, die belegen, dass sich eine Vorschrift ihrem Wesen nach nachteilig für die betreffende Person oder Personengruppe auswirken würde.

Dabei ist Art. 8 der Richtlinie zur Darlegungs- und Beweislast zu beachten: Danach kann es zu einer Beweisverschiebung kommen, so dass es dem Beklagten obliegt zu beweisen, dass ein sachlicher Grund für die Ungleichbehandlung vorgelegen hat. Eine mittelbare Diskriminierung wäre z.b. gegeben, wenn sämtliche Personen, die sich um eine bestimmte Stelle bewerben, einen Test in einer bestimmten Sprache absolvieren müssten, obwohl die Beherrschung der betreffenden Sprache für die Ausübung der Tätigkeit nicht erforderlich ist. Die Durchführung eines solchen Tests könnte zur Folge haben, dass mehr Bewerberinnen und Bewerber mit einer anderen Muttersprache ausgeschlossen werden.

Der grundlegende Unterschied zwischen einer *unmittelbaren* und einer *mittelbaren* Diskriminierung besteht in der stets möglichen Rechtfertigung mittelbarer Diskriminierungen (*relatives Diskriminierungsverbot*). Das Vorliegen eines sachlichen Grundes lässt bereits den Tatbestand entfallen.[381] Hingegen unterliegen unmittelbare Diskriminierungen einem absoluten Verbot. Wenn keine Bereichsausnahme besteht, können sie nur unter besonderen Umständen gerechtfertigt werden.[382]

d. Anstiftung und Belästigung

Die *Aufforderung*[383] bzw. *Anweisung*[384] zur Diskriminierung, die *Belästigung*[385] und auch – im Falle der Gleichbehandlung von Männern und Frauen – die *sexuelle Belästigung*[386] gelten im Wege der Fiktion als Diskriminierung.

---

[380] 76/207/EWG enthält dagegen noch keine Definition der mittelbaren Diskriminierung, sondern nur deren Verbot in Art. 2 Abs. 1. Vgl. auch KOM (1999) 565, 9.
EuGH Rs. C-237/94, Slg. 1996, 2617 (*O'Flynn/Adjudication Officer*). Vgl. zur Entwicklung der Rechtsfigur der mittelbaren Diskriminierung ausführlich *Görlitz*, Mittelbare Disrkriminierung, 29 ff.
[381] Ebenso *Riesenhuber/Franck*, EWS 2005, 245 (247). Vgl. dazu auch 2. Teil C. III. 3. d.
[382] Vgl. dazu 2. Teil C. III. 3.
[383] Art. 2 Abs. 2 des KOM-Vorschlags verwendet ausnahmsweise diesen Begriff. Dabei schlägt die EU-KOM vor, zukünftig den Begriff „Aufforderung" und nicht „Anweisung" zu verwenden, KOM (2003) 657, 16 f. Dieser Vorschlag wurde jedoch nicht in die endgültige Fassung der RL 2004/43/EG übernommen, vgl. nachfolgende Fn.
[384] Art. 2 Abs. 4 der RL 2000/43/EG; Art. 2 Abs. 4 der RL 2000/78/EG; Art. 4 Abs. 4 der RL 2004/113/EG; Art. 2 Abs. 4 der konsolidierten RL 76/207/EWG; die RL 76/207/EWG enthält dagegen weder eine Definition noch ein ausdrückliches Verbot der Anweisung bzw. Aufforderung zur Diskriminierung.

2. Diskriminierungen durch Private

Die Grundsatzfrage, ob Art. 13 Abs. 1 EG auch zur Bekämpfung von Diskriminierungen durch Private ermächtigt, ist zu bejahen. Art. 13 EG ermächtigt zu geeigneten Vorkehrungen, um Diskriminierungen zu „bekämpfen". Da die meisten nationalen Verfassungen der Mitgliedstaaten an den Staat gerichtete Diskriminierungsverbote enthalten und die meisten Merkmale des Art. 13 EG dort auch ausdrücklich genannt sind, erscheint gerade der Privatrechtsverkehr als eines der Hauptanwendungsfelder des Art. 13 EG. Grundsätzlich können daher auch Handlungen Privater Regelungsgegenstand von Anti-Diskriminierungsmaßnahmen sein.[387] Auf einem solchen Verständnis beruhen auch die drei bisher schon auf der Grundlage des Art. 13 EG erlassenen Richtlinien.

3. Diskriminierungsmerkmale

Weder im EG-Vertrag noch in den Richtlinien 2000/43/EG und 2004/113/EG werden die Diskriminierungsmerkmale definiert, so dass ihre Auslegung der gemeinschaftlichen Gerichtsbarkeit (Art. 220 EG) und der Wissenschaft überlassen bleibt. Teilweise[388] wird vorgeschlagen, die zu Art. 14 EMRK ergangene Rechtsprechung bezüglich der gemeinsamen Unterscheidungsverbote als Anhaltspunkte für die Auslegung und Anwendung dieser Begriffe heranzuziehen. Dies ist zutreffend, darf jedoch nicht zu einer kritiklosen Übernahme entsprechender Gewährleistungen führen: Dem steht aus Sicht des Rechts der Europäischen Union die besondere Bedeutung des Gemeinschaftsinteresses in der Judikatur des EuGH im Wege, das in der Rechtsprechung des EGMR naturgemäß keine Rolle spielt.[389] Das europäische Recht ist mit den einzelnen Diskriminierungsmerkmalen in unterschiedlichem Maße vertraut. Während man für den Begriff „Geschlecht" bereits auf die reichhaltige Erfahrung der Gemeinschaft mit Diskriminierungen im Arbeitsleben zurückgreifen kann, ist z.B. der Begriff „Rasse" bislang wenig beleuchtet worden. Insbesondere hier bietet sich daher der Rückgriff auf internationale Abkommen an, denen alle Mitgliedstaaten beigetreten sind, wie z.B. die EMRK sowie das RDÜ und den IPBürgR. Auch die

---

[385] Art. 2 Abs. 3 der RL 2000/43/EG; Art. 2 Abs. 3 der RL 2000/78/EG; Art. 2 lit. c der RL 2004/113/EG; Art. 2 Abs. 2 Spiegelstrich 3 i.V.m. Art. 2 Abs. 3 der RL 2002/73/EG; die RL 76/207/EWG enthielt dagegen weder eine Definition noch ein ausdrückliches Verbot der Belästigung.

[386] Art. 2 lit. d der RL 2004/113/EG; Art. 2 Abs. 2 Spiegelstrich 4 i.V.m. Art. 2 Abs. 3 der RL 2002/73/EG; die RL 76/207/EWG enthielt dagegen weder eine Definition noch ein ausdrückliches Verbot der sexuellen Belästigung.

[387] Ebenso *Streinz* in: Streinz (Hrsg.), EUV/EGV, Art. 13 EG Rn. 18; *Zuleeg* in: v.d. Groeben/Schwarze (Hrsg.), EUV/EGV, Art. 13 EG Rn. 14; *Wernsmann*, JZ 2005, 224 (227).

[388] *Lenz* in: Lenz/Borchardt (Hrsg.), EUV/EGV, Art. 13 EG Rn. 16.

[389] *Meyer*, Diskriminierungsverbot, 63.

übrigen Diskriminierungstatbestände sind in erster Linie anhand solch internationaler Maßstäbe auszulegen, die für alle Mitgliedstaaten verbindlich sind. Ergänzend kommt eine rechtsvergleichende Berücksichtigung mitgliedstaatlicher Regelungen in Betracht, ähnlich der vom EuGH im Bereich des Grundrechtsschutzes herangezogenen wertenden Verfassungsrechtsvergleichung i.S.d. Art. 6 Abs. 2 EU.

Im Interesse eines umfassenden Schutzes entspricht eine weite Auslegung der Differenzierungskriterien dem grundsätzlichen Normsinn des Art. 13 EG.[390] Auch der EuGH[391] hat sich in der Vergangenheit bereits für eine weite Auslegung des Diskriminierungsmerkmals „Geschlecht" ausgesprochen. Darüber hinaus schützt das europäische Anti-Diskriminierungsrecht auch vor Diskriminierungen aufgrund bloßer *Zuschreibung* (*Askription*) bzw. Behauptung von Andersartigkeit. D.h. unabhängig vom tatsächlichen Vorliegen des jeweiligen Merkmals bei einer Person liegt bereits dann eine Diskriminierung vor, wenn der Diskriminierende das die Benachteiligung begründende Merkmal nur annimmt, voraussetzt oder vermutet.[392] Ein diskriminierendes Verhalten ist nicht deshalb zu privilegieren, weil die Andersartigkeit nur im Kopf des Täters besteht. Zudem könnten Diskriminierungen aufgrund der „Rasse" und ethnischen Herkunft ansonsten gar nicht sanktioniert werden.[393]

a. „Rasse" und „ethnische Herkunft"

aa. Biologischer Rassebegriff

Als „Rasse" wird eine Gruppe von Lebewesen definiert, die sich durch ihre gemeinsamen Erbanlagen von anderen Artangehörigen unterscheiden.[394] Soll der Mensch nun in Anlehnung an diesen biologischen Begriff kategorisiert werden, so kann es sich nur um den Versuch handeln, in der ungeheuren Vielzahl der „Menschenarten" gewisse Eigenschaften zu isolieren, dieselben als genetisch bedingt und somit durch Geburt übertragbar zu betrachten, auf ihrer Grundlage die betreffenden Menschen in Gruppen zusammenzufassen, um dieser „Rasse" dann einen bestimmten Namen zu geben.[395] Genetisch gesehen ist sich die Menschheit jedoch überaus ähnlich, es existieren allenfalls unbedeutende Abweichungen. Die Auswahl der für eine Kategorisierung maßgeblichen Eigenschaften sowie die Vermischung der Populationen, die einem statischen Rasse-

---

[390] *Meyer*, Diskriminierungsverbot, 52.
[391] EuGH Rs. C-13/94, Slg. 1996, 2143 Rn. 20 f. (*P u. S/Cornwall City Council*).
[392] KOM (1999) 566, 7; *Neuner*, JZ 2003, 57 ff.; *Schiek* in: Bündnis 90/Die Grünen (Hrsg.), Anhörung Zivilrechtliches ADG, 21 (29 f.).
[393] Vgl. dazu gleich im Anschluss 2. Teil A. VII. 2. a.
[394] *Brockhaus*, Band 18, „Rasse".
[395] *Göksu*, Rassendiskriminierung, Rn. 17; so *Brockhaus*, Band 14, „Menschenrassen".

begriff entgegensteht, bereiten daher Schwierigkeiten. Der Befund muss folglich lauten: Menschliche „Rassen" im biologisch-anthropologischen Sinne gibt es nicht.[396] Auch der sechste Erwägungsgrund der Richtlinie 2000/43/EG weist biologistische Rassendefinitionen zurück. Der Begriff darf daher nicht i.S.e. Abstammungslehre verstanden werden, wonach es auf gemeinsame vererbbare Merkmale bzw. eine gemeinsame Abstammung ankäme.

bb. Sozialwissenschaftlicher Rassebegriff

Das Recht muss zur Erfassung des realen Phänomens der Rassendiskriminierung vielmehr einen sozialwissenschaftlichen Rassebegriff zugrunde legen. Danach handelt es sich bei einer „Rasse" um eine Menschengruppe, die auf der Grundlage bestimmter, als unabänderlich und angeboren *empfundener* Merkmale von Außenstehenden als anders *wahrgenommen* wird.[397] Entscheidend für die Bestimmung des Begriffs „Rasse" ist das subjektive Empfinden, das sich auf alle Elemente des sozialwissenschaftlichen Rassebegriffs bezieht, auf das Begriffselement „Gruppe" ebenso wie auf die (angeblich) unveränderlichen spezifischen Merkmale. Die „Rasse" eines Menschen wird damit von anderen Menschen bestimmt, der Rassist wird gleichsam zum Schöpfer der „Rasse".[398]

Welche Merkmale sind als gruppenspezifisch anzusehen? Die gruppenbildenden Merkmale müssen von Außenstehenden als angeboren und daher unveränderlich *empfunden* werden. Die Beständigkeit der Gruppe muss sich also auf biologische Merkmale zurückführen lassen. Ob die Merkmale und ihre Angeborenheit bzw. Unveränderlichkeit tatsächlich vorliegen, spielt keine Rolle.[399] Nach Art. 1 Abs. 1 des RDÜ umfasst der Begriff „Rasse" z.B. nicht nur eine (vermeintliche) „Rassezugehörigkeit", sondern auch Hautfarbe, Abstammung, nationalen Ursprung oder Volkstum. Sprache ist nicht umfasst,[400] kann jedoch als mittelbare Diskriminierung aufgrund der „rassischen" oder ethnischen Herkunft angesehen werden. Weitere äußerlich erkennbare Eigenschaften, die subjektiv als „Rassemerkmale" empfunden werden können, sind insbesondere auch Morphologie von Körper und Gesicht, Pigmentierung, Größe des Schädels, Krümmung des

---

[396] *Göksu*, Rassendiskriminierung, Rn. 20; *Ganten/Deichmann/Spahl*, Leben, Natur, Wissenschaft, 348.
[397] Ähnlich und ausführlich dazu *Göksu*, Rassendiskriminierung, Rn. 21 ff.; *Fredrickson*, Rassismus, 8; so bereits *Delbrück*, Rassenfrage, 13 ff.; vgl. auch *Rädler*, Verfahrensmodelle, 4 ff. Ähnlich für das deutsche Verfassungsrecht *Osterloh* in: Sachs (Hrsg.), GG-Komm., Art. 3 Rn. 293; *Heun* in: Dreier (Hrsg.), GG-Komm., Art. 3 Rn. 114.
[398] So auch die Begründung zum ZADG-E 2004, 80.
[399] *Göksu*, Rassendiskriminierung, Rn. 29.
[400] Das Merkmal Sprache wurde nicht in Art. 1 Abs. 1 des RDÜ aufgenommen. Art. 21 ChGR nennt „Sprache" als eigenen Diskriminierungstatbestand unabhängig von „Rasse" und „ethnischer Herkunft".

Rückens, Körpergeruch, Art der Bewegung, usw. Zudem kommen als „Rassemerkmale" ebenso willkürliche, soziale und subjektive Kriterien in Frage, wie kulturelle, geistig-seelische oder religiöse Eigenschaften, sofern sie in den Augen des Betrachters einen minimalen Bezug zur Biologie haben. Maßgebend ist allein das subjektive Empfinden des Außenstehenden, dass die betreffenden Eigenschaften irgendwie vererbt werden und gruppenspezifisch sind.[401]

cc. Ethnische Herkunft

Die ethnische Herkunft bezieht sich auf die ursprüngliche und fortdauernde Zugehörigkeit zu einer durch bestimmte physiologische oder kulturelle Merkmale gekennzeichneten Menschengruppe.[402] Derartige soziale Gruppen, die kulturell, sozial, historisch und genetisch eine Einheit bilden, werden als Ethnien, Volksgruppen, Stämme oder Völker bezeichnet. Merkmale sind insbesondere eine eigene Sprache, Geschichte, Kultur, eigene Institutionen, ein bestimmter Siedlungsraum, möglicherweise auch eine gemeinsame Religion sowie das Bewusstsein der Einheit und Zusammengehörigkeit.[403] Neben z.B. den *Roma* und den *Sorben* können nach diesen Grundsätzen auch *Friesen* und *Dänen* als ethnische Gruppe angesehen werden. Eingebürgerte Personen aus anderen Staaten werden i.d.R. eine andere ethnische Herkunft haben, Bayern, Sachsen oder Schwaben dagegen nicht.[404] Es ist zu erwarten, dass der Begriff „ethnische Herkunft" größere Bedeutung als die „Rasse" erlangen wird, weil er weiter gefasst ist und keine negative Konnotation beinhaltet.

dd. Zuschreibung von Merkmalen ausreichend

Eine „rassische" oder ethnische Diskriminierung liegt bereits dann vor, wenn das Diskriminierungsopfer unabhängig von tatsächlichen Gegebenheiten als fremd wahrgenommen und daher schlechter behandelt wird. Diskriminierung durch Zuschreibung (Askription) bzw. Behauptung von „rassisch" bedingter Andersartigkeit genügt.[405] Gerade beim Begriff der „Rasse", der naturwissenschaftlich nicht fundiert werden kann, ist der Schutz vor derartigen Diskriminierungen besonders geboten.

---

[401] *Göksu*, Rassendiskriminierung, Rn. 29.
[402] *Brockhaus*, Band 8, „Herkunft".
[403] *Brockhaus*, Band 6, „Ethnische Konflikte". Siehe auch *Husmann*, ZESAR 2005, 107 (111).
[404] Unzutreffend *Heinrichs* in: Palandt (Hrsg.), BGB, Anh. nach § 319 Rn. 11.
[405] *Schiek*, AuR 2003, 44 (45); *Schiek* in: Loenen/Rodrigues (Hrsg.), Non-discrimination Law, 77 (79); *Göksu*, Rassendiskriminierung, Rn. 35; vgl. für das deutsche Verfassungsrecht *Osterloh* in: Sachs (Hrsg.), GG-Komm., Art. 3 Rn. 293; *Heun* in: Dreier (Hrsg.), GG-Komm., Art. 3 Rn. 114.

ee. Abgrenzung

(1) Staatsangehörigkeit

Abzugrenzen ist der Begriff der „Rassen"- bzw. ethnischen Diskriminierung von Diskriminierungen aufgrund der Staatsangehörigkeit. An dieses Merkmal anknüpfende Benachteiligungen werden von Art. 13 EG nicht erfasst. Dies ergibt sich einerseits aus dem Wortlaut der Vorschrift, die das Merkmal der Staatsangehörigkeit nicht aufzählt. Auch die Behandlung von Diskriminierungen aufgrund der Staatsangehörigkeit als mittelbar ethnische Diskriminierungen erscheint ausgeschlossen: Sowohl der EG-Vertrag als auch der Verfassungsvertrag halten mit Art. III-124 VVE (Art. 13 EG) und Art. III-123 VVE (Art. 12 Abs. 2 EG) unterschiedliche Ermächtigungsgrundlagen bereit. Nur Art. III-123 VVE ermächtigt zur Bekämpfung von Diskriminierungen aufgrund der Staatsangehörigkeit (eines EU-Mitgliedstaates). Die Vorschrift regelt damit ausdrücklich das sekundärrechtliche Verbot von Diskriminierungen aufgrund der Staatsangehörigkeit und ist abschließend zu verstehen. Im Einklang mit diesen Überlegungen nimmt auch Art. 3 Abs. 2 der Richtlinie 2000/43/EG das Merkmal „Staatsangehörigkeit" vom Anwendungsbereich der Richtlinie aus[406] und zwar unabhängig davon, ob es sich um eine öffentlich-rechtliche oder private Benachteiligung handelt.[407]

Im Unterschied zur „Rasse" bzw. Ethnie knüpft die Staatsangehörigkeit ausschließlich an das formale Kriterium der rechtlichen Beziehung des Individuums zu einem Staat an.[408] In der Regel dürfte jedoch meist eine „rassische" bzw. ethnische Diskriminierung vorliegen, da bei einer benachteiligenden Unterscheidung eher an das fremdländische Aussehen des Betroffenen und nicht an das formale Kriterium der Staatsangehörigkeit angeknüpft wird. Denn der Diskriminierende denkt bei einer Benachteiligung grundsätzlich nicht in (staats-)rechtlichen Kategorien, sondern vielmehr an ethnische Charakteristika. Wird also der Begriff „Türke" oder „Ausländer" verwendet, so wird allein daraus i.d.R. *nicht* die Zulässigkeit der Unterscheidung folgen. Testfrage muss hier je-

---

[406] Vgl. dazu unten 2. Teil C. III. 2.; vgl. darüber hinaus zum Verbot der Diskriminierung aufgrund der Staatsangehörigkeit (eines EU-Mitgliedstaates) im Anwendungsbereich der Grundfreiheiten unten 2. Teil D.

[407] A.A. *Nickel*, NJW 2001, 2668 (2670), der argumentiert, dass die Vorschrift lediglich der Sicherung nationalstaatlicher Souveränität im Umgang mit Drittstaatsangehörigen diene und daher nur hoheitliche Handlungen erfasse. Diese Ansicht ist jedoch ausschließlich ergebnisorientiert und findet weder eine Stütze in der RL noch in der Vorschlagsbegründung. Sie ist auch unzutreffend, weil die Gemeinschaft in eine auf Art. 13 Abs. 1 EG gestützte RL schon aus Kompetenzgründen kein Diskriminierungsverbot aufgrund der Staatsangehörigkeit aufnehmen kann (s.o.).

[408] *Göksu*, Rassendiskriminierung, Rn. 44.

VII. Bekämpfung von Diskriminierungen

weils sein, ob die Einbürgerung des Betroffenen die Sachlage ändern würde. Abzustellen ist auf das Verständnis eines durchschnittlichen, objektiven Beobachters.[409] Der Begriff der Staatsangehörigkeit i.S.d. Richtlinie 2000/43/EG ist allerdings nicht zu eng auszulegen. Zum einen ließe sich ansonsten jede Diskriminierung, die tatsächlich an das formale Kriterium der Staatsangehörigkeit anknüpft, als mittelbare ethnische Diskriminierung auffassen. Dies wollte Art. 3 Abs. 2 der Richtlinie 2000/43/EG jedoch ersichtlich nicht. Zum anderen ist Art. 3 Abs. 2 als Rückausnahme der Beschränkung der Privatautonomie durch Diskriminierungsverbote weit auszulegen, denn die Rückausnahme ist wiederum Ausdruck der grundsätzlichen Freiheit, im Privatrechtsverkehr seinen Vertragspartner frei auszusuchen.[410]

(2) Religion

Schwierig zu bestimmen ist ebenso das Verhältnis von „Rasse" bzw. Ethnie und Religion[411]. Um unter den Rassebegriff zu fallen, müssten Außenstehende die Religionszugehörigkeit des Diskriminierungsopfers als unveränderliches und angeborenes, gruppenspezifisches Merkmal empfinden. Die Religionszugehörigkeit steht jedoch grundsätzlich zur Disposition des einzelnen und ist damit zumindest theoretisch veränderbar. Zudem ist sie nicht angeboren, sondern Teil der kulturellen Prägung. Damit fehlt dem Merkmal der religiösen Zugehörigkeit ein Minimum an biologischer Ursprungsvorstellung, so dass einem gegenläufigen Empfinden Außenstehender jede Grundlage fehlt.[412] Dieser Befund wird durch den Umstand bestätigt, dass Religion und Weltanschauung eigene Diskriminierungstatbestände im Rahmen des Art. 13 Abs. 1 EG sind und damit auch einer eigenen sekundärrechtlichen Regelung bedürfen. Anderes gilt dann, wenn die Anknüpfung an die Religion nur als Vorwand missbraucht wird, um eigene rassistische Vorstellungen durchzusetzen. Sie kann sich dann als *mittelbare* Rassendiskriminierung darstellen.[413] Dies wird insbesondere der Fall sein, wenn – ähnlich wie bei der Testfrage zur Staatsangehörigkeit – eine etwaige Konvertierung keine Auswirkungen auf die Sachlage hätte, die Diskriminierung also aufrecht erhalten würde.

Einen Sonderfall stellt die jüdische Gemeinschaft dar. Die Diskriminierung jüdischer Mitbürger erfolgt i.d.R. aufgrund ihrer subjektiven Zuordnung zu einer

---

[409] Zur Frage, wer bei Diskriminierungen aufgrund der „Rasse" oder ethnischen Herkunft im Hinblick auf das in Frage stehende Merkmal die Beweislast trägt, vgl. Art. 8 der RL 2000/43/EG sowie 3. Teil C. III. 8.
[410] Vgl. ausführlich zu diesem Regel-Ausnahme-Gedanken, der auch die Rechtsprechung des EuGH prägt 2. Teil C. III. 1. d. dd.
[411] Zur Definition des Begriffs, siehe 2. Teil A. VII. 2. c.
[412] *Göksu*, Rassendiskriminierung, Rn. 47 ff.
[413] Ebenso *Neuner*, JZ 2003, 57 (64).

"Rasse" und nicht wegen deren religiöser Überzeugung.[414] Man kann daher von einer Indizwirkung für eine „rassische" Diskriminierung ausgehen, sofern dem Diskriminierenden die jüdische Religionszugehörigkeit bekannt und dies der Grund für die Benachteiligung ist. Er müsste in diesem Fall z.b. nachweisen, dass die Ungleichbehandlung allein aufgrund religiöser Vorbehalte erfolgte. Auch wenn man die jüdische Gemeinschaft nicht auf diesem Wege schützen will, besteht jedenfalls ein Schutz vor Diskriminierungen aufgrund der ethnischen Herkunft.

b. „Geschlecht"

Der Begriff „Geschlecht" umfasst nicht nur Männer und Frauen im natürlichen Sinne, sondern auch Transsexuelle[415] (Geschlechtsumwandlung) und Hermaphroditen (Zwitter). Nicht erfasst werden Diskriminierungen, die auf der sexuellen Orientierung bzw. Ausrichtung einer Person basieren.[416] Abgrenzungsschwierigkeiten können sich im Einzelfall zwar ergeben, stellen aber zumindest im Rahmen des Art. 13 Abs. 1 EG kein Problem dar, weil auch die sexuelle Ausrichtung ein eigener Diskriminierungstatbestand i.S.d. Vorschrift ist. Auch bei der Geschlechterdiskriminierung ist es erforderlich, ohne Rücksicht auf die tatsächliche Geschlechtszugehörigkeit eine Diskriminierung bereits dann anzunehmen, wenn der Betroffene aufgrund *zugeschriebener* Merkmale benachteiligt wird.[417]

c. „Religion" und „Weltanschauung"

Der Begriff „Religion" ist die zusammenfassende Bezeichnung für eine Fülle historischer Erscheinungen, denen ein spezifischer Bezug zwischen dem Transzendenten einerseits und den Menschen andererseits in einer deren Verhalten normativ bestimmenden Weise zugrunde liegt. Formal lässt sich Religion beschreiben als ein (Glaubens-)System, das in Lehre, Praxis und Gemeinschaftsform die „letzten" (Sinn-)Fragen menschlicher Gesellschaft und Individuen aufgreift und zu beantworten versucht.[418]

Der Begriff „Weltanschauung" dient heute als Sammelbezeichnung für alle religiösen, ideologischen, nationalökonomischen, politischen, u.a. Leitauffassungen

---

[414] *Göksu*, Rassendiskriminierung, Rn. 51; *Fredrickson*, Rassismus, 83.
[415] EuGH Rs. C-13/94, Slg. 1996, 2143 Rn. 20 f. (*P u. S/Cornwall City Council*).
[416] EuGH Rs. C-249/96, Slg. 1998, 621 Rn. 47 (*Grant/South West Trains*); zur Abgrenzung von Diskriminierungen aufgrund des Geschlechts (Transsexuelle) zu solchen aufgrund sexueller Orientierung vgl. auch den Schlussantrag GA *Colomer* Rs. C-117/01, Slg. 2004, 541 Rn. 73 (*K.B./The National Health Service Pensions Agency u. Secretary of State for Health*).
[417] *Schiek* in: Loenen/Rodrigues (Hrsg.), Non-discrimination Law, 77 (80).
[418] *Brockhaus*, Band 18, „Religion".

vom Leben und von der Welt als einem Sinnganzen sowie zur Deutung des persönlichen und gemeinschaftlichen Standorts für das individuelle Lebensverständnis. Die Weltanschauung beinhaltet die persönliche Überzeugung von der Grundstruktur, Modalität und Funktion des Weltganzen.[419] Weil „Weltanschauung" mit „Religion" in einem Atemzug genannt wird, liegt es jedoch nahe, den Begriff nicht allzu weit zu interpretieren, sondern den Schutz auf der Religion „vergleichbare philosophische Überzeugungen" zu beschränken.[420] Demnach wäre das Gedankengut von Vertretern links- oder rechtsradikaler Anschauungen insoweit nicht geschützt.

Auch bei religiöser bzw. weltanschaulicher Diskriminierung ist es erforderlich, ohne Rücksicht auf die tatsächliche Glaubenszugehörigkeit eine Diskriminierung bereits dann anzunehmen, wenn der Betroffene nur aufgrund einer angenommenen, aber nicht tatsächlich vorhandenen Zugehörigkeit benachteiligt wird. Eine Diskriminierung aufgrund der Religion kann daher z.B. bereits dann vorliegen, wenn aus dem Tragen eines Kopftuchs auf eine (tatsächlich nicht bestehende) Zugehörigkeit zum Islam geschlossen wird und daran benachteiligende Rechtsfolgen geknüpft werden.

Umgekehrt ist der Schutzbereich von Religion und Weltanschauung entsprechend ihrem Charakter als persönliche Überzeugung auch aus Sicht des Betroffenen subjektiv zu bestimmen. Dieser legt für sich selbst fest, was seine religiöse oder weltanschauliche Überzeugung ausmacht. In diesem Sinne kann auch eine höchst individuelle, rein subjektive Glaubensüberzeugung ein religiös motiviertes Gewissensgebot darstellen und in den Schutzbereich des Diskriminierungsverbots fallen. Ob es sich dann, wie z.B. im Falle des Kopftuchs diskutiert, um ein verbindliches Gebot einer Glaubensgemeinschaft handelt, ist ohne Belang. Im Ergebnis kommt es nach diesen Grundsätzen also auch dann zu einer Diskriminierung, wenn der Diskriminierende nur an das bloße Tragen eines Kopftuchs benachteiligende Rechtsfolgen knüpft, ohne sich dabei Gedanken über die Religionszugehörigkeit des Betroffenen zu machen, soweit dieser die Kopfbedeckung als Ausdruck seines persönlichen Glaubens bzw. seiner Weltanschauung empfindet.

Teilweise schwierig gestaltet sich die Abgrenzung zur „rassischen" bzw. ethnischen Diskriminierung. Zur letzteren kommt es zumindest mittelbar, wenn die Anknüpfung an die Religion nur als Vorwand missbraucht wird, um eigene rassistische Vorstellungen durchzusetzen.[421]

---

[419] *Brockhaus*, Band 24, „Weltanschauung".
[420] Ebenso Section 2 (1) der englischen Employment Equality (Religion or Belief) Regulations 2003; vgl. dazu *Bell*, MLR 2004, 465 (468). So auch *Thüsing*, NZA 2004, Sonderbeilage zu Heft 22, 3 (11).
[421] Vgl. oben 2. Teil A. VII. 2. ee. (2).

d. „Behinderung"

Ein europarechtliches Begriffsverständnis zur Frage, was „Behinderung" ist, hat sich bislang noch nicht herausgebildet, vielmehr gibt es unterschiedliche Definitionen der Behinderung in den Mitgliedstaaten der EU.[422] Insoweit ist anzunehmen, dass sich der gemeinschaftsrechtliche Begriff an mitgliedstaatlichen Kategorien orientiert und damit im Grundsatz die auch im *Brockhaus* gegebene Definition als allgemeinverbindlicher Ausgangspunkt in Betracht kommt: Als Behinderte werden danach Menschen aller Altersgruppen bezeichnet, die von den Auswirkungen einer nicht nur vorübergehenden Funktionsbeeinträchtigung betroffen sind, wenn diese auf einem körperlichen, geistigen oder seelischen Zustand beruht, der von dem für das jeweilige Lebensalter typischen Zustand abweicht.[423] Entsprechend und etwas konkreter formuliert das deutsche Recht:

„Menschen sind behindert, wenn ihre körperliche Funktion, geistige Fähigkeit oder seelische Gesundheit mit hoher Wahrscheinlichkeit länger als sechs Monate von dem für das Lebensalter typischen Zustand abweichen und daher ihre Teilhabe am Leben in der Gesellschaft beeinträchtigt ist."[424]

Ähnlich definiert auch das *Forum behinderter Juristinnen und Juristen* das Vorliegen einer Behinderung.[425] Zusätzlich unterscheidet die Organisation bei der schädigungsbedingten Beeinträchtigung zwischen einer Aktivitäts- und einer Partizipationseinschränkung. Dies geht offenbar auf internationale Standards zurück, denn ein Klassifikationsvorschlag der WHO von 1980 unterscheidet ebenfalls zwischen Schaden (*impairment*), Funktionsbeeinträchtigung (*disability*) und sozialer Beeinträchtigung (*handicap*).

Sobald der Grad der Behinderung mind. 50% beträgt, geht das deutsche Recht i.d.R. von einer Schwerbehinderung aus.[426] Im Dezember 1993 gab es in Deutschland 6,38 Mio. schwerbehinderte Menschen, d.h. knapp 8% der Bevölkerung.[427] Art. 13 Abs. 1 EG will jedoch nicht nur Schwerbehinderte, sondern jeden behinderten Menschen vor Diskriminierung schützen.

---

[422] *Waddington*, Disability, Employment and EC, 139; zu den internationalen Vorgaben des Behindertenschutzes vgl. *Neuner*, NJW 2000, 1822 (1824).

[423] *Brockhaus*, Band 1, „Behinderte"; ebenso BVerfGE 96, 288 (301). Zu Behindertenrecht und Behindertenpolitik in der EU siehe *Schulte*, Politik und Zeitgeschichte (Beilage zur Wochenzeitung „Das Parlament") 2003, 46.

[424] § 2 Abs. 1 Satz 1 SGB IX und § 3 BGG sind insofern wortgleich.

[425] § 2 des „Entwurfs eines Gleichstellungsgesetzes für Behinderte (BehGleichstG)" v. 8.1.2000, abrufbar unter: http://www.netzwerk-artikel-3.de/dokum/beglge.pdf (Zugriffsdatum: März 2006).

[426] Vgl. § 2 Abs. 2 SGB IX: „Menschen sind ... schwerbehindert, wenn bei ihnen ein Grad der Behinderung von wenigstens 50 vorliegt ...."

[427] *Brockhaus*, Band 1, „Behinderte".

Fraglich ist, ob und inwieweit auch nicht nur vorübergehende, d.h. chronische Krankheiten (z.B. Aids) eine Behinderung darstellen. Dies könnte zu einem sehr weiten Anwendungsbereich führen, der u.a. auch Brillenträger sowie andere Menschen umfasst, die an geringfügigen körperlichen Defekten leiden. Es ist aber fraglich, in welchem Maße diese tatsächlich zu einer Abweichung von dem für das jeweilige Lebensalter typischen Zustand führen *und* die Teilhabe am Leben in der Gesellschaft beeinträchtigen. Zu erwarten ist, dass sich der EuGH bei der Auslegung des Begriffs „Behinderung" an mitgliedstaatlichen Kategorien orientiert und damit im Grundsatz die auch im *Brockhaus* gegebene, zutreffende Definition als allgemeinverbindlichen Ausgangspunkt akzeptiert. Ersten Aufschluss in dieser Hinsicht kann man sich von der Entscheidung *Chacón Navas*[428] erhoffen, in der sich der EuGH mit der Frage beschäfitgen muss, ob auch eine Krankheit als „Behinderung" von der Richtlinie 2000/78/EG geschützt wird.

Jedenfalls genügt die *Zuschreibung* einer Behinderung, so dass unabhängig vom tatsächlichen Vorliegen des jeweiligen Zustandes bereits dann eine Diskriminierung vorliegt, wenn der Diskriminierende die Behinderung nur annimmt bzw. voraussetzt oder vermutet.

e. „Alter"

Beim Menschen unterscheidet man Altersstufen, d.h. bestimmte Lebensabschnitte, die sich aus dem Wachstumsstand eines Organismus erkennen lassen.[429] Unter „Alter" wird dabei oftmals nur der letzte Lebensabschnitt vor dem Greisenalter verstanden. Das Verbot der Altersdiskriminierung ist jedoch in einem umfassenderen Sinne zu verstehen: Jedes rechtserhebliche Verhalten, das an das Lebensalter der betroffenen Person mit dem Zweck der Unterscheidung anknüpft, ist tatbestandlich eine Diskriminierung, egal ob es sich auf die Jugend oder das fortgeschrittene Lebensalter bezieht. Das ergibt sich zwar nicht zwingend aus dem deutschen Wortlaut des Art. 13 Abs. 1 EG, weil der Begriff „Alter" eben doppeldeutig ist. Im Französischen dagegen lässt sich zwischen „âge" und „vielleisse" differenzieren. Im Englischen gibt es zwar keine semantisch verschiedenen Begriffe, wohl aber den Ausdruck „old age" im Gegensatz zu „age".[430] In der französischen bzw. englischen Version spricht Art. 13 Abs. 1 EG jedoch gerade von „âge" bzw. „age". Senioren gehören daher ebenso wie Kinder und alle sonstigen Altersstufen zum geschützten Personenkreis.

---

[428] EuGH Rs. C-13/05 (*Chacón Navas*).
[429] *Brockhaus*, Band 1, „Alter". Zur Altersdiskriminierung auf europäischer Ebene siehe *Meenan*, ILT 20 (2002), 154 ff.; *Meenan*, ILT 20 (2002), 170 ff. sowie *Meenan*, MJ 10 (2003), 9.
[430] Vgl. dazu *Nussberger*, JZ 2002, 524.

Wiederum genügt es, wenn der Diskriminierende seinem Gegenüber ein bestimmtes Alter zuschreibt und deshalb nicht mit ihm in Geschäftsbeziehungen tritt oder sie diskriminierend ausgestaltet.

f. „Sexuelle Ausrichtung"

Dieser Begriff meint nicht die sexuelle Identität i.S.v. Transsexualismus, sondern die sexuelle Orientierung einer Person, d.h. Hetero-, Homo- oder Bisexualität.[431] Eine Ungleichbehandlung aus Gründen einer Geschlechtsumwandlung fällt aufgrund des engen Zusammenhangs unter das geschlechtsbezogene Diskriminierungsverbot.[432]

Fraglich ist, ob auch die Ausübung bestimmter sexueller Praktiken bzw. das sexuelle Verhalten in den Schutzbereich der „sexuellen Ausrichtung" fällt. Der Entstehungsgeschichte des Art. 13 Abs. 1 EG ist kein Hinweis darauf zu entnehmen. Nach Ansicht der Kommission[433] soll das sexuelle Verhalten „in klarer Unterscheidung" zur sexuellen Ausrichtung zumindest nicht von der Richtlinie 2000/78/EG erfasst werden. Leider wird der Unterschied nicht verdeutlicht. Aufgrund dieser Aussage ist anzunehmen, dass die Kommission auch im Rahmen des Art. 13 Abs. 1 EG zwischen sexueller Ausrichtung und sexuellem Verhalten differenziert und letzteres nicht in den Schutzbereich einbezieht. Versucht man eine Unterscheidung, so könnte man das sexuelle Verhalten als (vorübergehende) Sexualpraktik oder (vorübergehende) Sexualerfahrung von der sexuellen Ausrichtung abgrenzen, die auf eine dauerhafte Neigung abstellt, über die sich die sexuelle Orientierung definiert.

Für die Ansicht der Kommission spricht eine strikte Wortlautinterpretation sowie die Tatsache, dass mit der Einfügung des Merkmals „sexuelle Ausrichtung" in erster Linie der Schutz homosexueller Lebensentwürfe angestrebt war, die zuvor nicht unter den Schutz des Gemeinschaftsrechts fielen: So hatte es der EuGH[434] abgelehnt, die sexuelle Orientierung unter das Verbot der Geschlechterdiskriminierung nach Art. 141 EG zu fassen. Demnach würde aber z.B. eine Kündigung, die wegen einer einmaligen homosexuellen Erfahrung des Mieters ausgesprochen wird, und damit eher auf sexuelles Verhalten denn auf eine allgemeine Ausrichtung zurückzuführen ist, nicht gegen ein auf Art. 13

---

[431] Auch Section 2 (1) der englischen Employment Equality (Sexual Orientation) Regulations 2003 definiert "sexuelle Orientierung" als "*a sexual orientation towards (a) persons of the same sex; (b) persons of the opposite sex; or (c) persons of the same sex and of the opposite sex*".

[432] EuGH Rs. C-13/94, Slg. 1996, 2143 Rn. 20 f. (*P/S und Cornwall City Council*). Zur Homosexualität im Gemeinschaftsrecht siehe *Terrett*, EPL 4 (1998), 487.

[433] KOM (1999) 565, 8.

[434] EuGH Rs. C-249/96, Slg. 1998, 621 Rn. 47 (*Grant/South West Trains*).

Abs. 1 EG gestütztes Diskriminierungsverbot verstoßen.[435] Der Wortlaut deckt jedoch auch eine weitergehende Interpretation des Merkmals zumindest i.S.e. Schutzes für sexuelles Verhalten, das einen Bezug zu der sexuellen Ausrichtung einer Person hat. Denn um Diskriminierungen im Anwendungsbereich des EG-Vertrages zu verhindern, ist nicht nur grundsätzlich eine weite Auslegung der Diskriminierungsverbote geboten, solange dies nicht die Grundrechte des Diskriminierenden, insbesondere die Vertragsfreiheit und das Recht auf Privatleben unzumutbar einschränkt. Zudem liegt in beiden Fällen, d.h. dauerhafte und einmalige Homosexualität, eine an dieses Merkmal anknüpfende Ungleichbehandlung vor. Dass es sich einmal um eine prinzipielle sexuelle Neigung, einmal um eine bloße Erfahrung handelt, macht insofern keinen Unterschied, als dass die konkreten homosexuellen Vorfälle Anlass einer Ungleichbehandlung sind.[436] Auch (einmaliges) sexuelles Verhalten wird damit entgegen der Ansicht der Kommission von Art. 13 Abs. 1 EG geschützt, soweit es mit der sexuellen Ausrichtung einer Person verknüpft ist. Entsprechende Praktiken dürfen jedoch nicht in fremde Rechtsgüter eingreifen und damit sittenwidrig sein. Pädophilie oder sado-masochistische Praktiken bleiben daher schutzlos.[437]

Die *Zuschreibung* von Hetero-, Homo- oder Bisexualität an eine andere Person genügt für eine Benachteiligung. Es kommt damit auch hier nicht auf das tatsächliche Vorliegen des Merkmals an.

4. Schutz von Drittstaatsangehörigen

Der personelle Geltungsbereich des Art. 13 EG erschöpft sich nicht im Schutz von Unionsbürgern. Hat die Gemeinschaft die Kompetenz nach Art. 13 EG, so kann sie im Rahmen dieser Zuständigkeit auch Angehörige von Drittstaaten schützen. Dieser Schutz bezieht sich jedoch nicht auf Diskriminierungen aufgrund deren Staatsangehörigkeit, sondern nur auf die in Art. 13 Abs. 1 genannten Merkmale, soweit sie bei Drittstaatsangehörigen vorliegen.

Für eine solche Auslegung spricht die eng mit der Bekämpfung von Rassismus zusammenhängende Entstehungsgeschichte[438] des Art. 13 EG sowie der Normzweck, nämlich in umfassender Weise Ungleichbehandlungen zu beseitigen. Wenn damit der Schutz von Drittstaatsangehörigen generell Art. 13 EG zugewiesen wird, muss das Sekundärrecht davon nicht zwingend Gebrauch machen.

---

[435] Beispiel nach *Meyer*, Diskriminierungsverbot, 75.
[436] *Meyer*, Diskriminierungsverbot, 75.
[437] *Thüsing*, NZA 2004, Sonderbeilage zu Heft 22, 3 (13) stellt zutreffend fest, dass ansonsten ein Widerspruch zu den Wertungen des Strafrechts bestünde, das bestimmte Formen praktizierter Sexualität verbietet und sanktioniert. Die entsprechenden Befürchtungen von *Wagner*, ZRP 2005, 136 (137) sind daher grundlos.
[438] Vgl. 1. Teil B. sowie „Entstehungsgeschichte", abrufbar unter http://www.anti-diskriminierung.info.

Im Fall der Art. 3 Abs. 2 der Richtlinien 2000/43/EG und 2000/78/EG geht z.B. aus dem 13. bzw. 12. Erwägungsgrund hervor, dass das Diskriminierungsverbot aufgrund der „Rasse" auch mit Blick auf Drittstaatsangehörige angewandt werden sollte, ohne allerdings Ungleichbehandlungen aufgrund der Staatsangehörigkeit zu betreffen. In diesem Falle bleibe es bei den bestehenden Vorschriften über die Einreise und den Aufenthalt von Drittstaatsangehörigen und ihren Zugang zu Beschäftigung und Beruf.[439]

B. Art. 13 Abs. 2 EG (Art. III-124 Abs. 2 VVE)

I. Überblick

Während der erste Absatz des Art. 13 EG aufgrund der Amsterdamer Gipfelkonferenz in den EG-Vertrag eingefügt wurde, ist der zweite Absatz der Vorschrift ein Produkt des Vertrags von Nizza. Der Verfassungsvertrag übernimmt die Norm mit geringfügigen Änderungen in Art. III-124 Abs. 2 VVE. Vergleichbare und damit für die Auslegung des Art. 13 Abs. 2 EG bedeutsame Vorschriften finden sich in den Art. 149 Abs. 4, 150 Abs. 4, 151 Abs. 5 und 152 Abs. 4 lit. c EG.

II. Verfahren und Beschlussfassung

Abweichend vom Verfahren des Art. 13 Abs. 1 EG muss eine Fördermaßnahme im Rat nicht einstimmig beschlossen werden. Es genügt eine qualifizierte Mehrheit. Das EP wirkt im Rahmen der Mitentscheidung gem. Art. 251 EG am Zustandekommen der Fördermaßnahme mit, kann diese damit gegebenenfalls auch ganz verhindern. Daraus folgt eine ungleich stärkere Stellung des EP gegenüber dem Rat im Vergleich zu seinen Rechten nach Art. 13 Abs. 1 EG, wo die bloße Anhörung des Parlaments ausreicht.

III. Gemeinschaftliche Fördermaßnahmen

Weder für den Begriff der (gemeinschaftlichen) Maßnahme noch für den der Fördermaßnahme findet sich eine vertragliche Definition. Ähnlich wie in den oben genannten vergleichbaren Vorschriften ist jedoch davon auszugehen, dass der Charakter von Fördermaßnahmen dem Wortsinn entsprechend auf die *Stimulierung* nationaler Aktivitäten begrenzt ist. In der Praxis geschieht dies zumeist durch finanzielle Anreize.[440]

---

[439] Dazu ausführlich *Meyer*, Diskriminierungsverbot, 53 ff.; *Stalder*, Antidiskriminierungsmaßnahmen, 100 ff.
[440] *Simm* in: Schwarze (Hrsg.), EU-Komm., Art. 150 EG Rn. 24.

IV. Ausschluss jeglicher Harmonisierung der Rechts- und Verwaltungsvorschriften der Mitgliedstaaten

Umstritten ist, ob Fördermaßnahmen *Rechtsakte sui generis* darstellen, die außerhalb des Katalogs des Art. 249 EG anzusiedeln sind[441] oder ob beim Erlass der Maßnahmen auch die Instrumente des Art. 249 EG zur Verfügung stehen[442]. In der Praxis wird für Fördermaßnahmen die nicht in Art. 249 EG vorgesehene Handlungsform eines „Beschlusses" gewählt, der rechtlich verbindlich ist.[443] Zutreffenderweise ist der Begriff der „Fördermaßnahme" jedoch weit zu verstehen, so dass der EG ein rechtsverbindliches Instrumentarium, *einschließlich* der Rechtsakte des Art. 249 EG, zur Verfügung steht. Dies ergibt sich aus dem Verweis auf Art. 251 EG, der indiziert, dass sich der Rat zumindest der in Art. 249 EG geregelten Handlungsformen bedienen kann. Die Verwendung des Begriffs „Fördermaßnahmen" impliziert jedoch zugleich, dass der Rat auch in anderer Weise als durch die in Art. 249 EG vorgesehenen Rechtsakte tätig werden kann.[444]

IV. Ausschluss jeglicher Harmonisierung der Rechts- und Verwaltungsvorschriften der Mitgliedstaaten

Das Verfahren des Art. 13 Abs. 2 EG gilt nur beim Ausschluss jeglicher Harmonisierung der Rechts- und Verwaltungsvorschriften der Mitgliedstaaten. Damit bleibt jeder unmittelbare Eingriff in die Rechtsordnungen der Mitgliedstaaten im Bereich der Anti-Diskriminierungspolitik dem Art. 13 Abs. 1 EG und seinen strengeren Verfahrensvorschriften vorbehalten.

Von der Harmonisierung ausgeschlossen sind alle „Rechts- und Verwaltungsvorschriften" der Mitgliedstaaten. Erfasst sind damit Gesetze im formellen und materiellen Sinn sowie ungeschriebene Rechtssätze und Gewohnheitsrecht. Ferner sind die Satzungen öffentlicher Körperschaften und Anstalten umfasst. Über den Verweis auf Verwaltungsvorschriften wird auch jede Harmonisierung der i.d.R. auf internen Anweisungen aller Art für nationale Verwaltungsbehörden beruhenden Verwaltungspraxis ausgeschlossen. Die Gemeinschaft ist also auf die *indirekte* Einflussnahme durch die Gestaltung ihrer Fördermaßnahmen verwiesen.[445]

---

[441] *Blanke* in: Grabitz/Hilf (Hrsg.), EUV/EGV, Art. 126, 127 EG Rn. 42 f.
[442] *Krebber* in: Calliess/Ruffert, EUV/EGV, Art. 149 EG Rn. 14.
[443] Vgl. das Aktionsprogramm der Gemeinschaft zur Bekämpfung von Diskriminierungen (2001-2006)", ABl. 2000 L 303/23.
[444] Zutreffend für die vergleichbare Vorschrift des Art. 151 Abs. 5 *Sparr* in: Schwarze (Hrsg.), EU-Komm., Art. 151 EG Rn. 66.
[445] So zutreffend für die vergleichbare Vorschrift des Art. 151 Abs. 5 EG *Sparr* in: Schwarze (Hrsg.), EU-Komm., Art. 151 EG Rn. 69.

V. Akzessorischer Charakter der Fördermaßnahmen

Art. 13 Abs. 2 EG lässt ausdrücklich nur solche Fördermaßnahmen zu, die der Unterstützung diskriminierungsbekämpfender Maßnahmen der Mitgliedstaaten dienen. Die Maßnahmen der EG sind folglich *akzessorisch* und müssen sich an bereits existenten mitgliedstaatlichen Maßnahmen orientieren, mit dem Ziel, diese zu unterstützen bzw. zu ergänzen. Will die Gemeinschaft selbständige Anti-Diskriminierungsmaßnahmen erlassen, ist sie auch für rechtlich unverbindliche Maßnahmen auf Art. 13 Abs. 1 EG und dessen restriktivere Voraussetzungen angewiesen.

VI. Verhältnis zu Art. III-124 Abs. 2 VVE

Sobald der Verfassungsvertrag in Kraft tritt, wird Art. 13 Abs. 2 EG durch Art. III-124 Abs. 2 VVE ersetzt und lautet dann:[446]

„Abweichend von Absatz 1 können durch Europäisches Gesetz oder Rahmengesetz unter Ausschluss jeglicher Harmonisierung der Rechtsvorschriften der Mitgliedstaaten die Grundprinzipien für die Fördermaßnahmen der Union festgelegt werden; dies gilt auch für Maßnahmen zur Unterstützung der Tätigkeit der Mitgliedstaaten zur Verwirklichung der in Absatz 1 genannten Ziele."

Die Vorgängerversion (damals Art. III-8 Abs. 2 VVE) lautete noch:

„Die Grundprinzipien für die Fördermaßnahmen der Union und solche Maßnahmen selbst, mit denen die Maßnahmen der Mitgliedstaaten unterstützt werden sollen, können unter Ausschluss jeglicher Harmonisierung der Rechts- und Verwaltungsvorschriften der Mitgliedstaaten durch Europäische Gesetze oder Rahmengesetze festgelegt werden."

Die beiden Versionen sind nicht so unterschiedlich, wie sie auf den ersten Blick erscheinen. Änderungen, wie z.B. die Einfügung von „Abweichend von Absatz 1" zu Beginn des Absatzes, dienen insbesondere der Klarstellung. Hervorzuheben ist jedoch, dass die Harmonisierung von mitgliedstaatlichen *Verwaltungsvorschriften* über Art. III-124 Abs. 2 VVE nicht mehr ausgeschlossen ist.

Die Wahl der Rechtsinstrumente wird also analog zu Art. III-124 Abs. 1 VVE auf Europäische Gesetze (EG-Vertrag: Verordnungen) und Rahmengesetze (EG-Vertrag: Richtlinien) beschränkt. Dagegen waren die europäischen Organe im Rahmen des Art. 13 Abs. 2 EG in der Wahl ihrer Handlungsform nicht festgelegt:[447] Durch den Bezug auf das Verfahren des Art. 251 EG wurden nach zutreffender Ansicht sämtliche „Rechtsakte" erfasst, d.h. nicht nur die in Art. 249 EG aufgeführten, sondern darüber hinaus auch andere rechtsverbindliche Rechtsakte wie z.B. Beschlüsse. Konsequent entfällt im Verfassungsvertrag der Verweis auf Art. 251 EG. Dieser Bezug ist auch im Hinblick auf den künftigen

---

[446] Änderungen im Vergleich zu Art. 13 Abs. 2 EG sind durch Fettdruck hervorgehoben.
[447] Vgl. oben 2. Teil B. III.

Ablauf des Gesetzgebungsverfahrens nicht mehr erforderlich: Nach Art. I-34 Abs. 1 i.V.m. Art. III-396 Abs. 1 VVE gilt für den Erlass von Europäischen Gesetzen und Rahmengesetzen grundsätzlich das „ordentliche Gesetzgebungsverfahren", das dem bisherigen Verfahren der Mitentscheidung entspricht.

Schließlich erweitert Art. III-124 Abs. 2 VVE die Kompetenz der Gemeinschaft über die Festlegung von Fördermaßnahmen hinaus auf die Festlegung von Grundprinzipien für derartige Maßnahmen. Damit wird der Erlass von grundlegenden Rechtsakten möglich, die Leitlinien für die unterstützende Förderpolitik der Gemeinschaft aufstellen. Die konkreten Fördermaßnahmen dürfen wie bisher die Maßnahmen der Mitgliedstaaten nur unterstützen bzw. ergänzen, sie sind mithin von ihrer Rechtsnatur her *akzessorisch*. Das Verbot der Harmonisierung von Rechts- und Verwaltungsvorschriften der Mitgliedstaaten sollte ursprünglich bestehen bleiben. Durch Art. III-124 Abs. 2 VVE wurde es jedoch abweichend von der Vorgängervorschrift des Art. III-8 Abs. 2 des ursprünglichen Konventsentwurfs auf ein Harmonisierungsverbot hinsichtlich der *Rechts*vorschriften begrenzt.

C. Zivilrechtliche Diskriminierungsverbote durch Sekundärrecht: Richtlinien 2000/43/EG und 2004/113/EG

I. Begriff und Charakteristika einer Richtlinie nach Art. 249 Abs. 3 EG

Die gemeinschaftlichen Legislativmaßnahmen zur Bekämpfung von Diskriminierungen sind bisher ausschließlich in Form von Richtlinien ergangen. Daher soll zunächst ein kurzer Blick auf den Begriff und die prägenden Merkmale einer Richtlinie geworfen werden. Art. 249 Abs. 3 EG lautet:

„Die Richtlinie ist für jeden Mitgliedstaat, an den sie gerichtet wird, hinsichtlich des zu erreichenden Ziels verbindlich, überlässt jedoch den innerstaatlichen Stellen die Wahl der Form und der Mittel".

Es handelt sich bei der Richtlinie um eine typische Figur des Gemeinschaftsrechts. Sie ist neben der in Art. 249 Abs. 2 EG geregelten Verordnung das zentrale Mittel der Gemeinschaft, um Recht zu setzen. Indem sie auf Gemeinschaftsebene die Regelungsziele verbindlich festsetzt, ihre Umsetzung aber den Mitgliedstaaten überlässt, stellt sie ein zweistufiges, mittelbares Rechtsetzungsinstrument dar.[448] In der Richtlinie drückt sich der für die Gemeinschaft typische und notwendige Kompromiss aus, einerseits einheitliches Recht zu setzen, andererseits aber auch den nationalen Eigentümlichkeiten Rechnung tragen zu wollen. Damit ist die Richtlinie vornehmlich ein Instrument der Rechtsangleichung, das der Koordinierung der nationalen Rechts- und Verwaltungsvorschriften

---

[448] EuGH Rs. C-298/89, Slg. 1993, 3605 Rn. 16 (*Regierung von Gibraltar/Rat*); EuGH Rs. C-10/95 P, Slg. 1995, 4149 Rn. 29 (*Asocarne/Rat*).

dient.[449] Wie bei einer Verordnung, fällt auch hier grundsätzlich dem Rat, zunehmend unterstützt vom EP, die Rolle des Gesetzgebers zu. Die Kommission hat i.d.R. ein Vorschlagsrecht.

Normalerweise entfalten Richtlinien aufgrund ihres „zweistufigen" Charakters gegenüber einzelnen nur mittelbare Wirkung. Sie richten sich in erster Linie unmittelbar an die Mitgliedstaaten, die zur Umsetzung in nationales Recht verpflichtet sind. Der EuGH hat allerdings frühzeitig entschieden, dass Richtlinien zugunsten einzelner unmittelbar anwendbar sein können.[450] Der EuGH will damit die praktische Wirksamkeit des Gemeinschaftsrechts sicherstellen. Im Ergebnis weicht die Rechtsprechung des Gerichtshofs dadurch zwar von der „Zweistufigkeit" der Richtlinie ab und ebnet die Unterschiede zur Verordnung ein. Sie reiht sich aber in die Entscheidungen ein, die eine unmittelbare Geltung des Gemeinschaftsrechts bejahen und setzt das Gemeinschafts- sowie das Individualinteresse konsequent durch.[451] Was diese Grundsätze für die Anti-Diskriminierungsrichtlinien bedeuten, wird noch im einzelnen zu klären sein.[452]

II. Überblick über die Rechtsakte zum Anti-Diskriminierungsrecht

Bisher wurden auf Grundlage von Art. 13 EG zwei Rechtsakte mit Bezug zum allgemeinen Zivilrecht erlassen, die Anti-Diskriminierungsrichtlinien 2000/43/EG und 2004/113/EG. Die dritte Richtlinie 2000/78/EG enthält nur arbeitsrechtliche Diskriminierungsverbote, ebenso wie frühere Richtlinien zur geschlechtsspezifischen Gleichbehandlung.

1. Einführung

Im Gegensatz zur arbeitsrechtlichen Rahmenrichtlinie 2000/78/EG, die mehrere Diskriminierungsmerkmale in einem eng umgrenzten Gebiet ächten will, und der daher ein *horizontaler* Ansatz zugrunde liegt, verfolgt die Richtlinie 2000/43/EG den umgekehrten, *vertikalen* Ansatz und erfasst ausschließlich die Kriterien „Rasse" und ethnische Herkunft. Ihr Geltungsbereich erstreckt sich jedoch über das Arbeitsleben hinaus auch auf zahlreiche andere Sachbereiche, u.a. den Zugang zu Gütern und Dienstleistungen. Der Richtlinie 2004/113/EG liegt ebenfalls ein (wenn auch abgeschwächter) *vertikaler* Ansatz zugrunde. Sie ächtet Ungleichbehandlungen aufgrund des Geschlechts, nennt als Anwendungsbereich aber lediglich den Zugang zu Gütern und Dienstleistungen und den Versicherungssektor.

---

[449] *Biervert* in: Schwarze (Hrsg.), EU-Komm., Art. 249 EG Rn. 23.
[450] St. Rspr.; vgl. EuGH Rs. 41/74, Slg. 1974, 1337 Rn. 12 (*van Duyn*); EuGH Rs. 148/78, Slg. 1979, 1629 Rn. 18 ff. (*Ratti*).
[451] *Biervert* in: Schwarze (Hrsg.), EU-Komm., Art. 249 EG Rn. 29.
[452] Vgl. unten 2. Teil C. III. 5.

II. Überblick über die Rechtsakte zum Anti-Diskriminierungsrecht

Vom Diskriminierungsverbot ausgenommen sind nur Differenzierungen, die sich auf in den Richtlinien benannte Ausnahmen oder Rechtfertigungsgründe stützen können. Zudem ist jeweils eine Beweislastverteilung zu Gunsten des von einer Diskriminierung Betroffenen vorgesehen. Ferner ist die Durchsetzung der Regelungen der Richtlinien durch die Festlegung von wirksamen, verhältnismäßigen und abschreckenden Sanktionen sicherzustellen, die auch Schadensersatzleistungen an die Opfer umfassen können. Die Betroffenen müssen ihre Ansprüche wegen der Verletzung des Benachteiligungsverbots selbst effektiv durchsetzen können, wobei sie sich der Hilfe von Verbänden bedienen können (Verbandsklage). Weiter sind Maßnahmen zu treffen zur Förderung des sozialen Dialogs zwischen den Sozialpartnern mit dem Ziel, die Verwirklichung des Gleichbehandlungsgrundsatzes durch Tarifverträge (im Bereich des Arbeitsrechts), Verhaltenskodizes, Forschungsarbeiten oder durch einen Austausch von Erfahrungen und besten Lösungen voranzubringen. Die Richtlinien 2000/43/EG und 2004/113/EG sehen zudem vor, zur Verwirklichung der Gleichbehandlung eine oder mehrere nationale, unabhängige Stellen zu schaffen.

2. Zivilrechtliche Diskriminierungsverbote: Richtlinien 2000/43/EG und 2004/113/EG

Der Geltungsbereich der Richtlinie 2000/43/EG entspricht zunächst jenem der Rahmenrichtlinie für das Arbeitsleben: Sie ergänzt diese um die in der Richtlinie 2000/78/EG nicht erwähnten Merkmale „Rasse" und „ethnische Herkunft".[453] Darüber hinaus gilt die Richtlinie 2000/43/EG aber auch für den Sozialschutz, einschließlich sozialer Sicherheit und Gesundheitsdienste, soziale Vergünstigungen, Bildung, den Zusammenschluss in privaten Berufsvereinigungen und den Zugang zu Gütern und Dienstleistungen.[454] Die Richtlinie 2004/113/EG nimmt dagegen ausdrücklich Bildung, Medien und Werbung von ihrem Anwendungsbereich aus.[455] Sie gilt auch nicht im Bereich Beschäftigung und Beruf und

---

[453] Art. 3 Abs. 1 lit. a-d der RL 2000/43/EG betrifft daher gleichfalls die Bekämpfung von Diskriminierungen beim Zugang zur Beschäftigung und beruflichen Bildung, bei den Beschäftigungsbedingungen sowie bei der Mitgliedschaft und Mitwirkung in Organisationen mit Bezug auf die Beschäftigung.

[454] Art. 3 Abs. 1 lit. e-h der RL 2000/43/EG; der unterschiedliche Anwendungsbereich führt im Ergebnis zu einem deutlich höheren Schutz vor „rassischer" und ethnischer Diskriminierung. Durch den KOM-Vorschlag erfährt auch der Schutz vor Diskriminierung aufgrund des Geschlechts eine signifikante Aufwertung. Eine „Hierarchie" (*Waddington*, MJ 6 (1999), 1 (3)) innerhalb der Diskriminierungsgründe ist daher nicht von der Hand zu weisen, vgl. schon 2. Teil A. II. 2. b. Sie ist Folge des in Art. 13 Abs. 1 EG eingeräumten Ermessens und der Tatsache, dass die Schaffung des Art. 13 EG insbesondere auf den seit den 70er Jahren von den Gemeinschaftsorganen geführten Kampf gegen den Rassismus zurückzuführen ist, vgl. *Stalder*, JRP 2002, 227 (229).

[455] Art. 3 Abs. 3 der RL 2004/113/EG.

für selbständige Tätigkeiten nur, soweit diese nicht von anderen Rechtsvorschriften der Gemeinschaft erfasst werden.[456] Dafür enthält die Richtlinie 2004/113/EG ein besonderes Diskriminierungsverbot für den Versicherungsbereich, das jedoch nur am Rande Gegenstand dieser Arbeit ist.[457]

Die für das Zivilrecht zentrale Bestimmung findet sich fast wortgleich in Art. 3 Abs. 1 lit. h der Richtlinie 2000/43/EG und Art. 3 Abs. 1 der Richtlinie 2004/113/EG. Durch die Einbeziehung von Privatpersonen bei Geschäften über Güter, Dienstleistungen und Wohnraum erfasst der Geltungsbereich der gemeinschaftlichen Anti-Diskriminierungsmaßnahmen jedenfalls Verträge des allgemeinen Zivilrechts. Damit wird der Gleichbehandlungsgrundsatz im Hinblick auf „Rasse", ethnische Herkunft und Geschlecht im Privatrechtsverkehr unmittelbar zur Pflicht gemacht.

Die Richtlinie 2000/43/EG erfasst in Art. 3 Abs. 1 lit. e, f und g darüber hinaus all jene privatrechtlichen Rechtsbeziehungen, die soziale Vergünstigungen sowie gesundheits- und bildungsbezogene Leistungen zum Gegenstand haben. Art. 3 Abs. 1 lit. d ist ebenfalls privatrechtsrelevant soweit er die Diskriminierung im Zusammenhang mit der Mitgliedschaft bzw. Mitwirkung in privatrechtlichen Vereinigungen, deren Mitglieder einer bestimmten Berufsgruppe angehören, einschließlich der Inanspruchnahme der Leistungen solcher Organisationen, verbietet.

Eine solche Diskriminierung ist gem. Art. 3 Abs. 1 lit. d der Richtlinie 2000/78/EG und der konsolidierten Fassung der Richtlinie 76/207/EWG auch aufgrund von Religion oder Weltanschauung, Behinderung, Alter, der sexuellen Ausrichtung und des Geschlechts verboten. Dies ist der einzige Fall, in dem die Richtlinien 2000/78/EG und die konsolidierte Fassung der Richtlinie 76/207/EWG Diskriminierungsverbote für das Zivilrecht formulieren.

Außerdem enthalten sowohl Art. 8 bzw. Art. 9 der Richtlinien 2000/43/EG und 2004/113/EG eine Regelung zur Beweislastverteilung für den Zivilprozess.[458] Sie lautet:

> „Die Mitgliedstaaten ergreifen im Einklang mit ihrem nationalen Gerichtswesen die erforderlichen Maßnahmen, um zu gewährleisten, dass immer dann, wenn Personen, die sich durch die Nichtanwendung des Gleichbehandlungsgrundsatzes für verletzt halten und bei einem Gericht oder einer anderen zuständigen Stelle Tatsachen glaubhaft

---

[456] Art. 3 Abs. 4 der RL 2004/113/EG.
[457] Art. 5 der RL 2004/113/EG; vgl. dazu 2. Teil C. IV. 2 c. und 3. b. cc.
[458] Dies ist ein gemeinsames Merkmal aller Anti-Diskriminierungs-RL, vgl. Art. 4 der Beweislast-RL 1997/80/EG, die gem. Art. 3 Abs. 1 lit. a. u.a. auch für die Gleichbehandlungs-RL 76/207/EWG gilt und Art. 10 der RL 2000/78/EG; speziell zur Beweislast-RL *Schlachter*, RdA 1998, 321 ff.; zur Beweislastumkehr aus deutscher verfassungsrechtlicher Sicht *Reinhardt*, NJW 1994, 93 ff.

II. Überblick über die Rechtsakte zum Anti-Diskriminierungsrecht

machen, die das Vorliegen einer unmittelbaren oder mittelbaren Diskriminierung vermuten lassen, es dem Beklagten obliegt zu beweisen, dass keine Verletzung des Gleichbehandlungsgrundsatzes vorgelegen hat."

Ebenfalls zivilprozessual wirkt das in Art. 7 Abs. 2 bzw. Art. 8 Abs. 3 der Richtlinien 2000/43/EG und 2004/113/EG geregelte Beteiligungsrecht von Verbänden:

„Die Mitgliedstaaten stellen sicher, dass Verbände, Organisationen oder andere juristische Personen, die gemäß den in ihrem einzelstaatlichen Recht festgelegten Kriterien ein rechtmäßiges Interesse daran haben, für die Einhaltung der Bestimmungen dieser Richtlinie zu sorgen, sich entweder im Namen der beschwerten Person oder zu deren Unterstützung und mit deren Einwilligung an den in dieser Richtlinie zur Durchsetzung der Ansprüche vorgesehenen Gerichts- und/oder Verwaltungsverfahren beteiligen können."

3. Arbeitsrechtlichte Diskriminierungsverbote: Richtlinien 2000/78/EG, 76/207/EWG und 2002/73/EG

Zum sekundärrechtlichen Anti-Diskriminierungsrecht der Gemeinschaft gehören ebenfalls die Richtlinie 2000/78/EG sowie die Richtlinie 76/207/EWG[459], geändert durch die Richtlinie 2002/73/EG[460] und die Beweislastrichtlinie 97/80/EG[461]. Sie betreffen allesamt Diskriminierungen im Arbeitsleben und werden daher in dieser Arbeit nicht ausführlich erörtert.[462] Gleichwohl sollen sie in den Überblick einbezogen werden.

Die auf Art. 13 EG gestützte Rahmenrichtlinie 2000/78/EG erfasst als *horizontale* Richtlinie Ungleichbehandlungen aufgrund von Religion oder Weltanschauung, einer Behinderung, des Alters oder der sexuellen Ausrichtung nur auf dem Gebiet der Beschäftigung und des Berufslebens. Ihre Regelungen werden

---

[459] RL 76/207/EWG v. 9.2.1976 zur Verwirklichung des Grundsatzes der Gleichbehandlung von Männern und Frauen hinsichtlich des Zugangs zur Beschäftigung, zur Berufsbildung und zum beruflichen Aufstieg sowie in Bezug auf die Arbeitsbedingungen (ABl. 1976 L 39/40).

[460] RL 2002/73/EG v. 23.9.2002 zur Änderung der RL 76/207/EWG des Rates zur Verwirklichung des Grundsatzes der Gleichbehandlung von Männern und Frauen hinsichtlich des Zugangs zur Beschäftigung, zur Berufsbildung und zum beruflichen Aufstieg sowie in Bezug auf die Arbeitsbedingungen (ABl. 2002 L 269/15), dazu *Rust*, NZA 2003, 72; eine konsolidierte Version (nicht amtlich) der RL 76/207/EWG in der Fassung der RL 2002/72/EG ist abrufbar unter: http://www.anti-diskriminierung.info.

[461] RL 97/80/EG v. 15.12.1997 über die Beweislast bei Diskriminierung aufgrund des Geschlechts (ABl. 1998 L 14/6).

[462] Vgl. dazu *Korthaus*, Das neue Anti-Diskriminierungsrecht; *Lingscheid*, Anti-Diskriminierung im Arbeitsrecht; *Bauer*, NJW 2001, 2672. Zur richtlinienkonformen Auslegung des deutschen Rechts auf der Grundlage der RL 2000/78/EG siehe BAG, DB 2005, 1802 ff.

von der Richtlinie 2000/43/EG ergänzt, die ebenfalls Diskriminierungen im Arbeitsleben ächtet, jedoch in Bezug auf die „Rasse" oder ethnische Herkunft. Während die Richtlinie 2000/78/EG fast ausschließlich Diskriminierungen im Erwerbsleben aufgreift,[463] gilt die Richtlinie 2000/43/EG ebenso für den Privatrechtsverkehr außerhalb des Arbeitsrechts (und für das Sozialrecht).[464]

Die Änderungsrichtlinie 2002/73/EG bringt die noch aus den 70er Jahren stammende Gleichbehandlungsrichtlinie 76/207/EWG auf den aktuellen Stand des Gemeinschaftsrechts. Diese ergänzt die Richtlinie 2000/78/EG und den arbeitsrechtlichen Teil der Richtlinie 2000/43/EG insoweit, als dass sie zusätzlich die Diskriminierung aufgrund des Geschlechts im Erwerbsleben verbietet. Ebenso wie eine Anzahl weiterer Richtlinien[465] wurde die Richtlinie 76/207/EWG auf Art. 308 EG gestützt,[466] der nunmehr hinter Art. 13 Abs. 1 EG bzw. Art. 141 Abs. 3 EG zurücktritt. Entsprechend wurde die im Jahre 2002 erlassene Änderungsrichtlinie 2002/73/EG auf Art. 141 Abs. 3 EG gestützt, während die Richtlinie 2000/78/EG den Art. 13 EG als Rechtsgrundlage nennt.

III. Richtlinie 2000/43/EG

Im Mittelpunkt der Bearbeitung steht die Richtlinie 2000/43/EG, die als erster Rechtsakt auf der Basis von Art. 13 Abs. 1 EG Diskriminierungsverbote für das Zivilrecht aufstellte. Sie soll im folgenden analysiert und diskutiert werden.

---

[463] Eine Ausnahme gilt für die Mitwirkung und Mitgliedschaft in privatrechtlichen Berufsorganisationen gem. Art. 3 Abs. 1 lit. d der RL 2000/78/EG, die das allgemeine Zivilrecht betrifft, vgl. dazu 2. Teil. C. III. 1. a.

[464] Vgl. oben 2. Teil C. II. 2.

[465] RL 75/117/EWG v. 10.2.1975 zur Angleichung der Rechtsvorschriften der Mitgliedstaaten über die Anwendung des Grundsatzes des gleichen Entgelts für Männer und Frauen (ABl. 1975 L 45/19); RL 79/7/EWG v. 19.12.1978 zur Gleichbehandlung von Männern und Frauen im Bereich der sozialen Sicherheit (ABl. 1979 L 6/24); RL 86/613/EWG v. 11.12.1986 zur Verwirklichung des Grundsatzes der Gleichbehandlung von Männern und Frauen, die eine selbständige Tätigkeit – auch in der Landwirtschaft – ausüben, sowie über den Mutterschutz (ABl. 1986 L 359/56); RL 86/378/EWG v. 24.7.986 zur Verwirklichung des Grundsatzes der Gleichbehandlung von Männern und Frauen bei den betrieblichen Systemen der sozialen Sicherheit (ABl.1986 L 225/40), geändert durch RL 96/97/EG v. 20.12.1996 zur Änderung der RL 86/378/EWG zur Verwirklichung des Grundsatzes von Männern und Frauen bei den betrieblichen Systemen der sozialen Sicherheit (ABl. 1997 L 46/20).

[466] Heute wäre Art. 141 Abs. 3 EG die zutreffende Rechtsgrundlage für die RL 76/207/EWG. Bei der Ungleichbehandlung aufgrund des Geschlechts im Bereich des Arbeits- und Berufslebens geht er als speziellere Regelung der allgemeinen Gleichbehandlungsvorschrift des Art. 13 Abs. 1 EG vor, vgl. 2. Teil A. III. 1. b. Zum Verhältnis des Art. 141 Abs. 3 EG zu Art. 137 Abs. 1 lit. i EG, vgl. *Eichenhofer* in: Streinz (Hrsg.), EUV/EGV, Art. 141 EG Rn. 22.

Ohne der Beschreibung der Richtlinie 2004/113/EG vorzugreifen[467] wird jedoch, wo es sich anbietet, auf gleich lautende bzw. ähnlich auszulegende Vorschriften der Richtlinie 2004/113/EG verwiesen. Dies gilt in eingeschränktem Maße auch für die Richtlinie 2000/78/EG sowie die konsolidierte Fassung der Richtlinie 76/207/EWG.

1. Zivilrechtlicher Anwendungsbereich (Art. 3)

Auf den ersten Blick betrifft nur Art. 3 Abs. 1 lit. h der Richtlinie (Güter und Dienstleistungen) private Rechtsgeschäfte. Eine genaue Untersuchung zeigt jedoch, dass der zivilrechtliche Anwendungsbereich der Richtlinie 2000/43/EG darüber hinaus weist.

a. Mitgliedschaft und Mitwirkung in einer Organisation, deren Mitglieder einer bestimmten Berufsgruppe angehören (Art. 3 Abs. 1 lit. d)

In den Art. 3 Abs. 1 lit. d der Richtlinien 2000/43/EG und 2000/78/EG sowie der konsolidierten Fassung der Richtlinie 76/207/EWG geht es nicht nur um Arbeitnehmer- und Arbeitgebervereinigungen, sondern auch um die Mitgliedschaft und Mitwirkung in Organisationen, deren Mitglieder einer bestimmten Berufsgruppe angehören. Soweit es sich um privatrechtliche Berufsvereinigungen außerhalb des Arbeitsrechts handelt, ist der Anwendungsbereich des Zivilrechts eröffnet. Es kann sich dabei z.B. um Zusammenschlüsse von Angehörigen der freien Berufe (z.B. Ärzte, Apotheker, Rechtsanwälte, Architekten, Steuerberater und Wirtschaftsprüfer) handeln, die für ihre Mitglieder etwa Fortbildungsseminare anbieten.

Alle drei Richtlinienbestimmungen besagen, dass es in Bezug auf die Mitgliedschaft in solchen Organisationen oder die von diesen Organisationen gebotenen Leistungen keine Diskriminierungen geben darf. Gem. Art. 3 Abs. 1 lit. d der Richtlinie 2000/43/EG ist eine Diskriminierung aufgrund der „Rasse" oder der ethnischen Herkunft verboten. Die Art. 3 Abs. 1 lit. d der Richtlinie 2000/78/EG und der konsolidierten Fassung der Richtlinie 76/207/EWG dehnen dieses Diskriminierungsverbot auf die Tatbestände Religion oder Weltanschauung, Behinderung, Alter, sexuelle Ausrichtung und Geschlecht aus. Dies ist der einzige Fall, in dem die Richtlinien 2000/78/EG und 76/207/EWG Diskriminierungsverbote für das Zivilrecht formulieren.

---

[467] Dazu unten 2. Teil C. IV.

b. Soziale Vergünstigungen (Art. 3 Abs. 1 lit. f)

Die Kommission[468] definiert soziale Vergünstigungen im Einklang mit der Rechtsprechung des EuGH als Vorteile wirtschaftlicher oder kultureller Art, die entweder von öffentlichen Stellen oder von privaten Einrichtungen in den Mitgliedstaaten gewährt werden. Zu den sozialen Vergünstigungen zählen daher z.B. kostenlose oder verbilligte Fahrten in öffentlichen Verkehrsmitteln, Preisnachlässe auf Eintrittskarten für kulturelle oder andere Veranstaltungen oder verbilligte Schulmahlzeiten für Kinder aus einkommensschwachen Familien.

Soweit soziale Vergünstigungen durch private Einrichtungen gewährt werden, ist das Zivilrecht betroffen. Es handelt sich dabei i.d.R. jedoch um Rechtsgeschäfte, die der Sache nach den (verbilligten) Zugang zu Gütern und Dienstleistungen betreffen und damit eigentlich unter Art. 3 Abs. 1 lit. h der Richtlinie fallen. Gleichwohl ist zu beachten, dass soziale Vergünstigungen *stets* diskriminierungsfrei zu gewähren sind: Es kommt im Gegensatz zu Art. 3 Abs. 1 lit. h nicht darauf an, ob sie der Öffentlichkeit zur Verfügung stehen.

c. Gesundheits- und Bildungswesen (Art. 3 Abs. 1 lit. e und g)

Soweit gesundheits- und bildungsbezogene Leistungen durch Private bzw. in privatrechtlicher Form angeboten werden, kommt es ebenfalls nicht darauf an, ob sie der Öffentlichkeit zur Verfügung stehen. Sie müssen vielmehr stets diskriminierungsfrei in Anspruch zu nehmen sein. Obwohl es sich also der Sache nach ebenfalls um Geschäfte über Dienstleistungen i.S.d. Art. 3 Abs. 1 lit. h der Richtlinie handelt, rechtfertigt dies ihre gesonderte Erwähnung. Die diskriminierungsfreie Gesundheitsversorgung war im ursprünglichen Richtlinienvorschlag KOM 1999 566 noch nicht enthalten. Erst im überarbeiteten Vorschlag der Kommission KOM 2000 328 wurde sie zur „Klarstellung" als Unterfall des Sozialschutzes in Art. 3 Abs. 1 lit. e aufgenommen.

d. Zugang zu Gütern und Dienstleistungen, die der Öffentlichkeit zur Verfügung stehen, einschließlich von Wohnraum (Art. 3 Abs. 1 lit. h)

Der diskriminierungsfreie Zugang zu Gütern und Dienstleistungen, die der Öffentlichkeit zur Verfügung stehen, inkl. Wohnraum, bildet den Kern des zivilrechtlichen Diskriminierungsverbots der Richtlinie 2000/43/EG. Die Richtlinie 2004/113/EG enthält mit Art. 3 Abs. 1 eine ähnliche Vorschrift, die sich auf die Geschlechtergleichbehandlung bezieht.

Während Art. 3 Abs. 1 lit. h der Richtlinie 2000/43/EG jedoch den folgenden Wortlaut hat:

---

[468] KOM (1999) 566, 8.

III. Richtlinie 2000/43/EG

"Im Rahmen der auf die Gemeinschaft übertragenen Zuständigkeiten gilt diese Richtlinie für alle Personen in öffentlichen und privaten Bereichen, einschließlich öffentlicher Stellen, in bezug auf: ... den Zugang zu und die Versorgung mit Gütern und Dienstleistungen, die der Öffentlichkeit zur Verfügung stehen, einschließlich von Wohnraum",

ist Art. 3 Abs. 1 der Richtlinie 2004/113/EG enger gefasst:[469]

*"Im Rahmen der auf die Gemeinschaft übertragenen Zuständigkeiten gilt diese Richtlinie für alle Personen, die Güter und Dienstleistungen bereitstellen, die der Öffentlichkeit **ohne Ansehen der Person** zur Verfügung stehen, und zwar in öffentlichen und privaten Bereichen, einschließlich öffentlicher Stellen, und die außerhalb des Bereichs des Privat- und Familienlebens und der in diesem Kontext stattfindenden Transaktionen angeboten werden."*

Zusätzlich bestimmt Art. 3 Abs. 2 der Richtlinie 2004/113/EG:

"Diese Richtlinie berührt nicht die freie Wahl des Vertragspartners durch eine Person, solange diese ihre Wahl nicht vom Geschlecht des Vertragspartners abhängig macht."

aa. Güter und Dienstleistungen

Der Inhalt beider Begriffe ist gemeinschaftsrechtlich zu bestimmen. Nach dem Willen der Kommission[470] sind die in den Richtlinien 2000/43/EG und 2004/113/EG genannten „Güter und Dienstleistungen" identisch auszulegen und auf solche Güter und Leistungen zu beschränken, die üblicherweise gegen Entgelt abgegeben bzw. erbracht werden.

Diese Anmerkung entspricht der Definition der Dienstleistung in Art. 50 Abs. 1 EG, auf die zur inhaltlichen Präzisierung zurückgegriffen werden kann:

"Dienstleistungen im Sinne dieses Vertrags sind Leistungen, die in der Regel gegen Entgelt erbracht werden, soweit sie nicht den Vorschriften über den freien Waren- und Kapitalverkehr und über die Freizügigkeit der Personen unterliegen. Als Dienstleistungen gelten insbesondere: a) gewerbliche Tätigkeiten, b) kaufmännische Tätigkeiten, c) handwerkliche Tätigkeiten, d) freiberufliche Tätigkeiten."

Der europarechtliche Begriff der Dienstleistung ist umfassend zu verstehen und nicht etwa nur auf die aus dem deutschen Recht bekannten Dienst- und Werk-

---

[469] Zur Bedeutung des abweichenden Wortlauts für die Interpretation der Regelung vgl. unten 2. Teil C. IV. 3. b. aa. und bb. Ursprünglich hatten Art. 3 Abs. 1 lit. h der RL 2000/43/EG und Art. 1 Abs. 2 a.F. des Vorschlags der EU-KOM für die RL 2004/113/EG einen fast gleichen Wortlaut. Art. 1 Abs. 2 a.F. lautete: *„Im Rahmen der auf die Gemeinschaft übertragenen Zuständigkeiten gilt diese Richtlinie für alle Personen in öffentlichen und privaten Bereichen in Bezug auf den Zugang zu und die Versorgung mit Gütern und Dienstleistungen, die der Öffentlichkeit zur Verfügung stehen, einschließlich Wohnraum."* Dies ist deshalb hervorzuheben, weil dadurch auch die Erklärungen der EU-KOM in KOM (2003) 657 für die Auslegung der Bestimmungen der RL 2000/43/EG von Bedeutung waren.

[470] KOM (2003) 657, 15.

verträge zu beschränken: Er umfasst z.B. auch medizinische Betreuung oder Gesundheitspflege.[471]

Für Waren bzw. Güter enthält der EG-Vertrag selbst keine Definition. Der EuGH[472] hat jedoch in seiner Rechtsprechung einen einheitlichen Warenbegriff entwickelt. Danach muss es sich um einen körperlichen Gegenstand handeln, der einen Geldwert hat und Gegenstand von Handelsgeschäften sein kann.

bb. Wohnraum

In den Begriff des „Wohnraums" bezieht die Kommission[473] alle Arten von Wohnung ein, einschließlich Mietwohnungen und Hotelunterkünften. Es kann sich also sowohl um die Vermietung einer Räumlichkeit als auch um den Kauf eines Einfamilienhauses oder um bloße Überlassung einer Übernachtungsmöglichkeit handeln.

Die Bereitstellung von Wohnraum ist eigentlich vom Begriff der „Dienstleistung" umfasst, wurde von der Kommission[474] aber zur Klarstellung in die Richtlinie mit aufgenommen. Es erscheint jedoch aus Verständnisgründen nicht sinnvoll, eine konkrete Dienstleistungskategorie gesondert zu erwähnen, führt dies doch allenfalls zu Auslegungsproblemen.[475]

cc. Was steht der Öffentlichkeit zur Verfügung?

Da das Recht auf Gleichbehandlung eines der fundamentalen Prinzipien des Gemeinschaftsrechts darstellt,[476] lässt sich ein legitimes Ziel der zivilrechtlichen Anti-Diskriminierungsmaßnahmen kaum in Abrede stellen. Fraglich ist aber, ob der Gesetzgeber zwischen den rechtlich geschützten Interessen des Diskriminierenden und denen des Diskriminierungsopfers im Privatrechtsverkehr einen angemessenen Ausgleich gefunden hat. Die Beantwortung dieser Frage hängt u.a. davon ab, wie die europarechtlichen Bestimmungen in diesem Bereich zu verstehen sind: Was genau meint Art. 3 Abs. 1 lit. h der Richtlinie 2000/43/EG mit „*Güter[n] und Dienstleistungen, die der Öffentlichkeit zur Verfügung stehen*"?

Der Begriff ist interpretationsoffen und muss unter Berücksichtigung der Grundrechtspositionen der Betroffenen bestimmt werden. Während das Diskrimi-

---

[471] Vgl. dazu auch EuGH Rs. C-157/99, Slg. 2001, 5473 (*Smits und Peerbooms*).
[472] EuGH Rs. 7/68, Slg. 1968, 633 ff. (*Kommission/Italien* – „*Kunstschätze*"); EuGH Rs. 1/77, Slg. 1977, 1473 Rn. 4 (*Bosch*); EuGH Rs. C-2/90, Slg. 1992, 4431 Rn. 26 (*Kommission/Belgien*); EuGH Rs. C-324/93, Slg. 1995, 563 Rn. 20 (*Queen/Secretary of State for Home Department, ex parte: Evans Medical*).
[473] KOM (2003) 657, 15.
[474] KOM (2000) 328, 2.
[475] Vgl. unten 2. Teil C. III. 1. d. cc. (7).
[476] Vgl. 2. Teil A. III. 2. a. cc. (2).

rungsopfer sich auf den Gleichbehandlungsgrundsatz und die Vertragsfreiheit berufen kann, stehen auch dem Diskriminierenden Grundrechte zur Seite. Dies können je nach Sachverhalt die Vereinigungs- oder Meinungsfreiheit, das Eigentumsrecht oder die Berufsfreiheit sein. Nach Art. 11 EMRK, auf den sich der EuGH[477] bei der Entwicklung der Vereinigungsfreiheit ausdrücklich berufen hat, schützt diese das Recht zum Zusammenschluss zu einem bestimmten Zweck, also Gründung, Beitritt und Tätigkeit in der Vereinigung und umfasst auch die Tätigkeit in der Vereinigung selbst.[478] Die Vereinigungsfreiheit ist in Art. 12 ChGR anerkannt. Art. 11 ChGR gewährleistet das Recht auf freie Meinungsäußerung. Er entspricht in seiner Ausformung Art. 10 EMRK.[479] Im Gegensatz zur EMRK[480] garantiert das Gemeinschaftsrecht auch die Berufsfreiheit. Sie umfasst sowohl die Berufswahlfreiheit als auch die Freiheit der Berufsausübung. Das Eigentum wird durch Art. 17 ChGR geschützt. Die Gewährleistung entspricht Art. 1 des ersten Zusatzprotokolls zur EMRK. Es handelt sich um ein gemeinsames Grundrecht aller mitgliedstaatlichen Verfassungen.

Im Vordergrund steht jedoch stets die Privatautonomie, insbesondere die Vertragsfreiheit und das Recht auf Privatleben. Vorliegend soll zunächst die gemeinschaftsrechtliche Grundrechtslage zwischen dem Diskriminierenden und dem Diskriminierungsopfer untersucht werden. In diesem Lichte wird die Regelung interpretiert.

(1) Gemeinschaftsgrundrechte des Diskriminierenden

Auch derjenige, der diskriminierend handelt, ist durch die Maßnahmen der Gemeinschaft in Grundrechtspositionen betroffen. In Betracht kommen insbesondere die Vertragsfreiheit und das Recht auf Achtung des Privat- und Familienlebens.

Seit ihrer Gründung ist die EU auf eine Integration der Wirtschaft durch grenzüberschreitenden Handel ausgerichtet. Dies setzt den Abschluss von Verträgen voraus, was seinerseits nicht ohne Gewährleistung der *Vertragsfreiheit* möglich ist. Trotzdem fällt ihre genaue Verortung schwer,[481] auch in der Charta der Grundrechte der Europäischen Union wird sie nicht genannt. Zu untersuchen ist deshalb, woraus sich die gemeinschaftsrechtliche Vertragsfreiheit ableiten lässt und was ihr Schutzbereich umfasst.

Die Vertragsfreiheit ist eine Ausprägung der Privatautonomie. Diese wird im deutschen Recht durch Art. 2 Abs. 1 GG als Teilbereich der allgemeinen Hand-

---

[477] EuGH Rs. C-415/93, Slg. 1995, 4921, Rn. 79, Leitsatz 8 (*Bosman*).
[478] *Frowein* in: Frowein/Peukert (Hrsg.), EMRK, Art. 11 Rn. 6 ff.
[479] Erläuterungen des Präsidiums des Konvents zu Art. 11 ChGR.
[480] *Frowein* in: Frowein/Peukert (Hrsg.), EMRK, Art. 4 Rn. 1.
[481] Vgl. *Canaris* in: Badura/Scholz (Hrsg.), FS Lerche, 873 (890).

lungsfreiheit bzw. durch die Berufsfreiheit nach Art. 12 Abs. 1 GG, sofern Beruf oder Gewerbe betroffen sind,[482] geschützt. Die Charta gewährleistet in Art. 16 dagegen lediglich die „unternehmerische Freiheit". Obwohl dieser Titel die Vermutung nahe legt, dass dort die Vertragsfreiheit nur im Zusammenhang mit berufsbezogenen Tätigkeiten geschützt wird,[483] schwebte dem Konvent ein Ansatz vor, der über die Freiheit, eine Wirtschafts- oder Geschäftstätigkeit auszuüben, hinausgeht. So soll Art. 16 ChGR nach den Erläuterungen des Präsidiums des Konvents allgemein die Vertragsfreiheit gewährleisten. Diesen Erläuterungen war zwar ursprünglich keine Rechtswirkung zugedacht.[484] Der Verfassungsvertrag sieht jedoch nunmehr in Art. II-112 Abs. 7[485] sowie in der Präambel[486] zu Teil II ihre gebührende Berücksichtigung bei der Auslegung vor, so dass sie auch hier als wichtige Auslegungshilfe verwendet werden. Das Präsidium nimmt Bezug auf Entscheidungen des EuGH[487], in denen dieser die Vertragsfreiheit anerkannt hat und auf die sich Art. 16 ChGR ebenfalls stützt. Auch in anderem Zusammenhang wird die Vertragsfreiheit als Rechtsgrundsatz des Gemeinschaftsrechts erwähnt.[488]

Dieses Ergebnis wird durch die „Grundregeln des Europäischen Vertragsrechts"[489] bestätigt. Die Grundregeln unternehmen den Versuch, das europäische Vertragsrecht auf rechtsvergleichender Grundlage zu vereinheitlichen.[490] Ähn-

---

[482] *Tettinger* in: Sachs (Hrsg.), GG-Komm., Art. 12 Rn. 162; *Wieland* in: Dreier (Hrsg.), GG-Komm. Bd. 1, Art. 12 Rn. 169; dieses Spezialitätsverhältnis wird in der deutschen höchstrichterlichen Rechtsprechung freilich nicht konsequent aufrechterhalten.

[483] So auch *Jarass*, EU-Grundrechte, 247.

[484] *Streinz* in: Streinz, EUV/EGV, Vorbem ChGR, Rn. 17.

[485] Art. II-112 Abs. 7 VVE lautet: „Die Erläuterungen, die als Anleitung für die Auslegung der Charta der Grundrechte verfasst wurden, sind von den Gerichten der Union und der Mitgliedstaaten gebührend zu berücksichtigen."

[486] An den fünften Absatz der Präambel der als Teil II in den Entwurf für einen Verfassungsvertrag übernommenen Charta wurde ein entsprechender Satz angefügt: *„In diesem Zusammenhang wird die Charta von den Gerichten der Union und der Mitgliedstaaten unter gebührender Berücksichtigung der Erläuterungen, die auf Veranlassung und in eigener Verantwortung des Präsidiums des Konvents zur Ausarbeitung der Charta formuliert wurden, ausgelegt werden."*

[487] EuGH Rs. 151/78, Slg. 1979, 1 Rn. 19 (*Sukkerfabriken Nykøbing*); EuGH Rs. C-240/97, Slg. 1999, 6571 Rn. 99 (*Spanien/Kommission*).

[488] Schlussantrag GA *Geelhoed*, Rs. C-334/00, Slg. 2002, 7357 Rn. 55, 65 (*Tacconi*); EuG Rs. T-128/98, Slg. 2000, 3929 Rn. 82 f. (*Aéroports de Paris*); EuG Rs. T-24/90, Slg. 1992, 2223 Rn. 51 f. (*Automec/Kommission*).

[489] *V. Bar/Zimmermann (Hrsg.)*, Grundregeln des Europäischen Vertragsrechts: Teile I und II; *Lando u.a. (Hrsg.)*, Principles of European Contract Law: Part III.

[490] Art. 1:101 Abs. 1 formuliert als den Hauptzweck der Grundregeln, ein allgemeines Regelwerk des Vertragsrechts der Europäischen Union zu bieten, das auf den nationalen Rechten der 15 Mitgliedstaaten beruht; für einen Überblick über die Entwicklung und

lich der vorläufigen Funktion der Charta[491] kommt ihnen Bedeutung für die „Sichtbarmachung" europäischer Vertragsrechtsprinzipien zu. Art. 1:102 nennt die Vertragsfreiheit von Bürgern und Unternehmen als eine Grundregel des europäischen Vertragsrechts, die in allen Mitgliedstaaten anerkannt wird. Soweit dort keine Gesetzesbestimmung herangezogen werden könne, gelte die Vertragsfreiheit als grundlegendes Prinzip.[492] Diese Anmerkung mag gleichzeitig erklären, warum die Vertragsfreiheit keine ausdrückliche Aufnahme in die Charta gefunden hat. Als grundlegendes Prinzip einer Privatrechtsordnung, das nicht einmal in allen Mitgliedstaaten gesetzlich geregelt und schlechthin das Fundament für eine funktionierende Marktwirtschaft ist, wird seine Geltung bereits vorausgesetzt.[493]

Diese Erklärungen sind jedoch dogmatisch unbefriedigend. Der in Art. 16 ChGR kodifizierten unternehmerischen Freiheit liegen ersichtlich Sachverhalte des Wirtschafts- bzw. Geschäftsverkehrs zugrunde. Zudem ist der gemeinschaftliche *Unternehmerbegriff* in Abgrenzung zum *Verbraucherbegriff* entwickelt worden. Auch der *Verbraucher* kann jedoch, wie überhaupt jede Person, Vertragsfreiheit für sich in Anspruch nehmen. Auf sein Recht passt der Begriff *unternehmerische* Freiheit gerade nicht. Es ist daher dogmatisch wenig überzeugend, die Vertragsfreiheit im Rahmen der speziellen wirtschaftlichen Freiheit des Art. 16 ChGR zu schützen.[494] Im Gegensatz zu den Ausführungen des Präsidiums des Konvents erscheint es vorzugswürdig, die Vertragsfreiheit Privater bei der allgemeinen Handlungsfreiheit zu verorten. Letztere hat der EuGH[495] in seiner Rechtsprechung erwähnt, wenn auch nicht inhaltlich ausgefüllt. Sie wurde ebenfalls nicht ausdrücklich in die Charta aufgenommen. Der EuGH hat jedoch festgestellt, dass Eingriffe der öffentlichen Gewalt in die Sphäre privater Betätigung stets einer Rechtsgrundlage bedürfen.[496] Damit handelt es sich bei der allgemeinen Handlungsfreiheit im Ergebnis um einen Auffangtatbestand,[497] unter den die Vertragsfreiheit von Privaten subsumiert werden könnte.[498] Sie ist aber nur dann heranzuziehen, wenn kein anderes Freiheitsrecht sachnäher ist. Will man die Gewährleistung der Vertragsfreiheit mit Blick auf die künftige Rechtsverbind-

---

Veränderung des Vertragsrechts in Europa, vgl. *Niglia*, The Transformation of Contract in Europe, 2003.

[491] Vgl. zur Charta und zu ihrem rechtlichen Status bereits 2. Teil A. III. 2. a. cc. (1).
[492] *V. Bar/Zimmermann (Hrsg.)*, Grundregeln des Europäischen Vertragsrechts: Teile I und II, Anmerkungen zu Art. 1:102: Vertragsfreiheit.
[493] In diese Richtung schon *Canaris* in: Badura/Scholz (Hrsg.), FS Lerche, 873 (890).
[494] *Mahlmann*, ZEuS 2002, 407 (419 f.).
[495] EuGH verb. Rs. C-133 – 136/85, Slg. 1987, 2289 Rn. 15, 18 f. (*Rau*).
[496] EuGH verb. Rs. C-46/87 und C-227/88, Slg. 1989, 2859 Rn. 19 (*Hoechst*).
[497] *Rengeling*, Grundrechtsschutz in der EG, 136; *Stumpf* in: Schwarze (Hrsg.), EU-Komm., Art. 6 EUV Rn. 22.
[498] *Rengeling*, Grundrechtsschutz in der EG, 21 f.; *Mahlmann*, ZEuS 2002, 407 (419).

lichkeit der Charta daher lieber auf ein dort genanntes Recht stützen, so bietet sich statt Art. 16 ChGR das Eigentumsrecht nach Art. 17 ChGR an. Auch der EGMR[499] leitet die Vertragsfreiheit aus Art. 1 des ersten Zusatzprotokolls zur EMRK, dem Schutz des Eigentums, her. Unabhängig von konstruktiven Unterschieden ist im Ergebnis aber festzustellen, dass die Vertragsfreiheit zu den allgemeinen Grundsätzen der Gemeinschaftsrechtsordnung gehört.

Zu klären ist nun, was genau ihr *Schutzbereich* umfasst. Art. 1:102 Abs. 1 der Grundregeln des Europäischen Vertragsrechts stellt fest, dass die Parteien im Rahmen der Vertragsfreiheit frei sind, einen Vertrag zu schließen und seinen Inhalt zu bestimmen. Ähnlich formuliert es Generalanwalt *Geelhoed*[500]: Aus dem Grundsatz der Vertragsfreiheit folge, dass jedermann frei wählen kann, mit wem und worüber er in Verhandlungen treten will. Damit entspricht ihr Schutzbereich grundsätzlich dem des deutschen Rechts, in dem ebenfalls zwischen der Freiheit des einzelnen, ob und mit wem er einen Vertrag schließen möchte (Abschlussfreiheit) und in welcher Weise der Vertrag nach Form und Inhalt gestaltet werden soll (Gestaltungsfreiheit), unterschieden wird. Trotzdem müssen gemeinschaftsrechtliche Besonderheiten beachtet werden, die im Einzelfall zu einer abweichenden Ausgestaltung im Vergleich zur Vertragsfreiheit des Grundgesetzes führen können. Dies ergibt sich schon aus der Methode der wertenden Verfassungsvergleichung[501] des EuGH, der bei der Bestimmung des jeweiligen Gewährleistungsgehaltes eines Grundrechts z.B. auch die Ziele der Gemeinschaftsverträge berücksichtigt. Mit anderen Worten: Ein inhaltlicher Gleichklang von europäischer und deutscher Vertragsfreiheit ist normativ nicht zwingend.

Im Gegensatz zur Vertragsfreiheit wird der Schutz des Privat- und Familienlebens sowohl in der Richtlinie 2000/43/EG als auch der Richtlinie 2004/113/EG in den Erwägungsgründen ausdrücklich genannt.[502] Vergegenwärtigt man sich dazu noch einmal die Gewährleistungen der Art. 3 Abs. 1 lit. h der Richtlinie 2000/43/EG bzw. Art. 3 Abs. 1 der Richtlinie 2004/113/EG, die beide voraussetzen, dass Güter und Dienstleistungen „*der Öffentlichkeit zur Verfügung*" stehen, so wird klar, dass es sich beim Recht auf Privatleben im Zusammenhang mit den Anti-Diskriminierungsmaßnahmen im Zivilrecht um eine besonders wichtige Gewährleistung handelt. Auch hier ist daher Herleitung und Schutzbereich zu bestimmen.

---

[499] EGMR, Appl.-Nr. 31107/96, RJD 1999-II, 75 (*Iatridis/Griechenland*).
[500] Schlussantrag GA *Geelhoed*, Rs. C-334/00, Slg. 2002, 7357 Rn. 55 (*Tacconi*).
[501] Zu dieser Erkenntnismethode: *Kühling* in: v. Bogdandy (Hrsg.), Europäisches Verfassungsrecht, 583 (590 f.); *Pernice/Mayer* in: Grabitz/Hilf (Hrsg.), EUV/EGV, nach Art. 6 EUV Rn. 14.
[502] 4. bzw. 13. Erwägungsgrund der RL 2000/43/EG und 2004/113/EG.

Im deutschen Recht wird die Achtung der Privatsphäre und des Familienlebens u.a. aus dem allgemeinen Persönlichkeitsrecht nach Art. 2 Abs. 1 i.V.m. Art. 1 Abs. 1 GG *hergeleitet*. Als klassisches Menschenrecht findet es sich, in einem oder mehreren Grundrechten, in den Verfassungen nahezu aller Mitgliedstaaten und gehört zu den allgemeinen Grundsätzen des Gemeinschaftsrechts.[503] Auch der EuGH hat das Recht auf Achtung des Privat-[504] und Familienlebens[505] als von der Gemeinschaftsrechtsordnung geschütztes Grundrecht anerkannt. Art. 7 ChGR fasst diesen Schutz unter dem Oberbegriff der Achtung des Privat- und Familienlebens zusammen.

Inhaltlich entspricht Art. 7 der Charta dem Art. 8 EMRK.[506] Nach Art. 53 Abs. 3 ChGR hat diese Vorschrift daher die gleiche Bedeutung und Tragweite wie die Rechte aus dem entsprechenden Artikel der EMRK. Ein weitergehender Schutz auf Gemeinschaftsebene bleibt aber möglich. Das Recht auf Achtung der Privatsphäre und des Familienlebens schützt all jene Bereiche des Lebens, die andere Personen nicht betreffen. Dem einzelnen soll ein Bereich gesichert werden, in dem er die Entwicklung und Erfüllung seiner Persönlichkeit anstreben kann.[507] Nicht jede Begrenzung der persönlichen Entfaltung berührt jedoch den Schutzbereich. Wo das Privatleben in Kontakt mit dem öffentlichen Leben oder anderen geschützten Interessen gebracht wird, ist schon gar keine Beeinträchtigung des persönlichen Bereichs gegeben.[508] Zur Kennzeichnung des Schutzbereichs verwendet *Streinz*[509] den Begriff der „*Nicht-Öffentlichkeit*", mit dem die enge Verbindung zwischen dem Merkmal „*der Öffentlichkeit zur Verfügung stehen*" und dem Recht auf Privatleben in den Richtlinien 2000/43/EG und 2004/113/EG unterstrichen wird. Das eine schließt das andere offenbar aus. Entscheidend dürfte sein, ob ein bestimmtes Verhalten als Ausdruck der Persönlichkeit gewertet werden kann.[510] Auch ist danach abzustufen, mit welcher Intensität ein staatliches oder privates Handeln die Privatsphäre beeinträchtigt. Betrifft es nur den zwischenmenschlichen Bereich oder greift es tief in das persönliche Selbstverständnis ein, indem es z.B. die Intimsphäre oder den unmittelbaren Rückzugsraum des Individuums berührt (hier ergeben sich Überschneidungen mit dem ebenfalls über Art. 7 ChGR geschützten Recht auf Achtung der Wohnung)?

---

[503] *Streinz* in: Streinz (Hrsg.), EUV/EGV, Art. 7 ChGR Rn. 2.
[504] EuGH Rs. C-62/90, Slg. 1992, 2575 Rn. 23 (*Kommission/ Deutschland*); EuGH Rs. C-404/92 P, Slg. 1994, 4737 Rn. 17 (*X/Kommission* – „Aidstest").
[505] EuGH Rs. C-249/86, Slg. 1989, 1263 Rn. 10 (*Kommission/Deutschland* – „Wanderarbeitnehmer"); EuGH Rs. C-267/83, Slg. 1985, 567 Rn. 14 ff. (*Diatta/Land Berlin*); EuGH Rs. C-413/99, Slg. 2002, 7091 Rn. 72 (*Baumbast*).
[506] Erläuterungen des Präsidiums des Konvents zu Art. 7 ChGR.
[507] *Frowein* in: Frowein/Peukert (Hrsg.), EMRK, Art. 8 Rn. 3.
[508] *Frowein* in: Frowein/Peukert (Hrsg.), EMRK, Art. 8 Rn. 3 ff.
[509] *Streinz* in: Streinz, EUV/EGV, Art. 7 ChGR Rn. 10.
[510] *Frowein* in: Frowein/Peukert (Hrsg.), EMRK, Art. 8 Rn. 7.

Schließlich ist zu fragen, ob der einzelne selbst den geschützten Raum der Privatsphäre verlassen hat und durch seine Handlungen freiwillig in die Öffentlichkeit getreten ist. Das Recht auf Familienleben ergänzt den Schutz der Privatsphäre durch die Achtung der familiären Beziehungen des einzelnen. Sein Schutzbereich wird durch die Anti-Diskriminierungsmaßnahmen der Gemeinschaft i.d.R nicht berührt.

(2) Eingriffsqualität der zivilrechtlichen Anti-Diskriminierungsmaßnahmen

Unter einem Eingriff kann jede Beeinträchtigung der durch ein Grundrecht prinzipiell geschützten Rechtspositionen verstanden werden.[511] Bei Richtlinienbestimmungen stellt sich die Frage, ob bereits die Vorschrift selbst oder erst der nationale Umsetzungsakt Eingriffsqualität aufweist. Zutreffend ist die Annahme, dass die Umsetzungspflicht bereits eine eingriffsgleiche Grundrechtsgefährdung auslöst, die sich im Rahmen der mitgliedstaatlichen Umsetzung zwangsläufig realisiert.[512] Dies gilt vorliegend umso mehr, als die Gewährleistungen der Art. 3 Abs. 1 lit. h bzw. Art. 3 Abs. 1 der Richtlinien 2000/43/EG und 2004/113/EG hinreichend detailliert formuliert sind, um einen Umsetzungsspielraum der Mitgliedstaaten auszuschließen.

Im Hinblick auf die *Vertragsfreiheit* greifen beide Richtlinienbestimmungen sowohl in die Abschlussfreiheit als auch in die Gestaltungsfreiheit des Diskriminierenden ein, indem sie ihm die Beachtung der Diskriminierungsverbote beim Abschluss und der inhaltlichen Ausgestaltung eines Vertrags zur Pflicht machen. Einen Kontrahierungszwang sehen die Richtlinien 2000/43/EG und 2004/113/EG hingegen nicht vor,[513] so dass die Freiheit, *ob* ein Vertrag geschlossen werden soll, nicht berührt wird.

Fraglich ist, ob die Bestimmungen auch in das *Recht auf Achtung des Privat- und Familienlebens* eingreifen. Dies könnte durch den europäischen Gesetzgeber dadurch abgewendet worden sein, dass nur solche Verträge erfasst werden, die „*der Öffentlichkeit zur Verfügung stehen*". Diese Einschränkung verhindert zunächst aber nur eine offensichtliche Unangemessenheit und eröffnet Abwägungsspielraum für den Rechtsanwender. Es hängt dann von der spezifischen Interpretation der Regelung ab,[514] ob Art. 3 Abs. 1 lit. h bzw. Art. 3 Abs. 1 der Richtlinien 2000/43/EG und 2004/113/EG das Recht auf Privatleben berühren:

---

[511] *Kühling* in: v. Bogdandy (Hrsg.), Europäisches Verfassungsrecht, 583 (614).
[512] *Kühling* in: v. Bogdandy (Hrsg.), Europäisches Verfassungsrecht, 583 (615).
[513] Art. 15 bzw. Art. 14 der RL 2000/43/EG und 2004/113/EG sprechen nur davon, dass die Sanktionen „*wirksam, verhältnismäßig und abschreckend*" sein müssen. Dies erfordert keinen Kontrahierungszwang, vgl. 2. Teil C. III. 5. a. bb.
[514] Vgl. dazu sogleich 2. Teil C. III. 1. d. cc. (4).

Favorisiert man ein Verständnis, nach dem nur Massengeschäfte[515] erfasst sind, wäre das Privatleben i.d.R. gar nicht berührt. Würde man jedoch jedes öffentliche Angebot ausreichen lassen, z.b. das oft herangezogene Inserat in einer Tageszeitung, wäre eine Verletzung des Grundrechts durch diese Bestimmungen denkbar, sobald dem unmittelbaren persönlichen Lebensbereich zugehörige Dienste nachgefragt oder angeboten werden. Jedenfalls noch nicht berührt ist das Recht auf Achtung des Privat- und Familienlebens, wenn der einzelne nicht mehr nach seinem persönlichen Belieben auswählen kann mit wem er in Geschäftsbeziehungen tritt. Hier kommt allein eine Verletzung der Vertragsfreiheit in Betracht. Erst wenn ein Vertrag einen Bezug zum persönlichen Lebensbereich aufweist, kommt das Recht auf Privatleben neben der Vertragsfreiheit zum Tragen. Es verstärkt deren Schutz, je weiter sich die Rechtsbeziehung diesem persönlichen Lebensbereich annähert.

Die Anti-Diskriminierungsmaßnahmen der Gemeinschaft in Gestalt von Art. 3 Abs. 1 lit. h der Richtlinie 2000/43/EG und Art. 3 Abs. 1 der Richtlinie 2004/113/EG greifen folglich in die gemeinschaftsrechtlich gewährleistete Vertragsfreiheit des Diskriminierenden ein. Das ebenfalls vom Europarecht anerkannte Recht auf Achtung des Privat- und Familienlebens wird berührt, wenn der persönliche Lebensbereich des Diskriminierenden zum Gegenstand hoheitlicher Regelungen gemacht wird. Dann tritt dieses Recht neben die Vertragsfreiheit und verstärkt deren Schutz. Dabei gewinnt das Recht auf Privatleben umso mehr Gewicht, je weiter der Kernbereich persönlicher Lebensführung betroffen wird.[516]

(3) Gemeinschaftsgrundrechte des Diskriminierungsopfers

Der Eingriff in Gemeinschaftsgrundrechte des Diskriminierenden muss nicht nur auf einer gesetzlichen Grundlage basieren. Art. 3 Abs. 1 lit. h bzw. Art. 3 Abs. 1 der Richtlinien 2000/43/EG und 2004/113/EG müssen auch gleichrangige Werte des Gemeinschaftsrechts zugrunde liegen, die später für die Rechtfertigung des Eingriffs im Rahmen der Verhältnismäßigkeit Bedeutung erlangen.[517]

Auch das Diskriminierungsopfer kann sich u.U. auf den Schutz der *Vertragsfreiheit* berufen. Herleitung und Inhalt der Vertragsfreiheit als Gemeinschaftsgrundrecht wurden bereits dargestellt.[518] Es mag zunächst überraschend erscheinen, auch die Vertragsfreiheit des Diskriminierungsopfers in den Blick zu nehmen. Allzu deutlich tritt doch sein Recht auf Gleichbehandlung in den Vordergrund. Es ist jedoch nicht der einfache Widerstreit von Freiheit (des Diskrimi-

---

[515] Vgl. zu diesem Terminus 3. Teil C. III. 3. b. aa. (1).
[516] So schon *Delbrück* in: Schneider/Götz (Hrsg.), FS Weber, 223 (238).
[517] *Kühling* in: v. Bogdandy (Hrsg.), Europäisches Verfassungsrecht, 583 (621).
[518] Vgl. 2. Teil C. III. d. cc. (1).

nierenden) und Gleichheit (des Diskriminierungsopfers), auf den sich ein Diskriminierungssachverhalt reduzieren lässt. Gleichheit des einen bedeutet nicht nur Reduzierung der Freiheit des anderen. Denn sobald das Diskriminierungsopfer aufgrund persönlicher Merkmale vom Markt ausgeschlossen wird, wird dessen Privatautonomie beschränkt. Ihm bleibt zwar das formale Recht, Verträge abzuschließen, nicht jedoch die tatsächliche Möglichkeit. Erst der Schutz vor Diskriminierungen entfaltet die Privatautonomie des Diskriminierungsopfers.[519] Für das deutsche Recht hat das BVerfG[520] festgestellt, dass Art. 2 Abs. 1 GG die beiderseitige Vertragsfreiheit gewährleistet.[521] Dieser Gedanke dürfte sich auf den Inhalt der Vertragsfreiheit im Gemeinschaftsrecht übertragen lassen.

Als weitere Grundrechtsgewährleistungen in Betracht kommen darüber hinaus der *Gleichbehandlungsgrundsatz und spezielle Diskriminierungsverbote* gem. Art. II-80 ff. VVE.[522] Zur Auslegung dieser Gewährleistungen kann Art. 14 EMRK herangezogen werden. Die Vorschrift enthält ein Diskriminierungsverbot, das wie Art. II-81 VVE generalklauselartig formuliert und daher geeignet ist, alle Arten von potentiellen Diskriminierungen zu erfassen.[523]

Dem Diskriminierungsopfer stehen im Ergebnis damit sowohl die *Vertragsfreiheit* als auch der *Gleichheitssatz* als gemeinschaftsrechtlich verbürgte Grundrechte zur Seite. Das Recht auf Gleichbehandlung wird insbesondere gem. Art. II-81, II-83 VVE verstärkt und konkretisiert durch einen an die Hoheitsgewalt gerichteten Schutzauftrag, bestimmte Diskriminierungen zu unterbinden. An dem geschlechtsspezifischen Diskriminierungsverbot des Art. II-83 VVE zeigt sich, dass auch Privatrechtsverhältnisse dieser Schutzpflicht unterliegen können und sollen.

(4) Interpretation der Gemeinschaftsregelung

Um die Regelung in Art. 3 Abs. 1 lit. h der Richtlinie 2000/43/EG zu verstehen, ist zunächst ein Blick auf ihre *Entstehungsgeschichte* sowie ihr Umfeld erforderlich.[524]

---

[519] *Mahlmann*, ZEuS 2002, 407 (421). Kritisch zu der Anwendung des grundrechtsinduzierten Schutzes vor gestörter Vertragsparität *Jestaedt*, VVDStRL 64, 298 (339 ff.) sowie *Britz*, VVDStRL 64, 355 (387 ff.).

[520] BVerfGE 81, 242 (254 f.) (*Handelsvertreter*); BVerfGE 89, 214 (233) (*Bürgschaftsverträge*); BVerfG, NJW 1996, 2021 (*Bürgschaftsverträge II*); BVerfG NJW 2001, 957 (958) (*Ehevertrag*).

[521] *Canaris*, AcP 200 (2000), 273 (300); *Wiedemann/Thüsing*, DB 2002, 463.

[522] Vgl. zu Herleitung und Inhalt dieser Gleichheitsgewährleistungen bereits 2. Teil. A. III. 2. a. cc.

[523] Vgl. dazu ausführlich 2. Teil A. III. 2. b.

[524] Zur Interpretation des Art. 3 Abs. 1 der RL 2004/113/EG siehe noch 2. Teil C. IV. 3. b. bb.

(a) Entstehungsgeschichte

Im ursprünglichen Vorschlag KOM (1999) 566 für die Richtlinie 2000/43/EG war der Satzteil, Güter und Dienstleistungen müssten *„der Öffentlichkeit zur Verfügung stehen"*, nicht enthalten. Auch die später vorgenommene Erweiterung auf Wohnraum fehlte noch: Art. 3 lit. h des Vorschlags verlangte schlicht den diskriminierungsfreien *„Zugang zu Waren und Dienstleistungen – als Kunde wie auch als Anbieter"*. Ebenso stellte der Vorschlag noch nicht fest, dass es wichtig sei, im Zusammenhang mit dem Zugang zu und der Versorgung mit Gütern und Dienstleistungen den Schutz der Privatsphäre und des Familienlebens sowie der in diesem Kontext getätigten Geschäfte zu wahren. Diese Passage wurde erst später als Teil des 4. Erwägungsgrundes in die Richtlinie 2000/43/EG aufgenommen. Die überarbeitete Formulierung des Art. 3 Abs. 1 lit. h der Richtlinie 2000/43/EG geht auf die Einwände einiger Mitgliedstaaten, insbesondere Deutschlands, Österreichs, der Niederlande und Irlands zurück, die Vorbehalte im Hinblick auf die Anwendung der Richtlinie im häuslich-privaten Bereich und bei ausschließlich privaten Transaktionen äußerten. Sie befürchteten, dass dies mit Grundrechten des Diskriminierenden, insbesondere dem Recht auf Privatleben, kollidieren könnte.[525] Daraus folgt, dass das Merkmal *„der Öffentlichkeit zur Verfügung stehen"* im Lichte der Ergänzung der Erwägungsgründe auszulegen ist. Je stärker ein Vertrag den Kernbereich der persönlichen Freiheitssphäre berührt, umso eher muss die Zulässigkeit willkürlicher Ungleichbehandlungen durch Private akzeptiert werden.[526] Anders gewendet: Diskriminierungen im privaten Umfeld können unverzichtbar für die Entfaltung der Persönlichkeit sein.[527] Diesen Ansatz hat die Kommission im Vorschlag zur Gleichbehandlung von Frauen und Männern im Güter- und Dienstleistungssektor übernommen. Neben einer identischen Formulierung des Anwendungsbereichs der Richtlinie in Art. 1 Abs. 2 bestimmte der 11. Erwägungsgrund, dass durch das Diskriminierungsverbot andere Grundrechte nicht *„beeinträchtigt"* werden dürfen, einschließlich des Schutzes des Privat- und Familienlebens und der in diesem Kontext stattfindenden Unternehmungen und einschließlich der Medienfreiheit und des Medienpluralismus. Dabei war die Formulierung ein wenig unglücklich gewählt: Natürlich wurden durch das Diskriminierungsverbot andere Grundrechte, z.B. die Vertragsfreiheit, beeinträchtigt. Die Frage musste vielmehr lauten, ob sie in *angemessener* Weise beeinträchtigt werden, ob die Pflicht zur Gleichbehandlung

---

[525] Vgl. EU Council, Outcome of Proceedings of the Social Questions Working Party, 10.5.2000, Doc. 8454/00, Brüssel, 16.5.2000; *Bell* in: Chopin/Niessen (Hrsg.), Incorporation of the Racial Equality Directive, 22 (35).

[526] *Otto*, Personale Freiheit, 148 ff.; *Bezzenberger*, AcP 196 (1996), 395 (415); *Delbrück* in: Schneider/Götz (Hrsg.), FS Weber, 223 (238).

[527] *Neuner*, JZ 2003, 57 (63).

also deren unabdingbaren Gehalt wahrte.[528] Auch der 13. Erwägungsgrund der Richtlinie 2004/113/EG sowie deren Art. 3 Abs. 1 hält jedenfalls an einer Bereichsausnahme für den Bereich des Privat- und Familienlebens und die in diesem Kontext stattfindenden Transaktionen fest.

(b) Internationaler Hintergrund

Weiter ist es erforderlich, die internationalen Hintergründe zu kennen und für die Interpretation fruchtbar zu machen. Der Begriff „der Öffentlichkeit zur Verfügung stehen" wird bislang im europäischen Recht außerhalb der Anti-Diskriminierungsrichtlinien nicht verwendet. Zur Bestimmung dieses Merkmals bietet sich daher ein Rückgriff auf völkerrechtliche Verträge an.

(aa) RDÜ

Im Übereinkommen zur Beseitigung jeder Form von Rassendiskriminierung[529] finden sich mit Art. 5 lit. e iii) und lit. f Bestimmungen, in denen sich die Vertragsstaaten verpflichten, *„das Recht auf Wohnung"* und *„das Recht auf Zugang zu jedem Ort oder Dienst, der für die Benutzung durch die Öffentlichkeit vorgesehen ist, wie Verkehrsmittel, Hotels, Gaststätten, Cafés, Theater und Parks"*, zu gewährleisten.[530] Dies konkretisiert den Anwendungsbereich des Übereinkommens, der nach Art. 1 Abs. 1 auch „jeden sonstigen Bereich des öffentlichen Lebens" umfasst und dem Vertragsstaat aufgibt, Diskriminierungen durch Privatpersonen, Gruppen und Organisationen zu verbieten (Art. 2 Abs. 1 lit. d). Die Vorschrift ist deshalb bemerkenswert, weil sie eine ausdrückliche Regelung für den Privatrechtsverkehr trifft, wenngleich ihr keine unmittelbare Wirkung im nationalen Recht zuzuerkennen ist.[531] Nicht erfasst werden nach diesem Konzept Diskriminierungen im *„privaten Bereich"*, weil dort das öffentliche Interesse ganz allgemein hinter die Grundrechte des Diskriminierenden zurücktritt. Das Merkmal des Art. 5 lit. f RDÜ *„für die Benutzung durch die Öffentlichkeit vorgesehen sein"* erlangt jedenfalls eine herausragende Stellung im internationalen

---

[528] In der englischen und französischen Fassung wird das Wort *„respect"* bzw. *„respecter"* verwendet. Als Alternative bietet es sich daher ebenfalls an, in der deutschen Version die *„Achtung"* vor den Grundrechten anderer *„sicherzustellen"* bzw. diese schlicht zu *„respektieren"*.

[529] Internationales Übereinkommen zur Beseitigung jeder Form von Rassendiskriminierung v. 7.3.1966 (BGBl. 1969 II, 962; UNTS Vol. 660, 195); vgl. dazu *Meron,* AJIL 79 (1985), 283 ff.; *van Boven* in: Kälin (Hrsg.), Verbot ethnisch-kultureller Diskriminierung, 9 ff.; *Brinkmeier* in: Klein (Hrsg.), Rassische Diskriminierung, 81 (86 f.).

[530] Vgl. zu Art. 5 lit. f RDÜ: *Fries,* Artikel 5 (f) Rassendiskriminierungskonvention.

[531] *Delbrück,* Rassenfrage, 113; *Kühner,* NJW 1986, 1397 (1398 f.); *Stock,* ZAR 1999, 118 f.

System und entspricht frappant dem nun von den Richtlinien 2000/43/EG und 2004/113/EG verwendeten Merkmal.[532]

(bb) IPBürgR

Andere internationale Menschenrechtspakte beschränken sich dagegen auf eine grundsätzliche Ächtung der Diskriminierung in Form eines allgemeinen[533] oder eines akzessorischen[534] Diskriminierungsverbots. Trotz seines zurückhaltenden Wortlautes soll jedoch auch das allgemeine Diskriminierungsverbot des Art. 26 IPBürgR[535] den Vertragsstaaten nicht nur staatliche Diskriminierungen untersagen, sondern gleichzeitig auch den Schutz vor diskriminierenden Praktiken im *„quasi-öffentlichen Raum"*, z.B. auf dem Arbeitsmarkt, in Schulen, im Transportwesen, in Hotels, Restaurants, Theatern, Parks, an Stränden, usw. gewährleisten.[536] Gleichwohl entfaltet auch Art. 26 IPBürgR keine unmittelbare Drittwirkung im privaten Bereich, es handelt sich ausschließlich um eine staatliche Schutzpflicht, der die Vertragsstaaten durch Umsetzung nachkommen müssen. Nicht erfasst wird wiederum der Schutz vor Diskriminierungen im *„privaten Bereich"*. In diese Angelegenheiten müsse und dürfe sich der Staat aufgrund des Rechts auf Unverletzlichkeit der Privatsphäre nicht einmischen.[537] Im Gegensatz zum RDÜ verbietet der IPBürgR aber auch die Diskriminierung aufgrund des Geschlechts.

---

[532] *Nickel*, NJW 2001, 2668 (2669); *Stalder*, JRP 2002, 227 (232).
[533] Art. 26 des Internationalen Pakts über bürgerliche und politische Rechte (IPBürgR) v. 19.12.1966 (BGBl. 1973 II, 1534; UNTS Vol. 999, 171); dazu *Choudhury*, EHRLRev. 1 (2003), 24 ff.; *Nowak*, CCPR Commentary, Art. 26 Rn. 1 ff.; Art. 14 EMRK i.d.F. des 12. Zusatzprotokolls, vgl. 2. Teil A. III. 2. b.
[534] Art. 2 IPBürgR.
[535] „Alle Menschen sind vor dem Gesetz gleich und haben ohne Diskriminierung Anspruch auf gleichen Schutz durch das Gesetz. In dieser Hinsicht hat das Gesetz jede Diskriminierung zu verbieten und allen Menschen gegen jede Diskriminierung, wie insbesondere wegen der Rasse, der Hautfarbe, des Geschlechts, der Sprache, der Religion, der politischen oder sonstigen Anschauung, der nationalen oder sozialen Herkunft, des Vermögens, der Geburt oder des sonstigen Status, gleichen und wirksamen Schutz zu gewährleisten."
[536] *Nowak*, CCPR Commentary, Art. 26 Rn. 4; *Brinkmeier* in: Klein (Hrsg.), Rassische Diskriminierung, 81 (111); a.A. *Tomuschat* in: v. Münch (Hrsg.), FS Schlochauer, 691 (711 f.).
[537] *Nowak*, CCPR Commentary, Art. 26 Rn. 31; *Brinkmeier* in: Klein (Hrsg.), Rassische Diskriminierung, 81 (110).

(cc) FDÜ

Ausdrücklich mit diesem Merkmal befasst sich das Übereinkommen zur Beseitigung jeder Form von Diskriminierung der Frau[538]. Nicht ganz so explizit und detailliert formuliert wie das RDÜ, regelt es ebenfalls Diskriminierungen im Privatrechtsverkehr. Art. 13 FDÜ verbietet die Diskriminierung der Frau in „Bereichen des wirtschaftlichen und sozialen Lebens" und gewährleistet insbesondere das Recht, Bankdarlehen, Hypotheken und andere Finanzkredite aufzunehmen sowie an Freizeitbeschäftigungen, Sport und allen Aspekten des kulturellen Lebens teilzunehmen. Unter Berücksichtigung der Verpflichtung des Art. 2 lit. e) FDÜ, wonach der Vertragsstaat „alle geeigneten Maßnahmen zur Beseitigung der Diskriminierung der Frau durch Personen Organisationen oder Unternehmen zu ergreifen" hat, nähert sich der Schutzbereich demjenigen des RDÜ an: Dem Vertragsstaat wird aufgegeben,[539] auch Diskriminierungen durch Private zu unterbinden. Art. 3 FDÜ und die Regelbeispiele des Art. 13 FDÜ machen gleichwohl deutlich, dass nur die Teilnahme von Frauen am *„öffentlichen Leben"* gemeint ist.[540]

(dd) Ergebnis

Im Ergebnis formulieren sowohl das RDÜ als auch der IPBürgR und das FDÜ im Hinblick auf Diskriminierungen durch Privatpersonen ein ähnliches Schutzkonzept. Dieses besitzt im Hinblick auf die EU einige Relevanz, denn alle Mitgliedstaaten der EU sind Vertragsstaaten des RDÜ, des IPBürgR und des FDÜ.[541] Gemeinsam ist deren Regelungen, dass sie den Vertragsstaaten zwar grundsätzlich das Verbot von Diskriminierungen durch Privatpersonen aufgeben, dieses jedoch allenfalls auf die *„quasi-öffentliche Sphäre"* bzw. auf diejenigen Waren und Dienste beziehen, die *„für die Benutzung durch die Öffentlichkeit vorgesehen"* sind.

---

[538] Übereinkommen zur Beseitigung jeder Form von Diskriminierung der Frau v. 19.12.1979 (BGBl. 1985 II, 648), anknüpfend an das Übereinkommen über die politischen Rechte der Frau v. 31.3.1953 (BGBl. 1969 II, 1929), welches nur das aktive und passive Wahlrecht, sowie den Zugang zu öffentlichen Ämtern regelt; dazu *Delbrück* in: v. Münch (Hrsg.), FS Schlochauer, 247 ff.; *König* in: Loccumer Protokolle 71/03, 21 ff.; *Körner*, ZRP 2005, 223.

[539] Auch die Regeln des FDÜ sind nicht *self-executing*, sondern bedürfen der Umsetzung in die nationale Rechtsordnung, vgl. *Delbrück* in: v. Münch (Hrsg.), FS Schlochauer, 247 (261); *Körner*, ZRP 2005, 223.

[540] *Tomuschat* in: v. Münch (Hrsg.), FS Schlochauer, 691 (712).

[541] Vgl. UNHCR (Hrsg.), Status der Ratifikationen internationaler Menschenrechtsverträge, abrufbar unter: http://193.194.138.190/pdf/report.pdf (Zugriffsdatum: März 2006).

(ee) Exkurs: U.S.A. und EU

Im Anti-Diskriminierungsrecht der U.S.A.[542] wird eine ähnliche Unterscheidung zugrunde gelegt. Soweit Privatrechtsbeziehungen erfasst werden, muss es sich um den Zugang zu „öffentlichen Einrichtungen" handeln. Danach darf z.b. die Stiftung eines Parks nicht mit der Auflage verbunden werden, er solle nur Weißen offen stehen; ein privat betriebener Personennahverkehr darf nicht nach der ethnischen Herkunft unterscheiden.[543] Nur solche Organisationen des Privatrechts, die ihre Kunden, bzw. Mitglieder im allgemeinen nicht selektiv auswählen, sondern einen Vertrag ohne Ansehen der Person schließen,[544] unterliegen einem Diskriminierungsverbot. Im Hinblick auf Wohnraum verbietet Titel VIII des Civil Rights Act von 1968 die Rassendiskriminierung beim Hausverkauf und der Wohnungsvermietung für Makler und private Eigentümer.[545]

In der EU wird die Regelung von Diskriminierungsverboten im Privatrechtsverkehr unterschiedlich angegangen. Die Vorschriften der Mitgliedstaaten gleichen sich allerdings darin, dass sie entweder über eine enge Interpretation des Merkmals „Öffentlichkeit" oder eine rechtfertigende Ausnahme bzw. einen Anwendungsausschluss für den Bereich des Privatlebens versuchen, einen angemessenen Ausgleich zwischen den Rechtspositionen zu erzielen.[546]

(c) Betreten der quasi-öffentlichen Sphäre

Nachdem der internationale Hintergrund geklärt ist, sollen nunmehr dem europarechtlichen Begriff „*der Öffentlichkeit zur Verfügung stehen*" endgültig Konturen verliehen werden. Aufmerksamkeit verdient zunächst das Konzept einer Dreiteilung des Anwendungsbereichs der Anti-Diskriminierungsvorschriften im Zivilrecht, das sich international und auch in nationalen Rechtsordnungen abzeichnet. Es wird unterschieden zwischen staatlichem Handeln auf der einen und privatem, dem unmittelbaren persönlichen Lebensbereich zugehörigem Handeln auf der anderen Seite. Die dritte Kategorie liegt zwischen diesen beiden Polen und heißt „*quasi-öffentliche Sphäre*". Jedenfalls derjenige Private, der in dieser Sphäre tätig wird, muss es sich auch gefallen lassen, dass seine oben genannten

---

[542] Umfassend *Delbrück*, Rassenfrage, 197 ff. Zum U.S.-amerikanischen Arbeitsrecht und den RL 2000/78/EG und 2000/43/EG siehe *Thüsing*, IJCLLIR 19 (2003), 187.
[543] *Delbrück*, Rassenfrage, 200 f.; *Wiedemann/Thüsing*, DB 2002, 463, 465 und *Thüsing*, NJW 2003, 3441, 3442 unter Bezug auf eine Entscheidung des U.S. Supreme Court (*Evans v. Newton*), 382 U.S. 296 (1966).
[544] *Meron*, AJIL 79 (1985) 283, 294 f. unter Bezug auf eine Entscheidung des U.S. Supreme Court (*Roberts v. United States Jaycees*), 468 U.S. 609 (1984).
[545] *Delbrück*, Rassenfrage, 198.
[546] Vgl. *Schöbener/Stork*, ZEuS 2004, 43 (69 ff.) sowie die Länderberichte, abrufbar unter: http://europa.eu.int/comm/employment_social/fundamental_rights/public/pubst_en.htm (Zugriffsdatum: März 2006).

Grundrechte durch ein übergeordnetes öffentliches Interesse eingeschränkt werden.[547] Wann betritt man aber die „*quasi-öffentliche Sphäre*"?

Einiges spricht dafür, nur solche Angebote einzubeziehen, die von einer Vielzahl oder jedenfalls von einer Mehrzahl von Personen in Anspruch genommen werden können, und bei denen es auf eine Vertrauensbeziehung oder dergleichen zwischen den Vertragsparteien nicht ankommt. Die Vertragsverhältnisse müssen potenziell jedem zugute kommen können, der bereit ist, die Bedingungen der *invitatio ad offerendum* zu erfüllen. Diese Voraussetzungen erfüllen typischerweise der Öffentlichkeit gewidmete und zugängliche Einrichtungen.[548] Das Angebot von Waren, Dienstleistungen und Wohnraum darf sich also nicht nur an einen einzigen potenziellen Vertragspartner richten. Diese Auslegung ist nicht nur vom Wortlaut des Art. 3 Abs. 1 lit. h der Richtlinie 2000/43/EG gedeckt, sondern klingt erstmals auch in der Begründung[549] des Kommissionsvorschlags zur Richtlinie 2004/113/EG an. Nach Ansicht der Kommission sollten beide Vorschriften aufgrund ihres ursprünglich gleichen Wortlauts identisch ausgelegt werden und Unternehmungen, die in einem rein privaten Kontext stattfinden, nicht erfassen. Als Beispiele von Gütern und Dienstleistungen, die der Öffentlichkeit zur Verfügung stehen, wurden genannt: Der Zugang zu Gebäuden, die für die Öffentlichkeit zugänglich sind; alle Arten von Wohnung, einschließlich Mietwohnungen und Hotelunterkünften; Dienstleistungen in den Bereichen Banken und Versicherungen sowie sonstige Finanzdienstleistungen; Transportmittel; Dienstleistungen sämtlicher Berufssparten und Branchen. Art. 3 Abs. 1 lit. h der Richtlinie 2000/43/EG und Art. 1 Abs. 2 des Kommissionsvorschlags zur Richtlinie 2004/113/EG meinten daher jedenfalls Verkehrsmittel, Fitnessstudios, Hotels, Kaufhäuser Restaurants und Bars, Cafés, Theater, Parks und Strände sowie sonstige der Öffentlichkeit zur Verfügung stehende und für die Benutzung durch die Öffentlichkeit vorgesehene Einrichtungen, Güter und Dienste, die von Privaten zur Verfügung gestellt werden.

Ebenso wie übrigens auch die Richtlinie 2004/113/EG (die darüber hinaus in Art. 4 Abs. 5 auch einen sehr weitreichenden Rechtfertigungsgrund kennt[550])

---

[547] Durch den Schritt in den öffentlichen Raum verlässt der einzelne bewusst seine persönliche Sphäre, so dass ihm eine Berufung auf deren Schutz als treuwidriges „*venire contra factum proprium*" versagt werden kann. Ganz generell kann in diesem Bereich das öffentliche Interesse an Gleichbehandlung höher bewertet werden.

[548] *Thüsing*, NJW 2003, 3441 (3443). Ebenso: *Jestaedt*, VVDStRL 64, 298 (320 f., dort Fn. 92); *DAV (Ausschuss Zivilrecht)*, Stellungnahmen v. 13.2.2002 (14/02) und Mai 2003 (21/03), abrufbar unter: http://www.dav.de; *Reichold*, Gesellschaftsentwicklung durch ein neues Sozialprivatrecht?, 7; *Hailbronner*, ZAR 2001, 254 (257 f.); *Stalder*, JRP 2002, 227 (232); *Schöbener/Stork*, ZEuS 2004, 43 (77); *Stork*, ZEuS 2005, 1 (20 ff.).

[549] KOM (2003) 657, 15 f.

[550] Genauer zu Art. 4 Abs. 5 der RL 2004/113/EG 2. Teil C. IV. 4. a.

lässt es die offene Formulierung des Tatbestandes des Art. 3 Abs. 1 lit. h der Richtlinie 2000/43/EG zu, schon den Anwendungsbereich des Diskriminierungsverbotes zu beschränken, wenn der Privatbereich unangemessen beeinträchtigt wird.

(5) Öffentliches Angebot

Umstritten ist, ob auch Güter und Dienstleistungen „*der Öffentlichkeit zur Verfügung stehen*", die lediglich öffentlich angeboten werden.[551] Durch ein solches Verständnis würde der Anwendungsbereich des privatrechtlichen Diskriminierungsverbotes bedeutend erweitert. Nicht nur derjenige, der regelmäßig gewerblich und beruflich in der Öffentlichkeit tätig ist, sondern jeder Privatmann, der bei Gelegenheit an die Öffentlichkeit tritt und sein Vertragsangebot nur einmal erfüllen kann, wäre an den Gleichbehandlungsgrundsatz gebunden; so z.B. ein Vermieter, der seine einzige Wohnung in der Tageszeitung inseriert oder ein Student, der sein Fahrrad über das „Schwarze Brett" der Uni bzw. das Internet verkaufen will.

Der Wortlaut von Art. 3 Abs. 1 lit. h der Richtlinie 2000/43/EG ist in beide Richtungen auslegungsfähig. „*Der Öffentlichkeit*" könnten auch solche Waren und Dienstleistungen „*zur Verfügung stehen*", über die lediglich *ein* Vertrag abgeschlossen werden kann, soweit der einzelne seinen Vertragswunsch nur publiziert. Für die Richtlinie 2000/43/EG war die Auslegung, dass Privatpersonen schon bei einem öffentlichen Angebot dem Diskriminierungsverbot unterliegen, grundsätzlich möglich: Deren Vorschlagsbegründung enthielt gerade keinen Hinweis darauf, was sich die Kommission unter Gütern und Dienstleistungen, die „*der Öffentlichkeit zu Verfügung stehen*", vorstellte.[552] Stützen konnten sich die Befürworter auf das seit 1994 existierende niederländische Allgemeine Gleichbehandlungsgesetz und seinen Art. 7 Abs. 1 lit. d: Nicht im Geschäfts- oder Berufsleben tätige Privatpersonen werden dann einbezogen, wenn sie ihr Angebot öffentlich machen. Zudem sind alle Mitgliedstaaten der EU bereits dazu verpflichtet, Art. 5 lit. f RDÜ sowie Art. 26 IPBürgR in ihr nationales Recht umzusetzen. D.h., dass Diskriminierungen durch Private in der „*quasi-öffentlichen Sphäre*" bereits durch die Vertragsstaaten unterbunden werden mussten. Das europäische Anti-Diskriminierungsrecht könnte dann für das Privatrecht bei enger Auslegung des Begriffs „*der Öffentlichkeit zur Verfügung stehen*" als überflüssig angesehen werden. Dem wäre freilich entgegenzuhalten,

---

[551] Dafür *Röttgen*, Schutz vor Diskriminierung, 112; *Riesenhuber/Franck*, EWS 2005, 245 (246); *Wiedemann/Thüsing*, DB 2002, 463 (464); *Graf von Westphalen*, ZGS 2002, 283 (285); *Nickel*, NJW 2001, 2668 (2669); a.A. die in Fn. 548 Genannten.
[552] Anders nunmehr KOM (2003) 657, 15 f.

dass europäische Rechtsetzungsakte stärkere und durchsetzungsfähigere Bindungen der Mitgliedstaaten begründen als Völkerrecht.

Derartige Überlegungen haben sich mit der Vorstellung des Vorschlags zur Richtlinie 2004/113/EG aber erledigt. Erstmals formulierte die Kommission dort klar und eindeutig, welche Arten von privatrechtlichen Geschäften sie dem Diskriminierungsverbot unterwerfen wollte.[553] Damit folgte die Kommission den Wertungen des RDÜ und des britischen RRA. Ein öffentliches Angebot ist danach nicht genügend. Der einzelne muss vielmehr zumindest im Rahmen seiner beruflichen oder geschäftlichen Tätigkeit handeln, also den „*quasi-öffentlichen Raum*" dauerhaft betreten haben. Art. 3 Abs. 1 lit. h der Richtlinie 2000/43/EG beschränkt die Geltung des privatrechtlichen Diskriminierungsverbotes in Bezug auf den Zugang zu Waren und Dienstleistungen bzw. privaten Einrichtungen im Ergebnis auf die oben definierte „*quasi-öffentliche Sphäre*". Waren und Dienstleistungen, die von Privaten öffentlich angeboten werden, stehen daher der Öffentlichkeit nicht zur Verfügung.

(6) Ergebnis: Diskriminierungsverbot nur für Unternehmer

Abstrakt lassen sich folgende Kriterien für „der Öffentlichkeit zur Verfügung" gestellte Waren und Dienstleistungen formulieren:[554]

➢ die Fähigkeit und Bereitschaft einer Privatperson, eine Vielzahl von Vertragsverhältnissen zu begründen,
➢ die Größe, Organisation und der Grad der Institutionalisierung des Diskriminierenden,
➢ die Gewerbsmäßigkeit des Geschäfts (gehört es zur geschäftlichen oder beruflichen Tätigkeit des Privaten?).

Um die persönliche Lebenssphäre des einzelnen nicht unangemessen einzuschränken, ist der Begriff „der Öffentlichkeit zur Verfügung stehen" in Art. 3 Abs. 1 lit. h der Richtlinie 2000/43/EG also eng auszulegen. Waren und Dienstleistungen, die von Privatpersonen nur „öffentlich angeboten" werden, z.B. durch Inserat in einer Tageszeitung, stehen der Öffentlichkeit nicht zur Verfügung. Nur wenn ein finanzielles bzw. gewerbliches, nicht ein persönliches Interesse des Diskriminierenden im Vordergrund steht, wird das Recht auf Privatleben nicht beeinträchtigt und die Vertragsfreiheit kann generell eingeschränkt werden.

---

[553] KOM (2003) 657, 15 f., vgl. 2. Teil C. III. 1. d. cc. (4).
[554] Vgl. dazu ausführlich *Schöbener/Stork*, ZEuS 2004, 43 (65 ff.). Daran anschließend *Jestaedt*, VVDStRL 64, 298 (320 f., dort Fn. 92); a.A. *Riesenhuber/Franck*, EWS 2005, 245 (246).

III. Richtlinie 2000/43/EG

Die abstrakten Kriterien führen im Ergebnis zu einer *Bereichsausnahme* für den privaten Bereich: Daher wird zutreffend vorgeschlagen, als konkretes Abgrenzungskriterium den gemeinschaftlichen *Verbraucher-* und *Unternehmerbegriff*[555] zu verwenden, der in Deutschland durch die §§ 13 und 14 des Bürgerlichen Gesetzbuchs (BGB) umgesetzt wurde.[556] Danach unterliegt nur derjenige, der bei Abschluss eines Rechtsgeschäfts in Ausübung seiner gewerblichen oder selbständigen Tätigkeit handelt (*Unternehmer*), einem Diskriminierungsverbot im Zivilrechtsverkehr. Eine natürliche Person, die ein Rechtsgeschäft zu einem Zweck abschließt, der weder ihrer gewerblichen noch ihrer selbständigen beruflichen Tätigkeit zugerechnet werden kann (*Verbraucher*), wird dagegen bei privatrechtlichen Rechtsgeschäften vom Diskriminierungsverbot nicht erfasst. Das entspricht einer diskriminierungsrechtlichen Bereichsausnahme für *Verbraucher*.[557] Eine solche Unterscheidung hat den Vorteil, dass sie etablierte Kategorien des europäischen Rechts aufgreift und dadurch eine klare Abgrenzung ermöglicht. Dies gewährleistet Rechtssicherheit und Systemkonformität.

(7) Gilt die Einschränkung auch für Wohnraum?

Fraglich ist, ob auch Wohnraum „*der Öffentlichkeit zur Verfügung stehen*" muss oder ob dieser immer diskriminierungsfrei anzubieten ist. Liest man Art. 3 Abs. 1 lit. h der Richtlinie 2000/43/EG zunächst einmal unvoreingenommen, lässt die Vorschrift zunächst beide Verständnisvarianten zu. Berücksichtigt man Art. 5 des RDÜ, so findet sich dort die Forderung nach diskriminierungsfreier Gewährleistung des Rechts auf Wohnung (Art. 5 lit. e iii)) getrennt von dem Recht auf Zugang zu jedem Ort oder Dienst, der für die Benutzung durch die Öffentlichkeit vorgesehen ist (Art. 5 lit. f). Dies würde im Hinblick auf die europarechtlichen Bestimmungen gegen eine Erstreckung des Merkmals „*der Öffentlichkeit zur Verfügung stehen*" auf den Wohnraum sprechen. Gleiches folgt aus dem britischen RRA, der in Section 21 das Diskriminierungsverbot auf alle Gebäude erstreckt – im Gegensatz zu Section 20, wo nur solche Waren und Dienstleistungen dem Gleichbehandlungsgrundsatz unterliegen, die der Öffentlichkeit zur Verfügung gestellt werden. Dadurch ergibt sich ein

---

[555] Der Begriff des Unternehmers bzw. Verbrauchers ist definiert in den RL 85/577/EWG, 87/102/EWG, 93/13/EWG, 94/47/EG, 97/7/EG, 1999/44/EG.

[556] *Thüsing*, JZ 2004, 172 (174). Vgl. auch die Differenzierung zwischen Unternehmer und Verbraucher bei *Heinrichs* in: Palandt (Hrsg.), BGB, Einf. v. § 145 Rn. 10.

[557] Dieses Ergebnis wird auch nicht durch den Begriff *Verbraucher* ausgeschlossen. Ein Verbraucher muss nichts „verbrauchen"; das Rechtsgeschäft muss also keinen konsumtiven Zweck haben. Der Begriff *Verbraucher* ist kein Tatbestandsmerkmal, sondern bloßer rechtstechnischer Oberbegriff, der durch die dargestellten Tatbestandsmerkmale des § 13 BGB gefüllt wird, vgl. *Preis* in: Dieterich/Müller-Glöge/Preis/Schaub (Hrsg.), ErfK, § 611 BGB Rn. 208.

differenziertes Bild. Einerseits legen Art. 5 lit. f des RDÜ und Section 21 RRA nahe, die Einschränkung „*der Öffentlichkeit zur Verfügung stehen*" nicht auf Wohnraum zu beziehen, gleichzeitig ist ausweislich der Erwägungsgründe[558] der Richtlinie 2000/43/EG auch bei diesen Geschäften das Recht auf Privat- und Familienleben zu beachten, denn es kann sich um „*in diesem Kontext stattfindende Geschäfte*" handeln (z.B. um einen Untermietvertrag oder an die Vermietung von Wohnungen in einem Haus, in dem der Vermieter selbst lebt).

Wollte man jedwede Art von Wohnraum, also auch den nicht der Öffentlichkeit zur Verfügung gestellten, erfassen, ließe sich argumentieren, dass Wohnraum ein sozial äußerst wichtiges Gut[559] sei, so dass es nicht entscheidend sein könne, ob er der Öffentlichkeit zur Verfügung gestellt wurde oder nicht. Richtiger erscheint es jedoch, die Tatbestandsbeschränkung der „Öffentlichkeit" auch auf Geschäfte über Wohnraum zu erstrecken, denn das Recht des Anbieters bzw. Nachfragers auf Achtung des Privat- und Familienlebens lässt sich nur so angemessen in die Güterabwägung einbeziehen. Zutreffend nimmt der *DAV*[560] daher an, dass die ausdrückliche Nennung von Wohnraum nur der Klarstellung diene, dass die Wörter Güter und Dienstleistungen auch Wohnraum einschließen, was ansonsten zweifelhaft sein könnte. Diese Auffassung wird durch den Kommissionsvorschlag zur Richtlinie 2004/113/EG bestätigt, in dem es heißt, dass Güter und Dienstleistungen, die der Öffentlichkeit zur Verfügung stehen, auch alle Arten von Wohnung beinhalten.[561] Der Zugang zu und die Versorgung mit Wohnraum unterliegt daher dem Diskriminierungsverbot nur, wenn er der Öffentlichkeit zur Verfügung steht.

Welche Bedeutung hat diese Einschränkung für das Anbieten von Wohnraum? Einen Anhaltspunkt, freilich ohne unmittelbaren Wert für eine europarechtlich verbindliche Auslegung, stellt in diesem Zusammenhang die deutsche Regelung des § 573a BGB dar. Danach eröffnen sich einem Vermieter im von ihm selbst mitbewohnten Haus oder bei einer Überlassung zur Untermiete erleichterte Kündigungsmöglichkeiten. Als Grundgedanken dieser Vorschrift erkennt man leicht die besondere Schutzwürdigkeit der Privatsphäre, die damit bereits im geltenden deutschen Zivilrecht einen Rückhalt findet. Vorgeschlagen wird dementsprechend, das räumliche Umfeld des Diskriminierenden als zentralen Ort der

---

[558] 4. Erwägungsgrund der RL 2000/43/EG. Ebenso 13. Erwägungsgrund der RL 2004/113/EG.
[559] *Delbrück* in: Schneider/Götz (Hrsg.), FS Weber, 223 (234); *Tomuschat* in: v. Münch (Hrsg.), FS Schlochauer, 691 (711); vgl. auch die *Maslow'sche* Bedürfnispyramide, abgedruckt bei *Eisenführ/Theuvsen*, Einführung BWL, 47 f.: Eine Unterkunft zu haben ist als Teil von „Sicherheit" ein menschliches Grundbedürfnis.
[560] *DAV (Ausschuss Zivilrecht)*, Stellungnahme v. Mai 2003 (21/03), 8, abrufbar unter: http://www.dav.de.
[561] KOM (2003) 657, 15.

Selbstverwirklichung ganz generell von der Bindung an das Diskriminierungsverbot auszunehmen.[562] Dem ist mit Blick auf die oben dargelegten Kriterien zuzustimmen. Erst wenn es sich um die Vermietung oder den Verkauf von Wohnraum in einem *nicht* vom Vermieter bzw. Verkäufer bewohnten Haus handelt, wird man überlegen können, ob dieser *„der Öffentlichkeit zur Verfügung steht"*. Zu verlangen ist eine Mehrzahl von Geschäften, die in diesem Zusammenhang getätigt wurden, werden oder werden können, so dass eine vergleichbare Anzahl von Sachverhalten gegeben ist.[563] Der Vermieter oder Eigentümer muss also wiederum *Unternehmer* sein.

dd. Vereinbarkeit des Interpretationsergebnisses mit den Grundsätzen der Rechtsprechung des EuGH

Ob die Rechtsprechung diesen Einschätzungen folgen wird, steht auf einem anderen Blatt.[564] Grundsätzlich ist der EuGH[565] für eine weite Auslegung des Tatbestands bekannt, insbesondere in Bezug auf die von einer Richtlinie gewährten individuellen Rechte. Nur Ausnahmeregelungen handhabt der Gerichtshof eng.[566] Diese Methodik entspricht dem Auslegungsgrundsatz *„singularia non sunt extendenda"* bzw. *„exceptio est strictissimae interpretationis"* [567] Zudem orientiert sich der EuGH an der praktischen Wirksamkeit, dem *„effet utile",* um die bestmögliche Funktionalität der Gemeinschaftsverträge zu gewährleisten. Das hier vertretene Verständnis von *„der Öffentlichkeit zur Verfügung stehen"* in Art. 3 Abs. 1 lit. h der Richtlinie 2000/43/EG ist jedoch eher eng ausgerichtet, so dass man es aus dieser Sicht in Frage stellen könnte.

Dabei ist zunächst zu berücksichtigen, dass es sich bei Diskriminierungssachverhalten um eine Kollision von Gemeinschaftsgrundrechten handelt. Die Frage nach bestmöglicher Funktionalität der Verträge lässt sich also so nicht stellen. Wollte man durch eine weite Tatbestandsauslegung dem Prinzip der Nichtdiskriminierung zu größtmöglicher Wirksamkeit verhelfen, bestände nämlich die Gefahr, das Recht der Unionsbürger auf Vertragsfreiheit und Achtung des Privat- und Familienlebens im jeweiligen Kernbereich zu verletzen.

Daher sollte man sich das Regel-Ausnahme-Verhältnis bewusst machen und Regel sowie Ausnahme identifizieren. Zwar handelt es sich bei dem Merkmal

---

[562] *Neuner*, JZ 2003, 57 (63).
[563] Die Forderung nach einem Kontrahierungszwang aus Gleichbehandlungsgesichtspunkten bei „Mietskasernen" stellte schon *Raiser*, ZGesHKR 111 (1948), 75 (91 f.).
[564] Zweifelnd auch *Thüsing*, NJW 2003, 3441 (3442), dem hier teilweise gefolgt wird.
[565] EuGH Rs. 16/69, Slg. 1969, 377 ff. (*Kommission/Italien*); EuGH Rs. 176/73, Slg. 1974, 1361 Rn. 21, 24 (*Van Belle/Rat*); EuGH Rs. C-450/93, Slg. 1995, 3051 Rn. 21 (*Kalanke/Freie Hansestadt Bremen*).
[566] Zum Begriff der „engen Auslegung" *Schilling*, EuR 1996, 44 (53f.).
[567] *Schilling*, EuR 1996, 44.

„*der Öffentlichkeit zur Verfügung stehen*" um eine Tatbestandsrestriktion und damit um eine Ausnahme vom Grundsatz der Gleichbehandlung. Der Gleichbehandlungsgrundsatz ist in Art. 2 Abs. 1 der Richtlinie 2000/43/EG niedergelegt, seine Verwirklichung wird in Art. 1 der Richtlinie angestrebt. Für das Zivilrecht ist jedoch die Privatautonomie und damit die Vertragsfreiheit und das Recht auf Privatleben die Regel. Ein allgemeines Prinzip der Nichtdiskriminierung existiert weder im Vertragsrecht der Mitgliedstaaten noch auf Gemeinschaftsebene.[568] Diskriminierungsverbote, bzw. das Prinzip der Nichtdiskriminierung beschränken die Freiheitsrechte und stellen daher ihrerseits eine Ausnahme vom Regelfall dar. Wenn aber die Privatautonomie als Grundsatz des Privatrechtsverkehrs anerkannt wird, folgt daraus zwingend die enge Auslegung von Diskriminierungsverboten, bei denen es sich ja dann um einen Ausnahmetatbestand handelt.[569] Das Merkmal „*der Öffentlichkeit zur Verfügung stehen*" ist dann eine bloße Rückausnahme vom Gleichbehandlungsgrundsatz, die der Sicherung der Privatautonomie dient.[570] Im Einklang mit der bisherigen Rechtsprechung des EuGH ist die Tatbestandsrestriktion daher im Sinne der Gewährleistung von Vertragsfreiheit und Recht auf Privatleben auszulegen, während die Diskriminierungsverbote als Ausnahmetatbestand korrespondierend eng auszulegen sind. Im Hinblick auf die vom Gericht verwandte Methodik, Ausnahmen eng und anhand der Ziele der ihnen zugrunde liegenden Regel auszulegen, dürfte der EuGH daher zu keinem anderen Ergebnis als dem hier vertretenen gelangen.

2. Diskriminierungstatbestände

Die Richtlinie 2000/43/EG bezieht sich nur auf die Diskriminierungsmerkmale „Rasse" und „ethnische Herkunft". Das Merkmal „Staatsangehörigkeit" wird gem. Art. 3 Abs. 2 nicht erfasst:

„*Diese Richtlinie betrifft nicht unterschiedliche Behandlungen aus Gründen der Staatsangehörigkeit und berührt nicht die Vorschriften und Bedingungen für die Einreise von Staatsangehörigen dritter Staaten oder staatenlosen Personen in das Hoheitsgebiet der Mitgliedstaaten oder deren Aufenthalt in diesem Hoheitsgebiet sowie eine*

---

[568] *Schiek* in: Westerman (Hrsg.), Non-discrimination and Diversity, 25 (30 f.), die aber gleichzeitig für die Einfügung des Prinzips der Nichtdiskriminierung in das Vertragsrecht eintritt (28 ff.). Die Feststellung, das Verbot der Diskriminierung wegen des Alters (im Arbeitsleben) sei ein allgemeiner Grundsatz des Gemeinschaftsrechts, könnte diese Einschätzung in der Zukunft jedoch ändern, vgl. dazu EuGH Rs. C-144/04 Rn. 75 (*Mangold*), abrufbar unter http://www.curia.eu.int.

[569] So auch *Schiek* in: Westerman (Hrsg.), Non-discrimination and Diversity, 25 (39).

[570] Zu dem Ergebnis, dass bei drei- oder mehrstufigen Regel-Ausnahme-Verhältnissen die Ausnahme eng, die Unter- bzw. Rückausnahme aber wiederum im Lichte der Regel auszulegen ist, kommt auch *Schilling*, EuR 1996, 44 (55). Ebenso *Schöbener/Stork*, ZEuS 2004, 43, 78 f.

Behandlung, die sich aus der Rechtsstellung von Staatsangehörigen dritter Staaten oder staatenlosen Personen ergibt." Jedwede Ungleichbehandlung aus Gründen der Staatsangehörigkeit bleibt daher zulässig, etwas anderes gilt u.U. nur im Anwendungsbereich der Grundfreiheiten, soweit diese (auch) zivilrechtliche Diskriminierungsverbote darstellen.[571] Problematisch ist jedoch die Abgrenzung von Diskriminierungen aufgrund der Staatsangehörigkeit einerseits und von „rassischen" bzw. ethnischen Diskriminierungen andererseits. Um festzustellen, ob eine bestimmte Ungleichbehandlung in den Anwendungsbereich der Richtlinie 2000/43/EG fällt, kann auf die im Rahmen des Art. 13 Abs. 1 EG entwickelten Grundsätze[572] zurückgegriffen werden. Dies gilt auch für die Differenzierung zwischen (nicht erfassten) Diskriminierungen aufgrund der Religion und solchen wegen der ethnischen Herkunft. Zu beachten ist bei der Beurteilung, ob eine Diskriminierung aufgrund eines bestimmten Merkmals vorliegt, aber stets Art. 8 der Richtlinie: Macht der Kläger Tatsachen glaubhaft, die eine Diskriminierung aufgrund der „Rasse" oder ethnischen Herkunft vermuten lassen, trägt der Anspruchsgegner die Beweislast für ihr Nichtvorliegen bzw. ihre Rechtfertigung.[573]

3. Bereichsausnahmen und Rechtfertigungsgründe

Die Richtlinie 2000/43/EG kennt darüber hinaus verschiedene Bereichsausnahmen bzw. Rechtfertigungsgründe, die sich zum Teil auch in anderen Richtlinien wieder finden. Die Differenzierung zwischen den beiden Rechtsfiguren ist von eher akademischem Interesse, ist in beiden Fällen doch eine Benachteiligung im Ergebnis rechtlich zulässig. Im Falle der Bereichsausnahme findet die Richtlinie keine Anwendung auf einen bestimmten Sachverhalt. Rechtfertigungsgründe rechtfertigen dagegen eine nach Art. 2 Abs. 1 der Richtlinie 2000/43/EG eigentlich tatbestandsmäßige Diskriminierung.

Die einschlägigen Richtlinienvorschriften anhand dieser Maßgaben rechtsdogmatisch zu qualifizieren, ist mitunter nicht einfach. Zum Teil soll begrifflich schon gar keine Diskriminierung vorliegen, was an sich eher für eine Bereichsausnahme sprechen würde. Soweit ein legitimes Regelungsziel und die Einhaltung des Verhältnismäßigkeitsgrundsatzes gefordert werden, spricht dies aber grundsätzlich für eine Einordnung als Rechtfertigungsgrund.

a. Verbrauchereigenschaft

Im Gegensatz zu § 19 Abs. 5 des deutschen ADG-E 2005, der Schuldverhältnisse, die ein „*besonderes Nähe- oder Vertrauensverhältnis*" zwischen den Par-

---

[571] Vgl. unten 2. Teil D.
[572] Vgl. oben 2. Teil A. VII. 2. a. ee.
[573] Zur Umsetzung der Beweisvorschrift in das deutsche Recht vgl. 3. Teil C. III. 8.

teien erfordern, vom Anwendungsbereich der Diskriminierungsverbote ausnehmen sollte, formuliert die Richtlinie 2000/43/EG keine *ausdrückliche* Bereichsausnahme für den Privatbereich. Dies muss sie auch nicht, weil sie nicht jedes „öffentliche Angebot" von Privatpersonen erfassen will.

Das Recht auf Privat- und Familienleben ist ausweislich des 4. Erwägungsgrundes der Richtlinie aber bei Rechtsgeschäften über Güter und Dienstleistungen zu berücksichtigen. Dieser Hinweis und die rechtsvergleichende Interpretation des Art. 3 Abs. 1 lit. h der Richtlinie 2000/43/EG sowie des Art. 3 Abs. 1 der Richtlinie 2004/113/EG führen im Hinblick auf beide Rechtsakte dann doch zu einer – wenngleich nicht ausdrücklich geregelten – Bereichsausnahme: So gilt das Diskriminierungsverbot in Bezug auf Güter und Dienstleistungen nach hier vertretener Ansicht nur für *Unternehmer*, d.h. für Personen bei denen ein privates Interesse von vornherein ausgeschlossen ist. Privatleute, die nur in ihrer Eigenschaft als *Verbraucher* am Rechtsverkehr teilnehmen, unterliegen dem Benachteiligungsverbot nicht.

Eine ausdrückliche (und unmittelbar anwendbare) Bereichsausnahme enthalten übrigens Art. 3 Abs. 3 und 4 der Richtlinie 2004/113/EG.[574]

b. Wesentliche und entscheidende berufliche Anforderungen (Art. 4)

Art. 4 der Richtlinie 2000/43/EG hat die Überschrift „Wesentliche und entscheidende berufliche Anforderungen" und lautet:

„Ungeachtet des Artikels 2 Absätze 1 und 2 können die Mitgliedstaaten vorsehen, dass eine Ungleichbehandlung aufgrund eines mit der Rasse oder der ethnischen Herkunft zusammenhängenden Merkmals keine Diskriminierung darstellt, wenn das betreffende Merkmal aufgrund der Art einer bestimmten beruflichen Tätigkeit oder der Rahmenbedingungen ihrer Ausübung eine wesentliche und entscheidende berufliche Voraussetzung darstellt und sofern es sich um einen rechtmäßigen Zweck und eine angemessene Anforderung handelt."

Es handelt sich dabei um eine Ermächtigung an die Mitgliedstaaten, einen *Rechtfertigungsgrund* für einen an sich tatbestandsmäßigen Verstoß gegen das Gleichbehandlungsgebot bzw. das Diskriminierungsverbot nach Art. 2 Abs. 1, 2 der Richtlinie zu schaffen. Begriffstechnisch liegt im Falle der wesentlichen und entscheidenden beruflichen Anforderung zwar gar keine Diskriminierung vor. Soweit ein legitimes Regelungsziel und die Einhaltung des Verhältnismäßigkeitsgrundsatzes gefordert werden, spricht dies aber für eine Einordnung als Rechtfertigungsgrund, dem aber gleichzeitig der Charakter eines negativen Tatbestandsmerkmals zukommt. Die Vorschrift entspricht inhaltlich dem neuen Art. 2 Abs. 6 der konsolidierten Fassung der Richtlinie 76/207/EWG sowie dem Art.

---

[574] Vgl. auch 2. Teil C. IV. 3.

4 Abs. 1 der Richtlinie 2000/78/EG.[575] Art. 4 bezieht sich grundsätzlich auf das Arbeitsrecht. Die Rechtfertigung kann jedoch auch für das allgemeine Zivilrecht relevant werden, wenn die berufliche Tätigkeit kein Arbeitsverhältnis, sondern ein sonstiges Beschäftigungsverhältnis darstellt wie z.B. im Rahmen eines Dienst- oder eines Werkvertrages.

Dass eine unterschiedliche Behandlung aus Gründen der „Rasse" oder der ethnischen Herkunft außerhalb des Arbeitsrechts eine „berufliche Anforderung" darstellt, dürfte nicht allzu häufig vorkommen. Z.B. wäre der Fall denkbar, dass aus Gründen der Authentizität ein Schauspieler benötigt wird, der einer bestimmten „Rasse" oder ethnischen Gruppe angehört, oder der Fall, dass im Rahmen einer Tätigkeit persönliche Dienstleistungen für Angehörige einer bestimmten ethnischen Gruppe zu erbringen sind und dies am effektivsten von einem Angehörigen dieser Gruppe geleistet werden kann.[576] Stets zu prüfen ist, ob die Abweichung vom Grundsatz der Gleichbehandlung auch angemessen ist: Z.B. kann es im Falle des Schauspielers, der einen Angehörigen einer ethnischen Gruppe spielt, auch ausreichend sein, die Zugehörigkeit mit Hilfe eines Maskenbildners darzustellen, insbesondere wenn es sich nur um eine nachrangige Rolle handelt. Abzuwägen ist der Diskriminierungsschutz dann jedoch auch mit der künstlerischen Freiheit des Regisseurs.

Die Kommission[577] ist der Ansicht, dass die Rechtfertigungsmöglichkeit eng zu verstehen sei, so dass sie nur solche beruflichen Anforderungen abdeckt, die unbedingt zur Ausführung der betreffenden Tätigkeiten notwendig sind. Dabei kann sie sich auf die Rechtsprechung des Gerichtshofs[578] stützen. Dieser hat in Bezug auf den vergleichbaren Art. 2 Abs. 2 der Richtlinie 76/207/EWG entschieden, „dass diese Bestimmung als Ausnahme von einem in der Richtlinie verankerten individuellen Recht eng auszulegen ist." Der Gleichbehandlungsgrundsatz ist jedoch seinerseits eine Ausnahme von den im Zivilrecht geltenden Grundsätzen der Privatautonomie und des Rechts auf Privatleben.[579] Es ist daher nicht auszuschließen, sondern wäre vielmehr wünschenswert, dass der EuGH die

---

[575] Ursprünglich lautete Art. 2 Abs. 2 der RL 76/207/EWG: „Diese Richtlinie steht nicht der Befugnis der Mitgliedstaaten entgegen, solche beruflichen Tätigkeiten und gegebenenfalls die dazu jeweils erforderliche Ausbildung, für die das Geschlecht auf Grund ihrer Art oder der Bedingungen ihrer Ausübung eine unabdingbare Voraussetzung darstellt, von ihrem Anwendungsbereich auszuschließen." Auch § 611a BGB ist entsprechend gefasst. Durch die RL 2002/73/EG wurde der Wortlaut an die neuen Anti-Diskriminierungs-RL und die einschlägige Rechtsprechung des EuGH angepasst, vgl. KOM (2000) 334, 7 ff. Die „unabdingbare Voraussetzung" wird zur „wesentlichen und entscheidenden beruflichen Voraussetzung", wodurch keine Absenkung des Schutzniveaus beabsichtigt war.
[576] KOM (1999) 566, 9.
[577] KOM (1999) 566 9; KOM (2000) 334, 9.
[578] EuGH Rs. C-222/84, Slg. 1986, 1651 Rn. 36 (*Johnston*).
[579] Vgl. zum Regel-Ausnahme-Verhältnis oben 2. Teil C. III. 1. d. dd.

„wesentlichen und entscheidenden beruflichen Anforderungen" zumindest dort weit auslegt, wo Vertragsfreiheit und Privatleben in ihrem Kern betroffen sind. Einen klassischen Rechtfertigungsgrund enthält im übrigen Art. 4 Abs. 5 der Richtlinie 2004/113/EG.[580] Eine Ungleichbehandlung ist danach zulässig,

„wenn es durch ein legitimes Ziel gerechtfertigt ist, die Güter und Dienstleistungen ausschließlich oder vorwiegend für die Angehörigen eines Geschlechts bereitzustellen, und die Mittel zur Erreichung dieses Ziels angemessen und erforderlich sind."[581]

Eine dem Art. 4 der Richtlinie 2000/43/EG vergleichbare Vorschrift fehlt aber in der Richtlinie 2004/113/EG. Dies bestätigt, dass sich diese Rechtfertigungsmöglichkeit in erster Linie auf das Arbeitsrecht bezieht und Dienstleistungen nur am Rande betroffen sind. Art. 4 Abs. 5 der Richtlinie 2004/113/EG bietet jedoch keine Möglichkeit für eine zulässige Ungleichbehandlung in Beschäftigungsverhältnissen außerhalb des Arbeitsrechts. Dies erstaunt, sind geschlechtsbezogene Ungleichbehandlungen doch auch hier vorstellbar und erforderlich, z.B. in Bezug auf Schauspieler oder Pflegekräfte.[582]

c. Positive Diskriminierung

Für die gem. Art. 5[583] zulässige positive Diskriminierung gelten die im Rahmen des Art. 13 Abs. 1 EG gemachten Ausführungen entsprechend.[584] Es handelt sich um eine Ermächtigung an die Mitgliedstaaten, Ausnahmen vom Gleichbehandlungsgrundsatz beizubehalten oder einzuführen. Eine Diskriminierung wäre dann *gerechtfertigt*.[585]

---

[580] Für eine genauere Analyse und Kritik des Art. 4 Abs. 5 der RL 2004/113/EG vgl. unten 2. Teil C. IV. 4. a.
[581] Nach dem Vorschlag der EU-KOM sollte eine Ungleichbehandlung gem. Art. 1 Abs. 3 a.F. ursprünglich zulässig sein „im Zusammenhang mit Gütern und Dienstleistungen, bei denen Männer und Frauen sich nicht in einer vergleichbaren Situation befinden, weil die Güter und Dienstleistungen ausschließlich oder in erster Linie für die Angehörigen nur eines Geschlechts bestimmt sind, oder im Zusammenhang mit Leistungen, die je nach Geschlecht der Klienten auf unterschiedliche Weise erbracht werden."
[582] Zum Recht auf Pflegekräfte des eigenen Geschlechts vgl. *Igl/Dünnes*, Pflegekräfte, Rechtsgutachten.
[583] Eine ähnliche Vorschrift enthalten Art. 7 der RL 2000/78/EG, Art. 2 Abs. 4 der RL 76/207/EWG sowie Art. 6 der RL 2004/113/EG.
[584] Vgl. zur Problematik von positiven Fördermaßnahmen im Rahmen des Art. 13 EG und des auf seiner Grundlage erlassenen Sekundärrechts oben 2. Teil A. VI. 2.
[585] KOM (2000) 334, 9.

d. Sachliche Rechtfertigung mittelbarer Diskriminierungen (Art. 2 Abs. 2 lit. b)

Nach Art. 2 Abs. 2 lit. b der Richtlinie 2000/43/EG[586]

„liegt eine mittelbare Diskriminierung vor, wenn dem Anschein nach neutrale Vorschriften, Kriterien oder Verfahren Personen, die einer Rasse oder ethnischen Gruppe angehören, in besonderer Weise benachteiligen können, es sei denn, die betreffenden Vorschriften, Kriterien oder Verfahren sind durch ein rechtmäßiges Ziel sachlich gerechtfertigt, und die Mittel sind zur Erreichung dieses Ziels angemessen und erforderlich."

Die mittelbare Diskriminierung[587] setzt schon tatbestandsmäßig die *Abwesenheit eines sachlichen Grundes* voraus. Dieser *Rechtfertigungsgrund* hat daher ähnlich wie Art. 4 der Richtlinie 2000/43/EG den Charakter eines negativen Tatbestandsmerkmals: Soweit die Benachteiligung durch ein rechtmäßiges Ziel sachlich gerechtfertigt ist und die Mittel zur Erreichung dieses Ziels angemessen und erforderlich sind, liegt bereits keine mittelbare Diskriminierung vor. Es handelt sich dann um eine zulässige Ungleichbehandlung.

4. Kompetenz der Gemeinschaft

Fraglich ist, ob die Gemeinschaft die Kompetenz hat, eine Anti-Diskriminierungsrichtlinie in dieser Form zu erlassen. Dagegen sprechen nicht nur allgemeine Einwände, die das ordnungsgemäße Zustandekommen der Richtlinie 2000/43/EG betreffen, sondern auch spezifische Zweifel an der Zuständigkeit der Gemeinschaft für einige der geregelten Sachbereiche. Abschließend ist die Einhaltung des Subsidiaritätsprinzips zu prüfen.

a. Ordnungsgemäßes Zustandekommen der Richtlinie 2000/43/EG

Ganz generell bestehen formale Einwände gegen die Gültigkeit der auf Art. 13 EG gestützten Richtlinie 2000/43/EG. Diese Überlegungen gelten *mutatis mutandis* auch für die Richtlinien 2000/78/EG und 2004/113/EG, welche die gleichen Defizite aufweisen.

aa. Formale Fehler

So war sich der Richtliniengeber offenbar selbst nicht über die Reichweite seiner Zuständigkeit sicher, so dass die Richtlinien nur *„im Rahmen der auf die*

---

[586] Gleich lautend formulieren es Art. 2 Abs. 1 lit. b des RL-Vorschlags KOM (2003) 657 sowie Art. 2 Abs. 2 lit. b der RL 2000/78/EG und Art. 2 Abs. 2 Spiegelstrich 2 der konsolidierten Fassung der RL 76/207/EWG.

[587] Vgl. zum Begriff schon die Ausführungen im 2. Teil A. VII. 1. c., die auch für das auf der Grundlage von Art. 13 EG erlassene Sekundärrecht maßgeblich sind.

Gemeinschaft übertragenen Zuständigkeiten" Anwendung finden sollen.[588] Die Richtlinien wiederholen damit das in Art. 13 Abs. 1 EG niedergelegte Tatbestandsmerkmal. Damit wird eine Kompetenzüberschreitung des Richtliniengebers zwar formal vermieden, weil der Anwendungsbereich auf das im Rahmen des Art. 13 Abs. 1 EG Erlaubte beschränkt wird. Die Kommission macht in ihren Begründungen zu den Richtlinienvorschlägen[589] jedoch keine Ausführungen zu den auf die Gemeinschaft übertragenen Zuständigkeiten, sondern überlässt die Auslegung den Mitgliedstaaten und den Rechtsanwendern, was im Hinblick auf das Bestimmtheitserfordernis aus Art. 220 EG[590] äußerst problematisch ist.[591] Die Mitgliedstaaten müssen den Anwendungsbereich gem. Art. 3 Abs. 1 der Richtlinie 2000/43/EG nun ihrerseits daraufhin überprüfen, ob er überhaupt von den auf die Gemeinschaft übertragenen Zuständigkeiten gedeckt ist.[592] Es ist zweifelhaft, ob eine derartig unspezifische *dynamische Verweisung* den Kompetenzschranken des EG-Vertrags genügt.[593] Zumindest schafft sie erhebliche Rechtsunsicherheit und kann unterschiedliche Schutzniveaus in den Mitgliedstaaten zur Folge haben. Die Formulierung hindert darüber hinaus die unmittelbare Anwendbarkeit der Diskriminierungsverbote nach Ablauf der Umsetzungsfrist im Falle fehlender oder fehlerhafter Umsetzung.[594]

Zudem gibt die Kommission in den Richtlinien 2000/43/EG, 2000/78/EG und 2004/113/EG als Rechtsgrundlage nur den *„Vertrag zur Gründung der Europäischen Gemeinschaft, insbesondere ... Art. 13* [EG]" an. Da es sich bei Art. 13 Abs. 1 EG nicht um eine originäre Kompetenzzuweisung, sondern um eine *eingeschränkte Ermächtigungsnorm* handelt und damit der ergänzende Rückgriff auf andere Bestimmungen erforderlich ist,[595] tritt daher noch ein Verstoß gegen die Begründungspflicht des Richtliniengebers gem. Art. 253 EG hinzu. Denn die

---

[588] Art. 3 Abs. 1 der RL 2000/43/EG, 2000/78/EG und 2004/113/EG.
[589] KOM (2003) 657; KOM (1999) 566; Geänderter Vorschlag für eine RL des Rates zur Anwendung des Gleichbehandlungsgrundsatzes ohne Unterschied der Rasse oder der ethnischen Herkunft v. 31.5.2000 (KOM (2000) 328 endg.); KOM (1999) 565.
[590] Der Bestimmtheitsgrundsatz gilt gem. Art. 220 EG auch im Gemeinschaftsrecht und bindet die Organe der EG bei der Rechtsetzung, vgl. *Geiger*, EUV/EGV, Art. 220 Rn. 28.
[591] Ebenso *DAV (Ausschuss Zivilrecht)*, Stellungnahme v. 13.2.2002 (14/02), 4 f., abrufbar unter: http://www.dav.de; *Högenauer*, Richtlinien gegen Diskriminierung im Arbeitsrecht, 77.
[592] Vgl. zur konkreten Zuständigkeit der Gemeinschaft für die geregelten Sachbereiche 2. Teil C. III. 4. b. sowie allgemein zur Auslegung der in Art. 13 Abs. 1 EG enthaltenen Bestimmung oben 2. Teil A. V.
[593] Ebenso *Riesenhuber/Franck*, JZ 2004, 529 (530).
[594] Vgl. unten 2. Teil. C. III. 5. b. bb.
[595] Vgl. dazu allgemein 2. Teil A. V. 3. sowie konkret in Bezug auf ergänzende Bestimmungen im Falle der RL 2000/43/EG unten 2. Teil C. III. 4. b.

III. Richtlinie 2000/43/EG　　　　　　　　　　　　　　　　137

Begründungspflicht umfasst auch die richtige Benennung der Vertragsartikel, die als Rechtsgrundlage für den Rechtsakt herangezogen werden.[596] Schließlich darf die Gemeinschaft nach dem Subsidiaritätsprinzip gem. Art. 5 Abs. 2 EG allenfalls dann rechtsetzend tätig werden, wenn das anvisierte Ziel nicht schon auf der Ebene der Mitgliedstaaten ausreichend verwirklicht und zudem besser auf Gemeinschaftsebene erreicht werden kann. Die Richtlinie 2000/43/EG respektiert diesen Grundsatz zwar formal. Sie setzt sich mit der Subsidiaritätsthematik unter Verstoß gegen Nr. 4 des Protokolls[597] über die Anwendung der Grundsätze der Subsidiarität und der Verhältnismäßigkeit von 1997 aber nur sehr formelhaft auseinander, indem sie ohne nähere Begründung lapidar feststellt, dass das Ziel der Gleichbehandlung nicht auf nationaler Ebene erreicht werden könne und daher besser auf Gemeinschaftsebene angestrebt werden solle.[598]

bb. Gerichtliche Angreifbarkeit

Wird gegen den Bestimmtheitsgrundsatz bzw. gegen die Begründungspflicht nach Art. 253 EG verstoßen, so stellt dies die Verletzung einer wesentlichen Formvorschrift dar, die z.b. mit einer Nichtigkeitsklage nach Art. 230 EG angegriffen werden kann. Eine mangelnde Begründung führt dabei nicht automatisch zur Nichtigkeit des Rechtsakts,[599] sondern nur zu dessen Angreifbarkeit. Die Nichtigkeit ist vom Gericht ausdrücklich festzustellen.[600] Gem. Art. 230 Abs. 5 EG beträgt die Klagefrist zwei Monate ab Bekanntgabe der betreffenden Handlung. Die Richtlinie 2000/43/EG wurde jedoch bereits am 19. Juli 2000 im Amtsblatt der Europäischen Gemeinschaften veröffentlicht, so dass diese Frist abgelaufen ist. Auch in Bezug auf die anderen auf Art. 13 EG gestützten Richtlinien 2000/78/EG und 2004/113/EG ist die Frist zur Nichtigkeitsklage überschritten.

Neben der Nichtigkeitsklage kann die Verletzung wesentlicher Formvorschriften jedoch auch in anderen Verfahren vor dem EuGH gerügt werden. In Betracht kommen auch das Vertragsverletzungsverfahren gem. Art. 226, 228 EG sowie das Vorabentscheidungsverfahren[601] gem. Art. 234 EG.[602] Im Rahmen der Ver-

---

[596] *Grabitz* in: Grabitz/Hilf (Hrsg.), EUV/EGV, Art. 190 EG a.F. Rn. 4.
[597] ABl. 1997 C 340/105.
[598] KOM (1999) 566, 3 ff.
[599] EuG Rs. T-79/89, Slg. 1992, 315 (*BASF u.a./Kommission*).
[600] EuGH Rs. C-137/92 P, Slg. 1994, 2555 (*Kommission/BASF u.a.*); *Schoo* in: Schwarze (Hrsg.), EU-Komm., Art. 253 EG Rn. 11.
[601] Im Jahr 2004 wurden beim EuGH zwei Verfahren in Bezug auf die RL 2000/78/EG und eines in Bezug auf die RL 2000/43/EG eingeleitet. In den Rs. C-144/04 (*Mangold*) und C-261/04 (*Schmidt*) geht es jeweils um die Frage, ob Art. 6 der RL 2000/78/EG einer nationalen Regelung entgegensteht, welche die Befristung von Arbeitsverträgen mit Ar-

tragsverletzungsklage der Kommission gegen Deutschland vor dem EuGH[603] hat die deutsche Regierung es unterlassen, entsprechende Bedenken geltend zu machen. Es verbleiben aber noch spätere Vertragsverletzungsverfahren sowie das Vorlageverfahren zum EuGH, das durch jede Partei vor nationalen Gerichten angeregt werden kann, um die Bedenken gegen das ordnungsgemäße Zustandekommen der Richtlinien auszuräumen. Freilich ist zumindest der Bundesregierung die Anregung einer Gültigkeitsvorlage an den EuGH in einem späteren Verfahren vor nationalen Gerichten verwehrt: Um die Regeln über die Nichtigkeitsklage nicht zu umgehen, macht der EuGH ihre Annahmefähigkeit davon abhängig, dass die Partei des Ausgangsrechtsstreits vor dem nationalen Gericht nicht „offensichtlich" zur Erhebung einer Nichtigkeitsklage befugt war.[604]

b. Zuständigkeit für die geregelten Sachbereiche

Um Diskriminierungen im zivilrechtlichen Anwendungsbereich der Richtlinie 2000/43/EG bekämpfen zu können, müssten der Gemeinschaft entsprechende Kompetenzen aus dem EG-Vertrag zustehen. Diese Bindung an im Vertrag schriftlich fixierte Befugnisse folgt aus dem Prinzip der begrenzten Einzelermächtigung gem. Art. 5 Abs. 1 EG. Weil es sich bei Art. 13 Abs. 1 EG nur um eine *eingeschränkte Ermächtigungsnorm* handelt,[605] müsste die EG daher außerhalb dieses Artikels die Sachkompetenz zum Erlass hoheitlicher Maßnahmen in den Bereichen Güter, Dienstleistungen und Wohnraum (Art. 3 Abs. 1 lit. h), soziale Vergünstigungen (Art. 3 Abs. 1 lit. f), Gesundheits- und Bildungswesen (Art. 3 Abs. 1 lit. e und g) sowie Zusammenschluss in Berufsvereinigungen (Art. 3 Abs. 1 lit. d) besitzen. Eine Rechtsetzungskompetenz ist nach der hier vertretenen Ansicht aber nicht erforderlich.

Diese Überlegungen gelten *mutatis mutandis* auch für die Richtlinie 2004/113/EG, deren Anwendungsbereich ebenfalls die Bereiche Güter und Dienstleistungen, darüber hinaus aber auch den Bereich des Versicherungswesens,[606] umfasst.

---

beitnehmern ab 52 Jahren ohne das Vorliegen eines sachlichen Grundes zulässt. In der Rs. C-328/04 (*Vajnai*) geht es um die Frage, ob die RL 2000/43/EG dem Verbot entgegensteht, einen fünfzackigen roten Stern in der Öffentlichkeit zu tragen bzw. zu gebrauchen. Diese Frage fällt jedoch schon nicht in den Anwendungsbereich der RL. In einem im Jahr 2005 beim EuGH eingegangenen Verfahren, Rs. C-13/05 (*Chacón Navas*), geht es um die Frage, ob eine Kündigung wegen Krankheit eine Diskriminierung wegen einer Behinderung i.S.d. RL 2000/78/EG darstellt.

[602] Siehe zu diesen Verfahrensarten *Schöbener/Stork*, EuR.
[603] EuGH Rs. C-329/04, EuZW 2005, 444 (*Kommission/Deutschland*).
[604] *Pechstein/Kubicki*, NJW 2005, 1825 ff. m.w.N..
[605] Vgl. oben 2. Teil A. V. 3.
[606] Vgl. dazu noch 2. Teil C. IV. 2. c.

aa. Güter (Art. 3 Abs. 1 lit. h)

Damit die EG Anti-Diskriminierungsvorschriften im Bereich der Rechtsgeschäfte über Güter erlassen darf, reicht es nicht aus, dass der freie Warenverkehr gem. Art. 23 ff. EG ein substantieller Teil des EG-Vertrags ist und damit eine gemeinschaftsrechtliche Regelung erfährt. Erforderlich sind vielmehr auf den Warenverkehr bezogene Befugnisnormen, welche sich jedoch in Titel I des EG-Vertrags nicht finden. Fraglich ist, inwieweit ein Rückgriff auf andere Vorschriften in Betracht kommt.

(1) Art. 94 f. EG und Art. 14 Abs. 3 EG

Gem. Art. 94 bzw. 95 EG kann die Gemeinschaft zur Verwirklichung des Gemeinsamen Marktes bzw. zur Verwirklichung des Binnenmarktes i.S.d. Art. 14 EG rechtsetzend tätig werden. Die Rechtsangleichungskompetenz nach Art. 95 EG umfasst gem. Art. 14 Abs. 2 EG die Schaffung eines *„Raum[s] ohne Binnengrenzen, in dem der freie Verkehr von Waren, Personen* [und] *Dienstleistungen ... gewährleistet ist."*[607] Der einheitliche Schutz vor Diskriminierungen würde die Freizügigkeit innerhalb der Gemeinschaft fördern, indem gleicher Zugang zu Gütern und Dienstleistungen sichergestellt wird.[608] Die Rechtsangleichung nach Art. 94 f. EG wird aber teilweise nicht als eigenständiges Sachgebiet i.S.d. Art. 13 Abs. 1 EG angesehen: Befürchtet wird, dass sonst alle erdenklichen Gegenstände der Rechtsetzung für Anti-Diskriminierungsmaßnahmen in Betracht kämen.[609] Diese Ansicht findet zwar keine Unterstützung in Wortlaut und Entstehungsgeschichte des Art. 13 Abs. 1 EG, ist jedoch nach Sinn und Zweck der einschränkenden Formulierung in Art. 13 Abs. 1 EG generell zutreffend: Die im Rahmen der Vorschrift zusätzlich erforderlichen „Zuständigkeiten" der Gemeinschaft müssen im Grundsatz jeweils bereichsspezifisch geregelt sein, sonst wäre die Einschränkung sinnlos. In Bezug auf die Warenverkehrsfreiheit

---

[607] Zur Bedeutung der Art. 94 f. EG im Hinblick auf Anti-Diskriminierungsmaßnahmen vgl. *Schiek* in: Westerman (Hrsg.), Non-discrimination and Diversity, 25 (37 f.); *Stalder*, Antidiskriminierungsmaßnahmen, 21 f.; *Waddington*, MJ 6 (1999), 1 (3), leitet eine Kompetenz der Gemeinschaft für Anti-Diskriminierungsmaßnahmen in Bezug auf Güter und Dienstleistungen aus der Zuständigkeit der EG zur Verwirklichung des Binnenmarktes und den Freizügigkeitsbestimmungen her. Dies bezieht sich offenbar auf die Rechtsangleichungskompetenz nach Art. 94 f. EG.

[608] Vgl. (KOM) 1999 566, 5; ebenso KOM (2003) 657, 12 f.

[609] *Zuleeg* in: v.d. Groeben/Schwarze, EUV/EGV, Art. 13 EG Rn. 12; a.A. *Plötscher*, Begriff der Diskriminierung, 261: „kommt als Ergänzung aller anderen Kompetenzen, wie z.B. zum Binnenmarkt, in Betracht."; auch *Waddington*, MJ 6 (1999), 1 (3), leitet eine Kompetenz der Gemeinschaft in Bezug auf Anti-Diskriminierungsmaßnahmen bei Gütern und Dienstleistungen aus der Zuständigkeit der EG zur Verwirklichung des Binnenmarktes und den Freizügigkeitsbestimmungen her. Dies bezieht sich offenbar auf die Rechtsangleichungskompetenz nach Art. 94 f. EG.

kann die EG jedoch nur über Art. 94 f. EG Sekundärrecht schaffen und nationale Vorschriften harmonisieren, so dass für den Bereich der Güter bzw. Waren die Rechtsangleichung ausnahmsweise als durch den EG-Vertrag „auf die Gemeinschaft übertragene Zuständigkeit" i.S.d. Art. 13 Abs. 1 EG angesehen werden muss.

(2) Art. 136 f. EG

Gem. Art. 136 Abs. 1 EG verfolgt die Gemeinschaft das Ziel, die *„Lebens-* und Arbeitsbedingungen" zu verbessern. Zu diesem Zweck darf sie bereits nach Art. 136 Abs. 2 EG hoheitlich tätig werden. In Art. 137 Abs. 1 lit. j i.V.m. Abs. 2 lit. a EG wird der Rat außerdem ausdrücklich dazu ermächtigt, zur *„Bekämpfung der sozialen Ausgrenzung"* Maßnahmen zu ergreifen. Darunter kann die Gewährleistung diskriminierungsfreien Zugangs zu Gütern verstanden werden.[610] Eine Rechtsetzung ist in beiden Fällen ausgeschlossen, es handelt sich nur um eine Ermächtigung zur *offenen Methode der Koordinierung*[611]. Vor dem Hintergrund des oben vertretenen Auslegungsverständnisses des Art. 13 Abs. 1 EG schadet dies aber nicht.

Zur Sozialpolitik i.S.d. Art. 136 ff. EG zählen jedoch grundsätzlich nur jene Aspekte, die Arbeitnehmer und deren Position betreffen bzw. mit der Beschäftigung verbunden sind.[612] Die Richtlinie 2000/43/EG beinhaltet aber im Bereich der Güter und Dienstleistungen nicht nur die im Zusammenhang mit einer Beschäftigung stehenden Sachverhalte.

Wollte man die Sozialpolitik in einem umfassenden Sinne verstehen und sie nicht nur auf Beschäftigungssachverhalte beschränken, hätte dies zur Folge, dass es sich bei Art. 137 Abs. 1 lit. j EG ebenso wie bei Art. 95 EG nicht um eine bereichsspezifische, sondern um eine allgemeine Vorschrift handeln würde. Soweit der Anwendungsbereich nicht präzise umgrenzt ist, entsprechend den anderen in lit. a-k aufgeführten Gebieten, besteht dann beim Begriff der „sozialen Ausgren-

---

[610] Dies zeigen auch die Begründungen der EU-KOM, vgl. KOM (1999) 566, 7: die Verwehrung des gleichberechtigten Zugangs zu Waren und Dienstleistungen kann im ungünstigsten Fall „eine noch stärkere *soziale Ausgrenzung* zur Folge haben"; ähnlich auch KOM (2003) 657, 6: „führt im schlimmsten Fall zur Verschärfung *sozialer Ausgrenzung.*" (Hervorhebungen durch den Verfasser).

[611] Unter diesem Begriff versteht die EU ein auf dem Gipfel von Lissabon im Jahr 2000 verabschiedetes Verfahren zur mittelfristigen Abstimmung der Sozialpolitik sämtlicher Mitgliedstaaten. Die OMK bezweckt eine Angleichung der Effekte materiellen Rechts, indem sie die Sozialpolitik der Mitgliedstaaten auf einheitliche Ziele verpflichtet, vgl. dazu *Eichenhofer* in: Streinz (Hrsg.), EUV/EGV, Art. 136 EG Rn. 26.

[612] EuGH, verb. Rs. C-281 und C-283/85, Slg. 1987, 3245 Rn. 16 (*Deutschland/Kommission*); *Krebber* in: Calliess/Ruffert (Hrsg.), EUV/EGV, Art. 136 EG Rn. 1; *Rebhahn* in: Schwarze (Hrsg.), EU-Komm., Art. 136 EG Rn. 3.

zung" die Gefahr, dass über die sozialpolitischen Vorschriften eine Ermächtigung zu Anti-Diskriminierungsmaßnahmen in allen möglichen Bereichen geschaffen wird.[613] In Erweiterung des von *Zuleeg* gemachten Vorbehalts dürfen damit grundsätzlich weder die Art. 136 Abs. 1, 2 EG noch Art. 137 Abs. 1 lit. j EG als ergänzende Kompetenzgrundlagen in Betracht kommen. Sie sind in Bezug auf die benannten Bereiche schlicht nicht spezifisch genug. Etwas anderes gilt nur dann, wenn wie in Art. 137 lit. a bis i und lit. k ausdrücklich bestimmte, genau umgrenzte Bereiche benannt werden.

(3) Art. 153 EG

Unter dem Aspekt des Schutzes der wirtschaftlichen Interessen von *Verbrauchern* könnte man auch an die Heranziehung des Art. 153 Abs. 1, 3 lit. a oder b EG denken. Art. 153 Abs. 3 lit. a EG verweist auf Art. 95 EG. Durch diese Verweisung würden die Bedenken von *Zuleeg* im Hinblick auf Art. 95 EG zerstreut, da die Rechtsangleichungskompetenz dann ausschließlich für den begrifflich umgrenzten Bereich des Verbraucherschutzes eröffnet wäre. Art. 153 Abs. 3 lit. b EG nimmt darüber hinaus auf unterstützende bzw. ergänzende Maßnahmen der Gemeinschaft beim Verbraucherschutz Bezug und kommt damit ebenfalls als Zuständigkeitsnorm i.V.m. Art. 13 Abs. 1 EG für Rechtsetzungsmaßnahmen in Betracht. Allerdings bliebe die Kompetenz der EG zu Anti-Diskriminierungsmaßnahmen im Zivilrecht auf Geschäfte beschränkt, bei denen ein *Unternehmer* und ein *Verbraucher* Verträge über Güter schließen. Das Diskriminierungsverbot würde sich dann im Einklang mit der hier vertretenen Ansicht[614] von vornherein ausschließlich an *Unternehmer* richten.

(4) Zwischenergebnis

Im Ergebnis kann die Gemeinschaft die Kompetenz für rechtsverbindliche Anti-Diskriminierungsmaßnahmen für den Bereich des Warenverkehrs nur aus Art. 13 Abs. 1 EG i.V.m. ergänzenden Vertragsartikeln, welche die EG bereichsspezifisch zu hoheitlichen Maßnahmen ermächtigen, ausüben. In Betracht kommen ausnahmsweise die Art. 94 f. EG. Die Art. 136 f. EG können vorliegend nicht herangezogen werden, weil es sich bei den in Frage kommenden Vorschriften nur um allgemeine und bereichsunspezifische sozialpolitische Normen handelt. Wäre es nur möglich, Art. 153 EG als ergänzende Rechtsgrundlage zu verwenden, würde sich der Geltungsbereich der auf Basis von Art. 13 Abs. 1 EG erlassenen Rechtsakte im Zivilrecht mangels weiterer Kompetenzen der EG von

---

[613] *Bell*, MJ 6 (1999), 5 (17) hält zumindest den Zugang zu *Wohnraum* für wichtig, um die soziale Ausgrenzung zu bekämpfen. Dass die „Bekämpfung der sozialen Ausgrenzung" zu einer unspezifischen Generalermächtigung in Bezug auf alle erdenklichen Sachgebiete führen kann, sieht er offenbar nicht.

[614] Vgl. oben 2. Teil C. III. 1. d. cc. (6).

vornherein auf Verträge zwischen *Verbrauchern* und *Unternehmern* beschränken.

bb. Dienstleistungen und Wohnraum (Art. 3 Abs. 1 lit. h)

Damit die EG Anti-Diskriminierungsvorschriften in diesem Bereich erlassen darf, reicht es nicht aus, dass der freie Dienstleistungsverkehr gem. Art. 49 EG ein substantieller Teil des EG-Vertrags ist. Erforderlich sind vielmehr diesbezügliche Befugnisnormen.

(1) Art. 49, 55, 47 Abs. 2 EG

Die Dienstleistungsfreiheit wird über Art. 49 ff. EG geschützt. Speziell um die Aufnahme und Ausübung der Freiheit zu erleichtern, darf der Rat gem. Art. 55, 47 Abs. 2 EG Richtlinien erlassen. I.V.m. Art. 13 Abs. 1 EG erweitert sich diese Zuständigkeit gem. Art. 55, 47 Abs. 2 EG auf die Regelung zivilrechtlicher Diskriminierungsverbote beim Zugang zu und der Versorgung mit Dienstleistungen. Der Dienstleistungsbegriff umfasst die Bereitstellung von Wohnraum.[615] Entsprechend findet sich im Hinblick auf Wohnraum auch keine ausdrückliche Regelung im EG-Vertrag.

(2) Art. 136 f. EG

Gem. Art. 136 Abs. 1 EG verfolgt die Gemeinschaft das Ziel, die *„Lebens- und Arbeitsbedingungen"* zu verbessern. Zu diesem Zweck darf sie bereits nach Art. 136 Abs. 2 EG tätig werden. In Art. 137 Abs. 1 lit. j i.V.m. Abs. 2 lit. a EG wird der Rat außerdem ausdrücklich dazu ermächtigt, zur *„Bekämpfung der sozialen Ausgrenzung"* Maßnahmen zu ergreifen. Darunter könnte zwar die Gewährleistung diskriminierungsfreien Zugangs zu Dienstleistungen, inkl. Wohnraum verstanden werden.[616] Beschränkt man die Gewährleistung nicht nur auf Beschäftigungssachverhalte, besteht jedoch wiederum die Gefahr, dass über diese sozialpolitischen Vorschriften eine Ermächtigung zu Anti-Diskriminierungsmaßnahmen in allen möglichen Bereichen geschaffen wird. In Erweiterung des von *Zuleeg* gemachten Vorbehalts kommen damit weder Art. 136 Abs. 1, 2 EG noch Art. 137 Abs. 1 lit. j EG für die Gewährleistung des diskriminierungsfreien Zugangs zu Dienstleistungen als ergänzende Kompetenzgrundlagen in Betracht.

---

[615] Vgl. oben 2. Teil. C. III. 1. d. bb.
[616] Dies zeigen auch die Begründungen der EU-KOM, vgl. KOM (1999) 566, 7: Die Verwehrung des gleichberechtigten Zugangs zu Waren und Dienstleistungen kann im ungünstigsten Fall *„eine noch stärkere soziale Ausgrenzung zur Folge haben"*; Ähnlich auch KOM (2003) 657, 6: „führt im schlimmsten Fall zur Verschärfung *sozialer Ausgrenzung."* (Hervorhebungen durch den Verfasser).

(3) Art. 153 EG

Unter dem Aspekt des Schutzes der wirtschaftlichen Interessen von *Verbrauchern* könnte man auch im Hinblick auf den Zugang zu Dienstleistungen an die Heranziehung des Art. 153 Abs. 1, 3 lit. a oder b EG denken. Art. 153 Abs. 3 lit. a EG verweist auf Art. 95 EG. Durch diese Verweisung würden die Bedenken von *Zuleeg* im Hinblick auf Art. 95 EG zerstreut, da die Rechtsangleichungskompetenz dann ausschließlich für den begrifflich umgrenzten Bereich des Verbraucherschutzes eröffnet wäre. Art. 153 Abs. 3 lit. b EG nimmt darüber hinaus auf unterstützende bzw. ergänzende Maßnahmen der Gemeinschaft beim Verbraucherschutz Bezug und kommt damit ebenfalls als Zuständigkeitsnorm i.V.m. Art. 13 Abs. 1 EG für Rechtsetzungsmaßnahmen in Betracht. Allerdings bliebe die Kompetenz der EG zu Anti-Diskriminierungsmaßnahmen im Zivilrecht auf Geschäfte beschränkt, bei denen ein *Unternehmer* und ein *Verbraucher* Verträge über Dienstleistungen schließen. Das Diskriminierungsverbot würde sich dann im Einklang mit der hier vertretenen Ansicht[617] von vornherein ausschließlich an *Unternehmer* richten.

(4) Zwischenergebnis

Im Ergebnis kann die Gemeinschaft die Kompetenz für rechtsverbindliche Anti-Diskriminierungsmaßnahmen für den Bereich Dienstleistungen, inkl. Wohnraum nur aus Art. 13 Abs. 1 EG i.V.m. ergänzenden Vertragsartikeln, welche die EG zu hoheitlichen Maßnahmen ermächtigen, ausüben. In Betracht kommen die Art. 55, 47 Abs. 2 EG. Wäre es nur möglich, Art. 153 EG ergänzend heranzuziehen, würde sich der Geltungsbereich der auf Basis von Art. 13 Abs. 1 EG erlassenen Rechtsakte im Zivilrecht mangels weiterer Kompetenzen der EG von vornherein auf Verträge zwischen *Verbrauchern* und *Unternehmern* beschränken.

cc. Soziale Vergünstigungen (Art. 3 Abs. 1 lit. f)

Soziale Vergünstigungen durch Private betreffen die Gewährung wirtschaftlicher oder kultureller Vorteile[618] im Zusammenhang mit Rechtsgeschäften über Güter oder Dienstleistungen, z.B. Preisnachlässe oder ähnliches. Die Zuständigkeit der Gemeinschaft bestimmt sich aufgrund des sachlichen Zusammenhangs daher wie im Bereich der Güter und Dienstleistungen.

Das Ziel, Benachteiligte durch die Gewährung von wirtschaftlichen oder kulturellen Vergünstigungen zu fördern, wäre zudem wohl ausnahmsweise von der Ermächtigung des Rates zur Bekämpfung der „sozialen Ausgrenzung" gem. Art. 137 Abs. 1 lit. j i.V.m. Abs. 2 lit. a EG gedeckt: Denn der diskriminierungsfreie

---

[617] Vgl. oben 2. Teil C. III. 1. d. cc. (6).
[618] Vgl. dazu bereits oben 2. Teil. C. III. 1. b.

Zugang zu sozialen Vergünstigungen kann als spezifischer Anwendungsbereich dieser ansonsten allgemeinen sozialpolitischen Vorschrift angesehen werden. So ist die Gewährung sozialer Vergünstigungen tatsächlich ein typisches Mittel zur Bekämpfung der sozialen Ausgrenzung.

dd. Gesundheits- und Bildungswesen (Art. 3 Abs. 1 lit. e und g)

Das Gesundheitswesen ist durch Art. 152 EG Teil des EG-Vertrages. In diesem Bereich müssten jedoch auch Befugnisse der Gemeinschaft zum Erlass hoheitlicher Maßnahmen existieren. Im Gesundheitswesen ist es gem. Art. 152 Abs. 1 EG Aufgabe der Gemeinschaft, bei der Festlegung und Durchführung aller Gemeinschaftspolitiken und –maßnahmen ein hohes Gesundheitsschutzniveau sicherzustellen. Der Rat hat gem. Art. 152 Abs. 4 lit. c EG insbesondere die Aufgabe, Fördermaßnahmen zum Schutz und zur Verbesserung der menschlichen Gesundheit unter Ausschluss jeglicher Harmonisierung der Rechts- und Verwaltungsvorschriften der Mitgliedstaaten zu erlassen. Damit besteht eine den Art. 13 Abs. 1 EG ergänzende Befugnisnorm.

Die allgemeine Bildung, auf die sich Art. 3 Abs. 1 lit. g der Richtlinie bezieht, ist in Art. 149 EG geregelt. Gem. Art. 149 Abs. 1 EG trägt die Gemeinschaft zur Entwicklung einer qualitativ hoch stehenden Bildung in den Mitgliedstaaten bei. Als Beitrag zur Verwirklichung der in Art. 149 Abs. 2 EG im einzelnen genannten Ziele der Bildungspolitik, ermächtigt Art. 149 Abs. 4 EG den Rat zum Erlass von Empfehlungen bzw. Fördermaßnahmen unter Ausschluss jeglicher Harmonisierung der Rechts- und Verwaltungsvorschriften der Mitgliedstaaten. Folglich besteht auch im Bereich der Bildung mit Art. 149 Abs. 4 EG eine ausreichende Befugnisnorm.

ee. Zusammenschluss in privatrechtlichen Berufsvereinigungen (Art. 3 Abs. 1 lit. d)

Bezüglich der Mitgliedschaft und Mitwirkung in einer Arbeitnehmer- oder Arbeitgeberorganisation ermächtigt Art. 137 Abs. 1 lit. f i.V.m. Abs. 2 lit. b EG den Rat zum Erlass von Richtlinien, die Mindestvorschriften enthalten dürfen. Art. 137 Abs. 1 lit. f EG weist der Gemeinschaft ausdrücklich die Zuständigkeit für die „Vertretung und kollektive Wahrnehmung der Arbeitnehmer- und Arbeitgeberinteressen" zu.

Fraglich ist, inwieweit die Gemeinschaft auch im Bereich der kollektiven Interessenswahrnehmung der freien Berufe, also außerhalb des Arbeitsrechts, die Zuständigkeit zu hoheitlichen Maßnahmen hat. Eine vergleichbare ausdrückliche Ermächtigung findet sich im EG-Vertrag nicht. Der diskriminierungsfreie Zugang zu Berufsvereinigungen, die nicht Arbeitnehmer- oder Arbeitgeberzusammenschlüsse sind, könnte allenfalls von der Ermächtigung des Rates zur Bekämpfung der „sozialen Ausgrenzung" gem. Art. 137 Abs. 1 lit. j i.V.m. Abs. 2

lit. a EG gedeckt sein, soweit die Maßnahme im Einklang mit Art. 136 EG die Herstellung eines angemessenen sozialen Schutzes zum Ziel hat. Der Anwendungsbereich der Vorschrift ist jedoch nicht hinreichend konkret, es handelt sich bei Art. 137 Abs. 1 lit. j EG grundsätzlich nicht um eine bereichsspezifische Befugnisnorm.

Zutreffender erscheint daher eine Anknüpfung an Art. 43 EG. So stellt Art. 43 Abs. 2 EG fest, dass die Niederlassungsfreiheit die Aufnahme und Ausübung selbständiger Erwerbstätigkeiten schützt. Art. 43 EG bezieht demnach alle Regelungen in seinen Anwendungsbereich ein, die mit der konkreten, dauerhaften Ausübung einer Tätigkeit in einem anderen Mitgliedstaat verbunden sind.[619] Nicht nur kann der Rat gem. Art. 44 Abs. 1 EG Richtlinien zur Verwirklichung der Niederlassungsfreiheit für eine bestimmte Tätigkeit erlassen. Speziell um die Aufnahme und Ausübung derartiger Tätigkeiten zu erleichtern, darf er darüber hinaus auch gem. Art. 47 Abs. 2 EG Richtlinien erlassen. Der Zusammenschluss in privatrechtlichen Berufsvereinigungen kann als Teil der Ausübung der Tätigkeiten freier Berufe angesehen werden, den die Gemeinschaft zur Erleichterung der Niederlassungsfreiheit regeln darf. Art. 13 Abs. 1 EG erweitert die Zuständigkeit gem. Art. 47 Abs. 2 EG dann auf den diskriminierungsfreien Zugang und die diskriminierungsfreie Mitwirkung in derartigen Organisationen.

ff. Ergebnis

Die *eingeschränkte Ermächtigungsnorm* des Art. 13 Abs. 1 EG wird durch die gemeinschaftlichen Zuständigkeiten in den Bereichen Güter, Dienstleistungen und Wohnraum (Art. 3 Abs. 1 lit. h), soziale Vergünstigungen (Art. 3 Abs. 1 lit. f), Gesundheits- und Bildungswesen (Art. 3 Abs. 1 lit. e und g) sowie Zusammenschluss in Berufsvereinigungen (Art. 3 Abs. 1 lit. d) ausreichend ergänzt. Die Gemeinschaft besitzt daher zumindest in Bezug auf den zivilrechtlichen Anwendungsbereich der Richtlinie 2000/43/EG die Regelungskompetenz. Mangels Begründung der Kommission ist jedoch nicht nachzuvollziehen, auf welche ergänzenden Zuständigkeiten der Gemeinschaft sich die Rechtsetzungskompetenz im Einzelfall stützt, wenn mehrere Vertragsartikel als notwendige Ergänzung des Art. 13 Abs. 1 EG in Betracht kommen.

c. Subsidiaritätsprinzip (Art. 5 Abs. 2 EG)

Weiterhin müsste bei Erlass der Richtlinie 2000/43/EG das Subsidiaritätsprinzip des Art. 5 Abs. 2 EG gewahrt sein. Nach dem Wortlaut des Art. 5 Abs. 2 EG kann die Subsidiarität nur in den Bereichen als Kompetenzausübungsschranke[620] wirken, in denen die EG nicht die ausschließliche Zuständigkeit zum Tätigwer-

---

[619] *Schlag* in: Schwarze (Hrsg.), EU-Komm., Art. 43 EG Rn. 26.
[620] *Geiger*, EUV/EGV, Art. 5 EG Rn. 6; *Hobe*, EuR, Rn. 155.

den hat. Wann dies der Fall ist, ist mitunter unklar und muss durch Auslegung der jeweiligen Kompetenzvorschriften ermittelt werden.[621] Bei Art. 13 EG handelt es sich um eine konkurrierende Kompetenz. Im Bereich der Diskriminierungsbekämpfung bleibt es den Mitgliedstaaten überlassen, ob sie auch eigene Maßnahmen treffen möchten. Dies ergibt sich nicht zuletzt aus Art. 13 Abs. 2 EG, der gemeinschaftliche Unterstützungsmaßnahmen vorsieht. Derartige Maßnahmen setzen die Existenz nationaler Maßnahmen voraus.

Die Gemeinschaft darf nach Art. 5 Abs. 2 EG tätig werden, wenn ein mit einer gemeinschaftsrechtlichen Regelung verfolgtes Ziel nicht ausreichend durch die Mitgliedstaaten verwirklicht werden kann und es daher durch die Verwirklichung auf Gemeinschaftsebene besser erreicht werden kann. Durch das sog. Subsidiaritätsprotokoll[622] erlangt der Grundsatz eine gewisse Konkretisierung dahingehend, dass zentrales Kriterium für die Erfüllung einer Aufgabe auf Gemeinschaftsebene der Umfang einer Aufgabe bzw. deren nur grenzüberschreitend mögliche Erledigung ist. Maßgeblich ist somit die Möglichkeit der Verwirklichung von Gemeinschaftszielen auf mitgliedstaatlicher Ebene.[623] Die geplante Richtlinie verfolgt in Ansehung des Art. 13 Abs. 1 EG das Ziel, Diskriminierungen einheitlich auf dem Gebiet der EG zu bekämpfen und somit grundsätzlich zu verhindern. Durch einzelne, nicht koordinierte Maßnahmen, die die Mitgliedstaaten auf nationaler Ebene ohne hinreichende Berücksichtigung von transnationalen Aspekten treffen, ist eine derartige synchronisierte Gleichbehandlungspolitik nicht zu bewerkstelligen. Jedoch ist einzuwenden, dass mit dieser Begründung jede Maßnahme der Gemeinschaft versehen werden kann und somit das Subsidiaritätsprinzip ausgehöhlt werden würde. Dem steht wiederum gegenüber, dass in einigen Mitgliedstaaten bereits Anti-Diskriminierungsvorschriften bestehen. Um einen einheitlichen Schutz vor Ungleichbehandlung auf dem gesamten Gebiet der EG zu gewährleisten, kann nur die Gemeinschaft sinnvoll eine effektive Regelung treffen.[624] Folglich kann das Ziel der Anti- Diskriminierungsmaßnahme durch die Mitgliedstaaten selbst nicht ausreichend erreicht werden. Somit ist die Regelung durch die Gemeinschaft i.S.d. Art. 5 Abs. 2 EG vorliegend angebracht. Das Subsidiaritätsprinzip des Art. 5 Abs. 2 EG ist gewahrt.

---

[621] *Lienbacher* in: Schwarze (Hrsg.), EU-Komm., Art. 5 EG Rn. 13; *Calliess* in: Calliess/Ruffert (Hrsg.), EUV/EGV, Art. 5 EG Rn. 18 ff.; *Geiger*, EUV/EGV, Art. 5 EG Rn. 7.
[622] Abgedruckt bei Schwarze (Hrsg.), EU-Komm., Anhang, Protokoll Nr. 30.
[623] *Zuleeg* in: v.d.Groeben/Schwarze (Hrsg.), EUV/EGV, Art. 5 EG Rn. 27; *Calliess* in: Calliess/Ruffert (Hrsg.), EUV/EGV, Art. 5 EG Rn. 42.
[624] KOM (1999) 566 führt entsprechend aus: „Diskriminierungen aus Gründen der Rasse oder der ethnischen Herkunft sind also in allen Mitgliedstaaten verboten. Es bestehen jedoch erhebliche Unterschiede, was den Geltungsbereich, die inhaltliche Ausgestaltung und die Durchsetzbarkeit der entsprechenden Vorschriften anbelangt."

5. Die Folgen fehlender bzw. fehlerhafter Umsetzung von Anti-Diskriminierungsrichtlinien am Beispiel der Richtlinie 2000/43/EG

Die Richtlinie 2000/43/EG hätte bis zum 19. Juli 2003 in innerstaatliches Recht transformiert werden müssen, die Richtlinie 2000/78/EG bis zum 2. Dezember 2003.[625] Die mitgliedstaatliche Umsetzungspflicht für Richtlinien folgt aus Art. 249 Abs. 3 i.V.m. Art. 10 Abs. 1 EG oder ist, wie in Art. 16 bzw. 17 der Richtlinien 2000/43/EG und 2004/113/EG bzw. Art. 18 der Richtlinie 2000/78/EG, bereits im Rechtsakt selbst enthalten.

Bereits vor Ablauf der Umsetzungsfrist gilt das aus der Vorrangwirkung von Richtlinien abgeleitete „Frustrationsverbot". In diesem Zeitraum *darf* der Mitgliedstaat keine Regelungen erlassen, die dem Ziel der Richtlinie zuwiderlaufen.[626] Es bleibt ihm jedoch überlassen, die Richtlinie bereits in diesem Zeitraum anzuwenden.[627]

Eine Ursache für die fehlende Umsetzung der Anti-Diskriminierungsbestimmungen liegt zumindest in Deutschland in der mangelnden Erfahrung im Umgang mit zivilrechtlichen Diskriminierungsverboten: Auseinandersetzungen um den Umfang der Privatautonomie und die Einflussnahmeversuche verschiedener Interessengruppen prägten die Diskussion und verschleppten die Umsetzung. Auch wenn rechtspolitische Grundsatzdebatten über den Sinn zivilrechtlicher Diskriminierungsverbote in dieser Form zukünftig nicht mehr zu erwarten sind, wird es doch über die konkrete Umsetzung zukünftiger Richtlinien weiter Streit geben. Insbesondere bei der Einführung neuer Diskriminierungstatbestände durch europäische Richtlinien muss daher weiterhin mit Verzögerungen bei ihrer Einfügung in das Bürgerliche Gesetzbuch gerechnet werden. Darüber hinaus wird stets zu klären sein, ob die Bestimmungen *zutreffend* umgesetzt wurden.

Diese Überlegungen werfen die Frage nach den Folgen einer fehlenden oder fehlerhaften Umsetzung von Anti-Diskriminierungsrichtlinien auf. Weil die einschlägigen Richtlinien in ihrem Aufbau und Wortlaut bis hin zur Nummerierung der Paragraphen viele Übereinstimmungen aufweisen, soll am Beispiel der Richtlinie 2000/43/EG versucht werden, allgemeingültige Antworten auf diese Frage zu finden, die sich auf aktuelle und zukünftige Richtlinien übertragen lassen. Dabei ist das Urteil des EuGH[628] in der Rechtssache *Mangold* vom 22. No-

---

[625] Zu den Konsequenzen der Nichtumsetzung der Anti-Diskriminierungs-RL siehe den Überblick bei *Rust* in: Loccumer Protokolle 79/04, 29 ff.; *Thüsing*, NJW 2003, 3441 ff. sowie *Klumpp*, NZA 2005, 848.

[626] EuGH Rs. C-129/96, Slg. 1997, 7411 Rn. 45 (*Inter-Environnement Wallonie*); ebenso und damit diesen Grundsatz verstärkend EuGH Rs. C-144/04 Rn. 67 (*Mangold*), abrufbar unter http://www.curia.eu.int.

[627] Vgl. dazu sogleich 2. Teil C. III. 5. a.

[628] EuGH Rs. C-144/04 (*Mangold*), abrufbar unter http://www.curia.eu.int.

vember 2005 zu berücksichtigen, in dem sich dieser erstmals mit der Richtlinie 2000/78/EG auseinandersetzt.

a. Die richtlinienkonforme Auslegung nationaler Bestimmungen

Erstes Mittel,[629] um den Bestimmungen einer Richtlinie im innerstaatlichen Recht Geltung zu verschaffen, ist die richtlinienkonforme Auslegung von Vorschriften des nationalen Zivilrechts. Dadurch können sowohl staatliche Stellen als auch Private *nach Ablauf der Umsetzungsfrist* einer Richtlinie unmittelbar verpflichtet werden.[630] Das ist ein bedeutender Unterschied zur unmittelbaren Anwendbarkeit von Richtlinienbestimmungen:[631] Diese können belastende Wirkung nur gegenüber staatlichen Stellen[632] entfalten. Die unterschiedliche Behandlung liegt darin begründet, dass bei der richtlinienkonformen Auslegung bereits eine mitgliedstaatliche Rechtsnorm existiert, auf welche die den Privaten belastende Wirkung zurückgeführt werden kann. Ihre Grenzen findet die Methode in der Auslegungsfähigkeit des nationalen Rechts, die sich nach den mitgliedstaatlichen Auslegungsregeln bestimmt: Im deutschen Recht müssen also Wortlaut, Systematik und Zweck eine Deutung entsprechend den europarechtlichen Vorgaben zulassen. Für eine richtlinienkonforme Auslegung in Betracht kommen im vorliegenden Fall daher insbesondere die Generalklauseln des allgemeinen Zivilrechts mit ihrem vergleichsweise offenen Wortlaut.

Auch die Wertungen der Ausnahmevorschriften[633] der Richtlinie 2000/43/EG müssen in die Auslegung des nationalen Rechts einfließen. Dies bedeutet, dass differenzierende Regeln, die z.B. an die Staatsangehörigkeit des Benachteiligten anknüpfen (Art. 3 Abs. 2 der Richtlinie) oder die auf wesentlichen und entschei-

---

[629] Der EuGH hat mehrfach auf die Subsidiarität der unmittelbaren Wirkung von RL gegenüber der richtlinienkonformen Auslegung des nationalen Rechts hingewiesen, vgl. EuGH Rs. C-222/84, Slg. 1986, 1651 Rn. 51 ff. (*Johnston/Chief Constable of the Royal Ulster Constabulary);* EuGH Rs. C-31/87 Slg. 1988, 4635 Rn. 39 f. (*Beentjes/Niederlande*); *Müller/Christensen,* Jur. Methodik I, 326.

[630] EuGH Rs. C-79/83, Slg. 1984, 1921 Rn. 26 (*Harz/Tradax*); EuGH Rs. C-14/83, Slg. 1984, 1891 Rn. 26 (*von Colson und Kamann*); EuGH Rs. C-91/92, Slg. 1994, 3325 Rn. 26 (*Faccini Dori*); EuGH Rs. C-106/89, Slg. 1990, 4135 Rn. 8 (*Marleasing*); EuGH verb. Rs. C-240 – 244/98, Slg. 2000, 4941 Rn. 30 (*Océano*).

[631] Ausführlich zu den beiden Methoden und deren Unterschieden: *Rörig,* Direktwirkung von Richtlinien in Privatrechtsverhältnissen.

[632] Der EuGH Rs. C-188/89, Slg. 1990, 3313 Rn. 20 (*Foster/British Gas Corporation*) interpretiert den Begriff des „Staates" allerdings relativ weit und erfasst alle Träger öffentlicher Gewalt, auch staatliche Arbeitgeber, vgl. EuGH Rs. C-152/84, Slg. 1986, 723 Rn. 49 (*Marshall I*). Ob der Staat öffentlich- oder privatrechtlich handelt, ist unerheblich.

[633] Vgl. zu den Bereichsausnahmen und Rechtfertigungsgründen der RL 2000/43/EG oben 2. Teil C. III. 3.

denden beruflichen Anforderungen beruhen (Art. 4 der Richtlinie), auch nach deutschem Recht im Anwendungsbereich der Richtlinie nicht als Diskriminierungen anzusehen wären.

Eine richtlinienkonforme Auslegung nationaler Bestimmungen durch deutsche Gerichte *vor Ablauf der Umsetzungsfrist* kommt nur in begrenztem Umfang in Betracht. Unter besonderen Voraussetzungen *können* jedoch auch dann einzelne Vorschriften einer Richtlinie zur Auslegung deutschen Rechts herangezogen werden.[634]

aa. Bestehende Vertragsverhältnisse

Unmittelbare und mittelbare Diskriminierungen, Belästigungen und entsprechende Anweisungen werden von Art. 2 der Richtlinie 2000/43/EG ausdrücklich verboten. Dieses Diskriminierungsverbot gilt zumindest im Geltungsbereich der jeweiligen Richtlinie, d.h. im Falle der Richtlinie 2000/43/EG gem. Art. 3 Abs. 1 lit. d-h u.a. beim Zugang zu Gütern und Dienstleistungen, bildungs- und gesundheitsbezogenen Leistungen, sozialen Vergünstigungen sowie beim Zusammenschluss in privatrechtlichen Berufsvereinigungen. Im Rahmen bestehender Vertragsverhältnisse lässt eine europarechtskonforme Auslegung der §§ 138, 242 BGB daher keine Differenzierungen aufgrund von „Rasse" und ethnischer Herkunft zu. In Bezug auf den Zusammenschluss in Berufsvereinigungen sind mit Blick auf Art. 3 Abs. 1 lit. d der Richtlinie 2000/78/EG und der konsolidierten Fassung der Richtlinie 76/207/EWG auch Diskriminierungen aufgrund von Religion oder Weltanschauung, einer Behinderung, des Alters, der sexuellen Ausrichtung oder des Geschlechts verboten.[635] Solchen Diskriminierungsverboten entgegenstehende Vertragsbedingungen bzw. im Ganzen benachteiligende Verträge sowie einseitige Gestaltungsrechte, wie z.B. Kündigungen[636], sind wegen Rechtsmissbrauchs bzw. Sittenwidrigkeit unwirksam.

Verträge zwischen dem Diskriminierenden und Dritten, die gegenüber dem Diskriminierungsopfer bevorzugt werden, sind dagegen *nicht* gem. § 138 BGB

---

[634] BGHZ 138, 55 = NJW 1998, 2208 zur RL 1998/50/EG: „Im Rahmen der Generalklausel des § 1 UWG kann der Inhalt einer EG-RL auch dann im Wege der richtlinienkonformen Auslegung berücksichtigt werden, wenn die Umsetzungsfrist noch nicht abgelaufen ist."; ebenso BGH NJW 1998, 3561 zur RL 1997/55/EG; *Bauer*, NJW 2001, 2672 (2677); abweichend *Ehricke*, EuZW 1999, 553, der eine richtlinienkonforme Auslegung vor Ende der Umsetzungsfrist nur für zulässig hält, wenn die betreffende RL bereits in nationales Recht umgesetzt wurde.

[635] Vgl. zu dieser privatrechtlichen Wirkung der RL 2000/78/EG und der konsolidierten Fassung der RL 76/207/EWG bereits oben 2. Teil C. III. 1. a.

[636] Vgl. BAG NJW 1995, 275 zur Unwirksamkeit einer (arbeitsrechtlichen) Kündigung wegen der sexuellen Ausrichtung.

nichtig.[637] Ein solches Verständnis verstößt gegen den Grundsatz der Relativität der Schuldverhältnisse. Hier bleiben dem Diskriminierungsopfer nur Unterlassungs- und Schadensersatzansprüche aufgrund des verweigerten Vertragsschlusses.

bb. Diskriminierende Vertragsverweigerung

Auch in den sonstigen Fällen der diskriminierenden Vertragsverweigerung kommen Beseitigungs- und Unterlassungsansprüche sowie Ansprüche auf Schadensersatz in Betracht.

(Vor-)vertragliche und deliktische Schadensersatz- und Schmerzensgeldansprüche sind insbesondere auf der Basis des § 280 Abs. 1 bzw. der §§ 823 Abs. 1, 826 BGB möglich. Diese Vorschriften setzen im Gegensatz zu den einschlägigen Richtlinienbestimmungen auf der Tatbestandsseite jedoch ein Verschulden des Diskriminierenden voraus, was die Durchsetzung von Ansprüchen erschwert. Auch wenn Ansprüche aus europarechtlichen Diskriminierungsverboten und somit auch solche aus der Richtlinie 2000/43/EG kein Verschulden fordern,[638] kann sich die richtlinienkonforme Auslegung nicht über den insoweit eindeutigen Wortlaut der deutschen Anspruchsgrundlagen hinwegsetzen. Folglich bleibt das Verschuldenserfordernis bestehen.

Ein Anspruch aus § 823 Abs. 1 BGB wird zumeist auf eine Verletzung des allgemeinen Persönlichkeitsrechts gestützt werden können. Dies hat Vorläufer in der Rechtsprechung des BAG[639] zur Geschlechtsdiskriminierung vor Anpassung des § 611a BGB im Jahre 1994. Die Ersatzpflicht umfasst materielle und immaterielle Schäden.

Fraglich ist, inwieweit die Richtlinie 2000/43/EG dazu herangezogen werden kann, im Wege der richtlinienkonformen Auslegung einen zivilrechtlichen Kontrahierungszwang zu begründen. Art. 15 der Richtlinie 2000/43/EG verlangt „wirksame, verhältnismäßige und abschreckende Sanktionen", so dass eine Beschränkung auf den Vertrauensschaden, wie früher im Rahmen des § 611a BGB, jedenfalls ausgeschlossen ist. Die Richtlinie 2000/43/EG sieht in ihrem Art. 15 allerdings nicht ausdrücklich die Schaffung eines Kontrahierungszwanges vor. Obwohl die „verhältnismäßige" Sanktion i.S.d. Vorschrift wohl mehr als Ausprägung des *Untermaßverbotes* gemeint war, um einer zu geringen Entschädigung vorzubeugen, lässt sie sich auch i.S.e. *Übermaßverbotes* interpretieren. Dies könnte dazu führen, dass das Europarecht im Ergebnis sogar die Einfüh-

---

[637] A.A. *Thüsing*, NJW 2003, 3441 (3445).
[638] EuGH Rs. C-180/95, Slg. 1997, 2195 Rn. 19 (*Draempaehl*); EuGH Rs. C-177/88, Slg. 1990, 3941 Rn. 22, 26 (*Dekker*), beide in Bezug auf die Art. 2 Abs. 1 und 3 Abs. 1 der RL 76/207/EWG.
[639] BAG NJW 1990, 65; BAG NJW 1990, 67 (68).

III. Richtlinie 2000/43/EG

rung eines Kontrahierungszwangs verbieten würde, weil ein solcher zu einem weitgehenden Eingriff in die Vertragsfreiheit führt und daher als unverhältnismäßig aufgefasst werden könnte. Dass der deutsche Gesetzentwurf in seinem § 319f Abs. 1 i.V.m. Abs. 2 BGB n.F. nunmehr einen Anspruch auf Vertragsschluss vorsieht, ist für die richtlinienkonforme Auslegung dabei irrelevant.[640] Gem. Art. 6 Abs. 1 der Richtlinie 2000/43/EG bleibt es den Mitgliedstaaten jedoch unbenommen, Vorschriften einzuführen oder beizubehalten, die im Hinblick auf die Wahrung des Gleichbehandlungsgrundsatzes günstiger sind als die in der Richtlinie vorgesehenen Bestimmungen. Bei diesem „Günstigkeitsprinzip" handelt es sich um eine Bestimmung, die sich ebenfalls in anderen Anti-Diskriminierungsrichtlinien findet.[641] Auch wenn die Richtlinie 2000/43/EG also keinen Kontrahierungszwang verlangt,[642] dürfte ein solcher auf nationaler Ebene gleichwohl eingeführt werden. Allerdings ändert sich der Prüfungsmaßstab, d.h. es kommt auf dessen Vereinbarkeit mit dem nationalen Verfassungsrecht an.

Mangels ausdrücklicher Anordnung eines Kontrahierungszwangs als zivilrechtliche Rechtsfolge durch die Richtlinie 2000/43/EG kann ein Anspruch auf Vertragsschluss jedenfalls nicht auf eine richtlinienkonforme Auslegung der deutschen Vorschriften gestützt werden. Die Richtlinie liefert also keine zusätzlichen Argumente.

Allerdings lassen sich bereits im existierenden deutschen Recht Anhaltspunkte für eine Pflicht zum Vertragsschluss bei Diskriminierungen aufgrund von „Rasse" oder ethnischer Herkunft finden.[643] Insbesondere bei den der Öffentlichkeit zur Verfügung stehenden Waren und Dienstleistungen liegt die Verpflichtung zum Vertragsschluss mit der ausgeschlossenen Personengruppe nahe.[644] Denn wenn nur solche Waren und Dienstleistungen erfasst werden, die der „Öffentlichkeit" i.S.d. oben zugrunde gelegten Verständnisses[645] „zur Verfügung gestellt" werden, wird ein unverhältnismäßiger Eingriff in die Vertragsfreiheit vermieden: Dem *Unternehmer* i.S.d. § 14 BGB, der über eine Vielzahl von Waren oder Dienstleistungen Verträge schließen möchte, kann es i.d.R. egal sein, mit wem er einen Vertrag schließt, solange er eine angemessene, von ihm selbst festgelegte Gegenleistung dafür erhält. Allerdings wird man auch die ge-

---

[640] Daher in der Argumentation nicht überzeugend *Thüsing*, NJW 2003, 3441 (3445), der einen privatrechtlichen Kontrahierungszwang auf diesem Wege bejaht (noch zum – insoweit vergleichbaren – älteren DiskE 2001/2002).
[641] Vgl. Art. 6 Abs. 1 des KOM-Vorschlags, Art. 8e der RL 2002/73/EG sowie Art. 8 Abs. der RL 2000/78/EG.
[642] Ebenso *Thüsing*, NJW 2003, 3441 (3444).
[643] Vgl. *Bezzenberger*, AcP 196 (1996), 395 (427 ff.); genauer dazu 3. Teil C. III. 7. e.
[644] *Thüsing*, NJW 2003, 3441 (3445).
[645] Vgl. 2. Teil C. III. 1. d. cc. (6).

setzgeberische Entscheidung des § 611a Abs. 2 BGB berücksichtigen müssen, der sich klar gegen einen Kontrahierungszwang ausgesprochen hat.

cc. Beweislast

Die Grundsätze über die Beweislast im Zivilprozess[646] können auf der Grundlage des geltenden Rechts ebenfalls i.S.d. Art. 8 bzw. Art. 9 der Richtlinien 2000/43/EG und 2004/113/EG[647] ausgelegt werden. Ebenso wie § 611a Abs. 1 Satz 3 BGB bezieht sich die zweistufige Regelung in Art. 8 der Richtlinien auf die Benachteiligung wegen eines in den Richtlinien genannten Merkmals, also hier auf die Tatsache der Benachteiligung aus Gründen der „Rasse", ethnischen Herkunft oder des Geschlechts. Zweistufig ist die Regelung insofern, als dass sie auf einer ersten Stufe das Beweismaß zugunsten des Diskriminierungsopfers absenkt. Ist die Benachteiligung überwiegend wahrscheinlich, muss nunmehr der Anspruchsgegner auf der zweiten Stufe den vollen Beweis führen, dass keine Diskriminierung vorlag oder dass sie aus rechtlich zulässigen Gründen erfolgte. Diese Kombination aus Senkung des Beweismaßes und Umkehr der Beweislast ist im Anwendungsbereich der Richtlinie aufgrund der Möglichkeit zur richtlinienkonformen Auslegung schon vor der Umsetzung zu beachten.

dd. Beteiligung von Verbänden

Das durch Art. 7 Abs. 2 der Richtlinie 2000/43/EG[648] vorgesehene Recht von Verbänden und Organisationen, sich auf der Seite des Diskriminierungsopfers an Gerichts- und Verwaltungsverfahren beteiligen zu können, lässt sich im Gegensatz zu den Beweisvorschriften vor Umsetzung nicht in das nationale Recht einbeziehen. Es fehlt an einer auslegungsfähigen Norm oder einem anderen geeigneten Aufhänger im Zivilprozessrecht. § 2 UKlaG erstreckt sich nur auf Verbraucherschutzvorschriften.[649] Die Beteiligung von Verbänden zugunsten von Diskriminierungsopfern wird daher erst mit der Umsetzung der jeweiligen Richtlinie möglich sein.

ee. Ergebnis

Auch im Falle der Nichtumsetzung von Richtlinienbestimmungen exisitiert im Wege der richtlinienkonformen Auslegung ein weitgehender Diskriminierungs-

---

[646] Vgl. 3. Teil C. III. 8.
[647] Die Beweislastverteilung ist ebenso in Art. 10 der RL 2000/78/EG und Art. 4 der RL 97/80/EG (für die Beweislast bei Diskriminierung aufgrund des Geschlechts im Arbeits- und Sozialrecht) enthalten.
[648] Die Beteiligung von Verbänden ist ebenso in Art. 9 Abs. 2 der RL 2000/78/EG, Art. 6 Abs. 3 der konsolidierten Fassung der RL 76/207/EWG und Art. 8 Abs. 3 der RL 2004/113/EG enthalten.
[649] *Thüsing*, NJW 2003, 3441 (3445).

schutz im Zivilrecht. Das deutsche Recht besitzt ausreichend auslegungsfähige Bestimmungen, um eine Deutung i.S.d. europarechtlichen Vorgaben zuzulassen. Ein Kontrahierungszwang zugunsten des Diskriminierungsopfers besteht nicht, dazu ist vielmehr dessen ausdrückliche Anordnung durch den deutschen Gesetzgeber erforderlich. Man wird insofern, genau wie bei der Verbandsklage, die Umsetzung der Richtlinie 2000/43/EG abwarten müssen.

ff. Beispiel

Die Wirkung der nicht umgesetzten europäischen Anti-Diskriminierungsrichtlinie 2000/43/EG im deutschen Recht wird illustriert durch einen Fall, der das ArbG Wuppertal sowie das LAG Düsseldorf beschäftigte. Es ging um die rechtswidrige Ausübung des Direktionsrechts durch die Weisung, „bei genügend Bewerbern keine Türken einzustellen" und die Unwirksamkeit einer anschließenden Kündigung.

Am 7. Sept. 2004 wurde vor dem *LAG Düsseldorf* ein Vergleich[650] in einem Kündigungsschutzverfahren geschlossen, das die Entlassung eines Angestellten betraf, der sich geweigert hatte, einer in seinen Augen diskriminierenden Weisung Folge zu leisten. Der beklagte Arbeitgeber hatte eine Annonce geschaltet, mit der geringfügig Beschäftigte gesucht wurden. Der Geschäftsführer der Beklagten wies den Kläger in diesem Zusammenhang ausdrücklich an, im Hinblick auf die Vielzahl der Bewerber „keine Türken einzustellen". In der Vergangenheit sei es mehrfach zu Zwischenfällen mit Familienangehörigen von türkischen Mitarbeiterinnen gekommen, die bei verschiedenen Anlässen das Führungspersonal der Beklagten bedroht hätten. Für dieses Vorbringen trat die Beklagte einen Beweis nicht an.

Weil sich der Kläger aus Gewissensgründen weigerte, die Anweisung zu befolgen, kündigte ihm der Arbeitgeber wegen „Arbeitsverweigerung" fristlos, hilfsweise zum nächstmöglichen Termin. Der fristlosen Kündigung nach § 626 BGB wurde mangels Vorliegen eines wichtigen Grundes schon im Ausgangsverfahren nicht stattgegeben. Das *ArbG Wuppertal* stellte jedoch erstinstanzlich fest:

> „*Die Anweisung, bei genügend Bewerbern keine Türken einzustellen, verstößt nicht gegen Gesetze und ist auch nicht sittenwidrig. Bei der Nichtbefolgung ist eine ordentliche Kündigung gerechtfertigt.*"

Im Rahmen eines Vergleichs einigten sich Kläger und Beklagte dann auf eine vom Gericht vorgeschlagene Abfindungsregelung.

Der Sachverhalt hat eine über den Einzelfall hinausgehende Bedeutung, beleuchtet er doch erstmals die praktischen Wirkungen, die von den neuen euro-

---

[650] Vergleich v. 7.9.2004 in der Sache Az. 6 Sa 654/04; vorgehend ArbG Wuppertal, LAGE § 626 BGB 2002 Nr. 2a. Dazu *Hoppe/Wege*, LAGE § 626 BGB 2002 Nr. 2a.

päischen Anti-Diskriminierungsrichtlinien auf das Arbeitsrecht ausgehen. Die Richtlinie 2000/43/EG, die eigentlich bis zum 19. Juli 2003 in deutsches Recht umzusetzen gewesen wäre, verbietet unmittelbare und mittelbare Diskriminierungen, Belästigungen sowie die Anweisung zur Diskriminierung aus Gründen der „Rasse" oder ethnischen Herkunft im Arbeitsrecht. Mangels Umsetzung ist sie zum Teil unmittelbar anwendbar, auslegungsfähige Normen des nationalen Rechts müssen in ihrem Sinne interpretiert werden.[651] Gleiches gilt für die Richtlinie 2000/78/EG, die bis zum 2. Dez. 2003 umzusetzen gewesen wäre. Sie weitet das arbeitsrechtliche Diskriminierungsverbot auf die Tatbestände Religion, Weltanschauung, Behinderung, Alter und sexuelle Ausrichtung aus. Ein Diskriminierungsverbot zugunsten des Arbeitnehmers wegen des Geschlechts gilt gem. § 611a des Bürgerlichen Gesetzbuchs (BGB).[652]

Durch richtlinienkonforme Auslegung können sowohl staatliche Stellen als auch private Arbeitgeber nach Ablauf der Umsetzungsfrist einer Richtlinie unmittelbar verpflichtet werden.[653] Dazu müssen im Arbeitsrecht auslegungsfähige Bestimmungen existieren: Z.B. hat die Ausübung des Weisungsrechts des Arbeitgebers nach „billigem Ermessen" gem. § 106 GewO zu erfolgen (früher § 315 Abs. 1 BGB). Ähnlich offen formuliert ist § 1 Abs. 2 des KSchG, auf den die Beklagte ihre „verhaltensbedingte" Kündigung stützte. Beide Vorschriften sind also interpretationsoffen und seit dem 19. Juli 2003 im Lichte der Richtlinie 2000/43/EG auszulegen.[654] Diese verbietet in ihrem Art. 3 Abs. 1 lit. a die Diskriminierung von Personen, die sich für ein Beschäftigungsverhältnis bewerben, wegen deren ethnischer Herkunft. Die Anweisung hierzu ist gem. Art. 2 Abs. 4 rechtswidrig. Art. 9 der Richtlinie wiederholt zudem das schon aus § 612a BGB bekannte Maßregelungsverbot, wonach der Arbeitnehmer nicht benachteiligt werden darf, nur weil er in zulässiger Weise seine Rechte ausübt. Diese Vorschriften sind eindeutig. Bezieht man sie in die Auslegung des deutschen Rechts ein, ist die Anweisung „bei genügend Bewerbern keine Türken einzustellen", ebenso unzulässig wie eine sich daran anschließende Kündigung wegen Nichtbefolgung der Weisung.

---

[651] Generell zu den Folgen einer fehlenden oder fehlerhaften Umsetzung der Anti-Diskriminierungs-RL in deutsches Recht *Thüsing*, NJW 2003, 3441.
[652] § 611a BGB setzt die RL 76/207/EWG v. 9.2.1976 zur Verwirklichung des Grundsatzes der Gleichbehandlung von Männern und Frauen hinsichtlich des Zugangs zur Beschäftigung, zur Berufsbildung und zum beruflichen Aufstieg sowie in Bezug auf die Arbeitsbedingungen (ABl. 1976 L 39/40), geändert durch RL 2002/73/EG v. 23.9.2002 (ABl. L 2002 269/15), um.
[653] Vgl. oben 2. Teil C. III. 5. a.
[654] So auch *Thüsing*, NJW 3441 (3445), der für ein europarechtskonformes Verständnis der personenbedingten Rechtfertigung i.S.d. § 1 Abs. 2 KSchG plädiert.

III. Richtlinie 2000/43/EG

Fraglich konnte im vorliegenden Rechtsstreit nur sein, ob es sich tatsächlich um die Anweisung zur Benachteiligung aufgrund der ethnischen Herkunft oder um eine solche aufgrund der Staatsangehörigkeit handelte. Letztere wird gemäß Art. 3 Abs. 2 der Richtlinie 2000/43/EG von deren Anwendungsbereich ausdrücklich ausgenommen. Benachteiligungen aufgrund der Staatsangehörigkeit bleiben nach den Richtlinienvorgaben also zulässig. Im Arbeitsrecht ist jedoch die *Angonese*-Rechtsprechung des EuGH[655] zu beachten, wonach nicht nur der Staat, sondern auch private Arbeitgeber unmittelbar an die Arbeitnehmerfreizügigkeit gem. Art. 39 EG gebunden sind und daher Staatsangehörige eines anderen EU-Mitgliedstaats im Rahmen eines Arbeitsverhältnisses wegen ihrer Staatsangehörigkeit nicht benachteiligen dürfen.[656] Dies gilt jedoch nicht für die Benachteiligung türkischer Arbeitnehmer. Ein Verstoß gegen Art. 39 wäre nur dann zu bejahen, wenn pauschal „ausländische" Arbeitnehmer benachteiligt würden, weil dann nicht ausgeschlossen wäre, dass die Diskriminierung auch Unionsbürger trifft.[657] Vorliegend wies der Geschäftsführer der Beklagten den Kläger jedoch ausdrücklich an, „keine Türken einzustellen".

Der Arbeitgeber konnte vor dem LAG Düsseldorf aber nicht deutlich machen, dass es Ziel der Maßnahme gewesen sei, den Proporz zwischen verschiedenen Nationalitäten im Unternehmen zu erhalten. Ein solches Vorbringen hätte „nur" eine Benachteiligung aufgrund der Staatsangehörigkeit dargestellt. Zur Abgrenzung beider Benachteiligungsformen bietet sich jeweils die Frage an, ob die Einbürgerung des Betroffenen die Sachlage ändern würde.[658] Die von der Beklagten angeführten Gründe sprechen hingegen für eine ethnische Diskriminierung. Auch wenn es sich bei den Arbeitnehmerinnen und ihren in der Vergangenheit angeblich auffällig gewordenen Angehörigen um eingebürgerte Deutsche gehandelt hätte, würde die Beklagte türkischstämmige Bewerber aufgrund deren „Mentalität" nicht einstellen. Selbst wenn der Sachvortrag der Beklagten darüber hinaus zutreffend wäre, würde dies allenfalls Strafanzeigen gegen individuelle Täter, nicht aber generelle Konsequenzen für die künftige Einstellungspraxis rechtfertigen. Zu beachten ist bei der Beurteilung, ob eine ethnische Diskriminierung vorliegt, zudem Art. 8 der Richtlinie 2000/43/EG: Macht der Kläger Tatsachen glaubhaft, die eine Diskriminierung aufgrund der „Rasse" oder ethnischen Herkunft vermuten lassen, trägt der Arbeitgeber die Beweislast für ihr Nichtvorliegen bzw. ihre Rechtfertigung. Dies gilt auch im Hinblick auf das in Frage stehende Merkmal der „ethnischen Herkunft". Die Beweisverteilung im Arbeitsprozess musste sich aufgrund richtlinienkonformer Auslegung schon zu diesem Zeitpunkt nach der Vorschrift richten.

---

[655] EuGH Rs. C-281/98, Slg. 2000, 4139 Rn. 36 (*Angonese*).
[656] Vgl. dazu noch unten 2. Teil D. II. 1. b.
[657] Ebenso *Preis/Rolfs*, Verbot der Ausländerdiskriminierung, 17 in Bezug auf Art. 12 EG.
[658] Vgl. oben 2. Teil A. VII. 2. a. ee. (1).

Der Rechtsstreit zeigt exemplarisch, welche teilweise schwierigen Fragen das neue Anti-Diskriminierungsrecht aufwirft. Insbesondere die Beweislastverteilung macht es zu einem „scharfen Schwert", mit dem sich Arbeitgeber rechtzeitig vertraut machen sollten. In Fällen wie dem vorliegenden zeigt sich aber auch seine Berechtigung.

b. Die unmittelbare Anwendbarkeit von Richtlinienbestimmungen

Die Möglichkeit der unmittelbaren Anwendbarkeit von Richtlinienbestimmungen erscheint geringer, weil sich hier die Voraussetzungen und Rechtsfolgen aus der Richtlinie selbst ergeben müssen. Denn grundsätzlich können Bestimmungen einer Richtlinie nach Ablauf der Umsetzungsfrist im Recht der Mitgliedstaaten nur dann unmittelbare Wirkung entfalten, wenn sie hinreichend genau und inhaltlich unbedingt sind sowie dem einzelnen Rechte verleihen.[659] Die inhaltliche Unbedingtheit kann insbesondere dann fraglich sein, wenn die Richtlinie Ausnahmen vorsieht.

Die Bestimmungen dürfen nur dem Staat entgegengehalten werden. Eine horizontale Direktwirkung zwischen Privatpersonen ist ausgeschlossen, wenn dadurch Private belastet werden.[660] Deren Rechtsbeziehungen können daher allenfalls durch die bereits diskutierte richtlinienkonforme Auslegung von bestehenden nationalen Vorschriften beeinflusst werden. Dies ist konsequent, weil der Sanktionsgedanke[661], ein tragender Grund der EuGH-Rechtsprechung zur unmittelbaren Anwendbarkeit, in reinen Privatrechtsverhältnissen wegfällt. Zudem erfordert die Rechtssicherheit, Private nur nach Maßgabe der bestehenden nationalen Umsetzungsmaßnahmen zu belasten: An sie sind die Bestimmungen der Richtlinie gerade nicht gerichtet, dies zeigen vorliegend auch Art. 19 der Richtlinien 2000/43/EG und 2004/113/EG sowie Art. 21 der Richtlinie 2000/78/EG

---

[659] EuGH Rs. 148/78, Slg. 1979, 1629 Rn. 23 (*Ratti*); EuGH Rs. 41/74, Slg. 1974, 1337 Rn. 12 ff. (*van Duyn/Home Office*); EuGH Rs. 8/81, Slg. 1982, 53 Rn. 21 ff. (*Becker/Finanzamt Münster-Innenstadt*); EuGH Rs. C-96/95, Slg. 1997, 1653 Rn. 37 (*Kommission/Deutschland*); Das BVerfG hat diese Rechtsprechung als „im Rahmen richterrechtlicher Rechtsfortbildung liegend" gebilligt, vgl. BVerfGE 75, 223 (240 ff.) (*Kloppenburg*).

[660] St. Rspr. seit EuGH Rs. C-152/84, Slg. 1986, 723 Rn. 47 f. (*Marshall I*); EuGH Rs. C-106/89, Slg. 1990, 4135 Rn. 6 (*Marleasing*); EuGH Rs. C-91/92, Slg. 1994, 3325 Rn. 24 f. (*Faccini Dori*); EuGH Rs. C-355/96, Slg. 1998, 4799 Rn. 36 (*Silhouette International Schmied/Hartlauer Handelsgesellschaft*); EuGH Rs. C-443/98, Slg. 2000, 7535 Rn. 50 (*Unilever Italia*); ebenso Streinz, EuR, Rn. 397. Abweichend nun jedoch EuGH Rs. C-144/04 (*Mangold*), abrufbar unter http://www.curia.eu.int, siehe dazu noch 2. Teil C. III. 5. b. ee.

[661] Danach soll es einem Mitgliedstaat verwehrt sein, einem Bürger, der sich auf Vergünstigungen der RL beruft, deren gemeinschaftsrechtswidrige Nichtumsetzung entgegenzuhalten.

III. Richtlinie 2000/43/EG

und Art. 11 der konsolidierten Richtlinie 76/207/EWG, die als Adressaten ausschließlich die Mitgliedstaaten benennen.

In neuerer Zeit sind sowohl auf europäischer[662] als auch auf deutscher[663] Ebene erste Entscheidungen zur unmittelbaren Anwendbarkeit der Richtlinie 2000/78/EG ergangen, die sich auch auf die Richtlinie 2000/43/EG übertragen lassen.

aa. Lehren aus der Vergangenheit

Da die Richtlinie 2000/43/EG in vielen Punkten der Richtlinie 76/207/EWG nachgebildet wurde, bietet sich bei der Analyse der unmittelbaren Anwendbarkeit ihrer Bestimmungen ein Rückgriff auf die entsprechende Rechtsprechung des EuGH an. Auch die Richtlinien 75/117/EWG und 79/7/EWG über die Anwendung des Grundsatzes des gleichen Entgelts für Männer und Frauen bzw. über die Gleichbehandlung im Bereich der sozialen Sicherheit weisen einen ähnlichen Aufbau auf. Zudem entsprechen Konzeption und Wortlaut der Richtlinie 2000/43/EG teilweise dem Diskriminierungsverbot des Art. 141 EG, das unmittelbar anwendbar[664] ist.

bb. Tatbestand und Ausnahmen

Die Richtlinie 2000/43/EG enthält in ihrem Art. 2 Abs. 1 ein Diskriminierungsverbot aus Gründen der „Rasse" oder der ethnischen Herkunft. Die darin verwendeten Begriffe werden in den nachfolgenden Absätzen genau definiert. Dieses allgemeine Diskriminierungsverbot korrespondiert mit einem Anspruch auf Gleichbehandlung, dessen Geltungsbereich in Art. 3 Abs. 1 der Richtlinie konkretisiert wird. Die Regelungstechnik entspricht grundsätzlich den Art. 2 Abs. 1 und 5 Abs. 1 der Richtlinie 76/207/EWG, in denen ebenfalls zunächst ein allgemeines Diskriminierungsverbot aufgestellt wird, das später bereichsspezifisch konkretisiert wird, sowie dem Art. 4 Abs. 1 der Richtlinie 79/7/EWG, der beides vereint.

(1) Hinreichende Genauigkeit

Im Hinblick auf den Tatbestand erscheint das zentrale Diskriminierungsverbot in Art. 2 der Richtlinie 2000/43/EG hinreichend genau, denn dort wird mit der unmittelbaren und mittelbaren Diskriminierung sowie der Belästigung und der Anweisung zur Diskriminierung ein bestimmtes, genau bezeichnetes Verhalten

---

[662] EuGH Rs. C-144/04 (*Mangold*), abrufbar unter http://www.curia.eu.int.
[663] ArbG Berlin NZA-RR 2005, 608. Die äußerst kenntnisreich und sorgfältig begründete Entscheidung setzt in jeder Hinsicht Maßstäbe.
[664] EuGH Rs. 43/75, Slg. 1976, 455 Rn. 40 (*Defrenne II*); Rebhahn in: Schwarze (Hrsg.), EU-Komm., Art. 141 EG Rn. 8; siehe auch 1. Teil B. I. 1.

158   2. Teil: Anti-Diskriminierungsregeln im europäischen Recht

verboten. Eine derartige Vorschrift hat auch der EuGH[665] mit Art. 2 Abs. 1 der Richtlinie 76/207/EWG als hinreichend genau angesehen.

Fraglich ist, ob auch die bereichsspezifischen Durchführungsbestimmungen in Art. 3 Abs. 1 der Richtlinie hinreichend genau gefasst wurden. Der Anwendungsbereich für das Zivilrecht wird in Art. 3 Abs. 1 lit. d-h der Richtlinie 2000/43/EG konkretisiert. Im Grundsatz entspricht diese Bestimmung den Art. 3 Abs. 1, 4 Abs. 1 und 5 Abs. 1 der Richtlinie 76/207/EWG sowie dem Art. 4 Abs. 1 der Richtlinie 79/7/EWG. Zu entscheiden hatte der EuGH über die unmittelbare Anwendbarkeit des Art. 5 Abs. 1 der Richtlinie 76/207/EWG[666] und des Art. 4 Abs. 1 der Richtlinie 79/7/EWG[667], die er ohne weiteres bejahte, weil er die Vorschriften für „unzweideutig" hielt.

Im Unterschied zu Art. 5 Abs. 1 der Richtlinie 76/207/EWG bzw. Art. 4 Abs. 1 der Richtlinie 79/7/EWG ist jedoch insbesondere Art. 3 Abs. 1 lit. h tatbestandlich unbestimmter (Güter und Dienstleistungen, *„die der Öffentlichkeit zur Verfügung stehen"*). Zudem ist der Anwendungsbereich der Diskriminierungsverbote laut Art. 3 Abs. 1 nur *„im Rahmen der auf die Gemeinschaft übertragenen Zuständigkeiten"* eröffnet. Die letztgenannte Wendung führte bereits zu Zweifeln am ordnungsgemäßen Zustandekommen der Richtlinie 2000/43/EG, weil die tatsächliche Zuständigkeit der Gemeinschaft unklar bleibt.[668] Auch die im Rahmen der unmittelbaren Anwendbarkeit zu fordernde „hinreichende Genauigkeit" wird dadurch nicht gewährleistet, weil sich weder aus der Richtlinie selbst noch aus der Vorschlagsbegründung der Kommission Anhaltspunkte für die Auslegung ergeben. Die Bedeutung der Wendung ist unklar und ihre Auslegung im Schrifttum umstritten.[669] Weil das grundsätzliche Diskriminierungsverbot des Art. 2 Abs. 1 der Richtlinie daher im Hinblick auf seine spezifische Geltung in Art. 3 Abs. 1 nicht eindeutig ist, ist der Anspruch auf Gleichbehandlung seitens des Diskriminierungsopfers nicht unmittelbar gegen den Staat durchsetzbar.[670] Der Kommission ist im Hinblick auf zukünftige, auf Art. 13 Abs. 1 EG gestützte Richtlinienvorschläge zu empfehlen, den Anwendungsbereich zweifelsfrei zu definieren, um die unmittelbare

---

[665] EuGH Rs. C-152/84, Slg. 1986, 723 Rn. 52 (*Marshall I*).
[666] EuGH Rs. C-152/84, Slg. 1986, 723 Rn. 52 (*Marshall I*); EuGH Rs. C-188/89, Slg. 1990, 3313 Rn. 21 (*Foster*); EuGH Rs. C-167/97, Slg. 1999, 623 Rn. 40 (*Seymour-Smith u. Perez*); EuGH Rs. C-187/00, Slg. 2003, 2741 Rn. 70 (*Kutz-Bauer/Freie und Hansestadt Hamburg*).
[667] EuGH Rs. C-71/85, Slg. 1986, 3855 Rn. 18 ff. (*Niederlande/FNV*).
[668] Vgl. oben 2. Teil C. III. 4. a.
[669] Vgl. bereits im Rahmen des Art. 13 Abs. 1 EG oben 2. Teil A. V.
[670] A.A. ArbG Berlin, NZA 2005, 608 (610), ohne sich jedoch mit dieser Problematik auseinanderzusetzen.

III. Richtlinie 2000/43/EG 159

Anwendbarkeit zu gewährleisten und dadurch die praktische Wirksamkeit des Gemeinschaftsrechts sicherzustellen. Zudem wird aus der Richtlinie 2000/43/EG selbst nicht hinreichend klar, welche Waren und Dienstleistungen der „*Öffentlichkeit zur Verfügung stehen*". Immerhin kann der Anwendungsbereich des Art. 3 Abs. 1 lit. h jedoch mit Hilfe der Materialien der Kommission und internationaler Vereinbarungen hinreichend genau bestimmt werden.[671] Zweifel könnten allenfalls bleiben, ob der Geltungsbereich nicht noch extensiver auszulegen wäre und jedes öffentliche Angebot umfasst. Mindestens werden durch Art. 2 Abs. 1, 3 Abs. 1 lit. h der Richtlinie 2000/43/EG jedoch Diskriminierungen durch *Unternehmer* verboten, so dass die Richtlinie zumindest insoweit einer unmittelbaren Anwendbarkeit nicht entgegenstünde. Obwohl die zentralen Richtlinienbestimmungen (Art. 2 Abs. 1, 3 Abs. 1) damit im Ergebnis nicht hinreichend genau sind, soll noch der Frage ihrer inhaltlichen Unbedingtheit nachgegangen werden.

(2) Inhaltliche Unbedingtheit

Einer inhaltlichen Unbedingtheit könnten die in der Richtlinie enthaltenen Ausnahmen sowie die Tatsache entgegenstehen, dass die Mitgliedstaaten nach Art. 14 lit. a der Richtlinie noch die erforderlichen Maßnahmen zu treffen haben, um sicherzustellen, dass sämtliche Rechts- und Verwaltungsvorschriften, die dem Gleichbehandlungsgrundsatz zuwiderlaufen, aufgehoben werden.[672] Art. 3 Abs. 2 der Richtlinie nimmt Diskriminierungen aufgrund der Staatsangehörigkeit vom Anwendungsbereich der Richtlinie aus. Zudem können die Mitgliedstaaten gem. Art. 4 der Richtlinie vorsehen, dass keine Diskriminierung vorliegt, falls das jeweilige Merkmal eine wesentliche und entscheidende berufliche Anforderung darstellt. Damit ermächtigt Art. 4 die Mitgliedstaaten, Ausnahmen vom Diskriminierungsverbot zu schaffen. Darüber hinaus sehen die Art. 2 Abs. 2 lit. b und Art. 5 Rechtfertigungsmöglichkeiten vor.

Abgesehen von dem begrenzten Anwendungsbereich einer Ausnahmevorschrift ist nach ständiger Rechtsprechung des EuGH[673] eine Richtlinie auch dann inhaltlich unbedingt, wenn sie Ausnahmen zulässt, die die Mitgliedstaaten erlassen

---

[671] Vgl. 2. Teil. C. III. 1. d. cc. (6).
[672] Sinngemäß handelt es sich dabei auch um die Einwände, die der EuGH in den Rechtssachen *Marshall I* und *Niederlande/FNV* problematisierte, vgl. EuGH Rs. C-152/84, Slg. 1986, 723 Rn. 53 (*Marshall I*); EuGH Rs. C-71/85, Slg. 1986, 3855 Rn. 18 (*Niederlande/FNV*).
[673] EuGH Rs. 8/81, Slg. 1982, 53 Rn. 30 (*Becker/Finanzamt Münster-Innenstadt*); EuGH Rs. C-286/85, Slg. 1987, 1453 Rn. 14 (*McDermott & Cotter/Minister for Social Welfare & Attorney General*); EuGH Rs. C-156/91, Slg. 1992, 5567 Rn. 15 (*Hansa Fleisch*); EuGH Rs. C-283/84, Slg. 1996, 5063 Rn. 39 (*Denkavit*); EuGH Rs. C-91/92, Slg. 1994, 3325 Rn. 17 (*Faccini Dori*); ebenso *Thüsing*, NJW 2003, 3441 (3442).

können. Ebenso wie der vergleichbare Art. 7 der Richtlinie 79/7/EWG[674] soll Art. 4 der Richtlinie 2000/43/EG den Mitgliedstaaten lediglich die Befugnis vorbehalten, ein genau festgelegtes Gebiet vom Anwendungsbereich der Richtlinie auszuschließen. Weder Art. 4 noch Art. 3 Abs. 2 unterwerfen die Anwendung des Gleichbehandlungsgrundsatzes aus Art. 2 Abs. 1, Art. 3 Abs. 1 der Richtlinie aber irgendeiner Bedingung. Dies gilt auch für Art. 2 Abs. 2 lit. b sowie Art. 5 der Richtlinie.

Was sodann Art. 14 lit. a der Richtlinie betrifft, wonach die Mitgliedstaaten noch die erforderlichen Maßnahmen zu treffen haben, um sicherzustellen, dass sämtliche Rechts- und Verwaltungsvorschriften, die dem Gleichbehandlungsgrundsatz zuwiderlaufen, aufgehoben werden, so lässt sich seinem Wortlaut nicht entnehmen, dass er Bedingungen aufstellt, denen das Diskriminierungsverbot unterliegt. Denn auch wenn Art. 14 lit. a den Mitgliedstaaten ein Ermessen in Bezug auf die Mittel einräumt, so schreibt er doch das Ziel vor, das mit diesen Mitteln erreicht werden muss, nämlich die Beseitigung aller mit dem Gleichbehandlungsgrundsatz unvereinbaren Vorschriften.[675]

Folglich können die Mitgliedstaaten das Diskriminierungsverbot des Art. 2 Abs. 1, 3 Abs. 1 der Richtlinie 2000/43/EG in seinem eigenen Geltungsbereich weder Bedingungen unterwerfen noch einschränken. Es ist daher inhaltlich unbedingt.[676]

Fraglich ist, ob die Ausnahmevorschriften der Art. 3 Abs. 2 (Staatsangehörigkeit) und Art. 4 (wesentliche und entscheidende berufliche Anforderungen) im Falle der unmittelbaren Anwendbarkeit von Art. 2 Abs. 1, Art. 3 Abs. 1 der Richtlinie 2000/43/EG anspruchseinschränkend zu berücksichtigen wären. Zutreffenderweise müsste differenziert werden, ob sich die Ausnahme aus der Richtlinie selbst ergibt (*self-executing*) oder ob die Richtlinie den Mitgliedstaaten nur eine Befugnis zum Erlass von Maßnahmen verleiht. Bei Fehlen von Durchführungsmaßnahmen zur Umsetzung einer Richtlinie bleibt das Diskriminierungsverbot „das einzig gültige Bezugssystem",[677] soweit den Mitgliedstaaten die Befugnis zum Erlass von Ausnahmebestimmungen vorbehalten ist. Die Ausnahmevorschrift ist dann nicht unbedingt, und der Mitgliedstaat soll sich wegen seiner Säumnis auch nicht unmittelbar darauf berufen können (Gedanke des *venire contra factum proprium*). Aus diesen Grundsätzen folgt, dass Art. 3

---

[674] Vgl. dazu EuGH Rs. C-71/85, Slg. 1986, 3855 Rn. 19 (*Niederlande/FNV*).
[675] Vgl. zum beinahe gleichlautenden Art. 5 der RL 79/7/EWG: EuGH Rs. C-71/85, Slg. 1986, 3855 Rn. 20 (*Niederlande/FNV*).
[676] Konzeption und Wortlaut der Vorschrift ähneln Art. 141 Abs. 1 EG, dessen unmittelbare Geltung seit langem durch die Rechtsprechung des EuGH anerkannt ist, vgl. EuGH Rs. 43/75, Slg. 1976, 455 Rn. 40 (*Defrenne II*).
[677] EuGH Rs. C-71/85, Slg. 1986, 3855 Rn. 23 (*Niederlande/FNV*); *Deards/Hargreaves*, EU Law, 82.

Abs. 2, dessen Geltungsbereich sich unmittelbar aus der Richtlinie ergibt, bei der unmittelbaren Anwendbarkeit von Art. 2 Abs. 1, Art. 3 Abs. 1 zu berücksichtigen wäre, wohingegen der Staat dem Gleichbehandlungsanspruch eines Diskriminierungsopfers den Art. 4 der Richtlinie nicht entgegenhalten könnte.[678] Falls eine mittelbare Diskriminierung nach Art. 2 Abs. 2 lit. b sachlich gerechtfertigt werden kann, ist dies im Rahmen der unmittelbaren Anwendbarkeit zu berücksichtigen. Denn dieser Rechtfertigungsgrund ergibt sich ebenso wie die Ausnahme des Art. 3 Abs. 2 aus der Richtlinie selbst. Dagegen setzt der Rechtfertigungsgrund der positiven Diskriminierung gem. Art. 5 wiederum ein mitgliedstaatliches Tätigwerden voraus.

cc. Sanktionen

Fraglich ist, ob auch die Rechtsfolgen bzw. Sanktionen der Richtlinie 2000/43/EG hinreichend genau und inhaltlich unbedingt sind. Art. 15 der Richtlinie stellt die Sanktionen in die Verantwortung der Mitgliedstaaten und verlangt nur, dass diese „wirksam, verhältnismäßig und abschreckend" sein müssen. Diese relativ allgemein gehaltenen Anforderungen könnten einer hinreichenden Bestimmtheit entgegenstehen, denn bei der unmittelbaren Anwendbarkeit von Richtlinienbestimmungen müssen sich auch die Rechtsfolgen aus der Richtlinie ergeben. Zu Art. 6 der Richtlinie 76/207/EWG, der ebenfalls keine spezifischen Rechtsfolgen vorsah, hat der EuGH[679] entschieden, dass dieser hinsichtlich der Sanktionen für eine etwaige Diskriminierung keine unbedingte und hinreichend bestimmte Verpflichtung begründet, auf die sich ein einzelner mangels rechtzeitig erlassener Durchführungsmaßnahmen berufen könnte.

Prima facie spricht der in Art. 15 der Richtlinie eingeräumte Gestaltungsspielraum also gegen eine unmittelbare Anwendbarkeit dieser Bestimmung. Es bleibt den Mitgliedstaaten sogar überlassen, ob sie die Richtlinie mit verwaltungs-, straf- oder zivilrechtlichen Sanktionen durchsetzen wollen. Zumindest aufgrund der Sachnähe zum zivilrechtlichen Anwendungsbereich der Richtlinie und mit Blick auf die Umsetzung der Richtlinie 76/207/EWG durch § 611a BGB liegen jedoch zivilrechtliche Sanktionen nahe. Bedenkt man darüber hinaus die Funktion des Strafrechts als „ultima ratio" spricht tatsächlich auch angesichts der geforderten Verhältnismäßigkeit der Rechtsfolgen einiges für zivilrechtliche

---

[678] Zutreffend *Thüsing*, NJW 2003, 3441 (3443); a.A. ArbG Berlin, NZA 2005, 608 (610 ff.).
[679] EuGH Rs. C-14/83, Slg. 1984, 1891 Rn. 27 (*von Colson und Kamann*); EuGH Rs. C-79/83, Slg. 1984, 1921 Rn. 27 (*Harz/Tradax*); teilweise abweichend allerdings EuGH Rs. C-271/91, Slg. 1993, 4367 Rn. 35 ff. (*Marshall II*), vgl. unten zu „Mindestsanktionen".

Sanktionen.[680] Schwierigkeiten macht dann jedoch immer noch die genaue Bestimmung der zivilrechtlichen Rechtsfolge. Der EuGH[681] verlangt auf der Rechtsfolgenseite für eine unmittelbare Anwendbarkeit der Bestimmung jedoch nur gewisse „Mindestsanktionen". Wie sehen diese im Zivilrecht aus?

Jedenfalls kann aus den Bestimmungen der Richtlinie 2000/43/EG kein Kontrahierungszwang hergeleitet werden, denn ein solcher wird von Art. 15 der Richtlinie 2000/43/EG weder gefordert,[682] noch würde es sich dabei um eine Mindestsanktion handeln.

Schadensersatzleistungen an das Diskriminierungsopfer könnten zulässig sein. Sie werden in Art. 15 aber nur als *eine* mögliche Sanktion genannt und lassen sich daher nicht immer als zwingende Mindestfolge einer Verletzung des Diskriminierungsverbots beurteilen.[683] Für die Rechtsfolge des Schadensersatzes spricht gleichwohl, dass der deutsche Gesetzgeber – wie die Übernahme der Sanktionsregelungen des § 611a BGB in § 81 Abs. 2 SGB IX zeigt – in § 611a BGB allgemeine Rechtsgrundsätze aufgestellt hat, wie auf eine gemeinschaftsrechtswidrige Diskriminierung reagieren will.[684]

In Betracht kämen weiterhin die Nichtigkeit von benachteiligenden Verträgen und einseitigen Gestaltungsrechten, die Anpassung eines bestehenden Vertrags oder evtl. Unterlassungsansprüche gegen den Diskriminierenden. Auch diese Rechtsfolgen müssten freilich als Mindestsanktion anzusehen sein, was im Falle des Vergleichs von Nichtigkeit und Schadensersatz eine Wertungsfrage ist: Die Unwirksamkeit von Rechtsgeschäften kann auch eine vergleichsweise harte Rechtsfolge sein, die kein Minus zu einem Schadensersatzanspruch ist. Soweit man daher der Sanktion Schadensersatz nicht generell den Vorzug einräumen will, ist die jeweilige Mindestsanktion in Bezug auf den konkret zu entscheidenden Fall zu bestimmen.

Einfacher wird es bei einer *fehlerhaften* Umsetzung der Richtlinie 2000/43/EG. Für den Fall, dass sich ein Mitgliedstaat für die Sanktion des Schadensersatzes entscheidet, hat der EuGH[685] Mindestregeln formuliert, die bei der Umsetzung zu beachten sind.

---

[680] Vgl. aber zur Frage von Strafschadensersatz und Ordungswidrigkeiten als Rechtsfolge noch 3. Teil. C. III. 7. b.
[681] EuGH Rs. C-271/91, Slg. 1993, 4367 Rn. 36 f. (*Marshall II*); EuGH Rs. C-91/92, Slg. 1994, 3325 Rn. 17 (*Faccini Dori*); EuGH verb. Rs. C-6/90 u. C-9/90, Slg. 1991, 5357 Rn. 19 f. (*Francovich u.a./Italien*).
[682] Vgl. 2. Teil C. III. 5. a. bb.
[683] *Thüsing*, NJW 2003, 3441 (3443, 3444).
[684] Zutreffend ArbG Berlin, NZA-RR 2005, 608 (612); a.A. *Klumpp*, NZA 2005, 848 (850).
[685] EuGH Rs. C-14/83, Slg. 1984, 1891 (*von Colson und Kamann*); EuGH Rs. C-79/83, Slg. 1984, 192 (*Harz/Tradax*).

dd. Ergebnis

Im Ergebnis führt die unmittelbare Anwendbarkeit von Bestimmungen der Richtlinie 2000/43/EG nicht sehr weit. Der Tatbestand des Art. 3 Abs. 1 der Richtlinie ist aufgrund des Hinweises auf die der Gemeinschaft übertragenen Zuständigkeiten nicht hinreichend genau. Wegen der unbestimmten Rechtsfolgen können zudem nur Mindestsanktionen gegen den Diskriminierenden durchgesetzt werden, die jeweils im Einzelfall zu bestimmen sind. Der Anspruch auf Gleichbehandlung kann nur dem Staat entgegengehalten werden. Einziger Vorteil für den einzelnen gegenüber der richtlinienkonformen Auslegung ist die Tatsache, dass der Staat sich nicht auf die Ausnahmebestimmung des Art. 4 der Richtlinie berufen kann, weil diese nicht inhaltlich unbedingt ist.

ee. *Mangold*-Rechtsprechung

(1) Hintergrund

Der Rechtssache *Mangold*[686] lag ein Streit zwischen einem privaten Arbeitgeber und einem Arbeitnehmer vor dem ArbG München zugrunde.[687] Die Parteien hatten miteinander einen befristeten Vertrag auf der Grundlage des § 14 Abs. 3 TzBfG geschlossen. Diese Vorschrift erlaubte die Befristung eines Arbeitsvertrags ohne sachlichen Grund, wenn der Arbeitnehmer ein bestimmtes Alter, in diesem Fall 52 Jahre, erreicht hatte. Der deutsche Gesetzgeber wollte durch die sachgrundlose Befristung Beschäftigungshindernisse für ältere Arbeitnehmer abbauen, indem er das Eingehen, aber auch die Auflösung von Arbeitsverhältnissen mit älteren Arbeitnehmern erleichterte.

(2) Das Urteil des EuGH

Der EuGH stellte in seinem Urteil fest, dass dadurch älteren Menschen

> "*unterschiedslos – gleichgültig, ob und wie lange sie vor Abschluss des Arbeitsvertrags arbeitslos waren – bis zum Erreichen des Alters, ab dem sie ihre Rentenansprüche geltend machen können, befristete, unbegrenzt häufig verlängerbare Arbeitsverträge angeboten werden können.*"[688]

---

[686] EuGH Rs. C-144/04 (*Mangold*), abrufbar unter http://www.curia.eu.int. Dazu *Reich*, EuZW 2006, 20; *Bauer/Arnold*, NJW 2006, 6; *Thüsing*, ZIP 2005, 2149; *Nicolai*, DB 2005, 2641; *Gas*, EuZW 2005, 737; *Gaul/Bonanni*, FAZ v. 30.11.2005, 23. Auch die Rs. 411/05 (*Palacios de Villa*) beschäftigt sich mit Fragen der Altersdiskriminierung auf der Grundlage der RL 2000/78/EG.

[687] Zur Frage der Zulässigkeit der Vorlagefrage angesichts der fiktiven Natur des Rechtsstreits vgl. EuGH Rs. C-144/04 Rn. 32 ff. (*Mangold*), abrufbar unter http://www.curia.eu.int.

[688] EuGH Rs. C-144/04 Rn. 64 (*Mangold*), abrufbar unter http://www.curia.eu.int.

Er hielt die damit verbundene unmittelbare Diskriminierung aufgrund des Alters für unverhältnismäßig. Prüfungsmaßstab war u.a. die Richtlinie 2000/78/EG, die Diskriminierungen aufgrund des Alters im Erwerbsleben verbietet. Zwar enthält sie auch Rechtfertigungsgründe für eine an sich verbotene Ungleichbehandlung aufgrund des Alters, diese müssen jedoch in verhältnismäßiger Weise angewandt werden.

Dogmatisch einwandfrei begründet der EuGH, warum die Richtlinie 2000/78/EG schon vor Ablauf der Umsetzungsfrist in Bezug auf das Alter (diese läuft in Bezug auf Deutschland erst am 2. Dezember 2006 aus) angewendet werden kann. Zur Unterstützung seiner Argumentation stellt der EuGH fest, dass *"[d]as Verbot der Diskriminierung wegen des Alters ... als ein allgemeiner Grundsatz des Gemeinschaftsrechts anzusehen"* sei.[689] Daher könne auch *"die Wahrung des allgemeinen Grundsatzes der Gleichbehandlung, insbesondere im Hinblick auf das Alter, ... nicht vom Ablauf der Frist abhängen."*[690] Der Grundsatz der Nichtdiskriminierung (aufgrund des Alters) aus Art. 21 ChGR wird somit erstmals durch den EuGH – zumindest für den Bereich des Arbeitslebens – anerkannt. Dieses Ergebnis allerdings steht im Widerspruch dazu, dass der Gerichtshof seinerzeit eine Ungleichbehandlung wegen der sexuellen Identität mangels einer gemeinschaftsrechtlichen Regelung nicht sanktionieren wollte.[691]

Auf der Rechtsfolgenseite kommt der EuGH zu dem Ergebnis, dass es dem nationalen Gericht obliege, die diskriminierende Bestimmung des nationalen Rechts unangewendet zu lassen. Wenig Begründungsaufwand verwendet das Gericht leider auf die entscheidende Frage, warum § 14 Abs. 3 TzBfG überhaupt an der Richtlinie 2000/78/EG zu messen ist. Müsste man, um einen Verstoß gegen die Richtlinie 2000/78/EG zu begründen, nicht zunächst einmal die Frage beantworten, ob sie dem Einzelnen ein unmittelbar anwendbares Recht verleiht (Klagebefugnis)? Der EuGH schein die positive Beantwortung dieser Frage in seinem Urteil vorauszusetzen, ohne eine einzige Voraussetzung dieser Rechtsfigur geprüft zu haben. Immerhin, und das ist ein Fortschritt im Vergleich zu dem Schlussantrag[692] des Generalanwalts *Tizzano*, scheint der EuGH nicht von einer unmittelbaren Anwendbarkeit des Nicht-Diskriminierungsgrundsatzes in Privatrechtsrechtsbeziehungen auszugehen. Vielmehr beschränkt sich dessen Wirkung offenbar auf eine Verstärkung des "Frustrationsverbots" und hat einen nicht zu unterschätzenden Effekt auf die vom EuGH angenommen Rechtsfolge der Unanwendbarkeit entgegenstehender nationaler Bestimmungen.

---

[689] EuGH Rs. C-144/04 Rn. 75 (*Mangold*), abrufbar unter http://www.curia.eu.int.
[690] EuGH Rs. C-144/04 Rn. 76 (*Mangold*), abrufbar unter http://www.curia.eu.int.
[691] Vgl. EuGH Rs. C-249/96, Slg. 1998, 621 Rn. 47 (*Grant/South West Trains*).
[692] Schlussantrag *GA Tizzano*, Rs. C-144/04, Rn. 84, 101 (*Mangold*), zumindest in Bezug auf private Arbeitgeber (ohne nähere Begründung).

(3) Schlussfolgerungen

Das Urteil ist durch seine Abkehr von der etablierten Dogmatik des Europarechts problematisch. Diese Abkehr zeigt sich nicht nur an der vom EuGH implizit angenommenen horizontalen unmittelbaren Anwendbarkeit der Bestimmungen der Richtlinie 2000/78/EG,[693] eine Folge, die der Gerichtshof als stringenten Anwendungsvorrang des europäischen Rechts ausgibt. Sie führt dazu, dass eine Richtlinie unmittelbar zu Lasten eines privaten Arbeitgebers wirkt, der das für ihn vorteilhafte nationale Recht nicht zur Grundlage seiner Verträge machen kann. Hierauf hat GA *Tizzano*[694] in seinem Schlussantrag klar und deutlich hingewiesen und insoweit von einem Anwendungsvorrang abgeraten, der EuGH ist ihm jedoch nicht gefolgt. Der Gerichtshof verschweigt den genannten Zusammenhang, ignorieren kann er ihn nicht. Die unmittelbare Verpflichtung Privater durch eine Richtlinie war offenbar gewollt.

Bereits im Verhältnis zum Staat (vertikal) bestehen jedoch ganz erhebliche Bedenken im Hinblick auf die hinreichende Genauigkeit und inhaltliche Unbedingtheit der Bestimmungen, die eine unmittelbare Anwendbarkeit ausschließen müssen.[695] Dies gilt auch, wenn man die Aussagen des EuGH auf private *Arbeits*verhältnisse beschränken und sonstige Privatrechtsverhältnisse davon ausnehmen würde. Unübersehbar ist die Verbindung zu der Entscheidung *Bosman*[696], in der der EuGH annahm, die Arbeitnehmerfreizügigkeit verpflichte als einzige Grundfreiheit auch Private beim Abschluss von Individualverträgen.

Dogmatisch neu und eine Abkehr von der bisherigen Rechtsprechung ist auch die Tatsache, dass der EuGH in der Rechtssache *Mangold* einen Rechtfertigungsgrund wie Art. 6 der Richtlinie 2000/78/EG prüft, obwohl dieser nicht *self-executing* ist und noch nicht von Deutschland umgesetzt wurde. Der Gerichtshof setzt sich somit über seine eigene Rechtsprechung hinweg, wonach beim Fehlen von Durchführungsmaßnahmen zur Umsetzung einer Richtlinie das Diskriminierungsverbot „das einzig gültige Bezugssystem" bleibt.[697] Dies mag aus der dem Rechtsstreit zugrunde liegenden privatrechtlichen Konstellation folgen, kann der Gerichtshof doch kaum einen privaten Arbeitgeber dafür strafen, dass der Staat bislang noch nicht zur Umsetzung geschritten ist. Dabei darf nicht jedoch nicht unberücksichtigt bleiben, dass die Richtlinie 2000/78/EG gegen einen privaten Arbeitgeber schon nicht unmittelbar angewendet werden sollte.

---

[693] Ebenso *Reich*, EuZW 2006, 20 (21 f.); *Gas*, EuZW 2005, 737.
[694] Schlussantrag GA *Tizzano*, Rs. C-144/04, Rn. 106 ff. (*Mangold*).
[695] Vgl. 2. Teil C. III. 5. b. bb. (2).
[696] EuGH Rs. C-415/93, Slg. 1995, 4921 Rn. (*Bosman*). Vgl. dazu noch 3. Teil D. II. 1. b.
[697] EuGH Rs. C-71/85, Slg. 1986, 3855 Rn. 23 (*Niederlande/FNV*); *Deards/Hargreaves*, EU Law, 82; Vgl. bereits 2. Teil C. III. 5. b. bb. (2).

Insgesamt stellt der EuGH mit dieser Entscheidung heraus, für wie wichtig er das Prinzip der Nichtdiskriminierung (aufgrund des Alters) hält. Es erhält durch die Entscheidung schärfere Konturen und eine erweiterte Bedeutung. Dieses Ergebnis kann man möglicherweise auch auf andere Diskriminierungsverbote übertragen. Viel spricht dafür, allen in Art. 13 Abs. 1 EG genannten Merkmalen den Status eines allgemeinen Grundsatzes des Gemeinschaftsrechts einzuräumen. Man könnte sogar an ein Diskriminierungsverbot aufgrund aller der in Art. 21 ChGR genannten Diskriminierungsmerkmale denken

Die grundlegende Bedeutung des Prinzips der Nichtdiskriminierung darf jedoch nicht dazu führen, dass sich die Rechtsprechung ergebnisorientiert über etablierte Grundsätze des Gemeinschaftsrechts hinwegsetzt. Eine Entscheidung wie *Mangold* hätte in dieser Form nicht ergehen dürfen, fehlte es doch nicht nur an einem vertikalen Über-Unterordnungsverhältnis, sondern auch an den Voraussetzungen einer unmittelbaren Anwendbarkeit der Richtlinie 2000/78/EG. Soweit der EuGH sogar allgemeine Grundsätze des Gemeinschaftsrechts wie den durch das Urteil etablierten Grundsatz der Nichtdiskriminierung im Verhältnis Privater unmittelbar anwenden wollte, würde er endgültig den gesicherten Boden der bisherigen Rechtsprechung verlassen. Trotzdem wird man mit dieser Entscheidung in Zukunft arbeiten müssen. Sie zeigt, dass Rechtsstreitigkeiten aus dem Bereich des Diskriminierungsrechts ohne Sorge auch dem EuGH vorgelegt werden können, der in der Durchsetzung der Anti-Diskriminierungsregeln offenbar ein wichtiges Anliegen der Gemeinschaft erblickt.

c. Der Staatshaftungsanspruch gegen einen Mitgliedstaat

Wenn eine richtlinienkonforme Auslegung nicht in Betracht kommt, weil das nationale Recht nicht i.S.d. europarechtlichen Vorgaben auslegungsfähig ist und eine unmittelbare Anwendbarkeit der Richtlinienbestimmungen scheitert, weil deren Voraussetzungen nicht vorliegen oder es sich um einen Rechtsstreit unter Privaten handelt, kann dem einzelnen ein Schadensersatzanspruch gegenüber dem säumigen Mitgliedstaat zustehen. Denn ein Mitgliedstaat macht sich nach der Rechtsprechung des EuGH schadensersatzpflichtig, wenn er gegen seine aus Art. 249 Abs. 3 und Art. 10 Abs. 1 EG folgende Pflicht zur (ordnungsgemäßen) Richtlinienumsetzung verstößt und dem einzelnen daraus ein Schaden entsteht.

Vorliegend handelt es sich um den seltenen Fall, dass der einzelne durch eine richtlinienkonforme Auslegung des nationalen Rechts besser gestellt ist als durch die unmittelbare Anwendbarkeit von Richtlinienbestimmungen. Aufgrund der Existenz von auslegungsfähigen Bestimmungen im deutschen Zivil- und Zivilprozessrecht wird das Diskriminierungsopfer daher auch gegen Private seine Rechte durchsetzen können und ist nur in Ausnahmefällen auf die Inanspruchnahme des Staates im Wege der Staatshaftung angewiesen.

aa. Voraussetzungen

Kann und will ein Privater gleichwohl gegen die Bundesrepublik Deutschland im Wege der Staatshaftung vorgehen, richtet sich die Durchsetzung des Anspruchs grundsätzlich nach den Bestimmungen des nationalen Rechts, vorliegend § 839 BGB i.V.m. Art. 34 GG, die durch europarechtliche Voraussetzungen zum Teil modifiziert werden:[698] Die nicht umgesetzte Richtlinie müsste bezwecken, dem einzelnen hinreichend bestimmbare Rechte einzuräumen. Zudem muss der Mitgliedstaat hinreichend qualifiziert, d.h. offenkundig und erheblich gegen die Pflicht zur ordnungsgemäßen Richtlinienumsetzung verstoßen haben. Die Bewertung hängt davon ab, ob dem Mitgliedstaat bei der Umsetzung ein Ermessensspielraum eingeräumt ist. Die Nichtumsetzung, wie hier bei der Richtlinie 2000/43/EG, ist jedoch stets als offenkundiger und erheblicher Gemeinschaftsrechtsverstoß zu qualifizieren, da in diesem Fall keinerlei Ermessensspielraum auf Seiten des Mitgliedstaates besteht.[699] Ferner müsste zwischen dem eingetretenen Schaden und dem Verstoß gegen die Umsetzungspflicht ein unmittelbarer Kausalzusammenhang bestehen.[700]

bb. Staatshaftung und Anti-Diskriminierungsrichtlinien

Die Richtlinie 2000/43/EG hat gem. ihrem Art. 1 die Schaffung eines Rahmens zur Bekämpfung der Diskriminierung aufgrund der „Rasse" oder der ethnischen Herkunft zum Ziel. Dazu räumt sie dem einzelnen gem. Art. 2 und Art. 3 Abs. 1 in verschiedenen Bereichen einen Gleichbehandlungsanspruch ein.

Die Richtlinie 2000/43/EG gewährt dem einzelnen jedoch auf der Tatbestandsseite nach hier vertretener Auffassung kein unmittelbar anwendbares Recht. Auf der Rechtsfolgenseite bestehen allenfalls Mindestrechte.[701] Allerdings können die Haftungsvoraussetzungen auch bei Verstößen gegen nicht unmittelbar anwendbare Normen erfüllt sein.[702] Es reicht aus, wenn die betreffende Norm zum Ziel hat, einem festgelegten Personenkreis ein Recht zu gewähren[703] und sich

---

[698] *Berg* in: (Hrsg.), EU-Komm., Art. 288 EG Rn. 72 ff.; *Streinz*, EuR, Rn. 412 (str.).
[699] EuGH verb. Rs. C-178, C-179 u. C-188 – C-190/94, Slg. 1996, 4845 Rn. 25 f. (*Dillenkofer u.a./Deutschland – „MP Travel Line"*).
[700] Voraussetzungen nach EuGH verb. Rs. C-6/90 u. C-9/90, Slg. 1991, 5357 Rn. 37 ff. (*Francovich u.a./Italien*); EuGH Rs. C-91/92, Slg. 1994, 3325 Rn. 27 (*Faccini Dori*); EuGH verb. Rs. C-46/93 u. C-48/93, Slg. 1996, 1029 Rn. 51 ff. (*Brasserie du Pêcheur*); EuGH Rs. C-392/93, Slg. 1996, 1631 Rn. 39 f. (*The Queen/H.M. Treasury, ex parte : British Telecommunications*); EuGH Rs. C-224/01, Slg. 2003, 10239 Rn. 51 f. (*Köbler/Österreich*).
[701] Vgl. oben 2. Teil. C. III. 5. b. dd.
[702] EuGH verb. Rs. C-6/90 u. C-9/90, Slg. 1991, 5357 Rn. 27, 46 (*Francovich u.a./Italien*); *Berg* in: Schwarze (Hrsg.), EU-Komm., Art. 288 EG Rn. 79.
[703] EuGH verb. Rs. C-6/90 u. C-9/90, Slg. 1991, 5357 Rn. 44 f. (*Francovich u.a./Italien*).

der Norm im Wege der Auslegung ein bestimmter Mindestgehalt i.S.e. „Mindestrechts" entnehmen lässt.[704] Dies wird insbesondere dann der Fall sein, wenn der Staat mehrere Mittel zur Auswahl hat, um das Ziel der Richtlinie zu erreichen oder wenn einzelne Aspekte einer Regelung genau festgelegt, andere aber in das Ermessen des Mitgliedstaates gestellt werden.

Fraglich ist, ob sich den Art. 2 Abs. 1, 3 Abs. 1 der Richtlinie ein Mindestgehalt entnehmen lässt. Die in Art. 3 Abs. 1 enthaltene Formulierung „im Rahmen der auf die Gemeinschaft übertragenen Zuständigkeiten" stellt den sachlichen Geltungsbereich des Gleichbehandlungsanspruchs nicht in das Ermessen der Mitgliedstaaten, sondern ist entsprechend der gleich lautenden Bestimmung des Art. 13 Abs. 1 EG gemeinschaftsrechtlich zu bestimmen. Man könnte sich auf den Standpunkt stellen, der Gleichbehandlungsanspruch gelte „mindestens" im Rahmen der Zuständigkeiten der Gemeinschaft. Die unbestimmte Formulierung lässt die Identifizierung eines Mindestanwendungsbereichs aber kaum zu. Sie kann alles oder nichts bedeuten, denn je nach vertretener Auffassung zu den Zuständigkeiten der Gemeinschaft,[705] hat die EG im jeweiligen Bereich entweder keine oder völlig ausreichende Kompetenzen. Ein Mindestgehalt könnte daher nur dann angenommen werden, wenn auch nach der restriktivsten Auffassung der jeweilige Sachbereich noch von den Zuständigkeiten der Gemeinschaft gedeckt wäre. Dazu müsste die Gemeinschaft eine Rechtsetzungskompetenz im jeweiligen Bereich besitzen.

Unabhängig hiervon hat die Richtlinie gem. Art. 1 jedoch das Ziel, allen Personen im Anwendungsbereich des europäischen Rechts einen Anspruch auf Gleichbehandlung zu verleihen, der Diskriminierungen aufgrund der „Rasse" oder ethnischen Herkunft ausschließt. Damit gewährt sie einem festgelegten Personenkreis ein Recht. Ein Kausalzusammenhang zwischen Schaden und Verstoß wäre dann zu bejahen, wenn im konkreten Fall ein diskriminierungsrechtlicher Anspruch verneint wird, der bei Umsetzung der Richtlinie eindeutig zu bejahen gewesen wäre.[706] Die Nichtumsetzung von Anti-Diskriminierungsrichtlinien seitens der Bundesrepublik Deutschland stellt jedenfalls einen hinreichend qualifizierten Verstoß gegen das Gemeinschaftsrecht dar. Differenzierter wäre die Frage eines hinreichend qualifizierten Verstoßes dagegen bei einer (bloß) fehlerhaften Richtlinienumsetzung zu beurteilen. Hier wären detaillierte Überlegungen zum Ermessensspielraum des Mitgliedstaates und zur Vermeidbarkeit des Verstoßes anzustellen: Als Kriterien hat der EuGH[707] das Maß an Klarheit und

---

[704] *Berg* in: Schwarze (Hrsg.), EU-Komm., Art. 288 EG Rn. 80.
[705] Zum Überblick siehe 2. Teil A. V. 1.
[706] *Röttgen*, Schutz vor Diskriminierung, 186 nennt das Beispiel, dass ein Gericht einen Anspruch auf „Vertragsanpassung" wegen mittelbarer Diskriminierung unter Hinweis darauf ablehnt, dass § 138 Abs. 1 BGB ein subjektives Element benötige.
[707] EuGH verb. Rs. C-46/93 u. C-48/93, Slg. 1996, 1029 Rn. 56 (*Brasserie du Pêcheur*).

Genauigkeit der verletzten Vorschriften, den Umfang des Ermessensspielraums, den die verletzte Vorschrift belässt, die Frage, ob Verstoß und Schaden vorsätzlich oder unvorsätzlich zugefügt wurden, die mögliche Entschuldbarkeit eines etwaigen Rechtsirrtums und das Mitverschulden eines Gemeinschaftsorgans an dem gemeinschaftsrechtswidrigen Zustand genannt. Ferner dürften auch die Komplexität des zu regelnden Sachverhalts und die Schwierigkeiten bei der Anwendung und Auslegung von Vorschriften Berücksichtigung finden.[708]

cc. Ergebnis

Sollte eine Person durch eine zivilrechtliche Diskriminierung einen Schaden erleiden, und könnte sie keinen Ersatz vom Täter erlangen, weil das nationale Recht ein solches Verhalten im Gegensatz zur Richtlinie nicht sanktioniert, kommt ein Schadensersatzanspruch gegen die Bundesrepublik Deutschland nach den gemeinschaftsrechtlichen Staatshaftungsgrundsätzen nach hier vertretener Auffassung grundsätzlich in Betracht. Dies gilt trotz der unbestimmten Formulierung „im Rahmen der auf die Gemeinschaft übertragenen Zuständigkeiten", welche die Ableitung von Mindestrechten erschwert.

d. Das Vertragsverletzungsverfahren gegen einen Mitgliedstaat

Nach Art. 226 EG bzw. Art. 227 EG i.V.m. Art. 228 Abs. 1 EG kann die Kommission oder ein Mitgliedstaat im Falle fehlerhafter oder fehlender Richtlinienumsetzung Aufsichtsklage gegen den jeweiligen Mitgliedstaat vor dem EuGH erheben,[709] gerichtet auf Feststellung der Vertragsverletzung. Ob und in welchem Umfang die Kommission tätig wird, liegt jedoch in ihrem pflichtgemäßen Ermessen. Ein privater Beschwerdeführer kann ihr das vertragswidrige Verhalten eines Mitgliedstaates daher allenfalls zur Kenntnis bringen,[710] ein subjektives Recht auf Einleitung eines Verfahrens besteht nicht.[711] Unter dem Gesichtspunkt des Individualrechtsschutzes ist das Vertragsverletzungsverfahren also unergiebig. Zudem dürfte die Kommission ohnehin nicht daran interessiert sein, die Anti-Diskriminierungsrichtlinien zum Gegenstand eines förmlichen Gerichtsverfahrens zu machen: Sie müsste befürchten, dass die Richtlinien vom

---

[708] EuGH verb. Rs. C-46/93 u. C-48/93, Slg. 1996, 1029 Rn. 43 (*Brasserie du Pêcheur*); *Berg* in: Schwarze (Hrsg.), EU-Komm., Art. 288 EG Rn. 82.
[709] Zum Ablauf und den Voraussetzungen des Verfahrens vgl. *Ehricke* in: Streinz (Hrsg.), EUV/EGV, Art. 226 EG Rn. 1 ff.; *Streinz*, EuR, Rn. 505 ff. In Bezug auf die Anti-Diskriminierungs-RL siehe *Rust* in: Loccumer Protokolle 79/04, 29 (35 ff.).
[710] Die EU-KOM stellt entsprechende Vordrucke zur Verfügung. Sie sind abrufbar unter http://europa.eu.int/comm/secretariat_general/sgb/lexcomm/index_de.htm (Zugriffsdatum: März 2006).
[711] *Ehricke* in: Streinz (Hrsg.), EUV/EGV, Art. 226 EG Rn. 2; *Streinz*, EuR, Rn. 297.

EuGH wegen formaler Mängel und Zuständigkeitsüberschreitung[712] für nichtig erklärt würden. Über diese Bedenken hat sich die Kommission[713] am 19. Juli 2004 jedoch hinweggesetzt und ein Vertragsverletzungsverfahren gegen Deutschland und vier weitere Mitgliedstaaten (Österreich, Finnland, Griechenland und Luxemburg) in Bezug auf die Richtlinie 2000/43/EG eingeleitet. Wegen nicht vollständiger Umsetzung der Richtlinie 2000/78/EG wurde gegen diese fünf Mitgliedstaaten am 2. Dezember 2004 erneut eine Klage vor dem EuGH eingereicht. Der EuGH hat im Laufe des Jahres 2005 alle Mitgliedstaaten antragsgemäß verurteilt.[714] Die Entscheidung gegen Deutschland erging am 28. April 2005.[715]

e. Sanktionsverfahren gem. Art. 228 Abs. 2 EG

Soweit die säumigen Mitgliedstaaten den Maßnahmen des EuGH aus den entsprechenden Urteilen gem. Art. 228 Abs. 1 EG nicht Folge leisten, bleibt der Kommission im Anschluss an das Vertragsverletzungsverfahren das Sanktionsverfahren gem. Art. 228 Abs. 2 EG. Sie kann in einem erneuten Verfahren vor dem EuGH zum einen die gerichtliche Feststellung beantragen, dass der betreffende Mitgliedstaat das gegen ihn gerichtete Urteil nicht beachtet hat. Zum anderen kann sie beantragen, dass ein Zwangsgeld gegenüber dem Mitgliedstaat verhängt wird. Ob und inwieweit die Kommission tätig wird, liegt ebenso wie im Rahmen des Art. 226 EG in ihrem pflichtgemäßen Ermessen.[716]

Entscheidet sie sich, ein Verfahren einzuleiten, muss das beantragte Zwangsgeld geeignet sein, den Mitgliedstaat zu veranlassen, den Verstoß umgehend abzustellen. Zugleich muss es verhältnismäßig sein. Dies beurteilt sich nach den Kriterien „Zahlungsfähigkeit des jeweiligen Staates" sowie nach „Schwere" und „Dauer" des Verstoßes.[717] Entgegen dem Wortlaut des Art. 228 Abs. 2 EG („oder") können ein Pauschalbetrag und ein Zwangsgeld kombiniert werden.[718] Der EuGH ist nicht an den Antrag der Kommission gebunden und hat bei der

---

[712] Vgl. zu den beiden Gesichtspunkten 2. Teil C. III. 4 und sogleich 2. Teil C. IV. 2.
[713] Pressemitteilung IP/04/947 v. 19.7.2004,; vgl. dazu auch den Hintergrundbericht der EU-KOM MEMO/04/189 v. 19.7.2004, abrufbar unter: http://europa.eu.int/comm/employment_social/fundamental_rights/pdf/legisln/backgrou ndpr947_de.pdf (Zugriffsdatum: März 2006).
[714] Siehe „Entstehungsgeschichte", abrufbar unter http://www.anti-diskriminierung.info.
[715] EuGH Rs. C-329/04, EuZW 2005, 444 (*Kommission/Deutschland*).
[716] *Schwarze* in: Schwarze (Hrsg.), EU-Komm., Art. 228 EG Rn. 7.
[717] EuGH Rs. C-278/01, Slg. 2003, 14141 Rn. 42, 49 ff. (*Kommission/Spanien*); *Schwarze* in: Schwarze (Hrsg.), EU-Komm., Art. 228 EG Rn. 9; *Ehricke* in: Streinz (Hrsg.), EUV/EGV, Art. 228 EG Rn. 12.
[718] EuGH Rs. C-304/02, IBR 2005, 437 (*Kommission/Frankreich*).

IV. Richtlinie 2004/113/EG 171

Festlegung der Zwangsmaßnahme ähnlich wie bei Art. 229 EG einen weiten Ermessensspielraum.[719] Will man die Folgen eines solchen Zwangsgeldes für Deutschland prognostizieren,[720] ist zunächst der einheitliche Grundbetrag von 500 € in die Berechnung einzustellen. Dieser ist zu multiplizieren mit dem Faktor 26,4 (für die Zahlungsfähigkeit Deutschlands) sowie mit einem Schwere- (von 1-20) und einem Dauer-Koeffizienten (von 1-3). Daraus folgt ein Tagessatz in einem Rahmen von 13.200 Euro bis 792.000 €. Dieser ist ab dem Tag zu zahlen, an dem das entsprechende Urteil des EuGH ergeht. Die Zahlungsverpflichtung besteht bis zum Tag der Beendigung des Verstoßes.[721] Hinzukommen kann die Verpflichtung zur Zahlung eines einmaligen Pauschalbetrags.[722]

IV. Richtlinie 2004/113/EG

In Ergänzung der Richtlinie 2000/43/EG („Rasse" und ethnische Herkunft) schafft auch die am 13. Dezember auf der Grundlage von Art. 13 Abs. 1 EG verabschiedete Richtlinie 2004/113/EG Diskriminierungsverbote für das Zivilrecht (aufgrund des Geschlechts). Sie soll im folgenden analysiert und diskutiert werden.

1. Entstehungsgeschichte und Zielsetzung

Am 5. November 2003 hat die Kommission den Richtlinienvorschlag KOM 2003 657 zur Teilumsetzung des Konzepts des „Gender Mainstreaming"[723] durch die Mitgliedstaaten vorgelegt.[724] Er betraf den gleichberechtigten Zugang von Frauen und Männern zu Gütern und Dienstleistungen sowie die Geschlechtergleichbehandlung im Versicherungsbereich. Im europäischen Ministerrat ist am 4. Oktober 2004 bei Stimmenthaltung der deutschen Delegation eine politi-

---

[719] *Schwarze* in: Schwarze (Hrsg.), EU-Komm., Art. 228 EG Rn. 10; *Ehricke* in: Streinz (Hrsg.), EUV/EGV, Art. 228 EG Rn. 10, 13.
[720] Berechnungsgrundlage ist Punkt 2 ff. der Mitteilung der Kommission zum Verfahren für die Berechnung des Zwangsgeldes nach Artikel 171 EG (ABl. C 1997 63/2) sowie die Angaben bei *Ehricke* in: Streinz (Hrsg.), EUV/EGV, Art. 228 EG Rn. 12.
[721] Punkt 1 der Mitteilung der Kommission zum Verfahren für die Berechnung des Zwangsgeldes nach Artikel 171 EG (ABl. C 1997 63/2).
[722] EuGH Rs. C-304/02, IBR 2005, 437 (*Kommission/Frankreich*).
[723] Vgl. zu dem Konzept *Meuser/Neusüß*, Gender Mainstreaming und *EU-KOM* (Hrsg.), Gender Mainstreaming.
[724] Zur RL 2004/113/EG bzw. dem vorhergehenden Kommissionsvorschlag siehe *Riesenhuber/Franck*, EWS 2005, 245; *Pirstner-Ebner*, EuZW 2004, 205 (206 ff.); *Riesenhuber/Franck*, JZ 2004, 529.

sche Einigung über den Kommissionsvorschlag zustande gekommen.[725] Die Richtlinie 2004/113/EG wurde daraufhin am 13. Dezember 2004 vom Rat angenommen und am 21. Dezember 2004 im Amtsblatt veröffentlicht. Sie ist damit in Kraft getreten (Art. 18) und nunmehr binnen drei Jahren, d.h. bis zum 21. Dezember 2007, von den Mitgliedstaaten umzusetzen (Art. 17 Abs. 1). Ebenso wie der Vorschlag beabsichtigt sie gem. ihrem Art. 1

„die Schaffung eines Rahmens für die Bekämpfung geschlechtsspezifischer Diskriminierungen beim Zugang zu und der Versorgung mit Gütern und Dienstleistungen zur Umsetzung des Grundsatzes der Gleichbehandlung von Männern und Frauen in den Mitgliedstaaten."

2. Zuständigkeit der Gemeinschaft

Verfahrensrechtlich wurde die Richtlinie 2004/113/EG auf die *eingeschränkte Ermächtigungsnorm* des Art. 13 Abs. 1 EG gestützt und erforderte damit eine einstimmige Ratsentscheidung.

a. Zutreffende Rechtsgrundlage

Als Kompetenzvorschrift konnten in diesem Fall anstelle des Art. 13 Abs. 1 EG weder Art. 141 Abs. 3 EG noch Art. 137 EG herangezogen werden, da diese Bestimmungen nur geschlechtsspezifische Diskriminierungen im Arbeits- und Erwerbsleben erfassen. Dies hat insofern Bedeutung, als die beiden letztgenannten Vorschriften ein Mitentscheidungsverfahren gem. Art. 251 EG vorsehen, wodurch letztlich Rechtsakte auch mit qualifizierter Mehrheit erlassen werden könnten.[726] Auch Art. 95 EG, der ebenfalls ein Mitentscheidungsverfahren vorsieht, ist nicht einschlägig: Betrifft eine Richtlinie nämlich *schwerpunktmäßig* die Festlegung von Diskriminierungsverboten für den Bereich des Zivilrechts sowie deren nähere Ausgestaltung, ist die Maßnahme auf Basis des Art. 13 Abs. 1 EG zu erlassen.[727] Durch die von Art. 13 Abs. 1 EG geforderte Einstimmigkeit hätte daher auch die Verabschiedung der Richtlinie 2004/113/EG am Veto eines einzigen Mitgliedstaates scheitern können.

---

[725] Presseerklärung 12400/04 (Presse 264) v. 4.10.2004; Ratsdokument 13137/04 + ADD 1 v. 6.10.2004.
[726] Gem. Art. 137 Abs. 2 lit. b EG erfordern allerdings einige Agenden auch eine einstimmige Entscheidung im Rat.
[727] Unzutreffend daher die Stellungnahme des Ausschusses für Recht und Binnenmarkt des EP, die in Bezug auf den RL-Vorschlag der EU-KOM zur Gleichbehandlung von Frauen und Männern beim Zugang zu Gütern und Dienstleistungen (KOM (2003) 657) den Art. 95 EG anstelle von Art. 13 Abs. 1 EG als richtige Rechtsgrundlage nennt (EP A5-0155/2004, 39); anders dann aber der abschließende Bericht des EP (EP A5-0155/2004, 26): „Dieser Vorschlag beruht eindeutig auf Art. 13 des EG-Vertrags".

b. Ordnungsgemäßes Zustandekommen

Die Richtlinie 2004/113/EG ist jedoch mit Blick auf Art. 220, 253 EG nicht ordnungsgemäß zustande gekommen, so dass sie ebenso wie die Richtlinien 2000/78/EG und 2000/43/EG in einem Verfahren vor dem EuGH für nichtig erklärt werden könnte.[728]

c. Zuständigkeit für die geregelten Sachbereiche

In Bezug auf die Zuständigkeit der Gemeinschaft für den in Art. 3 Abs. 1 allgemein genannten Bereich der Güter und Dienstleistungen gilt das oben zur Richtlinie 2000/43/EG Gesagte.[729]

Um darüber hinaus gem. Art. 5 geschlechtsspezifische Diskriminierungen im Bereich des Versicherungswesens und verwandter Finanzdienstleistungen bekämpfen zu können, müssten der Gemeinschaft entsprechende Kompetenzen aus dem EG-Vertrag zustehen. Diese Bindung an im Vertrag schriftlich fixierte Befugnisse folgt aus dem Prinzip der begrenzten Einzelermächtigung gem. Art. 5 Abs. 1 EG. Weil es sich bei Art. 13 Abs. 1 EG nur um eine *eingeschränkte Ermächtigungsnorm* handelt,[730] müsste die EG daher außerhalb dieses Artikels die Sachkompetenz zum Erlass hoheitlicher Maßnahmen im Bereich des Versicherungswesens (Art. 5 der Richtlinie 2004/113/EG[731]) besitzen. Eine Rechtsetzungskompetenz ist nach der hier vertretenen Ansicht aber nicht erforderlich. Fraglich ist, ob die Gemeinschaft die Zuständigkeit für die Bekämpfung von Diskriminierungen im Bereich des Versicherungswesens besitzt.

aa. Gesundheitswesen (Art. 152 EG)

Zunächst könnte sich die Maßnahme auf die Kompetenzzuteilungen im Rahmen des Gesundheitswesens stützen. Innerhalb des Art. 152 EG (insbesondere Abs. 4 lit. a) und b) aber auch Abs. 2 Unterabs. 2) wird die Gemeinschaft ausdrücklich ermächtigt, allgemein-gesundheitspolitische Maßnahmen vorzunehmen.[732]

Art. 5 der Richtlinie will jedoch über Kranken- und Lebensversicherungen hinaus auch Kfz- und Rentenversicherungen sowie sonstige Versicherungen erfas-

---

[728] Vgl. 2. Teil C. III. 4. a.
[729] Vgl. 2. Teil C. III. 4. b. aa. und bb.
[730] Vgl. oben 2. Teil A. V. 3.
[731] Gem. Art. 5 Abs. 1 der RL 2004/113/EG darf die Berücksichtigung des Faktors Geschlecht bei der Berechnung von Prämien und Leistungen im Bereich des Versicherungswesens und verwandter Finanzdienstleistungen nicht zu unterschiedlichen Prämien und Leistungen führen. Die RL 2000/43/EG und 2000/78/EG enthalten keine derartige Bestimmung.
[732] *Geiger*, EUV/EGV, Art. 152 EG Rn. 1; *Lurger* in: Streinz (Hrsg.), EUV/EGV, Art. 152 EG Rn. 8.

sen.⁷³³ Selbst wenn sich die Richtlinie 2004/113/EG auf Krankenversicherungen beschränken würde, wird das System, das die Volksgesundheit i.S.d. Art. 152 EG umgibt und aufrechterhält, in der Vorschrift nicht erwähnt. Art. 152 EG betrifft demnach nicht einmal Krankenversicherungen, so dass Art. 5 der Richtlinie 2004/113/EG nicht in den Bereich des Gesundheitswesens fällt. Folglich mangelt es diesbezüglich an einer weiteren Zuständigkeit der EG. Art. 152 EG kann Art. 13 Abs. 1 EG in dem erforderlichen Maße nicht ergänzen.

bb. Sozialpolitik (Art. 136 ff. EG)

Fraglich ist, ob sich Art. 5 der Richtlinie 2004/113/EG in den Bereich der Sozialpolitik einfügen lässt. Mit dem Art. 137 Abs. 2 i.V.m. Abs. 1, Art. 137 Abs. 3 EG und Art. 139 Abs. 2 EG enthält das Kapitel über die Sozialpolitik umfassende Ermächtigungsgrundlagen. Die EG hat somit eine eigene Rechtsetzungskompetenz in der Sozialpolitik.⁷³⁴

Die in Art. 5 der Richtlinie festgesetzte Regelung müsste auch von der Sozialpolitik der Art. 136 ff. EG erfasst sein. Zur Sozialpolitik zählen im allgemeinen nur jene Aspekte, die Arbeitnehmer und deren Position betreffen bzw. mit der Beschäftigung verbunden sind.⁷³⁵ Die Sozialpolitik findet also auch Anwendung auf dem Gebiet der Alters- und Krankenversicherung sowie der Arbeitslosenversicherung.⁷³⁶ Die Richtlinie beinhaltet aber im Bereich der Kranken- und Lebensversicherungen nicht nur die im Zusammenhang mit einer Beschäftigung stehenden Sachverhalte. Vielmehr propagiert sie eine Gleichbehandlung losgelöst von jedweder Tätigkeit des Versicherten oder Funktion der Versicherung. Folglich fällt der Richtlinienentwurf ebenfalls nicht in den Sachbereich Sozialpolitik i.S.d. Art. 136 ff. EG. Somit reichen die grundsätzlichen Kompetenzzuweisungen innerhalb der Art. 136 ff. EG nicht aus, um Art. 13 Abs. 1 EG zu komplettieren.

cc. Dienstleistungen (Art. 49 ff. EG)

Weiterhin könnte die Richtlinie 2004/113/EG, soweit sie das Versicherungswesen betrifft, dem Sachgebiet „Dienstleistungen" zugeordnet werden. Dazu müsste es sich bei Versicherungen und verwandten Finanzdienstleistungen um

---

⁷³³ KOM (2003) 657, 7.
⁷³⁴ *Krebber* in: Calliess/Ruffert (Hrsg.), EUV/EGV, Art. 136 EG Rn. 5, 19; *Geiger*, EUV/EGV, Art. 136 EG Rn. 12, Art. 137 Rn. 1.
⁷³⁵ EuGH, verb. Rs. C-281 und C-283/85, Slg. 1987, 3245 Rn. 16 (*Deutschland/Kommission*); *Krebber* in: Calliess/Ruffert (Hrsg.), EUV/EGV, Art. 136 EG Rn. 1; *Rebhahn* in: Schwarze (Hrsg.), EU-Komm., Art. 136 EG Rn. 3.
⁷³⁶ *Rebhahn* in: Schwarze (Hrsg.), EU-Komm., Art. 136 EG Rn. 3.

Dienstleistungen i.S.d. Art. 49 ff. EG handeln und der EG müsste eine Regelungsbefugnis in diesem Bereich zukommen.

(1) Anwendungsbereich

Fraglich ist demnach, ob Versicherungen überhaupt unter den Begriff der Dienstleistung fallen. Die Dienstleistung im Sinne des EG-Vertrags wird in Art. 50 Abs. 1 EG definiert als Leistung, die in der Regel gegen Entgelt erbracht wird, soweit sie nicht den Vorschriften über den freien Waren- und Kapitalverkehr und über die Freizügigkeit der Personen unterliegt. Versicherungen und verwandte Finanzdienstleistungen bieten den Versicherten gegen ein Entgelt (Beiträge) an, im Falle eines bestimmten Ereignisses eine Leistung zu übernehmen. Der „Dienst" einer Versicherung besteht somit in der Übernahme eines Risikos, wodurch die Versicherung den Versicherer von einer individuellen Verlustgefahr ganz oder teilweise befreit.[737] Somit liegt darin eine Dienstleistung i.S.d. Art. 49, 50 EG begründet. Dadurch dass die Versicherung im Versicherungsfall tätig wird, könnte anstelle einer Dienstleistung jedoch auch eine Kapitalbewegung i.S.d. Art. 56 EG gegeben sein. In diesen Fällen müssten die Art. 49 ff. EG aufgrund des Art. 50 Abs. 1, 2. Hs. EG hinter die Vorschriften über den Kapitalverkehr (Art. 56 ff. EG) zurücktreten. Hier muss mithin eine präzise Abgrenzung stattfinden. Nimmt die Versicherung die Überweisung der Versicherungssumme im Versicherungsfall vor, unterliegt dieser Vorgang dem Kapitalverkehr gemäß Art. 56 ff. EG.[738] Zu beachten ist jedoch vorliegend, dass Art. 5 der Richtlinie 2004/113/EG gerade den Bereich der Beitragsfestsetzung betrifft, also die Gegenleistung zur Aufnahme in eine Risikogemeinschaft. Die endgültige Kapitalbewegung, etwa bei der Auszahlung der Versicherungssumme bei Lebensversicherungen, wird von der Richtlinie nicht tangiert. Somit werden durch die Richtlinie nur Bestimmungen im Bereich der Dienstleistung festgelegt. Die Art. 49 ff. EG müssen hier nicht nach Art. 50 Abs. 1, 2. Hs. EG zurücktreten. Demzufolge fällt der Regelungskomplex der Richtlinie in das Sachgebiet der Dienstleistung, Art. 49 ff. EG.

(2) Kompetenz der Gemeinschaft

Weiter müsste die EG auf diesem Sachgebiet auch hoheitliche Maßnahmen erlassen können. Eine diesbezügliche Regelungsbefugnis könnte sich aus Art. 49, 55 i.V.m. 47 Abs. 2 EG ergeben. Danach ist die Gemeinschaft grundsätzlich ermächtigt, Maßnahmen im Bereich des Dienstleistungsverkehrs zu erlassen. Von

---

[737] *Troberg/Tiedje* in: v.d. Groeben/Schwarze (Hrsg.), EUV/EGV, Art. 51 EG Rn. 13; *Geiger*, EUV/EGV, Art. 51 EG Rn. 5; *Müller-Graff* in: Streinz (Hrsg.), EUV/EGV, Art. 49 EG Rn. 30.

[738] *Troberg/Tiedje* in: v.d. Groeben/Schwarze (Hrsg.), EUV/EGV, Art. 51 EG Rn. 13; *Müller-Graff* in: Streinz (Hrsg.), EUV/EGV, Art. 49 EG Rn. 30.

dieser Befugnis hat die EG auch bereits in Form von Liberalisierungsmaßnahmen im Bereich der Lebensversicherung[739], Schadensversicherung[740] und Kraftfahrzeugversicherung[741] Gebrauch gemacht.[742] Art. 55 i.V.m. 47 Abs. 2 EG gestattet grundsätzlich, Maßnahmen zur Koordinierung bei der Aufnahme und Ausübung selbständiger Tätigkeiten zu erlassen und wird in der Praxis des Gemeinschaftsgesetzgebers als Auffangrechtsgrundlage für die Koordinierung von Wirtschaftstätigkeiten verstanden.[743] Der Gemeinschaft stehen somit in dem Sachgebiet des Dienstleistungsverkehrs nach Art. 49 ff. EG, insbesondere Art. 55 i.V.m. 47 Abs. 2 EG, Regelungsbefugnisse zu.

(3) Ergebnis

Der Richtlinienentwurf fällt in den Sachbereich des Dienstleistungsverkehrs gemäß Art. 49 ff. EG. Es besteht grundsätzlich eine Rechtsetzungszuständigkeit der Gemeinschaft (vgl. Art. 55 i.V.m. 47 Abs. 2 EG). Folglich stehen ihr im Bereich der Versicherungen und verwandten Finanzdienstleistungen grundsätzlich Regelungsbefugnisse zu. Somit kann Art. 13 Abs. 1 EG als Ermächtigungsgrundlage ausreichend ergänzt werden. Damit ist eine Einzelermächtigung gem. Art. 5 Abs. 1 EG auch für den Gewährleistungsgehalt des Art. 5 der Richtlinie 2004/113/EG gegeben.

dd. Subsidiarität

Nach Ansicht der Kommission[744] bestand auf der Ebene der Union Einigkeit darüber, dass ein Tätigwerden der Mitgliedstaaten allein nicht ausreiche, um ein einheitlich hohes Niveau des Schutzes vor Diskriminierung zu garantieren, und dass dieses Ziel somit besser auf der Ebene der Gemeinschaft erreicht werden könne. Was die Problematik der geschlechtsspezifischen Diskriminierung beim Zugang zu Gütern und Dienstleistungen anbelange, seien unter dem Gesichtspunkt der Subsidiarität dieselben Gründe anzuführen wie im Rahmen der Richtlinie 2000/43/EG.

Berücksichtigt man, dass der Schutz vor geschlechtsspezifischer Diskriminierung im Bereich der Güter und Dienstleistungen unterschiedlich ist und in einigen Mitgliedstaaten Versicherungsunternehmen sog. „Unisex"-Tarife verwenden, lässt sich auch im Rahmen der Richtlinie 2004/113/EG vertreten,

---

[739] RL 90/619/EWG, ABl. 1990 L 330/50.
[740] RL 88/357/EWG; ABl. 1988 L 172/1.
[741] RL 90/232/EWG; ABl. 1990 L 129/33.
[742] *Kluth* in: Calliess/Ruffert, EUV/EGV, Art. 52 EG Rn. 24.
[743] *Müller-Graff* in: Streinz (Hrsg.), EUV/EGV, Art. 52 EG Rn. 1; *Geiger*, EUV/EGV, Art. 52 EG Rn. 1.
[744] KOM (2003) 657, 11.

IV. Richtlinie 2004/113/EG 177

dass nur die EG sinnvoll eine effektive Regelung treffen könne. Somit wäre eine Regelung durch die Gemeinschaft i.S.d. Art. 5 Abs. 2 EG vorliegend angebracht.

3. Anwendungsbereich

a. Überblick

Die Richtlinie 2004/113/EG umfasst 19 Artikel und ist in 4 Kapitel gegliedert. Kapitel I regelt unter dem Titel „Allgemeine Bestimmungen" den Zweck (Art. 1), die Begriffsbestimmungen (Art. 2), den Anwendungsbereich und Ausnahmen hiervon (Art. 3), den (allgemeinen) Gleichbehandlungsgrundsatz sowie die Rechtfertigungsgründe (Art. 4), die geschlechtergerechte Anwendung versicherungsmathematischer Faktoren (Art. 5), die Zulässigkeit positiver Maßnahmen (Art. 6) und die Mindestanforderungen (Art. 7). Kapitel II befasst sich mit den Rechtsbehelfen und der Rechtsdurchsetzung (Art. 8-11), Kapitel III behandelt die mit der Förderung der Gleichbehandlung befassten Stellen (Art. 12) und Kapitel IV regelt die Schlussbestimmungen (Art. 13-19).

b. Sachlicher Anwendungsbereich

Der Anwendungsbereich der Richtlinie 2004/113/EG entspricht teilweise jenem der Richtlinie 2000/43/EG. Die Richtlinie 2004/113/EG schafft ein Diskriminierungsverbot aufgrund des Geschlechts beim Zugang zu Gütern und Dienstleistungen, nimmt aber ausdrücklich Bildung, Beschäftigung und Beruf sowie Medien- und Werbeinhalte von ihrem Anwendungsbereich aus.[745] Auch der ursprüngliche Kommissionsvorschlag enthielt bereits eine Bereichsausnahme für den Bildungssektor und den Inhalt von Medien und Werbung (Art. 1 Abs. 4 a.F.). Diese Bestimmung wurde u.a. deshalb eingefügt, um Konflikte mit „Grundfreiheiten" wie Pluralität der Medien, Pressefreiheit und Werbefreiheit zu vermeiden.[746] Darüber hinaus enthält die Richtlinie 2004/113/EG in ihrem Art. 5 ein besonderes Diskriminierungsverbot für den Versicherungsbereich. Diese Bestimmungen regeln zwar nur einen eingeschränkten Sachbereich, wirken aber als Querschnittmaterie in die entsprechenden Politikbereiche (insbesondere in die Wirtschafts- und Verbraucherpolitik) hinein.

---

[745] Art. 3 Abs. 3 und 4 der RL 2004/113/EG. Schon der von der EU-KOM vorgestellte RL-Vorschlag war nur die verkürzte Variante eines weitergehenden Entwurfs, welcher ursprünglich auch die Bereiche Bildung, Steuern, Medien und Werbung umfassen sollte, vgl. KOM (2003) 657, 5 f.

[746] Vgl. KOM (2003) 657, 16.

aa. Entwicklung der maßgeblichen zivilrechtlichen Vorschrift im Gesetzgebungsverfahren

Die für das Zivilrecht zentrale Bestimmung sollte zunächst fast wortgleich in den Richtlinien 2000/43/EG und 2004/113/EG enthalten sein. Art. 3 Abs. 1 lit. h und Art. 1 Abs. 2 des Vorschlags der Kommission vom 5. November 2003 für die Richtlinie 2004/113/EG lauteten:

„*Im Rahmen der auf die Gemeinschaft übertragenen Zuständigkeiten gilt die Richtlinie für alle Personen ... in Bezug auf: ... h) den Zugang zu und die Versorgung mit Gütern und Dienstleistungen, die der Öffentlichkeit zur Verfügung stehen, einschließlich von Wohnraum.*"

Mit der Annahme des Kommissionsvorschlags sind im Vergleich zum ursprünglich vorgeschlagenen Wortlaut und Anwendungsbereich jedoch wichtige inhaltliche Einschränkungen verbunden: Zum einen bleiben gem. Art. 5 des Richtlinie 2004/113/EG unterschiedliche Versicherungstarife auch künftig erlaubt, wenn sie auf relevanten statistischen Daten beruhen. Zum anderen wird in Art. 3 Abs. 1 und 2 klargestellt, dass nicht jeder private Anbieter von Gütern und Dienstleistungen das Diskriminierungsverbot beachten muss. Letztgenannte Einschränkung basiert auf einem deutschen Vorschlag, der Ideen aus dem nationalen Gesetzgebungsverfahren nach Brüssel transferierte: Die deutsche Delegation schlug vor, dass das europarechtliche Diskriminierungsverbot aufgrund des Geschlechts nur für Güter und Dienstleistungen gelten solle,

„*die der Öffentlichkeit zur Verfügung stehen und die regelmäßig in einer Vielzahl von Fällen zu gleichen Bedingungen ohne Ansehen der Person zustande kommen.*"[747]

Damit waren die sog. „Massengeschäfte" gemeint. Das Konzept der Beschränkung des Anwendungsbereichs der Diskriminierungsverbote durch das Erfordernis eines „Massengeschäfts" ist erstmals in § 319d Abs. 1 BGB n.F. des inoffiziellen Regierungsentwurfs (ZADG-E)[748] vom Mai 2004 enthalten. § 19 Abs. 1 Nr. 1 des ADG-E 2005 führt es fort.[749] Der deutsche Vorschlag konnte sich im Rat jedoch nur teilweise durchsetzen.[750] Art. 3 Abs. 1 der Richtlinie

---

[747] Vgl. Ratsdokument 12841/04 v. 30.9.2004, 16. Die englische Fassung lautete: „...goods and services which are available to the public, and which are typically made available in many cases under the same conditions irrespective of the person concerned...".

[748] Gesetz zur Änderung des Bürgerlichen Gesetzbuchs (Regelungen zum Schutz vor Diskriminierungen im Zivilrecht – ZADG-E 2004) v. 6.5.2004.

[749] Vgl. dazu noch 3. Teil C. III. 3. b.

[750] Der Vorschlag wurde von den anderen Delegationen in dieser Form nicht akzeptiert. Sie hielten zunächst die Überarbeitung des 11. (jetzt 13.) Erwägungsgrundes für ausreichend. Die Formulierung wurde später in den zweiten Hs. des Art. 3 Abs. 1 der RL 2004/113/EG übernommen, vgl. dazu die nachfolgende Fn. Die diesbezügliche Reserviertheit der übrigen Mitgliedstaaten überrascht nicht, wenn man bedenkt, dass der Schutz des Privatlebens und insbesondere der Vertragsfreiheit des Diskriminierenden

2004/113/EG sieht ein Diskriminierungsverbot aufgrund des Geschlechts nunmehr für solche Güter und Dienstleistungen vor,

> „*die der Öffentlichkeit ohne Ansehen der Person zur Verfügung stehen, und zwar in öffentlichen und privaten Bereichen, einschließlich öffentlicher Stellen, und die außerhalb des Bereichs des Privat- und Familienlebens und der in diesem Kontext stattfindenden Unternehmungen angeboten werden.*"[751]

Diese Vorschrift ersetzt Art. 1 Abs. 2 des ursprünglichen Kommissionsvorschlags. Art. 3 Abs. 2 der Richtlinie 2004/113/EG setzt darüber hinaus hinzu:

> „*Diese Richtlinie berührt nicht die freie Wahl des Vertragspartners durch eine Person, solange diese ihre Wahl nicht vom Geschlecht des Vertragspartners abhängig macht.*"

Diesen Passus hätte der Rat jedoch ruhigen Gewissens unberücksichtigt lassen können, hat er doch nicht mehr als deklaratorische Bedeutung i.S.v. „die Vertragsfreiheit gilt unbeschränkt, soweit die vorliegende Richtlinie sie nicht beschränkt". Damit ist wenig gewonnen.

bb. Auslegung des Art. 3 Abs. 1 der Richtlinie 2004/113/EG

Es ist davon auszugehen, dass sich die deutsche Intention, den Anwendungsbereich der Richtlinie 2004/113/EG über die geänderte Fassung des Art. 3 Abs. 1 auf Massengeschäfte zu beschränken, aus der Neufassung dieses Artikels hinreichend klar herauslesen lässt, so dass das europarechtliche Diskriminierungsverbot gem. Art. 3 Abs. 1 nur auf Massengeschäfte Anwendung findet.[752] Im übrigen ist die Richtlinie 2004/113/EG ebenso auszulegen wie Art. 3 Abs. 1 lit. h der Richtlinie 2000/43/EG: Güter und Dienstleistungen, die der Öffentlichkeit zur Verfügung stehen sind lediglich solche, die von *Unternehmern* angeboten werden, d.h. von Personen, bei denen ein privates Interesse von vornherein ausgeschlossen ist. Dies entspricht einer Bereichsausnahme für Ungleichbehandlungen durch *Verbraucher*. Insbesondere ein öffentliches Angebot durch Privatpersonen (soweit diese *Verbraucher* sind) ist nicht ausreichend.

---

[751] fast nur im deutschsprachigen Schrifttum diskutiert wurde. Zu Nachweisen in Bezug auf ausländische Literatur vgl. *Britz*, VVDStRL 64, 355 (358, dort Fn. 3). Die hier vertretene Einschätzung wird auch durch eine Untersuchung der EU-KOM bestätigt: *EU-KOM* (Hrsg.), Academic Literature, 6 (15 f.).
In der englischen Fassung: „…goods and services which are available to the public irrespective of the person concerned…and which are offered outside the area of private and family life and the transactions carried out in this context". Während der erste Teil auf die Einwände der deutschen Delegation zurückgeht, entspricht der zweite Teil des Art. 2a Abs. 1 des Vorschlags für die RL 2004/113/EG (KOM (2003) 657), dem (ebenfalls veränderten) Text des 11. Erwägungsgrundes.

[752] Siehe zu diesem Begriff noch ausführlich 3. Teil C. III. 3. b. aa. (1). A.A. *Wrase* in: Loccumer Protokolle 79/04, 195 (197, 199).

Damit hat die Richtlinie 2004/113/EG im Güter- und Dienstleistungsbereich einen im Vergleich zur Richtlinie 2000/43/EG verringerten Anwendungsbereich. Der Anwendungsbereich des Diskriminierungsverbots beschränkt sich auf *Unternehmer* i.S.d. § 14 BGB[753] und gilt darüber hinaus nur für Geschäfte, die typischerweise ohne Ansehen der Person zu vergleichbaren Bedingungen in einer Vielzahl von Fällen zustande kommen (Massengeschäfte).

Daher sind Kreditgeschäfte durch Banken und auch Vermietungen von Wohnraum (auch wenn der Vermieter *Unternehmer* ist) nicht erfasst, weil bei ihnen i.d.R. besonderer Wert auf das „Ansehen der Person" gelegt wird, auch wenn die Bereitstellung von Wohnraum eigentlich vom Begriff der „Dienstleistung" umfasst wäre.[754] Im Gegensatz zu Art. 3 Abs. 1 lit. h der Richtlinie 2000/43/EG erwähnt Art. 3 Abs. 1 der Richtlinie 2004/113/EG den „Wohnraum" nicht mehr gesondert, was dafür zu sprechen scheint, dass der europäische Gesetzgeber Frauen und Männer weder bei der Kreditvergabe durch Banken noch auf dem Wohnungsmarkt besonders schützen wollte. An dieser Stelle ist jedoch darauf hinzuweisen, dass die übrigen Mitgliedstaaten die von Deutschland veranlasste Einschränkung des Anwendungsbereichs der Vorschrift[755] offenbar nicht richtig eingeschätzt haben, den Vertretern der Bundesregierung durch die Einfügung „ohne Ansehen der Person" in Art. 3 Abs. 1 mithin ein „Coup" gelungen ist. Die übrigen Vertreter haben allem Anschein nach nicht realisiert, dass damit z.B. die Vermietung von Wohnraum aus dem Anwendungsbereich der Richtlinie 2004/113/EG heraus fallen könnte. Dies zeigt sich z.B. am unveränderten Erwägungsgrund 16 der Richtlinie, der Bezug nimmt auf den Rechtfertigungsgrund des Art. 4 Abs. 5: Als sachlicher Grund für eine Diskriminierung wird dort weiterhin die Vermietung von Wohnraum durch den Eigentümer in der Wohnstätte, in der er selbst wohnt an Personen nur eines bestimmten Geschlechts genannt.

Durch den insoweit klaren Wortlaut von Art. 3 Abs. 1 der Richtlinie 2004/113/EG sind jedoch alle Rechtsgeschäfte vom Diskriminierungsverbot aufgrund des Geschlechts ausgenommen, bei denen es auf das „Ansehen der Person" ankommt.[756]

---

[753] Diese Interpretation folgt daraus, dass nur solche Güter und Dienstleistungen der Öffentlichkeit zur Verfügung stehen, über die eine Vielzahl von Rechtsgeschäften abgeschlossen werden kann und bei denen der gewerbsmäßige Charakter der Veräußerung im Vordergrund steht. Vgl. zu dieser Auslegung der insoweit gleich lautenden Bestimmung des Art. 3 Abs. 1 lit. h der RL 2000/43/EG bereits oben 2. Teil C. III. 1. d. cc. (6).
[754] KOM (2000) 328, 2.
[755] Siehe 2. Teil C. IV. 3. b. aa.
[756] Siehe zu diesem Begriff noch ausführlich 3. Teil C. III. 3. b. aa. (1).

cc. Versicherungssektor

Neben dem allgemeinen Diskriminierungsverbot des Art. 3 Abs. 1 für den Güter- und Dienstleistungssektor enthält die Richtlinie 2004/113/EG auch ein konkretes Diskriminierungsverbot. Verboten ist auch die Anwendung geschlechtsspezifischer versicherungsmathematischer Faktoren im Versicherungswesen und bei verwandten Finanzdienstleistungen (Art. 5).[757]

Diese Bestimmung ist umstritten, weil viele Versicherungen bei ihren Leistungsberechnungen für Lebens-, Kranken-, Kfz- und Pensionsversicherungen an das Geschlecht und auch an die Lebenserwartung von Frauen und Männern anknüpfen.[758] Ursprünglich hatte das in Art. 4 Abs. 1 a.F. enthaltene Verbot folgenden Wortlaut:

„Die Mitgliedstaaten tragen dafür Sorge, dass spätestens mit Wirkung vom [in Artikel 16 Absatz 1 genanntes Datum] die Anwendung des Faktors Geschlecht bei der Berechnung von Prämien und Leistungen im Bereich des Versicherungswesens und verwandter Finanzdienstleistungen in allen neu abgeschlossenen Verträgen verboten ist."

Danach wäre eine unterschiedliche Behandlung stets unzulässig gewesen, ohne Rechfertigungsmöglichkeit. Dazu argumentierte die Kommission, dass z.B. in der Kfz- und in der Krankenversicherung auch andere Faktoren (z.B. verschiedene Verhaltensmuster, verschiedenes Konsumverhalten) als die unterschiedliche Lebenserwartung von Männern und Frauen herangezogen würden.[759] Zudem zeigten einschlägige Studien, dass das Geschlecht nicht der wichtigste bestimmende Faktor für die unterschiedliche Lebenserwartung von Männern und Frauen sei. Eine wichtigere Rolle spielten in diesem Zusammenhang Faktoren wie: Familienstand, Beschäftigung/Arbeitslosigkeit, Region, Rauchen und Ernährungsgewohnheiten.[760] Auch zeigten Studien, bei welchen versucht wurde, Faktoren wie Lebensstil, soziale Schicht und Umweltfaktoren auszuklammern, dass die unterschiedliche Lebenserwartung von Männern und Frauen nur zwischen null und 2 Jahren betrage. Daraus schloss die Kommission, dass sich der Unterschied in der Lebenserwartung zwischen Frauen und Männern nicht auf biologische Unterschiede zurückführen lasse. Der Grund für die Anknüpfung an den Faktor Geschlecht hinsichtlich der Lebenserwartung lag nach Ansicht der Kommission eher in der leichten Handhabbarkeit dieses Faktors als in dessen Aussagekraft. Da damit der Faktor Geschlecht nicht der maßgebliche Faktor für die Bestimmung der Lebenserwartung sei, seien Prämien und Leistungen bei

---

[757] Siehe dazu *Riesenhuber/Franck*, EWS 2005, 245 (249).
[758] Vgl. nur die Stellungnahmen von *Richter*, FAZ v. 12.6.2004, 18; *Wagener*, Handelsblatt v. 29.4.2004, 8; *Beck*, FAZ v. 6.11.2003, 15. Zur Umsetzung der RL 2004/113/EG im Versicherungsbereich *Körner* in: Loccumer Protokolle 79/04, 117 ff.
[759] Vgl. KOM (2003) 657, 7.
[760] Vgl. KOM (2003) 657, 7.

Versicherungsprodukten, welche einen Bezug zum Geschlecht aufweisen, stets als Diskriminierungen anzusehen.[761] Wichtig für die Kommission war auch die Tatsache, dass bei Leistungen und Beiträgen für die staatlichen Renten- und Krankenversicherungen die Unterschiede in der Lebenserwartung von Frauen und Männern nicht berücksichtigt werden.[762] In diesem Bereich sieht Art. 4 der Richtlinie 79/7/EWG zu den gesetzlichen Systemen der sozialen Sicherheit die Beachtung des Gleichbehandlungsgrundsatzes vor. Das Problem liegt nun u.a. darin, dass die Mitgliedstaaten teilweise dazu tendieren, die Altersicherung (neben dem staatlichen Anspruch) auch auf eine private Grundlage zu stellen. Auf diese Weise würden im staatlichen Bereich verbotene Diskriminierungen über den privaten Bereich wieder eingeführt.[763] Soweit in den Mitgliedstaaten aber eine unterschiedliche Praxis im Hinblick auf die staatliche oder private Natur der Altersicherung bestünde, könne die Geltung für den privaten Bereich trotz Beschränkungen der Vertragsfreiheit mit der einheitlichen Anwendung des Gemeinschaftsrechts begründet werden. Im privaten Bereich würde es dabei um die Pensionen aus eigenen Versicherungen von Frauen und Männern und nicht um jene vom Arbeitgeber oder von der Arbeitgeberin ausbezahlte - also die Betriebspensionen - gehen, weil letztere zum arbeitsrechtlichen Bereich gehören, als Entgelt i.S.d. Art. 141 Abs. 2 EG gelten und damit dem Gleichbehandlungsgrundsatz gem. Art. 141 Abs. 1 EG unterworfen sind. Insgesamt plädierte die Kommission daher für die Einführung von Unisex-Tarifen ohne Ausnahmemöglichkeit, wie sie in Frankreich beispielsweise für die private Krankenversicherung verwendet würden, ohne dass dadurch die finanzielle Situation des Versicherungsunternehmens gefährdet würde.[764]

Nach anhaltenden Protesten aus Wirtschaft und Politik enthält die Richtlinie 2004/113/EG nunmehr jedoch in Bezug auf den Versicherungsbereich eine entschärfte Version, wonach gem. Art. 5 Abs. 2 Unterschiede in der Prämienhöhe zwischen Männern und Frauen zulässig sind,

„wenn die Berücksichtigung des Geschlechts bei einer auf relevanten und genauen versicherungsmathematischen und statistischen Daten beruhenden Risikobewertung ein bestimmender Faktor ist."

Damit die Umsetzung des in Art. 5 vorgesehenen Diskriminierungsverbotes hinsichtlich der versicherungsmathematischen Faktoren reibungslos erfolgen kann, ist in dessen Abs. 1 vorgesehen, dass die Richtlinie nur für nach dem 21. Dezember 2007 statt findende, neue Geschäftabschlüsse gilt. Die Mitgliedstaaten

---

[761] Vgl. KOM (2003) 657, 8.
[762] Vgl. KOM (2003) 657, 8.
[763] Vgl. KOM (2003) 657, 10.
[764] Vgl. KOM (2003) 657, 7 und 9.

können die in Art. 17 Abs. 1 vorgesehene Umsetzungsfrist der Richtlinie um weitere 2 Jahre hinausschieben (Art. 5 Abs. 3 Satz 2). Aus der Inanspruchnahme dieser Fristverlängerung resultiert jedoch eine unverzügliche Informationspflicht der Mitgliedstaaten gegenüber der Kommission.

c. Tatbestand der Diskriminierung

Der Grundsatz der geschlechtsspezifischen Gleichbehandlung beim Zugang zu und bei der Versorgung mit Gütern und Dienstleistungen beinhaltet das Verbot von unmittelbaren und mittelbaren Diskriminierungen sowie von Schlechterstellungen wegen Schwangerschaft oder Mutterschaft (Art. 4 Abs. 1). Begriffsdefinitionen für die Begriffe der unmittelbaren und mittelbaren Diskriminierung finden sich in Art. 2. Diese Definitionen orientieren sich an Art. 2 der Änderungsrichtlinie 2002/73/EG sowie an den Richtlinien 2000/43/EG und 2000/78/EG. Neben den direkten Diskriminierungshandlungen gelten auch Anweisungen zu Geschlechterdiskriminierungen als Diskriminierungen i.S.d. Richtlinie (Art. 4 Abs. 4). Ähnliche Bestimmungen finden sich bereits in der konsolidierten Fassung der Richtlinie 76/207/EWG, sowie in den Richtlinien 2000/43/EG und 2000/78/EG.[765]

Unter allgemeinen Belästigungen versteht die Kommission unerwünschte *geschlechtsbezogene* Verhaltensweisen,[766] welche die Würde der betroffenen Person verletzen und ein von Einschüchterungen, Anfeindungen, Erniedrigungen gekennzeichnetes Umfeld schaffen. Eine derartige Belästigung soll beispielsweise vorliegen, wenn ein Beschäftigter ständig abschätzige Bemerkungen über Kundinnen macht. Unter sexueller Belästigung versteht man dagegen unerwünschtes Verhalten *sexueller Natur*, das die Würde der betreffenden Person verletzt und ein erniedrigendes und entwürdigendes Umfeld schafft. Dies ist z.B. der Fall, wenn der Vermieter von einer potentiellen Mieterin bzw. ein Verkäufer von einer Kundin sexuelle Gefälligkeiten als Gegenleistung für den Vertragsabschluss verlangt.[767]

4. Rechtfertigungsgründe

Problematisch erscheint auf den ersten Blick, dass die Zulässigkeit unterschiedlicher Behandlungen aufgrund „wesentlicher und entscheidender beruflicher Anforderungen", wie es z.B. Art. 4 der Richtlinie 2000/43/EG bestimmt, durch die Richtlinie 2004/113/EG für den Dienstleistungssektor mangels eines entspre-

---

[765] Art. 2 Abs. 4 der genannten RL.
[766] Im Vorschlag der EU-KOM wurde *sexuelle* Belästigung noch unzutreffend als jede ungünstige Behandlung aufgrund des Geschlechts bezeichnet. In diesem Fall handelt es sich aber um eine *allgemeine* Belästigung, vgl. KOM (2003) 657, 16.
[767] Vgl. KOM (2003) 657, 16.

chenden Rechtfertigungsgrundes nicht ausdrücklich gewährleistet wird, obwohl hier *mutatis mutandis* dieselben Konstellationen denkbar sind wie im Falle der Ungleichbehandlung aufgrund der „Rasse" oder ethnischen Herkunft.[768] Art. 4 Abs. 5 der Richtlinie 2004/113/EG ist jedoch weit genug gefasst, um auch dieser Konstellation Rechnung tragen zu können.[769]

Einschränkungen des Geltungsbereichs der Richtlinie 2004/113/EG ergeben sich demnach aus drei Bestimmungen, die den Charakter von Rechtfertigungsgründen haben.

a. Art. 4 Abs. 5 der Richtlinie 2004/113/EG

aa. Inhalt und Kritik

Art. 4 Abs. 5 der Richtlinie ist seinem Wortlaut nach ein sehr weitreichender Rechtfertigungsgrund, der es ermöglicht, das Diskriminierungsverbot des Art. 3 Abs. 1 spürbar einzuschränken. Erforderlich ist dafür lediglich ein sachlicher Grund sowie die Verhältnismäßigkeit der Maßnahme. Dies entspricht den sonst geltenden Anforderungen an die Rechtfertigung einer mittelbaren Diskriminierung. Die Vorschrift lautet:

„Diese Richtlinie schließt eine unterschiedliche Behandlung nicht aus, wenn es durch ein legitimes Ziel gerechtfertigt ist, die Güter und Dienstleistungen ausschließlich oder vorwiegend für die Angehörigen eines Geschlechts bereitzustellen, und die Mittel zur Erreichung dieses Ziels angemessen und erforderlich sind."

Ein legitimes Ziel kann ausweislich des 16. Erwägungsgrundes der Richtlinie z.B. sein: Der Schutz von Opfern sexueller Gewalt (wie die Einrichtung einer Zufluchtsstätte für Personen gleichen Geschlechts), der Schutz der Privatsphäre und des sittlichen Empfindens (wie etwa bei der Vermietung von Wohnraum durch den Eigentümer in der Wohnstätte, in der er selbst wohnt), die Förderung der Gleichstellung der Geschlechter oder der Interessen von Männern und Frauen (wie ehrenamtliche Einrichtungen, die nur den Angehörigen eines Geschlechts zugänglich sind), die Vereinsfreiheit (Mitgliedschaft in privaten Klubs die nur den Angehörigen eines Geschlechts zugänglich sind) und die Organisation sportlicher Tätigkeiten (z. B. Sportveranstaltungen, zu denen ausschließlich die Angehörigen eines Geschlechts zugelassen sind).

Beschränkungen müssen jedoch im Einklang mit den in der Rechtsprechung des EuGH festgelegten Kriterien angemessen und erforderlich sein.

---

[768] Vgl. oben 2. Teil C. III. 3. b.
[769] Vgl. zu Art. 4 Abs. 5 der Richtlinie 2004/113/EG sogleich 2. Teil C. IV. 4. a.

bb. Die Entwurfsfassung

Die Entwurfsfassung (Art. 1 Abs. 3 a.F.) formulierte noch etwas umständlich:

„*Diese Richtlinie steht nicht dem entgegen, dass Unterschiede gemacht werden im Zusammenhang mit Gütern und Dienstleistungen, bei denen Männer und Frauen sich nicht in einer vergleichbaren Situation befinden, weil die Güter und Dienstleistungen ausschließlich oder in erster Linie für die Angehörigen nur eines Geschlechts bestimmt sind, oder im Zusammenhang mit Leistungen, die je nach Geschlecht der Klienten auf unterschiedliche Weise erbracht werden.*"

Damit war eine Ungleichbehandlung einerseits zulässig, wenn die Güter oder Dienstleistungen ausschließlich oder primär für die Angehörigen eines Geschlechts bestimmt sind (Art. 1 Abs. 3 Satzteil 1). Unter diese Vorschrift sollte z.B. die Reservierung bestimmter Öffnungszeiten in Schwimmbädern für Angehörige einer Geschlechtergruppe oder die Mitgliedschaft in privaten Clubs fallen.[770] Zweitens war eine Ungleichbehandlung zulässig, wenn die Leistungen, je nach Geschlecht, auf unterschiedliche Weise erbracht werden (Art. 1 Abs. 3 Satzteil 2; z.B. Friseurgewerbe). Dieser Rechtfertigungsgrund war jedoch nicht nur schlecht formuliert, sondern auch überflüssig. Wenn Männer und Frauen, die unterschiedlich behandelt werden, „sich nicht in einer vergleichbaren Situation befinden", handelt es sich nicht um einen Fall von Diskriminierung. Dass ein Friseur für einen aufwendigen Haarschnitt seiner Klientin mehr berechnet als für einen einfachen Männerhaarschnitt, ist dabei schon keine Ungleichbehandlung. Darüber hinaus fielen private Clubs, die *per definitionem* privaten Charakter haben, gar nicht in den Anwendungsbereich der Richtlinie, die nur diejenigen Güter und Dienstleistungen abdecken sollte, die für die Öffentlichkeit verfügbar sind.[771] Dass eine Diskriminierung überhaupt gerechtfertigt werden konnte, wenn der Anbietende die Produkte ausschließlich oder in erster Linie nur für ein Geschlecht bestimmt, kam einem logischen Zirkelschluss gleich, der jede Diskriminierung erlauben würde. Die verwendeten Begriffe und erwähnten Beispiele waren schließlich äußerst vage, was im Hinblick auf den Anwendungsbereich des Rechtfertigungsgrundes zu erheblicher Verwirrung geführt hätte.

Zudem vermochte es Art. 1 Abs. 3 a.F. nicht einmal, die Zulässigkeit von *Verkaufsförderaktionen* sicherzustellen, obwohl diese im Ergebnis beiden Geschlechtern zugute kommen: So ist es bisher übliche und kaum zu beanstandende Praxis, dass Bars, Clubs und Restaurants für Frauen freien Eintritt oder ermäßigte Getränkepreise anbieten, um ein ausgewogenes Verhältnis von Männern und Frauen zu erreichen. Auch Partnervermittlungsagenturen sind z.B. für ihren Geschäftsbetrieb auf ein ausgewogenes Geschlechterverhältnis angewie-

---

[770] Vgl. KOM (2003) 657, 16 sowie 12. Erwägungsgrund des KOM-Vorschlags.
[771] Vgl. dazu schon oben 2. Teil C. III. 1. d. cc. (6).

sen, das sie mit Sondertarifen anstreben können. Der Ausschuss für Industrie, Außenhandel, Forschung und Energie des EP[772] forderte daher zurecht die Aufnahme eines Erwägungsgrundes, der wie folgt lautet:

„Der Grundsatz der Gleichbehandlung steht Anreizen oder Sonderangeboten für ein Geschlecht nicht entgegen, die ausschließlich aus soliden geschäftlichen Erwägungen angeboten werden, z.B. um eine ausgewogene Beteiligung der Geschlechter in diesen Branchen zu erzielen, deren Lebensfähigkeit von einem solchen Gleichgewicht abhängt."

b. Art. 6 der Richtlinie 2004/113/EG

Die zweite Rechtfertigungsmöglichkeit betrifft die Zulässigkeit positiver Maßnahmen. Die Richtlinie erlaubt in Art. 6[773] den Mitgliedstaaten die Beibehaltung oder Einführung von Maßnahmen zum Ausgleich und zur Verhinderung von geschlechterspezifischen Benachteiligungen. Auch in diesem Punkt folgt der Vorschlag den Bestimmungen der Richtlinie 2000/43/EG sowie der arbeitsrechtlichen Rahmenrichtlinie 2000/78/EG. Diese enthalten in Art. 5 bzw. Art. 7 jeweils eine ähnliche Vorschrift.

Nach Ansicht der Kommission soll es durch die Förderungsbestimmung möglich sein, Benachteiligungen zu kompensieren, die Personen wegen ihres Geschlechts im Güter- und Dienstleistungsbereich erfahren haben. Zur Einführung bzw. Beibehaltung derartiger Vorschriften ist zu belegen, dass die Maßnahme erforderlich ist, um einen Ausgleich für einen spezifischen Nachteil zu schaffen und dass sie nur so lange aufrechterhalten wird, wie es notwendig ist, um das Problem zu beseitigen.[774] Als Beispiele in diesem Bereich nennt die Kommission besondere Darlehen, besondere Zinssätze, andere besondere Konditionen, Beratungs- und Unterstützungsangebote und eigene Banken für weibliche Investoren. Ziel dieser Förderungsmaßnahmen ist die Schaffung besonderer Rahmenbedingungen, welche Investoren und Investorinnen ermutigen sollen, selber Mittel zur Verfügung zu stellen.[775]

c. Art. 5 Abs. 2 der Richtlinie 2004/113/EG

Gem. 5 Abs. 2 können darüber hinaus unterschiedliche Tarife für Männer und Frauen auf dem Versicherungsmarkt und bei verwandten Finanzdienstleistungen gerechtfertigt werden.[776]

---

[772] Stellungnahme des Ausschusses für Industrie, Außenhandel, Forschung und Energie (EP A5-0155/2004), 53 (56).
[773] Der Wortlaut entspricht dem Art. 5 der RL 2000/43/EG, der im 2. Teil A. VI. 2. abgedruckt ist; vgl. auch die dortigen Aussagen zur Zulässigkeit und den Voraussetzungen positiver Förderungsmaßnahmen.
[774] Vgl. KOM (2003) 657, 17.
[775] Vgl. KOM (2003) 657, 17.
[776] Siehe zu dieser Bestimmung bereits 2. Teil C. IV. 3. b. cc.

5. Rechtsschutz und Rechtsdurchsetzung

Die Rechtsschutzmaßnahmen der Richtlinie 2004/113/EG sind in Art. 8-11 geregelt. Diese Durchsetzungsmaßnahmen gehören zum Standardprogramm der auf Art. 13 EG beruhenden Rechtsvorschriften. Sie finden sich sowohl in der Richtlinie 2000/43/EG als auch in der arbeitsrechtlichen Rahmenrichtlinie 2000/78/EG.[777] Das in der Richtlinie 2004/113/EG vorgesehene Rechtsschutzsystem betrifft den Zugang zum Rechtsschutzverfahren, die Ausgestaltung dieses Verfahrens (Beweislastregelungen) und den Opferschutz.

So müssen auf nationaler Ebene für die Durchsetzung von Ansprüchen aus der Richtlinie Gerichts- bzw. Verwaltungsverfahren vorgesehen werden (Art. 8 Abs. 1). Im Rahmen des Rechtsschutzverfahrens ist auch sicherzustellen, dass sich Verbände oder Organisationen im Namen der beschwerten Person (oder zu deren Unterstützung) ins Verfahren einschalten können (Art. 8 Abs. 3). Diese Hilfestellung setzt nach den Vorgaben der Richtlinie allerdings die Einwilligung der betroffenen Person voraus. Bei der Durchführung des Verfahrens gilt gem. Art. 9 eine Beweiserleichterung zugunsten des angeblichen Diskriminierungsopfers. Wie bereits in der Beweislastrichtlinie 97/80/EG und den anderen Anti-Diskriminierungsrichtlinien[778] vorgesehen, sind vom Diskriminierungsopfer Tatsachen glaubhaft zu machen, die das Vorliegen einer Diskriminierung vermuten lassen. Gelingt dies, obliegt es der Beklagtenseite zu beweisen, dass keine Verletzung des Gleichbehandlungsgrundsatzes vorgelegen hat. Auf mitgliedstaatlicher Ebene können für die Klägerseite auch günstigere Beweislastregelungen festgelegt werden (Art. 9 Abs. 2). Die Beweislastregelung gilt nicht für Strafverfahren (Art. 9 Abs. 3).

Neben den Klagemöglichkeiten und dem Beweisverfahren legt die Richtlinie 2004/113/EG auch Anforderungen an die Sanktionsregelungen fest (Art. 8 Abs. 2). Die Sanktionen müssen abschreckende Wirkung entfalten, dürfen nicht im voraus durch eine Höchstgrenze limitiert werden und müssen entstandene Schäden tatsächlich und wirksam ausgleichen oder ersetzen. Nach Art. 14 der Richtlinie müssen Sanktionsbestimmungen generell „wirksam, verhältnismäßig und abschreckend" sein, ein weiteres gemeinsames Merkmal aller Anti-Diskriminierungsrichtlinien. Die vorgesehenen Sanktionsregelungen müssen zudem der Kommission spätestens bis zum 21. Dezember 2007 mitgeteilt werden.

Komplettiert werden die angeführten Sanktionsvorschriften durch eine Schutzvorschrift für Diskriminierungsopfer und Zeugen in Diskriminierungsverfahren. Auf nationaler Ebene sind danach gem. Art. 10 Vorschriften einzuführen, welche einzelne vor Benachteiligungen als Reaktion auf eine Beschwerde oder eine

---

[777] Vgl. Art. 7, 8, 9, 12 der RL 2000/43/EG und Art. 9, 10, 11, 14 der RL 2000/78/EG.
[778] Art. 8 der RL 2000/43/EG und Art. 10 der RL 2000/78/EG.

Verfahrenseinleitung zur Durchsetzung des Gleichbehandlungsgrundsatzes schützen (Viktimisierung). Mit dieser Bestimmung soll verhindert werden, dass betroffene Personen angesichts drohender Repressalien davon abgehalten werden, ihre Rechte geltend zu machen.[779]

Schließlich sieht die Richtlinie auch die Einrichtung einer nationalen Anti-Diskriminierungsstelle vor, welche die Geschlechtergleichstellung fördern, beobachten und unterstützen soll (Art. 12). Konkret sollen Diskriminierungsopfer bei der Beschwerdeerhebung unterstützt, unabhängige Untersuchungen durchgeführt und einschlägige Berichte veröffentlicht werden. Die Mitgliedstaaten können dabei dieselben Stellen benennen,[780] welchen sie auf Grund des Art. 8a der konsolidierten Fassung der Richtlinie 76/207/EWG die Zuständigkeit übertragen.

6. Umsetzung

Die in der Richtlinie 2004/113/EG vorgesehenen Bestimmungen sind als Mindeststandards zu sehen. Die Einführung günstigerer Vorschriften zur Wahrung des Gleichbehandlungsgrundsatzes ist daher zulässig (Art. 7 Abs. 1). Festgelegt ist in Art. 7 Abs. 2 der Richtlinie auch ein *Regressionsverbot* (sog. „Nichtrückschrittsklausel"[781]), so dass die Richtlinienumsetzung keine Minderung des von den Mitgliedstaaten bisher gewährten Diskriminierungsschutzniveaus rechtfertigen kann. Dabei ist zu beachten, dass sich dieses *Regressionsverbot* nur auf die von der Richtlinie abgedeckten Bereiche erstreckt.

Gem. Art. 17 Abs. 1 ist die Richtlinie bis zum 21. Dezember 2007 umzusetzen. Der Kommission sind dabei unverzüglich die von den Mitgliedstaaten getroffenen Umsetzungsbestimmungen mittels Entsprechungstabellen mitzuteilen. Die Entsprechungstabellen haben die geschaffenen Vorschriften den Richtlinienvorschriften gegenüberzustellen. Eine Berichtspflicht der Mitgliedstaaten bezüglich der Anwendung der Richtlinie besteht in Fünfjahres-Abständen, das erste Mal jedoch bis zum 21. Dezember 2009 (Art. 16).

Sollte die Richtlinie nicht oder nur fehlerhaft umgesetzt werden, kann ihren Bestimmungen insbesondere mit Hilfe der richtlinienkonformen Auslegung Wirkung verliehen werden.[782]

---

[779] Vgl. KOM (2003) 657, 19.
[780] Vgl. KOM (2003) 657, 20.
[781] So die Bezeichnung in der Begründung der KOM-Vorschläge zu den RL 2000/43/EG und 2000/78/EG, vgl. KOM (1999) 566, 9 und KOM (1999) 565, 13.
[782] Zu den Folgen fehlender oder fehlerhafter Umsetzung von Anti-Diskriminierungs-RL vgl. die allgemeingültigen Ausführungen im 2. Teil C. III. 5.

D. Die Grundfreiheiten und Art. 12 EG als zivilrechtliche Diskriminierungsverbote

Die gemeinschaftlichen Grundfreiheiten enthalten bereichsspezifische Diskriminierungsverbote aufgrund der Staatsangehörigkeit (eines Mitgliedstaates der EU). Ihr Anwendungsbereich umfasst den freien Warenverkehr (Art. 23 ff. EG), die Arbeitnehmerfreizügigkeit (Art. 39 ff. EG), die Niederlassungs- (Art. 43 ff. EG) und die Dienstleistungsfreiheit (Art. 49 ff. EG) sowie die Freiheit des Kapitalverkehrs (Art. 56 Abs. 1, 57 ff. EG). Diese Grundfreiheiten werden ergänzt durch die Freiheit des Zahlungsverkehrs (Art. 56 Abs. 2 EG) als sog. „Hilfsfreiheit". Die Warenverkehrs- und Dienstleistungsfreiheit werden gemeinhin als Produktverkehrsfreiheiten zusammengefasst, während die Arbeitnehmerfreizügigkeit und die Niederlassungsfreiheit als Personenverkehrsfreiheiten bezeichnet werden. Sie haben als bereichsspezifische Freiheiten Vorrang vor dem allgemeinen Diskriminierungsverbot aufgrund der Staatsangehörigkeit (Art. 12 Abs. 1 EG).

Würde man den Grundfreiheiten und Art. 12 Abs. 1 EG unmittelbare Drittwirkung zubilligen, hätte dies ein zivilrechtliches Diskriminierungsverbot aufgrund der Staatsangehörigkeit (eines Mitgliedstaates der EU) zur Folge, das die sekundärrechtlichen Anti-Diskriminierungsmaßnahmen der Gemeinschaft ergänzen würde. Voraussetzung für die Anwendung der Grundfreiheiten und des Art. 12 EG ist freilich stets, dass es sich um einen grenzüberschreitenden Sachverhalt handelt.[783] Im Privatrechtsverkehr wäre danach die Diskriminierung aufgrund der Staatsangehörigkeit in den von den Grundfreiheiten erfassten Bereichen verboten. Damit würde zugleich ein Kritikpunkt[784] an der Richtlinie 2000/43/EG teilweise ausgeräumt, die in ihrem Art. 3 Abs. 2 die Diskriminierung aufgrund der Staatsangehörigkeit vom Anwendungsbereich ausnimmt.[785]

I. Begriffe und Grundsatz

Der Begriff der Drittwirkung bezeichnet den Effekt der Grundfreiheiten und des Art. 12 Abs. 1 EG auf privatautonomes Verhalten im Zivilrecht. Man unterscheidet die unmittelbare und die mittelbare Drittwirkung.[786]

---

[783] *Streinz*, EuR, Rn. 683; *Schöbener/Stork*, EuR.
[784] Vgl. *Nickel*, NJW 2001, 2668 (2670) sowie die Nachweise in der Übersicht der *EU-KOM* (Hrsg.), Academic Literature, 26.
[785] Zu den Abgrenzungsschwierigkeiten zwischen „Rasse" bzw. ethnischer Herkunft und Staatsangehörigkeit vgl. oben 2. Teil A. VII. 2. a. ee. (1). Die Kritik würde nur *teilweise* ausgeräumt, weil die Grundfreiheiten lediglich die Diskriminierung aufgrund der Staatsangehörigkeit eines EU-Mitgliedstaates erfassen würden; zudem müsste es sich um einen Diskriminierungssachverhalt mit grenzüberschreitendem Bezug handeln.
[786] Allgemein zu den Verpflichtungen Privater durch Richtlinien und Grundfreiheiten *Frenz*, EWS 2005, 104 (106).

1. Unmittelbare Drittwirkung

Die unmittelbare Drittwirkung meint die direkte Anwendbarkeit der Grundfreiheiten und des Art. 12 Abs. 1 EG in Privatrechtsbeziehungen: Ihnen kommt dann die Wirkung direkter Verbotsnormen zu, an denen der einzelne sein Verhalten im Zivilrechtsverkehr ausrichten muss. Synonym wird auch von horizontaler Wirkung (= zwischen Privaten[787]) gesprochen.

2. Mittelbare Drittwirkung/Schutzpflichten

Bei einer mittelbaren Drittwirkung der Grundfreiheiten bzw. des Art. 12 Abs. 1 EG entfalten die Normen keine direkte Wirkung zwischen Privatpersonen. Adressaten bleiben vielmehr die Mitgliedstaaten, die verpflichtet sind, für die Beachtung der Grundfreiheiten im Privatrechtsverkehr zu sorgen und ihre Beeinträchtigung durch andere Privatpersonen zu verhindern.[788] Diese Schutzpflicht der Mitgliedstaaten hat der EuGH[789] zum ersten Mal in seinem Urteil zu den Lastwagenblockaden französischer Landwirte ausgesprochen. Zum Schutz von Grundfreiheiten kann jedoch nicht nur ein administratives Einschreiten geboten sein, sondern auch der Erlass von Rechtsnormen im Bereich des Zivilrechts. Schließlich ist eine grundfreiheitskonforme Auslegung von zivilrechtlichen Vorschriften der Mitgliedstaaten bei privatrechtlichen Streitigkeiten zulässig und geboten, ähnlich der Ausstrahlungswirkung der (nationalen) Grundrechte im Privatrechtsbereich.[790]

3. Verhältnis zueinander

Unmittelbare und mittelbare Drittwirkung können nebeneinander existieren. Sie sind komplementär und nicht ausschließlich. Entsprechend ist zu untersuchen, unter welchen Umständen die unmittelbare Verpflichtung Privater zur grundsätzlich immer vorhandenen mittelbaren Drittwirkung der Grundfreiheiten und des Art. 12 Abs. 1 EG hinzutritt.[791]

---

[787] Der Begriff „Private" ist gemeinschaftsrechtlich autonom zu bestimmen. Private sind alle natürlichen und juristischen Personen sowie alle sonstigen Personenmehrheiten, die nicht bereits dergestalt der Einflussnahme eines MS unterliegen, dass sie ohnehin durch die Grundfreiheiten gebunden werden, vgl. *Parpart*, Unmittelbare Bindung Privater, 395.

[788] *Ehlers* in: Ehlers (Hrsg.), Europäische Grundrechte und Grundfreiheiten, 147 (159); *Ehlers*, Jura 2001, 266 (271); vgl. dazu *Kadelbach/Petersen*, EuGRZ 2002, 213 ff.

[789] EuGH Rs. C-265/95, Slg. 1997, 6959 Rn. 30 ff. (*Kommission/Frankreich*); später EuGH Rs. C-112/00, Slg. 2003, 5659 Rn. 59 f. (*Schmidberger/Österreich*).

[790] *Jarass*, EuR 2000, 705 (716); *Ehlers*, Jura 2001, 266 (272).

[791] Grundsätzlich gegen eine unmittelbare Drittwirkung unter Verweis auf das Konzept der mitgliedstaatlichen Schutzpflichten *Streinz/Leible*, EuZW 2000, 459 (464 f.); *Burgi*, EWS 1999, 327 (330 ff.); vgl. dazu unten 2. Teil. D. III. 1. c.

4. Grundsatz: Keine unmittelbare Drittwirkung im Privatrecht

Die direkte Bindung von Privaten an Grundrechte, grundrechtsähnliche Gleichheitsrechte und die Grundfreiheiten ist stets mit einer Einschränkung der persönlichen Freiheitsrechte verbunden. Sie führt damit letztlich zu einer Beeinträchtigung der Privatautonomie, insbesondere der Vertragsfreiheit, die dem EG-Vertrag zugrunde liegt und die auch in der Charta geschützt wird.[792] Etwas anders stellt sich die Lage bei zivilrechtlichen Diskriminierungsverboten des Sekundärrechts dar, d.h. beim Richtlinienrecht: Zwar kommt es auch dort zu einer nicht unproblematischen Beeinträchtigung von Freiheitsrechten, gleichzeitig kann der Gesetzgeber dort aber maßgeschneiderte Rechtfertigungsgründe schaffen und dazu die unterschiedlichen Rechtspositionen abwägen. Weil der Grundsatz des Privatrechtsverkehrs die Privatautonomie ist und nicht ein allgemeines Gebot der Nichtdiskriminierung,[793] bedarf die Bindung Privater an Grundfreiheiten und Art. 12 Abs. 1 EG aufgrund ihres Ausnahmecharakters einer *besonderen Begründung* und ist vorsichtig, d.h. verhältnismäßig, zu handhaben. Dies entspricht dem allgemeinen Rechtsgedanken, dass nicht die Freiheit, sondern ihre Beschränkung zu rechtfertigen ist. Auch müsste eine spezifische Rechtfertigungsmöglichkeit für etwaige Verstöße Privater gegen ein solches zivilrechtlich wirkendes Diskriminierungsverbot anerkannt werden.

II. Entwicklung der Rechtsprechung des EuGH

Die Rechtsprechung des Gerichtshofs zur unmittelbaren Drittwirkung der Grundfreiheiten ist bisher nicht kohärent. Nach Ansicht des EuGH entfalten die einzelnen Grundfreiheiten vielmehr unterschiedliche Wirkungen im Privatrecht.

1. Arbeitnehmerfreizügigkeit und Dienstleistungsfreiheit

a. Kollektive Regelungen durch Privatpersonen

Bereits 1974 hat der EuGH[794] in der Rechtssache *Walrave* entschieden, dass Art. 39 und 49 EG auf private „Maßnahmen, die eine kollektive Regelung im Arbeits- und Dienstleistungsbereich enthalten", anwendbar sind. Diese Rechtspre-

---

[792] *Schöbener/Stork*, ZEuS 2004, 43 (55 ff.) sowie 2. Teil C. III. 1. d. cc. (1).
[793] *Schöbener/Stork*, ZEuS 2004, 43 (78 f.) m.w.N.; *Schiek* in: Westerman (Hrsg.), Nondiscrimination and Diversity, 25 (30 f.), die aber gleichzeitig für die Einfügung des Prinzips der Nichtdiskriminierung in das Vertragsrecht eintritt (28 ff.). Die Feststellung, das Verbot der Diskriminierung wegen des Alters (im Arbeitsleben) sei ein allgemeiner Grundsatz des Gemeinschaftsrechts, könnte diese Einschätzung in der Zukunft jedoch ändern, vgl. dazu EuGH Rs. C-144/04 Rn. 75 (*Mangold*), abrufbar unter http://www.curia.eu.int.
[794] EuGH Rs. 36/74, Slg. 1974, 1405 Rn. 16/19 (*Walrave u. Koch*).

chung wurde in späteren Jahren durch weitere Urteile bestätigt.[795] Solche kollektiven Regelungen können Tarifverträge oder die Satzungen großer Sportverbände sein, die von Verbänden oder sonstigen Institutionen des gesellschaftlichen Lebens mit staatsähnlicher Machtposition (sog. intermediäre Gewalten) festgelegt werden. Damit will der EuGH die einheitliche Anwendung des Gemeinschaftsrechts sicherstellen, da der Anteil des Staates am gesellschaftlichen Leben der Mitgliedstaaten unterschiedlich hoch ist. Würden Art. 39 und 49 EG nicht auch die sog. intermediären Gewalten erfassen, könnten die Grundfreiheiten bei einer niedrigen „Staatsquote" in einem Land nur unvollkommen verwirklicht werden.[796]

b. Individualabreden unter Privatpersonen

Mit der Entscheidung *Angonese*[797] hat der EuGH den Geltungsbereich der Arbeitnehmerfreizügigkeit im Jahr 2000 auf individuelle Abreden zwischen Privatpersonen erweitert. Mit dem Urteil hat der EuGH europarechtliches Neuland betreten: Auch der einzelne Arbeitgeber, in diesem Fall eine italienische Privatbank, wird jetzt unmittelbar zur Beachtung der Arbeitnehmerfreizügigkeit verpflichtet (unmittelbare Drittwirkung). Ähnlich wie im Falle kollektiver Regelungen begründet der Gerichtshof seine Auffassung mit der einheitlichen Anwendung des Gemeinschaftsrechts in den Mitgliedstaaten und dem Gedanken des effet utile. Er zieht zudem eine Parallele zur horizontalen Wirkung des Art. 141 EG, verweist auf das (allgemeine) Diskriminierungsverbot des Art. 12 EG und stellt abschließend fest, dass sein Verständnis von Art. 39 EG auch nicht vom Wortlaut der Vorschrift ausgeschlossen sei.[798] Diese Rechtsauffassung des EuGH hatte sich bereits 1974 in einem obiter dictum[799] angedeutet. Im Jahr 1998 entschied der Gerichtshof zudem, dass sich ein Arbeitgeber auf den Rechtfertigungsgrund des Art. 39 Abs. 3 EG berufen könne und erkannte damit implizit auch dessen Bindung an Art. 39 Abs. 1 EG an.[800] Aus den Ausführungen des zuständigen Generalanwalts[801] in der Rechtssache *Angonese* lässt sich ebenfalls

---

[795] EuGH Rs. 13/76, Slg. 1976, 1333 Rn. 17/18 f. (*Dona*); EuGH Rs. C-251/83, Slg. 1984, 4277 Rn. 14 (*Haug-Adrion*); EuGH Rs. C-415/93, Slg. 1995, 4921 Rn. 82-87 (*Bosman*); EuGH verb. Rs. C-51/96 u. C-191/97, Slg. 2000, 2549 Rn. 47 (*Deliège*); EuGH Rs. C-176/96, Slg. 2000, 2681 Rn. 35 (*Lehtonen*).
[796] EuGH Rs. 36/74, Slg. 1974, 1405 Rn. 16/19 (*Walrave u. Koch*); EuGH Rs. C-415/93, Slg. 1995, 4921 Rn. 83 f. (*Bosman*).
[797] EuGH Rs. C-281/98, Slg. 2000, 4139 Rn. 36 (*Angonese*).
[798] EuGH Rs. C-281/98, Slg. 2000, 4139 Rn. 30-36 (*Angonese*).
[799] EuGH Rs. 36/74, Slg. 1974, 1405 Rn. 20/24 (*Walrave u. Koch*) stellt fest: „Im übrigen steht außer Frage, dass Art. 48 [Art. 39 EG n.F.] ... gleichermaßen Verträge und sonstige Vereinbarungen erfasst, die nicht von staatlichen Stellen herrühren."
[800] EuGH Rs. C-350/96, Slg. 1998, 2521 Rn. 24 f. (*Clean Car*).
[801] GA Fennelly Rs. C-281/98, Slg. 2000, 4142 Rn. 40 f. (*Angonese*).

II. Entwicklung der Rechtsprechung des EuGH

erkennen, dass dieser einer unmittelbaren Drittwirkung positiv gegenüber steht, ohne allerdings nähere Ausführungen zur Sache zu machen.

Die unmittelbare Drittwirkung im Hinblick auf individuelle Verträge hat der EuGH bislang auf die Arbeitnehmerfreizügigkeit beschränkt. Weder zur Dienstleistungsfreiheit noch zu anderen Grundfreiheiten hat er vergleichbare Aussagen gemacht. Bis auf die vom EuGH gezogene Parallele zu Art. 141 EG, wonach sowohl Art. 39 EG als auch Art. 141 EG eine nichtdiskriminierende Behandlung auf dem Arbeitsmarkt gewährleisten sollen, finden sich in der Argumentation des EuGH aber keine Hinweise, warum die unmittelbare Drittwirkung für andere Grundfreiheiten ausgeschlossen sein sollte.

2. Niederlassungsfreiheit

Aufgrund der weitgehenden Konvergenz der Grundfreiheiten und mit Blick auf die Entscheidung des EuGH zur Arbeitnehmerfreizügigkeit, bei der es sich gleichfalls um eine Personenverkehrsfreiheit handelt, ist eine unmittelbare Bindung intermediärer Gewalten und auch einzelner Privatpersonen im Rahmen der Niederlassungsfreiheit nicht auszuschließen.[802] Auch der EuGH hat bereits im Jahre 1977 festgestellt, dass es bei einer allgemeinen, die Niederlassungsfreiheit betreffenden Regelung unerheblich sei, ob diese ihren Ursprung in einer hoheitlichen oder privaten Handlung hat.[803] Weitere einschlägige Urteile zur Niederlassungsfreiheit sind bislang jedoch nicht ergangen.

3. Waren- und Kapitalverkehrsfreiheit

Im Bereich der Warenverkehrsfreiheit hat der EuGH[804] zuletzt eine Drittwirkung des Art. 28 EG ausdrücklich abgelehnt: Nur staatliche Eingriffe, nicht aber Verhaltensweisen von (privaten) Unternehmen seien erfasst. Früher hatte er dagegen noch formuliert:

„Vereinbarungen zwischen Privaten [dürfen] in keinem Fall von den zwingenden Bestimmungen des Vertrags über den freien Warenverkehr abweichen"[805]

und damit eine unmittelbare Drittwirkung bejaht. Störungen des Warenverkehrs durch Privatpersonen können heute nach Auffassung des EuGH[806] dagegen nur

---

[802] *Müller-Graff* in: Streinz (Hrsg.), EUV/EGV, Art. 43 EG Rn. 38; *Randelzhofer/Forsthoff* in: Grabitz/Hilf (Hrsg.), EUV/EGV, vor Art. 39-55 EG Rn. 68.
[803] EuGH Rs. 90/76, Slg. 1977, 1091 Rn. 28 (*van Ameyde*).
[804] EuGH verb. Rs. 177 u. 178/82, Slg. 1984, 1797 Rn. 11 f. (*van de Haar*); EuGH Rs. C-311/85, Slg. 1987, 3801 Rn. 30 (*Vlaamse Reisbureaus*); EuGH Rs. C-65/86, Slg. 1988, 5249 Rn. 11 ff. (*Bayer/Süllhöfer*); ebenso GA Jacobs Rs. C-325/00, Slg. 2002, 9977 Rn. 10 (*Kommission/Deutschland*).
[805] EuGH Rs. 58/80, Slg. 1981, 181 Rn. 17 (*Dansk Supermarked*).

im Wege einer im Gemeinschaftsrecht wurzelnden staatlichen Schutzpflicht unterbunden werden. Der Gerichtshof bleibt damit hinter dem Schutzniveau der Dienstleistungsfreiheit und insbesondere der Arbeitnehmerfreizügigkeit zurück, ohne die abweichende Auslegung der Produktverkehrsfreiheiten (Waren und Dienstleistungen) näher zu begründen.

Die Kapitalverkehrsfreiheit war bislang im Hinblick auf ihre unmittelbare Drittwirkung nicht Gegenstand einer EuGH-Entscheidung.

4. Zusammenfassung

Bisher hat der EuGH ausschließlich im Bereich der Arbeitnehmerfreizügigkeit eine unmittelbare Drittwirkung für Individualverträge anerkannt. In Bezug auf die Dienstleistungs- und die Niederlassungsfreiheit hat er dagegen nur für private Akteure mit kollektiver Regelungsbefugnis (intermediäre Gewalten) eine Bindungswirkung bejaht. Während er für die Warenverkehrsfreiheit eine unmittelbare Drittwirkung zumindest in neueren Entscheidungen ablehnt, hat er sich zur Kapitalverkehrsfreiheit bislang nicht geäußert.

III. Systematisierung: Welcher Private ist an welche Grundfreiheiten gebunden?

Dort, wo der EuGH im Falle kollektiver Regelungsbefugnis durch private Organisationen die einheitliche Anwendung des Gemeinschaftsrechts sicherstellen will, ist seine Begründung verallgemeinerungsfähig und trägt wesentlich weiter. Demnach müssen die sog. intermediären Gewalten im Rahmen aller Grundfreiheiten unmittelbar verpflichtet sein. Private Verbände oder Institutionen mit staatsähnlicher Machtposition können im Anwendungsbereich jeder Grundfreiheit die Durchsetzung der jeweiligen Schutzgarantie gefährden. In Mitgliedstaaten mit niedriger Staatsquote wäre sogar eine Erosion des grundfreiheitlichen Schutzes zu befürchten. Intermediäre Gewalten sind daher ebenso wie der Staat unmittelbar an die Grundfreiheiten gebunden und unterliegen in ihrem Anwendungsbereich einem Diskriminierungsverbot aufgrund der Staatsangehörigkeit.[807]

Unter welchen Umständen jedoch auch Individualverträge bzw. Privatpersonen ohne staatsähnliche kollektive Regelungsbefugnis dem Diskriminierungsverbot aufgrund der Staatsangehörigkeit unterworfen sind, ist im folgenden zu untersuchen.

---

[806] EuGH Rs. C-265/95, Slg. 1997, 6959 Rn. 30 ff. (*Kommission/Frankreich*); EuGH Rs. C-112/00, Slg. 2003, 5659 Rn. 59 f. (*Schmidberger/Österreich*).
[807] Ebenso *Randelzhofer/Forsthoff* in: Grabitz/Hilf (Hrsg.), EUV/EGV, vor Art. 39-55 EG Rn. 68 f.

III. Systematisierung: Welcher Private ist an welche Grundfreiheiten gebunden? 195

1. Lösungsansätze des Schrifttums

Die Frage, unter welchen Umständen eine unmittelbare Drittwirkung der Grundfreiheiten jenseits kollektiver Regelungsbefugnisse zu bejahen ist, hat der EuGH in der Rechtssache *Angonese* in Bezug auf die anderen Grundfreiheiten offen gelassen. Soweit die Literatur zu dieser Problematik Stellung nimmt, stehen sich im wesentlichen drei Lösungsansätze gegenüber.

a. Die auf bestimmte Grundfreiheiten beschränkte *umfassende* Bindung Privater

Randelzhofer/Forsthoff befürworten eine unmittelbare Drittwirkung nicht nur der Arbeitnehmerfreizügigkeit, sondern auch der Dienstleistungs- und der Niederlassungsfreiheit. Soweit der sachliche Schutzbereich dieser *personalen* Grundfreiheiten eröffnet sei, sei jedem Privaten eine Diskriminierung aufgrund der Staatsangehörigkeit untersagt. Die Warenverkehrs- und die Kapitalverkehrsfreiheit sollen Private dagegen nur im Bereich kollektiver Regelungen binden.[808] Die Unterscheidung wird mit dem personalen Gehalt der erstgenannten Freiheiten begründet. Eine unmittelbare Drittwirkung der Waren- oder der Kapitalverkehrsfreiheit im Rahmen von Individualverträgen sei dagegen ausgeschlossen, weil diese Freiheiten keine Diskriminierungen aufgrund der Staatsangehörigkeit zum Gegenstand hätten, sondern nur an das Überschreiten einer innergemeinschaftlichen Grenze anknüpften.

Eine ähnliche Sichtweise wird im Rahmen des (allgemeinen) Diskriminierungsverbots des Art. 12 Abs. 1 EG durch *v. Bogdandy* und *Bleckmann* vertreten: Das Diskriminierungsverbot entfalte in Beziehungen zwischen Privaten allgemeine Geltung.[809] Keine Privatperson dürfe andere EU-Bürger aufgrund ihrer Staatsangehörigkeit diskriminieren, soweit der Sachverhalt in den Anwendungsbereich des Gemeinschaftsrechts falle. Dies entspricht einer unmittelbaren Drittwirkung für Individualverträge.

b. Die *abgestufte* unmittelbare Drittwirkung *aller* Grundfreiheiten

Andere Autoren wollen dagegen Private umso mehr verpflichten, je mehr wirtschaftliche bzw. soziale Macht sie ausüben. Diese Ansicht geht in die Richtung des vom EuGH entwickelten Konzepts der intermediären Gewalten. *Brigola*[810] empfiehlt, die unmittelbare Drittwirkung der Grundfreiheiten auf Konstellatio-

---

[808] *Randelzhofer/Forsthoff* in: Grabitz/Hilf (Hrsg.), EUV/EGV, vor Art. 39-55 EG Rn. 68 f. Ähnlich *Parpart*, Unmittelbare Bindung Privater, 385. *Frenz*, EWS 2005, 104 nur bezüglich der Arbeitnehmerfreizügigkeit.

[809] *V. Bogdandy* in: Grabitz/Hilf (Hrsg.), EUV/EGV, Art. 6 EG a.F. Rn. 31; *Bleckmann*, EuR, Rn. 1770. Zu Art. 12 Abs. 1 EG vgl. noch ausführlich unten 2. Teil D. V.

[810] *Brigola*, Das System der EG-Grundfreiheiten, 90 f.

nen eines Subordinationsverhältnisses zu begrenzen, in denen eine dem Verhältnis Staat-Bürger vergleichbare Konstellation gegeben ist. Dieses Konzept führe in Kombination mit einer mitgliedstaatlichen Schutzpflicht zu einer wirkungsvollen Garantie der grenzüberschreitenden Freizügigkeit und sei auf alle Grundfreiheiten anzuwenden. Bei Vorliegen eines Subordinationsverhältnisses sei demnach die privatrechtliche Diskriminierung aufgrund der Staatsangehörigkeit verboten, soweit der Anwendungsbereich einer beliebigen Grundfreiheit eröffnet sei. Andere bejahen eine unmittelbare Drittwirkung, wenn zwischen den einzelnen ein Machtgefälle besteht, das die Wahrnehmung der Grundfreiheiten gefährdet bzw. wenn marktbeherrschender Einfluss ausgeübt wird.[811] Allgemeines Kriterium für eine unmittelbare Drittwirkung aller Grundfreiheiten ist damit der (unbestimmte) Grad der Unterlegenheit einer Marktseite.

c. Die nur mittelbare Drittwirkung aller Grundfreiheiten

Teilweise[812] wird die unmittelbare Drittwirkung der Grundfreiheiten aber als zu weitgehend angesehen. Die Vertreter dieser Auffassung akzeptieren allenfalls die Rechtsprechung des EuGH zur grundfreiheitlichen Bindung intermediärer Gewalten. Deren Verpflichtung sei auf staatliches Handeln rückführbar, habe der Staat doch die Voraussetzungen dafür geschaffen, dass der einzelne den Maßnahmen Privater zwingend ausgesetzt sei. Darüber hinaus könnten die Grundfreiheiten Private aber nicht unmittelbar verpflichten. Bereits die Entscheidung *Angonese* wird daher als zu weitgehend angesehen. Denn die Existenz der Wettbewerbsvorschriften des EG-Vertrags (81 f. EG) spreche vertragssystematisch gegen eine Anwendbarkeit der Grundfreiheiten auf privatautonomes Verhalten.[813] Nur dort seien (private) Unternehmen ausdrücklich als Adressaten des Primärrechts genannt. Eine mittelbare Drittwirkung sei zudem vorzuziehen, weil sie die Kompetenz der Mitgliedstaaten erhalte. Den Staat treffe gegenüber Privaten ohnehin eine aus Art. 10 EG i.V.m. den Grundfreiheiten resultierende Pflicht zur Schutzgewähr, so dass er die Freiheiten innerstaatlich wirksam durchsetzen müsse.[814]

2. Eigene Bewertung

Um die Frage nach der unmittelbaren Drittwirkung der Grundfreiheiten beurteilen können, kommt es wesentlich auf die Funktion der Freiheiten an. Auch wird zu klären sein, inwieweit bei der unmittelbaren Bindung zwischen einzelnen

---

[811] *Epiney* in: Calliess/Ruffert (Hrsg.), EUV/EGV, Art. 12 EG Rn. 23; *Kainer*, JuS 2000, 431 (432).
[812] *Streinz/Leible*, EuZW 2000, 459; *Remmert*, Jura 2003, 13; *Roth* in: Due/Lutter/Schwarze (Hrsg.), FS Everling Bd. 2, 1231.
[813] *Streinz/Leible*, EuZW 2000, 459 (464).
[814] *Streinz/Leible*, EuZW 2000, 459 (465 ff.).

Grundfreiheiten differenziert werden muss. Dann erst kann der gegebenenfalls verpflichtete Personenkreis genauer definiert werden.

a. Funktion der Grundfreiheiten und Erforderlichkeit einer unmittelbaren Drittwirkung

Aus Wortlaut und Systematik der Grundfreiheiten bzw. des EG-Vertrags lassen sich keine zuverlässigen Schlüsse mit Blick auf die unmittelbare Bindung Privater ziehen. Die Grundfreiheiten selbst weisen einen interpretationsoffenen Wortlaut auf. In diesem Zusammenhang ist der Verweis von *Streinz/Leible*[815] auf die Wettbewerbsvorschriften des EG-Vertrags, die sich ausdrücklich auf private Unternehmen beziehen, von eher formaler Natur: Daraus im Umkehrschluss zu folgern, die Anwendbarkeit der Grundfreiheiten auf privates Verhalten sei von vornherein ausgeschlossen, erscheint nicht zwingend. Diese Auffassung kommt im Extremfall einer Rechtsschutzverweigerung für Diskriminierungssachverhalte gleich. Denn die mittelbare Drittwirkung ist wegen des Umwegs über die Verpflichtung des Mitgliedstaates weniger effektiv als eine unmittelbare Bindung Privater.

Es kommt für die Beantwortung der Frage, ob Private unmittelbar an die Grundfreiheiten gebunden sind, daher vielmehr auf Ziel, Aufgaben und Wirkungsweise der Freiheiten im Rahmen des EG-Vertrages an. Dabei ist zu beachten, dass der allgemeine Grundsatz des Privatrechtsverkehrs die Privatautonomie ist und nicht ein allgemeines Gebot der Nichtdiskriminierung.[816] Daher bedarf die unmittelbare Drittwirkung mit ihrer freiheitsbeschränkenden Wirkung einer besonderen Begründung in Bezug auf die Erforderlichkeit und ist vorsichtig, d.h. verhältnismäßig, zu handhaben.[817]

aa. Funktion

Die Grundfreiheiten haben nach Art. 3 Abs. 1 lit. a EG eine dienende Funktion, indem sie helfen, einen gemeinschaftsweiten Raum ohne Binnengrenzen zu erreichen, in welchem der freie Verkehr von Waren, Personen, Dienstleistungen und Kapital gewährleistet ist. Aus dieser Finalität der Freiheiten folgt, dass ihr Prüfungsgegenstand nur solche Maßnahmen sein können, die geeignet sind, die Verwirklichung des Binnenmarktes zu behindern.[818] Derartige Maßnahmen können grundsätzlich auch von privater Seite ausgehen. Daher ist die unmittelbare Bindung der sog. intermediären Gewalten auch unproblematisch, können doch Verbände mit kollektiver Regelungsbefugnis kraft ihrer wirtschaftlichen

---

[815] *Streinz/Leible*, EuZW 2000, 459 (464).
[816] *Schöbener/Stork*, ZEuS 2004, 43 (78 f.) m.w.N.
[817] Vgl. dazu bereits 2. Teil D. I. 4.
[818] *Forsthoff*, EWS 2000, 389 (392).

198   2. Teil: Anti-Diskriminierungsregeln im europäischen Recht

oder sozialen Macht ähnlich wie ein Mitgliedstaat die Verwirklichung des Binnenmarktes behindern.

bb. Erforderlichkeit der unmittelbaren Drittwirkung

Obwohl sich die Grundfreiheiten von ihrer Funktion her also auch gegen private Diskriminierungen wenden können, stößt das Konzept im Privatrechtsverkehr auf Grenzen, insbesondere in Bezug auf seine Erforderlichkeit.

(1) Erforderlichkeit in Bezug auf den Schutz der Betroffenen

Dies gilt zum einen für die Frage, ob eine unmittelbare Drittwirkung zum Schutz der Betroffenen erforderlich ist. Denn der Markt hat selbst eine rationalisierende und egalisierende Funktion, welche die Marktteilnehmer automatisch dazu zwingt, auf die Anwendung irrationaler Kriterien im Geschäftsleben zu verzichten, sofern sie sich am Markt behaupten und Gewinne erzielen wollen.[819] Eine zusätzliche rechtliche Sanktion erweist sich dann eigentlich als überflüssig. Zudem könnte es an tatsächlichen Beispielen für Diskriminierungen durch Private fehlen. Die Annahme eines zivilrechtlich wirkenden Diskriminierungsverbots ist aber dann grundsätzlich erforderlich, wenn Diskriminierungen den einzelnen nicht nur in seiner Eigenschaft als Wirtschaftsteilnehmer treffen, sondern ihn in seinem personalen Achtungsanspruch verletzen. Sie sind dann mit menschenrechtlichen Grundsätzen unvereinbar. Hier zeigt sich die soziale Dimension von Diskriminierungsverboten. Die grundrechtlich geschützte Privatautonomie, welche u.a. die freie Auswahl des Vertragspartners garantiert, muss in diesen Fällen hinter Menschenwürde und Gleichheitsgarantie, die beide ebenfalls Grundsätze des menschlichen Zusammenlebens darstellen, zurücktreten. Beispiele für Diskriminierungen, die an die Staatsangehörigkeit des Betroffenen anknüpfen, existieren zudem tatsächlich, auch wenn diese sorgsam von Diskriminierungen aufgrund der „Rasse" oder ethnischen Herkunft abgegrenzt werden müssen.[820]

Schließlich ist das Verbot der Diskriminierung aus Gründen der Staatsangehörigkeit wesentlicher Bestandteil des Binnenmarktkonzeptes und damit der europäischen Integration. Im Falle der Grundfreiheiten rechtfertigt damit auch der Gedanke der Förderung einer gemeinsamen europäischen Identität die Erstreckung von Diskriminierungsverboten auf Privatrechtsverhältnisse.

---

[819] *Randelzhofer/Forsthoff* in: Grabitz/Hilf (Hrsg.), EUV/EGV, vor Art. 39-55 EG Rn. 67.
[820] Vgl. dazu oben 2. Teil A. VII. 2. a. ee. (1).

(2) Erforderlichkeit in Bezug auf die Verwirklichung des Binnenmarktes

Gegen eine grundfreiheitliche Bindung von Privatrechtssubjekten, die nicht intermediäre Gewalten sind, könnte aber zudem der Einwand sprechen, dass sie nicht erforderlich ist, um den Binnenmarkt zu verwirklichen. So könnten die Beeinträchtigungen, die durch sonstige private Diskriminierungen ausgehen, zum einen unter einer bestimmten „Spürbarkeitsschwelle" liegen, die z.B. im Rahmen des Art. 95 EG erforderlich ist,[821] damit überhaupt sekundärrechtliche Maßnahmen der Kommission in Frage kommen. Derselbe Gedanke muss auch im Rahmen der grundfreiheitlichen Diskriminierungsverbote gelten, um Überregulierungen vorzubeugen. Hält man ein privatrechtliches Diskriminierungsverbot im Anwendungsbereich bestimmter Grundfreiheiten also nach der hier vertretenen Ansicht zum Schutz des personalen Achtungsanspruchs der Betroffenen und im Hinblick auf die Förderung einer gemeinsamen europäischen Identität für zulässig, stellt sich im Anschluss stets die Frage: Behindern derartige private Diskriminierungen überhaupt die Verwirklichung des Binnenmarktes?

b. Grundfreiheiten mit unmittelbarer Drittwirkung

Ein unmittelbares zivilrechtliches Diskriminierungsverbot kann also nur dort statthaft sein, wo es zum personalen Schutz eines Diskriminierungsopfers und zur Vermeidung spürbarer Hindernisse für den Binnenmarkt erforderlich ist. Vor diesem Hintergrund sind die einzelnen Grundfreiheiten in den Blick zu nehmen.

aa. Arbeitnehmerfreizügigkeit

Im Bereich der Arbeitnehmerfreizügigkeit hat der EuGH[822] bereits selbst die unmittelbare Bindung privater Arbeitgeber an die Arbeitnehmerfreizügigkeit bejaht, d.h. kein Arbeitgeber darf einen Arbeitnehmer bzw. einen arbeitsuchenden Bewerber aufgrund dessen Staatsangehörigkeit unmittelbar oder mittelbar diskriminieren.

Diese Rechtsprechung schützt unmittelbar den personalen Achtungsanspruch europäischer Arbeitnehmer. Typischerweise sind die von Art. 39 EG erfassten Sachverhalte durch ihren Dauerschuldcharakter und das Machtgefälle zwischen Arbeitgeber und Arbeitnehmer gekennzeichnet. Jemanden bei sonst gleichen Voraussetzungen allein aufgrund des formalen Kriteriums der Staatsangehörigkeit eines anderen Mitgliedstaats nicht einzustellen, legt einen Verstoß gegen menschenrechtliche Grundsätze zumindest nahe. Schwieriger zu beantworten ist die Frage, ob ein solches privatrechtlich wirkendes Diskriminierungsverbot zur Vermeidung spürbarer Behinderungen des Binnenmarktes erforderlich ist. Dazu

---

[821] *Streinz*, EuR, Rn. 963; *Schöbener/Stork*, EuR.
[822] EuGH Rs. C-281/98, Slg. 2000, 4139 Rn. 36 (*Angonese*).

müssten private Arbeitgeber eine vergleichbar starke wirtschaftliche und soziale Stellung wie der Staat oder intermediäre Gewalten einnehmen. Tatsache ist, dass der Arbeitsmarkt in allen Mitgliedstaaten von privaten Unternehmen bestimmt wird. Der Großteil der Beschäftigten arbeitet in der Privatwirtschaft, ein geringerer Anteil im öffentlichen Dienst. Daraus folgt, dass die Verwirklichung der Arbeitnehmerfreizügigkeit vom Wohlverhalten der privaten Arbeitgeber abhängig ist.[823] So kann der Staat zwar all diejenigen Vorschriften aus seinem Arbeits- und Sozialrecht entfernen, die EU-Ausländer diskriminieren, jedoch keinen Einfluss auf ihre tatsächliche Beschäftigung und diskriminierungsfreie Behandlung ausüben. Dies wäre allenfalls im Wege der mittelbaren Drittwirkung von Grundfreiheiten möglich, indem er Schutzgesetze zugunsten ausländischer Arbeitnehmer erlässt, um ihre Rechte aus Art. 39 EG zu sichern. Dies wäre jedoch i.S.d. effet utile, d.h. der praktischen Wirksamkeit der Arbeitnehmerfreizügigkeit, ungleich weniger effektiv als die Möglichkeit einer direkten Berufung der diskriminierten Arbeitnehmer auf die Gewährleistung des Art. 39 EG gegenüber ihrem Arbeitgeber.

Ebenso begründet auch der EuGH[824] in der Rechtssache Angonese die unmittelbare Drittwirkung der Arbeitnehmerfreizügigkeit: Der Gerichtshof stützt sich neben dem Bedürfnis nach einheitlicher Anwendung des Gemeinschaftsrechts auf den effet utile, indem er feststellt, dass die Freizügigkeit zwischen den Mitgliedstaaten ansonsten gefährdet wäre. Verstärkend zieht der EuGH Art. 12 und 141 EG heran:[825] Bereits im Rahmen des Art. 141 EG habe er entschieden, dass eine Vorschrift des Primärrechts unmittelbare Drittwirkung in Bezug auf Individualverträge entfalten könne. Dies müsse umso mehr für Art. 39 EG gelten, der eine bereichsspezifische Konkretisierung des allgemeinen Diskriminierungsverbots aufgrund der Staatsangehörigkeit enthalte (Art. 12 EG). Damit appelliert der EuGH offenbar an den bereits oben genannten,[826] im Verbot der Diskriminierung aus Gründen der Staatsangehörigkeit mit enthalten, Schutzzweck: Die Gleichbehandlung aller Unionsbürger ist wesentlicher Bestandteil des Binnenmarktkonzeptes und damit der europäischen Integration. Nach Ansicht des EuGH rechtfertigt also auch der Gedanke der gemeinsamen europäischen Identität die Erstreckung von Diskriminierungsverboten auf private Arbeitsverhältnisse.

Dies ist im Ergebnis zutreffend, auch wenn die Begründung des EuGH zu dünn ausfällt. Die gezogene Parallele zu Art. 141 EG ist für sich besehen als Begründung einer unmittelbaren Drittwirkung schwach. Der Schluss, was für das Ge-

---

[823] *Frenz*, EWS 2005, 104 (106).
[824] EuGH Rs. C-281/98, Slg. 2000, 4139 Rn. 32 (*Angonese*).
[825] EuGH Rs. C-281/98, Slg. 2000, 4139 Rn. 34 f. (*Angonese*).
[826] Vgl. 2. Teil D. III. 2. a bb. (1).

meinschaftsgrundrecht des Art. 141 EG gelte, müsse auch für die Arbeitnehmerfreizügigkeit gelten, ist nicht zwingend.[827] Genau besehen sichert der EuGH mit dieser Parallelziehung nur sein Wortlautargument ab, wonach die Tatsache, dass bestimmte Vertragsvorschriften ausdrücklich die Mitgliedstaaten ansprechen, nicht zugleich die Rechtsverleihung an Privatpersonen ausschließe. Leider bieten in diesem Fall auch die Ausführungen des Generalanwalts[828] keine zusätzlichen Anhaltspunkte, weil dieser ein derartiges Grundsatzurteil offenbar nicht antizipiert und daher keine Ausführungen zur unmittelbaren Drittwirkung gemacht hat.

bb. Niederlassungs- und Dienstleistungsfreiheit

Kann man die *Angonese*-Rechtsprechung auch auf die Niederlassungs- und Dienstleistungsfreiheit übertragen? Von den vier Pfeilern der Argumentation des EuGH lassen sich drei ohne weiteres auf die übrigen Freiheiten anwenden. Auch dort schließt der Wortlaut die unmittelbare Drittwirkung nicht aus und es gilt gleichfalls, den effet utile sowie die einheitliche Anwendung des Gemeinschaftsrechts zu sichern. Zudem handelt es sich auch bei den übrigen Freiheiten um bereichsspezifische Konkretisierungen des für die EU grundlegenden allgemeinen Diskriminierungsverbots aufgrund der Staatsangehörigkeit (Art. 12 EG). Nur das vierte Argument, die notwendige Kongruenz des Art. 39 EG mit Art. 141 EG, bezieht sich spezifisch auf die Arbeitnehmerfreizügigkeit. Denn sowohl Art. 39 EG als auch Art. 141 EG sollen gerade eine diskriminierungsfreie Behandlung auf dem Arbeitsmarkt gewährleisten.

(1) Schutz der Betroffenen

Es ist daher auch nicht von der Hand zu weisen, dass das Verhältnis zwischen Arbeitgeber und Arbeitnehmer von Besonderheiten geprägt ist, die bei den anderen grundfreiheitlichen Diskriminierungsverboten nicht bestehen:[829] So handelt es sich aufgrund der langfristigen vertraglichen Bindungen um ein Dauerschuldverhältnis, das besondere Pflichten des Arbeitgebers mit sich bringt. Auch kann der Arbeitnehmer etwaigen Diskriminierungen seitens seines Arbeitgebers nur schlecht ausweichen. Es kommt daher zu einer stärkeren Beeinträchtigung des personalen Achtungsanspruchs als bei den übrigen Grundfreiheiten.

---

[827] *Forsthoff*, EWS 2000, 389 (390); *Streinz/Leible*, EuZW 2000, 459 (462); a.A. *Steinberg*, EuGRZ 2002, 13 (17), der Art. 39 EG ebenso wie Art. 141 EG als Gemeinschaftsgrundrecht ansieht. Im Gegensatz zu Art. 141 EG ist die Privatrechtsgeltung der Grundfreiheiten aber nicht unabdingbar zu ihrer Effektuierung, vgl. dazu *Jaensch*, Unmittelbare Drittwirkung der Grundfreiheiten, 67-69.

[828] GA Fennelly Rs. C-281/98, Slg. 2000, 4142 Rn. 40 f. (*Angonese*).

[829] *Forsthoff*, EWS 2000, 389 (396).

Bei der Niederlassungs- und Dienstleistungsfreiheit handelt es sich jedoch ebenfalls im Grundsatz um personal geprägte Freiheiten. Auch außerhalb eines Dauerschuldverhältnisses verlangen die menschenrechtlichen Grundsätze zumindest dann einen Schutz vor privaten Diskriminierungen, wenn der personale Achtungsanspruch beeinträchtigt wird. Damit wäre eine unmittelbare Privatrechtsgeltung jedenfalls im Niederlassungsbereich zum Schutz der Betroffenen erforderlich. Im Falle der Dienstleistungsfreiheit muss dagegen differenziert werden: Wenn es um sog. „Korrespondenzdienstleistungen"[830] geht, bei denen nur die Dienstleistung als solche die Grenze überschreitet, ist ein personaler Diskriminierungsschutz nicht geboten. Die Benachteiligung betrifft dann nicht einen Menschen, sondern ein Produkt. Ebenso wie bei der Waren- und der Kapitalverkehrsfreiheit[831] richtet sich die Privatrechtsgeltung daher von vornherein nur an intermediäre Gewalten. Zum Schutz der Betroffenen erforderlich ist eine unmittelbare Drittwirkung jedoch in den Fällen der aktiven (positiven) sowie der passiven (negativen) Dienstleistungsfreiheit und bei den sog. auslandsbedingten Dienstleistungen.[832]

(2) Behinderung der Verwirklichung des Binnenmarktes

Fraglich ist aber, inwieweit ein privatrechtlich wirkendes Diskriminierungsverbot zur Verwirklichung des Binnenmarktes erforderlich ist. Im Gegensatz zum Niederlassungs- und Dienstleistungsbereich verfügt der Arbeitgeber typischerweise über mehr Marktmacht als sein Vertragspartner und kann die Vertragsfreiheit daher zu seinen Gunsten ausnutzen. Ein ähnliches typisiertes Machtgefälle besteht bei der Niederlassung und beim Zugang zu Dienstleistungen nicht.

Innerhalb der Niederlassungs- und Dienstleistungsfreiheit kann daher nur eine abgestufte Drittwirkung in Betracht kommen. Denn die umfassende Bindung aller Privatpersonen an die betreffenden Grundfreiheiten würde die persönlichen Freiheitsrechte der Unionsbürger unangemessen einschränken: Einem Bürger muss es z.B. möglich sein, sich bei der Arztwahl auf inländische Ärzte zu beschränken, selbst wenn es dafür keinen ausreichenden Sachgrund gibt.[833] Denn je weiter sich der zu regelnde Sachverhalt dem unmittelbaren persönlichen Le-

---

[830] Vgl. zum Begriff und zu den übrigen Dienstleistungsformen *Streinz*, EuR, Rn. 756.
[831] Vgl. dazu unten 2. Teil D. III. 2. b. cc.
[832] Nur in diesen Fällen überschreitet eine Person eine Grenze: Im Falle der aktiven Dienstleistungsfreiheit begibt sich der Leistungserbringer zum Empfänger der Leistung, im Falle der passiven Dienstleistungsfreiheit überschreitet der Dienstleistungsempfänger die Grenze. Bei den sog. auslandsbedingten Dienstleistungen wird die Dienstleistung in einem Drittstaat erbracht, sowohl Dienstleister als auch Empfänger überschreiten eine Grenze. Vgl. dazu *Schöbener/Stork*, EuR.
[833] Beispiel zitiert nach *Jarass*, EuR 2000, 705 (715). Weitere Beispiele zu den Auswirkungen einer unmittelbaren Drittwirkung bei *Forsthoff*, EWS 2000, 389.

III. Systematisierung: Welcher Private ist an welche Grundfreiheiten gebunden?

bensbereich annähert, desto eher muss die freie Auswahl des Vertragspartners zulässig sein, mögen die Motive auch irrational oder ethisch fragwürdig erscheinen. Dies folgt aus dem besonderen Vertrauensgehalt persönlicher Geschäfte, der über das Recht auf Privatleben auf europäischer und nationaler Ebene geschützt ist.[834] In derartigen Konstellationen verstärkt das Recht auf Privatleben die bereits eingeschränkte Vertragsfreiheit. Daher ist eine umfassende Bindung Privater abzulehnen. Sie führte selbst bei großzügiger Ausgestaltung der Rechtfertigungsgründe[835] zu weit: Die Handlungen bestimmter privater Akteure müssen vielmehr schon tatbestandlich vom Anwendungsbereich der Niederlassungs- und Dienstleistungsfreiheit ausgenommen werden.

Eine rechtssichere Abgrenzung zwischen freigestellten und verpflichteten Privaten auf der Ebene der Niederlassungs- und Dienstleistungsfreiheit ermöglicht die Differenzierung nach der *Unternehmer-* bzw. *Verbrauchereigenschaft* des Diskriminierenden. Um unmittelbar zur Beachtung der beiden Freiheiten verpflichtet zu sein, muss der Private jedenfalls *Unternehmer* sein. Damit wird sichergestellt, dass im Rahmen von privaten bzw. im persönlichen Kontext getätigten Geschäften weiterhin nach der Staatsangehörigkeit differenziert werden darf. Selbst wenn es sich aber um einen *Unternehmer* handelt, ist in einem zweiten Schritt darüber hinaus darzulegen, dass zwischen den beteiligten Privatpersonen ein wirtschaftliches oder soziales Machtgefälle besteht, das im konkreten Fall dazu geeignet ist, die Verwirklichung des Binnenmarktes nicht nur unerheblich zu behindern (Spürbarkeit). Das benachteiligende Verhalten muss ähnlich wie eine staatliche Maßnahme oder eine Maßnahme von intermediären Gewalten bzw. eines Arbeitgebers die Freizügigkeit innerhalb der EU spürbar erschweren.

Das *Unternehmer*-Kriterium wurde bereits bei den oben dargestellten zivilrechtlichen Diskriminierungsverboten im Sekundärrecht verwendet. Bei Rechtsgeschäften betreffend Güter und Dienstleistungen muss der Verpflichtete danach i.d.R. *Unternehmer* sein, um dem Diskriminierungsverbot aufgrund von „Rasse", ethnischer Herkunft oder Geschlecht zu unterliegen.[836] Der mögliche Einwand, an dieser Stelle würde eine Bestimmung des Sekundärrechts zur Auslegung des Primärrechts herangezogen, erweist sich als unbegründet: Zum einen verwenden die einschlägigen Richtlinien-Bestimmungen nicht dieses Kriterium, sondern stellen darauf ab, ob Waren und Dienstleistungen „der Öffentlichkeit zur Verfügung stehen". Zum anderen ermöglicht die Bezugnahme auf den *Unternehmer-/Verbraucherbegriff*, der originär aus dem Gemeinschaftsrecht stammt, einen kohärenten Rahmen für die Auslegung von Diskriminierungsver-

---

[834] *Schöbener/Stork*, ZEuS 2004, 43 (58 ff.) sowie oben 2. Teil C. III. 1. d. cc. (1).
[835] Vgl. zur Rechtfertigung privater Eingriffe unten 2. Teil D. V.
[836] Vgl. 2. Teil C. III. 1. d. cc. (6).

boten im Zivilrecht. Schließlich lässt sich dieses Kriterium als allgemeiner Rechtsgedanke aus den Freiheiten selbst ableiten, die mangels Stellungnahme zur Drittwirkung insoweit auslegungsfähig sind. Denn die Unterscheidung zwischen *Unternehmern* und *Verbrauchern* ist bereits in der Zielrichtung der Grundfreiheiten angelegt. So sind Maßnahmen von *Verbrauchern* kaum geeignet, die Errichtung und das Funktionieren des europäischen Binnenmarktes zu gefährden. Dagegen haben Verbände und *Unternehmer* i.d.R. bereits eine gewisse wirtschaftliche oder soziale Machtstellung, die es ihnen in besonderen Fällen erlaubt, ähnlich wie ein Mitgliedstaat die Verwirklichung des Binnenmarktes zu behindern. Dies widerspräche aber dem Gedanken des effet utile: Die Grundfreiheiten haben nach Art. 3 Abs. 1 lit. a EG die Funktion, alle derartigen Eingriffe zu unterbinden.[837]

Die Frage nach der *Unternehmer-/Verbrauchereigenschaft* des Diskriminierenden stellt damit ein erstes leistungsfähiges Kriterium zur Bestimmung des Verpflichteten im Rahmen der unmittelbaren Drittwirkung der Niederlassungs- und der Dienstleistungsfreiheit bereit. Es macht die Handhabung der abgestuften Drittwirkung in Privatrechtsverhältnissen praktikabel und rechtssicher, indem es Private, die ohne gewerbliches Interesse handeln, von der Bindung an die beiden Grundfreiheiten ausnimmt. Darüber hinaus ist aber in jedem Einzelfall zu prüfen, ob das Handeln des *Unternehmers* tatsächlich dazu geeignet ist, die Verwirklichung des Binnenmarktes spürbar zu behindern.

cc. Waren- und Kapitalverkehrsfreiheit

Der Schutzbereich der Waren- und Kapitalverkehrsfreiheit wird nicht aufgrund der Staatsangehörigkeit des Handelnden, sondern aufgrund der Grenzüberschreitung von Waren oder Kapital eröffnet. Dieser Umstand rechtfertigt eine differenzierende Behandlung im Vergleich zu den übrigen Freiheiten. Zwar sind im Anwendungsbereich beider Freiheiten Vereinbarungen zwischen Privatpersonen denkbar, die den Schutzbereich der Gewährleistungen berühren, indem z.B. zwischen zwei Unternehmen ein Einfuhrverbot für im Ausland hergestellte Produkte vereinbart wird.[838] Derartige Vereinbarungen verletzen jedoch nicht den personalen Achtungsanspruch einer Person, weil sie nur sächlich an die Herkunft einer Ware bzw. die Herkunft von Kapital anknüpfen. Die personale, menschenrechtliche Dimension bleibt unberührt, so dass die Einführung eines zivilrechtlichen Diskriminierungsverbots außerhalb des Bereichs intermediärer Gewalten schon deshalb nicht erforderlich ist.

---

[837] Vgl. oben 2. Teil D. III. 2. a.
[838] Vgl. EuGH Rs. 58/80, Slg. 1981, 181 (*Dansk Supermarked*).

c. Zwischenergebnis

Im Ergebnis sind Organisationen mit kollektiver Regelungsbefugnis (intermediäre Gewalten) an alle Grundfreiheiten gebunden. Auch private Arbeitgeber müssen die Arbeitnehmerfreizügigkeit unmittelbar beachten und dürfen im Hinblick auf ihre Angestellten nicht nach der Staatsangehörigkeit (eines Mitgliedstaates der EU) differenzieren. Die Niederlassungs- und Dienstleistungsfreiheit (ausgenommen sind die sog. Korrespondenzdienstleistungen) bindet dagegen nur *Unternehmer*, d.h. diejenigen, die bei Abschluss eines Rechtsgeschäfts in Ausübung ihrer gewerblichen oder selbständigen Tätigkeit handeln. Diskriminierende Maßnahmen müssen jedoch im konkreten Fall dazu geeignet sein, die Verwirklichung des Binnenmarktes nicht nur unerheblich zu behindern (Spürbarkeit). Dies wird nur bei einem wirtschaftlichen oder sozialen Machtgefälle der Fall sein, das im Einzelfall positiv festgestellt werden muss.

Privatpersonen, die weder Arbeitgeber noch *Unternehmer* sind, müssen das durch die Grundfreiheiten aufgestellte Diskriminierungsverbot aufgrund der Staatsangehörigkeit bei ihren Rechtsgeschäften dagegen nicht beachten.

Die Begriffspaare Arbeitgeber/Arbeitnehmer und *Unternehmer/Verbraucher* sind nicht miteinander zu vermischen,[839] sondern funktional zu trennen. Nicht jeder Arbeitgeber ist zugleich *Unternehmer*. Wenn der Arbeitgeber z.B. für private Zwecke einen Arbeitnehmer (Gärtner) einstellt, ist er Arbeitgeber, aber nicht *Unternehmer*. Nur wenn der Arbeitgeber daher auch in Ausübung seiner gewerblichen oder selbständigen Berufstätigkeit handelt, ist er zugleich *Unternehmer* i.S.d. § 14 BGB.[840]

IV. Eingriffsqualität privater Beschränkungen?

Fraglich ist, ob nur (unmittelbare und mittelbare) Diskriminierungen oder auch Beschränkungen seitens Privater einen Eingriff in die Grundfreiheiten darstellen. Bei Beschränkungen handelt es sich um nicht diskriminierende nationale Maßnahmen, die geeignet sind, die Ausübung der jeweiligen Grundfreiheit durch den Berechtigten zu unterbinden oder zu behindern.[841] Diskriminierungen knüpfen dagegen unmittelbar oder mittelbar an die Staatsangehörigkeit bzw. im Falle von Kapital und Waren an das Überschreiten einer innergemeinschaftlichen Grenze an. Die Annahme eines Beschränkungsverbots im Privatrechtsverkehr beeinträchtigt die Privatautonomie naturgemäß stärker als ein bloßes Diskriminierungsverbot.

---

[839] So aber *Löwisch*, NZA 2001, 465 (466); dagegen zutreffend *Bömke*, BB 2002, 96 (97).
[840] *Preis* in: Dieterich/Müller-Glöge/Preis/Schaub (Hrsg.), ErfK, Art. 611 BGB Rn. 208, 210.
[841] EuGH Rs. C-76/90, Slg. 1991, 4221 Rn. 12 (*Säger/Dennemeyer*).

1. Beschränkungen durch intermediäre Gewalten

Soweit kollektive Regelungen intermediärer Gewalten eine marktabschottende Wirkung entfalten, sind sie nach der Rechtsprechung des EuGH[842] auch auf ihre Vereinbarkeit mit den Beschränkungsverboten der Freiheiten zu prüfen. Insoweit gelten daher dieselben Grundsätze wie bei staatlichen Maßnahmen. Die Einbeziehung auch beschränkender Maßnahmen ist im Falle intermediärer Gewalten doppelt gerechtfertigt:[843] Kollektive Regelungen können aufgrund ihres umfassenden Geltungsanspruchs nicht nur die gleiche Wirkung entfalten wie staatliche Maßnahmen, indem sie einen ganzen Markt für Dritte verschließen. Auch der Grundsatz der einheitlichen Anwendung des Gemeinschaftsrechts wäre verletzt, wenn die gleichen Vorschriften in verschiedenen Mitgliedstaaten nur aufgrund ihres staatlichen oder privaten Ursprungs verschiedenen Prüfungsmaßstäben unterlägen.[844]

2. Beschränkungen durch Arbeitgeber und Unternehmer

Abweichend stellt sich die Sachlage bei Arbeitgebern und *Unternehmern* dar. Anders als bei der Eröffnung des Anwendungsbereichs der Grundfreiheiten erfordert die praktische Wirksamkeit des Primärrechts keine Erstreckung des Beschränkungsverbots auf diese Gruppen: Das Funktionieren des Binnenmarktes nötigt ihnen nicht die Abschaffung jedweder potentiellen Hindernisse bei der Ausgestaltung von Vertragsbeziehungen ab, sondern nur das Unterlassen spürbarer Behinderungen des Binnenmarktes. Alles andere würde zu Rechtsunsicherheit und einem unangemessenen Eingriff in die Privatautonomie führen,[845] weil es zumindest an der Erforderlichkeit für deren Einschränkung fehlt. Zudem würde ein Beschränkungsverbot die Wirtschaftstätigkeit im Binnenmarkt übermäßig behindern. Im Ergebnis stellen daher bloß beschränkende Maßnahmen eines Arbeitgebers bzw. eines *Unternehmers* schon keinen Eingriff in die Grundfreiheiten dar.[846] Diese Folgerung entspricht übrigens auch der *Angonese-* Rechtsprechung des EuGH, der in seinen Urteilsgründen das Handeln der italie-

---

[842] EuGH Rs. C-415/93, Slg. 1995, 4921 Rn. 92-104 (*Bosman*); EuGH Rs. C-176/96, Slg. 2000, 2681 Rn. 47-50 (*Lehtonen*).
[843] *Randelzhofer/Forsthoff* in: Grabitz/Hilf (Hrsg.), EUV/EGV, vor Art. 39-55 EG Rn. 74.
[844] EuGH Rs. C-415/93, Slg. 1995, 4921 Rn. 82 ff. (*Bosman*); EuGH Rs. 36/74, Slg. 1974, 1405 Rn. 16/19 (*Walrave u. Koch*).
[845] *Randelzhofer/Forsthoff* in: Grabitz/Hilf (Hrsg.), EUV/EGV, vor Art. 39-55 EG Rn. 72.
[846] Ebenso *Randelzhofer/Forsthoff* in: Grabitz/Hilf (Hrsg.), EUV/EGV, vor Art. 39-55 EG Rn. 72; *Forsthoff*, EWS 2000, 389 (393); a.A. *Brigola*, Das System der EG-Grundfreiheiten, 91, der die Balance privatrechtlicher Autonomie und supranationaler Rechtsordnung ohne weitere Begründung gewahrt sieht.

nischen Privatbank nur an dem Diskriminierungsverbot des Art. 39 EG gemessen hat.[847]

3. Zwischenergebnis

In Bezug auf intermediäre Gewalten enthalten die Grundfreiheiten auch ein Beschränkungsverbot. Abseits von solchen kollektiven Regelungen, d.h. bei Handlungen eines Arbeitgebers oder *Unternehmers*, besteht dagegen kein Verbot von Beschränkungen, sondern nur von Diskriminierungen. Dann vermitteln die Grundfreiheiten allenfalls Ansprüche gegen den Mitgliedstaat auf Schutz vor rechtswidrigen Eingriffen Privater: Es bleibt bei der mittelbaren Drittwirkung.

V. Rechtfertigung privater Eingriffe

Wurde in den vorhergehenden Abschnitten die grundfreiheitliche Verpflichtung von Organisationen mit kollektiver Regelungsbefugnis, Arbeitgebern und (eingeschränkt) von *Unternehmern* festgestellt sowie die Eingriffsqualität privater Beschränkungen untersucht, stellt sich nunmehr die Frage nach den Rechtfertigungsmöglichkeiten Privater. Auch bei der Rechtfertigung von Eingriffen in die Grundfreiheiten ist eine Differenzierung zwischen intermediären Gewalten sowie Arbeitgebern und *Unternehmern* geboten. Dies folgt nicht nur aus der unterschiedlichen Haftung für Diskriminierungen und Beschränkungen einerseits (intermediäre Gewalten) und für bloße Diskriminierungen andererseits (Arbeitgeber und *Unternehmer*). Tatsächlich bestehen auch strukturelle Unterschiede, die eine Weiterentwicklung der Rechtfertigungsdogmatik bei arbeitgeberseitigen bzw. *unternehmerischen* Diskriminierungen erfordern.

1. Intermediäre Gewalten

Alle Grundfreiheiten kennen spezifische Rechtfertigungsgründe. Sie sind in den Art. 30, 39 Abs. 3, 46 Abs. 1, 55, 58 Abs. 1 lit. a und b EG geregelt und erlauben diskriminierende Regelungen zumindest aus Gründen der öffentlichen Ordnung, Sicherheit und Gesundheit (letzteres nicht bei der Kapitalverkehrsfreiheit). In der Rechtssache *Bosman* hat der EuGH[848] diese eigentlich an die Mitgliedstaaten gerichteten Rechtfertigungstatbestände in vollem Umfang für intermediäre Gewalten geöffnet. Mittelbare Diskriminierungen und Beschränkungen können zu-

---

[847] EuGH Rs. C-281/98, Slg. 2000, 4139 Rn. 36 f. (*Angonese*). Zwar mag die Unterscheidung zwischen einer mittelbaren Diskriminierung und einer Beschränkung im Einzelfall schwierig sein. Zur Abgrenzung kann aber auf die im Rahmen des Art. 12 Abs. 1 EG entwickelten Kriterien verwiesen werden, wo diese Differenzierung ebenfalls vorzunehmen ist, vgl. v. *Bogdandy* in: Grabitz/Hilf (Hrsg.), EUV/EGV, Art. 6 EG a.F. Rn. 12-19.

[848] EuGH Rs. C-415/93, Slg. 1995, 4921 Rn. 86 (*Bosman*); ebenso EuGH Rs. C-350/96, Slg. 1998, 2521 Rn. 24 (*Clean Car*).

dem durch zwingende Gründe des Allgemeininteresses[849] gerechtfertigt werden, soweit sie in Bezug auf das angestrebte Ziel verhältnismäßig sind.[850] Damit gelten für intermediäre Gewalten die gleichen Grundsätze wie für staatliche Handlungen, welche die Grundfreiheiten beeinträchtigen.[851] Diese Annahmen des EuGH sind grundsätzlich zutreffend, soweit sie im Einzelfall die Berücksichtigung der Verbandsautonomie bzw. der Vereinigungsfreiheit gewährleisten.

2. Arbeitgeber und Unternehmer

Die auf Staaten zugeschnittene Rechtfertigungsdogmatik der Grundfreiheiten trägt bei Diskriminierungen durch sonstige Privatpersonen jedoch nicht. So sind die im EG-Vertrag aufgeführten Rechtfertigungsgründe auf private Akteure, die nicht intermediäre Gewalten sind, kaum anwendbar. Es handelt sich dem Wortlaut nach um typische Rechtfertigungslagen für hoheitliches Handeln, die der EuGH zudem noch restriktiv auslegt. Könnten unmittelbare Diskriminierungen durch Arbeitgeber und *Unternehmer* zudem nur durch geschriebene Rechtfertigungsgründe gerechtfertigt werden, würden die Grundfreiheiten in Privatrechtsverhältnissen deutlich stärker als in Fällen mit Staatsbeteiligung wirken, denn wann wird sich ein Privater schon auf die Aufrechterhaltung der öffentlichen Sicherheit berufen können?

Auch die Rechtfertigung von mittelbaren Diskriminierungen durch zwingende Gründe des Allgemeininteresses wirft Probleme auf: Denn nach ständiger Rechtsprechung des EuGH zur Rechtfertigung von (mittelbaren) Diskriminierungen seitens eines Mitgliedstaates erfordert die jeweilige Maßnahme einen sachlichen Grund, der sich aus dem Allgemeininteresse ergeben muss. Das verfolgte Ziel muss zudem zur Vermeidung wettbewerbsverfälschender, protektionistischer Maßnahmen einen nicht-wirtschaftlichen Charakter haben.[852] Das Handeln von Arbeitgebern und *Unternehmern* dient jedoch typischerweise der Verwirklichung von ökonomischen Individualinteressen. Gemeinwohlinteressen

---

[849] Die Terminologie innerhalb der EuGH-Entscheidungen variiert ohne Unterschied in der Sache: andere Bezeichnungen sind „objektive Erwägungen", „Allgemeininteresse", und „zwingende Erfordernisse", vgl. *Ehlers* in: Ehlers (Hrsg.), Europäische Grundrechte und Grundfreiheiten, 147 (179).

[850] EuGH Rs. C-415/93, Slg. 1995, 4921 Rn. 104 (*Bosman*).

[851] Die Rechtfertigung mitgliedstaatlicher Eingriffe in die Grundfreiheiten ist im einzelnen str. und wird in der Rechtsprechung des EuGH nicht immer konsequent beantwortet. Es dürfte jedoch mittlerweile der herrschenden Meinung entsprechen, mittelbare Diskriminierungen und Beschränkungen im Bereich der Grundfreiheiten sowohl durch geschriebene Rechtfertigungsgründe als auch durch zwingende Gründe des Allgemeininteresses zu rechtfertigen, vgl. dazu *Ehlers* in: Ehlers (Hrsg.), Europäische Grundrechte und Grundfreiheiten, 147 (179 f.); *Schöbener/Stork*, EuR; *Gundel,* Jura 2001, 79.

[852] *Randelzhofer/Forsthoff* in: Grabitz/Hilf (Hrsg.), EUV/EGV, vor Art. 39-55 EG Rn. 162 ff.; *Streinz*, EuR, Rn. 702.

V. Rechtfertigung privater Eingriffe

werden dabei allenfalls mitverwirklicht, sind aber nicht das Motiv für die Teilnahme am Wirtschaftsverkehr. Auch wirtschaftliche Erwägungen sind im Privatrechtsverkehr daher als Grund für Diskriminierungen anzuerkennen, soweit sie verhältnismäßig sind. Dies gebietet bereits die ökonomische Vernunft. Kaum ein Arbeitgeber oder *Unternehmer* wird nur um der bloßen Diskriminierung willen protektionistische Geschäftspraktiken anwenden, denn will er sich am Markt behaupten und weiter Gewinne erzielen, muss er auf die Anwendung irrationaler Kriterien im Geschäftsleben verzichten. Zugleich ist es Ausfluss der Privatautonomie, wenn Private für ihr Verhalten wirtschaftliche Motive ausschlaggebend sein lassen.[853] Die letztgenannte Überlegung lenkt den Blick zudem auf die (europäischen) Grundrechte von Arbeitgebern und *Unternehmern*. Im Gegensatz zur Situation mitgliedstaatlicher Eingriffe in Grundfreiheiten sind im Privatrechtsverkehr die Grundrechtspositionen des Verpflichteten zu beachten.[854] Dies muss ganz generell zu einer erweiternden Auslegung privater Rechtfertigungsgründe führen, bedenkt man z.B. die Privat- und Verbandsautonomie sowie die Meinungs- oder Pressefreiheit des Eingreifenden.

Das Versagen der tradierten (auf die Mitgliedstaaten bezogenen) Rechtfertigungsdogmatik in Fällen privater Diskriminierungen spricht nicht gegen die unmittelbare Drittwirkung als solche.[855] Vielmehr zeigt die Ergänzung der Rechtfertigungsgründe der Grundfreiheiten um die ungeschriebenen zwingenden Erfordernisse durch die *Cassis*-Rechtsprechung des EuGH[856], dass die Freiheiten auf der Rechtfertigungsebene flexibel genug sind, um Raum für die Entwicklung spezifischer Rechtfertigungsgründe für das Verhalten Privater zu lassen.[857] Davon geht auch der der EuGH[858] in der Rechtssache *Angonese* aus. Er vermeidet es, bei der Rechtfertigungsprüfung einer der geschriebenen Rechtfertigungsgründe zu nennen oder die vorliegende mittelbare Diskriminierung mit zwingenden Gründen des Allgemeininteresses zu rechtfertigen. Stattdessen stellt er darauf ab, ob die streitige Maßnahme durch „sachliche Erwägungen" gestützt sei, die „unabhängig von der Staatsangehörigkeit der betroffenen Person und in Bezug auf das berechtigterweise verfolgte Ziel verhältnismäßig sind." Zwar knüpft der EuGH damit an seine Rechtsprechung zu den zwingenden Gründen an, jedoch ist der Terminus „sachliche Erwägungen" schon begrifflich wesent-

---

[853] *Randelzhofer/Forsthoff* in: Grabitz/Hilf (Hrsg.), EUV/EGV, vor Art. 39-55 EG Rn. 82.
[854] *Müller-Graff* in: Streinz (Hrsg.), EUV/EGV, Art. 43 EG Rn. 38; *Müller-Graff* in: Cremer/Giegerich/Richter/Zimmermann (Hrsg.), FS Steinberger, 1281 (1296 ff.).
[855] A.A. *Ehlers* in: Ehlers (Hrsg.), Europäische Grundrechte und Grundfreiheiten, 147 (165 f.); *Kingreen* in: v. Bogdandy (Hrsg.), Europäisches Verfassungsrecht, 631 (679 f.); *Streinz/Leible*, EuZW 2000, 459 (461); *Roth* in: Due/Lutter/Schwarze (Hrsg.), FS Everling Bd. 2, 1231 (1241).
[856] EuGH Rs. 120/78, Slg. 1979, 649 Rn. 8 (*Cassis de Dijon*).
[857] Zutreffend *Forsthoff*, EWS 2000, 389 (392).
[858] EuGH Rs. C-281/98, Slg. 2000, 4139 Rn. 42 (*Angonese*).

lich weiter. Darunter lassen sich auch wirtschaftliche Gründe und Individualinteressen eines Arbeitgebers bzw. *Unternehmers* unter Berücksichtigung seiner Grundrechte subsumieren. Wegen der strukturellen Unterschiede zwischen staatlichen und privaten Beeinträchtigungen der Grundfreiheiten muss den beiden Gruppen auch im Falle einer unmittelbaren Diskriminierung der Rechtfertigungsgrund der „sachlichen Erwägungen" offen stehen.[859]

3. Prüfungsdichte bei der Verhältnismäßigkeit

Auch Private sind bei der Verfolgung eines legitimen Zwecks an den Verhältnismäßigkeitsgrundsatz gebunden.[860]

a. Grundsatz

Dabei dürfen an die Verhältnismäßigkeit jedoch grundsätzlich keine allzu hohen Anforderungen gestellt werden: Andernfalls hätten der EuGH bzw. die nationalen Gerichte häufig *unternehmerische* Entscheidungen en détail zu überprüfen.[861] Auch die Berücksichtigung der Privatautonomie gebietet eine eingeschränkte Verhältnismäßigkeitsprüfung. Die Anforderungen an eine Rechtfertigung sind nur dann höher, wenn das fragliche Verhalten die Verwirklichung der Grundfreiheiten in besonderem Maße behindert. Eine striktere Verhältnismäßigkeitsprüfung kommt daher nur in den beiden folgenden Fallgruppen in Betracht.

b. Intermediäre Gewalten

Kollektive Regelungen sind aufgrund ihrer marktabschottenden Wirkung, der staatsähnlichen Stellung der Verbände und zur Sicherung der einheitlichen Anwendung des Gemeinschaftsrechts grundsätzlich mit den gleichen Maßstäben zu messen, die auch für staatliche Maßnahmen gelten. Gleichwohl muss die Verbandsautonomie bei der Abwägung berücksichtigt werden.[862]

c. Unmittelbare Diskriminierungen durch Arbeitgeber und Unternehmer

Sowohl bei unmittelbaren als auch bei mittelbaren Diskriminierungen kann sich ein Arbeitgeber bzw. ein *Unternehmer* auf den Rechtfertigungsgrund der sachlichen Erwägungen berufen.[863] Gleichwohl sind unmittelbare Diskriminierungen

---

[859] Ebenso *Randelzhofer/Forsthoff* in: Grabitz/Hilf (Hrsg.), EUV/EGV, vor Art. 39-55 EG Rn. 83.
[860] Für *intermediäre Gewalten* vgl. EuGH Rs. C-415/93, Slg. 1995, 4921 Rn. 104 (*Bosman*), für *Unternehmer* vgl. EuGH Rs. C-281/98, Slg. 2000, 4139 Rn. 42 (*Angonese*).
[861] *Randelzhofer/Forsthoff* in: Grabitz/Hilf (Hrsg.), EUV/EGV, vor Art. 39-55 EG Rn. 84.
[862] EuGH Rs. C-415/93, Slg. 1995, 4921 Rn. 81, 83 (*Bosman*); *Röthel*, EuZW 2000, 379 (380).
[863] Vgl. 2. Teil D. IV. 2. b.

schwerwiegender, so dass dieser Wertungsunterschied zumindest auf der Verhältnismäßigkeitsebene berücksichtigt werden muss. Es macht einen Unterschied, ob der Diskriminierende lediglich die Vorlage eines bestimmten Sprachnachweises verlangt, den typischerweise nur Inländer besitzen, oder ob er ausländische Unionsbürger trotz vorhandener Sprachkenntnisse generell ablehnt.

4. Zwischenergebnis

Während auf intermediäre Gewalten die Grundsätze staatlicher Rechtfertigung (mit strenger Verhältnismäßigkeitsprüfung) anzuwenden sind, stellt sich bei Arbeitgebern und *Unternehmern* die Lage differenzierter dar. Sie erfordert die Entwicklung einer neuen Rechtfertigungsdogmatik, wonach (unmittelbare und mittelbare) Diskriminierungen bereits durch sachliche Erwägungen gerechtfertigt sein können, die unabhängig von der Staatsangehörigkeit der betroffenen Person und in Bezug auf das berechtigterweise verfolgte Ziel verhältnismäßig sind. Die Prüfungsdichte im Rahmen der Verhältnismäßigkeit ist bei arbeitgeberseitigen und *unternehmerischen* Maßnahmen grundsätzlich gering, außer im Falle unmittelbarer Diskriminierungen.

VI. Art. 12 Abs. 1 EG

Genau wie die Grundfreiheiten enthält auch Art. 12 Abs. 1 EG ein umfassendes Diskriminierungsverbot aufgrund der Staatsangehörigkeit. Ein eigenständiger Anwendungsbereich verbleibt der Vorschrift nur insoweit, wie ihr Inhalt durch die besonderen Diskriminierungsverbote der Grundfreiheiten nicht vollständig abgedeckt ist. Fällt ein Sachverhalt daher in den Anwendungsbereich einer Grundfreiheit, bleibt i.d.R. für eine eigenständige Prüfung des Art. 12 EG kein Raum. Aufgrund der strukturellen Ähnlichkeit und der gemeinsamen Zielsetzung ist eine einheitliche Behandlung der Grundfreiheiten und des Art. 12 Abs. 1 EG im Hinblick auf die unmittelbare Bindung Privater aber grundsätzlich gerechtfertigt.[864]

1. Bisheriger Meinungsstand

Dies wird durch das Urteil *Walrave*[865] bestätigt. Dort hatte der EuGH[866] nicht nur die grundfreiheitliche Drittwirkung im Arbeits- und Dienstleistungsbereich anerkannt, sondern zudem entschieden, dass auch Art. 12 Abs. 1 EG horizontale Wirkung entfaltet: Private sind danach unmittelbar an Art. 12 Abs. 1 EG gebunden, soweit ihnen autonome Regelungsbefugnisse für kollektive Regelungen im Arbeits- und Dienstleistungsbereich zukommen (intermediäre Gewalten). Diese

---

[864] Ebenso *Schiek*, Differenzierte Gerechtigkeit, 84.
[865] EuGH Rs. 36/74, Slg. 1974, 1405 (*Walrave u. Koch*).
[866] EuGH Rs. 36/74, Slg. 1974, 1405 Rn. 16/19 (*Walrave u. Koch*).

Ansicht wird in der Literatur[867] unterstützt, ohne dass die Autoren jedoch näher auf die Auswirkungen der *Angonese*-Rechtsprechung eingehen. Überträgt man aber die Aussagen der Rechtssache *Angonese* auf Art. 12 Abs. 1 EG, könnten auch privatrechtliche Individualverträge betroffen sein, soweit der Anwendungsbereich der Vorschrift eröffnet ist. Andere Autoren gehen denn auch z.T. deutlich über die *Walrave*-Rechtsprechung des EuGH hinaus. So befürwortet eine Ansicht zwar ebenfalls nur eine abgestufte Drittwirkung, will sich aber nicht auf die Fälle der intermediären Gewalten beschränken: Vielmehr sollen private Akteure generell um so mehr durch Art. 12 EG verpflichtet werden, je mehr (wirtschaftliche) Macht sie ausüben.[868] Eine weitere Auffassung will sogar alle Privatpersonen unmittelbar an das Diskriminierungsverbot des Art. 12 Abs. 1 EG binden.[869]

2. Stellungnahme

Das Diskriminierungsverbot des Art. 12 EG knüpft ebenso wie die Arbeitnehmerfreizügigkeit sowie die Niederlassungs- und Dienstleistungsfreiheit (ausgenommen die sog. Korrespondenzdienstleistungen) an die Staatsangehörigkeit eines Unionsbürgers an. Es handelt sich ebenso wie bei den Personenfreiheiten daher um ein personales Diskriminierungsverbot. Eine Übertragung der *Angonese*-Rechtsprechung auf Art. 12 EG erscheint jedoch nicht möglich, da diese spezifisch auf das Verhältnis zwischen Arbeitgeber und Arbeitnehmer ausgerichtet ist. Gleichwohl stellt der EuGH[870] in der Rechtssache *Angonese* die besondere Bedeutung des (allgemeinen) Diskriminierungsverbots heraus, wenn er hervorhebt, bei dem (nunmehr für private Arbeitgeber geltenden) Art. 39 EG handle es sich um eine spezifische Anwendung des Art. 12 EG. Dies spricht für eine ähnliche Auslegung der beiden Vorschriften in Bezug auf die unmittelbare Drittwirkung.

Geht man also davon aus, dass bestimmten Grundfreiheiten eine weitgehende unmittelbare Drittwirkung zukommt,[871] kann für Art. 12 Abs. 1 EG nichts anderes gelten: Denn die Freiheiten konkretisieren lediglich das Diskriminierungsverbot aus Gründen der Staatsangehörigkeit des Art. 12 Abs. 1 EG. Auch das Diskriminierungsverbot des Art. 12 EG dient dazu, einen funktionierenden Bin-

---

[867] *Streinz* in: Streinz (Hrsg.), EUV/EGV, Art. 12 EG Rn. 39; *Holoubek* in: Schwarze (Hrsg.), EU-Komm., Art. 12 EG Rn. 25 ff.
[868] *Epiney* in: Calliess/Ruffert (Hrsg.), EUV/EGV, Art. 12 EG Rn. 23; *Zuleeg* in: Baur/Müller-Graff/Zuleeg (Hrsg.), FS Börner, 473 (483); *Lenz* in: Lenz/Borchardt (Hrsg.), EUV/EGV, Art. 12 EG Rn. 10; *Rossi*, EuR 2000, 197 (217).
[869] V. *Bogdandy* in: Grabitz/Hilf (Hrsg.), EUV/EGV, Art. 6 EG a.F. Rn. 31; *Bleckmann*, EuR, Rn. 1770.
[870] EuGH Rs. C-281/98, Slg. 2000, 4139 Rn. 35 (*Angonese*).
[871] Vgl. oben 2. Teil D. III. 2. b.

nenmarkt zu errichten und aufrecht zu erhalten.[872] Zur Vermeidung von Wertungsdifferenzen ist eine einheitliche Auslegung des Adressatenkreises geboten.[873] Grundsätzlich zutreffend ist es daher, Art. 12 Abs. 1 EG in Privatrechtsverhältnissen auch außerhalb des Bereichs der intermediären Gewalten unmittelbare Drittwirkung zuzubilligen. Keinesfalls werden jedoch alle Privaten durch Art. 12 Abs. 1 EG gebunden, weil dies mit einer zu weit gehenden Einschränkung der persönlichen Freiheitsrechte einherginge. Entsprechend den Grundsätzen zu den vergleichbaren Freiheiten der Niederlassung und Dienstleistung[874] richtet sich das Diskriminierungsverbot des Art. 12 Abs. 1 EG vielmehr nur an Personen, die als *Unternehmer* am Markt auftreten, d.h. an diejenigen, die bei Abschluss eines Rechtsgeschäfts in Ausübung ihrer gewerblichen oder selbständigen Tätigkeit handeln. Zusätzlich muss zwischen den Privaten ein wirtschaftliches oder soziales Machtgefälle bestehen (Spürbarkeit). Handelt eine Privatperson in ihrer Eigenschaft als *Verbraucher*, ist sie dagegen nie an Art. 12 Abs. 1 EG gebunden.

3. Eingriff und Rechtfertigung

Art. 12 Abs. 1 EG enthält kein Verbot von Beschränkungen.[875] Insoweit braucht die für die Grundfreiheiten diskutierte Frage, ob nur intermediäre Gewalten oder auch *Unternehmer* einem Beschränkungsverbot unterliegen,[876] nicht gestellt zu werden. Im Rahmen des Art. 12 EG sind Beschränkungen generell zulässig, nur Diskriminierungen sind rechtswidrig.

Die Rechtfertigung[877] privater Eingriffe entspricht derjenigen bei den Grundfreiheiten. Während auf intermediäre Gewalten die Grundsätze staatlicher Rechtfertigung (mit grundsätzlich strenger Verhältnismäßigkeitsprüfung) anzuwenden sind, können Benachteiligungen durch *Unternehmer* bereits durch sachliche Erwägungen gerechtfertigt sein, die unabhängig von der Staatsangehörigkeit der betroffenen Person und in Bezug auf das berechtigterweise verfolgte Ziel verhältnismäßig sind. Die Prüfungsdichte im Rahmen der Verhältnismäßigkeit ist bei *unternehmerischen* Maßnahmen grundsätzlich gering. Nur im Falle

---

[872] *Holoubek* in: Schwarze (Hrsg.), EU-Komm., Art. 12 EG Rn. 4.
[873] *Forsthoff*, EWS 2000, 389 (393).
[874] Vgl. oben 2. Teil D. III. 2. b. bb.
[875] V. *Bogdandy* in: Grabitz/Hilf (Hrsg.), EUV/EGV, Art. 6 EG a.F. Rn. 20 f.; *Streinz* in: Streinz (Hrsg.), EUV/EGV, Art. 12 EG Rn. 52.
[876] Vgl. 2. Teil D. IV. 2.
[877] Art. 12 ist insoweit als „relatives" Diskriminierungsverbot zu verstehen, d.h. die Differenzierung nach der Staatsangehörigkeit ist nur unzulässig, wenn sie nicht sachlich gerechtfertigt werden kann, vgl. *Schöbener/Stork*, EuR sowie ausführlich *Görlitz*, Mittelbare Diskriminierung, 106 ff.

unmittelbarer Diskriminierungen bestehen erhöhte Anforderungen an die Rechtfertigung.

4. Zwischenergebnis

Auch im Rahmen des Art. 12 Abs. 1 EG bietet die *Unternehmer-* bzw. *Verbrauchereigenschaft* ein leistungsfähiges Kriterium zur Bestimmung des Verpflichteten. Entsprechend den Grundsätzen der Niederlassungs- und Dienstleistungsfreiheit sind nur intermediäre Gewalten und *Unternehmer* an Art. 12 Abs. 1 EG gebunden und unterliegen einem Diskriminierungsverbot. Diskriminierende Maßnahmen durch *Unternehmer* müssen aber im konkreten Fall dazu geeignet sein, die Verwirklichung des Binnenmarktes nicht nur unerheblich zu behindern (Spürbarkeit). Dies wird nur bei einem wirtschaftlichen oder sozialen Machtgefälle der Fall sein, das jeweils im Einzelfall positiv festzustellen ist. Auf der Rechtfertigungsebene sind nur bei unmittelbaren Diskriminierungen erhöhte Anforderungen an die Verhältnismäßigkeit der Maßnahme zu stellen.

VII. Ergebnis und Fazit

Diskutiert man die unmittelbare Bindung Privater an die Grundfreiheiten, steht man zunächst vor der Aufgabe, dem unklaren Begriff der „Privatperson" Konturen zu geben. Dies gelingt rechtssicher über die tradierte Kategorie der intermediären Gewalten und die hier vorgeschlagene Differenzierung nach *Unternehmer-* und *Verbrauchereigenschaft*. Während die Arbeitnehmerfreizügigkeit gegenüber jedem privaten Arbeitgeber unmittelbare Drittwirkung entfaltet, wird die Bindung an die Niederlassungs- und Dienstleistungsfreiheit sowie an Art. 12 Abs. 1 EG i.S.e. abgestuften Drittwirkung verstanden, die auf der Tatbestandsebene die *Verbraucher* stets von der Bindung an das grundfreiheitliche Diskriminierungsverbot aufgrund der Staatsangehörigkeit ausnimmt. Nur der *Unternehmer*, der aufgrund eines sozialen oder wirtschaftlichen Übergewichts im konkreten Fall die Verwirklichung des Binnenmarkts spürbar behindern kann, unterliegt dem Diskriminierungsverbot. Eine solche Reduktion des Anwendungsbereichs der Niederlassungs- und Dienstleistungsfreiheit sowie des Art. 12 Abs. 1 EG für den privaten Bereich ist durch die in Privatrechtsverhältnissen vorherrschende Privatautonomie geboten und entspricht der Zielrichtung der Grundfreiheiten und des Art. 12 Abs. 1 EG, die nur dazu beitragen sollen, echte Hindernisse für den grenzüberschreitenden Wirtschaftsverkehr zu überwinden. Die Waren- und die Kapitalverkehrsfreiheit verpflichten (ebenso wie die Dienstleistungsfreiheit soweit sog. Korrespondenzleistungen betroffen sind) mangels Anknüpfung an die Staatsangehörigkeit einer Person im privaten Bereich ausschließlich intermediäre Gewalten.

Die Beurteilung der Eingriffs- und Rechtfertigungsproblematik richtet sich nach ähnlichen Kategorien. Während intermediäre Gewalten in staatsähnlicher Weise

VII. Ergebnis und Fazit

zur Abschottung eines Marktes beitragen können und darum im Rahmen der Grundfreiheiten einem Beschränkungsverbot unterliegen (gilt nicht für Art. 12 Abs. 1 EG), sind Arbeitgeber und *Unternehmer* stets nur zur Beachtung des Diskriminierungsverbots verpflichtet. Entsprechend sind zur Rechtfertigung kollektiver Regelungen die hergebrachten Grundsätze der Rechtfertigungsdogmatik anzuwenden wie sie auch für die Mitgliedstaaten gelten. Maßnahmen von Arbeitgebern und *Unternehmern* können dagegen überdies durch einen sachlichen Grund, der in Bezug auf das angestrebte Ziel verhältnismäßig ist, gerechtfertigt werden. Hier passen die im EG-Vertrag niedergelegten Rechtfertigungsgründe nicht und auch nicht die von den ungeschriebenen zwingenden Gründen bekannten Kategorien wie allgemeines bzw. nicht-wirtschaftliches Interesse. An die Verhältnismäßigkeitsprüfung privaten Handelns dürfen grundsätzlich keine allzu hohen Anforderungen gestellt werden, es sei denn es handelt sich um unmittelbare Diskriminierungen.

Die Verwendung des *Unternehmer-/Verbraucherkriteriums* liefert damit im Rahmen der Niederlassungs- und Dienstleistungsfreiheit (ausgenommen sog. Korrespondenzdienstleistungen) sowie des Art. 12 Abs. 1 EG einen schlüssigen Ansatz für die unmittelbare Drittwirkung. Es berücksichtigt vorhandene Elemente des Gemeinschaftsrechts (*Unternehmer-/Verbraucherdefinition*, zivilrechtliche Diskriminierungsverbote des Sekundärrechts) und ermöglicht dadurch in einem ersten Schritt die Ausgrenzung rein privater bzw. persönlicher Geschäfte. Die Grundfreiheiten und Art. 12 Abs. 1 EG lassen sich so systemkonform in ein europäisches Anti-Diskriminierungsrecht für den Privatrechtsverkehr einfügen. Dadurch tritt der gleichheitsrechtliche Aspekt[878] der Grundfreiheiten und des Art. 12 Abs. 1 EG hervor: Sie konstituieren, wenn auch in unterschiedlicher Intensität, (zumindest auch) zivilrechtliche Diskriminierungsverbote.

---

[878] Vgl. zu den verschiedenen Aspekten der Grundfreiheiten *Ehlers* in: Ehlers (Hrsg.), Europäische Grundrechte und Grundfreiheiten, 147 (153 ff.).

3. Teil: Anti-Diskriminierungsrecht im deutschen Zivilrecht unter Berücksichtigung europäischer und verfassungsrechtlicher Vorgaben

A. Anti-Diskriminierungsmaßnahmen und höherrangiges Recht

Anti-Diskriminierungsmaßnahmen berühren in besonderer Weise die Menschenrechte als Grundlage unserer Rechtsordnung. Während sie einerseits dabei helfen, Grundrechtspositionen der strukturell benachteiligten Partei durchzusetzen, schränken sie andererseits die Rechte des Gegenübers ein.

I. Prüfungsmaßstab von Richtlinien und deren Umsetzungsgesetzen

Obwohl Art. 13 EG dem Rat die Befugnis gibt, „*geeignete Vorkehrungen*" zu treffen, handelt es sich bislang bei allen in Rede stehenden oder erlassenen Rechtsakten um Richtlinien i.S.v. Art. 249 Abs. 3 EG. Dies resultiert nicht daraus, dass der Rat andere rechtsverbindliche Maßnahmen, insbesondere Verordnungen i.S.d. Art. 249 Abs. 2 EG nicht erlassen dürfte.[879] Vielmehr ist die Richtlinie im Rahmen der Verhältnismäßigkeitsprüfung stets einer Verordnung vorzuziehen. Sie ist nur hinsichtlich des zu erreichenden Ziels verbindlich und ermöglicht daher eine Berücksichtigung der unterschiedlichen Schutzniveaus in den Mitgliedstaaten. Zudem gewährleistet sie Flexibilität bei der Umsetzung.[880]

Soweit sich die Kritik an den aufgrund von Art. 13 EG erlassenen Richtlinien und an dem deutschen Umsetzungsvorschlag nicht auf technische Fragen der Umsetzung bezieht, wird meist die Verfassungsmäßigkeit der Richtlinien und/oder des Umsetzungsgesetzes im Hinblick auf das deutsche Grundgesetz (GG) in Zweifel gezogen.[881] Damit wird der Prüfungsmaßstab zum Teil verkannt, denn dieser variiert im Hinblick auf Richtlinien und nationale Umsetzungsgesetze.[882]

1. Prüfungsmaßstab von Richtlinien

Richtlinien sind Hoheitsakte des europäischen Gesetzgebers. Dieser ist an nationales Recht, auch nationales Verfassungsrecht, nicht gebunden. Vielmehr konstituiert die Rechtsordnung der Europäischen Gemeinschaft ein eigenständiges System, das im Kollisionsfall Anwendungsvorrang gegenüber dem Recht der

---

[879] „Geeignete Vorkehrungen" i.S.d. Art 13 EG umfassen u.a. alle in Art. 249 EG genannten Beschlussarten, vgl. *Streinz* in: Streinz (Hrsg.), EUV/EGV, Art. 13 EG Rn. 18; *Holoubek* in: Schwarze (Hrsg.), EU-Komm., Art. 13 EG Rn. 11; *Lenz* in: Lenz/Borchardt (Hrsg.), EUV/EGV, Art. 13 EG Rn. 9. Vgl. dazu bereits 2. Teil A. VI.
[880] Vgl. KOM-Vorschlag (2003) 657, 13.
[881] *Ladeur*, GLJ 3 (2002) Rn. 2 f.; *v. Koppenfels*, WM 2002, 1489 (1490 ff.).
[882] Allgemein zum Verhältnis von Gemeinschaftsrecht und innerstaatlichem Recht *Schöbener/Stork*, EuR; *Franzen*, Privatrechtsangleichung durch die EG, 28 ff.

Mitgliedstaaten besitzt.[883] Natürlich handeln die europäischen Institutionen dabei nicht im rechtsfreien Raum. Sie sind an die Gemeinschaftsgrundrechte gebunden, wie sie sich insbesondere aus der EMRK und aus den gemeinsamen Verfassungsüberlieferungen der Mitgliedstaaten als allgemeine Grundsätze des Gemeinschaftsrechts ergeben, Art. 6 Abs. 2 EU.[884] Aus Art. 7 Abs. 1 Satz 2 EG ergibt sich, dass das Primärrecht, einschließlich der allgemeinen Rechtsgrundsätze, im Rang oberhalb des Sekundärrechts der Gemeinschaft steht. Prüfungsmaßstab für Richtlinien sind folglich Gemeinschaftsgrundrechte und sonstiges Primärrecht.

Ist eine Richtlinie mit den Grundsätzen des Gemeinschaftsrechts vereinbar, behält sich das Bundesverfassungsgericht[885] (BVerfG) nur im Ausnahmefall eine verfassungsrechtliche Prüfung am Maßstab des deutschen Grundgesetzes vor:

„Solange die Europäischen Gemeinschaften, insbesondere die Rechtsprechung des Gerichtshofs der Gemeinschaften, einen wirksamen Schutz der Grundrechte gegenüber der Hoheitsgewalt der Gemeinschaften generell gewährleisten, der dem vom Grundgesetz als unabdingbar gebotenen Grundrechtsschutz im wesentlichen gleichzuachten ist, zumal den Wesensgehalt der Grundrechte generell verbürgt,"

prüft das Gericht abgeleitetes Gemeinschaftsrecht nicht mehr am Maßstab deutscher Grundrechte. Aufgrund der funktionierenden Rechtsprechung des EuGH ist diese Hürde als äußerst hoch zu bewerten. Selbst im Falle einer einzelnen krassen Grundrechtsverletzung würde das BVerfG seiner Rechtsprechung zufolge noch keine Prüfungskompetenz für sich in Anspruch nehmen.

Das bedeutet: Solange eine Richtlinie für sich genommen auf ihre Vereinbarkeit mit Grundrechten untersucht werden soll, sind ausschließlich europarechtliche Gewährleistungen maßgeblich. Nationales Verfassungsrecht bleibt bei der Prüfung außen vor.[886]

---

[883] EuGH Rs. 6/64, Slg. 1964, 1251 (1269 f.) (*Costa/ENEL*).
[884] Mit dieser Formulierung greift Art. 6 Abs. 2 EU die in ständiger Rechtsprechung vom EuGH verwendete Formel auf, vgl. EuGH Rs. 29/69, Slg. 1969, 419 (428) (*Stauder*); EuGH Rs. 11/70, Slg. 1970, 1125 Rn. 4 (*Internationale Handelsgesellschaft*); EuGH Rs. 4/73, Slg. 1974, 491 Rn. 13 (*Nold*).
[885] BVerfGE 73, 339 (387) (*Solange II*); bestätigt durch BVerfGE 102, 147 (162 ff.) (*Bananenmarkt*); zwischenzeitlich mit strengerer Linie BVerfGE 89, 155 (174 f.) (*Maastricht*).
[886] Im Falle der Nichtigkeit bleibt die RL für die nationale Rechtsanwendung gegenstandslos. Ihre Fehlerhaftigkeit schlägt nicht auf den innerstaatlichen Umsetzungsakt durch, vielmehr ist dieser bei Nichtigkeit der RL allein an nationalen Grundrechten zu messen, *Kingreen* in: Calliess/Ruffert (Hrsg.), EUV/EGV, Art. 6 EU Rn. 59.

2. Prüfungsmaßstab bei der Richtlinienumsetzung

Ist die Richtlinie selbst gemeinschaftsrechtskonform, stellt sich die weitere Frage, an welchem Maßstab sich der nationale Gesetzgeber bei ihrer Umsetzung zu orientieren hat. Dazu stehen sich im wesentlichen zwei Ansichten gegenüber. Entweder wird auch im Falle der Umsetzung die Anwendung von nationalen Grundrechten gänzlich ausgeschlossen[887] (strikt europarechtliche Position) oder aber zumindest in qualifizierten Fällen für möglich gehalten (eingeschränkt europarechtliche Position). Die „eingeschränkte" Position ist der Auffassung, soweit die Richtlinie dem nationalen Gesetzgeber Umsetzungsspielraum belasse und den Umsetzungsakt nicht determiniere, sei er allein an die nationalen Grundrechte gebunden. Die Umsetzungsregelungen, die durch die Richtlinie determiniert sind, müssten sich dagegen wegen des Anwendungsvorrangs des EG-Rechts nur an den Gemeinschaftsgrundrechten messen lassen.[888] In diesem Fall muss schon die Richtlinie, nicht erst das auf ihrer Grundlage erlassene Gesetz, an den Gemeinschaftsgrundrechten gemessen werden.[889]

Umstritten ist folglich allein, ob bei der Inanspruchnahme eines Umsetzungsspielraums nationale Grundrechte oder europäische Grundrechte der richtige Prüfungsmaßstab sind. Der strikt europarechtlichen Position ist zuzugestehen, dass die mitgliedstaatlichen Umsetzungsmaßnahmen durch einen gemeinschaftsrechtlichen Rechtsakt veranlasst werden. Auch die Umsetzung einer Richtlinie ist damit letztlich den europäischen Organen zuzurechnen. Für deren Handlungen gelten aber naturgemäß ausschließlich die Gemeinschaftsgrundrechte als allgemeine Rechtsgrundsätze.[890] Diese Ansicht berücksichtigt jedoch nicht ausreichend die Konzeption der Richtlinie in Art. 249 Abs. 3 EG. Im Gegensatz zur Verordnung lässt sie Raum für die Beachtung nationaler – auch grundrechtsrelevanter – Eigenheiten.[891] Das entspricht dem Grundsatz, dass die Maßnahmen der Gemeinschaft gemäß Art. 5 Abs. 3 EG nicht über das für die Erreichung der Ziele des EG-Vertrags erforderliche Maß hinausgehen sollen. Hätte es die Gemeinschaft im Einklang mit dem in Art. 5 Abs. 3 EG genannten Verhältnismäßigkeitsprinzip aber für notwendig erachtet, einen unionsweiten Grundrechtsstandard durchzusetzen, hätte sie eine Richtlinie mit ausschließlich determinie-

---

[887] *Kühling* in: v. Bogdandy (Hrsg.), Europäisches Verfassungsrecht, 583 (608 f.).
[888] BVerfG NJW 2001, 1267 (1268); *Kingreen* in: Calliess/Ruffert (Hrsg.), EUV/EGV, Art. 6 EU Rn. 59; *Dreier* in: Dreier (Hrsg.), GG-Komm. Bd. 1, Art. 1 III Rn. 12; *Mahlmann*, ZEuS 2002, 407 (418).
[889] *Kingreen* in: Calliess/Ruffert (Hrsg.), EUV/EGV, Art. 6 EU Rn. 59.
[890] *Kingreen* in: Calliess/Ruffert (Hrsg.), EUV/EGV, Art. 6 EU Rn. 55.
[891] Dies räumt auch *Kühling* in: v. Bogdandy (Hrsg.), Europäisches Verfassungsrecht, 583 (590, 608) ein.

renden Vorschriften[892] erlassen oder zum Instrument der Verordnung nach Art. 249 Abs. 2 EG greifen können. Folglich steht die Art der Umsetzung nicht determinierender Vorschriften im Ermessen des nationalen Gesetzgebers, der in Deutschland über Art. 1 Abs. 3 GG an die Grundrechte gebunden ist.

Im Ergebnis ist mit der „eingeschränkten" Position eine differenzierte Betrachtung zugrunde zu legen. Deutsche Grundrechte sind nur für diejenigen Bestimmungen einer Richtlinie tauglicher Prüfungsmaßstab, die Raum zur Ausgestaltung lassen.[893] Determinierende Vorschriften unterliegen hingegen keiner Grundrechtskontrolle am Maßstab des Grundgesetzes.

3. Ergebnis

Der von vielen Autoren behauptete Verstoß gegen die in Art. 2 Abs. 1 GG gewährleistete Vertragsfreiheit oder gegen sonstige Grundrechte des Grundgesetzes spielt für die Gültigkeit der Richtlinie 2000/43/EG keine Rolle. Gleiches gilt für die Richtlinie 2004/113/EG. Erst wenn das vom Grundgesetz geforderte Ausmaß an Grundrechtsschutz durch europäische Organe generell und offenkundig unterschritten ist,[894] wäre an eine Prüfung am Maßstab des Grundgesetzes zu denken. Damit bleibt eine nationale verfassungsrechtliche Kontrolle des Anti-Diskriminierungsrechts der EG allein auf diejenigen Richtlinienbestimmungen beschränkt, die dem deutschen Gesetzgeber Umsetzungsspielraum einräumen bzw. auf die überschießende Umsetzung.[895]

Diese Aspekte werden in der deutschen Diskussion vielfach ausgeblendet,[896] so dass sich die diesbezügliche Kritik am neuen Anti-Diskriminierungsrecht auf ein brüchiges Fundament stützt. Im Vordergrund steht damit die Frage nach der Vereinbarkeit der Anti-Diskriminierungsmaßnahmen mit den Gemeinschaftsgrundrechten.[897]

---

[892] Die Grenzen der Regelungsintensität einer RL sind im EG-Vertrag nicht näher bestimmt. In der Praxis existieren jedoch auch RL, die bestimmte Sachverhalte derart konkret und abschließend regeln, dass den Mitgliedstaaten hinsichtlich der inhaltlichen Ausgestaltung der Zielvorgabe kein Umsetzungsspielraum mehr verbleibt. Die Zulässigkeit solcher „detaillierter Richtlinien" ist anerkannt, vgl. EuGH, Rs. C-52/00, Slg. 2002, 3827 Rn. 16 ff., insb. 24 (*Kommission/Frankreich*); EuGH Rs. C-278/85, Slg. 1987, 4069, Rn. 21 ff. (*Kommission/Dänemark*); *Schroeder* in: Streinz (Hrsg.), EUV/EGV, Art. 249 EG Rn. 69, 89; *Streinz*, EuR, Rn. 387; *Bleckmann*, EuR, Rn. 440.
[893] *Jestaedt*, VVDStRL 64, 298 (327).
[894] BVerfGE 73, 339 (387) (*Solange II*); BVerfGE 102, 147 (164) (*Bananenmarkt*); BVerfG, NJW 2001, 1267 f. (*Vorlagepflicht*).
[895] Siehe dazu noch 3. Teil A. II. 1.
[896] Mit Ausnahme insbesondere von *Mahlmann*, ZEuS 2002, 407 (417 ff.) und *Selbmann*, EYMI 2 (2002/2003), 675 (683 ff.), die eben diesen Prüfungsmaßstab zugrunde legen.
[897] Dazu ausführlich 2. Teil C. III. 1. d. cc.

II. Zivilrecht und Grundgesetz

Trotz ihrer primären Funktion als Abwehrrechte des Bürgers gegen den Staat prägen die Grundrechte und das Verhältnismäßigkeitsprinzip auch das Zivilrecht und die Zivilrechtsgesetzgebung.[898] Z.B. verbietet Art. 3 Abs. 3 GG eine Ungleichbehandlung aufgrund des Geschlechts, der Abstammung, der „Rasse", der Sprache, der Heimat und Herkunft, des Glaubens, der religiösen oder politischen Anschauungen sowie einer Behinderung. Diese Verfassungsnorm wirkt vorrangig als Abwehrrecht gegenüber dem Staat, entfaltet aber auch Wirkungen für den Privatrechtsverkehr.

1. Umsetzungsspielraum und überschießende Umsetzung

Das zivilrechtliche Anti-Diskriminierungsrecht muss sich an den Bestimmungen des Grundgesetzes messen lassen, wenn die zugrunde liegenden Richtlinien der Bundesrepublik Deutschland einen Umsetzungsspielraum einräumen.[899] Das Grundgesetz lebt angesichts des grundsätzlich absoluten (EuGH) bzw. relativen (BVerfG) Anwendungsvorrangs des europäischen Rechts gleichsam wieder auf.

Auch wenn sich der Gesetzgeber zu einer überschießenden Umsetzung der Richtlinien entschließt, sind mangels europarechtlicher Vorgaben die deutschen Grundrechte richtiger Prüfungsmaßstab.[900]

2. Auslegung des Zivilrechts

Schließlich entfalten die deutschen Grundrechte im Zivilrecht kraft ihrer objektiv-rechtlichen Bedeutung eine Ausstrahlungswirkung über die zivilrechtlichen Generalklauseln (sog. „Einbruchstellen") und andere auslegungsfähige Rechtsbegriffe.[901] Über unbestimmte Rechtsbegriffe wirkt das im Grundgesetz verkörperte Wertesystem in das Privatrecht ein. Auslegungsfähige Privatrechtsvor-

---

[898] Umfassend dazu *Ruffert*, Vorrang der Verfassung, 61 ff., 141 ff.; *Canaris*, AcP 184 (1984), 201; *Canaris*, Grundrechte und Privatrecht, 1999. Zur verfassungsrechtlichen Perspektive eines privatrechtlichen Diskriminierungsschutzes siehe *Jestaedt*, VVDStRL 64, 298 ff.; *Britz*, VVDStRL 64, 355ff.

[899] *Jestaedt*, VVDStRL 64, 298 (327); *Wernsmann*, JZ 2005, 224 (225). Vgl. 3. Teil A. I. 3.

[900] *Jestaedt*, VVDStRL 64, 298 (327). Nach zutreffender Ansicht besteht daher bei Sachverhalten, die nicht in den Anwendungsbereich einer RL fallen, auch keine europarechtliche Pflicht zur gemeinschaftsrechtskonformen Auslegung, EuGH Rs. C-264/96, Slg. 1998, 4695 Rn. 34 (*Imperial Chemical Industries/Colmer*); *Habersack/Mayer*, JZ 1999, 913; *Büdenbender*, ZEuP 2004, 36 (47). Ein Gebot einheitlicher Auslegung kann sich aber aus innerstaatlichem Recht ergeben, insbesondere aus dem Rechtsstaatsprinzip oder dem Gleichheitsgrundsatz, BGH NJW 2002, 1881 (1884); BGH NJW 2004, 2731 (2732); *Heinrichs* in: Palandt (Hrsg.), BGB, Einleitung Rn. 44.

[901] BVerfGE 7, 198 (205 f.); BVerfGE 24, 236 (251); *Pieroth/Schlink*, GrR, Rn. 87, 181; *Heinrichs* in: Palandt (Hrsg.), BGB, § 242 Rn. 7.

schriften sind daher unter Berücksichtigung der verfassungsrechtlichen Gewährleistungen auszulegen. So wirkt das verfassungsrechtliche Diskriminierungsverbot des Art. 3 Abs. 3 Satz 1 des Grundgesetzes (GG) über die zivilrechtlichen Generalklauseln der §§ 138, 242 und 826 des Bürgerlichen Gesetzbuchs (BGB) mittelbar[902] auf den Privatrechtsverkehr ein.[903] So darf z.B. ein Hundehaltungsverbot wegen Art. 3 Abs. 3 Satz 2 GG nicht gegen einen behinderten Mieter oder Wohnungseigentümer durchgesetzt werden, der aus körperlichen oder psychischen Gründen auf die Partnerschaft eines Tiere angewiesen ist.[904] Auch eine allein wegen der ethnischen Herkunft ausgesprochene Kündigung ist gem. §§ 138, 242 BGB nichtig.[905] Der Gleichheitssatz ist demnach bei der Bestimmung des Inhalts der „guten Sitten" bzw. was „Treu und Glauben" erfordern zu berücksichtigen. Auch kann er die Auslegung des allgemeinen Persönlichkeitsrechts beeinflussen.

3. Schutzfunktion der Grundrechte

Das Verfassungsrecht beeinflusst die Zivilrechtsgesetzgebung jedoch auch in anderer Weise: Der Gesetzgeber ist bei der Gestaltung des Privatrechts an die in den Art. 1 bis 19 GG genannten Grundrechte und die Staatszielbestimmungen der Art. 20 und 28 GG gebunden. Dabei ist kaum zu befürchten, dass er zur Sicherung der deutschen Grundrechte von den europäischen Richtlinienvorgaben abweichen muss, ist doch der europäische Grundrechtsschutz dem deutschen bislang generell vergleichbar. Es kann jedoch geboten sein, dass der Gesetzgeber lückenhafte europäische Vorgaben aufgrund der Schutzfunktion der deut-

---

[902] St. Rspr. des Bundesverfassungsgerichts (BVerfG) seit BVerfGE 7, 198 (205 f.): „Die Grundrechte sind in erster Linie Abwehrrechte des Bürgers gegen den Staat; in den Grundrechtsbestimmungen des Grundgesetzes verkörpert sich aber auch eine objektive Wertordnung, die als verfassungsrechtliche Grundentscheidung für alle Bereiche des Rechts gilt. Im bürgerlichen Recht entfaltet sich der Rechtsgehalt der Grundrechte mittelbar durch die privatrechtlichen Vorschriften. Er ergreift vor allem Bestimmungen zwingenden Charakters und ist für den Richter besonders realisierbar durch die Generalklauseln". Ferner BVerfGE 25, 256 (253); BVerfGE 42, 143 (148); BVerfGE 73, 261 (269). Eine unmittelbare Drittwirkung der Grundrechte im Verkehr zwischen den Privaten besteht nach dem Stand der heutigen Diskussion nicht, vgl. dazu schon *Friauf*, Grundrechtsprobleme, 7 m.w.N. A.A. noch *Ennecerus/Nipperdey*, BGB AT I, § 15 II 4 und *Hager*, JZ 1994, 373.

[903] Dessen Wirkung wird verstärkt durch internationale Diskriminierungsverbote, die ebenfalls die Auslegung einfachen Rechts beeinflussen. Sie finden sich u.a. in den bereits zitierten Vorschriften des RDÜ, FDÜ und des IPBürgR sowie in Art. 14 EMRK; vgl. dazu *Preis/Rolfs*, Verbot der Ausländerdiskriminierung, 49; *Dürig* in: Maunz/Dürig (Hrsg.), GG-Komm., Art. 3 Abs. 3 Rn. 68 im Hinblick auf das RDÜ sowie 3. Teil B. I.

[904] BayObLG NJW-RR 2002, 226.

[905] LG Frankfurt/Main, NJW-RR 2001, 1131. Für weitere Beispiele vgl. 3. Teil C. I. 1. d.

II. Zivilrecht und Grundgesetz

schen Grundrechte bei der innerstaatlichen Umsetzung ergänzen muss.[906] Er ist dann zu einer überschießenden Umsetzung verpflichtet. Diese muss jedoch ihrerseits im Rahmen des Grundgesetzes erfolgen.[907]

4. Verfassungsrechtlicher Verhältnismäßigkeitsgrundsatz

Soweit Umsetzungsspielraum besteht oder der Gesetzgeber über die Richtlinienvorgaben hinausgeht, ist er auch an den verfassungsrechtlichen Verhältnismäßigkeitsgrundsatz gebunden. Welche diskriminierungsschützenden Eingriffe mit welchen Mitteln, Zielen und Folgen sich vor den Freiheitsrechten der davon Betroffenen rechtfertigen lassen, kann dabei nicht pauschal und abstrakt gesagt, sondern muss vor dem Hintergrund des Verhältnismäßigkeitsgrundsatzes anhand der konkreten Umstände und des konkret betroffenen Grundrechts bestimmt werden.[908]

a. Tendenziell verhältnismäßiger Diskriminierungsschutz

Jestaedt[909] hat es insoweit unternommen, Abwägungsleitlinien für die gesetzliche Etablierung eines privatrechtlichen Diskriminierungsschutzes zu formulieren. Danach haben Regelungen zum privatvertraglichen Diskriminierungsschutz vor den Grundrechten um so eher Bestand, als

- in dem diskriminierenden Verhalten zugleich ein Verstoß gegen die Menschenwürde liegt (was i.R.v. Rechtsgeschäften selten der Fall ist),
- die allgemeine Marktteilhabe für das potentielle Diskriminierungsopfer sichergestellt werden soll,
- das potentielle Diskriminierungsopfer auf die betreffende vertragliche Leistung zur Deckung existenzieller Bedürfnisse angewiesen ist und keine zumutbare Ausweichoption besitzt,
- es sich um Massengeschäfte handelt, bei denen es nicht auf besondere Eigenschaften der Vertragspartner ankommt,[910]
- der Anbieter selbst sein Angebot an eine unbestimmte Marktöffentlichkeit richtet und eine Zurückweisung des potentiellen Diskriminierungsopfers als öffentliche Ausgrenzung oder Stigmatisierung zu betrachten ist,
- der Anbieter sich für gleichartige Fälle einem Regelsystem unterworfen hat, von dem er zulasten des Diskriminierungsopfers abweicht,

---

[906] Vgl. dazu unten 3. Teil B. II.
[907] Siehe oben 3. Teil A. II. 1.
[908] *Jestaedt*, VVDStRL 64, 298 (347).
[909] *Jestaedt*, VVDStRL 64, 298 (347 f.) m.w.N.
[910] Vgl. dazu noch das Konzept der „Massengeschäfte" im ADG-E 2005, 3. Teil C. III. 3. b. aa.

3. Teil: Anti-Diskriminierungsrecht im deutschen Zivilrecht unter Berücksichtigung europäischer und verfassungsrechtlicher Vorgaben

➢ eine entsprechende Differenzierung mit den Regeln des gedeihlichen Zusammenlebens in Widerspruch steht oder nach Treu und Glauben einen Missbrauch der Privatautonomie zu vertragsfremden Zwecken darstellt,
➢ es die Ausgestaltung, Durchführung und Beendigung und nicht die Begründung des Vertrags betrifft und
➢ die Bestimmungen sich nicht an natürliche, sondern ausschließlich an juristische Personen richten.

Zu ergänzen sind die folgenden Kriterien, die bereits herangezogen wurden, um zu bestimmen, was „der Öffentlichkeit zur Verfügung" steht:[911]

➢ die Fähigkeit und Bereitschaft einer Privatperson, eine Vielzahl von Vertragsverhältnissen zu begründen,
➢ die Größe, Organisation und der Grad der Institutionalisierung des Diskriminierenden,
➢ die Gewerbsmäßigkeit des Geschäfts (gehört es zur geschäftlichen oder beruflichen Tätigkeit des Privaten?).

b. Tendenziell unverhältnismäßiger Diskriminierungsschutz

Umgekehrt lassen sich nach zutreffender Ansicht *Jestaedts*[912] entsprechende Diskriminierungsschutzvorschriften umso weniger rechtfertigen, als

➢ die vertraglich geschuldete Leistung die Differenzierung nach einschlägigen Merkmalen voraussetzt (insbesondere im Rahmen des Geschlechts),
➢ die rechtsgeschäftlichen Beziehungen ein besonderes Nähe- oder Vertrauensverhältnis der Parteien voraussetzen oder begründen,[913]
➢ das rechtsgeschäftliche Verhalten Ausdruck einer grundrechtlich geschützten Haltung und Lebensweise darstellt (insbesondere Allgemeines Persönlichkeitsrecht, Glaubens- und Bekenntnisfreiheit, Meinungsäußerungsfreiheit und Vereinigungsfreiheit),
➢ die Durchsetzungs- und Sanktionsmechanismen (wie z.B. Beweiserleichterungen und Kontrahierungszwang) allein oder in ihrem Zusammenwirken eine selbstbestimmte Entscheidung auf Seiten des Anbieters unmöglich machen,
➢ die Instrumente der Rechtsverfolgung (wie z.B. Beweiserleichterungen und Beteiligung von Verbänden) die unbefangene Wahrnehmung der Vertragsfreiheit erschweren, zu Missbrauch verleiten oder sogar provozieren und

---

[911] Vgl. 2. Teil C. III. 1. d. cc. (6).
[912] *Jestaedt*, VVDStRL 64, 298 (348 f.) m.w.N.
[913] Vgl. dazu noch das Konzept des besonderen Nähe- und Vertrauensverhältnisses im ADG-E 2005, 3. Teil C. III. 4. a.

➤ sich Regelungen infolge effektiver Ausweichstrategien nicht gleichheitsgerecht handhaben lassen.

Das Korrelat des Verhältnismäßigkeitsgrundsatzes ist das weite Gestaltungsermessen des Gesetzgebers.[914]

B. Staatliche Verpflichtung zur Schaffung zivilrechtlicher Anti-Diskriminierungstatbestände?

Sowohl Art. 3 GG als auch die Bestimmungen des RDÜ, des FDÜ und des IPBürgR verpflichten die Bundesrepublik Deutschland, Privatpersonen vor bestimmten Ungleichbehandlungen durch andere Private zu schützen.

I. Völkerrechtliche Verpflichtung

Sowohl Art. 5 lit. e iii) und lit. f und Art. 2 Abs. 1 lit. d RDÜ als auch Art. 26 IPBürgR und Art. 13, Art. 2 lit. e) und Art. 3 FDÜ verpflichten die Vertragsstaaten, Diskriminierungen im Privatrechtsverkehr durch Privatpersonen, Gruppen und Organisationen zu unterbinden.[915]

1. Innerstaatliche Bindungswirkung

Auch wenn anerkannt ist, dass die völkerrechtlichen Diskriminierungsverbote den privaten Rechtsverkehr betreffen können, bedarf die Wirkung von völkerrechtlich garantierten Menschenrechten zwischen Privatpersonen der Umsetzung in innerstaatliches Recht.[916] Den Bestimmungen der internationalen Verträge ist generell keine unmittelbare Wirkung im nationalen Recht zuzuerkennen.[917] Die völkerrechtlichen Regelungen zum Diskriminierungsschutz zwischen Privaten sind daher nicht unmittelbar anwendbar (self executing). D.h., Privatpersonen können sich gegenüber einer rechtserheblichen Ungleichbehandlung durch andere Private nicht auf die völkerrechtlichen Verpflichtungen der Bundesrepublik Deutschland zur Durchsetzung von Diskriminierungsverboten in der Horizontalperspektive berufen. Die Horizontalwirkung der Diskriminierungsverbote wird von den einschlägigen Übereinkommen nicht vorausgesetzt, sondern den ratifizierenden Staaten zur Umsetzung anvertraut.

Die privatrechtlichen Diskriminierungsverbote der internationalen Pakte haben daher mit der Verkündung der Ratifizierungsgesetze zu den völkerrechtlichen Abkommen lediglich den Rang innerstaatlichen Rechts erhalten. Aufgrund des

---

[914] Dazu unten 3. Teil. B. II.
[915] Vgl. dazu genauer 2. Teil C. III. 1. d. cc. (4) sowie generell zu internationalen Nichtdiskriminierungsabkommen 1. Teil A. I.
[916] *Schiek*, Differenzierte Gerechtigkeit, 74.
[917] *Delbrück*, Rassenfrage, 113; *Kühner*, NJW 1986, 1397 (1398 f.); *Stock*, ZAR 1999, 118 f.

Grundsatzes der Völkerrechtsfreundlichkeit, der in den Art. 23 bis 25 GG zum Ausdruck kommt, ist bestehendes innerstaatliches Recht jedoch im Zweifel in Übereinstimmung mit den völkerrechtlichen Maßgaben auszulegen;[918] das gilt auch für Normen des Grundgesetzes selbst.[919] Ob sich daraus die Geltung der völkerrechtlichen Diskriminierungsverbote in den Rechtsbeziehungen Privater ableiten lässt, hängt von der Ausgestaltung und Auslegungsfähigkeit der entsprechenden zivilrechtlichen Normen ab.[920] Die völkerrechtlichen Verpflichtungen zur Gewährleistung eines effektiven Diskriminierungsschutzes im Privatrecht sind jedenfalls ebenso wie der objektive Wertgehalt der Grundrechte bei der Auslegung zu berücksichtigen.

2. Diskriminierungsschutz durch Zivilrecht

Die genannten Nichtdiskriminierungspakte normieren ausdrücklich eine positive Rechtsetzungspflicht der Vertragsstaaten für das Privatrecht, soweit kein wirksamer Rechtsschutz vor privaten Ungleichbehandlungen besteht. Bei der Umsetzung ihrer völkerrechtlichen Verpflichtungen verfügen die Staaten jedoch über einen gewissen Freiraum. Insbesondere ist nicht der Erlass neuer Gesetze erforderlich, wenn ein ausreichender Schutz besteht.[921] Die Bundesrepublik hat die völkerrechtlichen Verpflichtungen dementsprechend aufgrund der mittelbaren Wirkung der Grundrechte im Zivilrecht, insbesondere aufgrund der Existenz der Generalklauseln, stets als erfüllt angesehen. Beruft sich ein Vertragsstaat darauf, seine internationalen Verpflichtungen bereits durch geltendes Recht umgesetzt zu haben, trifft ihn aufgrund der Ratifikation jedoch eine Pflicht zur Beobachtung und gegebenenfalls auch Nachbesserung des gewählten Schutzkonzepts, soweit es hinter dem Schutzauftrag der internationalen Nichtdiskriminierungsabkommen zurückbleibt.

II. Verfassungsrechtliche Verpflichtungen aus Art. 3 GG

Ein Anti-Diskriminierungsgesetz muss nicht nur mit europäischen, sondern auch mit deutschen Grundrechten vereinbar sein, soweit diese bei der Prüfung zur Anwendung kommen.[922] Unabhängig von den europarechtlichen Grundlagen könnte auch das Verfassungsrecht die Verpflichtung zur Schaffung eines entsprechenden Gesetzes begründen. Darüber hinaus könnte es ebenfalls unabhängig von europäischen Vorgaben geboten sein, weitere Diskriminierungsmerk-

---

[918] BVerfGE 74, 358 (370).
[919] BVerfGE 82, 106 (115); *Schiek*, Differenzierte Gerechtigkeit, 74.
[920] *Schiek*, Differenzierte Gerechtigkeit, 74; insofern mahnt *Wolfrum*, FS Schneider, 515 ff. zutreffend an, die völkerrechtlichen Verpflichtungen stärker bei der Ausfüllung von zivilrechtlichen Generalklauseln zu berücksichtigen.
[921] *Schiek*, Differenzierte Gerechtigkeit, 74.
[922] Vgl. zum Prüfungsmaßstab 3. Teil A. I. und II.

II. Verfassungsrechtliche Verpflichtungen aus Art. 3 GG 227

male unter Schutz zu stellen. Soweit dies ein Anti-Diskriminierungsgesetz tut, ist jedoch zu klären, ob für alle ein gleicher Schutzanspruch besteht oder ob der Gesetzgeber zwischen den einzelnen Merkmalen Abstufungen in bezug auf die Schutzintensität vornehmen darf.

1. Verpflichtung zur Schaffung eines zivilrechtlichen Anti-Diskriminierungsgesetzes?

Eine solche Verpflichtung könnte aus einem verfassungsrechtlichen Schutzauftrag aufgrund des Gleichbehandlungsgrundsatzes gem. Art. 3 GG folgen. Ob Art. 3 GG eine echte grundrechtliche Schutzpflicht enthält, ist jedoch umstritten.[923] Teilweise[924] werden sogar die besonderen Förderpflichten gem. Art. 3 Abs. 2 Satz 2 GG (in Bezug auf das Geschlecht) und Art. 3 Abs. 3 Satz 2 (in Bezug auf eine Behinderung) lediglich als Staatszielbestimmungen charakterisiert. Im Ergebnis kann dieser Streit aber dahinstehen: Selbst wenn man einen Schutzauftrag des Gesetzgebers aus Art. 3 GG ableiten will, ist dieser nicht zur Schaffung eines zivilrechtlichen Anti-Diskriminierungsgesetzes verpflichtet.

So erkennen BVerfG und Schrifttum dem Gesetzgeber bei der Umsetzung eines etwaigen Schutzauftrags aus Art. 3 GG i.V.m. dem Sozialstaatsprinzip einen weiten Gestaltungsspielraum zu.[925] Von besonders gelagerten Ausnahmefällen abgesehen,[926] gibt das Grundgesetz „nur den Rahmen, nicht aber bestimmte Lösungen vor".[927] Allerdings hat der Gesetzgeber ein Untermaßverbot zu beachten.[928] Dieses verlangt die Einhaltung eines etwaigen verfassungsrechtlichen Schutzauftrags durch einen im Einzelfall näher zu bestimmenden einfachgesetzlichen Minimalschutz. Dabei ist Rücksicht darauf zu nehmen, ob allein Art. 3 GG (i.V.m. dem Sozialstaatsprinzip) einschlägig ist oder ob wegen der Berührung der Menschenwürde zusätzlich Art. 1 Abs. 1 Satz 2 GG zu beachten ist.[929]

Eine ausdrückliche Regelung über die Reichweite des Diskriminierungsverbots kann dagegen nicht aus einem möglichen Schutzauftrag hergeleitet werden, solange Vorschriften bestehen, die auf diskriminierendes Verhalten anwendbar sind und ausreichenden Schutz gewähren. Bisher leisteten dies die privatrechtli-

---

[923] Vgl. *Jestaedt*, VVDStRL 64, 298 (343 ff.) m.w.N. Ablehnend auch *Wernsmann*, JZ 2005, 224 (226).
[924] *Jestaedt*, VVDStRL 64, 298 (345 f.); a.A. BVerfGE 89, 276 (286, 290); BVerfGE 109, 64 (89 f.).
[925] *Rädler*, Verfahrensmodelle, 35 m.w.N.
[926] Vgl. BVerfGE 39, 1 (47); BVerfGE 88, 203.
[927] BVerfGE 88, 203 (262); BVerfGE 92, 26 (46).
[928] BVerfGE 88, 203 (254). Grundlegend *Canaris*, AcP 184 (1984), 201 (228).
[929] *Rädler*, Verfahrensmodelle, 35. Nach *Wernsmann*, JZ 2005, 224 (226) sollten Schutzpflichten nur aus Art. 1 Abs. 1 Satz 2 GG abgeleitet werden.

chen Vorschriften, wenn auch mit erheblichen Defiziten.[930] Den Gesetzgeber trifft dann jedoch eine Pflicht zur Beobachtung und gegebenenfalls auch Nachbesserung des gewählten Schutzkonzepts.[931]

Aus dem Grundgesetz lässt sich somit auch bei der Annahme von Schutzpflichten kein Verfassungsauftrag an den Gesetzgeber ableiten, ein Anti-Diskriminierungsgesetz zu schaffen.[932] Dies folgt nicht zuletzt aus der Überlegung, dass dort Verfassungsaufträge ausdrücklich normiert sind, z.B. in Art. 6 Abs. 5 GG, so dass eine Ableitung von weiteren Verfassungsaufträgen, die den Gesetzgeber zum Handeln verpflichten, ohne ausdrückliche Anhaltspunkte zweifelhaft erscheint.[933] Es handelt sich daher bei der grundsätzlichen Entscheidung, ob der Gesetzgeber ein Anti-Diskriminierungsgesetz schaffen möchte, um eine Entscheidung, bei der ihm ein weites Ermessen zukommt. Im Ergebnis bedeutet dies, dass er die Entscheidung über den Erlass von Anti-Diskriminierungsmaßnahmen grundsätzlich nach politischen Kriterien trifft. Wenn ein Gesetz verabschiedet ist, muss es sich an der Verfassung messen lassen. Über das „Ob" gesetzgeberischer Maßnahmen sagt Art. 3 GG jedoch nichts.

2. Zulässigkeit eines nur partiellen Schutzes von Diskriminierungsmerkmalen in einem Anti-Diskriminierungsgesetz?

Art. 3 GG könnte einer Aufnahme nur bestimmter, europarechtlich geforderter Merkmale wie „Rasse", ethnische Herkunft und Geschlecht entgegenstehen und die Abdeckung zumindest aller in Art. 3 GG genannten Merkmale gebieten (horizontaler Ansatz).

Das Gebot der Rechtsetzungsgleichheit spricht zunächst für einen horizontalen Ansatz, wie ihn auch der ADG-E 2005 wählt.[934] In der neuen Rechtsprechung des BVerfG werden Differenzierungen aufgrund von persönlichen Merkmalen bei der Rechtsetzung, auch wenn sie wie Alter oder sexuelle Identität nicht in Art. 3 Abs. 3 GG enthalten sind, einer strengen Verhältnismäßigkeitsprüfung

---

[930] Vgl. unten 3. Teil. C. I. 1.
[931] BVerfGE 88, 203 (265, 269); *Rädler*, Verfahrensmodelle, 35.
[932] *Jestaedt*, VVDStRL 64, 298 (345 f.); *Britz*, VVDStRL 64, 355 (362 f.). Im Hinblick auf die Gleichberechtigung von Frauen und Männern gem. Art. 3 Abs. 2 GG auch *Breuer*, Anti-Diskriminierungsgesetzgebung, 44 f.
[933] Bei der Diskussion um eine verfassungsrechtliche Bindung des Gesetzgebers ist auch zu beachten, dass der diesem zustehende politische Entscheidungsspielraum nicht mit dem Hinweis auf mögliche verfassungsrechtliche Verpflichtungen von vornherein beschränkt werden darf, da sonst die politische und parlamentarische Auseinandersetzung und die mögliche gesellschaftliche Entwicklung durch verfassungsrechtliche und dogmatische Diskussionen verdrängt wird, *Breuer*, Anti-Diskriminierungsgesetzgebung, 45.
[934] *Mahlmann*, Stellungnahme zum Entwurf eines Gesetzes zur Umsetzung europäischer Anti-Diskriminierungs-RL (A.-Drs. 15(12)440-F), 6.

unterworfen. Je stärker der personale Aspekt, je mehr sich das Merkmal einem Diskriminierungsverbot nach Art. 3 Abs. 3 GG annähert, je weniger das Merkmal subjektiv beeinflussbar ist und je mehr die Ungleichbehandlung die Ausübung von Freiheitsrechten beeinträchtigt, desto strenger ist der angelegte verfassungsrechtliche Maßstab. Es ist verfassungsrechtlich deshalb begründungsbedürftig, wenn eine Regelung im allgemeinen Vertragsrecht geschaffen wird, die „Rasse", ethnische Herkunft und Geschlecht einbezieht, nicht aber im Prinzip auch andere Merkmale, die erstens in Art. 3 Abs. 3 GG genannt werden, wie z.B. Behinderung, die zweitens jedenfalls ein in diesem Sinne persönliches Merkmal sind, wie sexuelle Orientierung, oder die drittens die Ausübung von Freiheitsrechten betreffen, wie z.b. Religion und Weltanschauung. In diesem Fall muss vor Art. 3 GG gerechtfertigt werden, warum es aus sachlichen Gründen am Maßstab einer strengen Verhältnismäßigkeitsprüfung begründet ist und der Rechtsetzungsgleichheit entspricht, dass im ersten Fall ein Diskriminierungsverbot besteht, in den anderen aber nicht.

Es ist verfassungsrechtlich indessen nicht geboten, alle Diskriminierungsmerkmale gleich zu behandeln, da zwischen den von ihnen betroffenen Sachlagen evidente Unterschiede bestehen.[935] Diesen Unterschieden entspräche der ADG-E 2005 insbesondere durch die in § 20 ADG-E geregelten umfassenden Rechtfertigungsmöglichkeiten von zivilrechtlichen Ungleichbehandlungen aufgrund der Religion oder der Weltanschauung, einer Behinderung, des Alters, der sexuellen Identität und des Geschlechts. Ungleichbehandlungen aufgrund der „Rasse" und ethnischen Herkunft sollten dagegen über § 20 ADG-E nicht zu rechtfertigen sein.[936] Dies ist schon allein deshalb sachgerecht, weil derartige Ungleichbehandlungen fast nie zu rechtfertigen sind, während Differenzierungen, die an die übrigen Merkmale anknüpfen, im Einzelfall durchaus sozial wünschenswert sein können.[937]

3. Zulässigkeit eines nur abgestuften Schutzes von Diskriminierungsmerkmalen in einem Anti-Diskriminierungsgesetz?

Auch wenn daher die Differenzierung im Rahmen der Rechtfertigung zutreffend erscheint, ist es jedoch fraglich, ob nicht zumindest der Anwendungsbereich des Gesetzes mit Blick auf Art. 3 GG der Korrektur bzw. Erweiterung bedarf. Art. 3 Abs. 2 GG enthält einen ausdrücklichen Gleichstellungsauftrag mit Bezug auf das Geschlechterverhältnis. Der ADG-E 2005 würde jedoch Frauen in so wichtigen Bereichen wie Zugang zu und Bedingungen von Geschäftskrediten,[938]

---

[935] *Mahlmann*, Stellungnahme zum Entwurf eines Gesetzes zur Umsetzung europäischer Anti-Diskriminierungs-RL (A.-Drs. 15(12)440-F), 6 f.
[936] Siehe dazu noch 3. Teil C. III. 6. c.
[937] Vgl. dazu 1. Teil C.
[938] Hierzu BT-Drs. 15/4538, 39.

Versorgung mit Geschäfts- und Wohnräumen, Zugang zu und Preise von Dienstleistungen im Zusammenhang mit geschäftlicher Werbung, Buchhaltung u.v.m. nicht vor Diskriminierung schützen.[939] Dazu ließe sich zwar die Auffassung vertreten, der grundgesetzliche Gleichstellungsauftrag verlange einen solchen Schutz nicht zwingend. Art. 3 Abs. 2 GG stellt aber auch ein Rangverhältnis zwischen der Geschlechtergleichheit auf der einen Seite und den übrigen Diskriminierungsverboten des Grundgesetzes auf der anderen Seite zugunsten der Geschlechtergleichheit her. Selbst wenn der Gesetzgeber dieses Rangverhältnis politisch nicht billigt, ist er dennoch daran gebunden. Das lässt es problematisch erscheinen, Frauen weniger umfassend vor Diskriminierung zu schützen, als Personen die aufgrund ihrer „Rasse" oder ethnischen Herkunft benachteiligt werden.

Die Bindung an die Richtlinien 2000/43/EG und 2004/113/EG, die eine umgekehrte Hierarchie der Diskriminierungsverbote statuieren, ändert an diesem Argument nichts. Beide Richtlinien sehen ausdrücklich vor, dass die Mitgliedstaaten weitergehende Vorschriften des Diskriminierungsschutzes schaffen oder aufrechterhalten können. Bei der Entscheidung für oder gegen einen solchen weitergehenden Diskriminierungsschutz bleibt der Gesetzgeber an das Grundgesetz gebunden.

Der *Deutsche Juristinnenbund* weist zudem darauf hin, dass das Grundgesetz auch die Gleichbehandlung ungeachtet einer Behinderung höher einschätzt als die Gleichbehandlung ungeachtet der zugeschriebenen „Rasse" und ethnischen Herkunft.[940] Zwar enthält Art. 3 GG insoweit keinen Gleichstellungsauftrag, aber Art. 3 Abs. 3 Satz 2 GG statuiert im Gegensatz zu den Merkmalen des Art. 3 Abs. 3 Satz 1 GG hier ein asymmetrisches Diskriminierungsverbot, wodurch die Überwindung von Diskriminierungen behinderter Menschen in der gesellschaftlichen Wirklichkeit zum Ziel der Verfassung wird. Auch die unterschiedliche Regelung der Behindertengleichbehandlung gegenüber der Gleichbehandlung ungeachtet der zugeschriebenen „Rasse" und ethnischen Herkunft sei daher aus verfassungsrechtlicher Sicht zu beanstanden.

Der Versuch, eine starre Gleichbehandlungshierarchie zugunsten von Behinderung und Geschlecht zu begründen und auf diesem Umweg eine Geltung der Inhalte der Richtlinie 2000/43/EG zumindest im Rahmen der deutschen Umsetzung zu erreichen, erscheint jedoch nicht zutreffend. Allgemeingültige und generelle verfassungsrechtliche Abwägungsregeln für spezifisch gleichheitsrechtliche Angemessenheit lassen sich nicht formulieren. Vielmehr ist eine Abwä-

---

[939] So auch die Stellungnahme des *DJB* zum Entwurf eines Gesetzes zur Umsetzung europäischer Anti-Diskriminierungs-RL (A.-Drs. 15(12)435-(8), 8.
[940] Stellungnahme des *DJB* zum Entwurf eines Gesetzes zur Umsetzung europäischer Anti-Diskriminierungs-RL (A.-Drs. 15(12)435-(8), 8 f.

II. Verfassungsrechtliche Verpflichtungen aus Art. 3 GG 231

gung je nach Sach- und Regelungsbereich vorzunehmen.[941] Wie bereits festgestellt, ist es verfassungsrechtlich dann nicht geboten, alle Diskriminierungsmerkmale gleich zu behandeln oder sogar einzelne vorzuziehen, wenn zwischen den von ihnen betroffenen Sachlagen evidente Unterschiede bestehen.[942] Daher ist es sachgerecht, Ungleichbehandlungen aus Gründen der „Rasse" und ethnischen Herkunft stärker zu schützen, weil Differenzierungen, die an die übrigen Merkmale anknüpfen, im Einzelfall durchaus sozial wünschenswert sein können.[943]

C. Das deutsche Anti-Diskriminierungsrecht im Zivilrecht

Auch nach langjährigen und kontroversen[944] Verhandlungen im Hinblick auf die Transformation der Richtlinien 2000/43/EG, 2004/113/EG, 2000/78/EG und 2002/73/EG in das deutsche Recht hat Deutschland zum Ende des Jahres 2005 sein Umsetzungsdefizit[945] hinsichtlich der europäischen Anti-Diskriminierungsrichtlinien noch nicht beseitigt. Bereits am 19. Juli 2004 hatte die Europäische Kommission[946] wegen der Nichtumsetzung der Richtlinie 2000/43/EG ein Vertragsverletzungsverfahren vor dem EuGH eingeleitet. Antragsgemäß stellte der

---

[941] *Osterloh* in: Sachs (Hrsg.), GG-Komm., Art. 3 Rn. 90 f.
[942] *Mahlmann*, Stellungnahme zum Entwurf eines Gesetzes zur Umsetzung europäischer Anti-Diskriminierungs-RL (A.-Drs. 15(12)440-F), 6 f.
[943] Vgl. dazu 1. Teil C.
[944] Die öffentliche Debatte war dabei z.T. von geradezu hysterisch-ablehnenden Beiträgen gekennzeichnet. Selten kommt es zu einer sachlichen Auseinandersetzung. *Canaris*, JZ 2004, 214 (224) stellte im Zusammenhang mit vergleichbarer Pauschalkritik an der Schuldrechtsreform zutreffend fest: „In der Zusammenschau befremdet vor allem die Diskrepanz zwischen dem rhetorischen Anspruch und dem inhaltlichen Ertrag von *N.N.'s* Ausführungen: Einerseits lässt seine exzessive Polemik eine vernichtende Fundamentalkritik … erwarten, andererseits wird dieser Anspruch argumentativ in keiner Weise eingelöst." Nicht nur die Wissenschaft, auch die deutsche Bevölkerung ist in der Einschätzung von Sinn und Notwendigkeit eines Anti-Diskriminierungsgesetzes gespalten, vgl. *Institut für Demoskopie Allensbach* (Hrsg.), Studie Anti-Diskriminierungsgesetz.
[945] Die RL 2000/43/EG hätte gem. ihrem Art. 16 bis zum 19.7.2003 umgesetzt werden müssen, die Umsetzungsfrist der RL 2000/78/EG ist gem. ihrem Art. 18 Abs. 1 am 2.12.2003 abgelaufen. Zu den Rechtswirkungen der nicht umgesetzten RL: *Thüsing*, NJW 2003, 3441 ff.; allgemein zu den Folgen fehlender oder fehlerhafter Richtlinien-Umsetzung: *Gstaltmeyr*, Bewehrung von EG-Richtlinien; *Schroeder* in: Streinz, EUV/EGV, Art. 249 EG Rn. 101 ff., 125 ff., *Gellermann* in: Streinz, EUV/EGV, Art. 288 EG Rn. 36 ff.; *Bleckmann*, EuR, Rn. 431 ff., 1038 ff.; *Streinz*, EuR, Rn. 394 ff.
[946] Pressemitteilung (IP/04/947) sowie Hintergrundbericht (MEMO/04/189) v. 19.7.2004. Ein Vertragsverletzungsverfahren gegen Deutschland wegen der fehlenden Umsetzung der RL 2000/78/EG wurde am 2.12.2004 eingeleitet, vgl. „Entstehungsgeschichte", abrufbar unter http://www.anti-diskriminierung.info.

EuGH[947] daraufhin am 28. April 2005 fest, dass „die Bundesrepublik Deutschland dadurch gegen ihre Verpflichtungen aus der Richtlinie verstoßen hat, dass sie nicht innerhalb der gesetzten Frist die erforderlichen Rechts- und Verwaltungsvorschriften erlassen hat, um der Richtlinie nachzukommen." In diesem Verfahren machte die deutsche Regierung zur Verteidigung lediglich geltend, dass die nationalen Umsetzungsmaßnahmen Anfang 2005 in Kraft treten sollten.[948] Das Argument, die Richtlinie 2000/43/EG sei ebenso wie die Richtlinien 2000/78/EG und 2004/113/EG wegen Verstoßes gegen das Bestimmtheitsgebot gem. Art. 220 EG und die Begründungspflicht gem. Art. 253 EG nichtig,[949] wurde nicht vorgebracht.

Bevor auf die verschiedenen Entwürfe für ein Anti-Diskriminierungsgesetz im einzelnen eingegangen wird, soll zunächst der Prozess ihrer Entstehung[950] nachgezeichnet werden. Am Anfang steht die Frage nach dem europarechtlichen Umsetzungsbedarf. Dies umfasst eine Analyse des zivilrechtlichen Anti-Diskriminierungsschutzes *de lege lata*.

I. Der europarechtliche Umsetzungsbedarf

Im deutschen allgemeinen Zivilrecht existiert bisher keine spezielle Anti-Diskriminierungsgesetzgebung, wie sie z.B. das niederländische Recht mit dem *Allgemeinen Gleichbehandlungsgesetz*[951] oder das britische Recht mit dem Race Relations Act[952] kennt. Gleichwohl enthält es bereits *de lege lata* Vorschriften zur Bekämpfung von Diskriminierungen, wenn auch nur in Form von Generalklauseln bzw. allgemeinen prozessualen Vorschriften, die der Auslegung durch die Rechtsprechung zugänglich sind. Für den tatsächlichen Umsetzungsbedarf ist das bestehende Schutzniveau maßgeblich. Dies erfordert eine Analyse des bestehenden Rechts.

---

[947] EuGH Rs. C-329/04, EuZW 2005, 444 (*Kommission/Deutschland*).
[948] EuGH Rs. C-329/04, EuZW 2005, 444 Rn. 6 (*Kommission/Deutschland*).
[949] Siehe dazu 2. Teil C. III. 4. a.
[950] Vgl. dazu auch „Entstehungsgeschichte", abrufbar unter http://www.anti-diskriminierung.info.
[951] *Algemene wet gelijke behandeling* v. 19.9.1994, abrufbar in der englischen Übersetzung unter: http://www.cgb.nl/english/asp/awgb.asp (Zugriffsdatum: März 2006).
[952] Race Relations Act 1976, abrufbar unter: http://www.homeoffice.gov.uk/docs/racerel1.html (Zugriffsdatum: März 2006); Änderungen durch die RL 2000/43/EG als Race Relations Act 1976 (Amendment) Regulations 2003, 19.7.2003, abrufbar unter:

1. Analyse des bestehenden Rechts

Bereits jetzt sehen zahlreiche Vorschriften des deutschen Rechts einen Diskriminierungsschutz vor, allen voran Art. 3 Abs. 3 GG. Dieser entfaltet jedoch im Zivilrecht nur eine mittelbare Drittwirkung.[953] Ausdrückliche Anti-Diskriminierungstatbestände finden sich bisher nur im Arbeitsrecht.[954] §§ 611a BGB und 81 SGB IX verbieten geschlechtsspezifische Diskriminierungen sowie Diskriminierungen wegen einer Schwerbehinderung im Arbeitsleben und statuieren bei Verstößen eine Entschädigungspflicht des Arbeitgebers. § 75 BetrVG gewährt Betriebsangehörigen Schutz vor Benachteiligung. Einen umfassenden Schutz vor Diskriminierungen, wie er von den Richtlinien mit wirksamen, verhältnismäßigen und abschreckenden Sanktionen vorgeschrieben wird, kennt das deutsche Arbeitsrecht aber noch nicht. Die zivilrechtlichen Vorschriften selbst sind zu unbestimmt, um Diskriminierungen wirkungsvoll Einhalt zu gebieten, wie sich im folgenden zeigen wird.[955] Dies erklärt die geringe Anzahl von Entscheidungen der Gerichte in Diskriminierungsfällen.

a. Rechtsschutz im Rahmen von Verträgen

aa. § 241 Abs. 2 BGB

Wer im Rahmen eines bestehenden Vertrags eine Person wegen persönlicher Merkmale benachteiligt, lässt die nach § 241 Abs. 2 gebotene Rücksichtnahme „auf die Rechte, Rechtsgüter und Interessen des anderen Teils" außer acht und verletzt damit seine vertraglichen Pflichten.[956] Dies führt zu einem Schadensersatzanspruch des Benachteiligten gem. § 280 Abs. 1 BGB, der auch den immateriellen Schaden umfasst. Das Verschulden wird gem. § 280 Abs. 1 Satz 2 BGB vermutet.

---

[953] http://www.hmso.gov.uk/si/si2003/20031626.htm (Zugriffsdatum: März 2006); dazu *Dreyer*, Race Relations Act 1976, m.w.N.
Vgl. oben 3. Teil A. II. und Fn. 902.
[954] Zum strafrechtlichen Schutz vor Diskriminierung siehe *Nickel*, Rechtlicher Schutz, 33 ff.
[955] So schon *Mager*, Schutz der Ausländer vor Diskriminierung durch Privatpersonen; *Mager*, ZAR 1992, 170 ff. Siehe zum zivilrechtlichen Schutz nach bestehendem Recht auch *Nickel*, Rechtlicher Schutz, 64 ff, 84 ff. Für einen Vergleich der bestehenden deutschen Rechtsvorschriften gegen Diskriminierung mit den RL 2000/43/EG und 2000/78/EG siehe *Mahlmann* in: Niessen/Chopin (Hrsg.), Gesetzgebung über Anti-Diskriminierung in den Mitgliedstaaten der EU – Deutschland.
[956] Ebenso BT-Drs. 15/4538, 30.

bb. Die guten Sitten

Die verfassungsrechtlich garantierte vertragliche Handlungs- und Gestaltungsfreiheit wird an vielen Stellen des Zivilrechts begrenzt,[957] so auch durch die Gebote der guten Sitten. Ein Rechtsgeschäft, das gegen die guten Sitten verstößt, ist gem. § 138 BGB nichtig. Die vorsätzliche sittenwidrige Schädigung eines anderen verpflichtet zum Schadensersatz, evtl. sogar zum Vertragsschluss gem. § 826 BGB.[958] Die guten Sitten sind verletzt, wenn die in Frage stehende Handlungsweise dem Anstandsgefühl aller billig und gerecht Denkenden widerspricht.[959] Die inhaltliche Bestimmung des Begriffs soll sich aus der Rechtsordnung selbst, jedenfalls aber aus den der Rechtsordnung immanenten Prinzipien und Wertmaßstäben ableiten lassen. Entsprechend wirkt auch das in der Verfassung verkörperte Wertsystem auf die Bestimmung dessen, was „gute Sitten" sind, ein.[960] Aufgrund dieser Ausstrahlungswirkung lässt sich ein Verstoß gegen die guten Sitten durch eine Diskriminierung i.S.d. Art. 3 Abs. 3 GG begründen.[961] Allerdings mangelt es im Hinblick auf einen etwaigen Diskriminierungsschutz auf der Grundlage der §§ 138, 826 BGB an Rechtssicherheit, weil der einzelne auf eine fallweise entscheidende Rechtsprechung verwiesen ist.[962]

cc. Treu und Glauben

Einen weiteren Maßstab bei der Inhaltskontrolle von Verträgen legen §§ 242 und 307 BGB an. Während § 307 BGB nur für die Überprüfung standardisierter Verträge gilt, statuiert § 242 BGB den generellen Grundsatz, dass jede Rechtsausübung in Übereinstimmung mit Treu und Glauben erfolgen muss. Die Rechtsprechung hat aus dieser Norm zahlreiche Regelungen mit generellem Geltungsanspruch abgeleitet, so dass auch die Etablierung eines zivilrechtlichen Diskriminierungsschutzes möglich erscheint. Auch die Bestimmung dessen, was mit Treu und Glauben in Einklang steht, muss sich an verfassungsrechtlichen Wertentscheidungen orientieren.

Sowohl § 138 BGB als auch § 242 BGB bieten nur im Rahmen von bestehenden Vertragsverhältnissen Schutz. Die Rechtsfolge der Nichtigkeit bzw. der Modifizierung von schuldrechtlichen Rechten und Pflichten hilft jedoch nicht, wenn dem Diskriminierungsopfer ein Vertragsschluss verweigert wurde. Darüber hinaus erfordert § 242 BGB immer eine Interessenabwägung.[963] Auch gute Sitten

---

[957] Sehr instruktiv dazu die umfassende Darstellung bei *Paulus/Zenker*, JuS 2001, 1 ff.
[958] Vgl. dazu noch 3. Teil C. I. 1. b. bb.
[959] *Heinrichs* in: Palandt (Hrsg.), BGB, Art. 138 Rn. 2.
[960] Vgl. oben und *Heinrichs* in: Palandt (Hrsg.), BGB, Art. 138 Rn. 4.
[961] *Schiek*, Differenzierte Gerechtigkeit, 367.
[962] *Nickel*, Gleichheit und Differenz, 131.
[963] *Heinrichs* in: Palandt (Hrsg.), BGB, § 242 Rn. 5.

i.S.d. § 138 BGB lassen sich nicht abstrakt bestimmen. Insoweit kollidieren die Wertentscheidungen der Art. 3 und Art. 2 GG. Mangels einfachgesetzlicher Konkretisierung werden sich die Gerichte daher bei der Auslegung auf Kosten eines effektiven Diskriminierungsschutzes zurückhalten. § 138 BGB beinhaltet zudem subjektive Anforderungen. Zwar ergibt sich dies nur für den Wuchertatbestand unmittelbar aus dem Wortlaut, doch auch § 138 Abs. 1 BGB macht die Erfüllung subjektiver Tatbestandsmerkmale notwendig.[964] Gleichgültig ist aber, ob der Diskriminierende das Bewusstsein hatte, sittenwidrig zu handeln. Es genügt, wenn er die Tatsachen kennt, aus denen sich die Sittenwidrigkeit ergibt.[965] Auf entsprechende Absichten und Motive kommt es nach den Anti-Diskriminierungsrichtlinien jedoch nicht an.

dd. Gesetzliches Verbot

Rechtsgeschäfte, die gegen ein gesetzliches Verbot verstoßen, sind grundsätzlich nichtig gem. § 134 BGB. Die Diskriminierungsverbote des Art. 3 Abs. 2, 3 GG enthalten jedoch keine eigenständigen Schutzgebote und sind daher nicht als Schutzgesetze i.S.d. § 134 BGB zu interpretieren.[966] Die gegenteilige Annahme würde auf eine Anerkennung der unmittelbaren Drittwirkung des Art. 3 Abs. 3 GG hinauslaufen.[967]

b. Rechtsschutz außerhalb von bestehenden Verträgen

Zur effektiven Verhinderung von Diskriminierungen müssten Schadensersatz- oder Schmerzensgeldansprüche bzw. eine Pflicht zum Vertragsschluss bestehen. Unterlassungs- und Beseitigungsansprüche würden diesen Schutz ergänzen.

aa. Culpa in Contrahendo

Für den Fall diskriminierender Vertragsverweigerungen (Diskriminierungen im vorvertraglichen Bereich) könnte über die Grundsätze der *Culpa in Contrahendo* gem. §§ 311 Abs. 2 i.V.m. 241 Abs. 2 BGB[968] ausreichender Schutz bestehen. Danach sind die potentiellen Vertragsparteien bereits in der vorvertraglichen Phase, d.h. bei der Aufnahme von Vertragsverhandlungen, der Anbahnung eines Vertrags oder bei ähnlichen geschäftlichen Kontakten zur Rücksichtnahme auf die Rechte, Rechtsgüter und Interessen des anderen Teils verpflichtet.

---

[964] *Heinrichs* in: Palandt (Hrsg.), BGB, § 138 Rn. 30, 34 f.; *Schiek*, Differenzierte Gerechtigkeit, 368.
[965] *Heinrichs* in: Palandt (Hrsg.), BGB, Anh nach § 319 Rn. 10.
[966] *Neuner*, JZ 2003, 57 (61); a.A. *Canaris*, AcP 184 (1984), 201 (235 ff.).
[967] Zu der nur mittelbaren Drittwirkung des Art. 3 GG vgl. 3. Teil A. II. und Fn. 902.
[968] Siehe zu § 241 Abs. 2 BGB schon oben 3. Teil C. I. 1. a. aa.

Der Schutz aus c.i.c. greift jedoch nur, wenn Verhandlungen ohne triftigen Grund oder unter sachfremden Erwägungen abgebrochen werden, nachdem in zurechenbarer Weise Vertrauen auf das Zustandekommen eines Vertrags geschaffen wurde.[969] An diesen Voraussetzungen wird es in den meisten Diskriminierungsfällen schon deshalb fehlen, weil Verhandlungen erst gar nicht aufgenommen werden. Bei Angeboten, die sich an die Öffentlichkeit richten, mangelt es am erforderlichen Vertrauenstatbestand. Der Diskriminierte kann in einem solchen Fall gerade nicht sicher davon ausgehen, dass er zum Vertragspartner wird.[970]

bb. §§ 823 Abs. 1, 2, 826 BGB

Zur Erlangung von Schadensersatz und Schmerzensgeld stehen mit den §§ 823 Abs. 1, 2, 826 BGB grundsätzlich wirksame Instrumente zur sachgerechten Entschädigung in Diskriminierungsfällen zur Verfügung.[971] Der Anspruch wird jedoch oftmals nur auf den Ersatz des immateriellen Schadens gerichtet sein können, weil dem Betroffenen neben der Verletzung seines Persönlichkeitsrechts kein in Geld messbarer Schaden, z.B. ein Vermögensschaden, entsteht.

Insbesondere das allgemeine Persönlichkeitsrecht, das deliktsrechtlich als sonstiges Recht i.S.d. § 823 Abs. 1 BGB geschützt ist,[972] kann aufgrund der Rechtsfolge des Schadensersatzes vor Diskriminierungen bewahren. Der Begriff „allgemeines Persönlichkeitsrecht" leitet sich aus Art. 1 und 2 GG ab und umfasst das Recht des einzelnen auf Achtung seiner Menschenwürde und Entfaltung der individuellen Persönlichkeit.[973] Für Persönlichkeitsverletzungen – und darum handelt es sich bei Diskriminierungen – wurde die Pflicht zur Zahlung eines Schmerzensgeldes vom BVerfG[974] ausdrücklich anerkannt. Obwohl der Gesetzgeber das allgemeine Persönlichkeitsrecht im Zuge der Schadensrechtsreform nicht als Schutzgut in § 253 Abs. 2 BGB aufgenommen hat,[975] erkennt der

---

[969] BGHZ 71, 386 (395); BGHZ 76, 343 (351); *Heinrichs* in: Palandt (Hrsg.), BGB, § 311 Rn. 34.
[970] *Röttgen*, Schutz vor Diskriminierung, 115 f.
[971] *Preis/Rolfs*, Verbot der Ausländerdiskriminierung, 53.
[972] *Bezzenberger*, AcP 196 (1996), 395 (424 f.); *Wagner* in: MünchKomm BGB, § 823 Rn. 172, *Sprau* in: Palandt (Hrsg.), BGB, § 823 Rn. 19.
[973] BGHZ 13, 334 (338).
[974] BVerfGE 34, 269 (279 ff.).
[975] Dies sollte nicht als Entscheidung gegen die bisherige Rechtsprechung verstanden werden. Die Problematik wurde lediglich als zu komplex empfunden und daher aus der Regelung des Zweiten Gesetzes zur Modernisierung schadensrechtlicher Vorschriften herausgenommen, vgl. Begründung des Gesetzentwurfs der Bundesregierung, BT-Drs. 14/7752, 25; siehe auch *Wagner*, NJW 2002, 2049 (2056).

I. Der europarechtliche Umsetzungsbedarf

BGH[976] einen Anspruch auf Ersatz des immateriellen Schadens bei Ehrverletzungen an.

Das allgemeine Persönlichkeitsrecht erfasst, obwohl es umfassend zu verstehen ist,[977] nicht jede als Diskriminierung i.S.d. Richtlinien definierte Ungleichbehandlung. Unterschiede zeigen sich schon beim Schutzbereich: Während das europarechtliche Diskriminierungsverbot als formales Gleichbehandlungsgebot ausgestaltet ist,[978] erfasst das allgemeine Persönlichkeitsrecht nur Verletzungen der menschlichen Würde und ist damit enger gefasst. Während die Anti-Diskriminierungsrichtlinien darüber hinaus nur eng begrenzte und ausdrücklich normierte Bereichsausnahmen vom Diskriminierungsverbot bzw. Rechtfertigungsgründe zulassen, setzt das deutsche Deliktsrecht eine widerrechtliche Verletzung voraus. Beim allgemeinen Persönlichkeitsrecht ist die Rechtswidrigkeit der Verletzung dadurch gerade nicht indiziert, sondern folgt erst aus einer umfassenden Interessenabwägung.[979] Darüber hinaus erfordert § 823 Abs. 1 BGB ein Verschulden, während die europäischen Anti-Diskriminierungsrichtlinien im Interesse eines wirksamen Diskriminierungsschutzes auf subjektive Merkmale verzichten. Dies führt dazu, dass mittelbare Diskriminierungen i.d.R. von § 823 Abs. 1 BGB nicht erfasst werden. Abgesehen davon erscheint es fraglich, ob eine Vertragsverweigerung als deliktische Handlung bzw. Unterlassung zu qualifizieren ist. Das Deliktsrecht erfasst nur natürliche Handlungen bzw. Unterlassungen; ein Vertragsschluss gehört wegen seines rechtsgeschäftlichen Charakters nicht dazu.[980] Zumindest dieser letzte Einwand gegen den im Vergleich zu den Richtlinien unvollkommenen Schutz kann jedoch entkräftet werden: Rechtsgeschäftliche Handlungen beinhalten stets auch eine soziale und mithin natürliche Handlung.

Ein Schadensersatzanspruch aus § 823 Abs. 2 BGB kommt nur in Betracht, wenn ein entsprechendes Schutzgesetz verletzt wird. Art. 3 Abs. 2, 3 GG ist jedoch kein Schutzgesetz i.S.d. § 823 Abs. 2 BGB.[981] Die gegenteilige Annahme würde auf eine Anerkennung der unmittelbaren Drittwirkung des Art. 3 Abs. 3 GG hinauslaufen.[982] Ein Anspruch kann sich nur aus § 823 Abs. 2 BGB i.V.m.

---

[976] BGHZ 26, 349 (354 ff.); BGHZ 132, 13 (27 ff.).
[977] *Sprau* in: Palandt (Hrsg.), BGB, § 823 Rn. 84.
[978] Vgl. oben 2. Teil A. VII. 1.
[979] *Sprau* in: Palandt (Hrsg.), BGB, § 823 Rn. 95.
[980] *Schiek*, Differenzierte Gerechtigkeit, 393.
[981] *Rädler*, NJW 1998, 1621 (1622); *Röttgen*, Schutz vor Diskriminierung, 117. Ebenso *Neuner*, JZ 2003, 57 (61) in Bezug auf § 134 BGB. A.A. *Canaris*, AcP 184 (1984), 201 (235 ff.), der aber selbst einräumt, dass seine Konstruktion eines ungeschriebenen Verbotsgesetzes „auf dasselbe Ergebnis wie die Lehre von der unmittelbaren Drittwirkung hinauslaufen" würde.
[982] Zu der nur mittelbaren Drittwirkung des Art. 3 GG vgl. 3. Teil A. II. und Fn. 902.

dem strafrechtlichen Ehrschutz ergeben, weil im Fall einer Diskriminierung i.d.R. eine Beleidigung i.S.d. § 185 StGB vorliegen dürfte.[983] Dafür ist jedoch Vorsatz auf Seiten des Benachteiligenden erforderlich. Auch die in einem Anti-Diskriminierungsgesetz enthaltenen Benachteiligungsverbote würden entsprechende Schutzgesetze zur Verfügung stellen, aufgrund der europarechtlichen Vorgaben jedoch ohne Rücksicht auf subjektive Beweggründe des Diskriminierenden.

§ 826 BGB kann zwar neben der Pflicht zum Schadensersatz auch einen Kontrahierungszwang auslösen, allerdings besteht eine Pflicht zum Vertragsschluss nach herrschender Meinung lediglich im Falle einer tatsächlichen oder rechtlichen Monopolstellung oder bei einer aufgrund des Allgemeininteresses (öffentliche Daseinsvorsorge) zwingenden Teilhabe an Gütern und Dienstleistungen.[984] Obwohl die Herleitung eines Anspruchs auf Vertragsschluss über § 826 BGB im Falle einer Diskriminierung grundsätzlich möglich erscheint,[985] existiert hierzu bisher keine Rechtsprechung. Nur eine Mindermeinung[986] befürwortet nach geltendem Recht die Ausweitung des Kontrahierungszwangs für personenbezogene, insbesondere rassistisch motivierte Diskriminierungen. Nach einer Ansicht[987] dürfe ein derartiger Anspruch kein Verschulden voraussetzen, mit der Folge, dass der Eingriff lediglich objektiv widerrechtlich sein müsste. Gleichwohl war bislang die im Bereich des Arbeitsrechts mit § 611a BGB getroffene Entscheidung, von einem Kontrahierungszwang abzusehen, bei der Auslegung des § 826 BGB zu berücksichtigen.[988] Zu bedenken ist darüber hinaus, dass über die Generalklauseln nicht nur das verfassungsrechtliche Gebot der Nichtdiskriminierung, sondern auch die in Art. 2 Abs. 1 GG gewährleistete Vertragsfreiheit auf das Zivilrecht einwirkt. Daraus folgt eine erhebliche Einschränkung des auf der Grundlage von § 826 BGB möglichen Diskriminierungsschutzes.

---

[983] *Bezzenberger*, AcP 196 (1996), 395 (425).
[984] BGHZ 63, 282 (286 ff.); *Heinrichs* in: Palandt (Hrsg.), BGB, Einf. v. § 145 Rn. 9 m.w.N.; *Herrmann*, ZfA 1996, 19 (59); *Kramer* in: MünchKomm BGB, vor § 145 Rn. 13. *Preis/Rolfs*, Verbot der Ausländerdiskriminierung, 55; zum Aufnahmezwang für Verbände mit Monopol- oder zumindest überragender wirtschaftlicher oder sozialer Machtstellung, vgl. BGH NJW 1999, 1326 und BGH NJW 1985, 1216; KG NJW-RR 1993, 183; LG Karlsruhe NJW-RR 2002, 111. Genauer dazu unten 3. Teil C. III. 7. e.
[985] *Bezzenberger*, AcP 196 (1996), 395 (429); a.A. *Preis/Rolfs*, Verbot der Ausländerdiskriminierung, 55: Allein der Umstand der Diskriminierung könne einen Kontrahierungszwang nicht begründen; *Bydlinski*, AcP 180 (1980), 1 (14 f., 44 f.); *Salzwedel* in: Carstens/Peters (Hrsg.), FS Jahrreiss, 339 (350 f.), der nur einen *faktischen* Kontrahierungszwang durch drohende Schadensersatzansprüche anerkennt.
[986] *Bezzenberger*, AcP 1996, 427 ff.; *Otto*, Personale Freiheit, 34 ff.; *Bork* in: Staudinger, BGB, Vorbem. zu §§ 145 ff. Rn. 24.
[987] *Bezzenberger*, AcP196 (1996), 395 (429).
[988] *Thüsing*, NJW 2003, 3441 (3445).

cc. § 1004 BGB analog

Der Anspruch auf Unterlassung unzulässiger Persönlichkeitsverletzungen in analoger Anwendung[989] des § 1004 BGB setzt eine Erstbegehungs- oder Wiederholungsgefahr voraus.[990] § 1004 BGB wirkt daher nur für die Zukunft, hat aber keinen unmittelbaren Sanktionscharakter. Seine Wirksamkeit in Diskriminierungssachverhalten unterliegt damit einer erheblichen Einschränkung, zumal sich die Parteien bei einer Diskriminierung oftmals zum ersten Mal begegnen.

Ein Beseitigungsanspruch aus § 1004 BGB setzt eine fortdauernde widerrechtliche Beeinträchtigung voraus. Damit können nur sich wiederholende Diskriminierungen wirksam unterbunden werden, während der Benachteiligte in den typischen, einmaligen Diskriminierungssituationen schutzlos bleibt.

c. Beweislast

Im deutschen Zivilprozess gilt der Grundsatz, dass der Kläger die für ihn günstigen Tatsachen darlegen und im Falle des Bestreitens beweisen muss. Gelingt ihm dies nicht, wird im Falle einer *non liquet*-Situation die Klage abgewiesen. Außer den §§ 611a BGB[991] und 81 SGB IX kannte das deutsche Recht bislang keine diskriminierungsspezifischen Beweislastregeln. Die bisher vorhandenen allgemeinen Grundsätze konnten allenfalls aufgrund der besonderen Grundrechtsrelevanz von Diskriminierungsfällen verfassungskonform ausgelegt werden.[992] Dazu kam es in der Praxis jedoch nicht.

aa. Prima facie-Beweis

Der *prima facie*-Beweis (Anscheinsbeweis) gelingt bei typischen Geschehensabläufen. Auch einfache Erfahrungssätze können, wenn sie nicht bloße Vorurteile sind, den Anscheinsbeweis begründen.[993] So wird z.B. bei typischen Geschehensabläufen im Rahmen des § 823 Abs. 1 BGB auf den Sorgfaltspflichtverstoß geschlossen, da die kausale Verknüpfung zwischen dem Unterscheidungsmerkmal und der Ungleichbehandlung häufig schwer zu beweisen ist.[994] Der Beklagte kann den Anschein allerdings durch einen vereinfachten Gegen-

---

[989] BGHZ 128, 1 (6) (*Caroline v. Monaco*); BGHZ 34, 99 (102).
[990] *Sprau* in: Palandt (Hrsg.), BGB, Einf. v. § 823 Rn. 20.
[991] Zur Beweisverteilung in § 611a BGB siehe *Schlachter* in: Dieterich/Müller-Glöge/Preis/Schaub (Hrsg.), ErfK, § 611a Rn. 26 ff.
[992] Siehe zur Beweislage nach bisherigem Recht ausführlich *Scholten*, Diskriminierungsschutz durch Privatrecht?, 86 ff.
[993] *Prütting* in: MünchKomm ZPO, § 286 Rn. 59 ff.: Stehen bei besonders typischen Geschehensabläufen einzelne Ereignisausschnitte fest, so kann hieraus auf weitere Elemente eines nach allgemeiner Lebenserfahrung gegebenen Gesamtzusammenhangs geschlossen werden.
[994] Vgl. *Wagner* in: MünchKomm BGB, § 823 Rn. 356, 315.

beweis erschüttern. Dabei darf die Rechtsprechung es ihm nicht zu leicht machen Gründe vorzuschieben, wenn eine Diskriminierung wegen einer grundrechtlich geschützten Position in Rede steht.[995] Gelingt der Gegenbeweis nicht, führt der Anscheinsbeweis zur richterlichen Überzeugung i.S.d. § 286 ZPO.[996] Insgesamt gewährleistet der *prima facie*-Beweis aufgrund seiner einfachen Widerlegbarkeit aber nicht den von Art. 8 bzw. Art. 9 der Richtlinien 2000/43/EG und 2004/113/EG vorgesehenen Schutz. Werden Waren oder Leistungen, insbes. Gegenstände des täglichen Bedarfs, allgemein und öffentlich angeboten, aber Menschen verweigert, die ersichtlich oder bekanntermaßen anderer ethnischer Herkunft als der Anbietende sind, so spricht zwar nach teilweise vertretener Ansicht[997] die typische Lebenserfahrung dafür, dass gerade diese Unterscheidungsmerkmale maßgeblich waren für die Verweigerung des Vertragsabschlusses oder der Aufnahme in einen Verein. Es müssten dann Gründe dargetan werden, die diesen Anscheinsbeweis erschüttern und die Ungleichbehandlung rechtfertigen können. Der Beklagte habe dann darzulegen, warum jemand vom allgemein zugänglichen Leitungsverkehr ausgeschlossen wird, etwa wegen erschöpfter Kapazität einer Ware, mangelnder Zahlungsfähigkeit des Kunden oder Forderungsrückständen. Es lässt sich jedoch kein allgemeiner Erfahrungssatz dergestalt aufstellen, dass eine Ungleichbehandlung von Menschen stets an bestimmte Differenzierungsmerkmale anknüpft und ohne sie nicht geschehen würde. Ein derartiger Erfahrungssatz besteht allenfalls für besondere Situationen[998], so dass der *prima facie*-Beweis keine ausreichende Beweiserleichterung in Diskriminierungsfällen darstellt. Ansonsten wäre auch kaum § 611a Abs. 1 Satz 3 BGB in das deutsche Arbeitsrecht eingefügt worden.

bb. Abstufung der Beweislast

Liegen die Voraussetzungen des Anscheinsbeweises nicht vor, kommt noch eine Abstufung der Darlegungs- und Beweislast i.S.v. § 138 Abs. 2 ZPO in Betracht. Zwar ist eine generelle Analogie zu § 611a Abs. 1 Satz 3 BGB abzulehnen. Die praktische Handhabe von verfahrensrechtlichen Vorschriften in Diskriminierungsfällen hat jedoch Grundrechtsrelevanz.[999] Mit Blick auf § 611a Abs. 1 Satz 3 BGB konnte daher bereits nach geltendem Recht eine gewisse Beweismaßsenkung geboten sein, so dass es ausreichend wäre, wenn ein vorgetragener Lebenssachverhalt eine Diskriminierung *zumindest wahrscheinlich* erscheinen lässt. Damit obläge demjenigen, der eine Diskriminierung behauptet, schon vor

---

[995] BVerfGE 89, 276 (289 ff.).
[996] *Preis/Rolfs*, Verbot der Ausländerdiskriminierung, 57 f.
[997] *Bezzenberger*, AcP 196 (1996), 395 (432).
[998] Vgl. *Bezzenberger*, AcP 196 (1996), 395 (431 f.).
[999] BVerfGE 89, 276 (289 ff.).

Inkrafttreten eines Anti-Diskriminierungsgesetzes nur die Darlegung von Vermutungstatsachen, die den Schluss auf benachteiligendes Verhalten zulassen.[1000] Möglicherweise kann dem Kläger in einem zweiten Schritt dann auch noch die konkrete Beweisführungslast erleichtert werden: Der BGH[1001] hat bestätigt, dass dem Gegner der primär behauptungs- und beweisbelasteten Partei dann eine sekundäre Behauptungslast zufällt, wenn die darlegungspflichtige Partei außerhalb des von ihr darzulegenden Geschehensablaufs steht und keine nähere Kenntnis der maßgebenden Tatsachen besitzt, während der Prozessgegner sie hat und ihm nähere Angaben zumutbar sind. Der Kläger genügt seiner Darlegungslast dann bereits mit einer an sich unsubstantiierten Behauptung, die i.S.d. § 138 Abs. 3 ZPO als zugestanden gilt, wenn die sekundär darlegungsbelastete Partei dem nicht substantiiert entgegentritt.[1002] Entsprechend bestünde bereits nach geltendem Recht ein dem Art. 8 der Richtlinien vergleichbarer Schutz: Auch dort muss der Betroffene lediglich Tatsachen „glaubhaft" machen, bevor es dem Gegner obliegt zu beweisen, dass keine Diskriminierung vorgelegen hat bzw. diese gerechtfertigt war.[1003] Zur praktischen Anwendung dieser Grundsätze auf Diskriminierungsfälle kam es jedoch, soweit ersichtlich, nicht.

cc. Weitere Beweiserleichterungen

Ist die Schadenshöhe streitig oder ist zweifelhaft, ob bestimmte Schäden auf der Rechtsgutsverletzung beruhen, greifen Beweiserleichterungen (§ 287 ZPO). So werden im Rahmen der Beweiswürdigung gem. § 287 ZPO geringere Anforderungen an die Überzeugungsbildung des Gerichts gestellt, auch hier genügt je nach Einzelfall eine „höhere oder deutlich höhere Wahrscheinlichkeit für die Überzeugungsbildung."[1004] Beim verschuldensunabhängigen Beseitigungs- und Unterlassungsanspruch des § 1004 BGB hat der Beklagte die Voraussetzungen für eine Rechtfertigung bzw. eine Duldungspflicht des Klägers vorzutragen.[1005]

d. Gerichtspraxis

Obwohl das allgemeine Zivilrecht damit schon vor Inkrafttreten eines Anti-Diskriminierungsgesetzes in materieller und prozessualer Hinsicht Möglichkeiten zur Bekämpfung von Diskriminierungen seitens Privater bereithält, wurde es nicht als effektives Instrument gegen soziale Ausgrenzung genutzt. Diskrimi-

---

[1000] Vgl. dazu *Preis/Rolfs*, Verbot der Ausländerdiskriminierung, 58.
[1001] BGH NJW 1990, 3151 f.
[1002] Vgl. dazu *Preis/Rolfs*, Verbot der Ausländerdiskriminierung, 10, 12, 58 f.
[1003] Vgl. zu dieser Regelung und zur Umsetzung ins deutsche Recht noch 3. Teil C. III. 8.
[1004] Vgl. BGH NJW 2003, 1116, 1117, der damit der ständigen Rspr. folgt, siehe BGH VersR 1970, 924, 926 f. und BGHZ 137, 142 ff. = NJW 2000, 862 ff.
[1005] *Medicus* in: MünchKomm BGB, § 1004 Rn. 103.

rungsfälle im Zivilrecht waren dementsprechend selten Gegenstand der Rechtsprechung.[1006]

2. Umsetzungspflicht

Zwar entfaltet das verfassungsrechtliche Gleichbehandlungsgebot über die Generalklauseln und andere offen formulierte Bestimmungen einige Wirkung im deutschen Zivilrecht, die man mit Hilfe der Gerichte auch aktivieren könnte. Dies gilt seit dem Jahr 2003 insbesondere vor dem Hintergrund der Möglichkeit einer richtlinienkonformen Auslegung.[1007] Der Einfluss der Grundrechte bleibt aber unauffällig. Zivilrechtsnormen, die Diskriminierung ausdrücklich verbieten, existieren nicht. Die übrigen sind zu unbestimmt, um den Bürger wirkungsvoll zu schützen und ihm in transparenter Weise seine Rechte zu verdeutlichen. Das deutsche Zivilrecht hält daher vor Inkrafttreten des Anti-Diskriminierungsgesetzes keinen effizienten und umfassenden Schutz vor Diskriminierung bereit.

Unabhängig von bereits bestehenden materiellen Gewährleistungen in seiner Rechtsordnung ist jeder Mitgliedstaat zur hinreichend bestimmten, klaren und transparenten Umsetzung von Richtlinien verpflichtet, damit der einzelne von

---

[1006] Gegen die Ablehnung von Ausländern als Nach- oder Untermieter LG Hannover, WuM 1977, 223; LG Köln, WuM 1978, 50; LG Saarbrücken, WuM 1995, 313 (314); AG Saarbrücken, WuM 1995, 313 f.; für die Zulässigkeit noch LG Frankfurt, WuM 1970, 115. Zur sittenwidrigen Diskriminierung von ausländischen Taxifahrern seitens der Taxizentrale, OLG Düsseldorf ZIP 1999, 1357. Zur Kündigung eines Geschäftsführer-Dienstvertrags aufgrund ethnischer Herkunft, vgl. LG Frankfurt/Main NJW-RR 2001, 1113. Zur Unwirksamkeit eines Hundehaltungsverbots gegenüber einem behinderten Mieter oder Wohnungseigentümer siehe BayObLG NJW-RR 2002, 226. Der Verweigerung des Zugangs zu Gaststätten konnte dagegen nur mit dem Strafrecht begegnet werden: OLG Frankfurt/Main NJW 1985, 1720 (Lokalverbot für Türken); BayObLG NJW 1983, 2040. Zum Aufnahmezwang von Verbänden und Vereinen siehe BVerfG NJW-RR 1989, 636: Aufnahme in Landessportbund; BGH NJW 1985, 1216 und BGH NJW 1999, 1326: Aufnahmezwang für Verbände mit überragender Machtstellung im wirtschaftlichen oder sozialen Bereich; BGH NJW 1969, 316: Aufnahmeanspruch in Idealverein; KG NJW-RR 1993, 183: Aufnahme eines Vereins homosexueller Sportler in Sportdachverband; OLG Stuttgart NZG 2001, 997: Aufnahmeanspruch in überregionalen Sportverband; LG Heidelberg NJW 1991, 927: Aufnahme einer „Schwulen Jugendgruppe" in Stadtjugendring; LG Karlsruhe NJW-RR 2002, 111: Aufnahme von Chören mit homosexuellen Sängern in Sängerbund. Zur Anfechtung eines Mietvertrags durch die katholische Kirche wegen einer Feier zur Begründung einer (homosexuellen) Lebenspartnerschaft: AG Neuss NJW 2003, 3785. Reisevertragliche Minderungsansprüche wegen der Begegnung mit behinderten Menschen am Urlaubsort: AG Frankfurt, NJW 1980, 1965; LG Frankfurt NJW 1980, 1169; AG Flensburg, NJW 1993, 272; AG Flensburg SchlHA 1992, 217. Zur Frage einer Beeinträchtigung durch behinderte Nachbarn OLG Köln, NJW 1998, 763.

[1007] Vgl. zur richtlinienkonformen Auslegung oben 2. Teil C. III. 5. a.

I. Der europarechtliche Umsetzungsbedarf

seinen Rechten und Pflichten Kenntnis erlangen kann:[1008] Eine bestehende nationale Rechtsprechung, die innerstaatliche Rechtsvorschriften in einem Sinn auslegt, der als den Anforderungen einer Richtlinie entsprechend angesehen wird, kann nicht die Klarheit und Bestimmtheit aufweisen, die notwendig ist, um dem Erfordernis der Rechtssicherheit zu genügen.[1009] Insbesondere wenn die Richtlinie den Unionsbürgern Rechte verleihen soll, wird die Bezugnahme auf eine existierende Generalklausel daher nicht ausreichen.[1010] Die Richtlinien 2000/43/EG und 2004/113/EG zielen gerade darauf ab, einigen Bürgern Rechte zu verleihen und gleichzeitig andere Private zu verpflichten. Wegen ihrer Drittwirkung in Privatrechtsverhältnissen ist ein besonderer Grad an Rechtssicherheit erforderlich. Diese wird nicht durch Generalklauseln, sondern nur durch die Einfügung hinreichend bestimmter Vorschriften in das Zivilrecht gewährleistet.[1011] Nur dann haben die Betroffenen die Möglichkeit, von ihren Rechten und Pflichten Kenntnis zu erlangen. Ohne Belang ist es dabei, ob die nötige Transparenz durch Änderung des BGB oder Schaffung eines Nebengesetzes hergestellt wird.[1012]

Trotzdem wird der Umsetzungsbedarf der europarechtlichen Bestimmungen mit Blick auf die bestehenden Vorschriften im deutschen Zivilrecht teilweise in Zweifel gezogen.[1013] Dieser Standpunkt ist spätestens durch die Entscheidung des EuGH[1014] vom 28. April 2005 zur Nichtumsetzung der Richtlinie 2000/43/EG durch Deutschland obsolet geworden. Dort stellte der EuGH fest, dass der deutsche Gesetzgeber dadurch seine Pflichten aus dem EG-Vertrag verletzt habe.

Unabhängig von diesen europarechtlichen Erwägungen verlangt auch die Gewaltenteilung sowie die Bedeutung der Privatautonomie eine gesetzgeberische Entscheidung, wie das Verhältnis von Gleichheit und Freiheit im Zivilrecht auszugestalten ist. Nach dem geltenden Recht wäre man auf die richterliche Auslegung der Generalklauseln und anderer unbestimmter Rechtsbegriffe unter Be-

---

[1008] EuGH Rs. C-144/99, Slg. 2001, 3541 Rn. 17 (*Kommission/Niederlande*); EuGH Rs. C-365/93, Slg. 1995, 499 Rn.. 9 (*Kommission/Griechenland*); EuGH Rs. C-220/94, Slg. 1995, 1589 Rn. 10 (*Kommission/Luxemburg*); *Nettesheim* in: Grabitz/Hilf (Hrsg.), EUV/EGV, Art. 249 EG Rn. 140; *Armbrüster*, ZRP 2005, 41.
[1009] EuGH Rs. C-144/99, Slg. 2001, 3541 Rn. 21 (*Kommission/Niederlande*); a.A. *Siems*, ZEuP 2002, 747 (750 ff.), der die durch den EuGH vorausgesetzte Gesetzeskenntnis des einzelnen für eine „unzulässige Fiktion" hält (751).
[1010] *Schroeder* in: Streinz (Hrsg.), EUV/EGV, Art. 249 EG Rn. 93.
[1011] Ebenso *DAV (Ausschuss Zivilrecht)*, Stellungnahme v. Mai 2003 (21/03), 4, abrufbar unter: http://www.dav.de.
[1012] Siehe zum Standort einer nationalen Regelung noch 3. Teil C. III. 1.
[1013] So etwa *Picker*, JZ 2003, 540 (545); im Grundsatz auch *v. Koppenfels*, WM 2002, 1489 (1495).
[1014] EuGH Rs. C-329/04 (*Kommission/Deutschland*), abrufbar unter http://www.curia.eu.int.

rücksichtigung der verfassungsrechtlichen Wertungen angewiesen. Auch der *judicial self restraint* dürfte deshalb die Zurückhaltung deutscher Gerichte in der Vergangenheit erklären.

II. Entstehungsgeschichte und Inhalt der Entwürfe für ein Anti-Diskriminierungsgesetz

Durch seine Zielsetzung, erstmals Diskriminierungsverbote in das deutsche Zivilrecht zu integrieren, stießen die Entwürfe für ein Anti-Diskriminierungsgesetz trotz der europarechtlich zwingenden Vorgaben von Beginn an auf starken Widerstand. Viele gesellschaftliche Interessengruppen befürchteten eine unangemessene Beschränkung der Vertragsfreiheit. Auch die Literatur äußerte in diesem Sinne teilweise heftige Bedenken.[1015] Entsprechende Stellungnahmen beschränkten sich aber fast ausschließlich auf das deutschsprachige Schrifttum.[1016] Die rechtlichen Vorbehalte sowie die Einwirkung durch Kirchen und Lobbyorganisationen führten zu einer erheblichen Umsetzungsverzögerung, in deren Verlauf verschiedene Gesetzesentwürfe präsentiert und wieder zurückgezogen wurden.[1017]

1. Der Diskussionsentwurf 2001 (DiskE 2001)

Noch unter der damaligen Bundesjustizministerin *Däubler-Gmelin* wurde ein ambitionierter, wenn auch vergleichsweise undifferenzierter Gesetzentwurf[1018] vorgelegt. Er sah vor, im Anschluss an § 319 BGB einen „Untertitel 5 Verbotene Benachteiligung" in das Bürgerliche Gesetzbuch einzuführen, um in den §§ 319a-319e BGB n.F. die Voraussetzungen, die Rechtsfolgen und die Beweisführung im Fall zivilrechtlicher Diskriminierungen zu regeln. Das Unterlassungsklagengesetz (UKlaG) sollte um ein Verbandsklagerecht bei Verstößen gegen das Diskriminierungsverbot des § 319a BGB n.F. ergänzt werden. Zudem war geplant, das Schikaneverbot in § 226 BGB auf Diskriminierungen auszuweiten. Zentrale Bestimmung des DiskE 2001 war das „Benachteiligungs- und Belästigungsverbot" gem. § 319a Abs. 1 BGB n.F. So sollte gem. § 319a Abs. 1 Nr. 1 lit. a BGB n.F. für *alle* Verträge, die „*öffentlich angeboten*" werden, ein umfassendes Verbot der Diskriminierung aufgrund Geschlecht, „Rasse", ethnischer

---

[1015] Vgl. dazu die Nachweise bei *Schöbener/Stork*, ZEuS 2004, 43 (46, dort Fn. 12).
[1016] Dies wurde erst kürzlich durch eine Untersuchung der EU-KOM bestätigt: *EU-KOM* (Hrsg.), Academic Literature, 6 (15 f.), vgl. schon 2. Teil C. IV. 3. b. aa. (Fn. 750).
[1017] Die Entwürfe für ein Anti-Diskriminierungsgesetz aus dem Jahr 1998 von SPD und Bündnis 90/Die Grünen sind nicht Gegenstand der nachfolgenden Betrachtung, vgl. dazu „Entstehungsgeschichte", abrufbar unter http://www.anti-diskriminierung.info. Sie beruhten nicht auf europarechtlichen Vorgaben.
[1018] Diskussionsentwurf eines Gesetzes zur Verhinderung von Diskriminierungen im Zivilrecht v. 10.12.2001 (DiskE 2001).

Herkunft, Religion und Weltanschauung, Behinderung, Alter und sexueller Identität eingeführt werden, obwohl die Richtlinie 2000/43/EG sich nur auf die Merkmale „Rasse" und ethnische Herkunft bezieht. Die deutsche Regelung orientierte sich hingegen am Katalog des Art. 13 Abs. 1 EG: Befürchtet wurde, dass eine gesetzliche Beschränkung auf die beiden in der Richtlinie genannten Merkmale als Legitimierung anderweitiger Ungleichbehandlungen angesehen werden könnte.[1019] Die Richtlinie 2000/43/EG beschränkt sich zudem gem. ihrem Art. 3 Abs. 1 lit. h auf die Regelung von Verträgen über Güter und Dienstleistungen, „*die der Öffentlichkeit zur Verfügung stehen*". Weder ist damit ein „öffentliches Angebot" von Privatpersonen gemeint[1020] noch bezieht sich die Richtlinie unspezifisch auf *alle* privatrechtlichen Verträge, wie dies der Entwurf vorsah. Ergänzend verbot der DiskE 2001 eine Diskriminierung aus allen in Art. 13 Abs. 1 EG genannten Gründen bei (nicht notwendig öffentlich angebotenen) Verträgen über eine Beschäftigung, medizinische Versorgung oder Bildung und im Rahmen von Berufsorganisationen (§ 319a Abs. 1 Nr. 1 lit. b und Nr. 2 BGB n.F.). Diese Regelung nahm zutreffend Bezug auf Art. 3 Abs. 1 lit. d, e, g der Richtlinie 2000/43/EG.

§ 319b BGB n.F. enthielt Begriffsbestimmungen für die unmittelbare und mittelbare Diskriminierung sowie für die Belästigung und die Anweisung zur Diskriminierung. Die Vorschrift sollte Art. 2 der Richtlinie 2000/43/EG umsetzen.

§ 319c BGB n.F. sollte die Beweisführung und Beweislastverteilung regeln. Die Vorschrift übernahm inhaltlich Art. 8 der Richtlinie 2000/43/EG und passte den Wortlaut redaktionell an § 611a Abs. 1 Satz 3 BGB an.

§ 319d Abs. 1 BGB n.F. normierte „zulässige Unterscheidungen". Danach sollte eine zulässige Unterscheidung nur vorliegen

„1. bei Verträgen, die eine Beschäftigung zum Gegenstand haben, sowie in den Fällen des § 319a Abs. 1 Nr. 2, wenn a) das Vorhandensein oder Fehlen eines der in § 319a Abs. 1 bezeichneten Merkmale wesentliche und entscheidende Voraussetzung für die Tätigkeit oder Zugang zu und der Mitwirkung in einer Organisation ist oder b) die Berücksichtigung des Alters oder einer Behinderung durch sachliche Gründe gerechtfertigt ist. 2. in den übrigen Fällen, wenn die Berücksichtigung des Geschlechts, der Religion oder der Weltanschauung, einer Behinderung, des Alters, oder der sexuellen Identität durch sachliche Gründe gerechtfertigt ist."

Ein sachlicher Grund war auch der Abbau von Benachteiligungen, die sog. positive Diskriminierung (§ 319d Abs. 3 BGB n.F.), deren Zulässigkeit auch Art. 5 der Richtlinie 2000/43/EG vorsieht. Eine Bereichsausnahme oder eine Rechtfertigungsmöglichkeit für Ungleichbehandlungen aufgrund von „Rasse"

[1019] *Beck* in: Bündnis 90/Die Grünen (Hrsg.), Anhörung Zivilrechtliches ADG, 3 (5).
[1020] Siehe 2. Teil C. III. 1. d. cc. (6) sowie grundsätzlich *Schöbener/Stork*, ZEuS 2004, 43 (65 ff.).

oder ethnischer Herkunft war folglich nicht vorgesehen, sieht man einmal von Verträgen über eine Beschäftigung und den Zugang zu Berufsorganisationen ab. Die dort ausnahmsweise zulässigen Unterscheidungen entstammen den Vorgaben des Art. 4 der Richtlinie 2000/43/EG. Dass für den Bereich des Privat- und Familienlebens jedoch auch im Hinblick auf „rassische" und ethnische Diskriminierungen eine Bereichsausnahme erforderlich ist, ergibt eine Interpretation des Art. 3 Abs. 1 lit. h der Richtlinie 2000/43/EG und ihres vierten Erwägungsgrundes.[1021]

Schließlich wurden in § 319e Abs. 1 BGB n.F. die Rechtsfolgen eines Verstoßes gegen das Diskriminierungsverbot geregelt. Sie sollten Ansprüche auf Unterlassung, Folgenbeseitigung und Schadensersatz umfassen. Der Anspruch auf benachteiligungsfreie Behandlung (Folgenbeseitigung) konnte auch den Abschluss eines Vertrags oder den Zugang zu einer Organisation umfassen. Einseitige Rechtsgeschäfte, die gegen das Benachteiligungsverbot verstoßen, sollten gem. § 319e Abs. 2 BGB n.F. nichtig sein. Diese Klarstellung war jedoch überflüssig: Einseitige Rechtsgeschäfte (z.B. eine Kündigung), die gegen ein gesetzliches Verbot verstoßen, wären mangels anderweitiger Regelung bereits nach § 134 BGB i.V.m. § 319a BGB n.F. nichtig gewesen.

2. Der überarbeitete DiskE 2002

Ein überarbeiteter DiskE 2002[1022] beschränkte das Diskriminierungsverbot gem. Art. 319a Abs. 1 Nr. 1 a BGB n.F. auf *„Verträge[…], die Waren und Dienstleistungen, die öffentlich angeboten werden, insbesondere Kauf-, Miet-, Kredit- oder Versicherungsverträge"*, zum Gegenstand haben. Dadurch wurde die unspezifische Anwendung des Diskriminierungsverbots auf *alle* privatrechtlichen Verträge zurückgenommen, wenn auch der Tatbestand des „öffentlichen Angebots" erhalten blieb. Verträge über eine Beschäftigung, medizinische Versorgung oder Bildung sollten wie bisher auch dann diskriminierungsfrei ausgestaltet sein, wenn sie nicht öffentlich angeboten wurden. Für Organisationen weitete der DiskE 2002 das Diskriminierungsverbot aus: Der Zugang zu Organisationen,

> *„deren Mitglieder einer bestimmten Berufsgruppe angehören oder die eine Monopol- oder eine überragende Machtstellung im wirtschaftlichen oder sozialen Bereich innehaben,* [sollte], *wenn ein wesentliches oder grundlegendes Interesse an dem Erwerb der Mitgliedschaft besteht",*

[1021] Schöbener/Stork, ZEuS 2004, 43 (77); siehe auch 2. Teil C. III. 1. d. cc. und 3. Teil C. III. 4. a.
[1022] Diskussionsentwurf eines Gesetzes zur Verhinderung von Diskriminierungen im Zivilrecht v. 17.2.2002 – Überarbeitung auf Grund der Besprechungen und Stellungnahmen (DiskE 2002).

II. Entstehungsgeschichte und Inhalt der Entwürfe für ein Anti-Diskriminierungsgesetz

gem. § 319a Abs. 1 Nr. 2 lit. b BGB n.F. ohne Benachteiligung erfolgen können.[1023]

3. Der Zeitraum Februar 2002 – Juni 2004

Während die DiskE 2001/2002 noch alle in Art. 13 Abs. 1 EG genannten Diskriminierungsmerkmale und damit ein pauschales, umfassendes Diskriminierungsverbot enthielten, zeichnete sich bald ab, dass eine solch „überschießende Richtlinienumsetzung" politisch nicht durchsetzbar sein würde. Die Bundesregierung verfolgte das Gesetzgebungsverfahren in dieser Form daher nicht weiter. Schließlich verkündete die neue Bundesjustizministerin *Zypries* im März 2003, dass das zivilrechtliche Anti-Diskriminierungsgesetz in seiner geplanten Form nicht mehr aufrechterhalten würde. Vielmehr sollte die Richtlinie 2000/43/EG nur noch „eins zu eins" umgesetzt werden, d.h. ein neues Gesetz würde sich auf die Tatbestände „Rasse" und „ethnische Herkunft" beschränken.[1024] Anders äußerte sich aber die SPD ein Jahr darauf: Ihr Vorsitzender *Müntefering* kündigte im Mai 2004 die baldige Umsetzung der EU-Richtlinien an. Die Richtlinienbestimmungen sollten jedoch nicht nur „eins zu eins" verwirklicht, sondern erweitert und an die Situation in Deutschland angepasst werden. Ein zivilrechtliches Anti-Diskriminierungsgesetz müsse auch andere Kriterien als nur „Rasse" und ethnische Herkunft umfassen.[1025]

Diese Äußerung war offenbar das Ergebnis einer erneuten rechtspolitischen Diskussion innerhalb und zwischen den die Bundesregierung tragenden Parteien SPD und Bündnis 90/Die Grünen, die allerdings dazu führte, dass die Umsetzungsfrist nicht eingehalten werden konnte. Warum bis zum 19. Juli 2003 nicht wenigstens die Grundforderungen der Richtlinie 2000/43/EG umgesetzt wurden, ist nicht nachvollziehbar. Zumindest die beiden Extremlösungen einer „eins zu eins"-Umsetzung bzw. der Übernahme aller in Art. 13 Abs. 1 EG genannten Merkmale in ein zivilrechtliches Anti-Diskriminierungsgesetz waren aber zunächst gescheitert. Es ging seit Mitte 2003 nunmehr darum, welche Diskriminierungsmerkmale neben „Rasse" und „ethnischer Herkunft" in das Gesetz aufgenommen werden sollten.

Bündnis 90/Die Grünen forderten insbesondere den Schutz der sexuellen Orientierung und der Religion,[1026] auch wenn sie sich im Grunde gegenüber einer Aufnahme aller in Art. 13 Abs. 1 EG genannten Diskriminierungsmerkmale aufgeschlossen zeigten.[1027] Die effizienteste Lobbyarbeit leisteten die Behinder-

---

[1023] Dieses Verbot ist ausschließlich im DiskE 2002 enthalten.
[1024] FAZ v. 8.3.2003, 11.
[1025] FAZ v. 17.5.2004, 1.
[1026] *Rath*, KStA v. 14.7.2004, 4.
[1027] *Beck* in: Bündnis 90/Die Grünen (Hrsg.), Anhörung Zivilrechtliches ADG, 3 (4 f.).

tenverbände, die unter dem Titel "Nicht ohne uns! Behinderte ins Anti-Diskriminierungsgesetz!" im August 2003 eine Kampagne starteten, um auch den Schutz behinderter Menschen in das geplante Gesetz aufzunehmen. So existierte seit Januar 2000 ein konkreter Vorschlag des Forums behinderter Juristinnen und Juristen für ein Behindertengleichstellungsgesetz (BehGleichstG)[1028], das in seinem § 5 auch ein Verbot der Diskriminierung im Privatrechtsverkehr enthält. Entsprechend umfasste das von Bundesjustizministerin *Zypries*[1029] im Juni 2004 in Berlin auf einer Fachtagung zum Diskriminierungsschutz vorgestellte Konzept eines zivilrechtlichen Anti-Diskriminierungsgesetzes neben den Tatbeständen „Rasse" und ethnische Herkunft auch das Merkmal „Behinderung". In dieser „Berliner Rede" erläuterte sie die Grundzüge der gesetzlichen Regelung sowie die europarechtlichen Vorgaben und nahm Stellung zur grundsätzlichen Notwendigkeit des Diskriminierungsschutzes in einer liberalen Gesellschaft.

Die Aufnahme eines Diskriminierungsverbots aufgrund des Geschlechts scheint dagegen ausgerechnet durch die Vorstellung des Vorschlags für die Richtlinie 2004/113/EG im November 2003 verhindert worden zu sein. Obwohl ein solches Diskriminierungsverbot eigentlich ein sicherer „Kandidat" für die Aufnahme gewesen wäre, weil Deutschland auf eine vergleichsweise lange Tradition der geschlechtsspezifischen Gleichbehandlung im Arbeitsrecht zurückblicken kann, wurde es nicht in den Entwurf integriert, um einer europäischen Regelung nicht vorzugreifen.[1030]

4. Der ZADG-E 2004

Im September 2003 erstellte das BMFSFJ ein (unveröffentlichtes) Eckpunktepapier.[1031] Es bildete die Grundlage für die Art. 1 und 2 des Vorentwurfs für ein

---

[1028] *Forum behinderter Juristinnen und Juristen* (Hrsg.), Entwurf eines Gleichstellungsgesetzes für Behinderte (BehGleichstG) v. 8.1.2000, abrufbar unter: http://www.behindertenbeauftragter.de/files/1027946170.39/BehGleichstG.rtf (Zugriffsdatum: April 2006).
[1029] Vgl. *Zypries*, Anti-Diskriminierung in Deutschland.
[1030] Vgl. Begründung zum ZADG-E 2004, 2: *„Die zivilrechtlichen Antidiskriminierungsregelungen umfassen die Merkmale Rasse und ethnische Herkunft sowie Behinderung. Sie werden auf das Merkmal Geschlecht ausgedehnt werden, sobald die RL des Rates zur Verwirklichung des Grundsatzes der Gleichbehandlung von Frauen und Männern beim Zugang zu und bei der Versorgung mit Gütern und Dienstleistungen vom EP und dem Rat erlassen wurde. Diese RL wird derzeit in Brüssel beraten, eine Einigung hinsichtlich wichtiger Detailfragen steht noch aus. Dieser Einigung auf europäischer Ebene soll nicht vorgegriffen werden."*
[1031] *Eckpunktepapier des Bundesministeriums für Familie, Senioren, Frauen und Jugend für ein Gesetz zur Verhinderung von Diskriminierungen im Arbeits- und Sozialrecht und zur Errichtung einer nationalen Stelle zur Umsetzung der Richtlinien 2000/43/EG, 2000/78/EG und 2002/73/EG v. 3.9.2003 (nicht veröffentlicht).*

II. Entstehungsgeschichte und Inhalt der Entwürfe für ein Anti-Diskriminierungsgesetz

ZADG vom Mai 2004. Das Eckpunktepapier für den zivilrechtlichen Teil des Entwurfs ist ebenfalls unveröffentlicht. Im Mai 2003 fand jedoch eine öffentliche Anhörung der Bundestagsfraktion von Bündnis 90/Die Grünen zum zivilrechtlichen Teil eines Anti-Diskriminierungsgesetzes statt.[1032] Im Anschluss daran wurden die rechtspolitischen Gespräche zwischen den Parteien wieder aufgenommen. Sie führten im Mai 2004 zu einem erneuten Entwurf, dessen dritter Artikel den ZADG-E 2004 enthält. Offenbar bestand aber weiterhin Uneinigkeit in der Regierungskoalition, denn der Vorentwurf wurde nicht als offizieller Regierungsentwurf vorgestellt, obwohl der Bundestag ursprünglich noch vor der Sommerpause 2004 über das Gesetz beraten sollte. Es schien dabei weniger um die Inhalte, als um die Aufnahme weiterer Diskriminierungsmerkmale in den ZADG-E 2004 zu gehen.

Der Vorentwurf des ZADG 2004 unterschied sich im Anwendungsbereich, den Rechtfertigungsmöglichkeiten, der Regelung des Benachteiligungsbegriffs und den Rechtsfolgen erheblich von den vorangegangen Entwürfen. Wie schon in den DiskE 2001/2002 vorgesehen, sollte jedoch auch durch den ZADG-E 2004 im Anschluss an § 319 BGB ein Untertitel 5 eingeführt werden, der den Titel „Unzulässige Benachteiligung" trug. Er regelte in den §§ 319a-319g BGB n.F. die Voraussetzungen, die Rechtsfolgen und die Beweisführung im Fall zivilrechtlicher Diskriminierungen. Die Erweiterung um zwei zusätzliche Paragraphen im Vergleich zu den vorhergehenden Entwürfen kam dadurch zustande, dass die beiden Benachteiligungsverbote „aus ethnischen Gründen" und „wegen einer Behinderung" getrennt voneinander geregelt wurden. Das grundsätzliche Verbot der Benachteiligung enthielt aber weiterhin § 319a BGB n.F., wonach

„[e]ine Benachteiligung aus Gründen der Rasse oder wegen der ethnischen Herkunft oder wegen einer Behinderung ... nach Maßgabe dieses Untertitels unzulässig (Benachteiligungsverbot)"

war. Zudem wurde die Prozessstandschaft der Verbände nicht mehr im UKlaG, sondern in § 319g BGB n.F. geregelt. Eine Ergänzung des Schikaneverbots gem. § 226 BGB um Diskriminierungstatbestände war nicht mehr vorgesehen.

§ 319b BGB n.F. enthielt weiterhin die Begriffsbestimmungen. So wurde in den Absätzen 1 und 2 die unmittelbare und mittelbare Benachteiligung definiert. Allerdings waren Belästigungen sowie die Anweisung zur Diskriminierung nicht mehr als verbotene Verhaltensweisen im ZADG-E 2004 enthalten.

Die §§ 319c und 319d BGB n.F. umfassten die Benachteiligungsverbote „aus ethnischen Gründen" und „wegen einer Behinderung". § 319c Abs. 1 Nr. 1 BGB n.F. bestimmte, dass

---

[1032] Bündnis 90/Die Grünen (Hrsg.), Zivilrechtliches Antidiskriminierungsgesetz.

„das Benachteiligungsverbot aus Gründen der Rasse oder wegen der ethnischen Herkunft ... bei Schuldverhältnissen in Bezug auf den Zugang zu oder die Versorgung mit Waren, Grundstücken, Wohnraum und anderen Leistungen, die öffentlich zum Vertragsschluss angeboten werden",

gelten sollte. Der Tatbestand des „öffentlichen Angebots" zieht sich damit wie ein roter Faden durch die verschiedenen Entwürfe. Rechtsgeschäfte über gesundheits- und bildungsbezogene Leistungen sowie die Mitgliedschaft in privatrechtlichen Berufsvereinigungen waren unabhängig von einem öffentlichen Angebot stets diskriminierungsfrei abzuschließen. Die in § 319c Abs. 2 BGB n.F. geregelte Beweislastverteilung kam aufgrund ihres Standortes nur den Opfern einer ethnischen Diskriminierung zugute. Das Benachteiligungsverbot wegen einer Behinderung gem. § 319d BGB n.F. wurde dagegen ganz anders ausgestaltet. Weil hier der Gesetzgeber nicht an europäische Vorgaben gebunden ist, konnte er es im Rahmen der Maßgaben des Grundgesetzes abweichend von § 319c BGB n.F. ausgestalten. Das Diskriminierungsverbot wegen einer Behinderung galt daher nur

„für Unternehmer gegenüber Verbrauchern bei der Begründung, Ausgestaltung, Durchführung und Beendigung von rechtsgeschäftlichen und rechtsgeschäftsähnlichen Schuldverhältnissen, die regelmäßig in einer Vielzahl von Fällen zu gleichen Bedingungen zustande kommen".

Obwohl der Entwurf also nach wie vor in bezug auf Diskriminierungen aufgrund der „Rasse" oder ethnischen Herkunft beim Zugang zu Waren und Dienstleistungen am Tatbestand des „öffentlichen Angebots" festhielt, enthielt er wichtige Einschränkungen im Vergleich zu seinen Vorgängern. So sollten alle zivilrechtlichen Diskriminierungsverbote gem. § 319e Abs. 1 BGB n.F. („Schranken der Benachteiligungsverbote")

„keine Anwendung auf Schuldverhältnisse [finden], deren Durchführung ein besonderes Nähe- oder Vertrauensverhältnis der Parteien oder ihrer Angehörigen erfordert".

Auch für das Arbeits-, Familien- und Erbrecht galt eine Bereichsausnahme. Zudem sollte eine unterschiedliche Behandlung aufgrund der „Rasse", der ethnischen Herkunft oder einer Behinderung gem. § 319b Abs. 3 BGB n.F. zulässig sein, wenn ein *„wichtiger Grund"* vorliegt. Dieser Rechtfertigungsgrund stellte in erster Linie die Zulässigkeit positiver Diskriminierungen sicher, konnte aber auch darüber hinaus Wirkung entfalten. § 319d Abs. 2 BGB n.F. enthielt zudem einen speziellen Rechtfertigungsgrund für unterschiedliche Behandlungen wegen einer Behinderung.

§ 319f BGB n.F. regelte die Rechtsfolgen, die sich aus dem Verstoß gegen ein Benachteiligungsverbot ergeben. Vorgesehen waren ein Beseitigungs- sowie ein Unterlassungsanspruch. Gem. § 319f Abs. 2 BGB n.F. konnte der Gläubiger auch den Abschluss eines Vertrags verlangen, wenn dieser ohne Verstoß gegen das Benachteiligungsverbot erfolgt wäre. Der Beseitigungsanspruch, der demnach sogar einen Kontrahierungszwang umfassen konnte, wurde anders als in den DiskE 2001/2002 nicht mehr als zivilrechtlicher „Folgenbeseitigungsanspruch" legal definiert. Für immaterielle Schäden konnte der Gläubiger darüber hinaus ein Schmerzensgeld verlangen. Schließlich war das Berufen auf diskriminierende Vertragsabreden nicht möglich; das Schuldverhältnis im übrigen sollte aber aufrechterhalten werden.

Abschließend sah § 319g BGB n.F. eine Prozessstandschaft für Verbände vor. Danach durften anstelle und mit Einverständnis der benachteiligten Person bestimmte, über ihre Satzung qualifizierte Verbände die Rechte des Betroffenen gerichtlich wahrnehmen.

5. Der ADG-E 2005

Am 15. Dezember 2004 haben die Fraktionen von SPD und Bündnis 90/Die Grünen den „Entwurf eines Gesetzes zur Umsetzung europäischer Anti-Diskriminierungsrichtlinien"[1033] (ADG-E) der Öffentlichkeit vorgestellt und am darauffolgenden Tag in den Bundestag eingebracht.[1034] Sie haben sich damit einen Entwurf zu eigen gemacht, der in den vergangenen Jahren im Bundesjustiz- und Familienministerium vorbereitet wurde.[1035] Am 21. Januar 2005 hat der Bundestag in erster Lesung über den Entwurf beraten und den ADG-E im Anschluss

---

[1033] BT-Drs. 15/4538. Soweit die amtliche Begründung zitiert wird, verweist die Arbeit auf die Seitenummerierung der BT-Drs.

[1034] Zum zivilrechtlichen Bereich des Anti-Diskriminierungsrechts: *Stork*, ZEuS 2005, 1 ff.; *Stork*, GLJ 6 (2005), 533; Stellungnahme des *DAV (Ausschuss Zivilrecht)* v. Feb. 2005 (12/2005); *Heinrichs* in: Palandt (Hrsg.), BGB, Anh nach § 319; *Picker*, DWW 2004, 212; *Säcker*, Europäische Diskriminierungsverbote und deutsches Zivilrecht, BB-Special 6/2004, 16; *Riesenhuber/Franck*, JZ 2004, 529; *Riesenhuber/Franck*, EWS 2005, 245. Vgl. dazu bereits *Mahlmann*, ZEuS 2002, 407. Zum arbeitsrechtlichen Bereich: Stellungnahme des *DAV (Ausschuss Arbeitsrecht)* v. Jan. 2005 (10/2005); *Bauer/Thüsing/Schunder*, NZA 2005, 32; v. *Steinau-Steinrück/Schneider/Wagner*, NZA 2005, 28; *Thüsing*, Das Arbeitsrecht der Zukunft? – Die deutsche Umsetzung der Anti-Diskriminierungs-RL im internationalen Vergleich, NZA 2004, Sonderbeilage zu Heft 22, 3; *Freckmann*, FAZ v. 29.12.2004, 21; *Herms/Meinel*, BB 2004, 2370; *Schiek*, NZA 2004, 873. Zum öffentlich-rechtlichen Bereich und zur verfassungsrechtlichen Perspektive eines privatrechtlichen Diskriminierungsschutzes siehe *Jestaedt*, VVDStRL 64, 298 ff.; *Britz*, VVDStRL 64, 355 ff.: *Eichenhofer*, DVBl. 2004, 1078. Zum britischen Anti-Diskriminierungsrecht vgl. *Bell*, MLR 2004, 465. Zum portugiesischen Anti-Diskriminierungsrecht siehe *Sinde Monteiro/P. Mota Pinto/Kern*, VersR 2005, 189.

[1035] Weil der Entwurf nicht als Regierungsvorlage in den Bundestag eingebracht wurde, erhielt der Bundesrat keine Gelegenheit zur Stellungnahme gem. Art. 76 Abs. 2 GG. Er äußerte sich daher auf eigene Initiative mit Beschluss v. 18.2.2005 (BR-Drs. 103/05).

an die zuständigen Ausschüsse verwiesen.[1036] Federführend war der Ausschuss für Familie, Senioren, Frauen und Jugend, vor dem am 7. März 2005 eine öffentliche Expertenanhörung stattfand.[1037] Daraufhin wurde der ADG-E überarbeitet. Eine Synopse mit Änderungen wurde am 18. März 2005 der Öffentlichkeit vorgestellt. In der zweiten und dritten Lesung im Bundestag am 17. Juni 2005 wurde der ADG-E in der Fassung der Beschlussempfehlung[1038] des Ausschusess für Familie, Senioren, Frauen und Jugend vom 15. Juni 2005 durch die Regierungskoalition gegen die Stimmen von CDU/CSU und FDP angenommen. Die Beschlussempfehlung entspricht den in der Synopse vom 18. März 2005 enthaltenen Änderungen.

Der Bundesrat[1039] hat am 8. Juli 2005 den Vermittlungsausschuss gem. Art. 77 Abs. 2 GG angerufen, um eine grundlegende Überarbeitung des Gesetzes i.S.e. Beschränkung auf das europarechtlich zwingend Gebotene zu erreichen. Durch die damit eingetretene Verzögerung konnte ein Inkrafttreten des ADG-E 2005 in der laufenden Legislaturperiode nicht mehr erreicht werden. Der Gesetzentwurf fiel dem Grundsatz der Diskontinuität anheim. Im Koalitionsvertrag der neuen Bundesregierung vom 11.11.2005 heisst es zur Frage der Umsetzung eines Anti-Diskriminierungsgesetzes nur: „Die EU-Gleichbehandlungsrichtlinien werden in deutsches Recht umgesetzt."[1040]

Der ADG-E 2005 war nach den DiskE 2001/2002[1041] und dem ZADG-E 2004 der dritte Versuch der Bundesregierung, die europäischen Vorgaben im Zivilrecht umzusetzen. Erstmals sollte ein selbständiges Gesetz die Umsetzung der Richtlinien 2000/43/EG, 2004/113/EG, 2000/78/EG und 2002/73/EG im Zivil-, Arbeits- und Öffentlichen Recht sicherstellen.[1042] Der Entwurf war als Artikelgesetz ausgestaltet. Art. 1 beinhaltete das eigentliche Anti-Diskriminierungsgesetz, das sich wiederum in mehrere Abschnitte gliederte. Art. 2 sollte ein eigen-

---

[1036] Das Plenarprotokoll ist abrufbar unter: http://www.bundestag.de/ bic/ plenarprotokolle/plenarprotokolle/15152.html (Zugriffsdatum: April 2006).
[1037] Das Ausschussprotokoll ist abrufbar unter: http://www.bundestag.de/parlament/gremien 15/a12/Anhoerungen/Wortprotokoll.pdf (Zugriffsdatum: April 2006).
[1038] Beschlussempfehlung und Bericht des Ausschusses für Familie, Senioren, Frauen und Jugend v. 15.6.2005 (BT-Drs. 15/5717).
[1039] BR-Drs. 445/05 (Beschluss). Bei einem Anti-Diskriminierungsgesetz handelt es sich zwar nicht um ein Zustimmungsgesetz, aber um ein Einspruchsgesetz.
[1040] Koalitionsvertrag zwischen CDU, CSU und SPD v. 11.11.2005, Rn. 6023.
[1041] Diskussionsentwurf eines Gesetzes zur Verhinderung von Diskriminierungen im Zivilrecht v. 10.12.2001 (DiskE 2001) sowie Diskussionsentwurf eines Gesetzes zur Verhinderung von Diskriminierungen im Zivilrecht v. 17.2.2002 – Überarbeitung auf Grund der Besprechungen und Stellungnahmen (DiskE 2002).
[1042] Für einen Überblick über die tatsächlichen Vorgaben der Richtlinien und die Umsetzung durch den ADG-E 2005, vgl. die entsprechende Aufstellung abrufbar unter http://www.anti-diskriminierung.info.

ständiges Gesetz zum Schutz von Soldaten vor Diskriminierungen einführen, Art. 3 enthielt Folgeänderungen bestehender Gesetze.

Der ADG-E 2005 in der Fassung der Beschlussempfehlung vom 15. Juni 2005[1043] bestand aus einem Allgemeinen Teil (Abschnitt 1, §§ 1-5), Regeln über den Schutz der Beschäftigten vor Benachteiligung (Abschnitt 2, §§ 6-18), Regeln über den Schutz vor Benachteiligung im Zivilrechtsverkehr (Abschnitt 3, §§ 19-21), Rechtsschutzbestimmungen (Abschnitt 4, §§ 22-23), Sonderregelungen für öffentlich-rechtliche Dienstverhältnisse (Abschnitt 5, § 24), Regeln über die Einsetzung einer Anti-Diskriminierungsstelle (Abschnitt 6, §§ 25-30) sowie Schlussvorschriften (Abschnitt 7, §§ 31-33). In dieser Arbeit werden nur der Allgemeine Teil (Abschnitt 1), die zivilrechtlichen Bestimmungen (Abschnitt 3), die Rechtsschutzbestimmungen (Abschnitt 4) und die Einrichtung einer Anti-Diskriminierungsstelle (Abschnitt 5) behandelt.[1044]

a. Abschnitt 1: Allgemeine Bestimmungen

Der Allgemeine Teil des ADG-E 2005 legte den Anwendungsbereich des Gesetzes fest und traf Begriffsbestimmungen. Ziel des Gesetzes war nach Maßgabe des § 1 ADG-E, Benachteiligungen aus Gründen der „Rasse" oder wegen der ethnischen Herkunft, des Geschlechts, der Religion oder Weltanschauung, einer Behinderung, des Alters oder der sexuellen Identität zu verhindern oder zu beseitigen. Gem. § 2 Abs. 1 Nr. 1-4 ADG-E sollten Benachteiligungen aus einem dieser Gründe in bestimmten Bereichen des Arbeitsrechts unzulässig sein. § 2 Abs. 1 Nr. 5-8 ADG-E betraf Benachteiligungsverbote in bestimmten Bereichen des privaten und öffentlichen Rechts, des Sozialschutzes, einschließlich der sozialen Sicherheit und der Gesundheitsdienste, der sozialen Vergünstigungen und der Bildung. Gemäß § 2 Abs. 1 Nr. 8 ADG-E sollten schließlich auch Benachteiligungen i.S.d. § 1 ADG-E im Rahmen privatrechtlicher Verträge unzulässig sein; dies betrifft den Zugang zu Gütern und Dienstleistungen, die der Öffentlichkeit zur Verfügung stehen, einschließlich von Wohnraum.

§ 3 ADG-E definierte die nachfolgend verwendeten Begriffe der unmittelbaren und mittelbaren Benachteiligung sowie weitere Formen der Diskriminierung (Belästigung und sexuelle Belästigung; Anweisung zur Benachteiligung). So sollte nach § 3 Abs. 2 ADG-E eine mittelbare Benachteiligung dann vorliegen, wenn dem Anschein nach neutrale Vorschriften, Kriterien oder Verfahren Personen wegen eines in § 1 ADG-E genannten Grundes gegenüber anderen Personen in besonderer Weise benachteiligen können, es sei denn, die betreffenden

---

[1043] Beschlussempfehlung und Bericht des Ausschusses für Familie, Senioren, Frauen und Jugend v. 15.6.2005 (BT-Drs. 15/5717).

[1044] Zum arbeitsrechtlichen Teil (Abschnitt 2) vgl. *Korthaus*, Das neue Anti-Diskriminierungsrecht, 183 ff. sowie *Lingscheid*, Anti-Diskriminierung im Arbeitsrecht, 293 ff.

Vorschriften, Kriterien oder Verfahren wären durch ein rechtmäßiges Ziel sachlich gerechtfertigt und die Mittel zur Erreichung des Ziels wären angemessen und erforderlich. Positive Diskriminierungen sollten gemäß § 5 ADG-E aber zulässig sein, wenn darauf gerichtete Maßnahmen geeignet und angemessen wären, bestehende Nachteile wegen eines in § 1 ADG-E genannten Grundes zu verhindern oder auszugleichen.

b. Abschnitt 3: Schutz vor Benachteiligungen im Zivilrechtsverkehr

§ 19 Abs. 1 ADG-E sollte ein umfassendes Benachteiligungsverbot bei der Begründung, Durchführung und Beendigung zivilrechtlicher Schuldverhältnisse normieren, die

„1. typischerweise ohne Ansehen der Person zu vergleichbaren Bedingungen in einer Vielzahl von Fällen zustande kommen (Massengeschäfte) oder bei denen das Ansehen der Person nach der Art des Schuldverhältnisses eine nachrangige Bedeutung hat und die zu vergleichbaren Bedingungen in einer Vielzahl von Fällen zustande kommen oder
2. eine privatrechtliche Versicherung zum Gegenstand haben."

Eine Benachteiligung aus Gründen der „Rasse" oder wegen der ethnischen Herkunft sollte darüber hinaus gem. § 19 Abs. 2 ADG-E auch bei der Begründung, Durchführung und Beendigung sonstiger zivilrechtlicher Schuldverhältnisse im Sinne des § 2 Abs. 1 Nr. 5 bis 8 ADG-E unzulässig sein. Familien- und erbrechtliche Schuldverhältnisse waren gem. § 19 Abs. 4 ADG-E von dem Benachteiligungsverbot ausgenommen. § 19 Abs. 5 ADG-E traf eine weitere Ausnahme für Schuldverhältnisse, bei denen ein besonderes Nähe- oder Vertrauensverhältnis der Parteien oder ihrer Angehörigen begründet wird; diese Voraussetzung sollte bei einem Mietvertrag etwa dann erfüllt sein, wenn die Parteien oder ihre Angehörigen Wohnraum auf demselben Grundstück nutzen. Einen besonderen Rechtfertigungsgrund für die Vermietung von Wohnraum enthielt § 19 Abs. 3 ADG-E. Unterschiedliche Behandlungen sollten nach § 20 ADG-E außerdem bei Vorliegen eines sachlichen Grundes möglich sein.

Bei einem Verstoß gegen das Benachteiligungsverbot hätte der Benachteiligte primär gem. § 21 Abs. 1 ADG-E die Beseitigung der Beeinträchtigung verlangen können. Außerdem verpflichtete § 21 Abs. 3 ADG-E den Benachteiligenden, einen entstandenen Schaden zu ersetzen sowie eine angemessene Entschädigung für den eingetretenen Nichtvermögensschaden zu leisten. Im Falle einer Vertragsverweigerung konnte der Benachteiligte den Abschluss eines Vertrages aber nur verlangen, wenn dieser ohne Verstoß gegen das Benachteiligungsverbot erfolgt wäre.

c. Abschnitt 4: Rechtsschutz

§ 22 ADG-E sollte dem Benachteiligten die Beweisführung erleichtern. Er musste zwar zunächst den Vollbeweis führen, dass er gegenüber einer anderen

Person ungünstig behandelt wurde. Weiter musste er sog. Vermutungstatsachen vortragen, aus denen sich schließen ließ, dass diese unterschiedliche Behandlung auf einem nach § 1 ADG-E unzulässigen Grund beruhte. Hätte das Gericht das Vorliegen eines unzulässigen Grundes für überwiegend wahrscheinlich gehalten, sollte sodann die beklagte Partei die volle Beweislast dafür tragen, dass doch kein Verstoß gegen das Benachteiligungsverbot vorliegt oder dieser Verstoß nach den Bestimmungen des ADG-E 2005 gerechtfertigt wäre.

§ 23 ADG-E sollte Verbänden ermöglichen, die Interessen von Personengruppen wahrzunehmen und Benachteiligte in Gerichtsverfahren, in denen eine Vertretung durch Anwälte nicht geboten ist, als Bevollmächtigte oder Beistände zu vertreten. Zu diesem Zweck nahm § 23 Abs. 3 ADG-E diese Verbände auch von dem nach dem Rechtsberatungsgesetz bestehenden Verbot der geschäftsmäßigen Besorgung fremder Rechtsangelegenheiten aus. Allerdings sah der ADG-E 2005 nicht die Möglichkeit einer Verbandsklage vor.

d. Abschnitt 6: Anti-Diskriminierungsstelle

Nach § 25 Abs. 1 ADG-E sollte bei dem BMFSFJ eine Anti-Diskriminierungsstelle des Bundes geschaffen werden. Wer der Ansicht gewesen wäre, wegen eines in § 1 ADG-E genannten Grundes benachteiligt worden zu sein, hätte sich an diese Anti-Diskriminierungsstelle wenden können. Deren Aufgabe sollte es sein, den betroffenen Personen ein Beratungsangebot zur Klärung ihrer Situation und zu den Möglichkeiten des rechtlichen Vorgehens zur Verfügung zu stellen. Darüber hinaus sollte sie eine gütliche Beilegung von Benachteiligungsfällen zwischen den Beteiligten anstreben. Zur Erfüllung dieser Aufgaben konnte die Stelle gem. § 28 Abs. 1 und 2 ADG-E die Beteiligten um Stellungnahmen ersuchen und hatte gegenüber Bundesbehörden ein Auskunftsrecht. Weitere Aufgaben der Anti-Diskriminierungsstelle sollten gem. § 27 Abs. 3 ADG-E in der Durchführung von Öffentlichkeitsarbeit, Maßnahmen zur Verhinderung von Benachteiligungen sowie wissenschaftlichen Untersuchungen liegen. Alle vier Jahre hätte die Stelle gem. § 27 Abs. 4 ADG-E unabhängige, dem Bundestag und dem Bundesrat vorzulegende Berichte veröffentlichen sollen.

III. Analyse des ADG-E 2005

1. Standort einer nationalen Regelung

Soweit man die Ansicht teilt, die Umsetzung der europäischen Anti-Diskriminierungsrichtlinien erfordere ein Handeln des Gesetzgebers, damit die Rechtsadressaten ihre europarechtlich gewährleisteten Rechte hinreichend klar erkennen können,[1045] muss man sich zwischen einer eigenständigen Kodifikation, ei-

---

[1045] Vgl. zu diesem Erfordernis oben 3. Teil C. I. 3.

nem sog. Anti-Diskriminierungsgesetz, und einer Integration in Einzelgesetze, wie z.b. das BGB, einzelne Arbeitsgesetze und öffentlich-rechtliche Gesetze entscheiden.

Mit dem ADG-E 2005 hätte der Gesetzgeber ein Sondergesetz gegen Diskriminierung geschaffen, ähnlich wie dies beim Prostitutionsgesetz oder der BGB-InfoVO geschehen ist. Dagegen hielt die Begründung[1046] zum ZADG-E 2004 noch das zweite Buch des BGB über das Recht der Schuldverhältnisse im Anschluss an § 319 BGB für den geeigneten Standort für die geplanten Regelungen, weil der beabsichtigte Schutz gegen Benachteiligungen vor allem bei der Anbahnung, Begründung und Ausgestaltung vertraglicher Beziehungen wirken sollte.[1047] Auch die DiskE von 2001/2002 sahen vor, die neuen Regeln ins BGB einzufügen. Damit sollte die Bedeutung des Anti-Diskriminierungsrechts betont werden.[1048] Ob das Anti-Diskriminierungsrecht seinen Standort besser im Allgemeinen Teil oder im Allgemeinen Schuldrecht haben sollte, ist dabei nicht entscheidend. Eine Integration in das Schuldrecht liegt gleichwohl näher, sollen nach der Intention des Gesetzgebers doch sowohl das Erb- als auch das Familienrecht von seiner Geltung ausgenommen bleiben.

Gegen eine eigenständige Kodifikation spricht, dass erst unlängst Sondergesetze ins BGB integriert wurden (HWiG, VerbrKrG, AGBG), gerade um der Rechtszersplitterung vorzubeugen und das BGB wieder zu einer umfassenden Zivilrechtskodifikation aufzuwerten. Wenn nun umgekehrt sogar die bisherigen Regelungen der §§ 611a, 611b, 612 Abs. 3 BGB aufgehoben und in ein Anti-Diskriminierungsgesetz integriert würden, so ist dies der Übersichtlichkeit und damit auch der Rechtsanwendungssicherheit nicht förderlich. Eine systematisch stimmige Gesamtregelung lässt sich auch durch Legaldefinitionen und Verweisungen innerhalb des BGB erreichen, wie das Beispiel des § 355 BGB belegt.[1049]

Die Schaffung eines einheitlichen und eigenständigen Gesetzes war jedoch eine der Hauptforderungen vieler Anti-Diskriminierungsbüros und -Verbände. Diese brachten vor, ein Anti-Diskriminierungsgesetz benötige als politisches Signal

---

[1046] Begründung zum ZADG-E 2004, 74.
[1047] A.A. *Neuner*, JZ 2003, 57 (66), der für eine Integration des Diskriminierungsschutzes in das erste Buch des BGB, den Allgemeinen Teil, plädiert. Sein Argument, Diskriminierungsverbote beträfen nicht nur das Schuldrecht, sondern insbesondere auch das Vereins- und Erbrecht ist aber zumindest vor dem Hintergrund der deutschen Umsetzung nicht stichhaltig: Sowohl die DiskE 2001/2002 als auch der ZADG-E 2004 enthalten eine Bereichsausnahme für das Erbrecht. Sein Standort-Argument ist gleichwohl konsequent, weil *Neuner* eine Bereichsausnahme für das Erbrecht für nicht sachgerecht hält (63).
[1048] Begründung zum DiskE 2001, 22.
[1049] *Armbrüster*, ZRP 2005, 41 f.

gegen Diskriminierung eine inhaltliche und gedankliche Klammer, die nur ein einheitliches Gesetz geben könne. Zugleich hat das ADG-E 2005 als eigenständige Kodifikation nach der anhaltenden Kritik an den bisher vorgelegten Entwürfen, die z.T. auch rechtstechnisch unglücklich gestaltet waren, jedoch den Anschein, der Gesetzgeber habe vor der Aufgabe kapituliert, das europäische Anti-Diskriminierungsrecht passgenau in das BGB zu integrieren. Vielmehr schreibt er im ADG-E 2005 lediglich die europäischen Vorgaben ab, wie insbesondere das Beispiel des § 2 ADG-E anschaulich zeigt. Dies ist äußerst kritisch zu bewerten, weil er damit Gestaltungsräume des europäischen Rechts ungenutzt lässt. Vorzuziehen ist daher nach hier vertretener Ansicht aus rechtstechnischen und –politischen Gründen trotz der vorgebrachten Signalwirkung einer einheitlichen Kodifikation die Integration des zivilrechtlichen Anti-Diskriminierungsrechts in das BGB.

2. Diskriminierungsmerkmale

§ 1 ADG-E definiert als

"Ziel des Gesetzes..., Benachteiligungen aus Gründen der Rasse oder wegen der ethnischen Herkunft, des Geschlechts, der Religion oder Weltanschauung, einer Behinderung, des Alters oder der sexuellen Identität zu verhindern oder zu beseitigen."

Der ADG-E 2005 umfasste damit alle in Art. 13 EG genannten Merkmale.[1050] Im Gegensatz z.B. zu Großbritannien beabsichtigte Deutschland bisher, an die Merkmale ohne eigene Definitionen anzuknüpfen.[1051]

a. Verwendung des Begriffs „Rasse"

Die Verwendung des Begriffs „Rasse" in den bisherigen Gesetzentwürfen erscheint problematisch, auch wenn damit letztlich nur ein Begriff der Richtlinie 2000/43/EG, des Art. 13 EG und des Art. 3 Abs. 3 Satz 1 GG übernommen wird.[1052] Gerade in Deutschland liegt die gedankliche Anknüpfung an die nationalsozialistische Rassenlehre nahe. Anders als im anglophonen Sprachraum wird „Rasse" hier als biologische und nicht als sozialpolitische Kategorie gedacht und verwendet. Dies ist nicht nur deshalb problematisch, weil ein Anti-Diskriminierungsgesetz genau entgegengesetzte Ziele verfolgt. Bei der Formu-

---

[1050] Zur Diskriminierung durch Genomanalyse vgl. *Buchner* in: Soziale Dimension, 2003, 313. Ein Verbot der Diskriminierung aufgrund der genetischen Veranlagung ist bisher nicht Bestandteil der Diskussion um ein Anti-Diskriminierungsgesetz, weder im Zivil- noch im Arbeitsrecht. Zu einem Diskriminierungsverbot aufgrund der Gewerkschaftszugehörigkeit *Vultejus*, ZRP 2005, 138.
[1051] Zur europarechtlichen Auslegung der Merkmale siehe 2. Teil A. VII. 2. Spezifisch zur Auslegung der Merkmale im deutschen Anti-Diskriminierungsrecht *Stork*, ZEuS 2005, 1 (11 ff.).
[1052] Vgl. zur Kritik am Begriff der „Rasse" auch *Röttgen*, Schutz vor Diskriminierung, 92.

lierung „aus Gründen der Rasse" kommt die in der Gesetzesbegründung[1053] gewünschte Distanz zu diesem Begriff nicht hinreichend zum Ausdruck. Hinter dem Euphemismus der „Signalwirkung", die vermeintlich von der Begriffsbenutzung ausgehen soll,[1054] birgt jede Benutzung des Begriffs eine weitere Verletzung, eine erneute Stigmatisierung, die überflüssig ist.

Um seiner Vorbildfunktion gerecht zu werden und um tatsächlich ein wirksames Instrument gegen Rassismus und Intoleranz zu sein, muss das Anti-Diskriminierungsgesetz selbst eine diskriminierende Sprache vermeiden. Daher sollte wenigstens von der „vermeintlichen Rasse" gesprochen werden, wenn der Gesetzgeber an dem Begriff festhalten möchte.[1055] Noch besser erscheint es allerdings, nur auf den Begriff der „ethnischen Diskriminierung" abzustellen, der weiter gefasst ist und keine negative Konnotation beinhaltet.[1056] Der deutsche Gesetzgeber sollte daher, statt die bemühten Rechtfertigungsversuche der Kommission zu übernehmen,[1057] den Begriff aufgeben. Davon würde eine echte Signalwirkung ausgehen.

b. Zuschreibung von Merkmalen ausreichend

Unabhängig vom tatsächlichen Vorliegen eines im Gesetz genannten Merkmals bei einer Person ist immer dann eine Diskriminierung gegeben, wenn der Diskriminierende das die Benachteiligung begründende Merkmal nur annimmt, voraussetzt oder vermutet.[1058] Ein diskriminierendes Verhalten ist nicht deshalb zu privilegieren, weil das Merkmal nur in der Vorstellung des Täters vorliegt. Das zivilrechtliche Benachteiligungsverbot des § 19 ADG-E berücksichtigte diese Maßgabe jedoch weder im Gesetzestext noch in seiner Begründung, sieht man einmal von der „rassischen" sowie der religiösen und weltanschaulichen Diskriminierung ab.[1059] Dies sollte geändert werden, um auch den zivilrechtlichen Teil richtlinienkonform zu erlassen. Vorbild könnte das arbeitsrechtliche Benachteiligungsverbot gem. § 7 ADG-E sein. Dessen Abs. 1, 2. Hs. bestimmt ausdrücklich, dass das Benachteiligungsverbot auch dann gilt, wenn die benachteiligende Person das Vorliegen eines verbotenen Unterscheidungsmerkmals nur annimmt. Er berücksichtigte damit zutreffend und richtlinienkonform den Umstand, dass Menschen oft bestimmte Eigenschaften oder Verhaltenswei-

---

[1053] BT-Drs. 15/4538, 28.
[1054] So die Gesetzesbegründung, BT-Drs. 15/4538, S. 28.
[1055] So *Rieble*, Stellungnahme zum Entwurf eines Gesetzes zur Umsetzung europäischer Anti-Diskriminierungs-RL (A.-Drs. 15(12)440-B), 2.
[1056] Vgl. bereits 2. Teil A. VII. 2. a. cc.
[1057] BT-Drs. 15/4538, S. 28.
[1058] Siehe bereits 2. Teil A. VII. 2.; KOM (1999) 566, 7; *Schiek* in: Bündnis 90/Die Grünen (Hrsg.), Zivilrechtliches Antidiskriminierungsgesetz, 21 (29 f.).
[1059] Vgl. BT-Drs. 15/4538, 28, 42.

sen zugeschrieben werden, z.B. allein aufgrund ihres äußeren Erscheinungsbildes.

3. Benachteiligungsverbote

§ 2 ADG-E umschreibt den grundsätzlichen Anwendungsbereich des ADG und erklärt Benachteiligungen aus einem in § 1 ADG-E genannten Grund für unzulässig. Darüber hinaus enthält der zivilrechtliche Teil des ADG-E 2005 eine Anzahl von Benachteiligungsverboten in unterschiedlichen Bereichen, die auf die in § 1 ADG genannten Merkmale Bezug nehmen.[1060]

Der Erlass der in § 1 ADG-E enthaltenen Zielbestimmung und die daran anknüpfende Normierung von Benachteiligungsverboten in den §§ 2, 7 und 19 ADG-E wäre aus rechtstechnischer Sicht zu begrüßen. Im Gegensatz dazu definieren die europäischen Anti-Diskriminierungsrichtlinien das Verbot der Diskriminierung als Gegenstück zum Gleichbehandlungsgrundsatz.[1061] Gleichwohl ist es vorzugswürdig, ein Verbot direkt auszusprechen. Denn wenn ein Verbot nicht als Tatbestand, sondern als Begriffsbestimmung im Hinblick auf einen Grundsatz formuliert wird, können nachfolgende Vorschriften über die Rechtsfolgen daran nicht begrifflich klar anknüpfen.[1062]

Im Gegensatz zum Arbeitsrecht müsste im Zivilrecht ein abgestufter Schutz geschaffen werden, der im Ergebnis zu einer „Gleichbehandlungshierarchie" führt. Dieser wird vom europäischen Anti-Diskriminierungsrecht vorgegeben, das nur „Rasse", ethnische Herkunft und Geschlecht im Privatrechtsverkehr schützen will.[1063] Die Schutzintensität innerhalb dieser drei Merkmale ist ebenfalls unterschiedlich.[1064] Die Aufnahme der Merkmale Religion, Weltanschauung, Behinderung,[1065] Alter und sexuelle Identität ins Zivilrecht ist europarechtlich nicht geboten.

[1060] Zur Auslegung dieser Merkmale siehe 2. Teil A. VII. 2.
[1061] „Im Sinne dieser Richtlinie bedeutet Gleichbehandlungsgrundsatz, dass es keine unmittelbare oder mittelbare Diskriminierung aus Gründen der Rasse oder der ethnischen Herkunft geben darf", vgl. Art. 2 Abs. 1 der RL 2000/43/EG. Ähnlich Art. 2 Abs. 1 der RL 2000/78/EG und Art. 4 Abs. 1 der RL 2004/113/EG. Vgl. schon 2. Teil A. VII. 1.
[1062] *Riesenhuber/Franck*, JZ 2004, 529 (531).
[1063] Siehe zur „Gleichbehandlungshierarchie" die entsprechende Tabelle, abrufbar unter http://www.anti-diskriminierung.info.
[1064] Zur Zulässigkeit einer solchen Regelung siehe 3. Teil B. II. 2.
[1065] Zur rechtlichen Stellung behinderter Menschen im Recht siehe *Neuner*, NJW 2000, 1822 (1829); *Caspar*, EuGRZ, 135. Zu verfassungsrechtlichen Problemen mit der Behindertendiskriminierung in Deutschland auch *Degener*, KJ 2000, 425 ff.

3. Teil: Anti-Diskriminierungsrecht im deutschen Zivilrecht unter Berücksichtigung europäischer und verfassungsrechtlicher Vorgaben

a. Besonderer Schutz vor Benachteiligungen aufgrund der „Rasse" oder der ethnischen Herkunft

§ 19 Abs. 2 ADG-E bestimmt:

„Eine Benachteiligung aus Gründen der Rasse oder wegen der ethnischen Herkunft ist ... auch bei der Begründung, Durchführung und Beendigung sonstiger zivilrechtlicher Schuldverhältnisse im Sinne des § 2 Abs. 1 Nr. 5 bis 8 unzulässig."

§ 2 Abs. 1 Nr. 5 bis 8 ADG-E nennt den Sozialschutz, einschließlich der sozialen Sicherheit und der Gesundheitsdienste, die sozialen Vergünstigungen, die Bildung sowie den Zugang zu und die Versorgung mit Gütern und Dienstleistungen, die der Öffentlichkeit zur Verfügung stehen, einschließlich von Wohnraum[1066]. Das Diskriminierungsverbot sollte nicht gelten, soweit eine Bereichsausnahme vorliegt oder die Ungleichbehandlung nach §§ 5 bzw. 3 Abs. 2 ADG-E gerechtfertigt ist.[1067]

Die Vorgaben der Richtlinie 2000/43/EG wären damit wörtlich übernommen worden. Wann Güter und Dienstleistungen „der Öffentlichkeit zur Verfügung stehen", wie es auch in § 2 Abs. 1 Nr. 8 ADG-E hieß, ergibt sich bereits aus den Ausführungen im europarechtlichen Teil. Gleiches gilt für die übrigen in § 2 Abs. 1 Nr. 5 bis 8 ADG-E genannten Tatbestände.[1068]

In Bezug auf Güter und Dienstleistungen korrespondiert die Begründung[1069] zum ADG-E nicht mit dem geplanten Gesetzestext. Sie bezieht sich anscheinend auf einen alten Entwurf. Sie kann aber auch so verstanden werden, dass alle Güter und Dienstleistungen, die „öffentlich angeboten" werden, „der Öffentlichkeit zur Verfügung stehen". Eine solche Interpretation wäre jedoch zu eng und beschränkte die Vertragsfreiheit und das Recht auf Privatleben unangemessen.[1070] Im Rahmen der Begründung der Beschlussempfehlung vom 15. Juni 2005 wies der federführende Ausschuss für Familie, Senioren, Frauen und Jugend[1071] klarstellend darauf hin, dass die Begründung zu Artikel 1 § 2 Abs. 1

[1066] Zum Diskriminierungsverbot im Wohnraummietrecht *Derleder/Sabetta*, WuM 2005, 3.
[1067] Vgl. dazu unten 3. Teil C. III. 4. sowie 3. Teil C. III. 6. a. und b.
[1068] Vgl. 2. Teil C. III. 1.
[1069] BT-Drs. 15/4538, 29: „Eingeschränkt wird der Anwendungsbereich ... durch das Erfordernis, dass die Güter und Dienstleistungen sowie Wohnraum „der Öffentlichkeit zur Verfügung stehen" müssen. Die Formulierung des Gesetzes („die öffentlich zum Vertragsschluss angeboten werden") passt diese Vorgabe dem deutschen Privatrecht an: ... Praktisch geschieht das Angebot zum Vertragsschluss durch Anzeigen in Tageszeitungen, Schaufensterauslagen, Veröffentlichungen im Internet oder auf vergleichbare Weise."
[1070] Kritisch bereits *Schöbener/Stork*, ZEuS 2004, 43 (65 ff.); ebenso Stellungnahme des DAV *(Ausschuss Zivilrecht)* v. Feb. 2005 (12/2005), 8.
[1071] Beschlussempfehlung und Bericht des Ausschusses für Familie, Senioren, Frauen und Jugend v. 15.6.2005 (BT-Drs. 15/5717), 36.

Nr. 8 ADG-E einen offenkundigen Redaktionsfehler enthalte und die dortigen Ausführungen sich auf eine überholte Fassung des Gesetzentwurfs bezögen. Die Bestimmung in § 2 Abs. 1 Nr. 8 ADG-E, wonach das Benachteiligungsverbot für Güter und Dienstleistungen gilt, „die der Öffentlichkeit zur Verfügung stehen", bedürfte demnach im Einklang mit der hier vertretenen Ansicht der Auslegung nach Maßgabe des Gemeinschaftsrechts. Mit Blick auf die europäischen Vorgaben (insbesondere den vierten Erwägungsgrund der Richtlinie 2000/43/EG: Schutz des Privatlebens) war es daher geboten, die Geltung des Diskriminierungsverbots des § 2 Abs. 1 Nr. 8 ADG-E auf *Unternehmer* i.S.d. § 14 BGB zu beschränken. Dies hätte eine Bereichsausnahme für *Verbraucher* i.S.d. § 13 BGB zur Folge gehabt.

b. Benachteiligungsverbot bei Massengeschäften und „Beinahe-Massengeschäften"

Art. 19 Abs. 1 Nr. 1 ADG-E lautet:

„*Eine Benachteiligung wegen eines in § 1 genannten Grundes bei der Begründung, Durchführung und Beendigung zivilrechtlicher Schuldverhältnisse, die ... typischerweise ohne Ansehen der Person zu vergleichbaren Bedingungen in einer Vielzahl von Fällen zustande kommen (Massengeschäfte) oder bei denen das Ansehen der Person nach der Art des Schuldverhältnisses eine nachrangige Bedeutung hat und die zu vergleichbaren Bedingungen in einer Vielzahl von Fällen zustande kommen ... ist unzulässig.*"

Die Vorschrift basiert auf § 319d BGB n.F.[1072] des ZADG-E 2004 und dient zugleich der Umsetzung von Art. 3 Abs. 1 der Richtlinie 2004/113/EG, wonach ein (geschlechtsspezifisches) Diskriminierungsverbot nur für solche Güter und Dienstleistungen besteht, die der Öffentlichkeit „ohne Ansehen der Person" zur Verfügung stehen. Dieser Formulierung liegt ebenfalls das Konzept der Massengeschäfte zugrunde: Soweit Geschäfte auf der *individuellen Auswahl* des Vertragspartners beruhen, stehen sie der Öffentlichkeit gerade nicht „*ohne Ansehen der Person*" zur Verfügung (diese Restriktion unterscheidet die Richtlinie 2004/113/EG von der Richtlinie 2000/43/EG).

[1072] § 319d Abs. 1 BGB n.F. (Entwurf) lautete: „*Das Benachteiligungsverbot wegen einer Behinderung gilt für Unternehmer gegenüber Verbrauchern bei der Begründung, Ausgestaltung, Durchführung und Beendigung von rechtsgeschäftlichen und rechtsgeschäftsähnlichen Schuldverhältnissen, die regelmäßig in einer Vielzahl von Fällen zu gleichen Bedingungen zustande kommen.*" Die Regelung basierte offenbar ihrerseits auf § 5 Abs. 1 Nr. 1 des Entwurfs eines BehGleichstG. Danach sollte eine Diskriminierung vorliegen, wenn „*der Abschluss eines Vertrages, der regelmäßig in einer Vielzahl von Fällen einem unbestimmten Personenkreis gegenüber angeboten wird, einem Menschen mit Behinderung wegen seiner Behinderung verweigert wird.*"

Das Diskriminierungsverbot sollte nicht gelten, soweit eine Bereichsausnahme vorliegt oder die Ungleichbehandlung nach §§ 19 Abs. 3, 20, 5 bzw. 3 Abs. 2 ADG-E gerechtfertigt wäre.[1073]

aa. Massengeschäfte

Bei Massengeschäften werden Ungleichbehandlungen als besonders herabwürdigend empfunden, denn solche Verträge kommen typischerweise gerade *ohne Ansehen der Person* zustande.[1074]

(1) Konzept und Definition

Dieses Konzept beruht auf der Lehre vom „Geschäft für den, den es angeht"[1075]. Um es zu umschreiben wurde seitens des BMJ[1076] zunächst der Begriff „Massengeschäfte des täglichen Lebens" verwendet. Er war in dieser Form allerdings unpräzise und mit seiner Anknüpfung an den Wortlaut des § 105a BGB irreführend. Allenfalls der Terminus „Massengeschäfte" sollte zur Beschreibung der gemeinten Schuldverhältnisse, bei denen es auf die Eigenschaften und Merkmale des Vertragspartners typischer- und vernünftigerweise nicht ankommt, verwendet werden. Dieser Begriff ist auch als Legaldefinition in den ADG-E aufgenommen worden.

Nach Ansicht von Bundesjustizministerin *Zypries*[1077] umfasst der Begriff „Massengeschäfte" z.B. die Bewirtung in Gaststätten, die Bedienung im Einzelhandel und den Zugang zu Freizeiteinrichtungen. Die Begründung[1078] zum ZADG-E 2004 nannte zudem den Handel, das Hotelgewerbe sowie andere Dienstleister, die standardisierte Produkte absetzen. Auch die Regierungskoalition bezeichnet in der Begründung[1079] zum ADG-E 2005 die Konsumgüterwirtschaft und standardisierte Dienstleistungen als typische Anwendungsbereiche. In all diesen Fällen schließen gewerbliche Anbieter den Vertrag normalerweise mit jedem zahlungsfähigen Kunden, ohne Ansehen der Person. Bei derartigen Vertragsverhältnissen übersteigt das Angebot i.d.R. die Nachfrage, so dass es auch ökonomisch irrational wäre, zahlungswillige und zahlungsfähige Kunden zurückzuweisen.

[1073] Vgl. dazu unten 3. Teil C. III. 4. und 3. Teil C. III. 6.
[1074] *Zypries,* Anti-Diskriminierung in Deutschland, 3.
[1075] *Medicus,* BGB AT, Rn. 920.
[1076] Vgl. Begründung zum ZADG-E 2004, 84 und *Zypries,* Anti-Diskriminierung in Deutschland, 3 f.
[1077] *Zypries,* Anti-Diskriminierung in Deutschland, 3.
[1078] Begründung zum ZADG-E 2004, 84.
[1079] BT-Drs. 15/4538, 39.

Anders verhält es sich dagegen bei privatrechtlichen Versicherungsverträgen, Wohnraumvermietungen und Kreditgeschäften. Hier handelt es sich grundsätzlich nicht um Massengeschäfte, weil sie typischerweise auf der *individuellen Auswahl des Vertragspartners* beruhen. Während insbesondere private Lebens- und Krankenversicherungen sowie Kreditgeschäfte meist auf einer individuellen Risikoprüfung basieren, sind Wohnraumvermietungen i.d.R. keine „Massengeschäfte", weil die Mieterauswahl nach individuellen Kriterien erfolgt.[1080] Dies gilt jedenfalls unter der Maßgabe, dass die Nachfrage nach Wohnraum das Angebot übersteigt: Soweit eine Vielzahl von Personen die Bedingungen erfüllt, wird der Vermieter nach persönlichen Präferenzen entscheiden.

(2) Verhältnis zu Allgemeinen Geschäftsbedingungen

Die Verwendung von Allgemeinen Geschäftsbedingungen i.S.d. § 305 Abs. 1 Satz 1 BGB führt für sich genommen (noch) nicht zum Vorliegen eines „Massengeschäfts". Zwar spricht ihre Verwendung dafür, dass das jeweilige Schuldverhältnis „zu vergleichbaren Bedingungen in einer Vielzahl von Fällen zustande" kommt. Es handelt sich beweisrechtlich um eine Hilfstatsache. Der Kläger muss jedoch bei Vorliegen von AGB noch den Nachweis führen, dass das jeweilige Rechtsgeschäft „typischerweise ohne Ansehen der Person" geschlossen wird.

(3) Notwendigkeit und Unternehmerbegriff

Neue Rechtsbegriffe wie der des „Massengeschäfts" ziehen stets Rechtsunsicherheit nach sich. Weil nach zutreffender Ansicht der Regierungskoalition i.d.R. ohnehin nur *Unternehmer* i.S.d. § 14 BGB dem Diskriminierungsverbot unterliegen sollen,[1081] erscheint es auf den ersten Blick überflüssig, Massengeschäfte gesetzlich zu regeln und zu definieren. *Unternehmer* handeln gem. § 14 BGB „*bei Abschluss eines Rechtsgeschäfts in Ausübung ihrer gewerblichen*

[1080] *Zypries*, Anti-Diskriminierung in Deutschland, 3. BT-Drs. 15/4538, 39 stellt jedoch fest: „Auch Privatversicherungen können strukturell Massengeschäfte i.S.d. [§ 19 Abs. 1 Nr. 1 ADG-E] sein, wenn bei dem angebotenen Versicherungsschutz typischerweise auf die Ermittlung von Risikoindikatoren verzichtet wird, die vom Anwendungsbereich des § 1 [ADG-E] erfasst sind. Das ist etwa bei Reisegepäckversicherungen der Fall, die aber auch – wie andere privatrechtliche Versicherungen, insbesondere die private Kranken- und Lebensversicherung – grundsätzlich über [§ 19 Abs. 1 Nr. 2 ADG-E] erfasst werden. ... Bei der Überlassung von Räumen wird es sich meist nicht um Massengeschäfte im Sinne dieser Vorschrift handeln, denn die Anbieter von Wohn- oder Geschäftsräumen wählen ihren Vertragspartner regelmäßig individuell nach vielfältigen Kriterien aus dem Bewerberkreis aus. Anders kann es sich verhalten, wenn etwa der Vertragsschluss über Hotelzimmer oder Ferienwohnungen über das Internet abgewickelt und hierbei auf eine individuelle Mieterauswahl verzichtet wird."

[1081] Vgl. BT-Drs. 15/4538, 39.

oder selbständigen beruflichen Tätigkeit" und bieten häufig mehr oder minder standardisierte Produkte an, die „ohne Ansehen der Person" vertrieben werden. Oftmals handelt es sich daher ohnehin um Massengeschäfte. Art. 19 Abs. 1 Nr. 1 ADG-E könnte daher schlicht lauten: „*Das Benachteiligungsverbot gilt für Unternehmer gegenüber Verbrauchern.*"

Einbezogen wären dann jedoch auch solche *Unternehmer*, die individualisierte Leistungen erbringen, welche auf einer Risikoprüfung oder einer zulässigen Auswahl des Vertragspartners beruhen. Dann wäre fraglich, ob der Schutz der Vertragsfreiheit und des Privatlebens durch die Beschränkung des Anwendungsbereichs auf *Unternehmer* genügend berücksichtigt wird. Abseits der „rassischen" und ethnischen Diskriminierung spricht nichts gegen eine weitere Reduzierung des Anwendungsbereichs der Diskriminierungsverbote. Zum einen ist dort ein Diskriminierungsschutz europarechtlich nicht geboten (außer in Bezug auf das Geschlecht), zum anderen sieht das geschlechtsspezifische Diskriminierungsverbot bereits eine solche Beschränkung des Anwendungsbereichs vor: Im Gegensatz zur Richtlinie 2000/43/EG müssen die Güter und Dienstleistungen nicht nur der Öffentlichkeit zur Verfügung stehen, sondern gem. Art. 3 Abs. 1 der Richtlinie 2004/113/EG darüber hinaus auch „ohne Ansehen der Person" zur Verfügung gestellt werden. Damit ist die Einführung des Begriffs „Massengeschäfte" zur Tatbestandsrestriktion vom Grundansatz her durchaus sinnvoll. Darüber hinaus eignet er sich auch im Rahmen des gesetzlich angeordneten Kontrahierungszwangs als Tatbestandsbeschränkung.[1082]

(4) Einschränkung des persönlichen Anwendungsbereichs auf Unternehmer i.S.d. § 14 BGB

Die Vorgängervorschrift des § 319d Abs. 1 BGB n.F. sah noch ausdrücklich vor, dass bei Diskriminierung von behinderten Menschen nur *Unternehmer* i.S.d. § 14 BGB Anspruchsgegner und nur *Verbraucher* gem. § 13 BGB Anspruchsteller sein konnten.[1083] Diese Einschränkung des persönlichen Anwendungsbereichs auf *Unternehmer* erscheint auch vor dem Hintergrund der Richtlinie 2004/113/EG geboten.

[1082] Vgl. dazu unten 3. Teil C. III. 7. e. bb.
[1083] Vgl. den Wortlaut des § 319d Abs. 1 BGB n.F. (Entwurf) in Fn. 1072. Warum nicht auch ein behinderter *Unternehmer* Diskriminierungsopfer sein kann, wurde im ZADG-E 2004 nicht begründet. Ist der benachteiligte *Unternehmer* jedoch eine natürliche Person, spricht aufgrund der vergleichbaren Interessenlage nichts gegen seine Einbeziehung. Auch Menschen, die „*in Ausübung ihrer gewerblichen oder selbständigen beruflichen Tätigkeit*" am Rechtsverkehr teilnehmen, verdienen Schutz vor sozialer Ausgrenzung. Dafür spricht neben dem allgemeinen menschenrechtlichen Grundsatz der Gleichheit auch die Vertragsfreiheit des Diskriminierungsopfers, vgl. *Schöbener/Stork*, ZEuS 2004, 43 (61 f.) m.w.N..

III. Analyse des ADG-E 2005

Ebenso wie die Richtlinie 2000/43/EG will sie in ihrem Art. 3 Abs. 1 nur den Zugang zu solchen Gütern und Dienstleistungen sicherstellen, die der „Öffentlichkeit zur Verfügung stehen". Dies bedeutet konkret, dass nur *Unternehmer* i.S.d. § 14 BGB verpflichtet sind, für *Verbraucher* i.S.d. § 13 BGB dagegen eine Bereichsausnahme vom Diskriminierungsverbot besteht.[1084] Dieses Ergebnis wird durch Art. 3 Abs. 2 sowie die Erwägungsgründe 13 und 14 der Richtlinie 2004/113/EG noch einmal bestätigt: An allen drei Stellen betont der Rat die Bedeutung der freien Wahl des Vertragspartners sowie des Rechts auf Privatleben.

Allerdings könnte man sich auf den Standpunkt stellen, dass das Vorliegen eines Massengeschäfts schon die *Unternehmereigenschaft* auf der Anbieterseite voraussetzt. Die Einfügung des Begriffs „Unternehmer" in den Tatbestand des § 19 Abs. 1 Nr. 1 ADG-E wäre dann überflüssig. Insbesondere bei den sog. „Beinahe-Massengeschäften", bei denen das Ansehen der Person immerhin noch eine nachrangige Bedeutung hat, besteht jedoch die Gefahr, dass der Gesetzeswortlaut auch *Verbraucher* erfasst, z.B. wenn ein Vermieter über ein Mietshaus mit fünf Wohnungen verfügt und damit schon als „großer Wohnungsanbieter" gilt. Selbst wenn er die Vermietung nur als Nebentätigkeit zu seinem eigentlichen Beruf betreiben und damit nicht gewerblich handeln würde, müsste er dann jede Ablehnung gerichtssicher dokumentieren und stets nach sachlichen Gründen entscheiden. Gerade das darf jedoch nur von *Unternehmern* verlangt werden, die in gewerblicher Absicht am Rechtsverkehr teilnehmen.

Zudem muss die typisierende Sichtweise den Begriff der „Massengeschäfte" ohnehin schon mit Blick auf die Person des Anbieters von Gütern und Dienstleistungen bestimmen.[1085] Um die Rechtsprechung hier zu einer entsprechenden Auslegung anzuhalten, macht es Sinn, den Begriff des „Unternehmers" in eine Vorschrift wie § 19 Abs. 1 Nr. 1 ADG-E aufzunehmen. Nur so wird einem abstrakten Begriffsverständnis oder einer aus Nachfragersicht bestimmten Interpretation des „Massengeschäfts" vorgebeugt. Andernfalls besteht die Gefahr, dass der Verkauf eines Autos oder der Nachhilfeunterricht durch einen *Verbraucher* i.S.d. § 13 BGB abstrakt oder aus Nachfragersicht für ein Massengeschäft gehalten wird, so dass dieser das Benachteiligungsverbot beachten muss, obwohl er bei Abschluss des Rechtsgeschäfts nicht in Ausübung seiner gewerblichen Tätigkeit handelt.

Die *Unternehmereigenschaft* des Anspruchsgegners sollte daher als weitere Tatbestandsvoraussetzung in ein Anti-Diskriminierungsgesetz aufgenommen werden. Andernfalls würde der deutsche Gesetzgeber im Einzelfall (*Verbraucher*

[1084] Diese Ansicht wird auch von *Belgien*, *Frankreich* und der *EU-KOM* favorisiert, vgl. Ratsdokument 12841/04 v. 30.9.2004, 16; vgl. zur Interpretation dieser Formulierung schon 2. Teil C. III. 1. d. cc. (6).

[1085] Vgl. sogleich 3. Teil C. III. 3. b. cc.

führt Massengeschäft durch) über die Anforderungen der Richtlinie 2004/113/EG hinausgehen. Eine daraus folgende Beschränkung der Vertragsfreiheit wäre insoweit am Maßstab des Grundgesetzes zu messen.

(5) Sonderproblem Wohnraumvermietung

Noch nicht hinreichend geklärt war die Frage, inwieweit Wohnraumvermietungen überhaupt vom Anwendungsbereich eines Diskriminierungsverbots wie § 19 Abs. 1 Nr. 1 ADG-E erfasst werden. Zutreffend hielt die Regierungskoalition die Vermietung von Wohnraum zunächst nicht für ein Massengeschäft, weil die Mieterauswahl nach individuellen Kriterien erfolgt.[1086] Sie wollte „große Wohnungsanbieter" jedoch über den Tatbestand der „Beinahe-Massengeschäfte" nach § 19 Abs. 1 Nr. 1, 2. Alt. ADG-E in die Pflicht nehmen. Dort spiele das Ansehen der Person des Mieters zwar eine Rolle, habe jedoch nur „nachrangige Bedeutung".[1087] Zurecht kritisieren Vermieter- und Immobilienverbände die damit verbundene unsichere Rechtslage. Wer ist „großer Wohnungsanbieter" und hält dementsprechend eine „Vielzahl von Wohnungen" bereit? Handelt es sich um einen Anbieter mit 5, 50, 100 oder gar 1000 Wohnungen? Hier muss der Gesetzgeber Klarheit schaffen, indem er die in der Begründung verwendeten Begriffe präzisiert. Er ist dabei nicht an europarechtliche Vorgaben gebunden, ist das geschlechtsspezifische Diskriminierungsverbot, das über § 19 Abs. 1 ADG-E für das Zivilrecht umgesetzt werden sollte, doch auf solche Dienstleistungen beschränkt, „die der Öffentlichkeit ohne Ansehen der Person zur Verfügung stehen". Damit entfaltet es für den Bereich des Mietrechts grundsätzlich keine Wirkung, obwohl der Begriff „Dienstleistung" an sich auch die Zurverfügungstellung von Wohnraum umfasst.[1088] Vorerst gilt: Je größer der Wohnungsbestand, desto eher nimmt das Interesse des Vermieters an anderen Kriterien als der Zahlungsfähigkeit des Mieters ab. In diesen Fällen kommt dem Ansehen der Person „nachrangige Bedeutung" zu.

bb. „Beinahe-Massengeschäfte"

Die sog. „Beinahe-Massengeschäfte" würden das Diskriminierungsverbot auf Vertragsverhältnisse erweitern, in denen das Ansehen der Person nur „nachrangige Bedeutung" hat. Damit sollten offenbar hauptsächlich Fälle erfasst werden,

---

[1086] BT-Drs. 15/4538, 39, vgl. zu den dort erwähnten Ausnahmen bereits Fn. 1088.
[1087] BT-Drs. 15/4538, 39. Auch diese Einstufung könnte man bereits in Frage stellen. Weil es sich bei der Miete um ein Dauerschuldverhältnis handelt, kommt es jedem Vermieter aufgrund der langfristigen Bindung auf den individuellen Vertragspartner an. Auch bei „großen Wohnungsanbietern" kommt es i.d.R. zu einer persönlichen Zusammenkunft und der gemeinsamen Wohnungsbesichtigung. Zudem müssen Mietinteressenten ein umfassendes Antragsformular ausfüllen, bevor ein Mietvertrag geschlossen wird.
[1088] Vgl. 2. Teil C. III. 1. d. bb.

in denen ein großer Wohnungsanbieter eine Vielzahl von Wohnungen vermieten möchte.[1089] Auch eine Publikums-KG käme in Betracht. Ein Diskriminierungsschutz bei Beinahe-Massengeschäften ist europarechtlich nicht geboten, weil der zugrunde liegende Art. 3 Abs. 1 der Richtlinie 2004/113/EG nur Rechtsverhältnisse erfasst, bei denen Güter und Dienstleistungen der Öffentlichkeit *ohne Ansehen der Person* zur Verfügung stehen.[1090]

Fraglich ist aber, ob die Aufnahme der „Beinahe-Massengeschäfte" in ein Anti-Diskriminierungsgesetz nicht die Definition der Massengeschäfte hinfällig machen würde. Da die zweite Alternative des § 19 Abs. 1 Nr. 1 ADG-E weiter gefasst ist als die erste, würde das Gebot der Gesetzesklarheit verlangen, die erste Alternative zu streichen.[1091]

cc. Typisierende, aber kontextbezogene Auslegung

Die Verwendung des Wortes „typischerweise" in Art. 19 Abs. 1 Nr. 1 ADG-E legt nahe, bei der Bestimmung des Begriffs „Massengeschäft" auf eine typisierende Betrachtungsweise abzustellen.[1092] Ob es sich typischerweise um ein Schuldverhältnis handelt, das in einer Vielzahl von Fällen zustande kommt, ist jeweils unter Berücksichtigung der Umstände des Einzelfalls (insbesondere mit Blick auf die Person des Anbieters) aus Sicht eines neutralen Dritten zu bestimmen.

Damit kommt es weder auf die Sichtweise des Anbieters (A hält sein Angebot für individualisiert) noch des Empfängers (E hält die Ware oder Dienstleistung für standardisiert) an. Richtigerweise wird man aber das Schuldverhältnis im Kontext der sonstigen Tätigkeit des Anbieters betrachten müssen. Es ist demnach nicht ausreichend, wenn es sich zwar generell um ein Massengeschäft handeln könnte (Verkauf eines gebrauchten Autos), es jedoch für den Anbieter konkret kein solches ist (A ist *Verbraucher*, der nur einen einzigen gebrauchten Pkw verkaufen will). Die typisierende Betrachtungsweise muss sich also an der Person des Anbieters, d.h. des potentiell Diskriminierenden orientieren:[1093] Ist das

---

[1089] Vgl. BT-Drs. 15/4538, 39. Zum Diskriminierungsverbot im Wohnraummietrecht *Derleder/Sabetta*, WuM 2005, 3.
[1090] Vgl. oben 2. Teil C. IV. 3. b. bb.
[1091] So Stellungnahme des *DJB* zum Entwurf eines Gesetzes zur Umsetzung europäischer Anti-Diskriminierungs-RL (A.-Drs. 15(12)435-(8), 9.
[1092] So auch BT-Drs. 15/4538, 38.
[1093] Ebenso *Armbrüster*, ZRP 2005, 41 (42): Für das Merkmal „Vielzahl von Fällen" ist auf den konkreten Anbieter abzustellen; *Armbrüster*, Stellungnahme zum Entwurf eines Gesetzes zur Umsetzung europäischer Anti-Diskriminierungs-RL (A.-Drs. 15(12)440-E), 2. Missverständlich insoweit die Begründung der Regierungskoalition, wonach die Frage, ob es sich typischerweise um eine Vielzahl von Fällen handele, aus Sicht des

in Aussicht genommene Schuldverhältnis nicht nur abstrakt, sondern auch für diese Person ein Massengeschäft? Handelt es sich beim Anbieter um einen *Unternehmer* i.S.d. § 14 BGB wird i.d.R. ein Massengeschäft vorliegen.[1094] Dann gilt beim Tatbestandsmerkmal „Massengeschäft", das nach allgemeinen Beweislastgrundsätzen vom Diskriminierten darzulegen und im Bestreitensfall nachzuweisen ist, ausnahmsweise der Beweis des ersten Anscheins. Nur wer sich als *Unternehmer* aufgrund der Natur seines Produkts (individualisierte Ware oder Leistung) die Auswahl seines Vertragspartners ersichtlich vorbehalten will, z.B. der Betreiber eines privaten Clubs, wird zumeist kein Massengeschäft anbieten und könnte den *prima facie* Beweis insoweit widerlegen.

c. Benachteiligungsverbot bei Abschluss einer privatrechtlichen Versicherung

§ 19 Abs. 1 Nr. 2 ADG-E lautet:

„Eine Benachteiligung wegen eines in § 1 genannten Grundes bei der Begründung, Durchführung und Beendigung zivilrechtlicher Schuldverhältnisse, die ... 2. eine privatrechtliche Versicherung zum Gegenstand haben, ist unzulässig."

Die Norm bezieht als Spezialvorschrift zu § 19 Abs. 1 Nr. 1 ADG-E ausdrücklich alle privatrechtlichen Versicherungsverhältnisse ein, denn Nr. 1 erfasst nur Versicherungen, die i.d.R. auf die Ermittlung von einschlägigen Risikoindikatoren verzichten (und bei denen es sich daher um Massengeschäfte handelt). Sie ebnet den Weg zur Rechtskontrolle von Versicherungsverträgen insbesondere im Hinblick auf die Zulässigkeit von Unisex- und Uniage-Tarifen.[1095] Eine Vorschrift wie § 19 Abs. 1 Nr. 2 ADG-E wäre nur im Hinblick auf die Diskriminierung wegen des Geschlechts europarechtlich geboten. Die Regierungskoalition hielt eine umfassende Regelung im ADG-E 2005 dennoch für erforderlich. Denn im Bereich der Privatversicherung bestünde auch bei individueller Risikoprüfung ein Bedürfnis, sozial nicht zu rechtfertigende Unterscheidungen zu unterbinden: Versicherungen deckten häufig elementare Lebensrisiken ab; deshalb könne der verweigerte Vertragsschluss für den Benachteiligten schwerwiegende Auswirkungen haben.[1096]

Anbieters, d.h. des potentiell Diskriminierenden, zu beurteilen sei, vgl. BT-Drs. 15/4538, 39.

[1094] So auch BT-Drs. 15/4538, 39. Vorzugswürdig wäre es daher auch, den *Unternehmerbegriff* in den Tatbestand eines zivilrechtlichen Benachteiligungsverbots wie zB. § 19 Abs. 1 Nr. 1 ADG-E mit aufzunehmen.

[1095] Zur Umsetzung der RL 2004/113/EG im Versicherungsbereich *Körner* in: Loccumer Protokolle 79/04, 117 ff.

[1096] BT-Drs. 15/4538, 39. Zu der Frage, ob unterschiedliche Tarife für Männer und Frauen in der privaten Krankenversicherung gegen den Gleichheitssatz des Grundgesetzes verstoßen: *Wrase/Baer*, NJW 2004, 1623 ff.

III. Analyse des ADG-E 2005

Unbenommen sollten den Versicherungen sachlich begründete Differenzierungen bleiben, z.B. bei der Prämienhöhe oder im Zusammenhang mit Risikoausschlüssen, insbesondere auf der Grundlage statistisch erfassbarer und belegbarer Daten im Sinne von § 20 Satz 2 Nr. 5 ADG-E.[1097] Weil Bereichsausnahmen und die Rechtfertigungsmöglichkeit des § 19 Abs. 3 ADG-E auf dem Gebiet der privaten Versicherungsverträge nicht in Betracht kommen, blieben neben § 20 ADG-E nur die Rechtfertigungsgründe der §§ 5 und § 3 Abs. 2 ADG-E.[1098]

d. Benachteiligungsverbot im Vereinsleben und bei privatrechtlichen Berufsvereinigungen

Im Gegensatz zu der ursprünglich beabsichtigten Regelung des § 319c Abs. 1 Nr. 3 BGB n.F. des ZADG-E 2004 würde die Regelung des § 18 ADG-E die europarechtlichen Vorgaben übererfüllen. Sie erweitert den in § 2 Abs. 1 Nr. 4 ADG-E genannten Anwendungsbereich auf privatrechtliche Organisationen mit überragender Machtstellung. Die zugrunde liegenden Richtlinien sehen dagegen ebenso wie § 2 Abs. 1 Nr. 4 ADG-E nur ein Benachteiligungsverbot beim Zugang zu und der Mitwirkung in Arbeitnehmer- und Arbeitgeberorganisationen sowie privatrechtlichen Berufsvereinigungen vor.[1099] Außerhalb des Arbeitsrechts handelt es sich dabei z.B. um Zusammenschlüsse von Angehörigen der freien Berufe (z.B. Ärzte, Apotheker, Rechtsanwälte, Architekten, Steuerberater und Wirtschaftsprüfer), die für ihre Mitglieder etwa Fortbildungsseminare anbieten.

§ 18 Abs. 1 Nr. 2 ADG-E sollte eine Vereinigung jedoch auch dann zur Aufnahme von Personen verpflichten, wenn sie

„eine überragende Machtstellung im wirtschaftlichen oder sozialen Bereich [innehat][1100], wenn ein grundlegendes Interesse am Erwerb der Mitgliedschaft besteht."

[1097] Vgl. zu dem Rechtfertigungsgrund des § 20 Satz 2 Nr. 5 ADG-E noch 3. Teil C. III. 6. c. bb.

[1098] Vgl. dazu 3. Teil C. 6. a. und b.

[1099] Art. 3 Abs. 1 lit. d der RL 2000/43/EG und 2000/78/EG sowie der konsolidierten Fassung der RL 76/207/EWG. Danach ist nicht nur eine Diskriminierung aufgrund der „Rasse" oder der ethnischen Herkunft verboten. Ein Diskriminierungsverbot besteht auch in Bezug auf Religion, Weltanschauung, Behinderung, Alter, sexuelle Ausrichtung und Geschlecht. Dies ist der einzige Fall, in dem die RL 2000/78/EG und 76/207/EWG Diskriminierungsverbote für das Privatrecht formulieren. Der ZADG-E 2004 (§ 319 Abs. 1 Nr. 3 BGB n.F.) hatte dies noch verkannt und blieb damit hinter den gemeinschaftsrechtlichen Anforderungen zurück.

[1100] § 18 Abs. 1 Nr. 2 ADG-E verwendet hier das Wort „innehaben". Offenbar soll sich der Nebensatz jedoch auf die jeweilige *Vereinigung* beziehen, nicht aber darauf, ob die *Mitglieder* eine „überragende Machtstellung" haben.

Entsprechende Sachverhalte waren bereits in der Vergangenheit Gegenstand von (z.T. höchstrichterlichen) Entscheidungen.[1101] Die Aufnahme einer entsprechenden Norm in ein Anti-Diskriminierungsgesetz ist daher zwar europarechtlich nicht geboten, jedoch handelt es sich um eine begrüßenswerte Kodifizierung von Richterrecht. Auch Karnevals-, Schützen- und Sportvereine können eine solche überragende Machtstellung im Einzelfall innehaben. Derartige Fälle treten in der Praxis durchaus auf, so dass die Regelung ihre Berechtigung hat.[1102]

Bei den Organisationen mit überragender Machtstellung forderte die Begründung ursprünglich zusätzlich zum „grundlegenden" auch ein „überwiegendes" Interesse der Beitrittswilligen am Erwerb der Mitgliedschaft, um den Schutz, den die Organisationen nach Art. 9 Abs. 1 GG genießen, zu wahren. In der amtlichen Begründung[1103] war dieser Passus nicht mehr enthalten. Es ist daher davon auszugehen, dass ein „grundlegendes" Interesse auf Seiten des Betroffenen ausreicht. Sofern die gesetzlichen und satzungsmäßigen Voraussetzungen für eine Aufnahme in die Vereinigung vorliegen, besteht ein Anspruch auf Mitgliedschaft oder Mitwirkung.

Wegen des Verweises in § 18 Abs. 1 ADG-E auf die „*Vorschriften dieses [zweiten] Abschnitts*" hätten Ungleichbehandlungen nur gem. den §§ 3 Abs. 2, 5 und 8 bis 10 ADG-E gerechtfertigt werden können.

[1101] Zum Aufnahmezwang von Verbänden und Vereinen siehe BVerfG NJW-RR 1989, 636: Aufnahme in Landessportbund; BGH NJW 1985, 1216 und BGH NJW 1999, 1326: Aufnahmezwang für Verbände mit überragender Machtstellung im wirtschaftlichen oder sozialen Bereich; BGH NJW 1969, 316: Aufnahmeanspruch in Idealverein; KG NJW-RR 1993, 183: Aufnahme eines Vereins homosexueller Sportler in Sportdachverband; OLG Stuttgart NZG 2001, 997: Aufnahmeanspruch in überregionalen Sportverband; LG Heidelberg NJW 1991, 927: Aufnahme einer „Schwulen Jugendgruppe" in Stadtjugendring; LG Karlsruhe NJW-RR 2002, 111: Aufnahme von Chören mit homosexuellen Sängern in Sängerbund.

[1102] Vgl. die Gerichtsurteile in der vorherigen Fn. sowie z.B. *Süddeutsche Zeitung Magazin*, Nr. 4 v. 28.1.2005, 38: Ein Transsexueller (Diskriminierung aufgrund des Geschlechts) wurde im Mai 2004 aus der *Mombacher Prinzengarde* ausgeschlossen, weil er sich weigerte, weiterhin als Frau aufzutreten. Die dagegen gerichtete Klage vor dem AG Mainz hatte Erfolg (Urteil v. 14.14.2004), in der Berufungsverhandlung vor dem LG Mainz einigten sich die Parteien am 12.7.2005 auf einen Vergleich: Die *Prinzengarde* nimmt den Ausschluss des Transsexuellen zurück und trägt sämtliche Prozesskosten. Dieser tritt im Gegenzug freiwillig aus dem Verein aus und hält den Vorwurf der Diskriminierung nicht mehr aufrecht. Für weitere Beispiele siehe *Kölnische Rundschau* v. 22. 1.2005, 3, abrufbar unter: http://www.anti-diskriminierung.info.

[1103] BT-Drs. 15/4538, 37.

e. Entsprechungsklausel für Beschäftigungsverhältnisse

Da die Interessenlage häufig arbeitsrechtlichen Konstellationen entspricht, ordnete § 20 Abs. 3 ADG-E zunächst bei Benachteiligungen Beschäftigter (eine Legaldefinition findet sich in § 6 ADG-E) die entsprechende Anwendung der Vorschriften des Abschnitts 2 (Schutz der Beschäftigten vor Benachteiligung) an. Für zivilrechtliche Sachverhalte i.S.d. § 2 Abs. 1 Nr. 1 bis 4 ADG-E, wie z.B. Dienst- und Werkverträge, die keine Arbeitsverhältnisse sind, galten dann die Bestimmungen des Abschnitts 2 entsprechend. Ungleichbehandlungen konnten daher nur gem. §§ 3 Abs. 2, 5 und 8 bis 10 ADG-E gerechtfertigt werden.

Aufgrund der Beschlussempfehlung des zuständigen Ausschusses vom 15. Juni 2005[1104] entfiel § 20 Abs. 3 ADG-E in dieser Form. Die Vorschrift wird inhaltlich durch § 6 Abs. 3 ADG-E ersetzt. Diese redaktionelle Berichtigung erfolgte als Reaktion auf Kritik[1105] der Literatur an der ursprünglichen Verweisung des § 20 Abs. 3 ADG-E: Die Verweisungstechnik über den Umweg des § 2 Abs. 1 Nr. 1 bis 4 ADG-E war unglücklich und lud zu Missverständnissen und Fehldeutungen ein. Mit der Berichtigung waren keine Änderungen in der Sache beabsichtigt: Auch ohne ausdrücklichen Hinweis würden die Bestimmungen des Abschnitts 2 des ADG-E 2005 bei Benachteiligungen Beschäftigter vorgehen. Es handelte sich bei ihnen um Spezialvorschriften. Die Verweisung zivilrechtlicher Sachverhalte mit Beschäftigungsbezug auf die Vorschriften des Abschnitts 2 war entbehrlich, weil § 6 Abs. 3 ADG-E für diese Sachverhalte nunmehr die entsprechende Geltung der arbeitsrechtlichen Bestimmungen anordnete.

Damit wäre weiterhin sichergestellt gewesen, dass Sachverhalte, die gemeinschaftsrechtlich für Beschäftigung und Beruf von Bedeutung sind, auch dann einheitlichen Vorschriften unterliegen, wenn sie nach deutschem Recht dem allgemeinen Zivilrecht und nicht dem Arbeitsrecht zuzuordnen sind.[1106]

[1104] Beschlussempfehlung und Bericht des Ausschusses für Familie, Senioren, Frauen und Jugend v. 15.6.2005 (BT-Drs. 15/5717), 37.
[1105] *Thüsing*, Stellungnahme zum Entwurf eines Gesetzes zur Umsetzung europäischer Anti-Diskriminierungs-RL (A.-Drs. 15(12)440-C), 2 f.; *Bauer/Thüsing/Schunder*, NZA 2005, 32 (33); *Bauer/Göpfert/Krieger*, DB 2005, 595 ff.
[1106] Beschlussempfehlung und Bericht des Ausschusses für Familie, Senioren, Frauen und Jugend v. 15.6.2005 (BT-Drs. 15/5717), 37.

4. Ausnahmen vom Anwendungsbereich

a. Das besondere Nähe- oder Vertrauensverhältnis

Gem. § 19 Abs. 5 ADG-E sollten die zivilrechtlichen Benachteiligungsverbote

"keine Anwendung [finden] auf zivilrechtliche Schuldverhältnisse, bei denen ein besonderes Nähe- oder Vertrauensverhältnis der Parteien oder ihrer Angehörigen begründet wird. Bei Mietverhältnissen kann dies insbesondere der Fall sein, wenn die Parteien oder ihre Angehörigen Wohnraum auf demselben Grundstück nutzen."

Aufgrund der Bereichsausnahme wären vertragliche und deliktische Ansprüche auf Ersatz von Schäden wegen einer Vertragsverweigerung ausgeschlossen gewesen.[1107] Unberührt blieben gesetzliche und vertragliche Rechte, soweit entsprechende Vertragsverhältnisse wirksam geschlossen wurden. Das Vertragsrecht, die Bestimmungen des Mieterschutzes (im Falle eines Mietverhältnisses) und auch das Strafrecht bieten in diesem Fall eine ausreichende Handhabe, um diskriminierende Vertragsverweigerungen abzuwehren.

aa. Inhalt

Ein besonderes Nähe- oder Vertrauensverhältnis i.S.d. § 19 Abs. 5 ADG-E sollte eine Beziehung erfordern, die über das hinausgeht, was ohnehin jedem Schuldverhältnis an persönlichem Kontakt zugrunde liegt. Dies kann z.B. darauf beruhen, dass es sich um ein für den Anspruchsgegner besonders bedeutendes Geschäft handelt oder dass der Vertrag einen besonders engen oder lang andauernden Kontakt der Vertragspartner mit sich bringen würde,[1108] wie es der ADG-E 2005 beispielhaft für Mietverhältnisse annimmt, bei denen die Parteien Räume auf demselben Grundstück nutzen. Insbesondere bei Dauerschuldverhältnissen[1109] oder bei Verträgen mit Bezug zur Privatsphäre oder zum Familienleben[1110] (vgl. Erwägungsgrund 4 der Richtlinie 2000/43/EG) kann daher das Vorliegen eines besonderen Nähe- oder Vertrauensverhältnisses in Betracht kommen.

So wird z.B. im Arbeitsrecht das Dienst- und Organverhältnis eines vertretungsberechtigten Organmitglieds mangels Bezug zum Privat- und Familienleben

---

[1107] BT-Drs. 15/4538, 40.
[1108] BT-Drs. 15/4538, 40.
[1109] Ein Dauerschuldverhältnis zeichnet sich dadurch aus, dass es nicht durch eine einmalige Handlung erfüllt wird, sondern der Schuldner zu wiederkehrenden Handlungen, Duldungen oder Unterlassungen verpflichtet ist. Gesetzlich geregelte Dauerschuldverhältnisse sind Miete, Pacht, Darlehen, Dienstvertrag, Verwahrungsvertrag und die Gesellschaft, dazu kommen Leasing- und Factoringverträge.
[1110] *Bauer/Göpfert/Krieger*, DB 2005, 595 (598).

III. Analyse des ADG-E 2005   273

nicht als derartiges Verhältnis angesehen.[1111] Ob ein besonderes Nähe- oder Vertrauensverhältnis generell bei freiberuflichen Dienstleistungen begründet wird, wie der *BFB*[1112] argumentiert, erscheint fraglich. Benachteiligungsverbote würden demnach z.b. keine Anwendung auf die Vertrauensbeziehungen zwischen Arzt und Patient sowie Steuerberater und Mandant finden. Nach hier vertretener Ansicht besteht mit Blick auf die europäischen Vorgaben kein Anlass, die Angehörigen der Freien Berufe von der Geltung eines Diskriminierungsverbots auszunehmen. Auch ihre Leistungen stehen „der Öffentlichkeit zur Verfügung". § 14 BGB erfasst nicht nur Gewerbetreibende, sondern auch Freiberufler.[1113] Soweit diese als *Unternehmer* am Markt auftreten, hätten sie sich nicht auf die Bereichsausnahme des § 19 Abs. 5 ADG-E berufen können.

Der Begriff des „Angehörigen" erfasste ausweislich der Begründung[1114] Mitglieder des engeren Familienkreises, nämlich Eltern, Kinder, Ehe- und Lebenspartner und Geschwister. Er sei damit im wesentlichen mit dem Begriff der engen Familienangehörigen im Sinne des § 573 Abs. 1 Nr. 2 BGB kongruent.[1115]

bb. Vereinbarkeit mit europäischem Recht

Eine Vorschrift wie § 19 Abs. 5 ADG-E wäre entbehrlich, wenn man das Verbot der ethnischen Diskriminierung von vornherein auf *Unternehmer* i.S.d. § 14 BGB beschränken würde. Im ADG-E 2005 war die Norm jedoch erforderlich (auch in ihrer Ausdehnung auf Angehörige), um den Maßgaben der Erwägungsgründe 4 und 13 der Richtlinien 2000/43/EG bzw. 2004/113/EG Rechnung zu tragen, wonach der Bereich des Privat- und Familienlebens sowie der in diesem Kontext getätigten Geschäfte zu schützen ist. Dies ist für alle Diskriminierungsmerkmale außer „Rasse" und ethnische Herkunft unstreitig, weil entweder eine zivilrechtliche Regelung europarechtlich überhaupt nicht geboten ist oder eine ausdrückliche Ausnahme für Näheverhältnisse in das Europarecht aufgenommen wurde (so Art. 3 Abs. 1 der Richtlinie 2004/113/EG).

In Bezug auf Diskriminierungen aufgrund der „Rasse" oder ethnischen Herkunft wurde jedoch teilweise[1116] die Zulässigkeit des § 19 Abs. 5 ADG-E in Frage ge-

---

[1111] *Bauer/Göpfert/Krieger*, DB 2005, 595 (598).
[1112] Stellungnahme des *Bundesverbandes der Freien Berufe* zum Entwurf eines Gesetzes zur Umsetzung europäischer Anti-Diskriminierungs-RL v. 25.2.2005 (A.-Drs. 15(12)435-(15)).
[1113] *Heinrichs* in: Palandt (Hrsg.), BGB, § 14 Rn. 2.
[1114] BT-Drs. 15/4538, 40.
[1115] Vgl. dazu *Weidenkaff* in: Palandt (Hrsg.), BGB, § 573 Rn. 27.
[1116] *Mahlmann*, Stellungnahme zum Entwurf eines Gesetzes zur Umsetzung europäischer Anti-Diskriminierungs-RL (A.-Drs. 15(12)440-F), 5 f.; Stellungnahme des *DJB* zum Entwurf eines Gesetzes zur Umsetzung europäischer Anti-Diskriminierungs-RL (A.-Drs. 15(12)435-(8), 12; *Wrase* in: Loccumer Protokolle 79/04, 195 (200); ebenso *Nickel*,

stellt. Danach bilde der vierte Erwägungsgrund der Richtlinie 2000/43/EG keine Grundlage für eine Rechtfertigung von Ungleichbehandlungen aufgrund von „Rasse" und ethnischer Herkunft. Diese seien auf wesentliche und entscheidende berufliche Anforderungen (Art. 4 der Richtlinie 2000/43/EG) und positive Maßnahmen (Art. 5 der Richtlinie 2000/43/EG) beschränkt. Der Erwägungsgrund könne nur bei der Auslegung der Richtlinie eine Rolle spielen, z.B. bei der Bestimmung dessen, was eine wesentliche und entscheidende berufliche Anforderung sei. Die Richtigkeit dieser Auslegung werde durch die neue Richtlinie 2004/113/EG belegt. Hier würden Geschäfte im Nahbereich ausdrücklich durch Art. 3 Abs. 1 aus dem Anwendungsbereich der Richtlinie ausgenommen. Da eine solche Regelung in der Richtlinie 2000/43/EG fehle, seien die Rechtfertigungsmöglichkeiten für Ungleichbehandlungen aus Art. 4 und Art. 5 der Richtlinie 2000/43/EG abschließend. Hätte eine andere Regelung getroffen werden sollen, wäre in die Richtlinie 2000/43/EG eine entsprechende Ausnahme aufgenommen worden. § 19 Abs. 5 ADG-E hätte deshalb, insofern auch Diskriminierungen aufgrund von „Rasse" und ethnischer Herkunft im Näheverhältnis von der Anwendung des Benachteiligungsverbots ausgenommen werden, ein Umsetzungsdefizit verursacht.

Diese in der Sache unzutreffenden Einschätzungen mögen daraus resultieren, dass auch in der amtlichen Begründung[1117] zu § 19 Abs. 5 ADG-E lediglich der vierte Erwägungsgrund der Richtlinie 2000/43/EG angeführt wird. Zwar sind die Rechtfertigungsgründe der Richtlinie 2000/43/EG in der Tat abschließend und beschränken sich auf die in den Art. 4 und 5 genannten Situationen. Es handelte sich bei § 19 Abs. 5 ADG-E jedoch nicht um einen Rechtfertigungsgrund, sondern um eine Bereichsausnahme. Diese Tatsache ist insoweit von Bedeutung, als dass dadurch deutlicher wird, auf welche Richtlinienvorschrift sich § 19 Abs. 5 ADG-E bezog: Gem. Art. 3 Abs. 1 lit. h der Richtlinie 2000/43/EG werden nur solche Güter und Dienstleistungen von der Richtlinie erfasst, die der Öffentlichkeit zur Verfügung stehen. Sind also besondere Nähe- und/oder Vertrauensverhältnisse, wie z.B. die Privatsphäre oder das Familienleben (Erwägungsgrund 4 der Richtlinie 2000/43/EG) betroffen, lässt sich durchaus vertreten, dass dort die Güter und Dienstleistungen nicht der Öffentlichkeit zur Verfügung stehen.[1118] Daher bietet sich auch die in dieser Arbeit vertretene Bereichsausnahme für *Verbraucher* im Güter- und Dienstleistungsbereich an. Freilich ist die Vorschrift des § 19 Abs. 5 ADG-E dann auch nur taugliche Bereichsausnahme für den genannten Bereich. Sie wäre insoweit teleologisch zu reduzieren gewesen und da-

---

[1117] Stellungnahme zum Entwurf eines Gesetzes zur Umsetzung europäischer Anti-Diskriminierungs-RL (A.-Drs. 15(12)440-Q), 7: „Eine solche Ausnahme verstößt gegen Europarecht, weil die RL 2000/43/EG eine solche Einschränkung nicht zulässt." BT-Drs. 15/4538, 40.
[1118] Ebenso *Jestaedt*, VVDStRL 64, 298 (319).

III. Analyse des ADG-E 2005

mit im Ergebnis nicht anzuwenden, wenn die übrigen in § 2 Abs. 1 ADG genannten Anwendungsbereiche eröffnet sind, z.b. Sozialschutz, soziale Vergünstigungen oder Bildung.

Vor diesem Hintergrund ist der Einschätzung von *Armbrüster*[1119] zu folgen, der konstatiert, das ADG bewege sich im Hinblick auf § 19 Abs. 5 ADG-E „durchaus auf dünnem Eis". Die Regelung ist jedoch entsprechend den obigen Ausführungen als „noch von den Richtlinienvorgaben gedeckt" anzusehen.

b. Verbraucher i.S.d. § 13 BGB

Auch für *Verbraucher* i.S.d. § 13 BGB sollte eine Bereichsausnahme greifen.[1120] Eine „*natürliche Person, die ein Rechtsgeschäft zu einem Zweck abschließt, der weder ihrer gewerblichen noch ihrer selbständigen beruflichen Tätigkeit zugerechnet werden kann*", wäre damit nie an das zivilrechtliche Benachteiligungsverbot gebunden, auch nicht im Falle eines öffentlichen Angebots oder wenn ausnahmsweise ein Massengeschäft vorliegen sollte.

Dies folgt aus dem hier vertretenen Verständnis der Formulierung des § 2 Abs. 1 Nr. 8 ADG-E und der zugrunde liegenden Richtlinienbestimmungen (Güter und Dienstleistungen, die der Öffentlichkeit zur Verfügung stehen), wonach nur *Unternehmer* i.S.d § 14 BGB Anspruchsgegner sein können und aus der vorgeschlagenen Ergänzung des Tatbestands von § 19 Abs. 1 ADG-E um den *Unternehmerbegriff*. Auch wenn eine solche Ergänzung nicht vorgenommen werden sollte, werden doch in aller Regel nur *Unternehmer* Massengeschäfte anbieten, was dann zu einer Bereichsausnahme für *Verbraucher* führt.

Zudem ist ein besonderes Nähe- oder Vertrauensverhältnis i.S.d. § 19 Abs. 5 ADG-E i.d.R. ausgeschlossen, wenn der Anspruchsgegner *Unternehmer* ist.[1121]

c. Familien- und Erbrecht

Nach § 19 Abs. 4 ADG-E sollten neben den Beschäftigungsverhältnissen[1122] die im Familien- und Erbrecht geregelten Schuldverhältnisse vom Anwendungsbereich des Benachteiligungsverbots ausgeschlossen werden, weil sich die beiden letzteren grundlegend von den Verträgen des sonstigen Privatrechts unterscheiden. Wegen des inneren Zusammenhangs zum Erbrecht wären Vereinbarungen, die eine Erbfolge vorweg nehmen, ebenfalls von dem Ausschluss erfasst gewesen.[1123]

[1119] *Armbrüster*, ZRP 2005, 41 (42).
[1120] Vgl. auch *Stork*, GLJ 6 (2005), 533 (540); *Stork*, ZEuS 2005, 1 (34 f.).
[1121] Vgl. schon *Stork*, GLJ 6 (2005), 533 (543); *Stork*, ZEuS 2005, 1 (35).
[1122] Der Schutz der Beschäftigten vor Benachteiligung sollte über den Abschnitt 2 des ADG-E 2005 sichergestellt werden.
[1123] BT-Drs. 15/4538, 40.

5. Begriff der Benachteiligung

Statt „Diskriminierung" verwendet der ADG-E 2005 durchgehend den Begriff „Benachteiligung". Dies hat den Vorteil, dass dadurch bereits sprachlich die für eine rechtserhebliche Ungleichbehandlung erforderliche Nachteilszufügung deutlich gemacht wird. Die Begriffsbestimmungen enthält § 3 ADG-E.

a. Unmittelbare Benachteiligung

Die Definitionen der unmittelbaren und mittelbaren Benachteiligung in § 3 ADG-E sind fast wortgleich mit Art. 2 der Richtlinien 2000/43/EG und 2004/113/EG. Sie wurden für die Aufnahme in den ADG-E 2005 im Gegensatz zur Vorgängerregelung (§ 319b Abs. 1 BGB n.F. des ZADG-E 2004) nicht sprachlich gestrafft; durch die Änderungen der Beschlussempfehlung vom 15. Juni 2005 erfolgte aber eine inhaltliche Klarstellung. Sie war europarechtlich nicht geboten, aber rechtspolitisch sinnvoll, um einige handwerkliche Fehler zu korrigieren.

Ursprünglich sollte eine unmittelbare Benachteiligung gem. § 3 Abs. 1 Satz 1 ADG-E a.F. vorliegen,

> *„wenn eine Person wegen eines in § 1 genannten Grundes eine weniger günstige Behandlung als eine andere Person in einer vergleichbaren Situation erfährt, erfahren hat oder erfahren würde."*

Von der Regelung wären sogar Fälle einer lediglich in der Zukunft potentiell erfolgenden Diskriminierung erfasst worden.[1124] Bei einer derartigen zukünftigen Benachteiligung sollte es sich aber nicht nur um eine abstrakte Gefahr handeln dürfen. Vielmehr sollte eine Wiederholungs- oder ernsthafte Erstbegehungsgefahr bestehen müssen.

Diese Definition wurde zurecht kritisiert,[1125] weil sich ein entsprechendes Verständnis (Benachteiligungs*gefahr* als Benachteiligung) weder aus dem Zweck des Gesetzes noch aus europarechtlichen Vorgaben ergibt. Wollte man auch die Benachteiligungsgefahr als unmittelbare Diskriminierung verstehen, würde dies vielmehr eine deutliche Überdehnung des Diskriminierungsschutzes bedeuten. Allerdings ist festzustellen, dass § 3 Abs. 1 Satz 1 ADG-E a.F. an den Wortlaut der deutschen Fassung der Richtlinie 2000/43/EG anknüpfte, der ebenfalls nicht eindeutig ist. Auch dort heißt es in Art. 2 Abs. 2 lit. a, eine unmittelbare Diskriminierung liege vor, wenn *„eine Person eine weniger günstige Behandlung als*

[1124] *Thüsing*, Stellungnahme zum Entwurf eines Gesetzes zur Umsetzung europäischer Anti-Diskriminierungs-RL (A.-Drs. 15(12)440-C), 2 f.; Stellungnahme des *DAV (Ausschuss Zivilrecht)* v. Feb. 2005 (12/2005), 8 f. und Stellungnahme des *DAV (Ausschuss Arbeitsrecht)* v. Jan. 2005 (10/2005), 6.
[1125] BT-Drs. 15/4538, 30.

eine andere Person erfährt, erfahren hat oder erfahren würde". Die vergangene oder hypothetische Handlung scheint sich also nicht notwendig auf die Vergleichsperson zu beziehen, sondern kann sich auch auf den Benachteiligten beziehen.

Diese sprachliche Ungenauigkeit ist jedoch ein Übersetzungsfehler der deutschen Fassung der Richtlinie, der nicht die Absicht der Richtlinie 2000/43/EG trifft und in der inoffiziellen Fassung des ZADG-E vom Mai 2004 noch nicht zu finden war. Dagegen ist der Vergleich in den Richtlinien 2000/78/EG und 76/207/EWG richtig umschrieben: In deren Art. 2 Abs. 2 heißt es, eine unmittelbare Diskriminierung liegt vor, wenn

„*eine Person eine weniger günstige Behandlung erfährt, als eine andere Person erfährt, erfahren hat oder erfahren würde*".[1126]

Die Vorschriften weisen die hypothetische sowie die vergangene Handlung eindeutig der Vergleichsperson zu, indem das Wort „erfährt" in die Definition eingefügt wird. Nicht gegen eine hypothetische Handlung des Diskriminierenden ist also Abhilfe möglich, sondern gegen eine aktuelle Handlung, die nur mit einer vergangenen oder hypothetischen Handlung verglichen werden kann. Die englischen und französischen Fassungen aller drei Richtlinien sind hier übereinstimmend.[1127] Auch Art. 2 lit. a der Richtlinie 2004/113/EG verwendet diese zuletzt genannte Definition.

Das hier zugrunde gelegte und durch die Beschlussempfehlung vom 15. Juni 2005 auch in den ADG-E 2005 übernommene Verständnis ergibt sich auch aus der Rechtsprechung des EuGH und der Systematik des Diskriminierungsschutzes: Die Feststellung einer unmittelbaren Benachteiligung setzt stets einen Vergleich voraus. Das Diskriminierungsopfer muss aufgrund eines geschützten Merkmals eine ungünstigere Behandlung erfahren als eine andere Person in einer vergleichbaren Situation. Wie dieser Vergleich konkret zu erfolgen hat, blieb bei § 611a BGB noch offen. Verboten war dort allgemein die „unterschiedliche Behandlung wegen des Geschlechts". Eine Definition der unmittelbaren Diskriminierung fehlte an dieser Stelle ebenso wie in Art. 2 Abs. 1 der Richtlinie 76/207/EWG, auf dem diese Vorschrift basiert. Eine Präzisierung der zugrunde zu legenden Vergleichsbasis bringt § 3 Abs. 1 ADG-E n.F., indem die Vorschrift klarstellt, dass eine unmittelbare Benachteiligung nicht notwendig voraussetzt, dass die herangezogene Vergleichsperson aktuell eine andersartige Behandlung

---

[1126] Hervorhebung durch den Verfasser.
[1127] "...direct discrimination shall be taken to occur where one person is treated less favourably than another is, has been or would be treated in a comparable situation on grounds of racial or ethnic origin..." bzw. „...une discrimination directe se produit lorsque... une personne est traitée de manière moins favorable qu'une autre ne l'est, ne l'a été ou ne le serait dans une situation comparable..."

erfährt; der Vergleich mit einer in der Vergangenheit liegenden oder künftigen Maßnahme des Diskriminierenden genügt. Deshalb kann auch eine Benachteiligung wegen des Geschlechts angenommen werden, wenn schwangere Mieterinnen zurückgewiesen werden, obwohl sich überhaupt keine Männer auf eine freie Wohnung beworben haben. Dieses Ergebnis ist stimmig, und obgleich in der Sache nichts Neues, mag man die Klarstellung im Wortlaut des Benachteiligungsverbots nicht zuletzt wegen dessen appellativen Charakters begrüßen.[1128] Nur deshalb heißt es – europarechtskonform – „erfährt, erfahren hat oder erfahren würde".

Eine Ausdehnung auf konkrete Gefährdungen der Benachteiligung ist demgegenüber sinnwidrig und hat kein Vorbild im Recht anderer Rechtsordnungen. Es brächte das Anti-Diskriminierungsrecht in die Nähe eines Gesinnungsrechts. Die praktischen Probleme wären zudem unübersehbar: Wie sieht hier die Rechtfertigung der Ungleichbehandlung aus? Wer ist in den Vergleich einzubeziehen? Wie hoch soll die Entschädigung bemessen sein, und wer soll hierzu berechtigt sein? Wann ist eine Gefährdung hinreichend konkret? Nur der Vergleich kann also ein hypothetischer sein, nicht aber die benachteiligende Handlung.[1129]

Konsequent lautet § 3 Abs. 1 Satz 1 ADG-E n.F. daher nunmehr:

*„Eine unmittelbare Benachteiligung liegt vor, wenn eine Person wegen eines in § 1 genannten Grundes eine weniger günstige Behandlung **erfährt**, als eine andere Person in einer vergleichbaren Situation erfährt, erfahren hat oder erfahren würde."*[1130]

Die Benachteiligung kann auch in einem Unterlassen liegen. Die Zurücksetzung muss „*auf Grund*" eines geschützten Merkmals erfolgt sein. D.h. die benachteiligende Maßnahme ist durch eines (oder mehrere) dieser Merkmale motiviert bzw. der Anspruchsgegner knüpft bei seiner Handlung hieran an.[1131] Das Merkmal braucht in der Person des Anspruchstellers nicht unbedingt vorzuliegen.[1132] Gemäß den europarechtlichen Vorgaben handelt es sich um ein weit gefasstes, formal verstandenes Gleichbehandlungsgebot: Ausschlaggebend für eine unmittelbare Diskriminierung ist allein die weniger günstige Behandlung in einer vergleichbaren Situation.[1133] Auf eine absichtliche Benachteiligung kommt es

---

[1128] *Thüsing*, Stellungnahme zum Entwurf eines Gesetzes zur Umsetzung europäischer Anti-Diskriminierungs-RL (A.-Drs. 15(12)440-C), 3.
[1129] Ebenso *Thüsing*, Stellungnahme zum Entwurf eines Gesetzes zur Umsetzung europäischer Anti-Diskriminierungs-RL (A.-Drs. 15(12)440-C), 3.
[1130] Hervorhebung durch den Verfasser.
[1131] BT-Drs. 15/4538, 29 f.
[1132] Vgl. oben 2. Teil A. VII. 2.
[1133] Art. 2 Abs. 2 lit. a der RL 2000/43/EG; Art. 2 Abs. 2 lit. a der RL 2000/43/EG; Art. 2 lit. a der RL 2004/113/EG; Art. 2 Abs. 2 Spiegelstrich 1 der Änderungs-RL 2002/73/EG; die RL 76/207/EWG enthält dagegen noch keine Definition der unmittelbaren Diskriminierung, sondern nur deren Verbot in Art. 2 Abs. 1.

nicht an.[1134] Dies ist relevant, wenn der Diskriminierende die Benachteiligung eigentlich nicht vertreten müsste, z.b. weil er den Rat eines sachkundigen Dritten eingeholt hat. Damit ist jede benachteiligende Unterscheidung, die an ein verbotenes Merkmal anknüpft, rechtlich gesehen eine Diskriminierung.

b. Mittelbare Benachteiligung

Zu einer mittelbaren Benachteiligung[1135] sollte es gem. § 3 Abs. 2 ADG-E kommen,

> *„wenn dem Anschein nach neutrale Vorschriften, Kriterien oder Verfahren Personen wegen eines in § 1 genannten Grundes gegenüber anderen Personen in besonderer Weise benachteiligen können, es sei denn, die betreffenden Vorschriften, Kriterien oder Verfahren sind durch ein rechtmäßiges Ziel sachlich gerechtfertigt und die Mittel sind zur Erreichung dieses Ziels angemessen und erforderlich."*

Eine mittelbare Diskriminierung liegt danach schon tatbestandsmäßig nicht vor, wenn ein entsprechender Rechtfertigungsgrund besteht.[1136] Ebenso wie bei der unmittelbaren Benachteiligung genügt eine Benachteiligungs*gefahr* nicht.[1137] Es kommt auch nicht auf absichtliches Verhalten des Diskriminierenden an, ist doch die mittelbare Benachteiligung so weit definiert, dass sie keinerlei Vorsatz- oder Zweckelement auf Seiten des Benachteiligenden voraussetzt.

Durch diesen weiten Anwendungsbereich der mittelbaren Diskriminierung muss im Einzelfall voraussichtlich stets die Berechtigung der Differenzierung nachgewiesen werden. Um mittelbare Benachteiligungen kann es sich z.B. handeln bei:

➢ Wohnraumvermietung nur an Familien, nicht an Alleinerziehende (Geschlechterdiskriminierung, weil es sich bei Alleinerziehenden überwiegend um Frauen handelt);

[1134] EuGH Rs. C-180/95, Slg. 1997, I-2195 Rn. 19 (*Draempaehl*); EuGH Rs. C-177/88, Slg. 1990, I-3941 Rn. 22, 26 (*Dekker*), beide in Bezug auf das arbeitsrechtliche Diskriminierungsverbot aufgrund des Geschlechts gem. Art. 2 Abs. 1 und 3 Abs. 1 der RL 76/207/EWG.

[1135] Vgl. zum Begriff schon die Ausführungen im 2. Teil A. VII. 1. c., die auch für das deutsche Recht maßgeblich sind.

[1136] Vgl. dazu noch unten 3. Teil C. III. 6. b.

[1137] Anders noch BT-Drs. 15/4538, 30: Danach sollte es ausreichen, wenn für den Benachteiligten eine hinreichend konkrete Gefahr besteht, dass ihm im Vergleich zu Angehörigen anderer Personengruppen ein besonderer Nachteil droht. Diese Interpretation dürfte durch die Änderungen v. 18.3.2005 und die Beschlussempfehlung v. 15.6.2005 (BT-Drs. 15/5717) bezüglich Art. 3 Abs. 1 Satz 1 ADG-E überholt sein, vgl. soeben 3. Teil C. III. 5. a.

- Wohnraumvermietung nur an Personen ohne Kinder (Altersdiskriminierung von Menschen zwischen 20 und 40 Jahren, weil man typischerweise in diesem Alter jüngere und damit lautere Kinder hat);
- Differenzierung nach Körpergröße[1138] (Geschlechter- bzw. Altersdiskriminierung: Mindestmaße benachteiligen typischerweise Frauen und junge Menschen, Höchstmaße dagegen Männer; evtl. auch Diskriminierung wegen der ethnischen Herkunft);
- Ablehnung eines Vertragsschlusses wegen Vorstrafen (Geschlechterdiskriminierung, wenn typischerweise mehr Männer als Frauen zu Freiheitsstrafen verurteilt werden);
- Anzeigen in einer anderen Sprache als Deutsch (ethnische Diskriminierung; möglicherweise kann dies bereits als unmittelbare Diskriminierung angesehen werden);
- Suche nach „Muttersprachlern" (ethnische Diskriminierung, möglicherweise schon unmittelbare Diskriminierung; besser: Suche nach „fließenden Sprachkenntnissen" oder
- Schlittschuhvermietung in einer Eislaufhalle nur bis zur Schuhgröße 41[1139] (Geschlechterdiskriminierung, weil hierdurch für Männer die Möglichkeit, die Eislaufhalle zu nutzen, typischerweise stärker eingeschränkt wird).

Nicht zu vergessen ist aber, dass mittelbare Ungleichbehandlungen stets durch einen sachlichen Grund gerechtfertigt werden können, weil ihr Unrechtsgehalt mangels direkter Anknüpfung an verbotene Merkmale vergleichsweise niedrig ist. Entscheidend ist dann, ob die Maßnahme verhältnismäßig ist.

c. Anweisung zur Diskriminierung und (sexuelle) Belästigung

Das BMJ hielt im Rahmen des ZADG-E 2004 eine besondere Regelung der (sexuellen) Belästigung sowie der Anweisung zur Diskriminierung im Gegensatz zu früheren Entwürfen nicht für erforderlich. Dies war nicht in jedem Fall zutreffend. Durch den ADG-E 2005 sollten die zugrunde liegenden Richtlinienbe-

---

[1138] So hat das *Arbeitsgericht Stockholm* eine mittelbare Diskriminierung aufgrund des Geschlechts durch den Autobauer Volvo bejaht, weil dieser eine Mindestgröße von 1,63m bei der Einstellung verlangte. Die Begründung, dass unterhalb dieser Körpergröße ein erhöhtes Verletzungsrisiko bestehe, wurde als nicht erwiesen und damit unverhältnismäßig angesehen. Das *Arbeitsgericht Southampton* hatte über eine Klage zu entscheiden, mit der ein 2,08m großer Mann auf Einstellung klagte. Er war abgewiesen worden, weil er mit einer Beinlänge von 96cm nur unter dem Risiko gesundheitlicher Schäden an Tische und Stühle des Unternehmens passe. Wenn man bedenkt, dass der Arbeitgeber auch verstellbare Tische bereitstellen könnte, muss die Maßnahme wohl ebenfalls als unverhältnismäßig eingestuft werden; siehe dazu FAZ v. 30.7.2005, 7.
[1139] Beispiel nach *Riesenhuber/Franck*, EWS 2005, 245 (247).

III. Analyse des ADG-E 2005

stimmungen dagegen fast wortgleich umgesetzt werden. § 3 Abs. 3 bis 5 ADG-E enthalten ein Verbot von Belästigung, sexueller Belästigung und Anweisung zur Diskriminierung.

aa. Anweisung zur Diskriminierung

§ 3 Abs. 5 Satz 1 ADG-E bestimmt:

„Die Anweisung zur Benachteiligung einer Person aus einem in § 1 genannten Grund gilt als Benachteiligung."

Das BMJ[1140] sowie die Regierungskoalition[1141] waren der Ansicht, dass derartige Handlungen im Rahmen von Schuldverhältnissen bereits über die einschlägigen zivilrechtlichen Bestimmungen (§§ 31, 278, 831 BGB) erfasst würden. Danach muss sich der dahinter stehende Rechtsträger das Fehlverhalten seines Organs oder Erfüllungsgehilfen zurechnen lassen bzw. haftet für die eigene fehlerhafte Auswahl eines Verrichtungsgehilfen.

Diese Auffassung ist zunächst mit Blick auf § 831 BGB problematisch, denn die Vorschrift setzt ein (vermutetes) Verschulden des Geschäftsherrn voraus. Auf ein Verschulden kommt es aber im Rahmen der europäischen Diskriminierungsverbote und somit auch im Rahmen der Anweisung nicht an.[1142] Man könnte in einem solchen Fall im Wege der richtlinienkonformen Auslegung aber eine unwiderlegbare Verschuldensvermutung annehmen. Im übrigen erscheint es fern liegend, dass der Anweisende bei einer diskriminierenden Weisung nicht zumindest die im Verkehr erforderliche Sorgfalt außer acht lässt.[1143]

Zudem setzt ein Vertretenmüssen des Anweisenden im Rahmen der §§ 31, 278, 831 BGB grundsätzlich ein Fehlverhalten der Hilfsperson voraus. Soweit man – wie die Verfasser des ADG-E – annimmt, die in § 3 Abs. 5 Satz 1 ADG-E geregelten Sachverhalte seien regelmäßig schon über die zivilrechtlichen Zurechnungsnormen zu erfassen, geht man implizit vom weisungsgemäßen Handeln des Vordermanns aus. Wie ist es aber rechtlich zu beurteilen, wenn der Vordermann die benachteiligende Weisung nicht ausführt, sondern vorzieht sich neutral zu verhalten?[1144] Dann wäre es nur zu einem erfolglosen „Versuch der Diskri-

---

[1140] Begründung zum ZADG-E 2004, 77.
[1141] BT-Drs. 15/4538, 31.
[1142] EuGH Rs. C-180/95, Slg. 1997, I-2195 Rn. 19 (*Draempaehl*); EuGH Rs. C-177/88, Slg. 1990, I-3941 Rn. 22, 26 (*Dekker*); so auch BT-Drs. 15/4538, 31.
[1143] Vgl. zu diesem Gedanken auch die Ausführungen zur sexuellen Belästigung, 3. Teil C. III. 5. b. bb.
[1144] Eine solche Konstellation lag dem Urteil des ArbG Wuppertal, LAGE § 626 BGB 2002 Nr. 2a zugrunde. Siehe dazu 2. Teil III. 5. a. ff. sowie *Hoppe/Wege*, LAG-E 151 § 626, 2a. Auch im Zivilrecht ist es ohne weiteres vorstellbar, dass sich eine Person, ohne Arbeitnehmer zu sein, einer benachteiligenden Anweisung widersetzt. Dies kann z.B. der

minierung" durch den Hintermann gekommen. Entscheidend ist, ob in diesem Fall ein eigenständiges Verbot der benachteiligenden Anweisung nötig ist. Dies wird man im Deliktsrecht verneinen können.[1145] Auch im Vertragsrecht hat die Person, die eigentlich diskriminiert werden sollte, mangels Ausführung der Anweisung keinen Nachteil erlitten: Entweder ist der Vertrag zwischen ihr und dem vertretenen Hintermann wirksam oder sie hat gem. § 179 Abs. 1 BGB einen Schadensersatzanspruch gegen den Vertreter ohne Vertretungsmacht. Für die erste Lösung würde das zivilrechtliche Diskriminierungsverbot des § 19 ADG-E sprechen. Ein Kompensationsanspruch gegen den Hintermann scheidet dann aber mangels Schaden aus. Der Anweisende haftet mithin in keinem Fall für die Weisung. Anders verhält es sich mit dem Weisungsempfänger: Er könnte vom Hintermann im Innenverhältnis wegen der Überschreitung seines „rechtlichen Dürfens" gemaßregelt werden. Ein entsprechendes Maßregelungsverbot besteht jedoch nur im arbeitsrechtlichen Teil gem. § 16 ADG-E. Um den Vordermann zu schützen, muss § 3 ADG-E zur europarechtskonformen Umsetzung daher das Verbot benachteiligender Anweisungen enthalten. Auch sollte das Maßregelungsverbot des § 16 ADG-E in den Allgemeinen Teil des Anti-Diskriminierungsgesetzes überführt werden.[1146] § 3 Abs. 5 Satz 1 ADG-E wäre unter diesen Umständen keine nur deklaratorische Norm.

bb. (Sexuelle) Belästigung

Nach Auffassung des BMJ[1147] und der Regierungskoalition[1148] war auch eine gesonderte Regelung der Belästigung nicht erforderlich. Trotzdem wurde sie nun in § 3 Abs. 3 ADG-E aufgenommen. Danach handelt es sich um eine Benachteiligung, wenn

„unerwünschte Verhaltensweisen, die mit einem in § 1 genannten Grund in Zusammenhang stehen, bezwecken oder bewirken, dass die Würde der betreffenden Person verletzt und ein von Einschüchterungen, Anfeindungen, Erniedrigungen, Entwürdigungen oder Beleidigungen gekennzeichnetes Umfeld geschaffen wird."

[1145] Fall sein, wenn der mit dem Verkauf Beauftragte die Anweisung ignoriert, einen Vertrag nur mit Personen der eigenen Ethnie abzuschließen oder wenn sich ein Vermieter mit entsprechenden Wünschen an einen Makler wendet, der sich über die Anweisung hinwegsetzt.

[1145] Die eigentlich aufgrund der Weisung zu benachteiligende Person hat mangels Verletzungshandlung des Angewiesenen keinen Nachteil erlitten. Die Zulässigkeit evtl. Maßregelungen im Verhältnis zwischen Geschäftsherr und Verrichtungsgehilfe beurteilt sich i.d.R. nach den arbeitsrechtlichen Anti-Diskriminierungsvorschriften (Abschnitt 2 des ADG-E 2005).

[1146] Siehe sogleich 3. Teil C. III. 5. d.
[1147] Begründung zum ZADG-E 2004, 78.
[1148] BT-Drs. 15/4538, 30.

III. Analyse des ADG-E 2005

Auch gem. Art. 2 Abs. 3 der Richtlinie 2000/43/EG, Art. 2 lit. c der Richtlinie 2004/113/EG, Art. 2 Abs. 3 der Richtlinie 2000/78/EG und Art. 2 Abs. 2 der Richtlinie 76/207/EG ist es für eine Belästigung erforderlich, dass durch sie ein „feindliches Umfeld" geschaffen wird. Dies setzt regelmäßig kontinuierliches Handeln voraus. Bei einmalig bleibenden Handlungen bleibt der Betroffene schutzlos. Der europäische Gesetzgeber wollte also nur Belästigungen von gewisser Erheblichkeit von der Richtlinie erfassen. Er orientierte sich hier stark am US-amerikanischen Recht, das eine solche Einschränkung ebenfalls kennt.[1149] Durch die Annahme der Beschlussempfehlung vom 15. Juni 2005 hat der deutsche Gesetzgeber diese Vorgabe in den ADG-E 2005 übernommen.[1150]

§ 3 Abs. 4 ADG-E definiert die sexuelle Belästigung. Die Definition müsste sich für das Zivilrecht an Art. 2 lit. d der Richtlinie 2004/113/EG ausrichten und nicht nur am Beschäftigtenschutzgesetz oder der Richtlinie 76/207/EWG, wie es in der Begründung[1151] heißt. Nach der Richtlinie 2004/113/EG ist eine sexuelle Belästigung

> *„jede Form von unerwünschtem Verhalten sexueller Natur, das sich in verbaler, nichtverbaler oder physischer Form äußert und das bezweckt oder bewirkt, dass die Würde der betreffenden Person verletzt wird, insbesondere wenn ein von Einschüchterungen, Anfeindungen, Erniedrigungen, Entwürdigungen oder Beleidigungen gekennzeichnetes Umfeld geschaffen wird."*

Damit ist die Definition prägnanter als die in § 3 Abs. 4 ADG-E gegebene und für das Zivilrecht zur Auslegung der Bestimmung heranzuziehen. Weil hier das „feindliche Umfeld" nur eine mögliche Folge der sexuellen Belästigung sein kann (gekennzeichnet durch das Wort „insbesondere"), besteht auch gegen einmalige Handlungen Schutz. Dies kommt durch § 3 Abs. 4 ADG-E durch seinen Verweis auf die § 3 Abs. 3 ADG-E beschriebenen Folgen nicht zum Ausdruck.

Im Falle der „einfachen" Belästigung sah die Regierungskoalition den Anspruchsteller bereits nach geltendem Recht geschützt: Wer im Rahmen eines Schuldverhältnisses einen anderen wegen eines in § 1 ADG-E bezeichneten Merkmals belästige, lasse die nach § 241 Abs. 2 BGB gebotene Rücksichtnahme auf die Rechte, Rechtsgüter und Interessen der anderen Partei vermissen und

---

[1149] *Thüsing*, Stellungnahme zum Entwurf eines Gesetzes zur Umsetzung europäischer Anti-Diskriminierungs-RL (A.-Drs. 15(12)440-C), 4; Meritor Savings Bank v. Vinson 477 U.S. 57 [1986].
[1150] Zur vorherigen Regelung im ursprünglichen Gesetzentwurf vom 15.12.2004 vgl. BT-Drs. 15/4538 sowie die Synopse im Änderungsantrag der Fraktion der SPD und der Fraktion Bündnis 90/Die Grünen zum ADG-E 2005 v. 8.4.2005 an den zuständigen Ausschuss (A.-Drs. 15(12)455; *nicht veröffentlicht*) bzw. in der Beschlussempfehlung v. 15.6.2005 (BT-Drs. 15/5717).
[1151] BT-Drs. 15/4538, 30.

verletze insoweit seine vertraglichen Pflichten. Weiteren Schutz vor Belästigungen böten das Deliktsrecht (§§ 823 ff., 253 Abs. 2 BGB) und die einschlägigen strafrechtlichen Bestimmungen, z.B. § 185 des Strafgesetzbuchs (StGB).[1152]

Diese Überlegungen sind zutreffend. Zweifel könnten allenfalls daran bestehen, ob das Deliktsrecht tatsächlich eine wirksame Sanktion bereithält, wenn zwischen den Parteien kein Vertrag besteht. Denn die §§ 823 ff. BGB verlangen ein Verschulden des Anspruchsgegners. Grundsätzlich setzt die Belästigung aber auch ein Verschulden voraus: Entweder wird eine Würdeverletzung *bezweckt* und damit vorsätzlich herbeigeführt. Wer das allgemeine Persönlichkeitsrecht des Betroffenen dagegen unabsichtlich verletzt und damit eine Würdeverletzung *bewirkt*, lässt i.d.R. die im Verkehr erforderliche Sorgfalt außer acht und handelt gem. § 276 Abs. 2 BGB fahrlässig. Dass jemand nach bestem Wissen und Gewissen die Würde einer Person verletzt und damit gleichzeitig ein von Einschüchterungen, Anfeindungen, Erniedrigungen, Entwürdigungen oder Beleidigungen gekennzeichnetes Umfeld schafft, ist kaum vorstellbar. Sollten derartige Fälle doch vorkommen, könnte man am Verschuldenserfordernis über die Öffnungsklausel in Art. 2 Abs. 3 Satz 2 der Richtlinie 2000/43/EG dennoch festhalten:[1153] Danach „*können die Mitgliedstaaten den Begriff ‚Belästigung' im Einklang mit den einzelstaatlichen Rechtsvorschriften und Gepflogenheiten definieren.*" Das Verschuldenserfordernis des Deliktsrechts steht also zumindest einer richtlinienkonformen Umsetzung der Belästigung gem. Art. 2 Abs. 3 der Richtlinie 2000/43/EG nicht im Wege. Bedenkt man noch den zusätzlichen strafrechtlichen Schutz des Diskriminierungsopfers, ist der Einschätzung des BMJ beizupflichten, dass eine gesonderte Umsetzung nicht erforderlich wäre.[1154] Zu beachten sind auch bei Belästigungen im Zivilrecht die von der normalen Beweisführung abweichenden Vorschriften des Art. 8 der Richtlinie 2000/43/EG bzw. Art. 9 Abs. 1 der Richtlinie 2004/113/EG, die durch § 22 ADG-E umgesetzt werden sollten, und die das Belästigungsopfer mit Beweiserleichterungen ausstatten.

d. Maßregelungsverbot

Der ADG-E 2005 sah Schutz vor Maßregelung (Viktimisierung) nur im Bereich des Arbeitsrechts vor (§ 16 ADG-E): Der Arbeitgeber sollte Beschäftigte nicht wegen der Inanspruchnahme von Rechten oder wegen der Weigerung, eine

---

[1152] BT-Drs. 15/4538, 30.
[1153] *Neuner*, JZ 2003, 57 (66). Das gilt jedoch nicht für Diskriminierungen aufgrund des Geschlechts: die RL 2004/113/EG enthält in ihrem Art. 2 lit. c keine entsprechende Öffnungsklausel.
[1154] Ebenso *Neuner*, JZ 2003, 57 (66); a.A. *Annuß*, BB 2004, Heft 34 v. 23.8.2004 „Die erste Seite", ohne nähere Begründung.

rechtswidrige Anweisung auszuführen, benachteiligen dürfen.[1155] Europarechtlich ist eine Regelung aber auch im Hinblick auf das allgemeine Vertragsrecht bei Diskriminierungen aufgrund von „Rasse" und ethnischer Herkunft (vgl. Art. 9 der Richtlinie 2000/43/EG) und Geschlecht (Art. 10 der Richtlinie 2004/113/EG) vorgesehen. Insbesondere bei Dauerschuldverhältnissen ist ein zivilrechtliches Maßregelungsverbot erforderlich. Mangels eigenständiger Regelung im ADG-E 2005 hätte hier nur ein Hinweis auf allgemeine Regelungen des Privat- und Strafrechts helfen können, die Feststellung eines Umsetzungsdefizits zu vermeiden, weil diese allgemeinen Regeln die Funktion eines Maßregelungsverbots erfüllen können.[1156]

6. Rechtfertigung unterschiedlicher Behandlungen

Neben den Bereichsausnahmen[1157] sollte der ADG-E 2005 auch verschiedene Rechtfertigungsgründe enthalten, die eine unterschiedliche Behandlung für zulässig erklären. Erfolgt eine unterschiedliche Behandlung wegen mehrerer der in § 1 ADG-E genannten Gründe (Mehrfachdiskriminierung), so kann sie gemäß § 4 ADG-E nur gerechtfertigt werden, wenn sich die Rechtfertigung auf alle Gründe erstreckt deretwegen die unterschiedliche Behandlung erfolgt. Es handelte sich bei § 4 ADG-E nur um eine Klarstellung.

Die Rechtfertigung einer unterschiedlichen Behandlung ist im Streitfall stets vom potentiell Diskriminierenden nachzuweisen. Dies folgt schon aus allgemeinen zivilprozessualen Regeln.[1158]

Die Kommission[1159] ist der Ansicht, dass Rechtfertigungsmöglichkeiten grundsätzlich eng zu verstehen seien. Dabei kann sie sich auf die Rechtsprechung des EuGH[1160] stützen.[1161] Dieser hat z.B. in Bezug auf Art. 2 Abs. 2 der Richtlinie 76/207/EWG entschieden, „dass diese Bestimmung als Ausnahme von einem in der Richtlinie verankerten individuellen Recht eng auszulegen ist." Der Gleichbehandlungsgrundsatz ist jedoch seinerseits eine Ausnahme von den im Zivilrecht geltenden Grundsätzen der Privatautonomie und des Rechts auf Privatle-

---

[1155] Eine Vorschrift wie § 16 ADG-E selbst ist allerdings überflüssig, weil § 612a BGB bereits ein Maßregelungsverbot enthält. Zudem ist die Vorschrift unsauber formuliert, weil sie (anders als § 612a BGB) nicht hinreichend klarstellt, dass die Inanspruchnahme von Rechten in zulässiger Weise erfolgen muss.
[1156] *Mahlmann*, Stellungnahme zum Entwurf eines Gesetzes zur Umsetzung europäischer Anti-Diskriminierungs-RL (A.-Drs. 15(12)440-F), 5.
[1157] Vgl. oben 3. Teil C. III. 4.
[1158] Vgl. zu den Beweisgrundsätzen der ZPO unten 3. Teil C. III. 8. a. aa.
[1159] KOM (1999) 566, 9; KOM (2000) 334, 9 in Bezug auf die RL 2000/43/EG und 2002/73/EG.
[1160] EuGH Rs. C-222/84, Slg. 1986, I-1651 Rn. 36 (*Johnston*).
[1161] Vgl. *Schöbener/Stork*, ZEuS 2004, 43 (78 f.) m.w.N.

ben.¹¹⁶² Es ist daher nicht auszuschließen, sondern wäre vielmehr dogmatisch geboten, die Rechtfertigungsmöglichkeiten und Bereichsausnahmen zumindest dort weit auslegen, wo Vertragsfreiheit und Privatleben in ihrem Kern betroffen sind.

a. Positive Maßnahmen

Mit § 5 ADG-E machte die Regierungskoalition zunächst von der Ermächtigung zu positiven Fördermaßnahmen¹¹⁶³ nach Art. 5 bzw. 6 der Richtlinien 2000/43/EG und 2004/113/EG Gebrauch. Danach können Privatpersonen, die einem Diskriminierungsverbot unterliegen (i.d.R. *Unternehmer* i.S.d. § 14 BGB), entsprechend ihrer persönlichen Anschauung Maßnahmen zur Förderung von Personen mit einem in § 1 ADG-E genannten Merkmal vornehmen. Auch Menschen einer anderen „Rasse" oder ethnischen Herkunft könnten von anderen Privaten beim Zugang zu Gütern und Dienstleistungen bevorzugt behandelt werden. Unklar bleibt der Bezugspunkt der Fördermaßnahmen: Sollen sie Benachteiligungen ausgleichen, die durch die allgemeine Situation im Lande bzw. die Verhältnisse in einer Region oder in einer bestimmten Branche entstanden sind?¹¹⁶⁴

Zutreffend koppelt der ADG-E 2005 die Zulässigkeit der Förderung an den Verhältnismäßigkeitsgrundsatz.¹¹⁶⁵ Dies stellt sicher, dass der Eingriff auf ein Mindestmaß beschränkt bleibt.¹¹⁶⁶ Die grundsätzliche Zulässigkeit positiver Förderungsmaßnahmen ist heute anerkannt, sofern diese nicht einer Gruppe einen *absoluten* Vorrang einräumen.¹¹⁶⁷ Sie entspricht dem Ziel des Art. 13 EGV, Diskriminierungen aufgrund der genannten Merkmale umfassend zu bekämpfen. Schließlich erfordert auch die Natur mancher Diskriminierungsmerkmale positive Maßnahmen. Insbesondere einem behinderten Menschen nutzt die formale Gleichheit mit anderen Menschen wenig. Er ist vielmehr auf die Herstellung materieller Gleichheit angewiesen.

---

¹¹⁶² Vgl. zum Regel-Ausnahme-Verhältnis bereits 2. Teil C. III. 1. d. dd. sowie *Schöbener/Stork*, ZEuS 2004, 43 (78 f.).
¹¹⁶³ Zum Begriff vgl. schon 2. Teil A. VI. 2.
¹¹⁶⁴ Zutreffend die Stellungnahme des *DAV* (*Ausschuss Arbeitsrecht*) v. Jan. 2005 (10/2005), 7.
¹¹⁶⁵ Auch nach dem Vorschlag für die RL 2004/113/EG (KOM (2003) 657), 17 ist „zu belegen, dass derartige Maßnahmen erforderlich sind, dass sie auf den Ausgleich eines spezifischen Nachteils abstellen und dass sie zeitlich befristet und nur so lange in Kraft bleiben, wie dies erforderlich ist, um das betreffende Problem in den Griff zu bekommen." Dies entspricht EuGH Rs. C-476/99, Slg. 2002, I-2891 Rn. 39 (*Lommers*); siehe dazu auch die Anmerkung von *Leder*, EzA 357 (2002), 11 (16).
¹¹⁶⁶ *Riesenhuber/Franck*, JZ 2004, 529 (535).
¹¹⁶⁷ EuGH Rs. C-450/93, Slg. 1995, I-3051 Rn. 22 ff. (*Kalanke/Freie Hansestadt Bremen*).

Zum Teil wird eine Vorschrift wie § 5 ADG-E als verfassungswidrig angesehen. Art. 3 Abs. 3 GG verbiete jede Differenzierung – mithin also auch die Bevorzugung – aufgrund der dort genannten Merkmale. Eine Ausnahme gelte nur für die Merkmale Geschlecht und Behinderung.[1168] Zum anderen verstoße eine über § 5 ADG-E gewährte Generalermächtigung an Private gegen die der Vorschrift zugrunde liegenden europäischen Richtlinien. Diese räumten das Recht zu positiven Maßnahmen ausschließlich den Mitgliedstaaten selbst ein; § 5 ADG-E mache hiervon aber keinen Gebrauch, sondern delegiere diese Befugnis bloß.[1169] Die Ermächtigung Privater zu positiven Maßnahmen ist vom Wortlaut der Richtlinien jedoch gedeckt. Art. 5 bzw. Art. 6 der Richtlinien 2000/43/EG und 2004/113/EG konkretisieren die Maßnahmen nicht, auch eine Delegation an Privatrechtssubjekte lässt sich daher noch darunter fassen. Private sind aber an das Differenzierungsverbot des Art. 3 Abs. 3 GG nicht unmittelbar gebunden. Sie können aufgrund des § 5 ADG-E auch Personen aufgrund anderer Merkmale als Geschlecht oder Behinderung bevorzugen, soweit sich dies im Rahmen der Ermächtigung hält. Dies würde sogar ihre Privatautonomie wiederaufleben lassen, die ansonsten durch Diskriminierungsverbote eingeschränkt wird.

b. „Rechtmäßiges Ziel" bei mittelbarer Diskriminierung

Die mittelbare Diskriminierung[1170] setzt schon tatbestandsmäßig die *Abwesenheit eines sachlichen Grundes* voraus. Der *Rechtfertigungsgrund* hat daher den Charakter eines negativen Tatbestandsmerkmals: Soweit die Benachteiligung durch ein „*rechtmäßiges Ziel*" sachlich gerechtfertigt ist und die Mittel zur Erreichung dieses Anliegens erforderlich und angemessen sind, liegt bereits keine mittelbare Diskriminierung vor. Es handelt sich dann um eine zulässige Ungleichbehandlung, für die der Anspruchsgegner nach allgemeinen Regeln darlegungs- und beweispflichtig ist. Bei mittelbaren Diskriminierungen gem. § 3 Abs. 2 ADG-E ist die Frage der zulässigen Ungleichbehandlung also schon auf Tatbestandsebene zu entscheiden. Viele der in § 20 ADG-E geregelten Fragen würden bereits an dieser Stelle (und nicht erst auf der Ebene der Rechtfertigung) zu prüfen sein. Über § 3 Abs. 2 ADG-E ist auch die Rechtfertigung von „rassischen" bzw. ethnischen Benachteiligungen möglich.

[1168] *Rieble*, Stellungnahme zum Entwurf eines Gesetzes zur Umsetzung europäischer Anti-Diskriminierungs-RL (A.-Drs. 15(12)440-B), 3; *Wendeling-Schröder*, Stellungnahme zum Entwurf eines Gesetzes zur Umsetzung europäischer Anti-Diskriminierungs-RL (A.-Drs. 15(12)440-G), 9 f.

[1169] *Rieble*, Stellungnahme zum Entwurf eines Gesetzes zur Umsetzung europäischer Anti-Diskriminierungs-RL (A.-Drs. 15(12)440-B), 3.

[1170] Vgl. zum Begriff schon die Ausführungen im 2. Teil A. VII. 1. c., die auch für das deutsche Recht maßgeblich sind.

c. Zulässigkeit unterschiedlicher Behandlung bei „sachlichem Grund"

§ 20 Satz 1 ADG-E sollte nur Benachteiligungen wegen einer Behinderung, der Religion oder Weltanschauung, des Alters, der sexuellen Identität oder des Geschlechts rechtfertigen, soweit diese in den Anwendungsbereich des § 19 Abs. 1 ADG-E fallen und auf einem „sachlichen Grund" beruhen. Satz 2 hält entsprechende Regelbeispiele bereit, die jedoch nicht abschließend zu verstehen sind, wie die Verwendung des Wortes „insbesondere" zeigt. Sie konkretisieren gleichwohl den Begriff des „sachlichen Grundes", indem sie die wichtigsten Fallgruppen umreißen und Hinweise für die Auslegung des Grundtatbestandes geben.[1171] Die Rechtfertigungsgründe des § 20 ADG-E beruhen auf der Überlegung, dass Differenzierungen im allgemeinen Zivilrecht akzeptiert oder sogar sozial erwünscht sind. Der Anbieter, d.h. der Anspruchsgegner, muss nach allgemeinen zivilprozessualen Grundsätzen die Zulässigkeit der unterschiedlichen Behandlung darlegen und beweisen.[1172]

aa. Rechtfertigung geschlechtsspezifischer Diskriminierungen

Art. 4 Abs. 5 der Richtlinie 2004/113/EG bestimmt, dass eine Benachteiligung aufgrund des Geschlechts durch ein legitimes Ziel gerechtfertigt werden kann, wenn die Mittel zur Erreichung dieses Ziels angemessen und erforderlich sind. Art. 5 Abs. 2 der Richtlinie hält darüber hinaus einen Rechtfertigungsgrund für geschlechtsspezifische Versicherungstarife bereit. Diese Rechtfertigungsmöglichkeiten wurden durch die Regelbeispiele in § 20 Satz 2 Nr. 2 und 5 ADG-E zutreffend aufgegriffen. Geschlechtsspezifische Diskriminierungen ließen sich jedoch auch über die Nr. 1 und 3 rechtfertigen. Weitere Rechtfertigungsmöglichkeiten sind denkbar, soweit sie auf einem „sachlichen Grund" beruhen und verhältnismäßig sind.[1173] Dieses Beispiel verdeutlicht den grundsätzlichen Ansatz von § 20 ADG-E: Hier lässt sich praktisch „alles mit allem" rechtfertigen. Lediglich die Nr. 4 (Religion oder Weltanschauung) und 5 (privatrechtliche Versicherungsverträge) sind an bestimmte Situationen gebunden.

bb. Keine Rechtfertigung ethnischer Diskriminierungen

Eine Rechtfertigung von „rassischen" oder ethnischen Diskriminierungen anhand von § 20 ADG-E wäre nicht möglich gewesen, weil die entsprechende

---

[1171] BT-Drs. 15/4538, 41.
[1172] Vgl. zu den Beweisgrundsätzen der ZPO unten 3. Teil C. III. 8. a. aa.
[1173] Der Erwägungsgrund 12 des Vorschlags für die RL 2004/113/EG (KOM (2003) 657) nennt z.B. Frauenhäuser (Schutz vor sexueller Gewalt), geschlechtsspezifische Untermietverträge (Schutz der Privatsphäre und des sittlichen Empfindens), private Interessenvertretung durch Verbände (Förderung der Geschlechtergleichbehandlung), Männer- oder Frauenclubs (Schutz der Vereinigungsfreiheit) und geschlechtsspezifische Sportveranstaltungen.

Richtlinie 2000/43/EG keinen Rechtfertigungsgrund vorsieht. Hier bleibt nur der Weg über eine Beschränkung des Anwendungsbereichs, wie ihn z.B. § 19 Abs. 4 und 5 ADG-E gehen, sowie die in den §§ 5 und 3 Abs. 2 ADG-E genannten Rechtfertigungsgründe.

cc. Sachlicher Grund

Die Feststellung eines sachlichen Grundes bedarf einer wertenden Feststellung im Einzelfall nach den Grundsätzen von Treu und Glauben. Die sachlichen Gründe können sich zunächst aus dem Charakter des Schuldverhältnisses ergeben. Es können Umstände sein, die aus der Sphäre desjenigen stammen, der die Unterscheidung trifft, oder aber aus der Sphäre desjenigen, der von der Unterscheidung betroffen ist.[1174]

Es ist nicht nachvollziehbar, dass sich weder im ADG-E 2005 selbst noch in der Begründung eine Bindung des sachlichen Grundes an den Verhältnismäßigkeitsgrundsatz findet. Dieser wäre daher als ungeschriebene Tatbestandsvoraussetzung in § 20 Abs. 1 Satz 1 ADG-E hineinzulesen gewesen.[1175] Dies ergibt sich schon aus einer richtlinienkonformen Auslegung mit Blick auf Art. 4 Abs. 5 der Richtlinie 2004/113/EG, der angemessene und erforderliche Mittel zur Erreichung des legitimen Ziels voraussetzt.

dd. Regelbeispiele

§ 20 Satz 2 Nr. 1 ADG-E erklärt eine unterschiedliche Behandlung für zulässig,

"wenn sie der Vermeidung von Gefahren, der Verhütung von Schäden, oder anderen Zwecken vergleichbarer Art dient."[1176]

[1174] BT-Drs. 15/4538, 41.

[1175] Geradezu entgegengesetzt müsste man die Begründung zum ADG-E 2005 verstehen, wenn diese sich zu der Frage erst ausschweigt, um sodann im Rahmen des § 20 Satz 2 Nr. 1 ADG-E (§ 21 Satz 2 Nr. 1 ADG-E a.F.) ausdrücklich festzustellen: „Willkürliche Anforderungen sind ... von Nummer 1 nicht gedeckt", vgl. BT-Drs. 15/4538, 41. *Wrase* in: Loccumer Protokolle 79/04, 195 (200) ist der Ansicht, es handle sich bei dieser Bestimmung deshalb nicht um eine zulässige Richtlinienumsetzung, die auch nicht im Wege richtlinienkonformer Auslegung behoben werden könnte.

[1176] Im Vergleich zur Vorgängerregelung des § 319d Abs. 2 BGB n.F. des ZADG-E 2004, die sich nur auf die unterschiedliche Behandlung wegen einer Behinderung bezog, wurde statt „*Berücksichtigung eines Risikos*" nunmehr die Formulierung „*der Vermeidung von Gefahren*" aufgenommen. Der Rest der Vorschrift bleibt unverändert. Die Norm rechtfertigt nun jedoch nicht mehr nur Benachteiligungen wegen einer Behinderung, sondern alle Benachteiligungen. Dies führte offenbar zu einer Änderung des Wortlauts, vgl. dazu BT-Drs. 15/4538, 41. Zugleich wurde mit § 20 Satz 2 Nr. 5 ein eigener Rechfertigungsgrund für privatrechtliche Versicherungsverträge geschaffen, so dass die „*Berücksichtigung eines Risikos*" nunmehr ausschließlich dort zu verorten ist.

Die beiden genannten Fälle sind nicht abschließend zu verstehen, wie die Verwendung der Formulierung „*oder anderen Zwecken vergleichbarer Art*" deutlich macht. Sie dienen insbesondere der Beachtung von Verkehrssicherungspflichten bei Massengeschäften.[1177] Der Schadensverhütung kann es z.B. dienen, wenn ein Transportunternehmen bei der Beförderung behinderter Menschen auf eine Begleitperson besteht, oder wenn der Zugang zu riskanten Leistungen an ein bestimmtes Alter geknüpft wird.[1178]

Nach der Formulierung des § 20 Satz 2 Nr. 1 ADG-E kommen Gefahren bzw. Schäden für die behinderte Person, den Vertragspartner oder Dritte in Betracht. Die Formulierung erscheint jedoch zu unspezifisch, so dass sie als Einfallstor für vielfältige, nicht gerechtfertigte Benachteiligungen dienen könnte. Ist die behauptete „Gefahr", dass sich andere Gäste eines Restaurants von behinderten Menschen „belästigt" fühlen, ein ausreichender sachlicher Grund für einen Gastwirt? Ist die vermeintliche Gefahr von Schäden in einer von einem Rollstuhlfahrer genutzten Wohnung ein solcher Grund? Durch die Formulierung „dient" wird zudem auf die Motivation des Benachteiligenden abgestellt. Die Vorschrift sollte daher eingeschränkt bzw. klarstellend formuliert werden. Der Satzbestandteil „der Vermeidung von Gefahren" ist zu unspezifisch und sollte in einem neuen Entwurf gestrichen werden. Vorbild für die Abwehr von Schäden könnte § 20 Satz 2 Nr. 5 ADG-E sein: Dort werden Tatsachen, die aufgrund einer Risikobewertung festgestellt wurden, für eine unterschiedliche Behandlung als sachlicher Grund anerkannt. Auch im Rahmen des § 20 Satz 2 Nr. 1 ADG-E könnte die Verhütung von Schäden daran geknüpft sein, dass es sich um eine nachgewiesene, typische Gefahr von Schäden handelt.

Soweit die unterschiedliche Behandlung „*dem Bedürfnis nach Schutz der Intimsphäre oder der persönlichen Sicherheit Rechnung trägt*", ist sie gem. § 20 Satz 2 Nr. 2 ADG-E zulässig. In der Regel hätte dieser Rechtfertigungsgrund nur die Ungleichbehandlung aufgrund des Geschlechts betroffen. Die Vorschrift rechtfertigt Unterscheidungen nur, wenn sie aus nachvollziehbaren Gründen erfolgen. Nicht jedes subjektive Sicherheitsbedürfnis reicht insoweit aus,[1179] so dass Maßstab das Empfinden eines objektiven Dritten in der Rolle des Betroffenen sein dürfte. Der Rechtfertigungsgrund braucht nicht in der Person des Dis-

---

Ein Änderungsvorschlag der Organisation Netzwerk Artikel 3 lautet: „*Das kann insbesondere der Fall sein, wenn die unterschiedliche Behandlung notwendig ist, um eine erhebliche Gefährdung der Gesundheit oder des Lebens der Person oder Dritter zu vermeiden, gesetzliche Unfallverhütungsvorschriften es erfordern oder nur so voraussichtliche Schäden vermieden werden können.*"

[1177] BT-Drs. 15/4538, 41.
[1178] BT-Drs. 15/4538, 41 nennt insoweit die Ausübung gefährlicher Sportarten auf einer privaten Anlage.
[1179] BT-Drs. 15/4538, 41.

kriminierenden vorzuliegen. Vielmehr soll es nach der Begründung[1180] ausreichen, wenn damit Dritte, z.b. Besucherinnen eines Schwimmbads, geschützt werden.

Nach § 20 Satz 2 Nr. 3 ADG-E sollte eine benachteiligende Maßnahme gerechtfertigt sein, soweit sie *„besondere Vorteile gewährt und ein Interesse an der Durchsetzung der Gleichbehandlung fehlt"*. Strukturell ähnelt der Rechtfertigungsgrund einer positiven Maßnahme[1181], ohne jedoch zu verlangen, dass durch die Vorzugsbehandlung (die zugleich alle anderen Personen ohne dieses Merkmal diskriminiert) bestehende Nachteile verhindert oder ausgeglichen werden. Typische Anwendungsfälle werden voraussichtlich die Rabattgewährung an weniger leistungsfähige Gruppen (Studenten, Senioren, usw.) sowie allgemeine Verkaufsfördermaßnahmen (z.B. niedrigerer Eintrittspreis für Frauen[1182]) umfassen.

§ 20 Satz 2 Nr. 4 ADG-E betrifft eine Handlung, die *„an die Religion oder Weltanschauung eines Menschen anknüpft."* Soweit der Anspruchsgegner (nach hier vertretener Ansicht) *Unternehmer* oder eine Religions- bzw. Weltanschauungsgemeinschaft ist und in einer Weise am privaten Rechtsverkehr teilnimmt, die Ausdruck der eigenen religiösen oder weltanschaulichen Grundhaltung ist, darf man andere Menschen wegen deren Überzeugungen benachteiligen.[1183] Im Gegensatz zum arbeitsrechtlichen Bereich (§ 9 ADG-E) hätten sich nach dem Wortlaut der Vorschrift nicht nur Privatpersonen und Kirchen, sondern auch Medien als Tendenzunternehmen auf § 20 Satz 2 Nr. 4 ADG-E als Rechtfertigungsgrund berufen können.

Nach § 20 Satz 2 Nr. 5 ADG-E wäre eine Ungleichbehandlung bei privatrechtlichen Versicherungsverträgen gerechtfertigt gewesen, wenn das Merkmal

„ein bestimmender Faktor bei einer auf relevanten und genauen versicherungsmathematischen und statistischen Daten beruhenden Risikobewertung ist."

[1180] BT-Drs. 15/4538, 41.
[1181] Vgl. dazu oben 3. Teil C. III. 6. a.
[1182] Vgl. auch die Werbeaktion des Elektronikgroßhändlers *Mediamarkt* v. Dez. 2004: Jede Woche wurden besonders preisgünstige Güter nur an Angehörige einer bestimmten Gruppe abgegeben (z.B. Wasserkocher für Frauen; Staubsauger für Rentner; usw.). Derartige Maßnahmen würden unter § 19 Abs. 1 ADG-E fallen, hätten aber nach Inkrafttreten des ADG-E 2005 gegebenenfalls über § 20 Satz 2 Nr. 3 ADG-E gerechtfertigt werden können.
[1183] Soweit sich eine natürliche Person auf § 20 Satz 2 Nr. 4 ADG-E berufen hätte, hätte der bloße Verweis auf behauptete Glaubensinhalte oder -gebote nicht genügt. Vielmehr hätte ein Gewissenskonflikt als Konsequenz aus dem Zwang, der eigenen Glaubensüberzeugung zuwider zu handeln, konkret, substantiiert und objektiv nachvollziehbar dargelegt werden müssen, vgl. BT-Drs. 15/4538, 42 unter Berufung auf BVerwGE 94, 82 ff.

Insgesamt trifft die Versicherungen damit eine gesteigerte Darlegungs- und Beweislast.[1184] Wann Statistiken eine tragfähige Grundlage einer Unterscheidung sein können, bleibt unklar.[1185] Problematisch ist, dass für viele Personengruppen, die als „Sonderrisikoklassen" eingestuft werden, die in § 20 Satz 2 Nr. 5 ADG-E genannten Daten gar nicht vorliegen und ihre Erhebung darüber hinaus schwer möglich erscheint.[1186] Abseits der europarechtlich gebotenen Regelung für Ungleichbehandlungen aufgrund des Geschlechts erscheint es daher sachgerechter, dem Markt den Vorrang vor Gesetzesregeln einzuräumen. Das Interesse der Versicherer an Geschäftsabschlüssen dürfte sicherstellen, dass Verträge i.d.R. nicht aufgrund einer willkürlichen Differenzierungsmentalität abgelehnt werden.

d. Sozial stabile Bewohner- und ausgewogene Siedlungsstrukturen (§ 19 Abs. 3 ADG-E)

§ 19 Abs. 3 ADG-E lautet:

> *„Bei der Vermietung von Wohnraum kann eine unterschiedliche Behandlung im Hinblick auf die Schaffung und Erhaltung sozial stabiler Bewohnerstrukturen und ausgewogener Siedlungsstrukturen sowie ausgeglichener wirtschaftlicher, sozialer und kultureller Verhältnisse zulässig sein."*

aa. Inhalt

§ 19 Abs. 3 ADG-E stellte klar, dass bei der Vermietung von Wohnraum eine unterschiedliche Behandlung zulässig sein kann, sofern sie den genannten Zielen dient. Damit soll aber keine Unterrepräsentanz bestimmter Gruppen zu rechtfertigen sein.[1187] § 19 Abs. 3 ADG-E sollte insbesondere dem Anliegen der Wohnungswirtschaft Rechnung tragen, bei der Vermietung von Wohnraum die Grundsätze einer sozialen Stadt- und Wohnungspolitik berücksichtigen zu können. Je stärker der soziale Zusammenhalt, desto weniger komme es zu Diskriminierungen wegen der ethnischen Herkunft oder aus anderen im Gesetz genannten Gründen.[1188] Gleichwohl würden die Kriterien des § 19 Abs. 3 ADG-E für Vermieter Risiken schaffen: Sie würden es schwer haben, das Ziel „sozial stabiler Bewohnerstrukturen", „ausgewogener Siedlungsstrukturen" sowie „aus-

---

[1184] Thüsing, FAZ v. 19.1.2005, 25; Thüsing, ZGS 2005, 49 (50); kritisch dazu Stellungnahme des *DAV (Ausschuss Zivilrecht)* v. Feb. 2005 (12/2005), 10 f.
[1185] Thüsing, FAZ v. 19.1.2005, 25; Thüsing, ZGS 2005, 49 (50).
[1186] Jahn, FAZ v. 6.4.2005, 21.
[1187] Beschlussempfehlung und Bericht des Ausschusses für Familie, Senioren, Frauen und Jugend v. 15.6.2005 (BT-Drs. 15/5717), 37.
[1188] Beschlussempfehlung und Bericht des Ausschusses für Familie, Senioren, Frauen und Jugend v. 15.6.2005 (BT-Drs. 15/5717), 37.

III. Analyse des ADG-E 2005   293

geglichener wirtschaftlicher, sozialer und kultureller Verhältnisse" im Streitfall nachzuweisen.[1189]

Die in § 19 Abs. 3 ADG-E genannten Prinzipien sind ebenso in § 6 Abs. 1 Nr. 3 und 4 WoFG enthalten. Die „Schaffung und Erhaltung sozial stabiler Bewohnerstrukturen und ausgewogener Siedlungsstrukturen sowie ausgeglichener wirtschaftlicher, sozialer und kultureller Verhältnisse" ist danach anerkanntes Ziel der Wohnungspolitik. In der Umsetzung anderer europäischer Richtlinien wurde am 20. Juli 2004 das Tatbestandsmerkmal „sozial stabile Bewohnerstruktur" durch das EAG Bau auch in das BauGB eingefügt. Bei der Bauleitplanung sind gem. § 1 Abs. 6 Nr. 2 BauGB die „Wohnbedürfnisse der Bevölkerung [und] die Schaffung und Erhaltung sozial stabiler Bewohnerstrukturen ..." besonders zu berücksichtigen.

bb. Entstehungsgeschichte

Die Einfügung der Vorschrift in den ADG-E 2005 ist insbesondere auf die Einflussnahme der Wohnungsbau- und Immobilienverbände, aber auch des Mieterbundes und der Studentenwerke im Vorfeld und während der Anhörung vom 7. März 2005 zurückzuführen.[1190] Aus ihrer Sicht gefährdete das Gesetz in der zuvor beabsichtigten Form den sozialen Frieden in den Stadtteilen und Quartieren. Faktisch getrennte Wohnbereiche für Personen, die als verschiedenen ethnischen Gruppen zugehörig angesehen werden, sind Ausgangspunkt für Segregation. Sie ziehen segregierte öffentliche Dienstleistungen von Kindergärten über Schulen und Bibliotheken bis hin zu Freizeiteinrichtungen nach sich. Genau dies will das WoFG mit seiner Beschreibung des Förderungsauftrages des § 6 WoFG verhindern. Versuche, eine Ghettobildung durch gezieltes Belegungs- und Sozialmanagement zu verhindern, würden ansonsten in Frage gestellt.[1191] Auch kommunale Entwicklungsgesellschaften, die über eigene Wohnraumbestände verfügen, fürchteten im Vorfeld der Anhörung, dass sie sich ihre Mieter zukünftig nicht mehr nach örtlich angepassten Stadtentwicklungszielen aussuchen könnten, um

---

[1189] *Wagner*, ZRP 2005, 136 (137).
[1190] Stellungnahme des GdW zum Entwurf eines Gesetzes zur Umsetzung europäischer Anti-Diskriminierungs-RL, 2 ff.; Stellungnahme des *BFIW* v. 4.3.2005 zum Entwurf eines Gesetzes zur Umsetzung europäischer Anti-Diskriminierungs-RL, 5 f.; Stellungnahme von *Haus & Grund* v. 24.2.2005 zum Entwurf eines Gesetzes zur Umsetzung europäischer Anti-Diskriminierungs-RL (A.-Drs. 15(12)435-(14)), 2; Stellungnahme des *DMB* v. 2.3.2005 zum Entwurf eines Gesetzes zur Umsetzung europäischer Anti-Diskriminierungs-RL (A.-Drs. 15(12)435-(3)), 3; Stellungnahme des *DStW* v. 2.3.2005 zum Entwurf eines Gesetzes zur Umsetzung europäischer Anti-Diskriminierungs-RL, 3 f.
[1191] So könnten z.B. in Mietshäusern, in denen der Ausländeranteil schon 70% betrage, Wohnungen nicht gezielt mit Mietern deutscher Herkunft belegt werden, vgl. Welt am Sonntag v. 16.1.2005, 8.

durch eine gezielte Wohnungsbelegung den sozialen und inneren Frieden in den Städten zu sichern.

cc. Vereinbarkeit mit europäischem Recht

Auch wenn die soziale Stabilisierung von Quartier und Nachbarschaft gesellschaftlich wünschenswert erscheint, ist die Vereinbarkeit einer Vorschrift wie § 19 Abs. 3 ADG-E mit europäischem Recht fraglich.

Zwar finden die von der Wohnungswirtschaft genannten Ziele auch auf europäischer Ebene Berücksichtigung. Art. 8 des Vorschlags der Kommission[1192] für eine Verordnung über den Europäischen Fonds für regionale Entwicklung fordert

„die Förderung der Entwicklung von partizipativen, integrierten Strategien, mit denen der starken Konzentration von wirtschaftlichen, ökologischen und sozialen Problemen in den städtischen Ballungsgebieten begegnet werden soll."

Die dem ADG-E 2005 zugrunde liegende und daher maßgebliche Richtlinie 2000/43/EG sieht jedoch ein eng umgrenztes System von Bereichsausnahmen bzw. Rechtfertigungsgründen vor.[1193] Soweit diese nicht eine Regelung i.S.d. § 19 Abs. 3 ADG-E ermöglichen, ist es für die Bewertung unerheblich, dass die Gemeinschaft sozialen Stadtentwicklungszielen ansonsten positiv gegenüber steht. Vielmehr muss eine Vorschrift wie § 19 Abs. 3 ADG-E in der Richtlinie selbst seine Grundlage haben. Insoweit könnte der neunte Erwägungsgrund der Richtlinie 2000/43/EG von Bedeutung sein. Er lautet:

„Diskriminierungen aus Gründen der Rasse oder der ethnischen Herkunft können die Verwirklichung der im EG-Vertrag festgelegten Ziele untergraben, insbesondere die Erreichung eines hohen Beschäftigungsniveaus und eines hohen Maßes an sozialem Schutz, die Hebung des Lebensstandards und der Lebensqualität, den wirtschaftlichen und sozialen Zusammenhalt sowie die Solidarität. Ferner kann das Ziel der Weiterentwicklung der Europäischen Union zu einem Raum der Freiheit, der Sicherheit und des Rechts beeinträchtigt werden".

Der Erwägungsgrund nennt also insbesondere sozialen Zusammenhalt und Solidarität als schutzwürdige Ziele, die durch den EG-Vertrag und die Richtlinie 2000/43/EG sichergestellt werden sollen. Beide Ziele könnten durch sozial stabile Bewohnerstrukturen gefördert werden. Erwägungsgründe sind bei der Auslegung der Bestimmungen einer Richtlinie zu berücksichtigen. Ein Erwägungsgrund bildet aber selbst keine Grundlage für eine Rechtfertigung von Ungleichbehandlungen aufgrund von „Rasse" und ethnischer Herkunft. Er kann nur bei der Bestimmung der Reichweite eines ausdrücklich in der Richtlinie

---

[1192] Vorschlag für eine Verordnung des EP und des Rates über den Europäischen Fonds für regionale Entwicklung v. 14.7.2004 (KOM (2004) 495).
[1193] Vgl. 2. Teil C. III. 3.

III. Analyse des ADG-E 2005

2000/43/EG genannten Rechtfertigungsgrundes oder einer ansonsten auslegungsfähigen Bestimmung relevant sein.[1194]

Soweit der Vermieter nicht als *Verbraucher* handelt,[1195] verträgt sich § 19 Abs. 3 ADG-E jedoch nicht mit der Rechtfertigungssystematik der Richtlinie 2000/43/EG: Der Rechtfertigungsgrund „wesentliche und entscheidende berufliche Anforderungen" (Art. 4) gilt nur für das Arbeitsrecht. Die Einführung des § 19 Abs. 3 ADG-E ist auch nicht aufgrund der in Art. 5 der Richtlinie genannten Ermächtigung, positive Diskriminierungen im Privatrechtsverkehr zu erlauben, zulässig.[1196] Es handelt sich bei den in § 19 Abs. 3 ADG-E vorgesehenen Ungleichbehandlungen nicht *generell* um Maßnahmen, mit denen Benachteiligungen aufgrund der „Rasse" oder ethnischen Herkunft verhindert oder ausgeglichen werden sollen. Daran wäre nur zu denken, wenn sich die Vorschrift auf die Rechtfertigung von Ungleichbehandlungen beschränken würde, durch die Menschen mit Migrationshintergrund ermöglicht werden soll, in einer Nachbarschaft mit deutschen Haushalten zu leben. Gem. § 19 Abs. 3 ADG-E kann jedoch auch das Gegenteil der Fall sein: Das Ziel einer sozialen stabilen Bewohnerstruktur rechtfertigt auch die Abweisung von Angehörigen fremder Ethnien, um eine Ghettobildung zu vermeiden. In diesem Fall handelt es sich nicht mehr um eine positive Diskriminierung, sondern nur um einen sachlichen Grund für eine Ungleichbehandlung. Das Vorliegen eines sachlichen Grundes reicht nach dem System der Richtlinie 2000/43/EG jedoch allenfalls zur Rechtfertigung mittelbarer Diskriminierungen aus.

dd. Ergebnis

Im Ergebnis würde eine Vorschrift wie § 19 Abs. 3 ADG-E gegen die Richtlinie 2000/43/EG verstoßen, soweit der Vermieter nicht als *Verbraucher* handelt. Dieser hat den Rechtfertigungsgrund jedoch ohnehin nicht nötig, da sein Handeln nicht dem Diskriminierungsverbot des § 19 ADG-E unterliegt.[1197] Das Ziel, sozial stabile Bewohnerstrukturen zu gewährleisten, kann ethnische Diskriminierungen jedenfalls nicht per se rechtfertigen. Lediglich im Einzelfall kann eine Ungleichbehandlung im Rahmen des § 3 Abs. 2 ADG-E (bei einer bloß mittelbaren Diskriminierung) oder des § 5 ADG-E (falls ausnahmsweise eine positive Maßnahme vorliegt) gerechtfertigt werden.

[1194] Vgl. zu dieser Frage schon oben 3. Teil C. III. 4. a. bb.
[1195] Wenn ein Vermieter z.B. über ein Mietshaus mit fünf Wohnungen verfügt, die Vermietung jedoch nur als Nebentätigkeit zu seinem eigentlichen Beruf betreibt, vgl. 3. Teil C. III. 3. b. bb. (2).
[1196] So aber *GdW* zum Entwurf eines Gesetzes zur Umsetzung europäischer Anti-Diskriminierungs-RL, 4.
[1197] Siehe 3. Teil C. III. 4. b.

Will der Gesetzgeber an der Bestimmung gleichwohl festhalten, so müsste er sie richtigerweise als Regelbeispiel in § 20 ADG-E aufnehmen. Die dort genannten Merkmale Behinderung, Religion oder Weltanschauung, Alter und sexuelle Identität sind durch europäisches Recht nicht geschützt, so dass der deutsche Gesetzgeber in ihrer Ausgestaltung frei ist. Ungleichbehandlungen aufgrund des Geschlechts sind zwar durch Art. 3 Abs. 1 der Richtlinie 2004/113/EG verboten, können aber im Gegensatz zu ethnischen Diskriminierungen bereits aufgrund Art. 4 Abs. 5 der Richtlinie bei Vorliegen eines sachlichen Grundes gerechtfertigt werden.

Soll der Rechtfertigungsgrund des § 19 Abs. 3 ADG-E auch auf ethnische Diskriminierungen angewendet werden, bleibt nur eine Überarbeitung der Richtlinie 2000/43/EG. Der Gesetzgeber sollte aber zumindest in der Gesetzesbegründung verdeutlichen, wo er die oben genannten erstrebenswerten Ziele als mit dem Anti-Diskriminierungsgesetz vereinbar ansieht. Hierzu kommen im Einklang mit den obigen Ausführungen nur die §§ 5 und 20 ADG-E in Betracht. Allerdings ist die Umsetzung durch § 5 ADG-E zu schwach, um die Vereinbarkeit notwendiger Steuerungsmaßnahmen zur Erreichung der Ziele nach dem WoFG mit dem ADG sicherzustellen.

7. Sanktionen

Weil die Richtlinien 2000/43/EG und 2004/113/EG keine schuldhafte Diskriminierung voraussetzen,[1198] muss der nationale Gesetzgeber schon bei objektiven Verstößen gegen das Benachteiligungsverbot gem. Art. 15 bzw. Art. 14 der Richtlinien *"wirksame, verhältnismäßige und abschreckende"* Sanktionen vorsehen.[1199] Diese hat der ADG-E 2005 überwiegend als Rechtsansprüche des Benachteiligten ausgestaltet.

a. Sanktionen des ADG-E

Diese Aufgabe sollte § 21 ADG-E erfüllen, der die bei einem Verstoß gegen das Benachteiligungsverbot gegebenen besonderen Ansprüche regelt bzw. die Rechtsfolgen konkretisiert.[1200] Eine vergleichbare Regelung für Beschäftigungs-

---

[1198] So schon EuGH Rs. C-180/95, Slg. 1997, I-2195 Rn. 19 (*Draempaehl*); EuGH Rs. C-177/88, Slg. 1990, I-3941 Rn. 22, 26 (*Dekker*) in Bezug auf die Anti-Diskriminierungs-RL 76/207/EWG. Für die RL 2000/43/EG und 2004/113/EG siehe *Benecke/Kern*, EuZW 2005, 360 (361 ff.).
[1199] Diese Anforderungen beruhen auf der Rechtsprechung des EuGH, wonach eine Entschädigung in angemessenem Verhältnis zum erlittenen Schaden stehen und über einen symbolischen Schadensersatz hinausgehen muss, vgl. EuGH Rs. C-14/83, Slg. 1984, I-1891 Rn. 23 f. (*von Colson u. Kamann*).
[1200] Die Vorschrift hat folgenden Wortlaut: *"(1) Der Benachteiligte kann bei einem Verstoß gegen das Benachteiligungsverbot unbeschadet weiterer Ansprüche die Beseitigung der*

verhältnisse enthält § 15 ADG-E. Ein Anspruch auf Mitgliedschaft oder Mitwirkung in privatrechtlichen Berufsvereinigungen und Vereinen bzw. Verbänden mit „*überragende[r] Machtstellung im wirtschaftlichen oder sozialen Bereich*" ergibt sich abweichend von § 21 ADG-E aus § 18 Abs. 2 ADG-E. Der Anspruch kann sich insoweit auf ein bestimmtes rechtsgeschäftliches Handeln richten.[1201]

aa. Beseitigung und Unterlassung

§ 21 Abs. 1 Satz 1 ADG-E sah einen Beseitigungsanspruch vor. Der Diskriminierende kann bei Wiederholungsgefahr nach Satz 2 auch auf künftige Unterlassung in Anspruch genommen werden. Dies kann tatsächliches Handeln betreffen und z.b. darauf gerichtet sein, künftig die Verweigerung des Zugangs zu einer Einkaufspassage zu unterlassen.[1202] Unter den Voraussetzungen des Abs. 2 sollte § 21 ADG-E auch einen Anspruch auf den Abschluss eines Vertrags enthalten, also ebenfalls auf ein bestimmtes rechtsgeschäftliches Handeln.[1203]

bb. Schadensersatz für materielle Schäden

§ 21 Abs. 3 Satz 1 und 2 ADG-E hätten die Verpflichtung des Anspruchsgegners regeln sollen, bei einem Verstoß gegen das Benachteiligungsverbot den daraus entstehenden Vermögensschaden zu ersetzen. Er ist gem. Satz 2 nicht dazu verpflichtet, wenn er die Pflichtverletzung nicht zu vertreten hat. Dies entspricht der Regelungstechnik des § 280 Abs. 1 BGB. Weigert sich etwa ein Taxiunternehmer, einen Fahrgast wegen seiner ethnischen Herkunft zu befördern und entgeht dem Diskriminierungsopfer durch die Verspätung ein Geschäft, so wäre dieser Vermögensschaden nach § 21 Abs. 3 Satz 1 ADG-E zu ersetzen gewesen, soweit sich der Benachteiligende nach Satz 2 nicht entlasten kann. Zu-

---

Beeinträchtigung verlangen. Sind weitere Beeinträchtigungen zu besorgen, so kann er auf Unterlassung klagen.(2) Im Fall einer Vertragsverweigerung kann der Benachteiligte den Abschluss eines Vertrages nur verlangen, wenn dieser ohne Verstoß gegen das Benachteiligungsverbot erfolgt wäre. Die Leistung muss hinreichend bestimmt sein; die Gegenleistung ist im Zweifel nach § 315 Abs. 3 und § 316 des Bürgerlichen Gesetzbuchs zu ermitteln.(3) Bei einer Verletzung des Benachteiligungsverbotes ist der Benachteiligende verpflichtet, den hierdurch entstandenen Schaden zu ersetzen. Dies gilt nicht, wenn der Benachteiligende die Pflichtverletzung nicht zu vertreten hat. Wegen eines Schadens, der nicht Vermögensschaden ist, kann der Benachteiligte eine angemessene Entschädigung in Geld verlangen.(4) Ansprüche aus unerlaubter Handlung bleiben unberührt.(5) Auf eine Vereinbarung, die von dem Benachteiligungsverbot abweicht, kann sich der Benachteiligte nicht berufen."

[1201] Zu Beweisfragen im Rahmen der Ansprüche vgl. noch 3. Teil C. III. 8.
[1202] BT-Drs. 15/4538, 43.
[1203] BT-Drs. 15/4538, 43 f.; vgl. dazu unten 3. Teil C. III. 7. e.

sätzlich kommen die allgemeinen Vorschriften zur Anwendung (§§ 280 ff., 823 Abs. 2 BGB).[1204]

Fraglich ist, ob eine derarartige Regelung europarechtskonform ist, weil sie den Anspruch auf Schadensersatz wegen Diskriminierung an die Voraussetzung des Verschuldens knüpft.[1205] Dies hat der EuGH[1206] in einem vergleichbaren Fall zur Richtlinie 76/207/EWG in Zweifel gezogen. Während im Fall *Draempaehl* nur ein immaterieller Schaden wegen einer erfolgten Diskriminierung geltend gemacht wurde, ging es im Fall *Dekker* um die Zahlung von Schadensersatz wegen Verdienstausfalls. Die Klägerin war wegen ihrer Schwangerschaft nicht eingestellt worden und machte deswegen einen Vermögensschaden geltend. Auch hier stellte das Gericht fest: *„[K]eineswegs ... [ist] die Haftung des Urhebers einer Diskriminierung davon abhängig ..., dass ein Verschulden nachgewiesen wird.“*[1207] Der Gesetzgeber kann sich auch nicht darauf berufen, dass *„[d]ieser Entlastungsbeweis bei der ummittelbaren Benachteiligung kaum praktisch werden [würde]“*.[1208] Vielmehr hat der EuGH[1209] bereits festgestellt, dass das Verschuldenserfordernis nicht dadurch gerechtfertigt werden könne, *„dass der Nachweis für ein solches Verschulden leicht zu erbringen sei.“* Für Beschäftigungsverhältnisse enthält § 15 Abs. 1 ADG-E eine vergleichbare Regelung, die insoweit auch hinter den sekundärrechtlichen Vorgaben zurück bleibt.

cc. Schadensersatz für immaterielle Schäden

Bei einem immateriellen Schaden erhält der Geschädigte gem. § 253 Abs. 1 BGB grundsätzlich keinen Ausgleich in Geld, es sei denn, das Gesetz sieht ausdrücklich etwas anderes vor. Vor diesem Hintergrund sollte § 21 Abs. 3 ADG-E auch für den Nichtvermögensschaden aufgrund einer erlittenen Diskriminierung einen Anspruch auf angemessene Entschädigung ermöglichen.[1210] Zu einer vergleichbaren Regelung sah sich der Gesetzgeber in Umsetzung europarechtlicher Vorgaben bereits im Rahmen des § 611a BGB und des § 81 Abs. 2 SGB IX ver-

---

[1204] BT-Drs. 15/4538, 44.
[1205] Zweifelnd *Stork*, GLJ 6 (2005), 533 (547). Ebenso *Wrase* in: Loccumer Protokolle 79/04, 195 (200).
[1206] EuGH Rs. C-180/95, Slg. 1997, I-2195 Rn. 19 (*Draempaehl*); EuGH Rs. C-177/88, Slg. 1990, I-3941 Rn. 22, 26 (*Dekker*).
[1207] EuGH Rs. C-177/88, Slg. 1990, I-3941 Rn. 22 (*Dekker*).
[1208] So aber BT-Drs. 15/4538, 44.
[1209] EuGH Rs. C-180/95, Slg. 1997, I-2195 Rn. 20 (*Draempaehl*).
[1210] Vgl. dazu *Steinbrück*, Jura 2004, 439 ff. BGHZ 160, 298 ff. stellt in diesem Zusammenhang klar, dass die Zubilligung einer Geldentschädigung wegen einer Persönlichkeitsrechtsverletzung ihre Wurzel im Verfassungs- und Zivilrecht hat. Sie stellt keine strafrechtliche Sanktion dar.

anlasst. Für Beschäftigungsverhältnisse findet sich die Regelung nunmehr in § 15 Abs. 2 ADG-E.

dd. Benachteiligende Vereinbarungen

§ 21 Abs. 5 ADG-E stellt im Hinblick auf einzelne diskriminierende Vertragsabreden klar, dass sich der Anspruchsgegner nicht auf eine Vereinbarung berufen kann, die vom Benachteiligungsverbot abweicht. Bestimmungen über das Benachteiligungsverbot und die daraus folgenden Ansprüche sind also unabdingbar. Dies entspricht der neuen gesetzlichen Regelungstechnik im Anschluss an die Schuldrechtsmodernisierung 2002 (vgl. § 475 Abs. 1 BGB): § 139 BGB wird insoweit ausgeschlossen, wohingegen das Schuldverhältnis im übrigen Bestand hat. Denn dem Benachteiligten wäre mit einer Rückabwicklung des Vertrags oftmals nicht geholfen.[1211]

Ansonsten verbleibt es dabei, dass insbesondere benachteiligende einseitige Rechtsgeschäfte nach § 134 BGB grundsätzlich nichtig sind. Dies gilt z.B. für Kündigungen, die ausgesprochen werden, um den Anspruchsteller wegen eines geschützten Grundes zu diskriminieren.[1212]

ee. Kontrahierungszwang als Unterfall des Beseitigungsanspruchs

Die Pflicht zum Abschluss von Verträgen kann in Ausnahmesituationen ein notwendiges soziales Korrektiv einer marktwirtschaftlichen Ordnung sein.[1213] In einigen Fällen ist sie unmittelbar gesetzlich festgelegt.[1214] Umstritten ist, inwieweit auch ohne ausdrückliche gesetzliche Vorschrift aus allgemeinen Rechtsprinzipien ein Kontrahierungszwang hergeleitet werden kann.

(1) Entwicklung

Bislang bejahte die überwiegende Ansicht einen „allgemeinen Kontrahierungszwang" nur in Monopolsituationen bei öffentlich zugänglichen und existenziell notwendigen Leistungen. Dem Nachfrager musste insoweit ein zumutbares Ausweichen auf andere Anbieter verschlossen sein.[1215]

[1211] BT-Drs. 15/4538, 45.
[1212] BT-Drs. 15/4538, 45.
[1213] Dazu näher *Neuner*, Privatrecht und Sozialstaat, 238.
[1214] Es handelt sich insbesondere um den Bereich öffentlicher Daseinsvorsorge. Danach haben öffentliche Versorgungsträger, welche die allgemeine Versorgung der Bevölkerung mit (i.w.S. verstanden) lebenswichtigen Gütern und Dienstleistungen mittels privatrechtlicher Vertragsschlüsse erfüllen müssen, eine Abschlusspflicht; vgl. dazu *Kramer* in: MünchKomm BGB, § 145 Rn. 10.
[1215] *Bydlinski*, Zu den dogmatischen Grundfragen des Kontrahierungszwanges, AcP 180 (1980), 1 (41); *Kramer* in: MünchKomm BGB, § 145 Rn. 13; *Heinrichs* in: Palandt (Hrsg.), BGB, Einf. v. § 145 Rn. 10; *Medicus*, SchR I, Rn. 84.

Diskriminierungssachverhalte unterscheiden sich von dem hergebrachten Modell des Kontrahierungszwangs und seiner Begründung. Das Problem liegt nicht mehr (bzw. nicht in erster Linie) darin, dass ein Marktzugang versperrt wird; gerade bei Massengeschäften kann der Benachteiligte sich eine vergleichbare Leistung i.d.R. problemlos anderweitig beschaffen. Grundlage der Pflicht zum Vertragsschluss ist vielmehr die Tatsache, dass ein Marktteilnehmer persönlich herabgewürdigt wird. Es geht darum, den in der Benachteiligung liegenden Angriff auf die Person auszugleichen.[1216]

In neuerer Zeit zeigt sich allgemein eine die Voraussetzungen des Kontrahierungszwangs auflockernde Tendenz.[1217] So nimmt die Lehre teilweise[1218] auch bei Diskriminierungen aufgrund der „Rasse" oder der ethnischen Herkunft eine Pflicht zum Vertragsschluss an. *Neuner*[1219] befürwortet den Kontrahierungszwang auch, wenn ein Privater wegen seiner Behinderung von „einem Reiseveranstalter oder einem Gastwirt" abgewiesen wurde. Hergeleitet wird ein derartiger Anspruch entweder aus §§ 826, 249 BGB[1220], über den quasi-negatorischen Unterlassungsanspruch[1221], aus dem Rechtsinstitut der „culpa in contrahendo"[1222] (§§ 280 Abs. 1, 311 Abs. 2 und 3, 241 Abs. 2 BGB) oder direkt aus dem Grundgesetz als sozialer Leistungsanspruch (Art. 1, 20 Abs. 1 GG) im Wege grundgesetzkonformer Rechtsfortbildung[1223].

[1216] *Armbrüster*, ZRP 2005, 41 (43).
[1217] BGH NJW 1990, 761 (762 f.) erwägt, auf das Erfordernis einer Monopolstellung des Anbieters zu verzichten und eine erhebliche wirtschaftliche und soziale Machtstellung genügen zu lassen. Das Gericht lässt darüber hinaus offen, ob ein Abschlusszwang nur bei lebensnotwendigen Leistungen oder auch schon bei lebenswichtigen Leistungen oder gar allen Leistungen des Normalbedarfs in Betracht kommt, vgl. dazu *Schiek*, Differenzierte Gerechtigkeit, 395 f.; *Kramer* in: MünchKomm BGB, § 145 Rn. 14.
[1218] Vgl. *Bezzenberger*, AcP 196 (1996), 395 (427 ff.); *Neuner*, JZ 2003, 57 (64); *Otto*, Personale Freiheit, 165 f.; *Bork* in: Staudinger, Vorbem zu §§ 145-156 Rn. 24 (alle ohne Bezug zur RL 2000/43/EG); *Heinrichs* in: Palandt (Hrsg.), BGB, Einf. v. § 145 Rn. 10 sowie Anh nach § 319 Rn. 20 leitet diese Rechtsfolge aus den Wertungen der RL 2000/43/EG her.
[1219] *Neuner*, NJW 2000, 1822 (1829).
[1220] Z.B. *Medicus*, SchR I, Rn. 85; *Larenz/Wolf*, BGB AT, § 34 Rn. 35; *Schlechtriem*, SchR AT, Rn. 39; *Jauernig* in: Jauernig (Hrsg.), BGB, vor § 145 Rn. 11. So auch *Eidenmüller*, NJW 1991, 1439 (1441) in Bezug auf den Kontrahierungszwang eines Theaters mit einem Theaterkritiker.
[1221] *Bork*, BGB AT, Rn. 672; *K. Schmidt*, DRiZ 1977, 97 f.
[1222] *Schiek*, Differenzierte Gerechtigkeit, 396 ff.
[1223] *Neuner*, JZ 2003, 57, 61; *Busche*, Privatautonomie und Kontrahierungszwang, 651 ff.

(2) Allgemeines Konzept des ADG-E

Der Entwurf der Regierungskoalition sieht in Fortführung dieser Überlegungen in § 21 Abs. 1 Satz 1 ADG-E einen gesetzlichen Anspruch auf Vertragsschluss im Falle einer Vertragsverweigerung vor, die auf einem Verstoß gegen das in § 19 ADG-E geregelte Benachteiligungsverbot beruht.[1224] § 21 Abs. 2 ADG-E konkretisiert die Voraussetzungen des Kontrahierungszwangs: Es handelt sich um Klarstellungen, die sich schon aus allgemeinen Prinzipien des Zivilrechts ergeben, wie etwa das in Satz 1 formulierte Kausalitätserfordernis: Der Diskriminierte kann „*den Abschluss eines Vertrages nur verlangen, wenn dieser ohne Verstoß gegen das Benachteiligungsverbot erfolgt wäre*". Auch die in Satz 2 geregelte Anforderung, wonach Leistung und Gegenleistung hinreichend bestimmt sein müssen, entspricht allgemeinen Grundsätzen. Nach dem Leistungsstörungsrecht kommt ein Anspruch auf Vertragsschluss im übrigen nicht mehr in Frage, wenn der Diskriminierende inzwischen über die Sache oder das Recht verfügt hat (§ 275 Abs. 1 BGB) oder die Leistung objektiv unmöglich ist.[1225]

(3) Kontrahierungszwang bei einem Verstoß gegen das Benachteiligungsverbot des § 19 Abs. 1 ADG-E

Die Kausalitätsprüfung wird bei der Benachteiligung wegen einer Behinderung aufgrund des Erfordernisses eines sog. „Massengeschäfts" unproblematisch sein. Ein Kontrahierungszwang ist wohl auch angemessen, denn bei sog. „Massengeschäften" im Rahmen einer gewerblichen Tätigkeit kommt es dem Diskriminierenden i.d.R. ohne Ansehen der Person nur auf den Absatz von Gütern und Dienstleistungen an. Ein schützenswertes Interesse an der Auswahl des Vertragspartners, das die Rechtspositionen des Diskriminierungsopfers überwiegen würde, besteht nicht.[1226]

[1224] BT-Drs. 15/4538, 43 sieht die Grundlage des Kontrahierungszwangs im Schadensersatzrecht (Vertragsschluss als Naturalrestitution) bzw. im quasi-negatorischen Folgenbeseitigungsanspruch (Vertragsschluss als Beseitigung der Beeinträchtigung).

[1225] BT-Drs. 15/4538, 43. Im Zivilrechtsverkehr wäre eine solche Konstellation wegen der Tatbestandsvoraussetzungen des § 19 Abs. 1 Nr. 1 ADG-E („Massengeschäft") und aufgrund des oben dargelegten Verständnisses von Gütern und Dienstleistungen, „die der Öffentlichkeit zur Verfügung stehen" (Anspruchsgegner sind nur *Unternehmer*) praktisch nicht eingetreten. Etwas anderes würde gelten, wenn man es ausreichen lassen würde, dass die Güter und Dienstleistungen „öffentlich angeboten" werden. Vgl. zu den sich dann ergebenden schwierigen Folgeproblemen die Stellungnahme des *DAV (Ausschuss Zivilrecht)* v. Feb. 2005 (12/2005), 12.

[1226] Ebenso BT-Drs. 15/4538, 44. Vgl. auch vierte These von *Jestaedt*, VVDStRL 64, 298 (347) und oben 3. Teil B. II. 4. a.

(4) Kontrahierungszwang bei einem Verstoß gegen das Benachteiligungsverbot aus § 19 Abs. 2 ADG-E

Anders stellt sich die Lage bei „rassischen" bzw. ethnischen Diskriminierungen im Güter- und Dienstleistungsbereich dar. Nach dem ADG-E 2005 hätte hier bereits jeder Private, der ein „öffentliches Angebot" macht, zu diskriminierungsfreier Behandlung verpflichtet sein können.[1227] Danach hätte aufgrund von § 21 ADG-E jedes erdenkliche Rechtsgeschäft mit einer Person abgeschlossen werden müssen, die man unter normalen Umständen meiden würde. Die Problematik potenziert sich bei Dauerschuldverhältnissen. Hier erscheint ein Kontrahierungszwang auf den ersten Blick unverhältnismäßig und damit verfassungswidrig.[1228]

Diese Gefahr sieht auch der ADG-E 2005, hält sie jedoch aufgrund des Kausalitätserfordernisses für gebannt. Mit Blick auf die Vertragsfreiheit komme ein Anspruch dann nicht in Betracht, wenn mehrere weitgehend gleichwertige Angebote vorlägen bzw. Interessenten bereit stünden, denn der Anspruchsgegner müsse sich auch bei diskriminierungsfreiem Verhalten dann nicht zwangsläufig für den Diskriminierten als Vertragspartner entscheiden. Vielmehr könne er einen Mitbewerber (berechtigterweise) bevorzugen oder auf einen Vertragsschluss ganz verzichten.[1229] Insoweit liegt jedoch die Darlegungs- und Beweislast wegen § 22 ADG-E und der zugrunde liegenden Richtlinienbestimmungen beim Diskriminierenden: Er muss nachweisen, dass er den Anspruchsteller nicht nur wegen seiner „Rasse" oder ethnischen Herkunft benachteiligt hat, wenn entsprechende Tatsachen darauf hinreichend wahrscheinlich hindeuten.[1230] Zumindest die Beweisverteilung benachteiligt den Anspruchsgegner in solchen Fällen unangemessen. Gerade einem Privaten werden entsprechende Nachweise oft nur schwer gelingen. Auch das Gebot hinreichender Bestimmtheit der Leistung als weitere in § 21 Abs. 2 ADG-E vorgesehene Einschränkung ändert nichts daran, dass es sich bei einem Kontrahierungszwang außerhalb von Massengeschäften um einen schwerwiegenden Eingriff in die grundrechtlich geschützte Privatautonomie handelt.

Nach zutreffender Ansicht ist eine Pflicht zum Vertragsschluss hier jedoch überhaupt nicht erforderlich, weil der Eingriff in fremde Rechte durch einen er-

---

[1227] Vgl. oben 3. Teil C. III. 3. a.
[1228] Art. 15 bzw. Art. 14 der RL 2000/43/EG und 2004/113/EG erfordern als „*wirksame, verhältnismäßige und abschreckende*" Sanktion keinen Kontrahierungszwang, vgl. auch *Thüsing*, NJW 2003, 3441 (3444). Die gesetzliche Pflicht zum Vertragsschluss muss sich daher als „überschießende Richtlinienumsetzung" am nationalen Verfassungsrecht messen lassen.
[1229] BT-Drs. 15/4538, 44.
[1230] Vgl. zur Beweislastverteilung noch 3. Teil C. III. 8.; a.A. BT-Drs. 15/4538, 44: Die Begründung hält den Benachteiligten für darlegungs- und beweispflichtig.

III. Analyse des ADG-E 2005

zwungenen Vertragsschluss jedenfalls nicht besser kompensiert wird als durch einen Anspruch auf Ersatz des immateriellen Schadens. Auch wenn der Benachteiligte gerade am Abschluss des konkreten Geschäfts (z.B. über ein Kunstwerk) ein besonderes ideelles Interesse hat, kann dieses Interesse in die Bemessung des immateriellen Schadensersatzes einfließen.[1231] Hinzu kommt, dass dem Zivilrecht eine Befriedungsfunktion beizumessen ist, deren Erreichung gefährdet wird, wenn einem Beteiligten ein Vertragsschluss aufgezwungen wird. Gelten die Rechtsfolgen eines Vertrags nicht deshalb, weil sie von beiden Parteien privatautonom gewollt werden, so sind Konflikte geradezu vorprogrammiert, etwa über Leistungsstörungen oder Beendigungsgründe. Solche Rechtsverhältnisse sind folglich von vornherein mit der Gefahr von (weiteren) Rechtsstreitigkeiten belastet.[1232] Dies ist insbesondere bei Dauerschuldverhältnissen nahezu unerträglich und gilt auch für den sozial wichtigen Bereich des Wohnraums.[1233] In den anerkannten Fällen eines Kontrahierungszwangs aufgrund überragender Marktmacht muss diese Gefahr hingenommen werden, da andernfalls die Bedarfsdeckung des Vertragsinteressenten nicht gesichert wäre. Sofern es hierum nicht geht, bietet der Ausgleich über den Schadensersatzanspruch die Möglichkeit einer klaren Zäsur, ohne die Parteien durch einen aufgezwungenen Vertrag gleichsam aneinander zu ketten. Eine verhaltenssteuernde Wirkung geht von dieser Lösung gleichwohl aus; dabei lässt sich über die Bemessung des immateriellen Schadens den Umständen des Einzelfalls Rechnung tragen.[1234] Schließlich weckt ein Kontrahierungszwang falsche Erwartungen: Der Benachteiligte trägt nämlich die Darlegungs- und Beweislast dafür, dass ein Vertrag mit ihm ohne die Benachteiligung geschlossen worden wäre. Dies führt jenseits der praktisch wenig bedeutsamen Benachteiligung bei Massengeschäften zu einem erheblichen Prozessrisiko.[1235]

Will der Gesetzgeber trotzdem an einer Pflicht zum Vertragsschluss festhalten, sollte auch bei „rassisch" bzw. ethnisch motivierten Benachteiligungen ein Kontrahierungszwang nur für *Unternehmer* im Rahmen von Massengeschäften bestehen. Dazu müsste einerseits der Anwendungsbereich des ethnischen Diskriminierungsverbots auf *Unternehmer* beschränkt werden. Eine Norm wie § 21 Abs. 2 ADG-E wäre andererseits um das Erfordernis eines sog. „Massengeschäfts" zu ergänzen. Die unterschiedlichen Voraussetzungen in Bezug auf den allgemeinen Anwendungsbereich (Bereichsausnahme für *Verbraucher* i.S.d. §

[1231] *Armbrüster*, ZRP 2005, 41 (43).
[1232] *Armbrüster*, ZRP 2005, 41 (43).
[1233] A.A. *Derleder/Sabetta*, WuM 2005, 3 (10). Man muss sich jedoch vor Augen führen, dass im ebenfalls sozial und existenziell wichtigen Bereich des Arbeitslebens auch kein Kontrahierungszwang besteht, vgl. zum bisherigen Recht § 611a BGB und § 15 ADG-E.
[1234] *Armbrüster*, ZRP 2005, 41 (43).
[1235] *Armbrüster*, ZRP 2005, 41 (43).

13 BGB) und die spezifische Rechtsfolge (Kontrahierungszwang nur bei Massengeschäften) würden eine differenzierte und sachgerechte Lösung ermöglichen.

b. Alternative Sanktionen

Abseits der im ADG-E 2005 geregelten Sanktionen wie Schadensersatz, Unterlassung und Beseitigung sowie der Pflicht zum Vertragsschluss kommen auch alternative Sanktionen in Betracht. Zumindest schließen Art. 15 bzw. 14 der Richtlinien 2000/43/EG und 2004/113/EG alternative Folgen nicht aus. Beide Richtlinien schreiben für den Verstoß gegen den Gleichbehandlungsgrundsatz lediglich wirksame, abschreckende und verhältnismäßige Sanktionen vor, die auch Schadensersatzleistungen an die Opfer umfassen können. Eine Sanktion i.S.d. Richtlinien könnte daher auch einseitig nur den Diskriminierenden treffen. Sie muss sich nicht *zwangsläufig* in einem Schadensersatzanspruch oder einem ähnlichen Vorteil für den Diskriminierten widerspiegeln.[1236]

aa. Strafschadensersatz

Das europäische Recht schließt nicht einmal die Möglichkeit des Strafschadensersatzes aus. Mit der Forderung nach einer „abschreckenden" Sanktion ist gleichwohl nicht dessen verpflichtende Einführung verbunden.[1237] Zudem würde er gegen das im deutschen Recht verankerte Schadensausgleichsprinzip verstoßen. Danach soll der Schadensersatz primär den tatsächlich erlittenen Schaden ausgleichen.[1238] Lediglich nachrangig soll die Verpflichtung zum Schadensersatz vor einem Gesetzesverstoß abschrecken und eine rechtswidrige Handlung bestrafen.[1239]

bb. Diskriminierungen als Ordnungswidrigkeit

Realistischer erscheint daher die Sanktionierung von Verstößen gegen das Diskriminierungsverbot im Wege des Ordnungswidrigkeitenverfahrens.[1240] Weil die Anforderungen des Europarechts mit Grundsätzen des deutschen Schadensersatzrechts wie dem Verschuldenserfordernis[1241] und dem Schadensaus-

---

[1236] *Benecke/Kern*, EuZW 2005, 361.
[1237] *Steinbrück*, Jura 2004, 439.
[1238] *Heinrichs* in: Palandt (Hrsg.), BGB, Vorb v. § 249 Rn. 4; *Medicus*, SchR I, Rn. 656; *Müller*, JA 2000, 119 (120).
[1239] *Heinrichs* in: Palandt (Hrsg.), BGB, Vorb v. § 249 Rn. 4; *Benecke/Kern*, EuZW 2005, 360 (363).
[1240] Siehe dazu *Benecke/Kern*, EuZW 2005, 360.
[1241] Siehe dazu *Benecke/Kern*, EuZW 2005, 360 (362); *Husmann*, ZESAR 2005, 167 (169): In der Regel setzt die Zurechnung der Handlung nach deutschem Recht immer voraus,

gleichsprinzip kaum zu vereinbaren seien, wird insoweit vorgeschlagen, statt Schadensersatzansprüchen lieber Bußgelder vorzusehen. Dadurch werde ein sonst nicht abzuwendender Systembruch vermieden. In Frage käme dabei, Ordnungswidrigkeitentatbestände zumindest für die Fälle unverschuldeter Diskriminierung und für die tatsächliche Bestrafung jedweder rechtswidriger Benachteiligung zu schaffen. Da die Sachlage im Ordnungswidrigkeitenverfahren von Amts wegen ermittelt wird, käme auch die viel kritisierte Beweiserleichterung[1242] zu Gunsten des Diskriminierenden nicht zum Tragen. Denn in einem etwa zu führenden Entlastungsbeweis des mutmaßlich Diskriminierenden liegt eine erhebliche Einschränkung der Freiheit des einzelnen.[1243] Eine Lösung im Ordnungswidrigkeitenverfahren würde diese Problematik vermeiden.

c. Begrenzung der Höhe nach

Wie im Arbeitsrecht könnte man auch im Zivilrecht daran denken, den Schadensersatzanspruch des Diskriminierungsopfers der Höhe nach zu begrenzen, soweit dies mit europäischen Vorgaben vereinbar ist. Art. 8 Abs. 2 Satz 2 der Richtlinie 2004/113/EG lässt jedoch trotz seines missverständlichen Wortlauts die Einführung einer Höchstgrenze gerade nicht zu. Die Vorschrift bestimmt, dass „*[d]ie vorherige Festlegung einer Höchstgrenze ... diese Ausgleichs- oder Ersatzpflicht...*" nicht einschränkt.

Dieser Satz der Bestimmung ist jedoch nicht so zu verstehen, dass eine vorherige Festlegung einer Höchstgrenze keine Einschränkung darstellt und deshalb erlaubt wäre, sondern bedeutet, dass ein „*solcher Ausgleich oder eine solche Entschädigung nicht durch eine im voraus festgelegte Höchstgrenze limitiert werden*" darf.[1244]

Von der Bestimmung einer Mindest- oder Höchstgrenze sieht der ADG-E 2005 daher zutreffend ab. Offenbar trägt die Regierungskoalition damit auch der Erwägung Rechnung, dass § 21 ADG-E für eine Vielzahl unterschiedlichster Schuldverhältnisse gelten sollte und daher Flexibilität erfordert. Von dem Erfordernis einer „erheblichen Beeinträchtigung" wurde im Gegensatz zur Vorgängervorschrift des § 319f Abs. 3 BGB n.F. (Entwurf) abgesehen. Auch die DiskE 2001/2002 kannten keine solche „Bagatellschwelle". Ob sie erforderlich ist, ist eine rechtspolitische Frage, jedoch kann die Rechtsprechung auch ohne sie zu angemessenen Ergebnissen gelangen.

[1242] dass auch ein subjektiver Tatbestand erfüllt ist. Haftung ohne Verschulden ist dem deutschen System grundsätzlich fremd; eine Ausnahme ist z.B. die Gefährdungshaftung.
Siehe dazu sogleich 3. Teil C. III. 8.
[1243] *Riesenhuber/Franck*, EWS 2005, 245 (250).
[1244] *Riesenhuber/Franck*, EWS 2005, 245 (250) mit Verweis auf Art. 7 Abs. 2 des KOM-Vorschlags v. 5.11.2003 (KOM (2003) 657).

d. Ausschlussgründe

aa. Befristung

Zutreffend verlangte der *DAV*[1245] während des Gesetzgebungsverfahrens die Einführung einer kurzen Verjährungs- oder Ausschlussfrist, binnen welcher die Ansprüche (schriftlich) geltend zu machen sind. Eine entsprechende Vorschrift existierte bereits in § 15 Abs. 3 ADG-E a.F. (nunmehr § 15 Abs. 4 ADG-E) in Bezug auf das Arbeitsrecht. Auch im allgemeinen Zivilrecht ist die Einführung einer Anspruchsbefristung gem. Art. 7 Abs. 3 bzw. Art. 8 Abs. 4 der Richtlinien 2000/43/EG und 2004/113/EG zulässig. Die Verfasser des Entwurfs haben auf die Kritik reagiert und § 21 ADG-E um einen Abs. 6 ergänzt, der folgenden Wortlaut hat:

„Ein Anspruch nach Absatz 1 bis 3 muss innerhalb einer Frist von sechs Monaten geltend gemacht werden. Nach Ablauf der Frist kann der Anspruch nur geltend gemacht werden, wenn der Benachteiligte ohne Verschulden an der Einhaltung der Frist verhindert war."

Es handelt sich um eine gesetzliche Ausschlussfrist, die sechs Monate nach Entstehung des Anspruchs abläuft. Der Anspruch entsteht mit Begehung der benachteiligenden Handlung. Satz 2 stellt klar, dass nach Fristablauf der Anspruch nur geltend gemacht werden kann, wenn der Benachteiligte ohne Verschulden an der fristgemäßen Geltendmachung gehindert war. Das kann etwa dann der Fall sein, wenn der Benachteiligte erst nach Fristablauf von anspruchsbegründenden Tatsachen Kenntnis erlangt, ohne dass dies von ihm zu vertreten ist.[1246] Damit ist der Beginn der Ausschlussfrist abweichend von § 15 Abs. 4 Satz 2 ADG-E geregelt: Es handelt sich dort um eine subjektive Ausschlussfrist, die erst mit Kenntnis von der Benachteiligung zu laufen beginnt. § 21 Abs. 6 ADG-E ist insoweit strenger, als dass auch ein Kennenmüssen i.S.d. § 122 Abs. 2 BGB zum Ausschluss des Anspruchs führen kann.

Ohne eine solche Befristung wären Unternehmen nicht nur gehalten, Aufzeichnungen über Geschäftsvorfälle entsprechend den handels- und steuerrechtlichen Vorschriften aufzubewahren, sondern auch die Dokumentation über alle nicht abgeschlossenen Geschäfte für zehn Jahre (bis zum Ablauf der absoluten Verjährungsfrist gem. § 199 Abs. 3 BGB) zu verwahren. Dies wäre aufgrund der fehlenden Rechtssicherheit unzumutbar gewesen. Außerdem erledigt sich der Schutzzweck des Gesetzes, wenn das potentielle Diskriminierungsopfer an seiner (möglichen) Benachteiligung keinen Anstoß nimmt. Fühlt es sich dagegen diskriminiert, so ist es ihm zuzumuten, seine Rechte alsbald geltend zu machen. Eine Person, die einen Verstoß gegen das Benachteiligungsverbot geltend ma-

---

[1245] Stellungnahme des *DAV (Ausschuss Zivilrecht)* v. Feb. 2005 (12/2005), 11.
[1246] Beschlussempfehlung und Bericht des Ausschusses für Familie, Senioren, Frauen und Jugend v. 15.6.2005 (BT-Drs. 15/5717), 38.

III. Analyse des ADG-E 2005

chen möchte, muss sich daher nunmehr in zumutbarer Frist entscheiden, ob sie den Anspruch verfolgen will. Diejenige Partei, die damit rechnet, wegen eines Verstoßes in Anspruch genommen zu werden, erlangt Rechtssicherheit in überschaubarer Frist.

bb. „Ernsthaftigkeit der Vertragsschlussabsicht" als ungeschriebene Voraussetzung eines Rechtsanspruchs

Im Arbeitsrecht ist es seitens der Rechtsprechung[1247] anerkannt, dass einem an sich vorhandenen Entschädigungsanspruch der Einwand des Rechtsmissbrauchs entgegenstehen kann, falls eine Bewerbung nachweislich nur zum Zwecke des Erwerbs von Entschädigungsansprüchen erfolgte. Voraussetzung ist, dass der Bewerber das ausgeschriebene Arbeitsverhältnis tatsächlich nicht begründen wollte; beweisbelastet ist der Arbeitgeber. Indizien für eine nicht ernsthafte Bewerbung können sein: Gleichzeitige identische Bewerbungen ausschließlich auf Stellen, die für das andere Geschlecht ausgeschrieben sind; ersichtliche Fehlqualifikation für die ausgeschriebene Stelle; oder anderweitig bestehendes, ungekündigtes Arbeitsverhältnis mit höherer Vergütung.[1248]

Diese Konstruktion kann man nach hier vertretener Ansicht auch auf den Vertragsschluss im Zivilrecht übertragen. Europarechtliche Erwägungen stehen dem nicht entgegen, da der Einwand des Rechtsmissbrauchs zu den allgemeinen Grundsätzen des Gemeinschaftsrechts gehört.[1249] Die zivilrechtliche Entschädigungspflicht bzw. der Kontrahierungszwang würde demnach nur ausgelöst, sobald ein Privater gegen das zivilrechtliche Benachteiligungsverbot verstößt, die Voraussetzungen eines entsprechenden Anspruchs gegeben sind *und* der Wille, den jeweiligen Vertrag zu schließen, nicht rechtsmissbräuchlich ist.

Ähnlich wie im Arbeitsrecht wird jedoch die Darlegungs- und Beweislast demjenigen obliegen, der sich auf den Rechtsmissbrauch beruft. Weil der Nachweis einer inneren Tatsache beigebracht werden muss, kommt es für das Gelingen entscheidend auf das Vorliegen und den Beweiswert von Indizien an. Wenn danach z.B. eine Wohnungsbaugesellschaft einige Wohnungen in einem Hochhaus

---

[1247] LAG Hamm AP BGB § 611a Nr. 15; LAG Rheinland-Pfalz NZA 1997, 115.
[1248] *Schlachter* in: Dieterich/Müller-Glöge/Preis/Schaub (Hrsg.), ErfK, § 611a Rn. 39.
[1249] *Streinz* in: Streinz (Hrsg.), EUV/EGV, Art. 10 EG Rn. 40. So hat EuGH, Rs. C-192/84, Slg. 1984, 3967 Rn. 19 (*Kommission/Griechenland*) aus Art. 10 EG die Befolgung des Grundsatzes von Treu und Glauben herausgearbeitet, der in der Sache den Rechtsmissbrauch verbietet. Dabei handelt es sich zwar zunächst nur um eine an die Mitgliedstaaten gerichtete Verpflichtung. Diese ist als allgemeiner Rechtsgrundsatz aber auch in den Beziehungen zwischen Privaten zugrundezulegen, vgl. z.B. Art. I:201 (Treu und Glauben und redlicher Geschäftsverkehr) der Grundregeln des Europäischen Vertragsrechts, abgedruckt bei v. *Bar/Zimmermann (Hrsg.)*, Grundregeln des Europäischen Vertragsrechts: Teile I und II.

nur in türkischer Sprache inseriert, um eine ethnisch ausgeglichene Belegung sicherzustellen, kann darin eine mittelbare „rassische" bzw. ethnische Diskriminierung von Personen liegen, die dieser Sprache nicht mächtig sind. Bewirbt sich dann ein Norddeutscher um eine dieser in Köln angebotenen Sozialwohnungen, obwohl er in einem eigenen Haus in Rostock wohnt, kann man darin einen Rechtsmissbrauch und damit das Fehlen einer ernsthaften Vertragsschlussabsicht sehen. Indizien in diesem Fall wären die aktuell bessere Wohnsituation sowie die Entfernung zum eigenen Wohnort und möglicherweise noch eine Vielzahl ähnlicher Bewerbungen im gesamten Bundesgebiet.

e. Konkurrenzen

Der Verstoß gegen das Benachteiligungsverbot schließt weitere Ansprüche aus allgemeinen Bestimmungen, z.B. gem. §§ 280 ff., 323 ff. sowie 823 Abs. 2 BGB, nicht aus. § 21 Abs. 1 ADG-E lässt sie „unbeschadet", so dass sie neben dessen spezifischen Sanktionen zur Anwendung kommen können. Darüber hinaus stellt § 21 Abs. 4 ADG-E klar: „*Ansprüche aus unerlaubter Handlung bleiben unberührt.*" Ob dieser Absatz erforderlich ist, erscheint fraglich. In Anbetracht des Wortlauts des § 21 Abs. 1 ADG-E hat er eher deklaratorische Funktion. Die Vorgängervorschrift des § 319f BGB n.F. (Entwurf) enthielt keine entsprechende Klarstellung.

Fraglich ist das Verhältnis von Kontrahierungszwang und immateriellem Schadensersatz. Sie müssen sich nicht notwendig ausschließen, z.B. wenn mit einer Vertragsverweigerung selbständige Ehrverletzungen einhergehen. Ein schadensersatzrechtlicher Anspruch ist jedoch nach zutreffender Ansicht[1250] nur dann kumulativ zuzubilligen, wenn die Verletzungshandlung über eine bloße Vertragsverweigerung *substantiell* hinausgeht. Ist dies der Fall, bestehen beide Ansprüche nebeneinander. Auch im Verhältnis von materiellem zu immateriellem Schadensersatz ist eine mögliche Anspruchskonkurrenz unter diesen Voraussetzungen denkbar. Dagegen schließen sich ein Beseitigungsanspruch, der auf Vertragsschluss gerichtet ist, und ein Anspruch auf Vermögensschaden gegenseitig aus.

[1250] *Neuner*, JZ 2003, 57 (65). In den DiskE 2001/2002 war vorgesehen, dass immaterieller Schadensersatz nur für die Fälle verlangt werden kann, in denen sich die Benachteiligung nicht durch Anspruch auf einen Vertragsabschluß oder in anderer Weise ausgleichen lässt. Der Entschädigungsanspruch war also ein Surrogat für einen Beseitigungsanspruch. Im ADG-E 2005 sollte dagegen das Nebeneinander von Ansprüchen auf immateriellen Schadensersatz und Ansprüchen auf Beseitigung bzw. materiellen Schadensersatz (als Naturalrestitution oder in Geld) nicht grundsätzlich ausgeschlossen werden. Dagegen Stellungnahme des *DAV* (*Ausschuss Zivilrecht*) v. Feb. 2005 (12/2005), 13.

8. Beweismaß und Beweislastverteilung

Die Rechtsdurchsetzung hängt in besonderem Maße vom Beweismaß und der Beweislastverteilung ab. Den Regeln über die Beweisführung kommt in Diskriminierungsfällen insbesondere deshalb einige Bedeutung zu, weil das Diskriminierungsopfer i.d.R. keine Möglichkeit hat, in der Sphäre des Diskriminierenden liegende Vorgänge, insbesondere innere Einstellungen, angemessen nachzuweisen.[1251] Art. 8 bzw. Art. 9 der Richtlinien 2000/43/EG und 2004/113/EG enthalten daher eine Regelung zur Beweisführung im Zivilprozess.[1252] Danach muss das Diskriminierungsopfer nur Tatsachen glaubhaft machen, die das Vorliegen einer unmittelbaren oder mittelbaren Diskriminierung vermuten lassen. Gelingt dies, obliegt es dem Beklagten zu beweisen, dass keine Verletzung des Gleichbehandlungsgrundsatzes vorgelegen hat.

a. § 22 ADG-E als zweistufige Beweisregel

Eine Beweisregel für den Bereich des Anti-Diskriminierungsrechts enthält § 22 ADG-E. Die Vorschrift bezieht sich auf alle in § 1 ADG genannten Benachteiligungsmerkmale, obgleich zur Umsetzung der Richtlinien 2000/43/EG und 2004/113/EG eine Beschränkung auf die Benachteiligungen wegen der „Rasse" und ethnischen Herkunft sowie wegen des Geschlechts in Bezug auf die Versorgung mit Gütern und Dienstleistungen genügt hätte.[1253] Sie lautet in Anlehnung an den bisherigen arbeitsrechtlichen § 611a Abs. 1 Satz 3 BGB[1254]:

> „Wenn im Streitfall die eine Partei Tatsachen glaubhaft macht, die eine Benachteiligung wegen eines in § 1 genannten Grundes vermuten lassen, trägt die andere Partei die Beweislast dafür, dass andere als in § 1 genannte, sachliche Gründe die unterschiedliche Behandlung rechtfertigen oder die unterschiedliche Behandlung wegen eines in § 1 genannten Grundes nach Maßgabe dieses Gesetzes zulässig ist."

aa. Grundsätze der ZPO

Der Inhalt des § 22 ADG-E reflektiert zunächst die Grundregeln der Beweislastverteilung nach der ZPO, wonach jede Partei unabhängig von ihrer prozessualen Parteistellung die bejahenden oder verneinenden Tatsachen beweisen

---

[1251] Ebenso *Bezzenberger*, AcP 196 (1996), 395 (431); *Pusch*, FAZ v. 15.1. 2005, 51; a.A. *Preis/Rolfs*, Verbot der Ausländerdiskriminierung, 57. Zur Beweisfrage in Diskriminierungsfällen siehe allgemein *Röttgen*, Schutz vor Diskriminierung, 157 ff. und *Scholten*, Diskriminierungsschutz durch Privatrecht?, 77 ff.
[1252] Vgl. oben 2. Teil C. II. 2.
[1253] Siehe dazu die entsprechende Aufstellung, abrufbar unter http://www.anti-diskriminierung.info.
[1254] Zur Beweisverteilung in § 611a BGB siehe *Schlachter* in: Dieterich/Müller-Glöge/Preis/Schaub (Hrsg.), ErfK, § 611a Rn. 26 ff.

muss, aus denen sie Rechte herleitet.[1255] Wer sich auf eine Benachteiligung beruft, trägt daher für die anspruchsbegründenden Tatsachen die Beweislast.[1256] Er muss zunächst die Tatsachen schlüssig darlegen, die eine Benachteiligung „vermuten lassen".[1257] Die Benachteiligung selbst ist keine Tatsache, sondern eine rechtliche Wertung. Bestreitet der Beklagte die Tatsachen nicht, kommt es auf Beweisfragen nicht an. Bestreitet er hingegen die Tatsachen, hat der Kläger diese mit den Beweismitteln der ZPO (Sachverständigen-, Zeugen- oder Urkundsbeweis, Inaugenscheinnahme und Parteivernehmung) zu beweisen.[1258]

bb. Senkung des Beweismaßes und Umkehr der Beweislast zugunsten des Klägers

Zwei Ergebnisse sind dann möglich: Entweder das Gericht hält das Vorliegen einer Benachteiligung für überwiegend wahrscheinlich oder für eher unwahrscheinlich.[1259] Während für den Vollbeweis die Überzeugung des Richters von der Wahrheit der Tatsachenbehauptung bzw. einer sehr hohen Wahrscheinlichkeit einer Tatsache notwendig ist,[1260] genügt es im Rahmen des § 22 ADG-E, dass die behauptete Tatsache überwiegend wahrscheinlich ist. Dies entspricht einer Wahrscheinlichkeit von „50% + x".[1261] Es ist der richterlichen Überzeugungsbildung überlassen, wann der ausreichende Grad der Wahrscheinlichkeit erfüllt ist. Im zweiten Fall ist die Klage entscheidungsreif und abzuweisen, und zwar wegen erwiesener Unbegründetheit.

Nur im ersten Fall kommt es auf die zweite Stufe der Beweisführung an. Bloßes Bestreiten genügt nun nicht mehr, vielmehr trägt der Beklagte die volle Beweislast dafür, dass keine Benachteiligung vorlag bzw. diese aus rechtlich zuläs-

---

[1255] Z.B. BVerfGE 54, 157 ff.; BGH BB 1999, 2161; BGH NJW 1995, 50 f.; BGH NJW 1989, 1728; BAG, BB 1995, 468 ff.; *Hartmann* in: Baumbach u.a. (Hrsg.), ZPO, Anh § 286 Rn. 10 ff. m.w.N. Zu den Grundlagen des zivilprozessualen Beweisrechts siehe auch *Scholten*, Diskriminierungsschutz durch Privatrecht?, 86 ff.
[1256] Vgl. BT-Drs. 15/4538, 45.
[1257] Und nicht weitere „Vermutungstatsachen" wie es missverständlich in der Gesetzesbegründung heißt, vgl. BT-Drs. 15/4538, 45. Siehe dazu auch noch unten 3. Teil C. III. 8. b.
[1258] Zur Beweislastverteilung nach der RL 2000/43/EG *Mahlmann*, ZEuS 2002, 407, 423; zur Beweislastverteilung nach der ZPO *Rosenberg/Schwab/Gottwald*, Zivilprozessrecht, § 122 Rn. 9.
[1259] Vgl. *Prütting*, RdA 1999, 107, 111; siehe dazu noch unten 3. Teil C. III. 8. b.
[1260] In BGHZ 53, 245 (256) (*Anastasia*) = NJW 1970, 946 heißt es dazu: „Der Richter darf und muss sich in tatsächlich zweifelhaften Fällen mit einem für das praktische Leben brauchbaren Grad von Sicherheit begnügen, der den Zweifeln Schweigen gebietet, ohne sie völlig auszuschließen." Vgl. auch BGH NJW 2003, 1116 (1117).
[1261] Vgl. dazu auch unten 3. Teil C. III. 8. b. aa.

sigen Gründen erfolgte. Es kommt zur Beweislastumkehr.[1262] § 22 ADG-E ist somit als zweistufige Regelung ausgestaltet, die zwischen Absenkung des Beweismaßes und Beweislastverteilung unterscheidet. In einem ersten Schritt verlangt sie lediglich die Darlegung von Tatsachen, die eine Benachteiligung als wahrscheinlich erscheinen lassen. Dies lässt die Beweislastverteilung unberührt, nur das Beweismaß wird gesenkt. Unsubstanziierte Verdachtsäußerungen sind jedoch unbeachtlich. Die schlichte Behauptung einer Diskriminierung reicht daher nicht aus, auch wenn dies gelegentlich in der Öffentlichkeit so dargestellt wird.[1263]

Mangels Verschuldenserfordernis[1264] muss der Kläger im übrigen weder ein Verschulden des Beklagten nachweisen, noch kann sich der Beklagte exkulpieren. Das Verschulden ist daher dem Beweis nicht zugänglich.

cc. Vollbeweis durch Kläger bleibt teilweise erforderlich

Die Beweiserleichterung bezieht sich nur auf den Benachteiligungsgrund, nicht auf die benachteiligende Maßnahme.[1265] Letztere hat der Anspruchsteller unabhängig von § 22 ADG-E zur vollen Überzeugung des Gerichts nachzuweisen. Die Beweiserleichterung zugunsten von Diskriminierungsklägern erfasst auch nicht die Kausalität zwischen Benachteiligung und geltend gemachtem Schaden oder die Schadenshöhe.[1266] Der Anspruchsteller hätte im Rahmen des § 22 ADG-E daher die benachteiligende Maßnahme, Kausalität und Schadenshöhe im Bestreitensfall vollumfänglich beweisen müssen. Für etwaige Beweiser-

---

[1262] Vgl. zur entsprechenden Regelung des Art. 4 Abs. 1 der RL 97/80/EG *Schlachter*, RdA 1998, 321 (324 ff.).

[1263] So z.B. *Wagner*, FAZ v. 22.12.2004, 14; *Kusch*, Welt am Sonntag v. 16.1.2005, 3; im übrigen hat die praktische Handhabe von verfahrensrechtlichen Vorschriften in Diskriminierungsfällen Grundrechtsrelevanz, vgl. BVerfGE 89, 276 (289 ff.): Aus verfassungsrechtlicher Sicht kann schon nach geltendem Recht eine Absenkung des Beweismaßes geboten sein, evtl. auch verbunden mit einer Beweislastumkehr, vgl. *Preis/Rolfs*, Verbot der Ausländerdiskriminierung, 58 f.; ähnlich *Reinhardt*, NJW 1994, 93 (99), der eine Beweislastumkehr für verhältnismäßig hält, wenn die Anwendung der beweisrechtlichen Grundregel zu schwerwiegenden und sozial unerträglichen Ergebnissen führe würde. Zur Brauchbarkeit des Anscheinsbeweises bei Diskriminierungen vgl. *Bezzenberger*, AcP 196 (1996), 395 (431 ff.) sowie *Preis/Rolfs*, Verbot der Ausländerdiskriminierung, 57 f.

[1264] Vgl. 3. Teil C. III. 7.

[1265] BT-Drs. 15/4538, 45; *Prütting*, RdA 1999, 107 (111).

[1266] A.A. *Boesche*, EuZW 2005, 264; *Boesche*, Stellungnahme zum Entwurf eines Gesetzes zur Umsetzung europäischer Anti-Diskriminierungs-RL (A.-Drs. 15(12)440-R), 3, die in Bezug auf die Kausalität von einer Beweislastumkehr ausgeht, wenn auch ohne nähere Begründung.

leichterungen im Hinblick auf mangelnde Sachnähe des Klägers können jedoch allgemeine Grundsätze herangezogen werden.[1267]

dd. Keine Abkehr von Grundsätzen des deutschen Prozessrechts

Durch diese Beweiserleichterungen für den Anspruchsteller wird dem Anspruchsgegner eine erhebliche Last aufgebürdet. Allerdings entfernt sich die zweistufige Regelung des § 22 ADG-E nicht allzu weit von geltenden Beweislastregeln, wenn man bedenkt, dass die für das rechtsgeschäftliche Verhalten des Gegners maßgeblichen Motive in dessen Sphäre fallen. Es entspricht den Grundsätzen des deutschen Prozessrechts, die Anforderungen an die Darlegungs- und Beweislast danach zu bestimmen, im Einflussbereich welcher Partei sich bestimmte Vorgänge ereignet haben.[1268] Eine Dokumentation ist dem Anspruchsgegner daher durchaus zumutbar.[1269]

Im Rahmen der Verhältnismäßigkeit von Diskriminierungsverboten ist die Frage bedeutsam, ob und inwieweit sich ein *Unternehmer* gegen Diskriminierungsklagen versichern kann. Eine Versicherung des Diskriminierungsrisikos durch den *Unternehmer* wird volkswirtschaftlich kostengünstiger sein, als die Einzelversicherung jedes Bürgers gegen die Gefahr, Opfer einer Diskriminierung zu werden. Auch dies lässt es als vernünftig erscheinen, dass der *Unternehmer* gem. § 22 ADG-E das Diskriminierungsrisiko hätte tragen müssen.

b. Vorschlag für eine Überarbeitung der Beweisvorschrift

Dass sich die Regierungskoalition für das Zivilrecht an der Vorschrift des § 611a Abs. 1 Satz 3 BGB orientiert, überrascht zunächst nicht. Diese beruht ebenfalls auf europäischen Vorgaben und entspricht dem Wortlaut der Anti-Diskriminierungsrichtlinien.

aa. Glaubhaftmachung und Vermutung

§ 22 ADG-E ist jedoch sprachlich verunglückt, weil er mit den Begriffen „Glaubhaftmachung" und „Vermutung" an spezifische Begriffe der deutschen Rechtssprache anknüpft, die nicht gemeint sind.[1270] So ist anerkannt, dass die Glaubhaftmachung von Tatsachen nicht i.S.d. § 294 ZPO zu verstehen ist. Verlangt wird lediglich eine Darlegung, die eine Benachteiligung als wahrscheinlich

---

[1267] *Schlachter* in: Dieterich/Müller-Glöge/Preis/Schaub (Hrsg.), ErfK, § 611a Rn. 30;
[1268] BT-Drs. 15/4538, 45. Vgl. zu den möglichen Beweiserleichterungen nach geltendem Recht bereits oben 3. Teil C. I. 1. c.
[1269] *Armbrüster*, ZRP 2005, 41 (43).
[1270] Vgl. auch Stellungnahme des *DAV* (*Ausschuss Zivilrecht*) v. Feb. 2005 (12/2005), 13 f.; Stellungnahme des *DAV* (*Ausschuss Arbeitsrecht*) v. Jan. 2005 (10/2005), 14.

erscheinen lässt.[1271] Dies entspricht einer Wahrscheinlichkeit von „50% + x". Der Kläger kann sich nicht der eidesstattlichen Versicherung i.S.d. § 294 ZPO bedienen. Er muss vielmehr nach allgemeinen Grundsätzen mit den üblichen Beweismitteln der ZPO den Vollbeweis im Hinblick auf die anspruchsbegründenden Tatsachen führen.

Zudem handelt es sich bei § 22 ADG-E nicht um eine Vermutungsregelung i.S.d. § 292 ZPO,[1272] denn die schlüssig dargelegten Tatsachen sind keine feststehenden Tatsachen, die automatisch den Rückschluss auf eine andere Tatsache zulassen. Vielmehr ist das Wort „vermuten" i.S.v. „annehmen" oder „für wahrscheinlich halten" zu verstehen.[1273] Von einer Umsetzung in Anlehnung an § 611a Abs. 1 Satz 3 BGB ist daher ausdrücklich abzuraten.

bb. Kein Vorliegen einer Benachteiligung

§ 22 ADG-E regelt nicht ausdrücklich, dass der Beklagte auch die Möglichkeit haben muss, zu beweisen, dass überhaupt kein Verstoß gegen den Gleichbehandlungsgrundsatz vorliegt, etwa Mangels Kenntnis des jeweiligen persönlichen Merkmals. Die drei Richtlinien erfassen dagegen diesen Fall.[1274] Der deutsche Gesetzgeber sollte, um Rechtsunsicherheiten zu vermeiden, diese Lücke in § 22 ADG-E schließen, denn es sind Fälle denkbar, in denen eine Verletzung nicht erst auf der Ebene der Rechtfertigung oder der Zulässigkeit der Ungleichbehandlung, sondern bereits an dem mangelnden Vorliegen einer Benachteiligung scheitert.[1275] Tut dies der Gesetzgeber nicht, wäre bei der Anwendung einer dem § 22 ADG-E entsprechenden Beweisregel durch die Gerichte gleichwohl zu berücksichtigen, dass der Beklagte auch darlegen und beweisen kann, dass kein Verstoß vorliegt.

[1271] BAG, DB 2004, 1944 m.w.N.; *Prütting*, RdA 1999, 107 (111). Missverständlich daher der Hinweis in der Begründung zum ZADG-E 2004, 82: „Wie durch die ... Richtlinie 2000/43/EG vorgegeben, bedarf es hinsichtlich der anspruchsbegründenden Tatsachen keines Vollbeweises. Der insoweit darlegungs- und beweispflichtige Gläubiger kann sich als Beweismittel also auch der eidesstattlichen Versicherung bedienen (§ 294 Abs. 1 ZPO)."

[1272] Zu § 611a Abs. 1 Satz 3 BGB siehe BAG NZA 2004, 540 ff.

[1273] *Prütting*, RdA 1999, 107 (111).

[1274] Art. 9 der RL 2004/113/EG, Art. 8 der RL 2000/43/EG und Art. 10 der RL 2000/78/EG.

[1275] *Boesche*, Stellungnahme zum Entwurf eines Gesetzes zur Umsetzung europäischer Anti-Diskriminierungs-RL (A.-Drs. 15(12)440-R), 3.

cc. Eigener Vorschlag

Mit Blick auf den Vorschlag von *Prütting*[1276] für eine Neufassung des § 611a Abs. 1 Satz 3 BGB ist für eine Beweisregel im Anti-Diskriminierungsrecht daher folgender Wortlaut vorzuziehen:

> *"Wenn im Streitfall der Anspruchsteller Tatsachen darlegt, die eine Benachteiligung als wahrscheinlich erscheinen lassen, dann trägt der Anspruchsgegner die Beweislast dafür, dass eine Benachteiligung nicht vorliegt oder die unterschiedliche Behandlung zulässig ist. Der Anspruchsteller trägt die Beweislast für das Vorliegen einer benachteiligenden Maßnahme."*

c. Tatsachen, die eine Benachteiligung als wahrscheinlich erscheinen lassen

Was sind Tatsachen/Anhaltspunkte, die eine Benachteiligung als wahrscheinlich erscheinen lassen? Da der Zugriff auf Beweismittel in Diskriminierungsfällen häufig schwierig ist, ist in der Rechtsprechung zu § 611a Abs. 1 S. 3 BGB insoweit anerkannt, dass man sich anstelle von Haupttatsachen mit Indizien begnügt.[1277]

aa. Stellenanzeigen

Eine solche Hilfstatsache wird jedenfalls eine benachteiligende Stellenanzeige sein.[1278] Anzeigen bergen daher ein erhebliches Gefährdungspotential in Bezug auf Diskriminierungen. So hat das BAG bezüglich einer geschlechtsspezifischen Stellenausschreibung (gesucht wurde eine „Volljuristin" bzw. „Anwältin" bzw. „Wiedereinsteigerin") festgestellt, dass „Indizien, die aus einem regelhaft einem Geschlecht gegenüber geübten Verhalten resultieren" auf eine entsprechend motivierte Entscheidung schließen lassen. Ein solches „Vergehen" begründet i.d.R. die Vermutung, dass ein Arbeitnehmer eines bestimmten Geschlechts, und zwar unabhängig davon, ob noch andere Gründe wie berufliche Erfahrung und Examensnoten für die Einstellungsentscheidung maßgebend sind, wegen seines Geschlechts benachteiligt worden ist. Eine (mittelbare) Diskriminierung dürfte z.B. auch dann vorliegen, wenn die Anforderung „Sie sprechen die regionalen Dialekte fließend" in Stellenanzeigen auftaucht. Typischerweise können dies nur Menschen, die aus der jeweiligen Region stammen. Wer in einer Stellenanzeige damit wirbt, er beschäftige bereits ein „junges dynamisches Team", läuft Ge-

---

[1276] *Prütting*, RdA 1999, 107 (112); vgl. bereits *Prütting*, Gegenwartsprobleme der Beweislast, 339. Ein ähnlicher Vorschlag von *Boesche* ist abgedruckt in EuZW 2005, 264 (267). Zu den Möglichkeiten und Grenzen von Beweiserleichterungen zur Umsetzung der RL 2000/43/EG und 2004/113/EG siehe auch *Scholten*, Diskriminierungsschutz durch Privatrecht?, 108 ff.

[1277] BVerfGE 89, 276; BAG AuA 2000, 281 ff.; BAG NZA 2004, 540 ff.

[1278] So auch BT-Drs. 15/4538, 45.

fahr, wegen mittelbarer Altersdiskriminierung verklagt zu werden.[1279] Gleiches gilt für den Wunsch, ein Bewerber möge „mindestens 10 Jahre Berufserfahrung" mitbringen.

Die arbeitsrechtliche Rechtsprechung wird man auf Anzeigen im allgemeinen Vertragsrecht übertragen können, die in irgendeiner Weise auf das Alter („Sonderangebot für Rentner...") sowie andere Diskriminierungsmerkmale mittelbar oder unmittelbar Bezug nehmen. Z.B. ist von Anzeigen abzuraten, in denen „Muttersprachler" gesucht werden, wenn es dem *Unternehmer* nur darum geht, dass der Dienstleistungserbringer „fließende Sprachkenntnisse" hat.

bb. Entlohnungssysteme und Schwangerschaftsfrage

Werden nur 1/10 der Frauen bei gleicher Arbeit, aber 50 % ihrer männlichen Kollegen über Tarif bezahlt, sind dies ebenfalls Tatsachen, die eine Benachteiligung wegen des Geschlechts vermuten lassen. Die Benachteiligung wird allein durch die zahlenmäßig größere Betroffenheit der Angehörigen eines Geschlechts vermutet.[1280] Die Frage nach der Schwangerschaft der Bewerberinnen ist allerdings dann kein Indiz für eine geschlechtsspezifische Benachteiligung, wenn sich nur Frauen um eine ausgeschriebene Stelle beworben haben, denn alle Frauen könnten schwanger sein bzw. es werden.[1281]

cc. Benachteiligungspraxis und allgemeine Geschäftsbedingungen

Bewirbt sich aber ein Mann mit heller Hautfarbe um die Stelle eines Türstehers in einem Nachtclub und stellt dieser Club seit Jahren lediglich Männer dunklerer Hautfarbe ein, spricht diese Praxis für ein diskriminierendes Verhalten. Trägt der Mann dies schlüssig und – bei Bestreiten durch den beklagten Nachtclubbesitzer – unter Zeugenbeweis oder Inaugenscheinnahme vor, genügt dies aufgrund der Offenkundigkeit den Anforderungen an den von § 22 ADG-E und den zugrunde liegenden Richtlinien verlangten Vollbeweis hinsichtlich der benachteiligenden Tatsachen. Entsprechendes gilt, wenn ein Hotel seit Jahren Männern mit dunklerer Hautfarbe, die sich um die Stelle eines Kellners bewerben, diese verweigert und ihnen stattdessen nur die Stelle eines Hausmeisters oder eine Stelle in der Küche anbietet.

[1279] Falls ein „junger, dynamischer Geschäftsführer" gesucht wird, handelt es sich sogar um eine direkte Diskriminierung wegen des Alters (sowie um eine Benachteiligung aufgrund des Geschlechts).
[1280] Vgl. BAG NZA 1993, 891 ff.
[1281] BAG NJW 1987, 397 ff. Zur Vermutung einer Benachteiligung aufgrund der Behinderung bei fehlender Beteiligung der Schwerbehindertenvertretung siehe BAG, DB 2005, 1802 ff. und ArbG Marburg, DB 2005, 1860.

Eine ähnlich offensichtliche Benachteiligung liegt vor, wenn bei Massengeschäften allein wegen des Alters unterschiedliche Tarife verlangt werden. Hier erschöpft sich die Beweislast darin, die eigenen Erfahrungen bei Abschluss des Vertrages darzulegen und die entsprechenden Allgemeinen Vertrags- und Geschäftsbedingungen als Beweismittel vorzulegen. Auch dies sind Fälle einer offenkundigen Diskriminierung, in denen eine sachliche Rechtfertigung nicht greifen kann.

dd. Bloßes Behaupten nicht ausreichend

Fehlt es allerdings an einer länger geübten Benachteiligungspraxis wie in genannten Fällen oder an allgemeinen Geschäftsbedingungen, aus denen Benachteiligungen offenkundig zu Tage treten, bedarf es mehr als des bloßen Hinweises auf das Merkmal, dessen Träger man ist.[1282] Zur schlüssigen Tatsachendarlegung genügt es insoweit nicht, wenn ein Kläger lediglich behauptet, ein Vermieter habe sich gegen ihn wegen eines bei ihm vorliegenden geschützten Merkmals entschieden.[1283] Es wird auch nicht genügen, wenn er vorträgt, der Vermieter habe sich *für* eine Person mit diskriminierungsrelevantem Merkmal, z.B. eine Frau bzw. einen Mann, oder einen Menschen hellerer oder dunkler Hautfarbe entschieden. Hier wird der Benachteiligte Zeugenbeweis über benachteiligende Äußerungen oder Urkundsbeweis, z.B. betreffend Formulierungen, die ein konkretes benachteiligendes Verhalten oder bestimmte Vorurteile erkennen lassen, anbieten müssen. Auch die bloße Weigerung eines bisher unbescholtenen (potentiellen) Vertragspartners, im Beisein von Zeugen zu verhandeln, ist für sich genommen noch kein Anhaltspunkt für das Vorliegen einer Diskriminierung.

ee. Keine reale Vergleichsperson erforderlich

Da der Bezug auf eine günstigere Behandlung genügt, die eine Vergleichsperson, die nicht über das Benachteiligungsmerkmal verfügt, erfahren würde (vgl. § 3 Abs. 1 Satz 1 ADG-E), bedarf es weder einer konkreten Erfahrung in der Vergangenheit noch eines aktuellen Verhaltens, vielmehr soll in Einklang mit den Richtlinien[1284] das Projizieren ins Hypothetische genügen.[1285] Entsprechend soll bei der mittelbaren Diskriminierung ein „Benachteiligen-Können" ausreichen.

[1282] *Boesche*, Stellungnahme zum Entwurf eines Gesetzes zur Umsetzung europäischer Anti-Diskriminierungs-RL (A.-Drs. 15(12)440-R), 6.
[1283] *Boesche*, Stellungnahme zum Entwurf eines Gesetzes zur Umsetzung europäischer Anti-Diskriminierungs-RL (A.-Drs. 15(12)440-R), 5; vgl. schon oben 3. Teil C. III. 8. a. bb.
[1284] Art. 2 Abs. 2 lit. a der RL 2000/43/EG, 2000/78/EG und 2002/73/EG und Art. 2 lit. a der RL 2004/113/EG.
[1285] *Boesche*, Stellungnahme zum Entwurf eines Gesetzes zur Umsetzung europäischer Anti-Diskriminierungs-RL (A.-Drs. 15(12)440-R), 6.

Es bedarf also keiner realen Vergleichsperson. Würde man eine reale Vergleichsperson fordern, wäre das so, als müsste ein Benachteiligter zunächst vortragen, dass er eine ihm vergleichbare Person kennt, die vom Diskriminierenden in einer vergleichbaren Situation nicht benachteiligt wurde, damit der Diskriminierungstatbestand bejaht werden könnte. Fehlt es an einer realen Vergleichsperson, muss der Benachteiligte nur vortragen, dass eine fiktive, ihm vergleichbare Person in einer vergleichbaren Situation nicht beleidigt worden wäre.

ff. Zugeschriebene Merkmale

Wenn ein Betroffener gar nicht Träger eines Merkmals ist, sondern der Diskriminierende dies lediglich unterstellt, muss der Zurückgewiesene darlegen, dass er wegen eines unterstellten Merkmals benachteiligend behandelt wurde, z.B. indem er durch schlüssigen Sachvortrag darlegt, dass er eine Wohnung nicht bekommen habe, weil der Vermieter meinte, er sei homosexuell. Er braucht sich allerdings nicht dazu zu äußern, ob er tatsächlich homosexuell ist oder nicht.[1286]

d. Unterschiedliche Behandlung liegt nicht vor oder ist zulässig

Hält das Gericht eine Benachteiligung für wahrscheinlich, hat der Beklagte die vermutete Benachteiligung zu entkräften.[1287] Dieser sieht sich dabei leicht einer Offenbarungspflicht ausgesetzt und dies, obgleich z.B. eine Immobilien-, Bank- oder Versicherungsgesellschaft nicht verpflichtet ist, ihre Beweggründe für einen unterlassenen Vertragsschluss mitzuteilen. Ein Privater ist keine Behörde, die dem Bürger einen beantragten begünstigenden Verwaltungsakt versagt und dies begründen muss. Er unterlässt nur die Abgabe einer Willenserklärung.[1288] Um die vermutete Benachteiligung zu erschüttern, muss er aber ausreichend gute Gründe liefern, die seine Entscheidung als nicht benachteiligend oder sachlich gerechtfertigt erscheinen lassen. Es bedarf keiner besonderen Vorstellungskraft, z.B. den Begründungsaufwand eines Vermieters zu ermessen, der zehn Interessenten abgelehnt und sich für einen elften entschieden hat, und nun nachweisen muss, dass eine Benachteiligung wegen des Alters des ersten Bewerbers, der Abstammung des zweiten Bewerbers, der sexuellen Identität des dritten Bewerbers oder des Geschlechts des vierten Bewerbers, nicht entscheidungserheblich war.[1289] Ausreichend ist, wenn in einem „Motivbündel", das die Entscheidung beeinflusst hat, das Benachteiligungsmerkmal als ein Kriterium

---

[1286] Vgl. *Oliver*, ILJ 33 (2004), 1 (4); Wank, BB Sonderbeilage zu Heft 22/2004, 16 (21).
[1287] Dazu auch *Röttgen*, Schutz vor Diskriminierung, 166.
[1288] *Müller-Glöge* in: MünchKomm BGB, § 611a Rn. 38; *Boesche*, Stellungnahme zum Entwurf eines Gesetzes zur Umsetzung europäischer Anti-Diskriminierungs-RL (A.-Drs. 15(12)440-R), 8.
[1289] Vgl. *Adomeit*, NJW 2002, 1622 (1623).

318   3. Teil: Anti-Diskriminierungsrecht im deutschen Zivilrecht unter
      Berücksichtigung europäischer und verfassungsrechtlicher Vorgaben

enthalten ist.[1290] Entsprechendes gilt für Verhalten und Äußerungen während eines Dauerschuldverhältnisses.

9. Unterstützung durch Anti-Diskriminierungsverbände

Erleichtert werden sollte der Rechtsschutz gegen ungerechtfertigte Ungleichbehandlungen dadurch, dass Anti-Diskriminierungsverbände den einzelnen bei der Rechtsdurchsetzung gem. § 23 ADG-E unterstützen können.[1291] Damit wollte der ADG-E 2005 ein weiteres Instrument zur Durchsetzung des Gleichbehandlungsgrundsatzes zur Verfügung stellen, das die individualrechtlichen Ansprüche aus den §§ 21 Abs. 1 bis 3 und 18 Abs. 2 ADG-E sowie die Tätigkeit der Anti-Diskriminierungsstelle[1292] ergänzen sollte. Dies hätte den Schwächen des Modells des individuellen Rechtsschutzes bei Diskriminierungssachverhalten Rechnung getragen:[1293] Es bestehen sowohl tatsächliche als auch psychologische Barrieren in Bezug auf die gerichtliche Rechtsdurchsetzung. Zudem berücksichtigt ein nur individuell ausgerichteter Rechtsschutz nicht die Gruppenbezogenheit von Diskriminierungen.

a. Möglichkeiten der Umsetzung

§ 23 ADG-E basiert auf den Art. 7 Abs. 2 bzw. Art. 8 Abs. 3 der Richtlinien 2000/43/EG und 2004/113/EG.[1294] Danach haben die Mitgliedstaaten sicherzustellen, dass einschlägige Verbände sich entweder im Namen der beschwerten Person oder zu deren Unterstützung und mit deren Einwilligung am gerichtlichen Verfahren beteiligen können. Im Richtlinienrecht der Gemeinschaft ist es eine neuere Entwicklung, dass Mindestanforderungen an die prozessuale Rechtsdurchsetzung gestellt werden.[1295] Für eine Umsetzung der europäischen Vorgaben ins deutsche Recht sind vier verschiedene Wege denkbar:[1296]

➢ die Verbände dürfen sich nur dadurch beteiligen, dass sie Betroffene beraten und im Verfahren selber begleitend als Beistand mit anwesend sind,

---

[1290] BVerfGE 89, 276; BAG NZA 2004, 540 ff.
[1291] Zur Verbandsbeteiligung in anderen europäischen Staaten siehe *Raasch*, ZESAR 2005, 209 (211 f.).
[1292] Dazu sogleich 3. Teil C. III. 10.
[1293] Dazu *Röttgen*, Schutz vor Diskriminierung, 213 ff.; *Raasch*, ZESAR 2005, 209 (210).
[1294] Vergleichbare Vorschriften finden sich in Art. 6 Abs. 3 der RL 2002/73/EG sowie in Art. 9 Abs. 2 der RL 2000/78/EG. Zu den Anforderungen der Anti-Diskriminierungs-RL *Kocher* in: Loccumer Protokolle 71/03, 187 (193 f.).
[1295] *Kocher*, JZ 2005, 518 (519).
[1296] Vgl. zu den Möglichkeiten einer Verbandsbeteiligung auch *Scholten*, Diskriminierungsschutz durch Privatrecht?, 192 ff.; *Röttgen*, Schutz vor Diskriminierung, 222 ff.; *Kocher* in: Loccumer Protokolle 71/03, 187 ff.; *Raasch*, ZESAR 2005, 209 (210).

ohne jedoch selbst aktiv werden zu können (bloße Beteiligung, nach den Richtlinien ausreichend[1297]).
➤ die Verbände dürfen die Betroffenen im Prozess als Bevollmächtigte vertreten (Prozessvertretung, z.b. Gewerkschaften nach § 11 Abs. 1 und 2 ArbGG).
➤ die Verbände dürfen die Rechte Betroffener vor Gericht mit deren Zustimmung an deren Stelle in eigener Regie wahrnehmen (Prozessstandschaft, z.B. Behindertenverbände nach § 12 BGG oder § 63 SGB IX[1298]).[1299]
➤ die Verbände dürfen die Einhaltung des Gesetzes aus eigenem Recht einklagen (Verbandsklage,[1300] z.B. Behindertenverbände nach § 13 BGG).

b. Überblick über die Regelung

§ 23 Abs. 1 ADG-E enthält eine Legaldefinition der Anti-Diskriminierungsverbände:[1301] Es handelt sich bei ihnen um

"Personenzusammenschlüsse, die nicht gewerbsmäßig und nicht nur vorübergehend entsprechend ihrer Satzung die besonderen Interessen von benachteiligten Personen oder Personengruppen nach Maßgabe von § 1 wahrnehmen."

Die Befugnisse nach § 23 Abs. 2 bis 4 ADG-E sollten ihnen jedoch nur zustehen, *"wenn sie mindestens 75 Mitglieder haben oder einen Zusammen-*

[1297] Vgl. zu den Vorgaben der Richtlinien und der Umsetzung durch den ADG-E 2005 die entsprechende Aufstellung, abrufbar unter http://www.anti-diskriminierung.info.

[1298] Zu dieser Vorschrift erstmals VGH München, JZ 2005, 517 m. Anm. *Kocher*. Bei § 63 SGB IX handelt es sich um eine Regelung, mit der die europarechtlichen Vorgaben zum Diskriminierungsschutz aus Art. 9 Abs. 2 der RL 2000/78/EG erstmals für den Teilbereich des Schwerbehindertenschutzes ins deutsche Recht umgesetzt wurden.

[1299] Zu den Argumenten hierfür siehe *Kocher* in: Loccumer Protokolle 71/03, 187 (194 ff.).

[1300] Verbandsklagerecht bedeutet, dass der klagende Verband nicht in einem eigenen, subjektiven Recht verletzt sein muss, vielmehr hat er unter gewissen Voraussetzungen die Möglichkeit, gerichtlich die Anwendung von Vorschriften durchzusetzen. Auf eine Individualrechtsverletzung kommt es nicht an. Zum Verbandsklagerecht existiert ein Gutachten von *Micklitz/Stadler*, das den Vorschlag für ein „Gesetz zur Regelung von Verbands-, Muster- und Gruppenklagen" (GVMuG) enthält, vgl. http://www.verbraucherministerium.de, Pressemitteilung v. 17.1.2005. Ausführlich zur Verbandsklage im Diskriminierungsrecht *Röttgen*, Schutz vor Diskriminierung, 259 ff.

[1301] Es erscheint wenig praktikabel, die Zulassung von Anti-Diskriminierungsverbänden nur von den in § 23 Abs. 1 ADG-E genannten Voraussetzungen abhängig zu machen. Ohne ein formalisiertes Anerkennungsverfahren, etwa entsprechend § 4 Unterlassungsklagengesetz (UKlaG) oder einem Anerkennungsverfahren nach § 13 Abs. 3 des Gesetzes zur Gleichstellung behinderter Menschen (BehGleichstG), könnten Prozesse unnötig mit dem Nachweis des Vorliegens der Voraussetzungen des § 23 Abs. 1 ADG-E belastet werden, vgl. Stellungnahme des *DAV* (*Ausschuss Zivilrecht*) v. Feb. 2005 (12/2005), 15 sowie Stellungnahme des *DAV* (*Ausschuss Arbeitsrecht*) v. Jan. 2005 (10/2005), 14.

schluss aus mindestens sieben Verbänden bilden." § 23 Abs. 2 ADG-E sollte die Anti-Diskriminierungsverbände weiter ermächtigen, in Gerichtsverfahren ohne Anwaltszwang als Bevollmächtigte und Beistände von Benachteiligten aufzutreten.[1302] Nach § 23 Abs. 2 Satz 2 ADG-E hätte das Gericht Anti-Diskriminierungsverbänden in der mündlichen Verhandlung weiteren Vortrag gem. § 157 Abs. 2 ZPO untersagen können, wenn der Verband aus Sicht des Gerichts dazu nicht in der Lage ist. Auch die Besorgung von Rechtsangelegenheiten Benachteiligter wird den Verbänden gestattet. Zudem hätte eine Forderung, die aus einem Verstoß gegen ein Benachteiligungsverbot entsteht, gem. § 23 Abs. 4 ADG-E an einen Anti-Diskriminierungsverband abgetreten werden können. Die Anti-Diskriminierungsverbände wären dann zur außergerichtlichen und gerichtlichen Einziehung derartiger Forderungen befugt gewesen.[1303] Ein Verbandsklagerecht hätte nicht bestanden.

c. Kritik

Der unveröffentlichte ZADG-E vom Mai 2004 sah in § 319g BGB n.F. noch eine generelle gesetzliche Prozessstandschaft für Verbände vor, die nicht auf bestimmte Rechtswege, Gerichte oder Instanzen beschränkt war. Demgegenüber unterscheidet § 23 ADG-E zwischen Prozessvertretung und Prozessstandschaft und gewährt den Verbänden eine Prozessstandschaft nur in Bezug auf Geldforderungen.

aa. Prozessvertretung und Beistandsbefugnis gem. § 23 Abs. 2 ADG-E

§ 23 Abs. 2 Satz 1 ADG-E enthält nur noch eine Prozessvertretung und Beistandsbefugnis in gerichtlichen Verfahren, in denen eine Vertretung durch Anwälte nicht gesetzlich vorgeschrieben ist. Durch die neue Regelung wäre klargestellt, dass die Verbände lediglich als Vertreter bzw. Beistand des Benachteiligten auftreten können. Kläger ist allein der Benachteiligte, das Urteil wirkt für und gegen ihn. Hierzu hätte es allerdings keiner Regelung bedurft, da sich dies unmittelbar aus dem Gesetz ergibt (§§ 79, 90 ZPO). Man könnte daher auf eine Regelung wie § 23 Abs. 2 ADG-E verzichten. Da allein der Benachteiligte Partei ist, hat er auch die Kosten zu tragen. Dies müsste nach §§ 79, 90 ZPO auch für die Kosten des Vereins, die als außergerichtliche Kosten auf den Prozess bezogen sind, gelten.[1304] Diese sind also für den Fall des Obsiegens auch von der gegnerischen Partei zu tragen.

[1302] Dies wurde durch die Änderungen zum ADG-E 2005 nochmals klargestellt, vgl. Beschlussempfehlung und Bericht des Ausschusses für Familie, Senioren, Frauen und Jugend v. 15.6.2005 (BT-Drs. 15/5717), 38.
[1303] Äußerst kritisch zu dieser Vorschrift Stellungnahme des *DAV (Ausschuss Zivilrecht)* v. Feb. 2005 (12/2005), 15 ff.
[1304] Vgl. *Hartmann* in: Baumbach u.a. (Hrsg.), ZPO, Übers. § 91 Rn. 22, 23.

Anti-Diskriminierungsverbände hätten damit nicht unabhängig von den Betroffenen vor Gericht agieren können und wären auf die jeweils unterste Gerichtsinstanz beschränkt gewesen: Bei Zivilklagen hätten Verbände Betroffene nur vor dem Amtsgericht vertreten können und damit nur bei Streitwerten bis einschließlich 5000 €. Die Befugnis, Beistand zu leisten, wäre ebenfalls auf diese Fälle beschränkt gewesen. Damit hätten Verbände Prozesse nicht durch den gesamten Instanzenzug als Bevollmächtigte oder Beistände begleiten können. Gerade Diskriminierungsfälle mit höheren Streitwerten oder von grundlegender Bedeutung wären den Anti-Diskriminierungsverbänden dadurch ganz oder teilweise entzogen gewesen. Aus Verbandssicht wäre es angesichts der eigenen knappen Ressourcen jedoch wichtig, gravierende Fälle und solche von grundlegender Bedeutung in allen Instanzen vertreten oder zumindest begleiten zu können. Trotzdem erscheint die Bestimmung in der Form des ADG-E 2005 sachgerecht, um Beeinträchtigungen der Rechtspflege zu vermeiden.

bb. Prozessstandschaft gem. § 23 Abs. 4 ADG-E

§ 23 Abs. 4 ADG-E ergänzt die Vertretungs- und Beistandsrechte aus § 23 Abs. 2 ADG-E (Prozessvertretung) durch eine Prozessstandschaft der Verbände. Danach hätten Geldforderungen an die Anti-Diskriminierungsverbände abgetreten und von diesen gerichtlich und außergerichtlich eingezogen werden können. Die Abtretung von Unterlassungsansprüchen ist von der Vorschrift nicht erfasst. Grundsätzlich wirkt ein Urteil in den Fällen der gesetzlichen Prozessstandschaft für und gegen den Prozessführungsbefugten – und damit für und gegen den Verband – und nicht für und gegen den Rechtsträger (§ 325 ZPO). Da der Benachteiligte seine Ansprüche abgetreten hat, erstreckt sich die Rechtskraft des Urteils jedoch auch auf ihn, er kann seinen Anspruch dann nicht mehr erneut selbst oder durch einen anderen Verband geltend machen. Ein Vorteil der Prozessstandschaft gegenüber der Prozessvertretung des Benachteiligten besteht darin, dass der Verband selbst Partei wird, so dass im Rahmen der Beweiserhebung der benachteiligte Rechtsinhaber als Zeuge vernommen werden kann.[1305] Zudem hat der Verband und nicht das Diskriminierungsopfer die Kosten zu entrichten, so dass dieser das Kostenrisiko der Klage nicht mehr trägt.[1306] Ein wesentlicher Unterschied zur Verbandsklage wegen einer Diskriminierung besteht darin, dass die Anti-Diskriminierungsverbände bei der Prozessstandschaft an Stelle des Rechtsträgers und nur mit seiner Ermächtigung tätig werden. Bei einer Verbandsklage könnten sie hingegen unabhängig von der Rechtsverletzung eines Diskriminierungsopfers sowie unabhängig von dessen Zustimmung Klage erheben, wenn sie Kollektivinteressen als berührt ansehen.

[1305] *Kocher* in: Loccumer Protokolle 71/03, 187 (194).
[1306] *Kocher* in: Loccumer Protokolle 71/03, 187 (194).

3. Teil: Anti-Diskriminierungsrecht im deutschen Zivilrecht unter
Berücksichtigung europäischer und verfassungsrechtlicher Vorgaben

Die Abtretungsbefugnis nach § 23 Abs. 4 ADG-E würde bewirken, dass die Anti-Diskriminierungsverbände mit Einwilligung des Benachteiligten Musterverfahren führen können, um das inhaltliche Verständnis von Anti-Diskriminierungsvorschriften in bestimmten Sachverhaltskonstellationen gerichtlich klären zu lassen. Dies fördert die Effektivität des zivilrechtlichen Benachteiligungsverbotes erheblich, weil zu erwarten ist, dass viele Betroffene auch nach dem Inkrafttreten eines Anti-Diskriminierungsgesetzes Diskriminierungen ertragen und hinnehmen werden, anstatt sich auf langwierige und unter Umständen mit einem hohen Kostenrisiko behaftete Rechtsstreitigkeiten einzulassen.

Dadurch könnte jedoch auch gleichzeitig die Kommerzialisierung des Anti-Diskriminierungsrechts befördert werden, weil für Verbände ein Anreiz geschaffen wird, in möglichst vielen Rechtsstreitigkeiten Schadensersatz- und Entschädigungsforderungen einzuziehen. Zudem setzt die Beschränkung auf Geldansprüche die Verbände dem in der ersten Lesung im Bundestag bereits geäußerten Verdacht aus, sie könnten sich durch Diskriminierungsklagen bereichern wollen. § 23 Abs. 1 ADG-E relativiert diesen Anreiz, weil die Verbände laut Legaldefinition nicht „gewerbsmäßig" handeln dürfen, also keine sog. „Abmahnvereine" sein dürfen, denen es nur um Rechtsanwaltsgebühren oder Geldzahlungen geht. Dennoch wäre es sachgerechter, den Verbänden darüber hinaus eine zumindest teilweise Auskehrung der gerichtlich erstrittenen Schadensersatz- und Entschädigungsbeträge an die jeweiligen Diskriminierungsopfer aufzuerlegen. Es ist zwar gem. Art. 15 bzw. Art. 14 der Richtlinien 2000/43/EG und 2004/113/EG nicht geboten, dass sich die Verletzung des Gleichbehandlungsgrundsatzes in einem Vorteil für den Diskriminierten widerspiegelt, solange die Sanktionen wirksam, abschreckend und verhältnismäßig sind.[1307] Dennoch würde so nachhaltig Tendenzen entgegengewirkt, das Anti-Diskriminierungsrecht kommerziell zu instrumentalisieren.

Unzutreffend ist der Einwand, § 23 Abs. 4 ADG-E sei überflüssig, weil Geschädigte bereits nach den allgemeinen Regeln des Zivilrechts die Möglichkeit hätten, Forderungen an Dritte abzutreten.[1308] Die Übertragbarkeit von höchstpersönlichen Ansprüchen ist vielmehr umstritten.[1309] Der BGH[1310] differenziert jedoch zwischen höchstpersönlichen Ansprüchen i.e.S. und vermögensrechtlichen Ansprüchen, die nur aus dem Persönlichkeitsrecht folgen: Danach können die vermögenswerten Bestandteile des Persönlichkeitsrechts nach dem Tode seines

---

[1307] Vgl. oben 3. Teil C. III. 7. b.
[1308] So aber Stellungnahme des *Handelsverbandes BAG* zum Entwurf eines Gesetzes zur Umsetzung europäischer Anti-Diskriminierungs-RL (A.-Drs. 15(12)413-T), 5.
[1309] Zum Bereich der höchstpersönlichen Ansprüche gehören auch Ansprüche aus einem Anti-Diskriminierungsgesetz, weil der Diskriminierungsschutz weitgehend dem Schutz des Allgemeinen Persönlichkeitsrechts zuzuordnen ist.
[1310] BGH NJW 2000, 2195 ff. (*Marlene Dietrich*).

III. Analyse des ADG-E 2005

Trägers fortbestehen und durch die Erben geltend gemacht werden, während die ideellen Interessen unauflöslich an die Person ihres Trägers gebunden und als höchstpersönliche Rechte unverzichtbar und unveräußerlich sind. Die höchstrichterliche Klärung weiterer Einzelheiten steht noch aus. Auch wenn in Teilen der Literatur[1311] die Übertragbarkeit bereits entstandener Ansprüche auf Geldentschädigung wegen Verletzungen des Allgemeinen Persönlichkeitsrechts schon nach bestehender Rechtslage bejaht wird, wäre eine Klarstellung durch eine Vorschrift wie § 23 Abs. 4 Satz 1 ADG-E daher erforderlich.[1312]

cc. Überschreitung der Vorgaben der Richtlinien

Abgesehen von den starken Beteiligungsrechten der Anti-Diskriminierungsverbände werden die Richtlinienvorgaben im übrigen auch insoweit überschritten, als § 23 ADG-E sich auch für den zivilrechtlichen Bereich auf alle Benachteiligungsmerkmale erstreckt, statt sich auf „Rasse", ethnische Herkunft und Geschlecht zu beschränken.

10. Die Anti-Diskriminierungsstelle

Ergänzt würde der individuelle Rechtsschutz über die Tätigkeit der Anti-Diskriminierungsverbände hinaus durch die Einrichtung einer Anti-Diskriminierungsstelle des Bundes.[1313] Gem. § 25 Abs. 1 ADG-E sollte sie bei dem BMFSFJ geschaffen werden.[1314] Die europäischen Richtlinien sehen nicht vor, dass eine zu schaffende Anti-Diskriminierungsstelle selber unabhängig ist, sie verlangen jedoch, dass die Stelle unabhängig arbeiten kann.[1315] § 26 Abs. 1 Satz 3 ADG-E nimmt diesen Anspruch in zutreffender Weise auf.

Wer der Ansicht ist, wegen eines geschützten Grundes benachteiligt worden zu sein, hätte sich an die Anti-Diskriminierungsstelle wenden können. Die Stelle sollte prinzipiell für alle in § 1 ADG-E genannten Diskriminierungsmerkmale zuständig sein, auch wenn die Richtlinie 2000/78/EG im Gegensatz zu den anderen Anti-Diskriminierungsrichtlinien für die dort genannten Merkmale keine solche Stelle verlangt. Die Zuständigkeit der Anti-Diskriminierungsstelle be-

---

[1311] *Rixecker* in: MünchKomm BGB, Anh. § 12, Rn. 223; wohl auch *Ehmann* in: Erman/Westermann (Hrsg.), BGB, Anh. § 12 Rn. 834; a.A. *Burkhardt* in: Wenzel (Hrsg.), Recht der Wort- und Bildberichterstattung, Rn. 14/140; Stellungnahme des *Bundesverbandes der Chemischen Industrie* zum Entwurf eines Gesetzes zur Umsetzung europäischer Anti-Diskriminierungs-RL (A.-Drs. 15(12)435-(21)), 4.
[1312] BT-Drs. 15/4538, 46.
[1313] Zum Konzept der geplanten Anti-Diskriminierungsstelle siehe auch *Augstein* in: Loccumer Protokolle 79/04, 127 ff.
[1314] Zu Möglichkeiten der Ausgestaltung einer solchen „Gleichbehandlungsstelle" siehe *Rädler*, Verfahrensmodelle, 283 ff.
[1315] Diese Differenzierung nimmt auch *Raasch*, ZESAR 2005, 209 (214) vor.

schränkt sich gem. den Richtlinien 2000/43/EG und 2004/113/EG nur auf die Bereiche „Rasse", ethnische Herkunft und Geschlecht.[1316] Gleichwohl kann voraussichtlich nur durch eine zentral angesiedelte Stelle für alle Anknüpfungspunkte von Diskriminierung eine Auseinanderentwicklung des Diskriminierungsschutzes bei einzelnen Merkmalen vermieden und insbesondere das Problem der Mehrfachdiskriminierung effektiv angegangen werden. Dies würde insoweit eine überschießende Umsetzung rechtfertigen.

a. Leitung der Anti-Diskriminierungsstelle

aa. Wahl und Ernennung

Eine Ernennung der Leitung durch den Bundespräsidenten gem. § 26 Abs. 1 Satz 1 ADG-E wäre grundsätzlich sachgerecht, wohingegen das dort auch geregelte direkte Vorschlagsrecht der Bundesregierung nicht voll zu überzeugen vermag.[1317] Zwar werden die heutigen Beauftragten für Behinderte und Migration sogar direkt von der Bundesregierung bestellt (§ 14 BBG). Der Bundesbeauftragte für den Datenschutz wird jedoch gem. § 22 BDSG auf Vorschlag der Bundesregierung vom Bundestag gewählt und erst danach vom Bundespräsidenten ernannt. Eine solche Parlamentswahl stärkt das Amt gegenüber der Bundesregierung durch seine direkte demokratische Legitimation. Dieses Verfahren sollte daher auch für die Leitung der neuen Anti-Diskriminierungsstelle gewählt werden.

bb. Amtsdauer

Das Amtsverhältnis der Leitung der Anti-Diskriminierungsstelle sollte nach § 27 Abs. 3 Nr. 1 ADG-E a.F. jeweils mit dem Zusammentreten eines neuen Bundestages enden. Da eine Ernennung erst dann möglich ist, wenn sich ein neuer Bundestag und eine neue Bundesregierung konstituiert haben, würde damit faktisch die Amtszeit der Leitung der Stelle in jedem Fall weniger als vier Jahre betragen; verkürzt sich die Legislaturperiode oder verlängert sich der Zeitraum der Regierungsbildung oder ernennt die Regierung nicht sofort, würde die Amtszeit sogar noch deutlich kürzer ausfallen. Aber selbst eine Legislaturperiode erscheint zu kurz, um in dem komplexen Bereich des Anti-Diskriminierungsrechts effektiv tätig werden zu können. Schon der alle vier Jahre fällige Tätigkeitsbericht an den Bundestag, der nach § 28 Abs. 4 ADG-E vorgesehen war, müsste jeweils von einer neuen Leitung verantwortet werden. Der *Deutsche*

[1316] Vgl. dazu die entsprechende Aufstellung, abrufbar unter http://www.anti-diskriminierung.info.
[1317] Ebenso Stellungnahme des *DJB* zum Entwurf eines Gesetzes zur Umsetzung europäischer Anti-Diskriminierungs-RL (A.-Drs. 15(12)435-(8), 17.

III. Analyse des ADG-E 2005

Juristinnenbund schlägt daher zutreffend vor, die Leitung der Anti-Diskriminierungsstelle für zwei Legislaturperioden zu ernennen, um ihre Unabhängigkeit zu stärken und eine Kontinuität der Arbeit zu gewährleisten.[1318]
Diese Bedenken wurden durch die Änderungen im Gesetzgebungsverfahren zumindest teilweise berücksichtigt. Das Amtsverhältnis sollte gem. § 26 Abs. 3 Nr. 1 ADG-E außer durch Tod nach Ablauf von vier Jahren enden, die Kopplung an die Legislaturperiode wurde aufgegeben. Damit sollte der Regelung des § 26 Abs. 1 Satz 3 ADG-E Rechnung getragen werden, nach der die Leitung der Anti-Diskriminierungsstelle des Bundes unabhängig und nur dem Gesetz unterworfen ist.[1319]

b. Aufgaben und Befugnisse der Anti-Diskriminierungsstelle

§ 27 Abs. 2 Satz 1 ADG-E sollte die Anti-Diskriminierungsstelle hinsichtlich der Einzelfallbetreuung auf eine informierende, vermittelnde und bereits auf gütliche Streitbeilegung hin ausgerichtete Unterstützungsstrategie festlegen. Diese sog. Ombudsfunktion ist europarechtlich vorgegeben und beschränkt sich im ADG-E 2005 auf das Nötigste.[1320]

aa. Befugnis zur Prozessstandschaft?

Nach Ansicht des *Deutschen Juristinnenbundes* muss die Stelle jedoch auch in entsprechend gelagerten Fällen zur Durchführung eines Musterprozesses raten dürfen. In der Einzelfallbetreuung dürfe die Kompromissfindung nicht vom Gesetzgeber vorgeschrieben werden, sondern die Anti-Diskriminierungsstelle müsse über Strategie und Taktik von Fall zu Fall selbst entscheiden können, solle sie tatsächlich „unabhängig" arbeiten. Nur eine so ausgestaltete Unabhängigkeit könne dazu führen, dass die Anti-Diskriminierungsstelle bei den betroffenen Bevölkerungsgruppen, für die sie ja eingerichtet worden ist, überhaupt bekannt wird und auf Akzeptanz stößt. Nach hier vertretener Ansicht würde dieser Vorschlag ebenso wie ein eigenständiges Klagerecht die Aufgaben der Stelle überstrapazieren. Es ist sinnvoll, die Befugnisse einer Anti-Diskriminierungsstelle auf Vermittlungsaufgaben zu beschränken und die konfrontative Durchsetzung etwaiger Ansprüche den Opferverbänden gem. § 23 ADG-E und Rechtsanwälten zu überlassen. Ansonsten könnte die Stelle ihre eigenen überparteilichen Aufgaben nicht mehr glaubwürdig wahrnehmen.

[1318] Stellungnahme des *DJB* zum Entwurf eines Gesetzes zur Umsetzung europäischer Anti-Diskriminierungs-RL (A.-Drs. 15(12)435-(8), 17 f.
[1319] Beschlussempfehlung und Bericht des Ausschusses für Familie, Senioren, Frauen und Jugend v. 15.6.2005 (BT-Drs. 15/5717), 38.
[1320] Vgl. die entsprechende Aufstellung, abrufbar unter http://www.anti-diskriminierung.info.

bb. Datenschutz

Nach § 27 Abs. 2 Satz 2 ADG-E sollte die Anti-Diskriminierungsstelle die Anliegen derjenigen, die sich an sie gewandt haben, unverzüglich an andere Stellen weiterleiten, soweit solche auf Bundes-, Landes oder kommunaler Ebene entsprechend tätig sind. Das vermeidet zwar Kollisionen der neuen Stelle mit bereits bestehenden, ist aber datenschutzrechtlich problematisch, soweit vorher nicht das Einverständnis der Personen, die sich an die Anti-Diskriminierungsstelle gewandt haben, eingeholt worden ist. Das Erfordernis des Einverständnisses fehlte in § 28 Abs. 2 Satz 2 ADG-E a.F., wurde aber im Zuge der Änderungen durch die Beschlussempfehlung vom 15. Juni 2005 in die Vorschrift aufgenommen. Ohne dieses Einverständnis hätte die Stelle u.U. selber tätig werden müssen, wenn sich ein Bürger an sie gewandt hätte. Solche Grenzen der Weiterleitung, auf die durch das Einverständniserfordernis nunmehr Rücksicht genommen wird, können auch ganz praktischen Bedürfnissen der Betroffenen entsprechen. Wer sich z.B. in einer kleineren Gemeinde diskriminiert fühlt, kann ein sehr berechtigtes Interesse daran haben, dass sein Fall nicht in der Gleichstellungsstelle der Kommune verhandelt wird, wo er oder sie oder andere Beteiligte möglicherweise persönlich bekannt sind.

Eine Weiterleitung an andere Stellen ist unabhängig von der Frage des Einverständnisses des Betroffenen jedoch nur dann richtlinienkonform, wenn die angesprochene Stelle selbst über eine gesetzlich garantierte Unabhängigkeit in ihrer Arbeitsweise verfügt.

cc. Berichtspflicht

§ 27 Abs. 4 ADG-E sieht eine Berichtspflicht der Anti-Diskriminierungsstelle nur alle vier Jahre vor. Dieser Zeitabstand ist zu lang gewählt. Denn der Bericht zum Entwicklungsstand des Anti-Diskriminierungsrechts stellt die Hauptverbindung der Stelle zum Parlament dar und dürfte in der Regel das einzige Mittel sein, bestimmten Verbesserungsvorschlägen z.B. auch gegenüber der Bundesregierung einen gewissen politischen Nachdruck zu verleihen. Auch kann nach zutreffender Ansicht nur eine Berichtspflicht alle zwei Jahre sicherstellen, dass das Parlament auf Anliegen der Anti-Diskriminierungsstelle während seiner Legislaturperiode auch noch reagieren kann. Daher sollte die Anti-Diskriminierungsstelle zumindest alle zwei Jahre über ihre Arbeit berichten müssen.[1321]

[1321] Ebenso Stellungnahme des *DJB* zum Entwurf eines Gesetzes zur Umsetzung europäischer Anti-Diskriminierungs-RL (A.-Drs. 15(12)435-(8), 19.

III. Analyse des ADG-E 2005

dd. Auskunfts- und Akteneinsichtsrecht

Nach § 28 Abs. 2 ADG-E hätte die Anti-Diskriminierungsstelle des Bundes ein Auskunfts- und Akteneinsichtsrecht bei anderen Bundesstellen gehabt. Ansonsten hätte sie nach Abs. 1 Beteiligte nur um Stellungnahmen ersuchen können. Nach Meinung des *Deutschen Juristinnenbundes* braucht die Anti-Diskriminierungsstelle zur Erfüllung ihrer Aufgaben im Bereich der Einzelfallbetreuung jedoch auch einen Auskunftsanspruch z.b. gegenüber Arbeitgebern oder Vermietern. Denn das Hauptproblem bei einem angeblich diskriminierend verweigerten Vertragsschluss sei in der Regel gerade, dass die Abgelehnten über ihre Ablehnung hinaus keinerlei verlässliche Hintergrundinformationen über den Auswahlprozess hätten. Wollte man eine derartige Ausforschung zulassen, müsste man jedoch auf die Beweiserleichterung gem. § 22 ADG-E in einem nachfolgenden Verfahren verzichten. Denn diese soll über eine Senkung des Beweismaßes, verbunden mit einer Beweislastumkehr,[1322] gerade dafür sorgen, dass der Diskriminierte das Gericht nur anhand von Tatsachen von der Wahrscheinlichkeit einer Benachteiligung überzeugen muss, bevor der angeblich Diskriminierende den Beweis des Gegenteils antreten muss. Billigt man der Stelle also einen Auskunftsanspruch gegenüber Privatpersonen zu, kann und muss im Einklang mit Art. 8 Abs. 5 der Richtlinie 2000/43/EG bzw. Art. 9 Abs. 5 der Richtlinie 2004/113/EG die Beweiserleichterung für den Zivilprozess entfallen. Dort heißt es:

„Die Mitgliedstaaten können davon absehen, ... [die Beweiserleichterung] auf Verfahren anzuwenden, in denen die Ermittlung des Sachverhalts dem Gericht oder der zuständigen Stelle obliegt."

Damit sind Verfahren gemeint, die vom Amtsermittlungsgrundsatz geprägt sind, wie z.B. solche der Sozial- und Verwaltungsgerichtsbarkeit.

c. Beirat

Es ist begrüßenswert, dass die Arbeit der Anti-Diskriminierungsstelle durch einen Beirat unterstützt werden sollte, um entsprechend § 30 Abs. 1 Satz 1 ADG-E den Dialog mit Anti-Diskriminierungsorganisationen und -gruppen zu fördern. Die Besetzungsvorgaben in § 30 Abs. 2 ADG-E zeigen, dass der Gesetzgeber die Funktion des Beirats zwischen Expertengremium der Anti-Diskriminierungsstelle einerseits und Gremium für den Gruppendialog nach § 30 Abs. 1 ADG-E andererseits ansiedeln wollte. Um dem Beirat angemessenes Gewicht zu verleihen, sollten seine Mitglieder jedenfalls nicht durch das BMFSFJ berufen werden, wie dies § 30 Abs. 2 Satz 1 ADG-E vorsieht, sondern auf dessen Vor-

---

[1322] Vgl. oben 3. Teil C. III. 8.

schlag hin durch den Bundestag.[1323] § 30 ADG-E trifft bisher keine Aussage dazu, wie lange der Beirat im Amt bleiben soll und unter welchen Voraussetzungen einzelne Mitglieder der Beirats ausgetauscht werden können. Die Amtszeit des Beirats sollte jedenfalls zeitlich begrenzt werden.

d. Internationale Vorbilder

Sowohl innerhalb als auch außerhalb der EU existieren bereits in vielen Staaten Stellen für den Kampf gegen Diskriminierungen. Sie sind höchst unterschiedlich, sowohl in Bezug auf die personelle Ausstattung als auch in Bezug auf die Verfahrensbefugnisse und die Zuständigkeit für Diskriminierungsmerkmale.[1324] Die EU hat bereits 2002 einen vergleichenden Bericht über verschiedene Anti-Diskriminierungsstellen der Mitgliedstaaten veröffentlicht,[1325] den auch der deutsche Gesetzgeber bei der konkreten Ausgestaltung der Anti-Diskriminierungsstelle berücksichtigen sollte.

11. Die gütliche Streitbeilegung im ADG-E

Der ADG-E 2005 sieht vor, dass die Anti-Diskriminierungsstelle des Bundes selber im Bereich der gütlichen Beilegung von Streitigkeiten aktiv wird. Zugleich sollte die gütliche Streitbeilegung auch dezentral als Zulässigkeitsvoraussetzung für Diskriminierungsklagen eingeführt werden.

a. Eignung für Streitigkeiten wegen Diskriminierung

Ob sich die gütliche Streitbeilegung in Form von Schlichtung[1326] oder Mediation[1327] für Diskriminierungssachverhalte eignet, hängt von einer wertenden Be-

---

[1323] Ebenso Stellungnahme des *DJB* zum Entwurf eines Gesetzes zur Umsetzung europäischer Anti-Diskriminierungs-RL (A.-Drs. 15(12)435-(8), 19 f.
[1324] Zu den Hauptbehörden für den Kampf gegen Diskriminierungen in den Vereinigten Staaten, Kanada, Australien, Großbritannien und den Niederlanden, vgl. *EU-KOM* (Hrsg.), Vergleichende Studie, 112 f. Zu den sog. „Gleichbehandlungsstellen" der Vereinigten Staaten, Kanada, Australien, Großbritannien, Belgien, Niederlande, Schweden und Österreich siehe auch *Rädler*, Verfahrensmodelle, 62 ff., 261 ff. (zusammenfassende Erörterung).
[1325] *EU-KOM* (Hrsg.), Role, Structure and Functioning of Specialised Bodies to Promote Equality. Zu den Anti-Diskriminierungsstellen in anderen europäischen Staaten siehe auch *Raasch*, ZESAR 2005, 209 (214 f.).
[1326] Unter Schlichtung versteht man die vermittelnde Tätigkeit eines Dritten ohne Entscheidungsgewalt, wobei meist ein bestimmtes Schlichtungsverfahren eingehalten wird. Der Schlichter sucht weniger nach den Interessen der Parteien, als vielmehr nach neutraler Bewertung der Sach- und Rechtslage. Er kann durch konkrete Lösungsvorschläge starken Einfluss auf die Lösungsfindung nehmen, und u.U. sogar einen Schlichtungsspruch fällen.

trachtung ab. In Diskriminierungsfällen handelt es sich oft um typische Ehrverletzungen, bei denen es abgesehen von Geldzahlungen insbesondere um Genugtuung und Entschuldigung geht. Diesen Anliegen kann in einem Schlichtungsverfahren u.U. besser entsprochen werden, so dass die gütliche Streitbeilegung jedenfalls ein sinnvolles und wünschenswertes Ziel darstellt. Auch scheint bei einer Konfliktlösung im Wege der Verhandlung und des gegenseitigen Nachgebens die Chance einer Bewusstseinsänderung auf Seiten des Diskriminierenden viel eher gegeben, als bei der Durchführung eines Prozesses, der mit einem Richterspruch endet. Das Hauptanliegen einer effektiven Diskriminierungsbekämpfung muss aber sein, das Bewusstsein für das Ziel der Gleichbehandlung zu stärken.[1328]

Allerdings stellt sich die Frage, wie die Erfolgsaussichten von Schlichtungsverfahren bei Diskriminierungssachverhalten einzuschätzen sind. So wird im Hinblick auf die gütliche Streitbeilegung zutreffend hervorgehoben, dass diese eine grundsätzliche Einigungsbereitschaft der Parteien voraussetzt, damit ein vorgeschaltetes Schlichtungsverfahren nicht bloß eine Verzögerung der Rechtsverfolgung verursacht. Ob diese Bereitschaft in Diskriminierungsfällen besteht, ist zumindest zweifelhaft. Da sich Diskriminierungstatbestände in einem sehr persönlichkeitsnahen Bereich bewegen, spricht vieles dafür, dass die Opfer den anderen i.d.R. verurteilt sehen und sich nicht mit ihm aussöhnen wollen.[1329] Auch darf nicht der Wert richterlicher Auslegung und Fortentwicklung des Rechts durch öffentliche Gerichtsverfahren sowie veröffentlichte Urteile für die Rechtsordnung als solche verkannt werden.

Jedoch erscheint eine gütliche Streitbeilegung aus folgenden Gründen sachgerecht: Die gütliche Beilegung von Streitigkeiten wird in den Richtlinien ohnehin als Ergänzung und Vorstufe zu einem Gerichtsverfahren angeregt (Art. 7 Abs. 1 bzw. Art. 8 Abs. 1 der Richtlinien 2000/43/EG und 2004/113/EG). Sie führt zu einer Entlastung der staatlichen Gerichte, auch wenn diese im Anschluss an ein Schlichtungsverfahren möglicherweise insbesondere die Fälle erhalten, in denen die Vergleichsbereitschaft niedrig ist. Gem. Art. 8 Abs. 5 bzw. Art. 9 Abs. 5 der Richtlinien 2000/43/EG und 2004/113/EG können die Mitgliedstaaten von der strikten Beweislastregel absehen, wenn die Ermittlung des Sachverhalts dem Gericht oder „der zuständigen Stelle obliegt".[1330] Die Anti-Diskriminierungs-

---

[1327] Unter Mediation versteht man ein interessengeleitetes Verfahren unter Beteiligung eines Dritten ohne Entscheidungskompetenz. Dieser unterstützt die Parteien bei der Suche nach einer von ihnen selbst gefundenen Lösung für den Konflikt. Zur Mediation als Konfliktlösungsinstrument *Neuenhahn*, NJW 2004, 663.
[1328] *Scholten*, Diskriminierungsschutz durch Privatrecht?, 188.
[1329] Ausführlich *Scholten*, Diskriminierungsschutz durch Privatrecht?, 189, mit weiteren Hinweisen.
[1330] Vgl. zu diesem Gedanken schon 3. Teil C. III. 10. b.

stelle könnte in Schlichtungsverfahren als derart zuständige Stelle ausgestaltet werden. Stärkere Parteiautonomie kann durch liberalere und effizientere Verfahrensregeln, als sie ZPO und ArbGG u.U. bereithalten, erreicht werden. Insbesondere Unternehmen wird es auf die Vermeidung öffentlichkeitswirksamer Gerichtsverfahren ankommen. Sie haben eine hohe Vergleichsbereitschaft. Welchen dieser Gründe im Ergebnis der Vorzug zu geben ist, ist vor allem eine rechtspolitische Entscheidung.[1331]

b. Streitbeilegung durch die Anti-Diskriminierungsstelle

Gem. § 27 Abs. 2 Satz 2 Nr. 3 ADG-E sollte die Anti-Diskriminierungsstelle eine gütliche Beilegung zwischen den Beteiligten anstreben.[1332] Eine Zuständigkeit der Anti-Diskriminierungsstelle zur Streitschlichtung wird von den Richtlinien 2000/43/EG und 2004/113/EG nicht verlangt (vgl. Art. 13 bzw. Art. 12).[1333] Es würde sich insoweit um eine überschießende Umsetzung handeln.

Mit § 27 Abs. 2 Satz 2 Nr. 3 ADG-E sollte jedoch offenbar keine eigene Kompetenz der Anti-Diskriminierungsstelle zur Schlichtung verbunden sein, sondern nur das Formulieren einer unverbindlichen Anregung für eine Einigung. Die Gesetzespassage kann aber auch so verstanden werden, dass die Anti-Diskriminierungsstelle eine Mediation selbst durchführen können sollte. Die Beteiligten hätten jedoch keine Pflicht gehabt, ihren Streit außergerichtlich unter Beteiligung der Anti-Diskriminierungsstelle zu lösen. Soweit man nicht auf private Streitschlichtungsinstanzen zurückgreift,[1334] bietet es sich an, die Anti-Diskriminierungsstelle als Anlaufstelle für eine obligatorische Streitschlichtung vor Erhebung einer Klage auszugestalten. Dies würde die bisherige Regelung, die auf Freiwilligkeit und Selbstverantwortlichkeit der Beteiligten setzt, ausweiten. Vorbild wäre z.B. die niederländische *Commissie Gelijke Behandeling*[1335]. Dass die Aufgaben der Anti-Diskriminierungsstelle auch die außergerichtliche Streitschlichtung umfassen sollten, wird sowohl von dem DIHK[1336] als auch von Benachteiligtenverbänden, wie z.B. dem Netzwerk der Anti-Diskriminierungs-

---

[1331] Vgl. zur Notwendigkeit einverständlicher Streitschlichtung bei interpersonellen Konflikten *Hager*, JZ 1998, 1158 mit Bezug auf OLG Köln, NJW 1998, 763 (*Lärmbeeinträchtigung durch behinderte Nachbarn*).
[1332] Zu internationalen Vorbildern vgl. *EU-KOM* (Hrsg.), Role, Structure and Functioning of Specialised Bodies to Promote Equality, 75 ff.
[1333] Vgl. die entsprechende Aufstellung, abrufbar unter http://www.anti-diskriminierung.info.
[1334] Dazu sogleich 3. Teil C. III. 11. c.
[1335] Abrufbar unter: http://www.cgb.nl/english/default.asp (Zugriffsdatum: März 2006).
[1336] Stellungnahme des *DIHK* zum Entwurf eines Gesetzes zur Umsetzung europäischer Anti-Diskriminierungs-RL v. 25.2.2005 (A.-Drs. 15(12)435-(5), 26.

büros in NRW,[1337] gefordert. Um die Zuständigkeit der Anti-Diskriminierungsstelle als Schlichtungsstelle gesetzlich zu regeln, erscheint der Vorschlag des DIHK[1338] bedenkenswert, ein Anti-Diskriminierungsgesetz um folgende Bestimmungen zu ergänzen:

> (1) *„Die zur Leitung der Antidiskriminierungsstelle des Bundes bestellte Person bestimmt, dass am Ort der Antidiskriminierungsstelle oder an anderen Orten eine oder mehrere Gütestellen errichtet werden, die jeweils aus einem oder einer vorsitzenden Person und zwei beisitzenden Personen bestehen. Der Vorsitz kann nur von einer Person ausgeübt werden, welche die Befähigung zum Richteramt besitzt. Als beisitzende Personen werden Vertreter oder Vertreterinnen von Unternehmerorganisationen einerseits und von Arbeitnehmer- oder Verbraucherorganisationen andererseits tätig. Auf eine gleichmäßige Besetzung mit Personen weiblichen und männlichen Geschlechts ist zu achten. Die Tätigkeit ist ehrenamtlich. Die Mitglieder der Gütestellen haben Anspruch auf Aufwandsentschädigung sowie Reisekostenvergütung, Tagegelder und Übernachtungsgelder. Das Nähere regelt eine von der Leitung der Anti-Diskriminierungsstelle erlassene Richtlinie.*
>
> *(2) Die Erhebung der Klage auf Schadensersatz oder Entschädigung ... ist erst zulässig, nachdem vor einer in Abs. 1 genannten Gütestelle versucht worden ist, die Streitigkeit einvernehmlich beizulegen. Der Kläger oder die Klägerin hat eine von der Gütestelle ausgestellte Bescheinigung über den erfolglosen Einigungsversuch mit der Klage einzureichen. Diese Bescheinigung ist ihm oder ihr auf Antrag auch auszustellen, wenn binnen einer Frist von drei Monaten das von ihm oder ihr beantragte Einigungsverfahren nicht durchgeführt worden ist."*

c. Streitbeilegung aufgrund § 15a EGZPO

Der Gesetzgeber trägt ähnlichen Konstellationen wie Diskriminierungsfällen bereits nach geltendem Recht dadurch Rechnung, dass er eine Klage nur zulässt, wenn vorher nachweislich ein Schlichtungsverfahren stattgefunden hat – so etwa bei Ehrverletzungen und Nachbarstreitigkeiten nach § 15a EGZPO. Diese Vorschrift ermächtigt die Bundesländer, die Zulässigkeit derartiger zivilrechtlicher Klagen von der vorherigen Durchführung eines außergerichtlichen Streitschlichtungsverfahrens abhängig zu machen.

Den Nutzen[1339] dieser Vorschrift haben auch die Verfasser des ADG-E 2005 erkannt und daher im Laufe des Gesetzgebungsverfahrens[1340] zum ADG auch eine

---

[1337] Stellungnahme des *ADB NRW* zum Entwurf eines Gesetzes zur Umsetzung europäischer Anti-Diskriminierungs-RL v. 23.2.2005 (A.-Drs. 15(12)435-(16), 4.

[1338] Stellungnahme des *DIHK* zum Entwurf eines Gesetzes zur Umsetzung europäischer Anti-Diskriminierungs-RL v. 25.2.2005 (A.-Drs. 15(12)435-(5), 26 f.

[1339] Zur Ausführung des § 15a EGZPO und dessen Auswirkungen in der Praxis: *Röhl/Weiß*, Evaluierung § 15a EGZPO; *Fischer/Schmidtbleicher*, AnwBl 2005, 233; *Graf-Schlicker/Schmidt*, SchAZ 2000, 177. Kritisch *Lauer*, NJW 2004, 1280 ff.

[1340] Siehe Beschlussempfehlung und Bericht des Ausschusses für Familie, Senioren, Frauen und Jugend v. 15.6.2005 (BT-Drs. 15/5717), 39.

Änderung des § 15a EGZPO beschlossen. Die Vorschrift sollte demnach um einen Punkt 4 ergänzt werden, in dem es heißt, dass die Bundesländer eine außergerichtliche Streitbeilegung auch vorsehen können „*in Streitigkeiten über Ansprüche nach Abschnitt 3 des Antidiskriminierungsgesetzes*", also im Zivilrechtsverkehr. Die Änderung des § 15a EGZPO hätte jedoch nach Inkrafttreten des ADG noch von den Bundesländern in ihre Gütestellen- und Schlichtungsgesetze übernommen werden müssen.[1341] Es steht den Ländern frei, von der Ermächtigung des 15a EGZPO Gebrauch zu machen. Manche haben es auch bislang schon vorgezogen, die Vorschrift nicht in Landesrecht zu übernehmen: Von der Ermächtigung nach § 15a EGZPO haben nur acht Bundesländer Gebrauch gemacht.[1342]

[1341] In NRW z.B. in § 10 Abs. 1 des Gesetzes über die Anerkennung von Gütestellen im Sinne des § 794 Abs. 1 Nr. 1 der Zivilprozessordnung und die obligatorische außergerichtliche Streitschlichtung in Nordrhein-Westfalen v. 9.5.2000 .
[1342] Beschlussempfehlung und Bericht des Ausschusses für Familie, Senioren, Frauen und Jugend v. 15.6.2005 (BT-Drs. 15/5717), 38.

I. Europäisches Recht 333

4. Teil: Schlussbetrachtung

Die Ergebnisse der Arbeit werden im folgenden noch einmal in Form von Thesen zusammengefasst. Daran schließen sich Empfehlungen für die europäische und deutsche Gesetzgebung an. Am Ende steht ein Ausblick auf die zu erwartenden Entwicklungen auf europäischer Ebene.

A. Ergebnisse der Untersuchung

I. Europäisches Recht

1. Allgemeine Ergebnisse

(1) Art. 13 EG sowie die Richtlinien 2000/43/EG, 2004/113/EG, 2000/78/EG, 97/80/EG, 76/207/EWG i.d.F. der Richtlinie 2002/73/EG und Art. 141 EG formen ein eigenständiges Anti-Diskriminierungsrecht im Arbeits- und Zivilrecht durch die Schaffung gemeinsamer Regelungen und Begriffe.[1343]

(2) Das Konzept des Europäischen Anti-Diskriminierungsrechts, wie es sich insbesondere aus den vier Richtlinien 2000/43/EG, 2004/113/EG, 2000/78/EG und 2002/73/EG ergibt, besteht aus einer einheitlicher Definition der Diskriminierung, Bereichsausnahmen für den privaten Nähebereich und Rechtfertigungsgründen, wie z.b. der Zulässigkeit positiver Maßnahmen. Rechte werden über individuellen und kollektiven Rechtsschutz, die Schaffung nationaler Anti-Diskriminierungsstellen, die fakultative Verpflichtung zur Einrichtung von Schlichtungsstellen sowie wirksame, verhältnismäßige und abschreckende Sanktionen durchgesetzt.[1344]

(3) Das Anti-Diskriminierungsrecht ist eine Kombination von horizontalem (z.B. Richtlinie 2000/43/EG, abgeschwächt auch Richtlinie 2004/113/EG) und vertikalem Ansatz (z.B. Richtlinie 2000/78/EG).[1345]

(4) Diskriminierungsschutz selbst dient liberalen Intentionen. Er universalisiert Freiheit, mindert sie nicht. Denn er beseitigt Hindernisse der privatautonomen Verwirklichung des Individuums durch den Abschluss von Rechtsgeschäften und ihre inhaltliche Gestaltung.[1346]

(5) Diskriminierungsverbote im Zivilrecht sind mit Vorsicht, d.h. verhältnismäßig zu handhaben. Die Freiheitssphären derer, die vor ungerechtfertigten Ungleichbehandlungen geschützt werden sollen, sind in verhältnismä-

---

[1343] Siehe 1. Teil A. II. und 2. Teil A. I.
[1344] Siehe 2. Teil A. und C.
[1345] Siehe 2. Teil C. II. 1.
[1346] Siehe Einleitung E.

ßigen Ausgleich mit den Freiheitssphären derer zu bringen, die das Benachteiligungsverbot trifft. Nicht nur die Vertragsfreiheit des Diskriminierenden, sondern insbesondere sein Recht auf Privat- und Familienleben ziehen dem Gleichbehandlungsanspruch und dem Schutz der Privatautonomie des Diskriminierungsopfers Grenzen. Andere Grundrechte wie die Vereinigungs- oder die Meinungsfreiheit, das Eigentumsrecht oder die Berufsfreiheit können noch verstärkend hinzutreten.[1347]

(6) Je weiter sich der zu regelnde Sachverhalt dem unmittelbaren persönlichen Lebensbereich annähert, desto eher muss daher die freie Auswahl des Vertragspartners zulässig sein, mögen die Motive auch irrational oder ethisch fragwürdig erscheinen. Dieser Feststellung wird etwas von ihrer Schärfe genommen, wenn man berücksichtigt, dass das Problem der Diskriminierung allein mit rechtlichen Mitteln ohnehin nicht gelöst werden kann. Daher erscheint es nicht nur im Hinblick auf die Grundrechte der Beteiligten, sondern auch rechtspolitisch ratsamer, den Widerstand gegen Diskriminierungsverbote nicht dadurch zu verstärken, dass private Rechtsbeziehungen allzu pauschal dem Gleichheitsgebot unterworfen werden.[1348]

2. Art. 13 EG

(7) Art. 13 Abs. 1 EG ist nicht unmittelbar anwendbar, weder in vertikaler (gegen den Mitgliedstaat) noch in horizontaler Richtung (gegen andere Privatpersonen).[1349]

(8) Art. 13 Abs. 1 EG ist eine eingeschränkte Ermächtigungsnorm und keine originäre Kompetenzzuweisung. Es bedarf daher des ergänzenden Rückgriffs auf andere Vertragsartikel zur Begründung einer gemeinschaftlichen Rechtsetzungskompetenz im Anti-Diskriminierungsrecht. Die jeweils ergänzend heranzuziehenden Vertragsartikel müssen keine echten Rechtsetzungsermächtigungen enthalten. Weil die Schaffung des Art. 13 EG ansonsten überflüssig wäre, reicht es aus, wenn sie nur allgemein zu hoheitlichen Maßnahmen ermächtigen.[1350]

(9) Art. 13 Abs. 1 EG ermächtigt die Gemeinschaft auch zu positiven Maßnahmen gegen Diskriminierung, jedoch nur in den engen Grenzen des Verhältnismäßigkeitsgrundsatzes.[1351]

[1347] Siehe 2. Teil C. III. 1. d. cc.
[1348] Siehe 2. Teil C. III. 1. d. cc.
[1349] Siehe 2. Teil A. II. 1.
[1350] Siehe 2. Teil A. V.
[1351] Siehe 2. Teil A. VI. 2.

I. Europäisches Recht   335

(10) Der Begriff der „Rasse" ist sozial und nicht biologisch zu interpretieren. Die Abgrenzung zu Staatsangehörigkeit und Religion erfolgt anhand der Testfrage, ob eine Einbürgerung/Konvertierung des Betroffenen die Sachlage ändern würde.[1352]

3. Richtlinien 2000/43/EG und 2004/113/EG

(11) Die eingeschränkte Ermächtigungsnorm des Art. 13 Abs. 1 EG wird durch die gemeinschaftlichen Zuständigkeiten in den Bereichen Güter, Dienstleistungen und Wohnraum, soziale Vergünstigungen, Gesundheits- und Bildungswesen sowie Zusammenschluss in Berufsvereinigungen und Versicherungswesen ausreichend ergänzt. Die Gemeinschaft besitzt daher in Bezug auf den zivilrechtlichen Anwendungsbereich der Richtlinien 2000/43/EG und 2004/113/EG eine Regelungskompetenz.[1353]

(12) Die auf Art. 13 EG gestützten Richtlinien (2000/43/EG, 2004/113/EG und 2000/78/EG) verstoßen jedoch gegen das Bestimmtheitsgebot und die Begründungspflicht. Ihre daraus folgende Nichtigkeit kann nur noch in einem Vertragsverletzungs- oder Vorabentscheidungsverfahren festgestellt werden.[1354]

(13) Die in den Richtlinien geregelten Diskriminierungsverbote aufgrund „Rasse" und ethnischer Herkunft im Privatrecht beschränken die Vertragsfreiheit nicht unangemessen. Sie sind mit europäischen Grundrechten und der nationalen Rechtsordnung vereinbar. Voraussetzung dafür ist jedoch eine weite Auslegung der Einschränkungsmöglichkeiten von Diskriminierungsverboten und der Ausnahmetatbestände.[1355]

(14) Während man den Schutz vor „rassischer" und ethnischer Diskriminierung auch im Privatrecht kaum ernsthaft in Frage stellen kann, ist ein *tatsächliches Schutzbedürfnis* bei anderen Merkmalen dagegen zweifelhaft. Dies gilt auch und gerade für zivilrechtliche Benachteiligungen aufgrund des Geschlechts, obwohl hierfür nun auch eine europarechtliche Umsetzungsverpflichtung besteht. Nur wenn man dem europäischen Gesetzgeber eine äußerst weite Einschätzungsprärogative zugesteht, hält Art. 3 Abs. 1 der Richtlinie 2004/113/EG einem Erforderlichkeitstest stand und wäre damit verhältnismäßig.[1356]

[1352] Siehe 2. Teil A. VII. 2. a.
[1353] Siehe 2. Teil C. III. 4. b.
[1354] Siehe 2. Teil C. III. 4. a.
[1355] Siehe 2. Teil C. III. 1. d. cc.
[1356] Siehe 1. Teil C.

(15) Kriterien für „*der Öffentlichkeit zur Verfügung*" gestellte Güter und Dienstleistungen sind: Die Fähigkeit und Bereitschaft einer Privatperson, eine Vielzahl von Vertragsverhältnissen zu begründen, die potenziell jedem zugute kommen können, der bereit ist, die Bedingungen der „invitatio ad offerendum" zu erfüllen; die Größe, Organisation und der Grad der Institutionalisierung des Diskriminierenden; die Gewerbsmäßigkeit des Geschäfts (gehört es zur geschäftlichen oder beruflichen Tätigkeit des Privaten?).[1357]

(16) Es ist geboten, den Anwendungsbereich der Richtlinien 2000/43/EG und 2004/113/EG generell auf *Unternehmer* i.S.d. § 14 BGB zu beschränken. Damit verbunden wäre eine allgemeine Bereichsausnahme für *Verbraucher* i.S.d. § 13 BGB. Diese Rechtsbegriffe wurden durch das europäische Recht geschaffen und finden sich auch in zahlreichen Richtlinien wieder. Sie werden auch außerhalb von Verbraucherschutzgesetzen verwendet.[1358]

(17) Die Richtlinie 2004/113/EG erfasst nur Geschäfte von *Unternehmern*, die zugleich Massengeschäfte sind. Daher sind Kreditgeschäfte durch Banken und auch Vermietungen von Wohnraum nicht von der Richtlinie erfasst, weil bei ihnen i.d.R. besonderer Wert auf das „Ansehen der Person" gelegt wird.[1359]

(18) Kontrahierungszwang und Strafvorschriften sind europarechtlich nicht vorgeschrieben.[1360]

(19) Die Anti-Diskriminierungsrichtlinien der EU entfalten auch ohne Umsetzung bereits Wirkung: Sie beeinflussen über die Generalklauseln und andere auslegungsfähige Normen das Zivilrecht. Eine Umsetzung ist gleichwohl erforderlich, um ihren vollen Anwendungsbereich auszuschöpfen und Rechtssicherheit sowie Transparenz zu gewährleisten.[1361]

4. Die Grundfreiheiten und Art. 12 EG

(20) Die Grundfreiheiten und Art. 12 Abs. 1 EG lassen sich systemkonform in ein europäisches Anti-Diskriminierungsrecht für den Privatrechtsverkehr einfügen. Dadurch tritt der gleichheitsrechtliche Aspekt der Grundfreiheiten und des Art. 12 Abs. 1 EG hervor: Sie konstituieren, wenn auch in unterschiedlicher Intensität, (zumindest auch) zivilrechtliche Diskriminierungsverbote.[1362]

[1357] Siehe 2. Teil C. III. 1. d. cc. (6).
[1358] Siehe 2. Teil C. III. 1. d. cc. (6).
[1359] Siehe 2. Teil C. IV. 3. b.
[1360] Siehe 2. Teil C. III. 5. a. bb.
[1361] Siehe 2. Teil C. III. 5.
[1362] Siehe 2. Teil D. VII.

I. Europäisches Recht

(21) Im privaten Bereich ist bei der Frage der unmittelbaren Bindung an die Grundfreiheiten und Art. 12 EG zwischen intermediären Gewalten, *Unternehmern* und *Verbrauchern* zu unterscheiden. Intermediäre Gewalten sind genauso wie ein Mitgliedstaat an die Grundfreiheiten und Art. 12 EG gebunden. *Verbraucher* werden nie unmittelbar verpflichtet. Bei *Unternehmern* ist zu differenzieren.[1363]

(22) Während die Arbeitnehmerfreizügigkeit gegenüber jedem privaten Arbeitgeber unmittelbare Drittwirkung entfaltet, wird die Bindung an die Niederlassungs- und Dienstleistungsfreiheit sowie an Art. 12 Abs. 1 EG i.S.e. abgestuften Drittwirkung verstanden. Nur der *Unternehmer*, der aufgrund eines sozialen oder wirtschaftlichen Übergewichts im konkreten Fall die Verwirklichung des Binnenmarkts spürbar behindern kann, unterliegt dem Diskriminierungsverbot.[1364]

(23) Die Waren- und die Kapitalverkehrsfreiheit verpflichten (ebenso wie die Dienstleistungsfreiheit soweit sog. Korrespondenzleistungen betroffen sind) mangels Anknüpfung an die Staatsangehörigkeit einer Person im privaten Bereich ausschließlich intermediäre Gewalten.[1365]

(24) Die Beurteilung der Eingriffs- und Rechtfertigungsproblematik richtet sich nach ähnlichen Kategorien. Während intermediäre Gewalten in staatsähnlicher Weise zur Abschottung eines Marktes beitragen können und darum im Rahmen der Grundfreiheiten ebenso wie Staaten einem Beschränkungsverbot unterliegen (gilt nicht für Art. 12 Abs. 1 EG), sind Arbeitgeber und *Unternehmer* stets nur zur Beachtung des Diskriminierungsverbots verpflichtet.[1366]

(25) Entsprechend sind zur Rechtfertigung kollektiver Regelungen die hergebrachten Grundsätze der Rechtfertigungsdogmatik anzuwenden, wie sie auch für die Mitgliedstaaten gelten. Maßnahmen von Arbeitgebern und *Unternehmern* können dagegen schon durch einen sachlichen Grund, der in Bezug auf das angestrebte Ziel verhältnismäßig ist, gerechtfertigt werden. Hier passen die im EG-Vertrag niedergelegten Rechtfertigungsgründe nicht und auch nicht die von den ungeschriebenen zwingenden Gründen bekannten Kategorien wie allgemeines bzw. nicht-wirtschaftliches Interesse.[1367]

[1363] Siehe 2. Teil D. III. 2. c.
[1364] Siehe 2. Teil D. III. 2. c.
[1365] Siehe 2. Teil D. III. 2. b. cc.
[1366] Siehe 2. Teil D. IV. und V.
[1367] Siehe 2. Teil D. V. 4.

(26) An die Verhältnismäßigkeitsprüfung privaten Handelns dürfen grundsätzlich keine allzu hohen Anforderungen gestellt werden, es sei denn es handelt sich um unmittelbare Diskriminierungen.[1368]

II. Deutsche Umsetzung

1. Allgemeine Ergebnisse

(27) Das bisherige Recht schützt vor Diskriminierung im Zivilrecht nur unvollkommen. Eine Umsetzung der Richtlinien ist auch im Hinblick auf die Transparenz und Erkennbarkeit von Rechten für den Bürger europarechtlich geboten.[1369]

(28) Eine staatliche Verpflichtung zur Schaffung eines Anti-Diskriminierungsgesetzes besteht nur europarechtlich. Völker- und verfassungsrechtliche Pflichten, die auf die Schaffung einer eigenständigen Kodifikation gerichtet sind, existieren nicht.[1370]

(29) Diskriminierungsverbote sind europarechtlich determinierte Bestandteile des deutschen allgemeinen Zivilrechts. Sie sind richtlinien- und europarechtskonform auszulegen. Die in Bezug auf das europäische Recht aufgestellten Grundsätze sind daher auch bei der deutschen Rechtsetzung und Rechtsanwendung verbindlich zu beachten.[1371]

(30) Der deutsche Gesetzgeber darf bei der Umsetzung über die Bestimmungen der Richtlinien 2000/43/EG und 2004/113/EG hinausgehen. Dies ergibt sich aus Art. 6 Abs. 1 bzw. Art. 7 Abs. 1 der Richtlinien.[1372]

(31) Prüfungsmaßstab im Falle einer „überschießenden Umsetzung" ist das deutsche Grundgesetz. Gleiches gilt wenn die Richtlinien dem nationalen Gesetzgeber Umsetzungsspielraum belassen.[1373]

(32) Während man den Schutz vor „rassischer" und ethnischer Diskriminierung auch im Privatrecht kaum ernsthaft in Frage stellen kann, ist ein *tatsächliches Schutzbedürfnis* bei anderen Merkmalen auch im deutschen Zivilrecht zweifelhaft. Es erscheint vielmehr aus Gründen der Verhältnismäßigkeit geboten, für andere Merkmale nur bereichsspezifische Verbote zu schaffen.[1374]

[1368] Siehe 2. Teil D. V. 3.
[1369] Siehe 3. Teil C. I. 2.
[1370] Siehe 3. Teil B.
[1371] Siehe 3. Teil A. I.
[1372] Siehe 2. Teil III. 5. a. bb.
[1373] Siehe 3. Teil A. I. 2.
[1374] Siehe 1. Teil C.

2. Das Anti-Diskriminierungsgesetz

(33) Dem ADG-E 2005 gelingt es nicht an allen Stellen, die gegensätzlichen Rechtspositionen der Beteiligten unter Berücksichtigung der europäischen Vorgaben in Ausgleich zu bringen.[1375]

(34) Für die nicht europarechtlich geforderten Diskriminierungsmerkmale Religion oder Weltanschauung, Behinderung, Alter und sexuelle Orientierung legt der deutsche Gesetzgeber ein tatsächliches Schutzbedürfnis nicht dar. Nur wenn man dem Gesetzgeber eine äußerst weite Einschätzungsprärogative zugesteht, halten die Regeln einem Erforderlichkeitstest stand und wären damit verhältnismäßig.[1376]

(35) Die Diskriminierungstatbestände sind gem. den europarechtlichen Vorgaben weit auszulegen. Zu ihrer inhaltlichen Ausgestaltung ist maßgeblich auf den EG-Vertrag, die Charta der Grundrechte, die EMRK und andere internationale Konventionen sowie die Rechtsordnungen der Mitgliedstaaten zurückzugreifen.[1377]

(36) Das Diskriminierungsopfer muss die Merkmale nicht tatsächlich aufweisen, ihre Zuschreibung genügt.[1378]

(37) Die Auslegung der Bestimmung „Güter und Dienstleistungen, die der Öffentlichkeit zur Verfügung stehen" als „Güter und Dienstleistungen, die öffentlich angeboten werden" geht über die Richtlinien hinaus. Es würde sich um eine „überschießende Umsetzung" handeln.[1379]

(38) Das „öffentliche Angebot" ist nicht in demselben Maße der Auslegung zugänglich wie die Frage, wann ein Angebot „der Öffentlichkeit zur Verfügung steht". Der private Nähebereich kann durch den Tatbestand des öffentlichen Angebots daher nicht ausreichend berücksichtigt werden. Es bedarf einer zusätzlichen Norm, die Verträge, die den persönlichen Lebensbereich berühren, vom Gleichbehandlungsgrundsatz ausnimmt (i.S.v. § 19 Abs. 5 ADG-E) und damit das private Nähe- und Vertrauensverhältnis ausreichend schützt. Ohne eine ergänzende Norm wäre ein solches Diskriminierungsverbot verfassungswidrig.[1380]

(39) Es ist mit Zielsetzung, Struktur und Dogmatik der Richtlinien 2000/43/EG und 2004/113/EG vereinbar, eine Ausnahme vom Gleichbehandlungsgebot dann vorzusehen, wenn das Privatleben des Diskriminie-

---

[1375] Siehe 3. Teil C. III.
[1376] Siehe 1. Teil C.
[1377] Siehe 2. Teil A. VII. 2 und 3. Teil C. III. 2. b.
[1378] Siehe 2. Teil A. VII. 2 und 3. Teil C. III. 2. b.
[1379] Siehe 2. Teil C. III. 1. d. cc. und 3. Teil C. III. 3. a.
[1380] Siehe 3. Teil C. III. 4. a.

renden unzumutbar betroffen ist. Nur auf diese Weise kann eine Abwägung eröffnet werden, die vom 4. Erwägungsgrund der Richtlinie 2000/43/EG und vom 13. Erwägungsgrund der Richtlinie 2004/113/EG ausdrücklich vorgesehen ist. Als Vorbild für eine solche Rechtfertigungsklausel für besondere Vertrauenssituationen kann Art. 7 Abs. 3 des niederländischen Allgemeinen Gleichbehandlungsgesetzes dienen.[1381]

(40) Dogmatisch konsequent wäre es jedoch, den Anwendungsbereich des Anti-Diskrimninierungsgesetzes generell auf *Unternehmer* i.S.d. § 14 BGB zu beschränken. Die damit verbundene allgemeine Bereichsausnahme für *Verbraucher* i.S.d. § 13 BGB lässt sich auch in Fällen „rassischer", ethnischer und geschlechtsspezifischer Diskriminierung mit europäischem Recht vereinbaren.[1382]

(41) Die Beschränkung des geschlechtsspezifischen Diskriminierungsverbots auf „Massengeschäfte", d.h. auf „*Schuldverhältnisse, die ... typischerweise ohne Ansehen der Person zu vergleichbaren Bedingungen in einer Vielzahl von Fällen zustande kommen*", ist eine zutreffende Umsetzung der Richtlinie 2004/113/EG.[1383]

(42) Eine Bestimmung wie § 19 Abs. 3 ADG-E verstößt gegen die Richtlinie 2000/43/EG, soweit nicht ein *Verbraucher* als Vermieter auftritt. Dessen Handeln unterliegt aber nach hier vertretener Ansicht ohnehin nicht dem Diskriminierungsverbot des § 19 ADG. Das Ziel, sozial stabile Bewohnerstrukturen zu gewährleisten, kann ethnische Diskriminierungen jedenfalls nicht per se rechtfertigen. Lediglich im Einzelfall kann eine Ungleichbehandlung im Rahmen einer mittelbaren Diskriminierung, oder falls ausnahmsweise eine positive Maßnahme vorliegt, gerechtfertigt werden.[1384]

(43) Die Beweisregel des ADG-E 2005 ist europarechtskonform als zweistufige Regelung ausgestaltet, die zwischen Absenkung des Beweismaßes und Beweislastverteilung unterscheidet. In einem ersten Schritt verlangt sie lediglich die Darlegung von Tatsachen, die eine Benachteiligung als wahrscheinlich erscheinen lassen. Dies lässt die Beweislastverteilung unberührt, nur das Beweismaß wird gesenkt. Hält das Gericht eine Benachteiligung aufgrund eines geschützten Merkmals für überwiegend wahrscheinlich, muss der Anspruchsgegner in einem zweiten Schritt den vollen Beweis dafür führen, dass keine Benachteiligung vorlag bzw. diese

---

[1381] Siehe 3. Teil C. III. 4. a.
[1382] Siehe 3. Teil C. III. 3. a. und 4. b.
[1383] Siehe 2. Teil C. IV. 3. b. und 3. Teil C. III. 3. b.
[1384] Siehe 3. Teil C. III. 6. d.

II. Deutsche Umsetzung

aus rechtlich zulässigen Gründen erfolgte. Es kommt zur Beweislastumkehr.[1385]

(44) Die Zulässigkeit eines Kontrahierungszwangs (und auch von evtl. zu erlassenden Strafvorschriften) ist am deutschen Verfassungsrecht zu messen, weil eine Einführung europarechtlich nicht vorgegeben ist (s.o.). Ein Kontrahierungszwang kann eine angemessene Rechtsfolge im Zivilrecht sein: Dies gilt zumindest beim einmaligen Leistungsaustausch (kein Dauerschuldverhältnis), der zu den Bedingungen des Anbietenden stattfindet (Massengeschäft).[1386]

(45) Der Kontrahierungszwang ist nicht erforderlich und damit unverhältnismäßig, soweit ein Anspruch auf Schadensersatz gleich effektiv ist. Dieser ist dann als milderes Mittel vorzuziehen. Soweit man bei einem Verstoß gegen das Benachteiligungsverbot an einer Pflicht zum Vertragsschluss festhalten möchte, muss dieser zumindest auf Massengeschäfte beschränkt werden.[1387]

(46) Die zivilrechtliche Entschädigungspflicht bzw. der Kontrahierungszwang wird nur ausgelöst, sobald ein Privater gegen das Benachteiligungsverbot verstößt, die Voraussetzungen eines Anspruchs gegeben sind *und* der Wille, den jeweiligen Vertrag zu schließen, nicht rechtsmissbräuchlich ist.[1388]

(47) Auch wenn zivilrechtliche Regeln kein Verbandsklagerecht vorsehen, würden sie insbesondere mit der Prozessstandschaft über die Vorgaben des europäischen Rechts für die Beteiligung von Anti-Diskriminierungsverbänden hinaus gehen.[1389]

(48) Obwohl sich die Zuständigkeit der Anti-Diskriminierungsstelle gem. den Richtlinien 2000/43/EG und 2004/113/EG nur auf die Bereiche „Rasse", ethnische Herkunft und Geschlecht beschränkt, soll sie prinzipiell für alle im ADG-E 2005 genannten Diskriminierungsmerkmale zuständig sein. Jedoch kann voraussichtlich nur durch eine zentral angesiedelte Stelle für alle Anknüpfungspunkte von Diskriminierung eine Auseinanderentwicklung des Diskriminierungsschutzes bei einzelnen Merkmalen vermieden und insbesondere das Problem der Mehrfachdiskriminierung effektiv angegangen werden. Dies rechtfertigt insoweit eine überschießende Umsetzung.[1390]

[1385] Siehe 3. Teil C. III. 8. a.
[1386] Siehe 3. Teil C. III. 7. a. ee.
[1387] Siehe 3. Teil C. III. 7. a. ee.
[1388] Siehe 3. Teil C. III. 7. d. bb.
[1389] Siehe 3. Teil C. III. 9. c.
[1390] Siehe 3. Teil C. III. 10.

(49) Eine außergerichtliche Streitbeilegung erscheint bei Diskriminierungssachverhalten grundsätzlich angebracht, weil es oftmals darum gehen wird, dem Diskriminierten Genugtuung zu verschaffen. Dem Betroffenen wird in vielen Fällen eine Entschuldigung des Diskriminierenden mehr Genugtuung verschaffen als eine gerichtliche Rechtsdurchsetzung.[1391]

(50) Dies gilt nicht, soweit ein vorgeschaltetes Schlichtungsverfahren mangels Vergleichsbereitschaft der Parteien bloß eine Verzögerung der Rechtsverfolgung zur Folge hat. Zudem besteht in bestimmten Fällen ein Bedürfnis nach einem gerichtlichen Urteil.[1392]

(51) Die Ergänzung des § 15a EGZPO und die Kompetenz der Anti-Diskriminierungsstelle zur Streitschlichtung wäre aber grundsätzlich zu begrüßen, ist doch im Wege der Verhandlung und des gegenseitigen Nachgebens die Chance einer Bewusstseinsänderung auf Seiten des Diskriminierenden viel eher gegeben als bei der Durchführung eines Prozesses.[1393]

B. Empfehlungen für die Gesetzgebung

I. Europa

Der europäische Gesetzgeber sollte in zukünftige Richtlinien Fallgruppen aufnehmen, um den Anwendungsbereich der Diskriminierungsverbote im Privatrecht eindeutiger zu bestimmen und dadurch mehr Rechtssicherheit zu schaffen. Beispiele finden sich sowohl im englischen als auch im irischen und niederländischen Recht.

Differenzierte Ausnahme- und Rechfertigungsklauseln[1394] für die unterschiedlichen Diskriminierungsgründe müssen beibehalten und auch zukünftig verwendet werden. Gerade bei „veränderbaren" Merkmalen des Diskriminierungsopfers kann eine unterschiedliche Behandlung eher gerechtfertigt sein, weil dann den Rechtspositionen des Diskriminierenden i.d.R. höhere Bedeutung einzuräumen ist.[1395]

[1391] Siehe 3. Teil C. III. 11.
[1392] Siehe 3. Teil C. III. 11.
[1393] Siehe 3. Teil C. III. 11. c.
[1394] Vgl. Art. 3 Abs. 3 und 4, Art. 6 und Art. 4 Abs. 5 der RL 2004/113/EG für Diskriminierungen aufgrund des Geschlechts. Die RL 2000/43/EG sieht nur in Art. 4 (wesentliche und entscheidende berufliche Anforderungen) und Art. 5 (positive Maßnahmen) Rechtfertigungsgründe vor und enthält ebenso wie die RL 2004/113/EG eine Bereichsausnahme für Verbraucher.
[1395] *Neuner*, JZ 2003, 57 (62 f.), dessen Konzept ansonten schwer mit den europäischen Bestimmungen in Einklang zu bringen ist, aber wertvolle Denkanstöße bietet.

Vorliegend wurde nur die Vereinbarkeit von Diskriminierungsverboten aufgrund von „Rasse", ethnischer Herkunft und Geschlecht mit den Prinzipien des Privatrechts untersucht. Das Diskriminierungsopfer kann über diese Merkmale nicht verfügen, sie sind „unveränderbar". Das führt zu einem besonderen Gewicht in der Abwägung mit den Interessen des Diskriminierenden und zu vergleichsweise eng umschriebenen Ausnahmen. Sollte der Anwendungsbereich des Gleichbehandlungsgrundsatzes im Privatrecht auf veränderbare Merkmale, wie z.B. politische oder sonstige Anschauungen, ausgeweitet werden, tritt aber die – hier nicht vorrangig betroffene – Meinungsfreiheit des Diskriminierenden ungleich stärker hervor. Dann darf das Diskriminierungsopfer ausschließlich in der „*quasi-öffentlichen Sphäre*" auf Gleichbehandlung vertrauen. Jede darüber hinaus gehende Regelung wäre unverhältnismäßig.

II. Deutschland

Dem deutschen Gesetzgeber ist ebenfalls die Bildung von Fallgruppen bzw. Regelbeispielen zu empfehlen, z.B. um zu konkretisieren, wann Güter und Dienstleistungen gem. § 2 Abs. 1 Nr. 8 ADG-E „der Öffentlichkeit zur Verfügung stehen". Auf diese Weise gestaltet er das Recht, anstatt lediglich die Vorgaben der Richtlinien abzuschreiben. Eine Fallgruppenbildung ist entbehrlich, wenn sich der Gesetzgeber entschließt, ein Benachteiligungsverbot schon bei einem „öffentlichen Angebot" zu schaffen.

Äußerste Zurückhaltung ist bei der Aufnahme zusätzlicher Diskriminierungsmerkmale in das deutsche Anti-Diskriminierungsrecht geboten. Eine öffentliche politische Diskussion sowie eine frühzeitige Einflussnahme auf europäische Entwicklungen ist überfällig, will man nicht weiter nur auf europäisches Recht reagieren, statt es mitzugestalten.[1396] So sind in Brüssel in den letzten Jahren bereits wichtige Vorentscheidungen darüber gefallen, wie die individuellen Handlungsfreiräume innerhalb der Rechtsgemeinschaft gegeneinander abgegrenzt werden sollen.

C. Schluss

Beachtet man die in der Arbeit herausgearbeiteten Wertungen, lässt sich das Freiheits- mit dem Gleichheitsprinzip auch im Zivilrecht versöhnen. Diskriminierungsverbote sind daher im Falle ihrer verhältnismäßigen Ausgestaltung[1397] mit europäischem und deutschem Recht vereinbar und zukünftig aus dem Privatrecht nicht mehr wegzudenken. Ihre praktische Anwendung wird zu mehr Gelassenheit im Umgang mit ihnen führen. Die Erfahrungen aus anderen Ländern zeigen, dass ein Anti-Diskriminierungsgesetz weder alle Probleme löst noch das

---

[1396] *Braun*, ZRP 2005, 135 (136).
[1397] Vgl. dazu insbesondere 3. Teil A. II. 4.

Ende der Privatautonomie herbeiführt. Es schafft vielmehr die Grundlage für Rechtsstreitigkeiten der üblichen Art.

Alarmierend wäre nur die folgende Klausel, die sich ein Science-Fiction-Schriftsteller in einer neuen, gesamteuropäischen Verfassung ausmalt: *„Niemand darf wegen des Alters, der Rasse, des Geschlechts, des Glaubens oder der Inkompetenz benachteiligt werden"*.[1398] Dies würde dem „Benachteiligenden" nicht nur beachtliche Inkompetenzkompensationskompetenz abverlangen, sondern all jenen Kritikern Recht geben, welche die Anti-Diskriminierungsmaßnahmen schon jetzt für „rechtlichen Vandalismus" halten.

[1398] *Grant*, Incompetence, hinterer Buchdeckel.

Literaturverzeichnis

Addy, D.N.	The Quest for Anti-Discrimination Policies to Protect Migrants in Germany: An Assessment of the Political Discussion and Proposals for Legislation 1997 Genf **Zitiert:** *Addy*, Quest for Anti-Discrimination Policies, (S.)
Adomeit, Klaus	Diskriminierung – Inflation eines Begriffs NJW 2002, 1622-1623 **Zitiert:** *Adomeit*, NJW 2002, 1622 (S.)
Adomeit, Klaus	Schutz gegen Diskriminierung – eine neue Runde NJW 2003, 1162 **Zitiert:** *Adomeit*, NJW 2003, 1162
Adomeit, Klaus/ Kaehler, Boris	Unverzichtbar? – Sechs Thesen zum arbeitsrechtlichen Diskriminierungsschutz DB 2005, Heft 10, I **Zitiert:** *Adomeit/Kaehler*, DB 2005, Heft 10, I
Alber, Siegbert/ Widmaier, Ulrich	Die EU-Charta der Grundrechte und ihre Auswirkungen auf die Rechtsprechung – zu den Beziehungen zwischen EuGH und EGMR EuGRZ 2000, 497-510 **Zitiert:** *Alber/Widmaier*, EuGRZ 2000, 497 (S.)
Annuß, Georg	Grundfragen der Entschädigung bei unzulässiger Geschlechtsdiskriminierung NZA 1999, 738-744 **Zitiert:** *Annuß*, NZA 1999, 738 (S.)
Annuß, Georg	Umsetzung der Antidiskriminierungsrichtlinien: Deutschland wieder am Pranger! BB 2004, Heft 34, Die erste Seite **Zitiert:** *Annuß*, BB 2004, Heft 34, Die erste Seite
Appelt, Erna/ Jarosch, Monika (Hrsg.)	Combating Racial Discrimination – Affirmative Action as a Model for Europe? 2000 Oxford – New York **Zitiert:** *Bearbeiter* in: Appelt/Jarosch (Hrsg.), Combating Racial Discrimination, (S.)
Armbrüster, Christian	Antidiskriminierungsgesetz – ein neuer Anlauf ZRP 2005, 41-44 **Zitiert:** *Armbrüster*, ZRP 2005, 41 (S.)
Ausländerbeauftragte des Senats von Berlin (Hrsg.)	Was tun gegen Diskriminierungen? – Alltägliche Diskriminierungen und internationaler Schutz 1994 Berlin **Zitiert:** *Bearbeiter* in: Ausländerbeauftragte Berlin (Hrsg.), Diskriminierungen, (S.)

Ausländerbeauftragte des Senats von Berlin (Hrsg.)	Schutzgesetze gegen ethnische Diskriminierung – Internationale Konsultation der Ev. Akademie Tutzing und der Ausländerbeauftragten des Senats von Berlin 2. Aufl. 1994 Berlin Zitiert: *Bearbeiter* in: Ausländerbeauftragte Berlin (Hrsg.), Schutzgesetze gegen ethnische Diskriminierung, (S.)
Badura, Peter/ Scholz, Rupert (Hrsg.)	Wege und Verfahren des Verfassungslebens: Festschrift für Peter Lerche zum 65. Geburtstag 1993 München Zitiert: *Bearbeiter* in: Badura/Scholz (Hrsg.), FS Lerche, (S.)
Baer, Susanne	Recht gegen Fremdenfeindlichkeit und andere Ausgrenzungen – Notwendigkeit und Grenzen eines Gesetzes gegen Diskriminierung ZRP 2001, 500-504 Zitiert: *Baer*, ZRP 2001, 500 (S.)
Baer, Susanne	„Ende der Privatautonomie" oder grundrechtlich fundierte Rechtsetzung? – Die deutsche Debatte um das Antidiskriminierungsrecht ZRP 2002, 290-294 Zitiert: *Baer*, ZRP 2002, 290 (S.)
Bamforth, Nicholas	Sexual Discrimination Orientation after Grant v. South-West Trains MLR 63 (2000), 694-720 Zitiert: *Bamforth*, MLR 63 (2000), 694 (S.)
Banton, Michael	Combating Racial Discrimination: the UN and its Member States Minority Rights Group International 2000 London Zitiert: *Banton*, Combating Racial Discrimination, (S.)
Banton, Michael	International Action against Racial Discrimination 1996 Oxford Zitiert: *Banton*, International Action against Racial Discrimination, 1996, (S.)
Bar, Christian von/ Zimmermann, Reinhard (Hrsg.)	Grundregeln des Europäischen Vertragsrechts: Teile I und II, Dt. Ausgabe 2002 München Zitiert: *v. Bar/Zimmermann (Hrsg.)*, Grundregeln des Europäischen Vertragsrechts: Teile I und II, (S.)
Barbera, Marzia	Not the Same? The Judicial Role in the New Community Anti-Discrimination Law Context ILJ 31 (2002), 82-91 Zitiert: *Barbera*, ILJ 31 (2002), 82 (S.)

Barnard, Catherine	The Changing Scope of the Fundamental Principle of Equality? McGill L.J. 46 (2001), 955-977 **Zitiert:** *Barnard*, McGill L.J. 46 (2001), 955 (S.)
Bauer, Hartmut/ Czybulka, Detlef/ Kahl, Wolfgang/ Vosskuhle, Andreas (Hrsg.)	Umwelt, Wirtschaft und Recht – Wissenschaftliches Symposium aus Anlass des 65. Geburtstages von Reiner Schmidt, 16./17.11.2001 2002 Tübingen **Zitiert:** *Bearbeiter* in: Umwelt, Wirtschaft und Recht, (S.)
Bauer, Jobst Hubertus/ Göpfert, Burkard/ Krieger, Steffen	Diskriminierungsrisiken bei Organmitgliedern DB 2005, 595-599 **Zitiert:** *Bauer/Göpfert/Krieger*, DB 2005, 595 (S.)
Bauer, Jobst-Hubertus	Europäische Antidiskriminierungsrichtlinien und ihr Einfluss auf das deutsche Arbeitsrecht NJW 2001, 2672-2677 **Zitiert:** *Bauer*, NJW 2001, 2672 (S.)
Bauer, Jobst-Hubertus/ Arnold, Christian	Auf Junk folgt Mangold – Europarecht verdrängt deutsches Arbeitsrecht NJW 2006, 6-12 **Zitiert:** *Bauer/Arnold*, NJW 2006, 6 (S.)
Bauer, Jobst-Hubertus/ Thüsing, Gregor/ Schunder, Achim	Entwurf eines Gesetzes zur Umsetzung europäischer Antidiskriminierungsrichtlinien NZA 2005, 32-36 **Zitiert:** *Bauer/Thüsing/Schunder*, NZA 2005, 32 (S.)
Baumbach, Adolf/ Lauterbach, Wolfgang/ Albers, Jan/ Hartmann, Peter (Hrsg.)	Kommentar zur Zivilprozessordnung 63. Aufl. 2005 München **Zitiert:** *Bearbeiter* in: Baumbach u.a. (Hrsg.), ZPO, § […] Rn. […]
Baur, Jürgen F./ Müller-Graff, Peter-Christian/ Zuleeg, Manfred (Hrsg.)	Europarecht Energierecht Wirtschaftsrecht – Festschrift für Bodo Börner zum 70. Geburtstag 1992 Köln u.a. **Zitiert:** *Bearbeiter* in: Baur/Müller-Graff/Zuleeg (Hrsg.), FS Börner, (S.)
Becker, Gary S.	The Economics of Discrimination 2. Aufl. 1971 Chicago/London **Zitiert:** *Becker*, Economics of Discrimination, (S.)
Behrens, Walther/ Witt, Alexander	Verpönte Merkmale werden zum Trumpf Personalmagazin 2005, 38-41 **Zitiert:** *Behrens/Witt*, Personalmagazin 2005, 38 (S.)
Bell, Mark	Anti-Discrimination Law and the European Union Oxford Studies in European Law 2002, Oxford **Zitiert:** *Bell*, Anti-Discrimination Law, (S.)

Bell, Mark	A Patchwork of Protection: The New Anti-Discrimination Law Framework MLR 2004, 465-477 Zitiert: *Bell*, MLR 2004, 465 (S.)
Bell, Mark	The New Article 13 EC Treaty: A Sound Basis for European Anti-Discrimination Law? Maastricht Journal of European and Comparative Law 6 (1999), 5-23 Zitiert: *Bell*, MJ 6 (1999), 5 (S.)
Bell, Mark	EU-Anti-Discrimination Policy: From Equal Opportunities between women and men to combating racism EP, GD IV, Arbeitsdokument LIBE, Reihe Grundfreiheiten, Nr. 102 EN, PE 167.154 1997 Brüssel Abrufbar unter: http://www.europarl.eu.int/workingpapers/libe/102/default_en.htm (Zugriffsdatum: April 2006) Zitiert: *Bell*, EU Anti-Discrimination-Policy, (S.)
Bell, Mark	Beyond European Labour Law? Reflections on the EU Racial Equality Directive ELJ 8 (2002), 384-399 Zitiert: *Bell*, ELJ 8 (2002), 384 (S.)
Bell, Mark	Article 13 EC: The European Commission's Anti-Discrimination Proposals ILJ 29 (2000), 79-84 Zitiert: *Bell*, ILJ 29 (2000), 79 (S.)
Bell, Mark	Anti-Discrimination Law in Transition: the European Union and Racism In: Walter Kälin (Hrsg.), Das Verbot ethnisch-kultureller Diskriminierung – Verfassungs- und menschenrechtliche Aspekte 1999 Basel – Genf – München Zitiert: *Bell*, Das Verbot ethnisch-kultureller Diskriminierung, (S.)
Bell, Mark	Equality and the European Union Constitution ILJ 33 (2004), 242-274 Zitiert: *Bell*, 33 ILJ 2004, 242 (S.)
Bell, Mark/ Waddington, Lisa	Reflecting on Inequalities in European Equality Law ELR 28 (2003), 349-369 Zitiert: *Bell/Waddington*, ELR 28 (2003), 349 (S.)
Benecke, Martina/ Kern, Gisela	Sanktionen im Antidiskriminierungsrecht: Möglichkeiten und Grenzen der Umsetzung der Europäischen Richtlinien im deutschen Recht EuZW 2005, 360-364 Zitiert: *Benecke/Kern*, EuZW 2005, 360 (S.)

Berger, Morroe	Equality by Statute – The Revolution in Civil Rights Neudruck, 1978 New York **Zitiert:** *Berger*, Equality by Statute, (S.)
Berger-Delhey, Ulf	Alle Tiere sind gleich, aber einige Tiere sind gleicher als andere – Anmerkung zum Vorschlag einer Richtlinie der Europäischen Kommission zur Festlegung eines allgemeinen Rahmens für die Verwirklichung der Gleichbehandlung in Beschäftigung und Beruf Zeitschrift für Tarif-, Arbeits- und Sozialrecht des öffentlichen Dienstes 2001, 162-164 **Zitiert:** *Berger-Delhey*, ZTR 2001, 162 (S.)
Bernhardt, Rudolf (Hrsg.)	Encyclopedia of Public International Law, 5 Bände 1992-2003 Oxford **Zitiert:** *Bearbeiter* in Bernhardt (Hrsg.), EPIL, (S.)
Beyer, Thomas C. W./ Möllers, Thomas M. J.	Die Europäisierung des Arbeitsrechts JZ 1991, 24-30 **Zitiert:** *Beyer/Möllers*, JZ 1991, 24 (S.)
Bezzenberger, Tilman	Ethnische Diskriminierung, Gleichheit und Sittenordnung im bürgerlichen Recht AcP 196 (1996), 395-434 **Zitiert:** *Bezzenberger*, AcP 196 (1996), 395 (S.)
Bibliographisches Institut & F.A. Brockhaus AG (Hrsg.)	Brockhaus – Die Enzyklopädie in 24 Bänden, Bd. 1 bis 24 20. Aufl. 1996-1999 Leipzig – Mannheim **Zitiert:** *Brockhaus*, [Bd.], [„Stichwort"]
Bleckmann, Albert	Europarecht: Das Recht der Europäischen Union und der Europäischen Gemeinschaften 6. Aufl. 1997 Köln u.a. **Zitiert:** *Bleckmann*, EuR, Rn. […]
Bleckmann, Albert	Staatsrecht, Bd. 2: Die Grundrechte 4. Aufl. 1997 Köln – Berlin – Bonn – München **Zitiert:** *Bleckmann*, StR II, (S.)
Böckenförde, Ernst- Wolfgang	Die Würde des Menschen war unantastbar Frankfurter Allgemeine Zeitung, 3.9.2003, 33-34 **Zitiert:** *Böckenförde*, FAZ v. 3.9.2003, 33 (S.)
Boesche, Katharina Vera	Beweislast im Regierungsentwurf eines Antidiskriminierungsgesetzes EuZW 2005, 264-267 **Zitiert:** *Boesche*, EuZW 2005, 264 (S.)
Bogdandy, Armin von	Wir Europäer Frankfurter Allgemeine Zeitung, 27.4.2004, 8 **Zitiert:** *v. Bogdandy*, FAZ v. 27.4.2004, 8

Bogdandy, Armin von (Hrsg.)	Europäisches Verfassungsrecht. Theoretische und dogmatische Grundzüge 2003 Berlin **Zitiert:** *Bearbeiter* in: v. Bogdandy (Hrsg.), Europäisches Verfassungsrecht, (S.)
Bömke, Burkhard	Höhe der Verzugszinsen für Entgeltforderungen des Arbeitnehmers BB 2002, 96-97 **Zitiert:** *Bömke*, BB 2002, 96 (S.)
Brand, Michiel	Towards the Definitive Status of the Charter of Fundamental Rights of the European Union: Political Document or Legally Binding Text? GLJ 4 (2003), 395-409 Abrufbar unter: http://www.germanlawjournal.com/article.php?id=261 (Zugriffsdatum: April 2006) **Zitiert:** *Brand*, GLJ 4 (2003), 395 (S.)
Braun, Johann	Übrigens – Deutschland wird wieder totalitär JuS 2002, 424-425 **Zitiert:** *Braun*, JuS 2002, 424 (S.)
Braun, Stefan	Antidiskriminierungsgesetz – ein neuer Anlauf ZRP 2005, 135-136 **Zitiert:** *Braun*, ZRP 2005, 135 (S.)
Braun, Stefan	Der Diskussionsentwurf eines zivilrechtlichen Antidiskriminierungsgesetzes AnwBl 2002, 569-572 **Zitiert:** *Braun*, AnwBl 2002, 569 (S.)
Breuer, Anne	Anti-Diskriminierungs-Gesetzgebung – Chance oder Irrweg? Zur Verfassungsmäßigkeit und Geeignetheit gesetzgeberischer Maßnahmen zur Förderung der Gleichberechtigung Europäische Hochschulschriften: Reihe II Rechtswissenschaft, Bd. 1112 1991 Frankfurt/Main u.a. **Zitiert:** *Breuer*, Anti-Diskriminierungs-Gesetzgebung, (S.)
Breuer, Marten	Der Europäische Gerichtshof für Menschenrechte als Wächter des europäischen Gemeinschaftsrechts JZ 2003, 433-443 **Zitiert:** *Breuer*, JZ 2003, 433 (S.)
Brigola, Alexander	Das System der EG-Grundfreiheiten: Vom Diskriminierungsverbot zum spezifischen Beschränkungsverbot 2004 München **Zitiert:** *Brigola*, Das System der EG-Grundfreiheiten, (S.)
Britz, Gabriele	Diskriminierungsschutz und Privatautonomie VVDStRL 64, 355-398 **Zitiert:** *Britz*, VVDStRL 64, 355 (S.)

Buchner, Benedikt	Die Genomanalyse im Arbeits- und Versicherungsrecht In: Die soziale Dimension des Zivilrechts, 313-332 Salzburger Tagung 10.-13.9.2003 Jahrbuch Junger Zivilrechtswissenschaftler 2003 **Zitiert:** *Buchner* in: Soziale Dimension, 2003, 313 (S.)
Büdenbender, Ulrich	Die Bedeutung der Verbrauchsgüterkaufrichtlinie für das deutsche Kaufrecht nach der Schuldrechtsreform ZEuP 2004, 36-58 **Zitiert:** *Büdenbender* ZEuP 2004, 36 (S.)
Bülow, Peter	Beweislast und Beweismaß im Recht der Europäischen Gemeinschaften EWS 1997, 155 – 164 **Zitiert:** *Bülow,* EWS 1997, 155 (S.)
Bundestagsfraktion von Bündnis 90/Die Grünen (Hrsg.)	Zivilrechtliches Antidiskriminierungsgesetz, Dokumentation der Anhörung vom 27.5.2003 Berlin Abrufbar unter: http://www.gruene-fraktion.de/cms/publikationen/dokbin/34/34481.antidiskriminierungs-gesetz.pdf (Zugriffsdatum: April 2006) **Zitiert:** *Bearbeiter* in: Bündnis 90/Die Grünen (Hrsg.), Anhörung Zivilrechtliches ADG, (S.)
Burgi, Martin	Mitgliedsstaatliche Garantenpflicht statt unmittelbare Drittwirkung der Grundfreiheiten EWS 1999, 327-332 **Zitiert:** *Burgi,* EWS 1999, 327 (S.)
Busche, Jan	Privatautonomie und Kontrahierungszwang Jus Privatum, Bd. 40 1999 Tübingen **Zitiert:** *Busche,* Privatautonomie und Kontrahierungszwang, (S.)
Bydlinski, Franz	Zu den dogmatischen Grundfragen des Kontrahierungszwanges AcP 180 (1980), 1-46 **Zitiert:** *Bydlinski,* AcP 180 (1980), 1 (S.)
Calliess, Christian/ Ruffert, Matthias (Hrsg.)	Kommentar des Vertrages über die Europäische Union und des Vertrages zur Gründung der Europäischen Gemeinschaft 2. Aufl. 2002 Neuwied – Kriftel **Zitiert:** *Bearbeiter* in: Calliess/Ruffert (Hrsg.), EUV/EGV, Art. […] Rn. […]
Canaris, Claus-Wilhelm	Grundrechte und Privatrecht – eine Zwischenbilanz – Stark erweiterte Fassung des Vortrags gehalten vor der Juristischen Gesellschaft zu Berlin am 10.6.1998 Schriftenreihe der Juristischen Gesellschaft zu Berlin, Heft 159 1999 Berlin – New York **Zitiert:** *Canaris,* Grundrechte und Privatrecht, (S.)

Canaris, Claus-Wilhelm	Grundrechte und Privatrecht AcP 184 (1984), 201-246 Zitiert: *Canaris*, AcP 184 (1984), 201 (S.)
Canaris, Claus-Wilhelm	Wandlungen des Schuldvertragsrechts – Tendenzen zu seiner „Materialisierung" AcP 200 (2000), 273-362 Zitiert: *Canaris*, AcP 200 (2000), 273 (S.)
Carstens, Karl/ Peters, Hans	Festschrift für Hermann Jahrreiss zu seinem siebzigsten Geburtstag – 19. August 1964 1964 Köln – Berlin – Bonn – München Zitiert: *Bearbeiter* in: Carstens/Peters (Hrsg.), FS Jahrreiss, (S.)
Caspar, Johannes	Das Diskriminierungsverbot behinderter Personen nach Art. 3 Abs. 3 S. 2 GG und seine Bedeutung in der aktuellen Rechtsprechung EuGRZ 2000, 135-144 Zitiert: *Caspar*, EuGRZ 2000, 135 (S.)
Chopin, Isabelle	Possible Harmonisation of Anti-Discrimination Legislation in the European Union: European and Non-Governmental Proposals EJML 2 (2000), 413-430 Zitiert: *Chopin*, EJML 2 (2000), 413 (S.)
Chopin, Isabelle	Article 13: A New Challenge for European Institutions 1999 Brüssel Abrufbar unter: http://www.migpolgroup.com/uploadstore/Art 13 -final%20report-eng.pdf (Zugriffsdatum: April 2006) Zitiert: *Chopin*, Article 13: A New Challenge for European Institutions, (S.)
Chopin, Isabelle	The Starting Line Group: A Harmonised Approach to Fight Racism and to Promote Equal Treatment European Journal of Migration and Law 1 (1999), 111-129 Zitiert: *Chopin*, EJML 1 (1999), 111 (S.)
Chopin, Isabelle/ Niessen, Jan	Combating Racism in the European Union with Legal Means – A Comparison of the Starting Line and the EU Commission's Proposal for a Race Directive Brüssel (Migration Policy Group) 2000 Brüssel Abrufbar unter: http://www.migpolgroup.com/uploadstore/ Comparison%20SLG%20and%20Comm%20proposals.pdf (Zugriffsdatum: April 2006) Zitiert: *Chopin/Niessen*, Combating Racism in the European Union with Legal Means, (S.)

Chopin, Isabelle/ Niessen, Jan (Hrsg.)	Combating Racial and Ethnic Discrimination: Taking the European Legislative Agenda Further 2002 Brüssel – London Abrufbar unter: http://www.migpolgroup.com/uploadstore/taking%20leg%20agenda%20further.pdf (Zugriffsdatum: April 2006) **Zitiert**: *Bearbeiter* in Chopin/Niessen (Hrsg.), Combating Racial and Ethnic Discrimination, (S.)
Chopin, Isabelle/ Niessen, Jan (Hrsg.)	The Starting Line and the Incorporation of the Racial Equality Directive into the National Laws of the EU Member States and Accession States 2001 Brüssel – London **Zitiert**: *Bearbeiter* in: Chopin/Niessen (Hrsg.), Incorporation of the Racial Equality Directive, (S.)
Chopin, Isabelle/ Niessen, Jan (Hrsg.)	Proposals for Legislative Measures to Combat Racism and to Promote Equal Rights in the European Union 1998 London **Zitiert**: Chopin/Niessen (Hrsg.), Proposals, (S.)
Choudhury, Tufyal	Interpreting the Right to Equality under Article 26 of the International Covenant on Civil and Political Rights EHRLRev., Issue 1 2003, 24-52 **Zitiert**: *Choudhury*, EHRLRev. 2003, 24 (S.)
Cirkel, Johannes	Gleichheitsrechte im Gemeinschaftsrecht NJW 1998, 3332-3333 **Zitiert**: *Cirkel*, NJW 1998, 3332 (S.)
Coen, Martin	Neue EU-Antidiskriminierungs-Richtlinien AuR 2000, 11-12 **Zitiert**: *Coen*, AuR 2000, 11 (S.)
Coester-Waltjen, Dagmar	Zielsetzung und Effektivität eines Antidiskriminierungsgesetzes ZRP 1982, 217-222 **Zitiert**: *Coester-Waltjen*, ZRP 1982, 217 (S.)
Collins, Hugh	Discrimination, Equality and Social Inclusion MLR 66 (2003), 16-43 **Zitiert**: *Collins*, MLR 66 (2003), 16 (S.)
Craig, Paul/ De Búrca, Gráinne	EU Law – Text, Cases, and Materials 3. Aufl. 2003 Oxford **Zitiert** : *Craig/de Búrca*, EU Law, (S.)
Craig, Paul/ De Búrca, Gráinne (Hrsg.)	The Evolution of EU Law 1999 Oxford **Zitiert**: *Bearbeiter* in: Craig/de Búrca (Hrsg.), The Evolution of EU Law, S.)

Cremer, Hans-Joachim/ Giegerich, Thomas/ Richter, Dagmar/ Zimmermann, Andreas	Tradition und Weltoffenheit des Rechts Festschrift für Helmut Steinberger Beiträge zum ausländischen öffentlichen Recht und Völkerrecht, Vol. 152 2002 Berlin u.a. **Zitiert:** *Bearbeiter* in: Cremer/Giegerich/Richter/Zimmermann (Hrsg.), FS Steinberger, (S.)
Dashwood, Alan/ O'Leary, Síofra (Hrsg.)	The Principle of Equal Treatment in EC Law – Papers Collected by the Centre for European Legal Studies, Cambridge 1997 London **Zitiert:** *Bearbeiter* in: Dashwood/O'Leary (Hrsg.), The Principle of Equal Treatment in EC Law, (S.)
Davy, Ulrike	Das Verbot der Diskriminierung wegen einer Behinderung im deutschen Verfassungsrecht und im Gemeinschaftsrecht SDRSV 49 (2002), 7-59 **Zitiert:** *Davy*, SDRSV 49 (2002), 7 (S.)
De Witte, Bruno (Hrsg.)	Ten Reflections on the Constitutional Treaty for Europe 2003 European University Institute, Florenz Abrufbar unter: http://www.iue.it/RSCAS/e-texts/200304-10 RefConsTreaty.pdf (Zugriffsdatum: April 2006) **Zitiert:** *Bearbeiter* in: De Witte (Hrsg.), Ten Reflections, (S.)
Deards, Elspeth/ Hargreaves, Sylvia	European Union Law 2004 Oxford **Zitiert:** *Deards/Hargreaves*, EU Law, (S.)
Degener, Theresia	Eine U.N.-Menschenrechtskonvention für Behinderte als Beitrag zur ethischen Globalisierung Abrufbar unter: http://www.netzwerk-artikel-3.de/netzinfo02-03/014.php (Zugriffsdatum: April 2006) **Zitiert:** *Degener*, Politik und Zeitgeschichte (Beilage zur Wochenzeitung „Das Parlament"), 2003, 37 (S.)
Degener, Theresia	Verfassungsrechtliche Probleme mit der Behindertendiskriminierung in Deutschland KJ 2000, 425-433 **Zitiert:** *Degener*, KJ 2000, 425 (S.)
Delbrück, Jost	Die Rassenfrage als Problem des Völkerrechts und nationaler Rechtsordnungen 1971, Frankfurt/Main **Zitiert:** *Delbrück*, Rassenfrage, (S.)
Denninger, Erhard/ Hinz, Manfred O./ Mayer-Tasch, Peter Cornelius/ Roellecke, Gerd (Hrsg.)	Festschrift für Peter Schneider zum 70. Geburtstag 1990, Frankfurt/Main **Zitiert:** *Bearbeiter* in: Denninger u.a. (Hrsg.), FS Schneider, (S.)

Derleder, Peter/ Sabetta, Giuseppe	Die Umsetzung eines Diskriminierungsverbots im Wohnraummietrecht WuM 2005, 3-10 **Zitiert**: *Derleder/Sabetta*, WuM 2005, 3 (S.)
Di Fabio, Udo	Richtlinienkonformität als ranghöchstes Normauslegungsprinzip? – Überlegungen zum Einfluß des indirekten Gemeinschaftsrechts auf die nationale Rechtsordnung NJW 1990, 947-954 **Zitiert**: *di Fabio*, NJW 1990, 947 (S.)
Dieterich, Thomas/ Müller-Glöge, Rudi/ Preis, Ulrich/ Schaub, Günter	Erfurter Kommentar 5. Aufl. 2005 München **Zitiert**: *Bearbeiter* in: Dieterich/Müller-Glöge/Preis/ Schaub (Hrsg.), ErfK, § […] Rn. […]
Dill, Ricarda	Die Antidiskriminierungs-Richtlinien der EU und das deutsche Staatskirchenrecht ZRP 2003, 318-322 **Zitiert**: *Dill*, ZRP 2003, 318 (S.)
Dreier, Horst (Hrsg.)	Grundgesetz Kommentar, Bd. 1 2. Aufl. 2004 Tübingen **Zitiert**: *Bearbeiter* in: Dreier (Hrsg.), GG-Komm. Bd. 1, Art. […] Rn. […]
Dreyer, Eva	Race Relations Act 1976 und Rassendiskriminierung in Großbritannien 2000 Baden-Baden **Zitiert**: *Dreyer*, Race Relations Act 1976, (S.)
Due, Ole/ Lutter, Marcus/ Schwarze, Jürgen	Festschrift für Ulrich Everling, Bd. 2 1995 Baden-Baden **Zitiert**: *Bearbeiter* in: Due/Lutter/Schwarze (Hrsg.), FS Everling Bd. 2, (S.)
Ehlers, Dirk	Die Grundfreiheiten des europäischen Gemeinschaftsrechts (Teil I) Jura 2001, 266-275 **Zitiert**: *Ehlers*, Jura 2001, 266 (S.)
Ehlers, Dirk	Die Grundfreiheiten des europäischen Gemeinschaftsrechts (Teil II) Jura 2001, 482-489 **Zitiert**: *Ehlers*, Jura 2001, 482 (S.)
Ehlers, Dirk (Hrsg.)	Europäische Grundrechte und Grundfreiheiten 2003 Berlin **Zitiert**: *Bearbeiter* in: Ehlers (Hrsg.), Europäische Grundrechte und Grundfreiheiten, (S.)

Ehricke, Ulrich	Die richtlinienkonforme Auslegung nationalen Rechts vor Ende der Umsetzungsfrist einer Richtlinie EuZW 1999, 553-559 **Zitiert:** *Ehricke*, EuZW 1999, 553 (S.)
Eichenhofer, Eberhard	Diskriminierungsschutz und Privatautonomie DVBl. 2004, 1078-1086 **Zitiert:** *Eichenhofer*, DVBl. 2004, 1078 (S.)
Eidenmüller, Horst	Der unliebsame Kritiker: Theaterkritik und Schmähkritik NJW 1991, 1439-1443 **Zitiert:** *Eidenmüller*, NJW 1991, 1439 (S.)
Eisenführ, Franz/ Theuvsen, Ludwig	Einführung in die Betriebswirtschaftslehre 4. Aufl. 2004 Stuttgart **Zitiert:** *Eisenführ/Theuvsen*, Einführung BWL, (S.)
ENAR (Hrsg.)	Bekämpfung von Rassismus und Fremdenfeindlichkeit durch Legislativmaßnahmen auf europäischer Ebene (Redaktion: Isabelle Chopin) 1999 Brüssel Abrufbar unter: http://www.migpolgroup.com/uploadstore/ENARcampd.pdf (Zugriffsdatum: April 2006) **Zitiert:** *ENAR* (Hrsg.), Bekämpfung von Rassismus, (S.)
ENAR (Hrsg.)	Von der Theorie zur Praxis – Evaluierung der Rechtsvorschriften gegen rassistisch und ethnisch motivierte Diskriminierung in verschiedenen EU-Mitgliedstaaten Juni 2001 Brüssel Abrufbar unter: http://www.enar-eu.org/de/ publication/ENAR %206%20pub%20DE%203.pdf (Zugriffsdatum: April 2006) **Zitiert:** *Bearbeiter* in: ENAR (Hrsg.), Von der Theorie zur Praxis, (S.)
Engert, Andreas	Allied by Surprise? The Economic Case For an Anti-Discrimination-Statute GLJ 4 (2003), 685-699 Abrufbar unter: http://www.germanlawjournal.com/article.php?id=290 (Zugriffsdatum: April 2006) **Zitiert:** *Engert*, GLJ 4 (2003), 685 (S.)
Ennecerus, Ludwig/ Nipperdey, Hans Carl	Allgemeiner Teil des Bürgerlichen Rechts, Bd. I 15. Aufl., 1959 Tübingen **Zitiert:** *Ennecerus/Nipperdey*, BGB AT I, § […]
Erman, Walter/ Westermann, Harm Peter (Hrsg.)	Handkommentar zum Bürgerlichen Gesetzbuch 11. Aufl. 2004 Köln **Zitiert:** *Bearbeiter* in: Erman/Westermann (Hrsg.), BGB, Anh. § […] Rn. […]

Literaturverzeichnis 357

Europaforum Wien (Hrsg.)	Artikel 13 – Bekämpfung der Diskriminierungen: Orientierungen für die Zukunft Konferenzdokumentation vom 3./4.12.1998 in Wien 1999 Wien **Zitiert**: *Bearbeiter* in: Europaforum Wien (Hrsg.), Artikel 13, (S.)
Europäische Kommission (Hrsg.)	Eurobarometer 57.0 Executive Summary – Discrimination in Europe, For Diversity against Discrimination Mai 2003 Brüssel **Zitiert**: *EU-KOM* (Hrsg.), Eurobarometer 57.0, (S.)
Europäische Kommission (Hrsg.)	Vergleichende Studie über die Sammlung von Daten mit dem Ziel der Bemessung des Ausmaßes und er Auswirkung von Diskriminierung in den Vereinigten Staaten, Kanada, Australien, Großbritannien und den Niederlanden 2004 Luxemburg **Zitiert**: *EU-KOM* (Hrsg.), Vergleichende Studie, (S.)
Europäische Kommission (Hrsg.)	Critical Review of Academic Literature Relating to the EU Directives to Combat Discrimination Juli 2004 Brüssel **Zitiert**: *EU-KOM* (Hrsg.), Academic Literature, (S.)
Europäische Kommission (Hrsg.)	Report on the Role, Structure and Functioning of Specialised Bodies to Promote Equality and/or Combat Discrimination Final Report by PLS Ramboll Management May 2002, Luxemburg **Zitiert**: *EU-KOM* (Hrsg.), Role, Structure and Functioning of Specialised Bodies to Promote Equality, (S.)
Europäische Kommission (Hrsg.)	Jahresbericht über die Gleichbehandlung und Antidiskriminierung 2003 – Hin zur Vielfalt 2003, Luxemburg **Zitiert**: *EU-KOM* (Hrsg.), Jahresbericht über die Gleichbehandlung und Antidiskriminierung, (S.)
Europäische Kommission (Hrsg.)	Überblick über die gesetzlichen Antidiskriminierungsbestimmungen der Mitgliedstaaten 2000 Luxemburg Abrufbar unter: http://europa.eu.int/comm/employment_social/fundamental_rights/pdf/arct/legalprovisions_de.pdf (Zugriffsdatum: April 2006) **Zitiert**: *EU-KOM* (Hrsg.), Überblick über die gesetzlichen Antidiskriminierungsbestimmungen der Mitgliedstaaten, (S.)
Europäische Kommission (Hrsg.)	Sozialpolitische Agenda 2005-2010: Ein soziales Europa in der globalen Wirtschaft – Arbeitsplätze und Chancen für alle März 2005, Luxemburg **Zitiert**: *EU-KOM* (Hrsg.), Sozialpolitische Agenda 2005-2010, (S.)

Europäische Kommission (Hrsg.)	Spotlight März 2005: Bemessung des Ausmaßes und der Auswirkung von Diskriminierung März 2005, Luxemburg Abrufbar unter: http://europa.eu.int/comm/employment_social/fundamental_rights/spot/march05_de.htm (Zugriffsdatum: April 2006) Zitiert: *EU-KOM* (Hrsg.), Spotlight März 2005
Europäische Kommission (Hrsg.)	Race Equality Directive – State of Play in the Member States, Executive Summaries 2003, Luxemburg Zitiert: *Bearbeiter* in: EU-KOM (Hrsg.), Race Equality Directive – State of Play in the Member States, (S.)
Europäische Kommission (Hrsg.)	Equality, Diversity and Enlargement – Report on measures to combat discrimination in acceding and candidate countries 2003, Luxemburg Zitiert: *Bearbeiter* in EU-KOM (Hrsg.), Equality, Diversity and Enlargement, (S.)
Europäische Kommission (Hrsg.)	Weißbuch – Europäische Sozialpolitik: Ein zukunftsweisender Weg für die Union 1994, Luxemburg Zitiert: *EU-KOM* (Hrsg.), Weißbuch – Europäische Sozialpolitik, (S.)
Europäische Kommission (Hrsg.)	Gender Mainstreaming – Definition Abrufbar unter: http://europa.eu.int/comm/employment_social/equ_opp/gms_de.html Auszug aus der KOM-Mitteilung „Einbindung der Chancengleichheit in sämtliche politische Konzepte und Maßnahmen der Gemeinschaft" (KOM 96 67 endg.) Zitiert: *EU-KOM* (Hrsg.), Gender Mainstreaming
Europäische Kommission (Hrsg.)	Grünbuch – Gleichstellung sowie Bekämpfung von Diskriminierungen in einer erweiterten Europäischen Union (KOM 2004 379 endg.) v. 28.5.2004 2004, Luxemburg Zitiert: *EU-KOM* (Hrsg.), Grünbuch Diskriminierung, (S.)
Europäische Kommission (Hrsg.)	Europa gegen Diskriminierung: Konferenzbericht, Brüssel 18. und 19. Oktober 2001 2002, Luxemburg Zitiert: EU-KOM (Hrsg.), Europa gegen Diskriminierung, (S.)
Europäisches Parlament (Hrsg.)	Perspektiven der Anti-Diskriminierungspolitik (Reihe Soziale Angelegenheiten, EP GD IV Arbeitsdokument SOCI, Reihe Soziale Angelegenheiten, Nr. 105 DE, PE 168.637 April 2000 Brüssel Abrufbar unter: http://www.europarl.eu.int/workingpapers/soci/105_de.htm (Zugriffsdatum: April 2006) Zitiert: *EP* (Hrsg.), Perspektiven der Anti-Diskriminierungspolitik, (S.)

Ev. Akademie Mülheim/Ruhr (Hrsg.)	Politische und rechtliche Schritte gegen die Diskriminierung von ethnischen Minderheiten – Zu Möglichkeit und Inhalt eines Antidiskriminierungsgesetzes Tagung in Zusammenarbeit mit dem IAF und der Ausländerbeauftragten des Berliner Senats, 8.-10.10.1993 1994 **Zitiert**: *Bearbeiter* in: Ev. Akademie Mülheim/Ruhr (Hrsg.), Politische und rechtliche Schritte, (S.)
Fischer, Nikolaj/ Schmidtbleicher, Roland	Lieber richten statt schlichten? – Überlegungen zur obligatorischen inner- und außergerichtlichen Streitbeilegung (§§ 278 ZPO, 15a EGZPO) AnwBl 2005, 233-238 **Zitiert**: *Fischer/Schmidtbleicher*, AnwBl 2005, 233 (S.)
Flauss, Jean-Francois	L'action de l'union européenne dans la lutte contre le racisme et la xénophobie RTDH 2001, 487-515 **Zitiert**: *Flauss*, RTDH 2001, 487 (S.)
Flynn, Leo	The Implications of Article 13 EC – After Amsterdam, will some Forms of Discrimination be more Equal than Others? CMLR 36 (1999), 1127-1152 **Zitiert**: *Flynn*, CMLR 36 (1999), 1127 (S.)
Forsthoff, Ulrich	Drittwirkung der Grundfreiheiten: Das EuGH-Urteil Angonese EWS 2000, 389-397 **Zitiert**: Forsthoff, EWS 2000, 389 (S.)
Franzen, Martin	Privatrechtsangleichung durch die Europäische Gemeinschaft 1999 Berlin – New York **Zitiert**: *Franzen*, Privatrechtsangleichung durch die EG, (S.)
Fredman, Sandra	Equality: A New Generation? ILJ 30 (2001), 145-168 **Zitiert**: *Fredman*, ILJ 30 (2001), 145 (S.)
Fredman, Sandra	Discrimination Law 2002 Oxford **Zitiert**: *Fredman*, Discrimination Law, (S.)
Fredman, Sandra (Hrsg.)	Discrimination and Human Rights. The case of Racism The Collected Courses of the Academy of European Law 2001 Oxford **Zitiert**: *Bearbeiter* in Fredman (Hrsg.), Discrimination and Human Rights, (S.)
Fredrickson, George M.	Rassismus – Ein historischer Abriss 2004 Hamburg **Zitiert**: *Fredrickson*, Rassismus, (S.)

Frenz, Walter	Verpflichtungen Privater durch Richtlinien und Grundfreiheiten EWS 2005, 104-108 **Zitiert:** *Frenz*, EWS 2005, 104 (S.)
Friauf, Karl Heinrich	Grundrechtsprobleme bei der Durchführung von Maßnahmen zur Gleichberechtigung – Welche anderen Grundrechtsnormen muss der Gesetzgeber berücksichtigen – und gegebenenfalls inwieweit –, der das Gebot der Nichtdiskriminierung nach dem Geschlecht (Art. 3 Abs. 2 GG) für den Bereich des privaten Rechts verbindlich vorschreibt? Rechtsgutachten erstattet im Auftrag des Bundesministers des Innern Schriftenreihe des Bundesministeriums des Innern, Bd. 12 1981 Stuttgart u.a. **Zitiert:** *Friauf*, Grundrechtsprobleme, (S.)
Friedrich-Naumann-Stiftung (Hrsg.)	Forderungen der Friedrich-Naumann-Stiftung zum Entwurf einer Verfassung der Europäischen Union für einen Volksentscheid (28.10.2003) Abrufbar unter: http://admin.fnst.org/uploads/487/EUVerfassung.pdf (Zugriffsdatum: April 2006) **Zitiert:** *FNSt* (Hrsg.), Forderungen zum Entwurf einer Verfassung der EU, (S.)
Friedrich-Naumann-Stiftung (Hrsg.)	Dokumentation Anti-Diskriminierungsgesetz Bd. I und II St. Augustin 2. Aufl. 1984 **Zitiert:** *FNSt* (Hrsg.), Dokumentation ADG, (S.)
Fries, Michaela	Die Bedeutung von Artikel 5 (f) der Rassendiskriminierungskonvention im deutschen Recht – Diskriminierung durch Private beim Zugang zu Gaststätten Beiträge zum ausländischen öffentlichen Recht und Völkerrecht, Bd. 161 2003, Berlin u.a. **Zitiert:** *Fries*, Artikel 5 (f) Rassendiskriminierungskonvention, (S.)
Frowein, Jochen Abr.	Die Überwindung von Diskriminierung als Staatsauftrag in Art. 3 Abs. 3 GG In: Franz Ruland/Bernd Baron von Maydell/Hans-Jürgen Papier (Hrsg.), Verfassung, Theorie und Praxis des Sozialstaats: Festschrift für Hans F. Zacher zum 70. Geburtstag, 157-168 1998, Heidelberg **Zitiert:** *Frowein* in: Ruland/Baron von Maydell/Papier (Hrsg.), FS Zacher, 157 (S.)
Frowein, Jochen Abr./ Peukert, Wolfgang (Hrsg.)	Europäische Menschenrechtskonvention (EMRK) Kommentar 2. Aufl. 1996 Kehl – Straßburg – Arlington **Zitiert:** *Bearbeiter* in: Frowein/Peukert (Hrsg.), EMRK, Art. [...] Rn. [...]

Ganten, Detlev/ Deichmann, Thomas/ Spahl, Thilo	Leben, Natur, Wissenschaft – Alles, was man wissen muss 2003 Frankfurt a.M. **Zitiert:** *Ganten/Deichmann/Spahl*, Leben, Natur, Wissenschaft, (S.)
Ganten, Ted Oliver	Die Drittwirkung der Grundfreiheiten – Die EG-Grundfreiheiten als Grenze der Handlungs- und Vertragsfreiheit im Verhältnis zwischen Privaten Untersuchungen zum europäischen Privatrecht, Bd. 3 2000 Berlin **Zitiert:** *Ganten*, Drittwirkung der Grundfreiheiten, (S.)
Gas, Tonio	Die unmittelbare Anwendbarkeit von Richtlinien zu Lasten Privater im Urteil *Mangold* EuZW 2005, 737 **Zitiert:** *Gas*, EuZW 2005, 737
Gaul, Björn/ Bonanni, Andrea	Europäischer Gerichtshof beschränkt Befristungen Frankfurter Allgemeine Zeitung, 30.11.2005, 23 **Zitiert:** *Gaul/Bonanni*, FAZ v. 30.11.2005, 23
Geiger, Rudolf	Vertrag zur Gründung der Europäischen Union und Vertrag zur Gründung der Europäischen Gemeinschaft (EUV/EGV) 4. Aufl. 2004 München **Zitiert:** *Geiger*, EUV/EGV, Art. […] Rn. […]
Gitter, Wolfgang	Gleichberechtigung der Frau: Aufgaben und Schwierigkeiten – Eine Erörterung von Überlegungen über ein „Antidiskriminierungsgesetz" NJW 1982, 1567-1571 **Zitiert:** *Gitter*, NJW 1982, 1567 (S.)
Göksu, Tarkan	Rassendiskriminierung beim Vertragsabschluss als Persönlichkeitsverletzung Arbeiten aus dem Iuristischen Seminar der Universität Freiburg Schweiz, Bd. 221 Freiburg Schweiz, 2003 **Zitiert:** *Göksu*, Rassendiskriminierung, Rn. […]
Görlitz, Niklas	Struktur und Bedeutung der Rechtsfigur der mittelbaren Diskriminierung im System der Grundfreiheiten – Zugleich der Versuch einer Abgrenzung zwischen mittelbaren Diskriminierungen und allgemeinen Beschränkungen Schriftenreihe Europäisches Recht, Politik und Wirtschaft, Bd. 312 2005 Baden-Baden **Zitiert:** *Görlitz*, Mittelbare Diskriminierung, (S.)
Grabenwarter, Christoph	Europäische Menschenrechtskonvention 2003 München – Wien **Zitiert:** *Grabenwarter*, EMRK, § […] Rn. […]

Grabitz, Eberhard/ Hilf, Meinhard	Das Recht der Europäischen Union 26. Ergänzungslieferung (Stand: März 2005) München Zitiert: *Bearbeiter* in: Grabitz/Hilf (Hrsg.), EUV/EGV, Art. […],Rn. […]
Graf von Westphalen, Friedrich	Einige Überlegungen zum Gesetzentwurf zur Verhinderung von Diskriminierungen im Zivilrecht ZGS 2002, 283-289 Zitiert: Graf *von Westphalen*, ZGS 2002, 283 (S.)
Graf-Schlicker, Marie-Luise/ Schmidt, Uwe	Obligatorische außergerichtliche Streitschlichtung durch das Schiedsamt SchAZ 2000, 177-182 Zitiert: *Graf-Schlicker/Schmidt*, SchAZ 2000, 177 (S.)
Grant, Rob	Incompetence 2004 London Zitiert: *Grant*, Incompetence, (S.)
Groeben, Hans von der/ Schwarze, Jürgen (Hrsg.)	Kommentar zum Vertrag über die Europäische Union und zur Gründung der Europäischen Gemeinschaft Bd. 1: Art. 1-53 EUV; Art. 1-80 EGV 6. Aufl. 2003 Baden-Baden Zitiert: *Bearbeiter* in: v.d. Groeben/Schwarze, EUV/EGV, Art. […] Rn. […]
Grundmann, Stefan	Privatautonomie im Binnenmarkt – Informationsregeln als Instrument JZ 2000, 1133-1143 Zitiert: *Grundmann*, JZ 2003, 1133 (S.)
Grundmann, Stefan	Europäisches Schuldvertragsrecht: Standort, Gestalt und Bezüge JuS 2001, 946-951 Zitiert: *Grundmann*, JuS 2001, 946 (S.)
Grundmann, Stefan	Einwirkung von EG-Richtlinien des Privat- und Wirtschaftsrechts auf nationales Recht – Deckungsgleichheit zumindest im Mindestniveau JuS 2002, 768-773 Zitiert: *Grundmann*, JuS 2002, 768 (S.)
Grundmann, Stefan	EG-Richtlinie und nationales Privatrecht – Umsetzung und Bedeutung der umgesetzten Richtlinie im nationalen Privatrecht JZ 1996, 274-287 Zitiert: *Grundmann*, JZ 1996, 274 (S.)
Grundmann, Stefan/ Riesenhuber, Karl	Die Auslegung des Europäischen Privat- und Schuldvertragsrechts JuS 2001, 529-536 Zitiert: *Grundmann/Riesenhuber*, JuS 2001, 529 (S.)

Gstaltmeyr, Martin	Bewehrung von EG-Richtlinien: Sanktionssysteme bei fehlender oder fehlerhafter Umsetzung durch die Mitgliedstaaten Rechtswissenschaftliche Forschung und Entwicklung, Bd. 589 1998, München **Zitiert:** *Gstaltmeyr*, Bewehrung von EG-Richtlinien, (S.)
Guckelberger, Annette	Die Drittwirkung der Grundrechte JuS 2003, 1151-1157 **Zitiert:** *Guckelberger*, JuS 2003, 1151 (S.)
Guild, Elspeth	The EC Directive on Race Discrimination: Surprises, Possibilities and Limitations Industrial Law Journal 29 (2000), 416-423 **Zitiert:** *Guild*, ILJ 29 (2000), 416 (S.)
Gundel, Jörg	Die Rechtfertigung von faktisch diskriminierenden Eingriffen in die Grundfreiheiten des EGV Jura 2001, 79-85 **Zitiert:** *Gundel,* Jura 2001, 79 (S.)
Gundel, Jörg	Neue Grenzlinien für die Direktwirkung nicht umgesetzter EG-Richtlinien unter Privaten – Zur Unanwendbarkeit richtlinienwidriger nationaler Verbotsgesetze im Konflikt unter Privaten EuZW 2001, 143-149 **Zitiert:** *Gundel*, EuZW 2001, 143 (S.)
Habersack, Mathias/ Mayer, Christian	Die überschießende Umsetzung von Richtlinien JZ 1999, 913-921 **Zitiert***: Habersack/Mayer* JZ 1999, 913 (S.)
Haedrich, Martina	Rassismusbekämpfung nach Völkerrecht und innerstaatliche Wirkungen JA 2003, 899-905 **Zitiert:** *Haedrich*, JA 2003, 899 (S.)
Hager, Johannes	Grundrechte im Privatrecht JZ 1994, 373-383 **Zitiert:** *Hager*, JZ 1994, 373 (S.)
Hailbonner, Kay	Die Antidiskriminierungsrichtlinien der EU ZAR 2001, 254-259 **Zitiert:** *Hailbronner*, ZAR 2001, 254 (S.)
Hannett, Sarah	Equality at the Intersections: The Legislative and Judicial Failure to Tackle Multiple Discrimination OJLS 23 (2003), 65-86 **Zitiert:** *Hannett*, OJLS 23 (2003), 65 (S.)
Haratsch Andreas/ Janz, Norbert/ Rademacher, Sonja/ Schmahl, Stefanie/ Weiß, Norman (Hrsg.)	Religion und Weltanschauung im säkularen Staat, 41. Tagung der Wissenschaftlichen Mitarbeiterinnen und Mitarbeiter der Fachrichtung „Öffentliches Recht" 2001, Potsdam **Zitiert:** *Bearbeiter* in: Haratsch u.a. (Hrsg.), Religion und Weltanschauung, (S.)

Heckmann, Friedrich	Typology of Racially Discriminated and Ethnic Minorities in Europe? – or On the Relation between Ethnic Minorities, Racism and Affirmative Action efms Paper Nr. 22 1998 Abrufbar unter: http://www.uni-bamberg.de/~ba6ef3/pdf/efms _p22.pdf (Zugriffsdatum: April 2006) **Zitiert:** *Heckmann*, efms Paper Nr. 22, 1998, (S.)
Herms, Sascha/ Meinel, Gernod	Vorboten einer neuen Ära: Das geplante Antidiskriminierungsgesetz DB 2004, 2370-2373 **Zitiert:** *Herms/Meinel*, DB 2004, 2370 (S.)
Herrmann, Elke	Die Abschlußfreiheit - ein gefährdetes Prinzip ZfA 1996, 19-68 **Zitiert:** *Herrmann*, ZfA 1996, 19 (S.)
Hobe, Stephan	Europarecht 2. Aufl. 2004 Köln u.a. **Zitiert:** *Hobe*, EuR, Rn. […]
Högenauer, Nikolaus	Die europäischen Richtlinien gegen Diskriminierung im Arbeitsrecht: Analyse, Umsetzung und Auswirkung der Richtlinien 2000/43/EG und 2000/78/EG im deutschen Arbeitsrecht Schriftenreihe arbeitsrechtliche Forschungsergebnisse, Bd. 17 2002 Hamburg **Zitiert:** *Högenauer*, Richtlinien gegen Diskriminierung im Arbeitsrecht, (S.)
Hoppe, Christian/ Wege, Donat	Urteil des ArbG Wuppertal vom 10.12.2003 – 3 Ca 4927/03 LAGE § 626 BGB 2002 Nr. 2a **Zitiert:** *Hoppe/Wege*, LAGE § 626 BGB 2002 Nr. 2a, (S.)
Humanistische Union (Hrsg.)	Ein Antidiskriminierungsgesetz für die Bundesrepublik 1978, München **Zitiert:** *HU* (Hrsg.), ADG für die BRD, (S.)
Humanistische Union (Hrsg.)	Ein Antidiskriminierungsgesetz (Faltblatt) März 1981, München **Zitiert:** *HU* (Hrsg.), Faltblatt ADG, (S.)
Igl, Gerhard	Das Recht auf Pflegekräfte des eigenen Geschlechts unter besonderer Berücksichtigung der Situation pflegebedürftiger Frauen Rechtsgutachten Juni 2002 Kiel/Gießen Abrufbar unter: http://www.bmfsfj.de/RedaktionBMFSFJ/Abteilung4/Pdf-Anlagen/PRM-24314-Rechtsgutachten,property= pdf.pdf (Zugriffsdatum: April 2006) **Zitiert:** *Igl/Dünnes*, Pflegekräfte, Rechtsgutachten, (S.)

Institut für Demoskopie Allensbach (Hrsg.)	Studie Anti-Diskriminierungsgesetz März 2005 Allensbach **Zitiert**: *Institut für Demoskopie Allensbach* (Hrsg.), Studie Anti-Diskriminierungsgesetz, (S.)
Isensee, Josef/ Kirchhof, Paul	Handbuch des Staatsrechts, Bd. I: Grundlagen von Staat und Verfassung 2. Aufl. 1995 Heidelberg **Zitiert**: *Bearbeiter* in: Isensee/Kirchhof (Hrsg.), HbdStR, § [...] Rn. [...]
Jaensch, Michael	Die unmittelbare Drittwirkung der Grundfreiheiten 1997 Baden-Baden **Zitiert**: *Jaensch*, Unmittelbare Drittwirkung der Grundfreiheiten, (S.)
Jarass, Hans D.	EU-Grundrechte 2005 München **Zitiert**: *Jarass*, EU-Grundrechte, (S.)
Jarass, Hans D.	Elemente einer Dogmatik der Grundfreiheiten II EuR 2000, 705-723, **Zitiert**: *Jarass*, EuR 2000, 705 (S.)
Jarass, Hans D.	Elemente einer Dogmatik der Grundfreiheiten EuR 1995, 202-226 **Zitiert**: *Jarass*, EuR 1995, 202 (S.)
Jauernig, Othmar (Hrsg.)	Kommentar zum Bürgerlichen Gesetzbuch 11. Aufl. 2004 München **Zitiert**: *Bearbeiter* in: Jauernig (Hrsg.), BGB, § [...] Rn. [...]
Jestaedt, Matthias	Diskriminierungsschutz und Privatautonomie VVDStRL 64, 298-350 **Zitiert**: *Jestaedt*, VVDStRL 64, 298 (S.)
Jochum, Georg	Der neue Art. 13 EGV oder „political correctness" auf europäisch? ZRP 1999, 279-281 **Zitiert**: *Jochum*, ZRP 1999, 279 (S.)
Joerden, Jan C. (Hrsg.)	Diskriminierung – Anti-Diskriminierung, Schriftenreihe des Interdisziplinären Zentrums für Ethik an der Europa-Universität Viadrina Frankfurt (Oder) 1996 Berlin u.a. **Zitiert**: *Bearbeiter* in: Joerden (Hrsg.), Diskriminierung – Anti-Diskriminierung, (S.)

Jones, Timothy	The Race Directive: Redefining Protection from Discrimination in EU Law EHRLR 5 (2003), 515-526 Zitiert: *Jones*, EHRLR 5 (2003), 515 (S.)
Joussen, Jacob	Si tacuisses – Der aktuelle Stand zum Fraugerecht des Arbeitgebers nach einer Schwerbehinderung NJW 2003, 2857-2861 Zitiert: *Joussen*, NJW 2003, 2857 (S.)
Joussen, Jacob	Die Folgen der europäischen Diskriminierungsverbote für das kirchliche Arbeitsrecht RdA 2003, 32-39 Zitiert: *Joussen*, RdA 2003, 32 (S.)
Kadelbach, Stefan/ Petersen, Niels	Die gemeinschaftsrechtliche Haftung für Verletzungen von Grundfreiheiten aus Anlass privaten Handelns EuGRZ 2002, 213-220 Zitiert: *Kadelbach/Petersen*, EuGRZ 2002, 213 (S.)
Kainer, Friedmann	Grundfreiheiten und staatliche Schutzpflichten – Entscheidungsbesprechung EuGH, NJW 1998, 1931 JuS 2000, 431-436 Zitiert: *Kainer*, JuS 2000, 431 (S.).
Kälin, Walter (Hrsg.)	Das Verbot ethnisch-kultureller Diskriminierung – Verfassungs- und menschenrechtliche Aspekte 1999 Basel – Genf – München Zitiert: *Bearbeiter* in: Kälin (Hrsg.), Verbot ethnisch-kultureller Diskriminierung, (S.)
Khan, Shakila	The Making and Future of Article 13 of the Treaty of the European Community and its Implications for Muslims in Europe In: The Muslim Lawyer 3 (September 1999), 1-4 Abrufbar unter: http://www.aml.org.uk/journal (Zugriffsdatum: April 2006) Zitiert: *Khan*, The Muslim Lawyer 3 (1999), 1 (S.)
Kilian, Wolfgang	Kontrahierungszwang und Zivilrechtssystem AcP 180 (1980), 47-83 Zitiert: *Kilian*, AcP 180 (1980), 47 (S.)
Kischel, Uwe	Zur Dogmatik des Gleichheitssatzes in der Europäischen Union EuGRZ 1997, 1-11 Zitiert: *Kischel*, EuGRZ 1997, 1 (S.)
Klein, Eckart (Hrsg.)	Rassische Diskriminierung – Erscheinungsformen und Bekämpfungsmöglichkeiten Tagung in Potsdam, 29./30.9.2000 Menschenrechtszentrum der Universität Potsdam, Bd. 12 2002, Berlin Zitiert: *Bearbeiter* in: Klein (Hrsg.), Rassische Diskriminierung, (S.)

Klepper, Marian	Das „Anti-Diskriminierungs-Gesetz": Sozialer Ausgleich statt Vertragsfreiheit? Orientierungen zur Wirtschafts- und Gesellschaftspolitik 92 (2002), 11-15 **Zitiert:** *Klepper*, OWG 92 (2002), 11 (S.)
Klumpp, Steffen	Diskontinuität und ihre Folgen für das Anti-Diskriminierungsrecht NZA 2005, 848-854 **Zitiert:** *Klumpp*, NZA 2005, 848 (S.)
Kocher, Eva	Vom Diskriminierungsverbot zum „Mainstreaming" – Anforderung an eine Gleichstellungspolitik für die Privatwirtschaft RdA 2002, 167-173 **Zitiert:** *Kocher*, RdA 2002, 167 (S.)
König, Doris	Antidiskriminierungsrichtlinien vor der Umsetzung – Gedanken zum Dialog mit den NGOs ZRP 2003, 315-318 **Zitiert:** *König*, ZRP 2003, 315 (S.)
König, Doris/ Lange, Joachim/ Rust, Ursula/ Schöpp-Schilling, Hanna Beate	Gleiches Recht – gleiche Realität? Welche Instrumente bieten Völkerrecht, Europarecht und nationales Recht für die Gleichstellung von Frauen Loccumer Protokolle 71/03 Rehburg-Loccum 2004 **Zitiert:** *Bearbeiter* in: Loccumer Protokolle 71/03, (S.)
Koppenfels, Katharina von	Das Ende der Vertragsfreiheit? – Erkenntnisse aus dem (vorläufig) gescheiterten zivilrechtlichen Anti-Diskriminierungsgesetz für die Umsetzung der Richtlinien 2000/43/EG und 2000/78/EG WM 2002, 1489-1496 **Zitiert:** *v. Koppenfels*, WM 2002, 1489 (S.)
Körner, Marita	„Riesterrente und Eichelförderung" und geschlechtereinheitliche Tarife – Untersuchung für die Hans-Böckler-Stiftung Abrufbar unter: http://www.dgb.de/themen/ themen_a_z/abisz _doks/u/unisex_tarife.pdf (Zugriffsdatum: April 2006) **Zitiert:** *Körner*, Rechtsgutachten HBS, (S.)
Körner, Marita	Völkerrechtlicher Schutz vor Diskriminierung im CEDAW-Übereinkommen der Vereinten Nationen ZRP 2005, 223-225 **Zitiert:** *Körner*, ZRP 2005, 223 (S.)
Korthaus, Hannah	Das neue Anti-Diskriminierungsrecht – Die Richlinien 2000/43/EG und 2000/78/EG und die Auswirkungen auf das deutsche Arbeitsrecht 2006 Aachen **Zitiert:** *Korthaus*, Das neue Anti-Diskriminierungsrecht, (S.)

Kühner, Rolf	Das Recht auf Zugang zu Gaststätten und das Verbot der Rassendiskriminierung NJW 1986, 1397-1402 Zitiert: *Kühner*, NJW 1986, 1397 (S.)
Ladeur, Karl-Heinz	The German Proposal of an "Anti-Discrimination"-Law: Anticonstitutional and Anti-Common Sense. A Response to Nicola Vennemann GLJ 3 (2002), Rn. 1-9 Abrufbar unter: http://www.germanlawjournal.org Zitiert: *Ladeur*, GLJ 3 (2002), Rn. [...]
Lando, Ole/ Clive, Eric/ Prüm, André/ Zimmermann, Reinhard (Hrsg.).	Principles of European Contract Law – Part III Prepared by the Commission on European Contract Law, Chairman: Professor Ole Lando 2003 Den Haag Zitiert: *Lando u.a. (Hrsg.)*, Principles of European Contract Law III, (S.)
Langrish, Sally	The Treaty of Amsterdam: Selected Highlights ELR 23 (1998), 3-19 Zitiert: *Langrish*, ELR. 23 (1998), 3 (S.)
Larenz, Karl/ Wolf, Manfred	Allgemeiner Teil des Bürgerlichen Rechts 9. Aufl. 2004 München Zitiert: *Larenz/Wolf*, BGB AT, § [...] Rn. [...]
Lauer, Jürgen	Erfahrungen mit der außergerichtlichen Streitbeilegung in Ausführung des § 15a EGZPO NJW 2004, 1280-1282 Zitiert: *Lauer*, NJW 2004, 1280 (S.)
Laumen, Hans-W.	Die „Beweiserleichterung bis zur Beweislastumkehr" – Ein beweisrechtliches Phänomen NJW 2002, 3739 – 3746 Zitiert: *Laumen*, NJW 2002, 3739 (S.)
Leder, Tobias	Anmerkung zu EuGH, Rs. 476/99, Slg. 2002, 2891 (*Lommers*) EzA 357 (10/2002), 11-18 Zitiert: *Leder*, EzA 357 (2002), 11 (S.)
Leible, Stefan	Anmerkung zu EuGH, Rs. C-144/99 (*Kommission/Niederlande*), EuZW 2001, 437-438 EuZW 2001, 438-439 Zitiert: *Leible*, EuZW 2001, 438 (S.)
Lengauer, Alina	The New General Principle of Non-Discrimination in the EC Treaty as Amended by the Treaty of Amsterdam ARIEL 3 (1998), 369-395 Zitiert: *Lengauer*, Austrian Review of International & European Law 3 (1998), 369 (S.)

Lenz, Carl Otto/ Borchardt, Klaus-Dieter (Hrsg.)	Kommentar zu dem Vertrag über die Europäische Union und zu dem Vertrag zur Gründung der Europäischen Gemeinschaft, jeweils in der durch den Vertrag von Nizza geänderten Fassung 3. Aufl. 2003 Köln **Zitiert:** *Bearbeiter* in: Lenz/Borchardt (Hrsg.), EUV/EGV, Art. [...] Rn. [...]
Leuchten, Alexius	Der Einfluß der EG-Richtlinien zur Gleichbehandlung auf das deutsche Arbeitsrecht NZA 2002, 1254-1261 **Zitiert:** *Leuchten*, NZA 2002, 1254 (S.)
Lindner, Berend	Zur Klagebefugnis natürlicher und juristischer Personen für Nichtigkeitsklagen gem. Art. 230 IV EG gegen EG-Verordnungen NVwZ 2003, 569-572 **Zitiert:** *Lindner*, NVwZ 2003, 569 (S.)
Lingscheid, Anja	Anti-Diskriminierung im Arbeitsrecht – Neue Entwicklungen im Gemeinschaftsrecht auf Grund der Richtlinien 2000/43/EG und 2000/78/EG und ihre Einfügung in das deutsche Gleichbehandlungsrecht 2004 Berlin **Zitiert:** *Lingscheid*, Anti-Diskriminierung im Arbeitsrecht, (S.)
Loenen, Titia/ Rodrigues, Peter	Non-discrimination Law: Comparative Perspectives 1999 Den Haag – London – New York **Zitiert:** *Bearbeiter* in: Loenen/Rodrigues (Hrsg.), Non-discrimination Law, (S.)
Lohse, Volker	„Türken ist der Zutritt verboten" – Volksverhetzung durch Zugangsverweigerung NJW 1985, 1677-1681 **Zitiert:** *Lohse*, NJW 1985, 1677 (S.)
Lord Lester of Herne Hill	New European equality measures PL 2000, 562-567 **Zitiert:** *Lord Lester,* PL 2000, 562 (S.)
Löwisch, Manfred	Zweifelhafte Folgen des geplanten Leistungsstörungsrechts für das Arbeitsvertragsrecht NZA 2001, 465-467 **Zitiert:** *Löwisch*, NZA 2001, 465 (S.)
Lüke, Gerhard/ Wax, Peter (Hrsg.)	Münchener Kommentar zur Zivilprozessordnung Bd. 1: §§ 1-354 2. Aufl. 2000 München **Zitiert:** *Bearbeiter* in: MünchKomm ZPO, § [...] Rn. [...]

Mager, Ute	Schutz der Ausländer vor Diskriminierung durch Privatpersonen – Das geltende Recht sowie Möglichkeiten und Grenzen der Verbesserung Rechtsgutachten für die Ausländerbeauftragte des Senats von Berlin 1991 Berlin **Zitiert:** *Mager*, Schutz der Ausländer vor Diskriminierung durch Privatpersonen, (S.)
Mager, Ute	Möglichkeiten und Grenzen rechtlicher Maßnahmen gegen die Diskriminierung von Ausländern ZAR 1992, 170-174 **Zitiert:** *Mager*, ZAR 1992, 170 (S.)
Mahlmann, Matthias	Gleichheitsschutz und Privatautonomie – Probleme und Perspektiven der Umsetzung der Richtlinie 2000/43/EG gegen Diskriminierung aufgrund von Rasse und ethnischer Herkunft ZEuS 2002, 407-425 **Zitiert:** *Mahlmann*, ZeuS 2002, 407 (S.)
Martiny, Dieter	Ausländerdiskriminierung und Vertragsabschluß ZeuP 2001, 563-584 **Zitiert:** *Martiny*, ZeuP 2001, 563 (S.)
Maunz, Theodor/ Dürig, Günter (Hrsg.)	Grundgesetz 44. Ergänzungslieferung (Stand: Februar 2005) München **Zitiert:** *Bearbeiter* in: Maunz/Dürig (Hrsg.), GG-Komm., Art. [...] Rn. [...]
Maurer, Andreas	Die Macht des Europäischen Parlaments – eine prospektive Analyse im Blick auf die kommende Wahlperiode 2004-2009 SWP-Studie April 2004 Berlin Abrufbar unter: http://www.swp-berlin.org/common/ get_docu ment.php?id=830 (Zugriffsdatum: April 2006) **Zitiert:** *Maurer*, SWP-Studie, (S.)
Medicus, Dieter	Allgemeiner Teil des BGB 8. Aufl. 2002, München **Zitiert:** *Medicus*, BGB AT, Rn. [...]
Medicus, Dieter	Schuldrecht I – Allgemeiner Teil 16. Aufl. 2005, München **Zitiert:** *Medicus*, SchR I, Rn. [...]
Meenan, Helen	Age: The Individual and the Law – Part I ILT 20 (2002), 154-158 **Zitiert:** *Meenan*, ILT 20 (2002), 154 (S.)
Meenan, Helen	Age: The Individual and the Law – Part II ILT 20 (2002), 170-172 **Zitiert:** *Meenan*, ILT 20 (2002), 170 (S.)

Meenan, Helen	Age Equality after the Employment Directive MJ 10 (2003), 9-38 Zitiert: *Meenan*, MJ 10 (2003), 9 (S.)
Meron, Theodor	The Meaning and Reach of the International Convention on the Elimination of All Forms of Racial Discrimination AJIL 79 (1985), 283-318 Zitiert: *Meron*, AJIL 79 (1985), 283 (S.)
Meuser, Michael/ Neusüß, Claudia	Gender Mainstreaming – Konzepte, Handlungsfelder, Instrumente 2004 Bonn Zitiert: *Meuser/Neusüß*, Gender Mainstreaming, (S.)
Meyer, Jürgen (Hrsg.)	Kommentar zur Charta der Grundrechte der Europäischen Union 2003 Baden-Baden Zitiert: *Bearbeiter* in: Meyer (Hrsg.), ChGR, Art. [...] Rn. [...]
Meyer, Michael	Das Diskriminierungsverbot des Gemeinschaftsrechts als Grundsatznorm und Gleichheitsrecht Europäische Hochschulschriften – Reihe II Rechtswissenschaft, Bd. 3461 2002 Frankfurt a.M. Zitiert: *Meyer*, Diskriminierungsverbot, (S.)
Michaelis, Lars Oliver	Unmittelbare Drittwirkung der Grundfreiheiten – Zum Fall Angonese NJW 2001, 1841-1842 Zitiert: *Michaelis*, NJW 2001, 1841 (S.)
Mohn, Astrid Sybille	Der Gleichheitssatz im Gemeinschaftsrecht – Differenzierungen im europäischen Gemeinschaftsrecht und ihre Vereinbarkeit mit dem Gleichheitssatz Schriftenreihe Europa-Forschung, Bd. 17 Kehl am Rhein u.a., 1990 Zitiert: *Mohn*, Gleichheitssatz im Gemeinschaftsrecht, (S.)
Montesquieu, Charles-Louis de Secondat, Baron de la Brède et de	Vom Geist der Gesetze Auswahl, Übersetzung und Einleitung von Kurt Weigand 1993 Stuttgart Zitiert: *Montesquieu*, Vom Geist der Gesetze, (S.)
Morawa, Alexander H. E.	The Concept of Non-Discrimination: An Introductory Comment JEMIE 3/2002, 1-12 Zitiert: *Morawa*, JEMIE 3/2002, 1 (S.)
Müller, Friedrich/ Christensen, Ralph	Juristische Methodik: Bd. I – Grundlagen, Öffentliches Recht 8. Aufl. 2002, Berlin Zitiert: *Müller/Christensen*, Jur. Methodik I, (S.)

Müller, Peter	Der steinige Weg des § 611a BGB zur Europarechtskonformität – Ein Plädoyer für Wertungsoffen-heit in Entscheidungsbegründungen JA 2000, 119-123 Zitiert: *Müller*, JA 2000, 119 (S.)
Münch, Ingo von	Antidiskriminierungsgesetz – notwendig oder überflüssig? NJW 1999, 260-262 Zitiert: *v. Münch*, NJW 1999, 260 (S.)
Münch, Ingo von (Hrsg.)	Staatsrecht – Völkerrecht – Europarecht Festschrift für Hans-Jürgen Schlochauer zum 75. Geburtstag am 28.3.1981 1981 Berlin – New York Zitiert: *Bearbeiter* in: v. Münch (Hrsg.), FS Schlochauer, (S.)
Net Effect Oy (Hrsg.)	Study on Data Collection to measure the Extent and Impact of Discrimination in Europe, Final Report Helsinki Dezember 2004 Zitiert: *Net Effect Oy* (Hrsg.), Study on Data Collection, (S.)
Neuenhahn, Hans-Uwe	Mediation – Ein effizientes Konfliktlösungsinstrument auch in Deutschland NJW 2004, 663-665 Zitiert: *Neuenhahn*, NJW 2004, 663 (S.)
Neuner, Jörg	Diskriminierungsschutz durch Privatrecht JZ 2003, 57-66 Zitiert: *Neuner*, JZ 2003, 57 (S.)
Neuner, Jörg	Die Stellung Körperbehinderter im Privatrecht NJW 2000, 1822-1833 Zitiert: *Neuner*, NJW 2000, 1822 (S.)
Neuner, Jörg	Privatrecht und Sozialstaat 1999 München Zitiert: *Neuner*, Privatrecht und Sozialstaat, (S.)
Nickel, Rainer	Handlungsaufträge zur Bekämpfung von ethnischen Diskriminierungen in der neuen Gleichbehandlungsrichtlinie 2000/43/EG NJW 2001, 2668-2672 Zitiert: *Nickel*, NJW 2001, 2668 (S.)
Nickel, Rainer	Gleichheit und Differenz in der vielfältigen Republik – Plädoyer für ein erweitertes Diskriminierungsrecht 1999 Baden-Baden Zitiert: *Nickel*, Gleichheit und Differenz, (S.)
Nicolai, Andrea	Anmerkung zu EuGH Rs. C-144/04 (Mangold) DB 2005, 2641-2642 Zitiert: *Nicolai*, DB 2005, 2641 (S.)

Niessen, Jan/ Chopin, Isabelle (Hrsg.)	Anti-Discrimination Legislation in EU Member States. A comparison of national anti-discrimination legislation on the grounds of racial or ethnic origin, religion or belief with the Council Directives – Germany by Matthias Mahlmann 2002 Wien Abrufbar unter: http://eumc.eu.int/eumc/material/pub/Art13/ART13_Germany-en.pdf (Zugriffsdatum: April 2006) **Zitiert**: *Mahlmann* in: Niessen/Chopin (Hrsg.), Anti-Discrimination Legislation in EU Member States – Germany, (S.)
Niessen, Jan/ Chopin, Isabelle (Hrsg.)	Gesetzgebung über Anti-Diskriminierung in den Mitgliedstaaten der EU. Ein Vergleich einzelstaatlicher Rechtsvorschriften gegen Diskriminierungen aus Gründen der Rasse oder der ethnischen Herkunft, der Religion oder der Weltanschauung mit den Richtlinien des Rates – Deutschland, erstellt von Matthias Mahlmann 2002 Wien Abrufbar unter: http://eumc.eu.int/eumc/material/pub/Art13/ART13_DE-translation.pdf (Zugriffsdatum: April 2006) **Zitiert**: *Mahlmann* in: Niessen/Chopin (Hrsg.), Gesetzgebung über Anti-Diskriminierung in den Mitgliedstaaten der EU – Deutschland, (S.)
Niessen, Jan/ Chopin, Isabelle (Hrsg.)	Racial, ethnic and religious discrimination. A comparative analysis of national and European law – by Per Johansson 2002, Brüssel **Zitiert**: *Johansson* in: Niessen/Chopin (Hrsg.), Racial, ethnic and religious discrimination, (S.)
Niglia, Leone	The Transformation of Contract in Europe 2003 Den Haag – London – New York **Zitiert**: *Niglia*, The Transformation of Contract in Europe, (S.)
Nowak, Manfred	UN Covenant on Civil and Political Rights – CCPR Commentary 2. Aufl. 2005 Kehl am Rhein u.a. **Zitiert**: *Nowak*, CCPR Commentary, Art. [...] Rn. [...]
Nussberger, Angelika	Altersgrenzen als Problem des Verfassungsrechts JZ 2002, 524-532 **Zitiert**: *Nussberger*, JZ 2002, 524 (S.)
O'Hare, Ursula	Enhancing European Equality Rights: A New Regional Framework MJ 8 (2001), 133-165 **Zitiert**: *O'Hare*, MJ 8 (2001), 133,(S.)
Oliver, Hazel	Sexual Orientation Discrimination: Perceptions, Definitions and Genuine Occupational Requirements ILJ 33 (2004), 1-21 **Zitiert**: *Oliver*, ILJ 33 (2004), 1 (S.)

Oppermann, Thomas	Eine Verfassung für die Europäische Union - Der Entwurf des Europäischen Konvents – 1. Teil DVBl. 2003, 1165-1176 Zitiert: *Oppermann*, DVBl. 2003, 1165 (S.)
Oppermann, Thomas	Eine Verfassung für die Europäische Union – Der Entwurf des Europäischen Konvents – 2. Teil DVBl. 2003, 1234-1246 Zitiert: *Oppermann*, DVBl. 2003, 1234 (S.)
Otto, Hansjörg	Personale Freiheit und soziale Bindung – Zur Kontrolle und Gewährleistung personal motivierten Verhaltens im Privatrecht Schriften des Instituts für Arbeits- und Wirtschaftsrecht der Universität zu Köln, Bd. 38 1978 München Zitiert: *Otto*, Personale Freiheit, (S.)
Palandt, Otto (Hrsg.)	Kommentar zum Bürgerlichen Gesetzbuch 64. Aufl. 2005 München Zitiert: **Bearbeiter** in: Palandt (Hrsg.), BGB, § [...] Rn. [...]
Parpart, Heike	Die unmittelbare Bindung Privater an die Personenverkehrsfreiheiten im europäischen Gemeinschaftsrecht – Eine Darstellung der Arbeitnehmerfreizügigkeit, Niederlassungs- und Dienstleistungsfreiheit 2003 München Zitiert: *Parpart*, Unmittelbare Bindung Privater, (S.)
Pechstein, Matthias/ Kubicki, Philipp	Gültigkeitskontrolle und Bestandskraft von EG-Rechtsakten NJW 2005, 1825-1829 Zitiert: *Pechstein/Kubicki*, NJW 2005, 1825 (S.)
Pfeiffer, Thomas	Diskriminierung oder Nichtdiskriminierung – was ist hier eigentlich die Frage? ZGS 2002, 165 Zitiert: *Pfeiffer*, ZGS 2002, 165
Picker, Eduard	Antidiskriminierungsgesetz – Der Anfang vom Ende der Privatautonomie? JZ 2002, 880-882 Zitiert: *Picker*, JZ 2002, 880 (S.)
Picker, Eduard	Schuldrechtsreform und Privatautonomie – Zur Neuregelung der Schuldnerpflichten bei zufallsbedingter Leistungsstörung nach § 275 Abs. 2 und § 313 BGB JZ 2003, 1035-1048 Zitiert: *Picker*, JZ 2003, 1035 (S.)
Picker, Eduard	Antidiskriminierung als Zivilrechtsprogramm? JZ 2003, 540-545 Zitiert: *Picker*, JZ 2003, 540 (S.)

Picker, Eduard	Die neue Moral im Zivilrecht Frankfurter Allgemeine Zeitung, 7.7.2003, 8 **Zitiert**: *Picker*, FAZ v. 7.7.2003, 8
Picker, Eduard	Anti-Discrimination as a Program of Private Law? GLJ 4 (2004), 771-784 Abrufbar unter: http://www.germanlawjournal.org/pdf/Vol04 No08/PDF_Vol_04_No_08_771-84_private_Picker.pdf (Zugriffsdatum: April 2006) **Zitiert**: *Picker*, GLJ 4 (2004), 771 (S.)
Picker, Eduard	Antidiskriminierung und Miete DWW 2004, 212-214 **Zitiert**: *Picker*, DWW 2004, 212 (S.)
Pieroth, Bodo/ Schlink, Bernhard	Grundrechte, Staatsrecht II Reihe Schwerpunkte, Bd. 14 20. Aufl. 2004 Heidelberg **Zitiert**: *Pieroth/Schlink*, GrR, Rn. [...]
Pirstner-Ebner, Renate	Neue Gemeinschaftsrechtsentwicklungen im Bereich des Gender Mainstreaming EuZW 2004, 205-209 **Zitiert**: *Pirstner-Ebner*, EuZW 2004, 205 (S.)
Plötscher, Stefan	Der Begriff der Diskriminierung im Europäischen Gemeinschaftsrecht. Zugleich ein Beitrag zur einheitlichen Dogmatik der Grundfreiheiten des EG-Vertrages Schriften zum Europäischen Recht, Bd. 90 2003 Berlin **Zitiert**: *Plötscher*, Begriff der Diskriminierung, (S.)
Preis, Ulrich/ Rolfs, Christian	Das Verbot der Ausländerdiskriminierung im Wirtschaftsverkehr Rechtsgutachten im Auftrag des Ministeriums für Arbeit, Soziales und Stadtentwicklung, Kultur und Sport des Landes Nordrhein-Westfalen September 1999 **Zitiert**: *Preis/Rolfs*, Verbot der Ausländerdiskriminierung, (S.)
Prunzel, Regine	Art. 13 EG-Vertrag – Ein neuer Ansatz für die europäische Behindertenpolitik? StG 2001, 163-164 **Zitiert**: *Prunzel*, StG 2001, 163 (S.)
Prütting, Hanns	Gegenwartsprobleme der Beweislast – Eine Untersuchung moderner Beweislasttheorien und ihrer Anwendung insbesondere im Arbeitsrecht In: Schriften des Instituts für Arbeits- und Wirtschaftsrecht der Universität zu Köln, Bd. 46, 1983 München **Zitiert**: *Prütting*, Gegenwartsprobleme der Beweislast, (S.)

Prütting, Hanns	Die Beweislast im Arbeitsrecht RdA 1999, 107-112 Zitiert: *Prütting*, RdA 1999, 107 (S.)
Quinn, Gerard/ Degener, Theresia	Human Rights and Disability – The current use and future potential of United Nations human rights instruments in the context of disability Studie für die Vereinten Nationen 2002, New York – Genf Abrufbar unter: http://www.unhchr.ch/html/menu6/2/disability.doc (Zugriffsdatum: April 2006) Zitiert: *Quinn/Degener*, Human Rights and Disability, (S.)
Rädler, Peter	Art. 3 III GG als Schutzgesetz i.S. von § 823 II BGB? – Zur Renaissance der unmittelbaren Drittwirkung in der Gestalt des Schutzgesetzes NJW 1998, 1621-1623 Zitiert: *Rädler*, NJW 1998, 1621 (S.)
Rädler, Peter	Gesetze gegen Rassendiskriminierung? ZRP 1997, 5-9 Zitiert: *Rädler*, ZRP 1997, 5 (S.)
Rädler, Peter	Verfahrensmodelle zum Schutz vor Rassendiskriminierung – Rechtsvergleichende Untersuchung zum Verfassungsauftrag in Art. 3 Abs. 3 GG Beiträge zum ausländischen öffentlichen Recht und Völkerrecht, Bd. 134 1999, Berlin u.a. Zitiert: *Rädler*, Verfahrensmodelle, (S.)
Raiser, Ludwig	Der Gleichheitsgrundsatz im Privatrecht Zeitschrift für das Gesamte Handelsrecht und Konkursrecht 111 (1948), 75-101 Zitiert: *Raiser*, ZGesHKR 111 (1948), 75 (S.)
Rebmann, Kurt/ Säcker, Franz Jürgen/ Rixecker, Roland (Hrsg.)	Münchener Kommentar zum Bürgerlichen Gesetzbuch Bd. 1: Allgemeiner Teil §§ 1-240, AGB-Gesetz, 4. Aufl. 2001 Bd. 4: Schuldrecht Besonderer Teil II §§ 611-704, EFZG, TzBfG, KschG, 4. Aufl. 2005 Bd. 5: Schuldrecht Besonderer Teil III §§ 705-853 Partnerschaftsgesellschaftsgesetz, Produkthaftungsgesetz, 4. Aufl. 2005 Bd. 6: Sachenrecht §§ 854-1296, 4. Aufl. 2004 München Zitiert: *Bearbeiter* in: MünchKomm BGB, § [...] Rn. [...]
Reich, Norbert	Anmerkung zu EuGH Rs. C-144/04 (*Mangold*) EuZW 2006, 20-22 Zitiert: *Reich*, EuZW 2006, 20 (S.)
Reichold, Hermann	Europa und das deutsche kirchliche Arbeitsrecht – Auswirkungen der Antidiskriminierungs-Richtlinie 2000/78/EG auf kirchliche Arbeitsverhältnisse NZA 2001, 1054-1060 Zitiert: *Reichold*, NZA 2001, 1054 (S.)

Reichold, Hermann — Gesellschaftsentwicklung durch ein neues Sozialprivatrecht?
Öffentliche Antrittsvorlesung an der Eberhard-Karls-Universität Tübingen, 3.2.2003
Abrufbar unter: http://www.jura.uni-tuebingen.de/reichold/titel seite/antrittsvorlesung.pdf (Zugriffsdatum: April 2006)
Zitiert: *Reichold,* Gesellschaftsentwicklung durch ein neues Sozialprivatrecht?, (S.)

Reichold, Herrmann — Sozialgerechtigkeit versus Vertragsgerechtigkeit – arbeitsrechtliche Erfahrungen mit Diskriminierungsregeln
JZ 2004, 384-393
Zitiert: *Reichold,* JZ 2004, 384 (S.)

Reinhardt, Michael — Die Umkehr der Beweislast aus verfassungsrechtlicher Sicht
NJW 1994, 93-99
Zitiert: *Reinhardt,* NJW 1994, 93 (S.)

Remmert, Barbara — Grundfreiheiten und Privatrechtsordnung
Jura 2003, 13-19
Zitiert: *Remmert,* Jura 2003, 13 (S.)

Rengeling, Hans-Werner — Grundrechtsschutz in der Europäischen Gemeinschaft – Bestandsaufnahme und Analyse der Rechtsprechung des Europäischen Gerichtshofs zum Schutz der Grundrechte als allgemeine Rechtsgrundsätze
München, 1993
Zitiert: *Rengeling,* Grundrechtsschutz in der EG, (S.)

Repgen, Tilman — Kein Abschied von der Privatautonomie – Die Funktion zwingenden Rechts in der Verbrauchsgüterkaufrichtlinie
Rechts- und Staatswisschenschaftliche Veröffentlichungen der Görres-Gesellschaft, Neue Folge, Bd. 95
2001, Paderborn u.a.
Zitiert: *Repgen,* Kein Abschied von der Privatautonomie, (S.)

Riesenhuber, Karl/ Franck, Jens-Uwe — Das Verbot der Geschlechtsdiskriminierung beim Zugang zu Gütern und Dienstleistungen
EWS 2005, 245-251
Zitiert: *Riesenhuber/Franck,* EWS 2005, 245 (S.)

Riesenhuber, Karl/ Franck, Jens-Uwe — Verbot der Geschlechtsdiskriminierung im Europäischen Vertragsrecht
JZ 2004, 529-538
Zitiert: *Riesenhuber/Franck,* JZ 2004, 529 (S.)

Roellecke, Gerd — Antidiskriminierung auf europäisch
NJW 1996, 3261-3262
Zitiert: *Roellecke,* NJW 1996, 3261 (S.)

Röhl, Klaus F./ Weiß, Matthias — Evaluierung des nordrhein-westfälischen Ausführungsgesetzes zu § 15a EGZPO
Gutachten erstellt im Auftrag des Landes NRW, Mai 2004
Abrufbar unter: http://www.justiz.nrw.de/JM/justizpolitik/schwerpunkte/streitschl/zusammenfassung_gutachen.pdf
(Zugriffsdatum: April 2006)
Zitiert: *Röhl/Weiß,* Evaluierung § 15a EGZPO, (S.)

Rörig, Ursula	Die Direktwirkung von Richtlinien in Privatrechtsverhältnissen – eine Abgrenzung der richtlinienkonformen Auslegung vom Phänomen der Direktwirkung Schriftenreihe des Zentrums für Europäische Rechtspolitik an der Universität Bremen (ZERP), Bd. 37 2001 Baden-Baden **Zitiert:** *Rörig*, Direktwirkung von Richtlinien in Privatrechtsverhältnissen, (S.)
Rörig, Ursula	Einfluss des Rechts der Europäischen Gemeinschaft auf das nationale Zivilprozessrecht EuZW 2004, 18 – 20 **Zitiert:** *Rörig*, EuZW 2004, 18 (S.)
Rosenberg, Leo/ Schwab, Karl Heinz/ Gottwald, Peter	Zivilprozessrecht 12. Aufl. 2004 München **Zitiert:** *Rosenberg/Schwab/Gottwald*, Zivilprozessrecht, § […] Rn. […]
Rossi, Matthias	Das Diskriminierungsverbot nach Art. 12 EGV EuR 2000, 197-217 **Zitiert:** *Rossi*, EuR 2000, 197 (S.)
Röthel, Anne	Freizügigkeit von Basketballspielern – Anmerkung zu EuGH, Rs. 176/96 (*Lehtonen*), EuZW 2000, 377 EuZW 2000, 379-380 **Zitiert:** *Röthel*, EuZW 2000, 379 (S.)
Röttgen, Klaus	Der zivilrechtliche Schutz vor Diskriminierung und seine verfahrensrechtliche Gewährleistung – Eine Untersuchung unter besonderer Berücksichtigung der Richtlinie 2000/43/EG sowie rechtspolitischer und rechtsvergleichender Aspekte Rechtswissenschaftliche Forschung und Entwicklung, Bd. 710 2004 München **Zitiert:** *Röttgen*, Schutz vor Diskriminierung, (S.)
Ruffert, Matthias	Vorrang der Verfassung und Eigenständigkeit des Privatrechts – Eine verfassungsrechtliche Untersuchung zur Privatrechtswirkung des Grundgesetzes Jus Publicum, Bd. 74 2001 Tübingen **Zitiert:** *Ruffert*, Vorrang der Verfassung, (S.)
Ruland, Franz/ Baron von Maydell, Bernd/ Papier, Hans-Jürgen (Hrsg.)	Verfassung, Theorie und Praxis des Sozialstaats: Festschrift für Hans F. Zacher zum 70. Geburtstag 1998 Heidelberg **Zitiert:** *Bearbeiter* in: Ruland/Baron von Maydell/Papier (Hrsg.), FS Zacher, (S.)

Rust, Ursula	Änderungsrichtlinie 2002 zur Gleichbehandlungsrichtlinie von 1976 NZA 2003, 72-77 **Zitiert:** *Rust*, NZA 2003, 72 (S.)
Rust, Ursula/ König, Doris/ Lange, Joachim/ Sieveking, Klaus	Die Umsetzung der EU-Gleichbehandlungsrichtlinien in Deutschland Loccumer Protokolle 79/04 Rehburg-Loccum 2005 **Zitiert:** *Bearbeiter* in: Loccumer Protokolle 79/04, (S.)
Sachs, Michael	Kommentar zum Grundgesetz 3. Aufl. 2003 München **Zitiert:** *Bearbeiter* in: Sachs (Hrsg.), GG-Komm., Art. [...] Rn. [...]
Säcker, Franz Jürgen	Europäische Diskriminierungsverbote und deutsches Zivilrecht – Kritische Gedanken zur Ergänzung des BGB durch Anti-Diskriminierungsvorschriften BB Sonderbeilage zu Heft 51 u. 52/2000, 16-24 **Zitiert:** *Säcker*, BB Sonderbeilage zu Heft 51 u. 52/2000, 16 (S.)
Säcker, Franz-Jürgen	„Vernunft statt Freiheit!" – Die Tugendrepublik der neuen Jakobiner – Referentenentwurf eines privatrechtlichen Diskriminierungsgesetzes ZRP 2002, 286-290 **Zitiert:** *Säcker*, ZRP 2002, 286 (S.)
Schiek, Dagmar	A New Framework on Equal Treatment of Persons in EC Law – Directives 2000/43/EC, 2000/78/EC and 2002/73/EC changing Directive 76/207/EEC in context ELJ 8 (2002), 290-314 **Zitiert:** *Schiek*, ELJ 8 (2002), 290 (S.)
Schiek, Dagmar	Diskriminierung wegen "Rasse" oder "ethnischer Herkunft" – Probleme der Umsetzung der RL 2000/43/EG im Arbeitsrecht AuR 2003, 44-51 **Zitiert:** *Schiek*, AuR 2003, 44 (S.)
Schiek, Dagmar	Differenzierte Gerechtigkeit – Diskriminierungsschutz und Privatrecht 2000 Baden-Baden **Zitiert:** *Schiek*, Differenzierte Gerechtigkeit, (S.)
Schiek, Dagmar	Gleichbehandlungsrichtlinien der EU – Umsetzung im deutschen Arbeitsrecht NZA 2004, 873-884 **Zitiert:** *Schiek*, NZA 2004, 873 (S.)
Schiek, Dagmar	Antidiskriminierungsgesetz und Miete – pro und contra Referat auf dem Mietgerichtstag 2004 **Zitiert:** *Schiek*, ADG und Miete, (S.)

Schilling, Theodor	Singularia non sunt extendenda – Die Auslegung der Ausnahme in der Rechtsprechung des EuGH EuR 1996, 44-57 **Zitiert:** *Schilling*, EuR 1996, 44 (S.)
Schlachter, Monika	Richtlinie über die Beweislast bei Diskriminierung RdA 1998, 321-326 **Zitiert:** *Schlachter*, RdA 1998, 321 (S.)
Schlechtriem, Peter	Schuldrecht Allgemeiner Teil 5. Aufl. 2003 Tübingen **Zitiert:** *Schlechtriem*, SchR AT, Rn. […]
Schlichting, Jan Muck/ Pietsch, Jörg	Die Europäische Grundrechteagentur – Aufgaben – Organisation – Unionskompetenz EuZW 2005, 587-589 **Zitiert:** *Schlichting/Pietsch*, EuZW 2005, 587 (S.)
Schmelz, Christoph	„Vernunft statt Freiheit!" – Die Tugendrepublik der neuen Jakobiner – zu Säcker, ZRP 2002, 286 ZRP 2003, 67 **Zitiert:** *Schmelz*, ZRP 2003, 67
Schmidt, Karsten	Der Zivilrichter als "Schöpfer" und "Vollstrecker" wirtschaftlicher Normen DRiZ 1977, 97-102 **Zitiert:** *K. Schmidt*, DRiZ 1977, 97 (S.)
Schmidt, Marlene/ Senne, Daniela	Das gemeinschaftsrechtliche Verbot der Altersdiskriminierung und seine Bedeutung für das deutsche Arbeitsrecht RdA 2002, 80-89 **Zitiert:** *Schmidt/Senne*, RdA 2002, 80 (S.)
Schneider, Hans/ Götz, Volkmar (Hrsg.)	Im Dienst an Recht und Staat, Festschrift für Werner Weber zum 70. Geburtstag 1974 Berlin **Zitiert:** *Bearbeiter* in: Schneider/Götz (Hrsg.), FS Weber, (S.)
Schöbener, Burkhard/ Stork, Florian	Vertragsfreiheit und Achtung des Privat- und Familienlebens in Europa – zur Auslegung der Anti-Diskriminierungsmaßnahmen der Gemeinschaft im Zivilrecht ZEuS 2004, 43-82 **Zitiert:** *Schöbener/Stork*, ZeuS 2004, 43 (S.)
Schöbener, Burkhard/ Stork, Florian	Europarecht Im Erscheinen **Zitiert:** *Schöbener/Stork*, EuR, Rn. […]
Scholten, Ingo	Diskriminierungsschutz im Privatrecht? – Beweis- und verfahrensrechtliche Probleme bei der Umsetzung der Richtlinie 2000/43/EG Prozessrechtliche Abhandlungen, Heft 119 2004 Köln u.a. **Zitiert:** *Scholten*, Diskriminierungsschutz im Privatrecht, (S.)

Schulte, Axel	Staatliche Maßnahmen gegen Diskriminierung – Für ein multikulturelles und vereintes Europa Friedrich-Ebert-Stiftung, Reihe Eurokolleg, Bd. 29 1994 Bonn **Zitiert:** *Schulte* in: FES (Hrsg.), Staatliche Maßnahmen gegen Diskriminierung, (S.)
Schulte, Bernd	Behindertenrecht und Behindertenpolitik in der Europäischen Union „Aus Politik und Zeitgeschichte", Beilage zur Wochenzeitung „Das Parlament" vom 17.2.2003, 46-54 **Zitiert:** *Schulte*, Politik und Zeitgeschichte (Beilage zur Wochenzeitung „Das Parlament") 2003, 46 (S.)
Schwarze, Jürgen (Hrsg.)	EU-Kommentar 2000 Baden-Baden **Zitiert:** *Bearbeiter* in: Schwarze (Hrsg.), EU-Komm., Art. [...] Rn. [...]
Schwintowski, Hans-Peter	Vertragsschluss für Waren und Dienstleistungen im europäischen Verbraucherrecht: Form- und Inhaltsbindungen kontra Privatautonomie EWS 2001, 201-208 **Zitiert:** *Schwintowski*, EWS 2001, 201 (S.)
Seidel, Martin	Die Einstimmigkeit im EU-Rat – eine leidige, aber nicht dispensable Regel EuZW 2000, 65 **Zitiert:** *Seidel*, EuZW 2000, 65
Selbmann, Frank	The Drafting of a Law against Discrimination on the Grounds of Racial or Ethnic Origin in Germany – Constraints in Constitutional and European Community Law EYMI 2 (2002/2003), 675-689 **Zitiert:** *Selbmann*, EYMI 2 (2002/2003), 675 (S.)
Siems, Mathias M.	Effektivität und Legitimität einer Richtlinienumsetzung durch Generalklauseln ZEuP 2002, 747-753 **Zitiert:** *Siems*, ZeuP 2002, 747 (S.)
Silny, Marnie	Die binnenmarktbezogene Rechtsangleichungskompetenz des Art. 95 EG – Reichweite und Grenzen der Harmonisierungskompetenz unter Berücksichtigung ihrer Stellung in der gemeinschaftsrechtlichen Kompetenzverfassung Im Erscheinen **Zitiert:** *Silny*, Rechtsangleichungskompetenz, (S.)
Sinde Monteiro, Jorge/ Mota Pinto, Paulo/ Kern, Gisela	Die (Antidiskriminierungs-)Richtlinien 2000/78/EG und 2000/43/EG und ihre Umsetzung in portugiesisches Zivilrecht VersR 2005, 189-198 **Zitiert:** *Sinde Monteiro/P. Mota Pinto/Kern*, VersR 2005, 189 (S.)

Skidmore, Paul	EC Framework Directive on Equal Treatment in Employment: Towards a Comprehensive Community Anti-Discrimination Policy? – Council Directive 2000/78/EC of 27.11.2000 establishing a general framework for equal treatment in employment and occupation ILJ 30 (2001), 126-132 **Zitiert:** *Skidmore*, ILJ 30 (2001), 126 (S.)
Stalder, Patricia	Antidiskriminierungsmaßnahmen der Europäischen Gemeinschaft nach Art. 13 EG-Vertrag – unter besonderer Berücksichtigung der Rassismusbekämpfung und des Minderheitenschutzes 2001 Bonn **Zitiert:** *Stalder*, Antidiskriminierungsmaßnahmen, (S.)
Stalder, Patricia	Spannungsfelder und Perspektiven der Umsetzung der europäischen Antidiskriminierungsrichtlinien JRP 2002, 227-236 **Zitiert:** *Stalder*, JRP 2002, 227 (S.)
Staudinger, Julius von (Hrsg.)	Kommentar zum Bürgerlichen Gesetzbuch Buch 1: Allgemeiner Teil §§ 134-163 1993 ff. Berlin – New York **Zitiert:** *Bearbeiter* in: Staudinger, BGB, § [...] Rn. [...]
Steinau-Steinrück, Robert von/ Schneider, Volker/ Wagner, Tobias	Der Entwurf eines Antidiskriminierungsgesetzes: Ein Beitrag zur Kultur der Antidiskriminierung? NZA 2005, 28-32 **Zitiert:** *v. Steinau-Steinrück/Schneider/Wagner*, NZA 2005, 28 (S.)
Steinberg, Philipp	Zur Konvergenz der Grundfreiheiten auf der Tatbestands- und Rechtfertigungsebene EuGRZ 2002, 13-25 **Zitiert:** *Steinberg*, EuGRZ 2002, 13 (S.)
Steinbrück, Ben	Geldentschädigung bei ethnischen Diskriminierungen – *Punitive Damages* als zivilrechtliche Sanktion? Jura 2004, 439-446 **Zitiert:** *Steinbrück*, Jura 2004, 439 (S.)
Steindorff, Ernst	Gleichbehandlung von Mann und Frau nach dem EG-Recht RdA 1988, 129-136 **Zitiert:** *Steindorff*, RdA 1988, 129 (S.)
Stock, Remmert A.	Zugang zu Gaststätten und Rassendiskriminierung ZAR 1999, 118-127 **Zitiert:** *Stock*, ZAR 1999, 118 (S.)
Stork, Florian	Das Gesetz zum Schutz vor Diskriminierungen im Zivilrecht – Umsetzung der Richtlinien 2000/43/EG und 2004/113/EG in das deutsche Privatrecht ZEuS 2005, 1-60 **Zitiert:** *Stork*, ZeuS 2005, 1 (S.)

Stork, Florian	Comments on the Draft of the New German Private Law Anti-Discrimination Act : Implementing Directives 2000/43/EC and 2004/113/EC in German Private Law GLJ 6 (2005) 533-548 Abrufbar unter: http://www.germanlawjournal.com/pdf/Vol06 No02/PDF_Vol_06_No_02_533-548_Developments_Stork. pdf (Zugriffsdatum: April 2006) Zitiert: *Stork*, German Law Journal 6 (2005), 533 (S.)
Streinz, Rudolf	Europarecht Reihe Schwerpunkte, Bd. 12 6. Aufl. 2003 Heidelberg Zitiert: *Streinz*, EuR, Rn. […]
Streinz, Rudolf (Hrsg.)	EUV/EGV – Vertrag über die Europäische Union und Vertrag zur Gründung der Europäischen Gemeinschaft 2003, München Zitiert: *Bearbeiter* in: Streinz (Hrsg.), EUV/EGV, Art. […] Rn. […]
Streinz, Rudolf/ Ohler, Christoph/ Herrmann, Christoph	Die Neue Verfassung für Europa – Einführung mit Synopse 2005, München Zitiert: *Streinz/Ohler/Herrmann*, VVE Einführung, (S.)
Streinz, Rudolf/ Leible, Stefan	Die unmittelbare Drittwirkung der Grundfreiheiten – Überlegungen aus Anlass von EuGH, EuZW 2000, 468 (*Angonese*) EuZW 2000, 459-467 Zitiert: *Streinz/Leible*, EuZW 2000, 459 (S.)
Szczekalla, Peter	Anmerkung zu EuGH, Rs. C-249/96 (*Lisa Jacqueline Grant/South-West Trains Ltd.*), EuZW 1998, 215-216 Zitiert: *Szczekalla*, EuZW 1998, 215 (S.)
Terrett, Steve	A Bridge too Far? Non-Discrimination and Homosexuality in European Community Law EPL 4 (1998), 487-506 Zitiert: *Terrett*, EPL 4 (1998), 487 (S.)
Thornberry, Patrick	International Law and the Rights of Minorities 1991, Oxford Zitiert: *Thornberry*, International Law and the Rights of Minorities, (S.)
Thüsing, Gregor	Europarechtlicher Gleichbehandlungsgrundsatz als Bindung des Arbeitgebers? ZIP 2005, 2149-2151 Zitiert: *Thüsing*, ZIP 2005, 2149 (S.)
Thüsing, Gregor	Vertragsfreiheit, Persönlichkeitsschutz und Effizienz – Das Antidiskriminierungsgesetz bringt weit reichende Änderungen für das Zivil- und Arbeitsrecht ZGS 2005, 49-54 Zitiert: *Thüsing*, ZGS 2005, 49 (S.)

Thüsing, Gregor	Following the U.S. Example: European Employment Discrimination Law and the Impact of Council Directives 2000/43/EC and 2000/78/EC JCLLIR 19 (2003), 187-218 Zitiert: *Thüsing*, IJCLLIR 19 (2003), 187 (S.)
Thüsing, Gregor	Vom Kopftuch als Angriff auf die Vertragsfreiheit NJW 2003, 405-407 Zitiert: *Thüsing*, NJW 2003, 405 (S.)
Thüsing, Gregor	Richtlinienkonforme Auslegung und unmittelbare Geltung von EG-Richtlinien im Anti-Diskriminierungsrecht NJW 2003, 3441-3445 Zitiert: *Thüsing*, NJW 2003, 3441 (S.)
Thüsing, Gregor	Religion und Kirche in einem neuen Anti-Diskriminierungsrecht JZ 2004, 172-179 Zitiert: *Thüsing*, JZ 2004, 172 (S.)
Thüsing, Gregor	Handlungsbedarf im Diskriminierungsrecht – Die Umsetzungserfordernisse auf Grund der Richtlinien 2000/78EG und 2000/43/EG NZA 2001, 1061-1064 Zitiert: *Thüsing*, NZA 2001, 1061 (S.)
Thüsing, Gregor	Das Arbeitsrecht der Zukunft? – Die deutsche Umsetzung der Anti-Diskriminierungsrichtlinien im internationalen Vergleich Kongressvortrag aus NZA 2004, Sonderbeil. zu Heft 22, 3-16 Zitiert: *Thüsing*, NZA 2004, Sonderbeil. zu Heft 22, 3 (S.)
Thüsing, Gregor/ Wege, Donat	Das Verbot der Diskriminierung wegen einer Behinderung nach § 81 Abs. 2 Satz 2 Nr. 1 SGB IX FA 2003, 296-300 Zitiert: *Thüsing/Wege*, FA 2003, 296 (S.)
Timme, Michael	Rechtliche Behandlung von Zutrittsverweigerungen gegenüber Ausländern im Gaststättengewerbe ZAR 1997, 130-136 Zitiert: *Timme*, ZAR 1997, 130 (S.)
Tomuschat, Christian	Schwäche durch Starrheit Frankfurter Allgemeine Zeitung, 27.4.2004, 8 Zitiert: *Tomuschat*, FAZ v. 27.4.2004, 8
Tyson, Adam	The Negotiation of the European Community Directive on Racial Discrimination EJML 3 (2001), 199-229 Zitiert: *Tyson*, EJML 3 (2001), 199 (S.)
Vennemann, Nicola	The German Draft Legislation On the Prevention of Discrimination in the Private Sector GLJ 3 (2002), para 1-23 Abrufbar unter: http://www.germanlawjournal.com/article.php?id=137 (Zugriffsdatum: April 2006) Zitiert: *Vennemann*, GLJ 3 (2002) Rn. [...]

Vultejus, Ulrich	Antidiskriminierungsgesetz – ein neuer Anlauf ZRP 2005, 138 **Zitiert:** *Vultejus*, ZRP 2005, 138
Waas, Bernd	Die neue EG-Richtlinie zum Verbot der Diskriminierung aus rassischen oder ethnischen Gründen im Arbeitsverhältnis ZIP 2000, 2151-2155 **Zitiert:** *Waas*, ZIP 2000, 2151 (S.)
Waas, Bernd	Europarechtliche Schranken für die Befristung von Arbeitsverträgen mit älteren Arbeitnehmern? – § 14 III TzBfG aus der Sicht des Generalanwalts EuZW 2005, 583-587 **Zitiert:** *Waas*, EuZW 2005, 583 (S.)
Waddington, Lisa	Throwing Some Light on Article 13 EC Treaty MJ 6 (1999), 1-4 **Zitiert:** *Waddington*, MJ 6 (1999), 1 (S.)
Waddington, Lisa	Testing the Limits of the EC Treaty Article on Non-Discrimination ILJ 28 (1999), 133-151 **Zitiert:** *Waddington*, ILJ 28 (1999), 133 (S.)
Waddington, Lisa	Article 13 EC: Mere Rhetoric or a Harbinger of Change? CYELS 1 (1998), 175-197 **Zitiert:** *Waddington*, CYELS 1 (1998), 175 (S.)
Waddington, Lisa	Article 13 EC: Setting Priorities in the Proposal for a Horizontal Employment Directive ILJ 29 (2000), 176-181 **Zitiert:** *Waddington*, ILJ 29 (2000), 176 (S.)
Waddington, Lisa	Disability, Employment and European Community 1995 London **Zitiert:** *Waddington*, Disability, Employment and EC, (S.)
Waddington, Lisa/ Bell, Mark	More Equal than Others: Distinguishing European Union Equality Directives CMLR 38 (2001), 587-611 **Zitiert:** *Waddington/Bell*, CMLR 38 (2001), 587 (S.)
Wagner, Christean	Antidiskriminierungsgesetz – ein neuer Anlauf ZRP 2005, 136-137 **Zitiert:** *Wagner*, ZRP 2005, 136 (S.)
Wagner, Gerhard	Das Zweite Schadensersatzrechtsänderungsgesetz NJW 2002, 2049-2064 **Zitiert:** *Wagner*, NJW 2002, 2049 (S.)
Waldhoff, Christian	Kirchliche Selbstbestimmung und Europarecht JZ 2003, 978-986 **Zitiert:** *Waldhoff*, JZ 2003, 978 (S.)

Wank, Rolf	Diskriminierung in Europa BB Sonderbeilage zu Heft 22/2004, 16-27 Zitiert: *Wank*, BB Sonderbeilage zu Heft 22/2004, 16 (S.)
Wenzel, Karl E. (Hrsg.)	Das Recht der Wort- und Bildberichterstattung 2003, Köln Zitiert: *Bearbeiter* in: Wenzel (Hrsg.), Recht der Wort- und Bildberichterstattung, Rn. [...]
Westerman, Pauline C. (Hrsg.)	Non-discrimination and Diversity Proceedings of the conference Non-discrimination and Diversity, held on October 20, 1999, organised by the Centre of Law, Administration and Society, research school of the Faculty of Law, University of Groningen 2000, Den Haag Zitiert: *Bearbeiter* in: Westerman (Hrsg.), Non-discrimination and Diversity, (S.)
Whittle, Richard	European Communities and EEA – Disability Discrimination and the Amsterdam Treaty ELR 23 (1998), 50-64 Zitiert: *Whittle*, ERL 23 (1998), 50 (S.)
Whittle, Richard	The Framework Directive for equal treatment in employment and occupation: an analysis from a disability rights perspective ELR 27 (2002), 303-326 Zitiert: *Whittle*, ELR 27 (2002), 303 (S.)
Whittle, Richard/ Bell, Mark	Between social policy and Union citizenship: the Framework Directive on equal treatment in employment ELR 27 (2002), 677-691 Zitiert: *Whittle/Bell*, ELR 27 (2002), 677 (S.)
Wiedemann, Herbert/ Thüsing, Gregor	Der Schutz älterer Arbeitnehmer und die Umsetzung der Richtlinie 2000/78/EG NZA 2002, 1234-1242 Zitiert: *Wiedemann/Thüsing*, NZA 2002, 1234 (S.)
Wiedemann, Herbert/ Thüsing, Gregor	Fragen zum Entwurf eines zivilrechtlichen Anti-Diskriminierungsgesetzes DB 2002, 463-470 Zitiert: *Wiedemann/Thüsing*, DB 2002, 463 (S.)
Wilhelmsson, Thomas/ Hurri, Samuli (Hrsg.)	From Dissonance to Sense: Welfare State Expectations, Privatisation and Private Law 1999, Aldershot u.a. Zitiert: *Bearbeiter* in: Wilhelmsson/Hurri (Hrsg.), From Dissonance to Sense, (S.)
Winkler, Victor	Planned German Anti-Discrimination Act: Legal Vandalism? A Response to Karl-Heinz Ladeur GLJ 3 (2002), para 1-17 Abrufbar unter: http://www.germanlawjournal.com/article.php?id=158 (Zugriffsdatum: April 2006) Zitiert: *Winkler*, GLJ 3 (2002) Rn. [...]

Winter, Gerd	Sozialer Wandel durch Rechtsnormen – erörtert an der sozialen Stellung unehelicher Kinder Schriftenreihe zur Rechtssoziologie und Rechtstatsachenforschung, Bd. 17 1969 Berlin **Zitiert:** *Winter*, Sozialer Wandel, (S.)
Wohlfahrt, Ernst/ Everling, Ulrich/ Glaesner, Hans Joachim/ Sprung, Rudolf	Die Europäische Wirtschaftsgemeinschaft, Kommentar 1960 Berlin **Zitiert:** *Wohlfahrt* in: Wohlfahrt/Everling/Glaesner/Sprung (Hrsg.), EWG-Komm., Art. [...]Rn. [...]
Wölfl, Thomas	„Vernunft statt Freiheit!" – Die Tugendrepublik der neuen Jakobiner – zu Säcker, ZRP 2002, 286 und Schmelz, ZRP 2003, 67 ZRP 2003, 297 **Zitiert:** *Wölfl*, ZRP 2003, 297
Wolfrum, Rüdiger	Das Verbot der Rassendiskriminierung im Spannungsfeld zwischen dem Schutz individueller Freiheitsrechte und der Verpflichtung des einzelnen im Allgemeininteresse In: Festschrift für Peter Schneider zum 70. Geburtstag (Hrsg.: Denninger, Erhard/Hinz, Manfred O./Mayer-Tasch, Peter Cornelius/Roellecke, Gerd), 515-527 1990 Frankfurt/Main **Zitiert:** *Wolfrum* in: Denninger u.a. (Hrsg.), FS Schneider, 515, (S.)
Wrase, Michael/ Baer, Susanne	Unterschiedliche Tarife für Männer und Frauen in der privaten Krankenversicherung – ein Verstoß gegen den Gleichheitssatz des Grundgesetzes? NJW 2004, 1623-1627 **Zitiert:** *Wrase/Baer*, NJW 2004, 1623 (S.)
Zypries, Brigitte	Anti-Diskriminierung in Deutschland – Bilanz und Perspektiven der Rechtspolitik Rede v. 24.6.2004 Abrufbar unter: http://www.bmj.bund.de/enid/0d15f0ec5ddd7766f442ad5c779e6037,55a304092d09/nh.html (Zugriffsdatum: April 2006) **Zitiert:** *Zypries*, Anti-Diskriminierung in Deutschland, (S.)

Beiträge zum nationalen und internationalen öffentlichen Recht

Herausgegeben von Burkhard Schöbener

Band 1   Solveig Haß: Die Urteile des Europäischen Gerichtshofs für Menschenrechte. Charakter, Bindungswirkung und Durchsetzung. 2006.

Band 2   Angela Werner: Die Grundrechtsbindung der Bundeswehr bei Auslandseinsätzen. 2006.

Band 3   Florian Stork: Das Anti-Diskriminierungsrecht der Europäischen Union und seine Umsetzung in das deutsche Zivilrecht. 2006.

www.peterlang.de